The Concise Arabic–English Lexicon of Verbs in Context

المعجم الوجيز للأفعال العربية في السياق عربي/إنجليزي

The Concise Arabic–English Lexicon of Verbs in Context

المعجم الوجيز
للأفعال العربية في السياق
عربي/إنجليزي

Compiled by
Ahmed Taher Hassanein
Dalal Yassin Abo El Seoud
Kamar Mostafa Abdou

The American University in Cairo Press
Cairo New York

First published in 2011 by
The American University in Cairo Press
113 Sharia Kasr el Aini, Cairo, Egypt
420 Fifth Avenue, New York, NY 10018
www.aucpress.com

Dar el Kutub No. 13823/09
ISBN 978 977 416 342 5

Dar el Kutub Cataloging-in-Publication Data

Hassanein, Ahmed Taher
The Concise Arabic–English Lexicon of Verbs in Context/ Ahmed Taher Hassanein, Kamar Mostafa Abdou, Dalal Abou El Seoud. —Cairo: The American University in Cairo Press, 2011
p. cm.
ISBN 978 977 416 342 5
1. Arabic language—Grammar, Comparative and general—Verb I. Abdou, Kamar Mostafa (jt. auth.) II. Title
497.256

1 2 3 4 5 6 14 13 12 11

Printed in Egypt

Contents

Acknowledgments

We thank all our students and colleagues who inspired us and encouraged us to reproduce this lexicon. Our deep appreciation goes to Mark Linz, director of the American University in Cairo Press, Neil Hewison, associate director for editorial programs, and all of their team, who spared no effort in their help with this work. We also thank Ramsis Habashi for his dedication and accurate typing of the lexicon.

Our deep appreciation goes to Dr. Kamar Mostafa Abdou, one of the authors of the first edition of this lexicon, who has passed away, and who will always be remembered for all her efforts in the field of Teaching Arabic as a Foreign Language.

Introduction

The teaching of Arabic traditionally focuses on one of the most remarkable features of the Arabic language: words derived from a single root that is usually composed of three radicals or letters. With the most basic set of verbs—those known as Form I—the three radicals alone are the written form of the past tense of a verb and, often, its verbal noun. Because this Form I verb can then be modified by prefixes, insertions, and a doubled middle radicals to create other verbs—those of Forms II through X—the regularity of these patterns has led to the conventional wisdom that, once a root meaning is known, it is not difficult, in some cases, to infer the meanings or connotations of other verbs created from the same root.

As authors we have also included some quadrilateral verbs that are widely used in Modern Standard Arabic. Four radical verbs are represented by 'Q' 'Q1' (with one extra letter added) and 'Q2' (with two extra letters added).

The Concise Arabic–English Lexicon of Verbs in Context first took shape as a list compiled primarily to help Arabic language students at the American University in Cairo overcome the problems they encountered using traditional Arabic dictionaries. Unlike such dictionaries, which commonly display verb forms haphazardly, this lexicon arranges them into the ten verb forms that are commonly adapted by institutions that teach Arabic as a Foreign Language. Our teaching experience had shown us that those difficulties—common to learners of Arabic as a second language, as well as native speakers—would be lessened if they had a collection of verbs ordered in the conventional system, with each of the three essential units—past tense, present tense, and verbal nouns— fully vocalized for every single word written. Since our goal was to ease the learning process while promoting comprehension of present-day usage, the list naturally omitted unusual or disused verbs.

This lexicon also avoids propagating the misleading assumption that the meanings of the verbs derived from one three-radical root are all logical extensions of the meaning of the Form I root. In modern Arabic usage this concept appears to be refuted almost as often as it is demonstrated, and its inevitable contradictions always confuse students. How could the root ح'

‘ض ر’, for example, which means ‘to come’ in Form I ‘حَضَرَ’, lead in Form II ‘حَضَّرَ’ to the meaning ‘to prepare’ and in Form III ‘حَاضَرَ’ to the meaning ‘to lecture?’ What was the logical relationship between any of those and the meaning ‘to bring,’ created by Form IV ‘أَحْضَرَ’, and how could this be tied in with the state of ‘being civilized’ expressed by Form V ‘تَحَضَّرَ’? For that matter, what was the link between any one of the other forms and the startling meaning of Form VIII ‘احْتَضَرَ’ ‘to be about to die’? Only in the tenth Form ‘اسْتَحْضَرَ’ did our students perceive a meaning—‘to fetch’ that showed a satisfying reflection of another form. Fetching something, they agreed, was a kind of bringing, close to ‘أَحْضَرَ’ in Form IV. In the other cases the meanings of the derived forms were far from apparent, and only the most imaginative students could perceive them as a logical extension of the basic ‘to come’ meaning of the Form I root.

At this point, with English meanings attached to our first list of modern verb usages, we realized that students would need sentences showing exactly how the verbs were used. And, with the addition of these examples, the modest glossary we first visualized soon evolved into the present lexicon, a word list distinguished not only by a fully vocalized presentation of past and present tenses and verbal nouns of every root, but also by fully vocalized sentences providing a context that encourages students to discern meanings by reading Arabic, with the assistance of brief English definitions.

The brevity of these English definitions is one of the two features that have led us to call this lexicon ‘concise.’ By reducing the English to the fewest words possible, the attention of students is to be focused not on English but on the Arabic usage and its context.

The second concise feature is in the number of verbs included. Although there are about 5,000 Arabic verbs derived from more than 2,000 roots, we have limited the collection to those we consider most essential to reading and speaking Modern Standard Arabic today—a selection that also serves to reinforce the vocabulary of the widely used *Modern Standard Arabic* textbooks and the like. Thus, our lexicon is a basic reference tool for beginner, intermediate and advanced students as they develop a sound working vocabulary in modern standard Arabic. Although students will supplement it with a wider range of resources as their language skills improve, the regular use of the lexicon will strengthen their vocabulary and the early reading skills they require to progress in their study.

English definitions

The English definitions included in this book were selected to provide the translations that will most concisely cover the full meaning of the modern use of the Arabic verbs. In almost all cases, the English term is only one of several possible translations, but others will often suggest themselves immediately to English-speaking students. Under 'رَدَّ' in Arabic–English dictionaries, for example, such definitions as 'reply,' 'answer,' 'send back,' 'return,' 'give back,' and 'repel' represent English synonyms that students would naturally use to describe conversations, correspondence, and even the volleys of a tennis match. When students need to jog their memories for an elegant translation, dictionaries can supply the necessary range of options, but while they are first learning the meaning of a new Arabic verb, they will find it more useful to concentrate on the briefest possible English definition.

The definitions range from formal to colloquial usages. Many of the formal terms, derived largely from Latin, have been chosen because they express the Arabic meaning very precisely—reflecting an era when Arabic and Latin, as the leading languages of scholarship, naturally enriched each other in cultural and commercial exchanges in the lands around the Mediterranean. Less formal equivalent English expressions—usually several words rather than one—are ones students use in everyday speech. Making the substitutions appropriate for a formal or an informal context should present no difficulty.

In a few cases, today's colloquial American English provides a strikingly apt fit with Arabic. For example, the colloquial expression to 'stake out' a place in order to catch someone by surprise better fits the verb 'غافَلَ' than the more conventional translation 'ambush,' which includes both the waiting and the catching while the Arabic verb refers primarily to the waiting.

One difficulty in providing English definitions for Arabic words, however, is the result of the differing climates in which these languages originally flourished. Our English translation for 'ابْتَلَّ' uses a phrase—'to be wetted'—that is both inadequate and inelegant. This verb, which could mean 'soaked,' 'sprinkled,' 'drizzled' or 'dampened,' will require students to choose a more precise English term for each particular context. Similarly, several English words will be needed to translate 'عصر', which means 'late afternoon', because the English language never developed an equally wide range of terms to describe the daily circuit of the sun.

Parenthetical information accompanying some verbs correspond to a complementary phrase, necessary to complete the traditional Arabic usage, as in 'to set (bones) for' 'جَبَرَ' and 'result (in failure) for' 'بَاءَ', or it is an optional preposition.

Prepositions

Students always have difficulty with phrasal verbs. Initially, the easiest way to remember verbs that demand prepositions, as well as those that often use prepositions, is to learn similar English phrasal verbs. This lexicon tries to provide as many of these as possible.

Context sentences

Relying upon the student's knowledge of English is an important feature in the most effective use of this lexicon, but the crucial step is the student's use of the Arabic sentence to grasp meaning within a context. At first students will need to remember the short English term, but as they reread the Arabic, they will find that the sentences alone can provide the essential meaning. Just as they learn new words in English by using words in context, so they will be able to use the Arabic sentence, and its variations, to learn in Arabic the meaning of new Arabic words. The English definition is a temporary crutch, but the Arabic sentence can be a major step toward developing the ability to learn Arabic in an Arabic context, especially that it carries a heavy load of cultural components.

The index

Finally, we have included an index of English definitions. This will be useful to students searching for Arabic terms, but because the English definitions are brief, the index entry may be ambiguous. In many cases only a reading of the Arabic text will show whether the Arabic term is the one needed. This checking of context—a step not possible in most word lists—is one of the major benefits that students will derive from using *The Concise Arabic–English Lexicon of Verbs in Context.*

Key to Forms

	Perfect	Imperfect	Verbal Noun
Form I	فَعَل	يَفْعَل	Various forms
Form II	فَعَّل	يُفَعِّل	تَفْعِيل
Form III	فَاعَل	يُفَاعِل	مُفَاعَلَة/فِعال
Form IV	أَفْعَل	يُفْعِل	إِفْعَال
Form V	تَفَعَّل	يَتَفَعَّل	تَفَعُّل
Form VI	تَفَاعَل	يَتَفَاعَل	تَفَاعُل
Form VII	انْفَعَل	يَنْفَعِل	انْفِعَال
Form VIII	افْتَعَل	يَفْتَعِل	افْتِعَال
Form IX	افْعَلَّ	يَفْعَلّ	افْعِلال
Form X	اسْتَفْعَل	يَسْتَفْعِل	اسْتِفْعَال
Q	فَعْلَل	يُفَعْلِل	فَعْلَلَة
Q1	تَفَعْلَل	يَتَفَعْلَل	تَفَعْلُل
Q2	افْعَلَلّ	يَفْعَلِلّ	افْعِلالّ

In this book, forms with more than a three-letter root are not assigned a roman numeral, rather, they are assigned the letters 'Q', 'Q1,' and 'Q2'.

Abbreviations

s.o. someone
s.th. something
o.s. oneself

The Arabic Alphabet
In order (read from right to left)

ر	ذ	د	خ	ح	ج	ث	ت	ب	ا
ف	غ	ع	ظ	ط	ض	ص	ش	س	ز
(glottal stop= همزة) ء		ي	و	هـ	ن	م	ل	ك	ق

المقدمة

لقد ظهر في حقل تعليم اللغة العربية للناطقين بغيرها منذ ظهور الطبعة الأولى لهذا المعجم أكثر من عشرين كتاباً دراسياً لتعليم اللغة العربية، وبمراجعة هذه الكتب اتضح لنا وجود كم هائل من الجذور والمفردات، الأمر الذي استلزم إضافة لجذور أكثر وأشمل تنتمي لحقول دلالية أوسع، وتؤدي إلى توفير إفادات أشمل وأرحب.

ولا نبالغ هنا إذ نقول إنّ من بين الأولويات لإصدار هذا المعجم كان الجانب التعليمي في المرتبة الأولى، فإنّ "المعجم الوجيز للأفعال العربية في السياق" معجم متخصص، وله هدف محدد. إنه يركز فقط على عرض الأفعال (في صيغتي الماضي والمضارع) بالإضافة إلى المصدر، وهو يعرض من كل جذر جميع الأفعال الممكنة والمستخدمة فعلاً في العربية المعاصرة، وبهذا يختزل الوقت والجهد تجاه ما يستخدم وما لا يستخدم.

وكذلك فإنه عن طريق تشكيل عين الفعل في صيغتي الماضي والمضارع، وتشكيل المصدر في كل مرة، فهو يختزل للدارس المرحلة الصرفية التي تمثل صعوبة من نوع خاص، إذ ليس من الضروري هنا أن يتحير الدارس أمام فعل أو مصدر لمعرفة الصيغة أو الضبط السليم من خلال قاعدة، لأن هذا القاموس يقدم الصيغة مضبوطة جاهزة.

بالإضافة إلى ذلك فإنّ معنى كل فعل إنما يظهر في إطارين: إطار الترجمة الإنجليزية الدقيقة لكل فعل، وإطار استخدام هذا الفعل في جملة باللغة العربية توضح معناه، وبالعمليتين معاً تتأكد صيغة الفعل ومعناه لدى الدارس.

وعلى هذا، فإن هذا المعجم يصدر ليسد ثغرة كبيرة في مجال الضبط الصحيح للأفعال والمصادر ومعرفة معناها بطريقة واضحة، وهو الأمر الذي تفتقر إليه معاجمنا العربية، فضلاً عن عدم استقصائها مواد كل جذر بالطريقة التي تم تقديمها ولأول مرة في هذا المعجم.

يحتوي هذا المعجم تقريباً على ٥٠٠٠ فعل مستخدم، مشتق من أكثر من ٢٠٠٠ جذر، وهذه الأفعال تشمل نماذج الأفعال الصحيحة (السالم/المهموز/المضعّف) والأفعال المعتلة (المثال/الأجوف/الناقص).

يقال دائماً إن اللغة العربية هي لغة الاشتقاق، بمعنى أنه باتباع عدد من القواعد الصرفية البسيطة، يمكنك اشتقاق اسم فاعل أو اسم مفعول أو مصدر أو اسمٍ زمان، أو اسم مكان، أو اسم آلة، كل ذلك من جذر واحد. فمثلاً جذر 'ك ن س' نستطيع أن نشتق منه: كانِس، مكنوس، كنس، مكنسة، و ما إلى ذلك. نرى أن معاني هذه المشتقات مترابطة وتنحدر جميعها من معنى أو حدث واحد هو فعل الكنس. ولو كانت كل الأفعال العربية على هذا النحو، لهان الأمر، ولكننا نجد أن ثمة صعوبة منشؤها أن معاني هذه المشتقات لإحدى الصيغ قد لا تعني بالضرورة نفس الشيء في صيغ أخرىٍ. علىٍ سبيلٍ المثال، جذر 'ق ر ر' يأتي منه الثلاثي المجرد 'قرّ' ليعني شيئاً مختلفاً تماماً عن المضعّف منه، وهو 'قرَّر'، وكما نرى فإن الفرق شاسع بين الاستقرار في مكان، وهو المعنى الأول، واتخاذ قرار، وهو المعنى الثانيٍ. من هنا كانت أهمية استقصاء كل صيغ الفعل لجذر واحد أمراً ضرورياً، وهو الشيء الذي غاب حتى الآن من كثيرمن المعاجم العربية: القديم منها والحديث على حد سواء.

ويأتي هذا المعجم ليبدأ هذا الإجراء، باستقصاء كل الصيغ الممكنة والمستخدمة لكل جذر، وهذه إحدى المميزات المهمة هنا.

ترتيب المعجم وطريقة استخدامه:

مادة هذا المعجم مرتبة الفبائياً، على أساس الجذور، جذر 'ك ت ب' قبل جذر 'ل ع ب'، لأن الكاف قبل اللام في الترتيب الألفبائي للغة العربية، وكذلك فإنه في المادة الواحدة، تأتي 'كتب' قبل 'كشف' لأن التاء تسبق الشين في هذا الترتيب.

قدمت الإمكانات المختلفة لصيغ الأفعال من خلال الصيغ العشر، الأكثر تواردًا وشيوعاً، إلى جانب أكثر الأفعال ذات الجذر الرباعي استخداماً في العربية المعاصرة. وهذه الصيغ هي:

فَعَلَ I	فَعَّلَ II	فاعَلَ III	أفْعَلَ IV	تَفَعَّلَ V
تَفاعَلَ VI	انْفَعَلَ VII	افْتَعَلَ VIII	افْعَلَّ IX	اسْتَفْعَلَ X
فَعْلَلَ Q	تَفَعْلَلَ Q1		افْعَلَلَّ Q2	

حاولنا أن نستكشف طاقة كل جذر، وما يقدّمه من خلال هذه الصيغ، وقد وجدنا أن بعض الجذور تعطي إمكانات وفيرة، وبعضها يعطي عدداً أقل من الصيغ، على حين أن قلة من الجذور لا تعطي إلا صيغة واحدة.

على سبيل المثال، الجذر 'ق ط ع' يعطي:

قَطَعَ I	قَطَّعَ II	قَاطَعَ III	أَقْطَعَ IV	تَقَطَّعَ V
تَقَاطَعَ VI	اِنْقَطَعَ VII	اِقْتَطَعَ VIII	اِسْتَقْطَعَ X	

ومعنى هذا أنه من أكثر الجذور عطاءً، يمدنا بتسع صيغ، وهي أشمل الصيغ لأن الصيغة العاشرة مختصة بالألوان، و هي صيغة افْعَلَّ IX، مثل احْمَرَّ، ابْيَضَّ... وهكذا.

أمَا الجذر 'ء خ ذ' فيأتي منه فقط أَخَذَ I، آخَذَ III، اتَّخَذَ VIII، على حين أن جذراً مثل 'ء د ب' لا تأتي منه إلا صيغتان فقط، أَدَّبَ II، تأدَّب V، وجذر مثل 'ز ر د' لا تأتي منه إلا صيغة واحدة، وهي ازْدَرَد VIII.

بالنظر إلى صفحات المعجم، نجد أن الجذر الأصلي موضوع إلى اليمين من الصفحة كمفتاح للمادة، تليه الصيغة أو الصيغ التي تستخرج منه. وقد روعي في كل صيغة أن تأتي من اليمين إلى اليسار لتشمل: الفعل الماضي، الفعل المضارع، المصدر، وكلها مشكولة تشكيلاً داخلياً يمكّن الدارس من قراءتها بطريقة مضبوطة وسليمة. بعد ذلك يشار إلى رقم الصيغة للجذر الثلاثي بالرمز اللاتينيI أوII أ III وحتى X. أما بالنسبة للصيغ المرتبطة بالجذر الرباعي، فقد استخدم الحرف Q للرباعي المجرد، و Q١ للرباعي المزيد بحرف، و Q٢ للرباعي المزيد بحرفين. ويأتي بعد ذلك على السطر نفسه المصدر، ثم معنى الفعل باللغة الإنجليزية. (يجد القارئ أحياناً صيغتين في مكان المصدر، الأولى هي المصدر والثانية اسم شائع: غالباً لا يُستخدم فعله.)

يعقب ذلك مباشرة وفي بداية سطر جديد جملة باللغة العربية تضع الصيغة المقدمة أو ما يرتبط بها من اشتقاقات في جملة وظيفية توضح المعنى أو ترتبط به. وهذه الجمل تم إعدادها لتنقل الكثير من الجوانب

الثقافية لحضارة اللغة العربية واستخداماتها، ويفيد منها الراغب في تعلم اللغة العربية سواء كان من أبنائها أو الناطقين بغيرها.

ولزيادة الاستفادة من هذا المعجم، وضع بآخره مسرد بالإنجليزية لكل الكلمات التي يتضمنها، دون إلحاق سوابق قد تعوق الفهم، لكي يتيسر على المتصفح أمر الاسترشاد به. فعلى سبيل المثال معنى الفعل 'سخا' يمكن البحث عنه تحت الكلمة 'generous' بدلاً من 'to be generous'، والفعل 'استعرب' يمكن البحث عنه تحت 'Arabist' بدلاً من 'to become an Arabist' وذلك لتيسير البحث لمن لديه الكلمة الإنجليزية، ويود معرفة المقابل لها باللغة العربية.

هذا، وقد أعد هذا المعجم ليفيد منه المتعلم عموماً، وتتنوع مجالات الاستفادة منه حسب المستويات والخلفيات اللغوية، فالمبتدئ قد يكفيه التثبت من معرفة الضبط الصحيح للأفعال العربية ومصادرها باللغة العربية ومعانيها بالإنجليزيه، على حين يهتم المتوسط بقراءة الجمل وفهمها جيداً ليفيد منها في فهم الثقافة والحضارة العربية بوجه عام. أما المتقدم، فقد يشجعه ذلك على تقليد النمط في كتابة جمل مماثلة، أو فقرات تتخذ من محتوى الجملة المطروحة في المعجم مجال انطلاق لشرح تفصيلات أكثر أوعرض رأي شخصي، أو مناقشة قضية عامة، وهكذا. ولعل في إيراد كلمات جديدة بالنسبة لكل مستخدم للمعجم مجالاً آخر للتحدي التربوي المنشود، في محاولة تخمين المعنى المقصود من خلال السياق في كل مرة، وهو المطمح والغاية في تعلم وتعليم اللغة العربية المعاصرة.

كل ذلك يرينا بعداً جديداً لهذا المعجم، وهو البعد التعليمي، بالطبع إلى جانب المادة المعجمية المتاحة والمتمثلة في الجذور والأفعال ومصادرها ومعانيها باللغة الإنجليزية.

أخيراً، فلن نتحدث عن مدى الجهد والعناء والصبر، إذ يكفينا صدور هذا المعجم للمرة الثانية المنقحة والمزيدة ليحقق توقعات الجميع، راجين أن تكون الإفادة منه على قدر الجهد الذي بذل فيه. وبعد كل شيء، بل وقبل كل شيء، فإنه ليؤسفنا رحيل شخصية علمية وتربوية متميزة كان لها دور كبير في تأليف وإعداد وإصدار هذا المعجم في طبعته الأولى، وهي الأستاذة العزيزة الدكتورة قمر مصطفى عبده، تغمدها الله بموفور

رحمته وأسكنها فسيح جناته، لقاء ما قدمت لطلبة العلم طيلة حياتها، سواء بالجامعة الأمريكية بالقاهرة، وغيرها من الجامعات المرموقة، المصرية والعربية والعالمية على السواء.

أ

أ ب د

أَبَدَ	يَأْبُدُ	أُبُودٌ / أَبَدٌ	I	to last forever

حينَ سألها : هل تُحِبينَنِي ؟ قَالَتْ : إلى الأَبَدِ .

أَبَّدَ	يُؤَبِّدُ	تَأْبِيدٌ	II	to make lasting

حَكَمَ الْقَاضِي علَى الْجَانِي بالسَّجْنِ الْمُؤَبَّدِ .

أ ب ه

أبِهَ	يَأْبَهُ	——	I	to pay attention to, to notice

حَاوَلَ أَنْ يَجذِبَ انْتِباهَها ، وَلَكِنَّها لَمْ تَأْبَهْ لَهُ .

أ ب ي

أَبَى	يَأْبَى	إبَاءٌ	I	to refuse

طَلَبْتُ مِنْهُ الْمُساعَدَةَ ، وَلَكِنَّهُ أَبَى ، أَيْ رَفَضَ .

تَأَبَّى	يَتَأَبَّى	تَأَبٍّ	V	to refuse

حَاوَلْتُ مُسَاعَدَتَه في أَزْمَتِهِ ، ولَكِنَّهُ تَأَبَّى ولَمْ يَقْبَلْ .

أ ت ي

أَتَى	يَأْتِي	إتْيَانٌ	I	to come

يَأْتِي صَدِيقي مِنْ بَيْتِهِ إلَى الْجَامِعَةِ كُلَّ يَوْمٍ بِالسَّيَّارَةِ .

آتَى	يُؤْتِي	إيتَاءٌ	IV	to give

إيتَاءُ الزَّكَاةِ رُكْنٌ مُهِمٌّ فِي الإسْلاَمِ .

تَأَتَّى	يَتَأَتَّى	تَأَتٍّ	V	to be attainable

لاَ يَتَأَتَّى السَّفَرُ لِلْخَارِجِ لِكُلِّ الطُّلاَّبِ إلاَّ بشُرُوطٍ خَاصَّةٍ .

أ ث ث

أَثَّثَ	يُؤَثِّثُ	تَأْثِيثٌ	II	to furnish

بَعْدَ أَنْ يُؤَثِّثَ الْبَيْتَ ، سَيَسْكُنُ فِيهِ .

أ ث ر

أُثِرَ يُؤْثَرُ أَثَرٌ I to be transmitted

أُثِرَ عَنْ الرَّسُولِ مُحَمَّدٍ (صَلّى الله عَلَيْهِ وَسَلَّمَ) أَحاديثُ كَثيرَةٌ .

أَثَّرَ يُؤَثِّرُ تَأْثِيرٌ II to influence

أَثَّرَ الْأَدَبُ الْغَرْبِيُّ فِي الْآدَابِ الْعَرَبِيَّة وتَأَثَّرَ بِها .

آثَرَ يُؤْثِرُ إيثَارٌ IV to prefer (to)

لَمْ أتَكَلَّمْ فِي الْاجْتِمَاعِ : آثَرْتُ السُّكُوتَ عَلَى الْكَلَامِ .

تَأَثَّرَ يَتَأَثَّرُ تَأَثُّرٌ V to be affected (by)

كَانَ الْفِيلْمُ حَزِيناً فَتَأَثَّرْتُ مِنْهُ .

اِسْتَأْثَرَ يَسْتَأْثِرُ اِسْتِئْثَارٌ X to take all for o.s.

لَمْ يُعْطِ أُخْتَهُ تُفَّاحَةً ، لَقَد اسْتَأْثَرَ بِالتُّفَّاحِ كُلِّهِ .

أ ث م

أَثِمَ يَأْثَمُ إِثْمٌ I to sin

لَقَد ارْتَكَبَ إِثْمًا كَبيرًا حينَ أَفْطَرَ في رَمَضَانَ دونَ عُذْرٍ .

أ ج ج

أَجَّجَ يُؤَجِّجُ تَأْجِيجٌ II to kindle

كَانَ في خَرْقِ وَقْفِ إِطْلاقِ النَّارِ ، تَأْجِيجٌ جديدٌ لِلْمَعارِكِ .

تَأَجَّجَ يَتَأَجَّجُ تَأَجُّجٌ V to be kindled

تَأَجَّجَت الْمعَارِكُ كَثيرًا ، بَعْدَ خَرْقِ وَقْفِ إِطْلاقِ النَّارِ .

أ ج ر

أَجَّرَ يُؤَجِّرُ تَأْجيرٌ II to rent

أَجَّرَ صَدِيقِي شَقَّتَهُ الْجَميلَةَ لِأُسْتَاذِهِ .

آجَرَ يُؤْجِرُ إِيجَارٌ IV to let for rent

حَصَلَ صَديقِي عَلى عَقْدِ إِيجارِ الشَّقَّة بَعْدَ عِدَّةِ مُحَاوَلاتٍ .

اِسْتَأْجَرَ يَسْتَأْجِرُ اِسْتِئْجَارٌ X to rent

اِسْتَأْجَرْتُ سَيَّارَةً طُفْتُ بِها أَنْحاءَ نيويورك طَوالَ يَوْمٍ كامِلٍ .

أ ج ل

أَجَّلَ يُؤَجِّلُ تَأْجِيلٌ II to postpone

أَجَّلَتِ الْمحْكَمةُ النُّطْقَ بِالْحُكْمِ فِي الْقَضِيَّةِ لِمُدَّةِ شَهْرٍ آخَرَ .

تَأَجَّلَ يَتَأَجَّلُ —— V to be postponed

تَأَجَّلت الْمدارِسُ لِمُدَّةِ أُسْبوعَيْنِ حَتَّى تَمَّت السَّيْطرةُ على الْمَرضِ .

اِسْتَأْجَلَ يَسْتَأْجِلُ اِسْتِئْجَالٌ X to request postponement

حَاوَلَ خَصْمي أَنْ يَسْتَأْجِل نَظَرَ الْقَضِيَّةِ بِالْمَحْكَمةِ ، وَلكنَّ الْقاضِيَ رَفَضَ .

أ خ ذ

أَخَذَ يَأْخُذُ أَخْذٌ I to take

أَخَذْتُ الْكِتَابَ لِصديقي مِنَ الْمَكْتَبَةِ .

آخَذَ يُؤَاخِذُ مُؤَاخَذَةٌ III to blame (for)

لَمْ يَكُنْ لَطِيفًا بِالْأَمْسِ ، وَقَدْ آخَذْتُهُ عَلَى ذَلِكَ .

اِتَّخَذَ يَتَّخِذُ اِتِّخَاذٌ VIII to take

اِتَّخَذَ الْمُديرُ قَرارَهُ بِنَفْسِهِ .

أ خ ر

أَخَّرَ يُؤَخِّرُ تَأْخِيرٌ II to delay

أَخَّرَ الْمُحاسِبُ صَرْفَ رَواتِبِ الْمُوظَّفِينَ كَيْ يُضيفَ لَهُم الْعِلاواتِ الدَّوْرِيَّةَ .

تَأَخَّرَ يَتَأَخَّرُ تَأْخِيرٌ V to be delayed

تَأَخَّرَ صَرْفُ الرَّواتِبِ في الشَّرِكَةِ لِمُدَّةِ أُسْبُوعٍ ، فَتَذَمَّرَ الْموَظَّفُونَ .

أ خ و

آخَى يُؤَاخِي مُؤَاخَاةٌ III to associate as brothers

آخَى الرَّسولُ مُحمَّدٌ (صَلَّى الله عَلَيْهِ وَسَلَّم) بيْن الْمُهاجِرينَ وَالْأَنْصارِ فِي الْمَدينَةِ الْمُنَوَّرَةِ .

تَآخَى يَتَآخَى تَآخٍ VI to associate together as brothers

مِنْ عَلاماتِ التَّحضُّرِ ، تَآخي الْأُمَمِ وَالشُّعوبِ مِنْ أَجْلِ سَلامِ الْعالَمِ .

أ د ب

أَدُبَ يَأْدُبُ أَدَبٌ I to be well disciplined

اَلْاِلْتِزامُ بِالْأَدَبِ يَجْعَلُ النَّاسَ يُحِبُّونَكَ .

أَدَّبَ يُؤَدِّبُ تَأْدِيبٌ II to discipline

عَلَى كُلِّ أَبٍ أَنْ يُؤَدِّبَ أَبْناءَهُ .

آدَبَ يُؤْدِبُ مَأْدُبَةٌ IV to have a banquet

بِمُناسَبَةِ نَجاحِ ابْنِهِ ، أَقامَ لَهُمْ مَأْدُبَةً كَبيرَةً حَفَلَتْ بِأَشْهَى الطَّعامِ وَالشَّرابِ .

تَأَدَّبَ يَتَأَدَّبُ تَأَدُّبٌ V to behave well

اَلتَّأَدُّبُ مَعَ النَّاسِ أَمْرٌ مَطْلُوبٌ وَمَحْبُوبٌ .

أ د ي

أَدَّى يُؤَدِّي تَأْدِيَةٌ II to lead to

أَدَّتِ الْمُناوَشاتُ بَيْنَ الطَّرَفَيْنِ إِلَى تَجَدُّدِ الْقِتالِ .

أ ذ ن

أَذِنَ يَأْذَنُ إِذْنٌ I to permit

لَمْ أَجْلِسْ إِلاَّ بَعْدَ أَنْ أَذِنَ لِيَ الْأُسْتاذُ بِالْجُلُوسِ .

أَذَّنَ يُؤَذِّنُ أَذانٌ II to call to prayers

يُؤَذِّنُ الْمُؤَذِّنُ لِلصَّلاةِ خَمْسَ مَرَّاتٍ كُلَّ يَوْمٍ .

آذَنَ يُؤْذِنُ إِيذانٌ IV to announce

قامَتِ الثَّوْرَةُ ، فَآذَنَ هَذا بِبِدايَةِ عَصْرٍ جَدِيدٍ .

اِسْتَأْذَنَ يَسْتَأْذِنُ اِسْتِئْذانٌ X to ask permission

عَلَى الزَّائِرِ أَنْ يَسْتَأْذِنَ قَبْلَ الدُّخُولِ إِلى أَيِّ مَكانٍ .

أ ذ ي

أَذِيَ يَأْذَى أَذَىً I to be harmed

لَمْ يَكُنْ مُسْتَعِدًا لأَنْ يَأْذَى دُونَ سَبَبٍ .

آذَى يُؤْذِي إِيذاءٌ IV to harm

حاوَلَ إِيذاءَهُ بِشَتَّى الطُّرُقِ ، وَلِكِنَّهُ لَمْ يَنْجَحْ فِي مُحاوَلاتِهِ .

to be hurt V تَأذّى يَتَأذَّى تَأذٍّ

تَأذَّيْتُ كَثيرًا لِتَطاوُلِهِ عَلى رُؤَسائِهِ .

أ ر ج ح

to swing Q1 تَأرْجَحَ يَتَأرْجَحُ تَأرْجُحٌ

مَازَالَ الْمَوْضُوعُ يَتَأرْجَحُ بَيْنَ شَدٍّ وَجَذْبٍ .

أ ر خ

to date II أرَّخَ يُؤَرِّخُ تَأرِيخٌ

لَقَدْ أرَّخَ الْعَرَبُ مَوْلِدَ النَّبِيِّ مُحَمَّدٍ (صَلّى الله عَلَيْهِ وَسَلَّم) بِعَامِ الْفِيلِ سَنَةَ 571 مِيلادِيَّةً .

أ ر ق

to have insomnia I أرِقَ يَأرَقُ أرَقٌ

ظَلَلْتُ أشْعُرُ بِأرَقٍ لا أدْري سَبَبَهُ لِعِدَّةِ لَيالٍ حَتّى الْآنَ .

to annoy II أرَّقَ يُؤَرِّقُ تَأرِيقٌ

يُؤَرِّقُني دائمًا أنَّهُ لا يَسْتَمِعُ إلى نَصائِحي .

أ ز ر

to support I أزَرَ يَأْزَرُ أزْرٌ

طَلَبْتُ مِنْهُ أنْ يَشُدَّ أزْرَ ابْنِهِ وَيُشَجِّعُهُ .

to support III آزَرَ يُؤَازِرُ مُؤَازَرَةٌ

إنَّهُ يُحِبُّ صَدِيقَهُ جِدًا ، وَلِهذا فَهْوَ يُؤَازِرُهُ .

to support each other VI تَآزَرَ يَتَآزَرُ تَآزُرٌ

اَلتَّآزُرُ وَالْائتِلافُ وَالْمُسَانَدَةُ مِنْ أسْبَابِ النَّجاحِ في الْحَيَاةِ .

أ ز ف

to approach I أزِفَ يَأْزَفُ أزْفٌ / أزَفٌ

أزِفَ الْوَقْتُ ، وَحانَ مَوْعِدُ السَّفَرِ .

أ ز م

أَزَمَ يَأْزَمُ أَزْمَةٌ — I — to become critical

سَبَبُ نُشُوءِ الأَزْمَةِ سُوءُ فَهْمٍ بَسِيطٍ .

تَأَزَّمَ يَتَأَزَّمُ تَأَزُّمٌ — V — to become critical

تَأَزَّمَ الْمَوْقِفُ كَثِيرًا عَنْ ذي قَبْلُ . ما الْحَلُّ ؟

أ س ر

أَسَرَ يَأْسِرُ أَسْرٌ — I — to hold captive

أَسَرَ الْقَائِدُ عَدَدًا مِنْ جُنُودِ الأَعْدَاءِ .

أ س س

أَسَّسَ يُؤَسِّسُ تَأْسِيسٌ — II — to establish

أَسَّسَ " سِيتِي بَنْك " فُرُوعًا لَهُ فِي الدُّوَلِ الْعَرَبِيَّةِ .

تَأَسَّسَ يَتَأَسَّسُ —— — V — to be founded

تَأَسَّسَتْ فُرُوعُ " سِيتِي بنك " فِي عَدَدٍ مِنَ الدُّولِ الْعَرَبِيَّةِ .

أ س ف

أَسِفَ يَأْسَفُ أَسَفٌ — I — to feel sorry (for)

لَقَدْ أَسِفْتُ كَثِيرًا لِرُسُوبِهِ فِي الاِمْتِحَانِ .

تَأَسَّفَ يَتَأَسَّفُ تَأَسُّفٌ — V — to apologize (for)

يَجِبُ أَنْ تَتَأَسَّفَ ، لِأَنَّكَ حَضَرْتَ مُتَأَخِّرًا .

أ ش ر

أَشَّرَ يُؤَشِّرُ تَأْشِيرٌ — II

مِنَ الْغَرِيبِ أَنَّ الطَّلَبَ مازالَ في مَكْتَبِهِ وَلَمْ يُؤَشِّرْ عَلَيْهِ بَعْدُ .

1. to grant approval

يُؤَشِّرُ الْوَضْعُ الْحَالِي إِلَى تَصَاعُدِ التَّوَتُّرِ فِي الْمَنْطِقَةِ .

2. to indicate

أ ص ر

أَصَرَّ يُصِرُّ إِصْرَارٌ IV to insist

لِماذَا اْلإِصْرارُ عَلى اْلخَطَأ في كُلِّ مَرَّةٍ ؟

أ ص ل

أَصَّلَ يُؤَصِّلُ تَأْصِيلٌ II to document

عَلَى الْبَاحِثِ أَنْ يُؤَصِّلَ الْحَقَائِقَ فِي بَحْثِهِ .

تَأَصَّلَ يَتَأَصَّلُ تَأَصُّلٌ V to be originated

تَأَصَّلَتْ بَعْضُ الْفُرُوضِ النَّظَرِيَّةِ عَنْ طَرِيقِ التَّجارِبِ الْمَعْمَلِيَّةِ .

اِسْتَأْصَلَ يَسْتَأْصِلُ اِسْتِئْصَالٌ X to eradicate

لَيْسَ مِنَ السَّهْلِ أَنْ نَسْتَأْصِلَ جُذُورَ الْمُشْكِلاَتِ .

أ ط ر

أَطَّرَ يُؤَطِّرُ تَأْطِيرٌ II to frame

يُحاوِلُونَ تَأْطِيرَ الْموضوعِ في عِدَّةِ مَحاوِرَ مَحَدَّدَةٍ .

أ ف ف

تَأَفَّفَ يَتَأَفَّفُ تَأَفُّفٌ V to grumble

رَغْمَ كُلِّ الْمضايَقاتِ مِنْ حَوْلِهِ ، أَجِدُهُ لا يَتَأَفَّفُ بِحالٍ .

أ ق ل م

تَأَقْلَمَ يَتَأَقْلَمُ تَأَقْلُمٌ Q1 to acclimatize o.s.

فِي الْبِدايَةِ ، وَجَدْتُ الْأُمورَ صَعْبَةً ، وَلكِنِّي تَأَقْلَمْتُ مَعَها .

أ ك د

أَكَّدَ يُؤَكِّدُ تَأْكِيدٌ II to assure

ظَلَّ يُؤَكِّدُ لي عَزْمَهُ عَلى السَّفَرِ ، وَحَتَّى الْآنَ لَمْ يُسافِرْ .

تَأَكَّدَ يَتَأَكَّدُ تَأَكُّدٌ V to be sure

تَأَكَّدَ لَدَيَّ الْآنَ أَنَّهُ غَيْرُ جادٍ فِي مَوْضوعِ السَّفَرِ لِلْخارِجِ .

أ ك ل

أَكَلَ يَأْكُلُ أَكْلٌ I to eat

أَكَلْتُ مَعَ صَدِيقِي فِي مَطْعَمٍ قَرِيبٍ مِنْ هُنَا .

تَآكَلَ يَتَآكَلُ تَآكُلٌ VI to corrode

بِسَبَبِ الصَّدأ ، تَآكَلَ جِسْمُ السَّيَّارَةِ .

أ ل ف

أَلِفَ يَأْلَفُ أُلْفَةٌ I to be familiar with s.th.

أَصْبَحَ صَدِيقي يَأْلَفُ الْمُشارَكَةَ في سِباقِ السَّيَّاراتِ .

أَلَّفَ يُؤَلِّفُ تَأْلِيفٌ II to write a book, compose

قَرَّرَ الْأُسْتَاذُ تَأْليفَ كِتابٍ جَديدٍ في الرِّياضِيَّاتِ .

آلَفَ يُؤالِفُ إيلافٌ III to harmonize

حَاوَلَ أَنْ يُؤالِفَ بَيْنَ الزَّوْجَيْنِ ، وَلِكنَّهُ فَشِلَ .

تَأَلَّفَ يَتَأَلَّفُ تَأَلُّفٌ V to be made up, composed of

يَتَأَلَّفُ هَذا الْمُعْجَمُ مِنْ حَوالَيْ أَرْبَعَةِ آلافِ كَلِمَةٍ .

تَآلَفَ يَتَآلَفُ تَآلُفٌ VI to be in harmony

أَصبَحَ التَّآلُفُ بَيْنَهُما من أسباب سَعادَتِهِما .

اِئْتَلَفَ يَأْتَلِفُ اِئْتِلافٌ VIII to be united

الْوِفاقُ وَالْاِئْتِلافُ أَفْضَلُ مِن الْخِلافاتِ وَالنِّزاعِ .

أ ل ق

تَأَلَّقَ يَتَأَلَّقُ تَأَلُّقٌ V to shine

ظَلَّ نَجيبُ مَحْفوظٍ يَتَأَلَّقُ في سَماءِ الْأَدَبِ لأَكْثَرَ مِنْ نِصْفِ قَرْنٍ .

أ ل م

آلَمَ يُؤْلِمُ إيلامٌ IV to cause pain

آلَمني كَثيرًا أَنَّهُ رَحَلَ عَنِ الْحَياةِ قَبْلَ أَنْ يُحَقِّقَ آمالَهُ .

تَأَلَّمَ يَتَأَلَّمُ تَأَلُّمٌ V to suffer from pain

تَأَلَّمْتُ كَثيرًا لِفَقْدِ وَاحِدٍ مِنْ أَعَزِّ النَّاسِ عَلَيَّ .

أ لـ هـ

أَلَّهَ يُؤَلِّهُ تَأْلِيهٌ	II	to deify

كَادَ يُؤَلِّهُهَا مِنْ شِدَّةِ حُبِّهِ لَهَا .

أ لـ و

أَلا يَأْلُو ——	I	to refrain

لَمْ يَأْلُ جُهْدًا في تَنْفيذِ كُلِّ الأَهْدافِ .

آلَى يُؤْلِي إيلاءٌ	IV	to promise o.s.

آلَيْتُ عَلى نَفْسي أن لاّ أَنامَ قَبْلَ أَنْ أُكْمِلَ قِراءَةَ الْقِصَّةِ .

أ مـ ر

أَمَرَ يَأْمُرُ أَمْرٌ	I	to command

أَمَرَ الْقَائِدُ جُنُودَهُ بِالْهُجُوم عَلَى الأَعْدَاءِ .

أَمَّرَ يُؤَمِّرُ تَأْمِيرٌ	II	to make s.o. the leader

أَمَّرَ عَلَيْهم واحدًا مِنْهم (جَعَلَهُ أَميرًا لَهُمْ)

تَآمَرَ يَتَآمَرُ تَآمُرٌ	VI	to conspire (against)

التَّآمُرُ ضِدَّ الْوَطَنِ جَرِيمَةٌ وَخِيَانَةٌ .

أ مـ ر ك

تَأَمْرَكَ يَتَأَمْرَكُ تَأَمْرُكٌ	Q1	to become Americanized

التَّأَمْرُكُ أَنْ يَتَشَبَّهَ غَيْرُ الأَمْرِيكيِّ بِالأَمْريكان .

أ مـ س

أَمْسَى يُمْسي إمْسَاءٌ	IV	to become (during evening)

أَمْسَى الْجَوُّ أَكْثَرَ بُرودَةً عَمَّا كانَ .

أ مـ ل

أمَلَ يَأْمُلُ أمَلٌ	I	to hope (for)

كَانَ يَأْمُلُ فِي الْحُصُولِ عَلَى الْجَائِزَةِ .

to expect | II | أَمَّلَ يُؤَمِّلُ تَأْمِيلٌ

مَازَالَ يُؤَمِّلُ فِي الْحُصُولِ عَلَى الْجَائِزَةِ .

to contemplate | V | تَأَمَّلَ يَتَأَمَّلُ تَأَمُّلٌ

ظَلَّ يَتَأَمَّلُ فِي التِّمْثَالِ طَوِيلاً ، إِنَّهُ فِعْلاً تِمْثَالٌ رَائِعٌ .

أ م م

to lead in prayer | I | أَمَّ يَؤُمُّ أَمٌّ

أَمَّ الْخَطِيبُ الْمُصَلِّينَ بَعْدَ خُطْبَةِ الْجُمُعَةِ .

to nationalize | II | أَمَّمَ يُؤَمِّمُ تَأْمِيمٌ

أَمَّمَ الرَّئِيسُ جَمَالُ عَبْدِ النَّاصِرِ شَرِكَةَ قَنَاةِ السُّوَيْسِ سَنَةَ 1956 .

to pray behind an iman | VIII | اِئْتَمَّ يَأْتَمُّ ——

اِئْتَمَّ الْمُصَلُّونَ خَلْفَ الإِمَامِ .

أ م ن

to be safe | I | أَمِنَ يَأْمَنُ أَمْنٌ

" مَنْ تَعَلَّمَ لُغَةَ قَوْمٍ أَمِنَ شَرَّهُمْ " (حَدِيثٌ نَبَوِيٌّ) .

to insure | II | أَمَّنَ يُؤَمِّنُ تَأْمِينٌ

تَزَايَدَتْ شَرِكَاتُ التَّأْمِينِ فِي مِصْرَ بِشَكْلٍ وَاضِحٍ .

to believe (in) | IV | آمَنَ يُؤْمِنُ إِيمَانٌ

اَلْمُسْلِمُ يُؤْمِنُ بِالإِسْلَامِ ، وَيُؤْمِنُ أَيْضًا بِوُجُودِ الدِّيَانَاتِ السَّمَاوِيَّةِ الأُخْرَى .

to entrust | VIII | اِئْتَمَنَ يَأْتَمِنُ اِئْتِمَانٌ

سَافَرَ الزَّوْجُ إِلَى الْخَارِجِ وَائْتَمَنَ أَخَاهُ عَلَى زَوْجَتِهِ وَأَوْلَادِهِ .

to entrust | X | اِسْتَأْمَنَ يَسْتَأْمِنُ اِسْتِئْمَانٌ

لَقَد اِسْتَأْمَنْتُ أَخِي الأَكْبَرَ عَلَى مَالِي كُلِّهِ .

أ ن ي

to proceed slowly | V | تَأَنَّى يَتَأَنَّى تَأَنٍ / أَنَاةٌ

فِي التَّأَنِّي السَّلَامَةُ ، وَفِي الْعَجَلَةِ النَّدَامَةُ .

أ نـ ب

to blame II أَنَّبَ يُؤَنِّب تأنيب

لَيْسَ هُوَ السَّبَبَ في الْخَطَأ ، لِماذا يُؤنِّبونَهُ ؟!

أ نـ س

to like s.o's company I أَنَسَ يَأْنَسُ أُنْسٌ

إِنَّهُ دائِمًا يُحِبُّ مَجالَسَتَهُ ، وَيَأْنَسُ بِوُجودِهِ مَعَهُ .

to keep s.o. company III آنَسَ يُؤَانِسُ مُؤَانَسَةٌ

يُعْجِبُني مِنْهُ أَنَّهُ دائِمًا يُؤانِسُ ضُيُوفَهُ .

to keep s.o. company IV آنَسَ يُؤْنِسُ إِينَاسٌ

إِنَّهُ رَجُلٌ لَطيفٌ يُؤْنِسُكَ بِحَديثِهِ الْمشَوِّق .

to keep each other company VI تَآنَسَ يَتَآنَسُ تَآنُسٌ

التَّآنُسُ مَظْهَرٌ جَميلٌ لِلْعَلاقاتِ الطَّيِّبَةِ بَيْنَ النَّاسِ .

to be greatly pleased X اِسْتَأْنَسَ يَسْتَأْنِسُ اِسْتِئْنَاسٌ

أَتمَنَّى أَنْ يَزوروا لِنَسْتَأْنِسَ بِهِمْ وَبِأَطْفالِهِمْ .

أ نـ ف

to disdain I أَنِفَ يَأْنَفُ أَنَفٌ

لَمْ يُحِبَّ أَنْ يُشَارِكَهُم الطِّعَامَ ، إِنَّهُ يَأْنَفُ مِنْ ذَلِكَ .

to resume X اِسْتَأْنَفَ يَسْتَأْنِفُ اِسْتِئْنافٌ

يَسْتَأْنِفُ الطَّرفانِ مُحادَثاتِهِما الأُسبوعَ الْمُقْبِلَ .

أ نـ ق

to be elegant V تَأَنَّقَ يَتَأَنَّقُ تَأَنُّقٌ

لا أُحِبُّ طَريقَةَ هَذا الشَّابِّ ، إِنَّهُ يَتَأَنَّقُ أَكْثَرَ مِنَ اللاَّزِمِ .

أ نـ ن

to moan I أَنَّ يَئِنُّ أَنِينٌ

اِشْتَدَّ الأَلَمُ عَلَى الْمَريضِ فَأَخَذَ يَئِنُّ طوالَ اللَّيْلِ .

أ هـ ب

تَأَهَّبَ يَتَأَهَّبُ تَأَهُّبٌ V to be ready

اَلْجُنْدِيُّ الْماهِرُ يَظَلُّ في حَالةِ تَأَهُّبٍ دائِمٍ .

أ هـ ل

أَهَّلَ يُؤَهِّلُ تَأْهِيلٌ II to qualify for

اَلتَّأهيلُ الْمِهْنِيُّ مُهِمٌّ جِدًا قَبْلَ الْوَظِيفَةِ .

تَأَهَّلَ يَتَأَهَّلُ تَأَهُّلٌ V to be ready

عِنْدَمَا يَتَأَهَّلُ الشَّابُّ لِلزَّوَاجِ ، يُمْكِنُهُ أَنْ يَتَزَوَّجَ .

اِسْتَأْهَلَ يَسْتَأْهِلُ —— X to deserve

هَذَا الْمُوَظَّفُ نَشِيطٌ جِدًا ، لِذَا فَإِنَّهُ اسْتَأْهَلَ التَّرْقِيَةَ لِدَرَجةٍ أَعْلَى .

أ و ب

آبَ يَؤوبُ إِيَابٌ I to return

نَحْمَدُ اللهَ ، لَقَدْ آبَ مِنْ سَفَرِهِ وَرَجَعَ إِلَى وَطَنِهِ .

أ و ل

آلَ يَؤُولُ إِيالَةٌ / أَيْلولَةٌ I to reach

عِنْدَما آلَ إِلَيهِ أَمْرُ الشَّرِكَةِ ، وَجَدَها قَدْ أَفْلَسَتْ .

أَوَّلَ يُؤَوِّلُ تَأْوِيلٌ II to interpret

تَأْوِيلُ الْقُرْآنِ الْكَرِيم يَعْنِي بِبَسَاطَةٍ : تَفْسيرَ الْقُرْآنِ الْكَرِيم .

تَأَوَّلَ يَتَأَوَّلُ تَأَوُّلٌ V to interpret

يَتَأَوَّلُ الْفَلاَسِفَةُ عَادَةً عِنْدَ شَرْحِهِمْ أَفْكَارًا غَامِضَةً .

أ و ن

آنَ يَئِينُ أَوَانٌ I to be time for s.th.

قُلْتُ لَهُمْ : لَيْسَ هَذا أَوانَ الْخِلافِ وَالنِّزاعِ .

أ و ي

أَوَى	يَأْوِي	أَوْيٌّ	I	to seek shelter

عِنْدَمَا سَمِعَ صَفَّارَةَ الْإِنْذَارِ بِالْغَارَةِ ، أَوَى إِلَى الْمَلْجَأِ .

آوَى	يُؤْوِي	إِيوَاءٌ	IV	to seek shelter

تَبْنِي الْحُكُومَةُ مَسَاكِنَ إِيواءٍ جديدَةً ، لِمَنْ فَقَدوا مَنازِلَهُمْ في الْحَرْبِ .

أ يـ د

أَيّدَ	يُؤَيِّدُ	تَأْيِيدٌ	II	to support

لا أَوافِقُ عَلى تَأْيِيدِ هَذا الْمُرشَّحِ لِقِلَّةِ خِبْرَتِهِ .

ب

بـ تـ ت

بَتَّ   يَبُتُّ   بَتٌّ   I   to decide

لَمْ يُبَتَّ فِي قَرَارِ تَعْيِينِهِ بَعْدُ .

اِنْبَتَّ   يَنْبَتُّ   ——   VII   to be cut off

بَعْدَ سَفَرِهَا إِلَى الْبَرَازِيلِ ، اِنْبَتَّتِ الصِّلَةُ بَيْنَها وَبَيْنَ أصْدِقَائِهَا .

بـ تـ ر

بَتَرَ   يَبْتُرُ   بَتْرٌ   I   to cut off

قَرّر الطَّبيبُ بَتْر سَاقِ الْمريضِ حِرْصًا عَلى حَياتِهِ .

انْبَتَر   يَنْبَتِرُ   انْبتَارٌ   VII   to be cut off

اِنْبَتَرَتْ ساقُه في الْعَمَلِ ، فَتَمَّ تَعْوِيضُهُ عَن الْإِصابَةِ .

بـ ثـ ث

بَثَّ   يَبُثُّ   بَثٌّ   I   to transmit

اَلتِّلِيفزْيُونُ الْمِصْرِيُّ يَبُثُّ بَعْضَ بَرَامِجِهِ الْآنَ إِلَى عَدِيدٍ مِنَ الدُّوَلِ .

اِنْبَثَّ   يَنْبَثُّ   ——   VII   to penetrate

بَدَأَتِ الْمُظَاهَرَةُ سِلْمِيَّةً ، ثُمَّ انْبَثَّ فِيهَا عَدَدٌ مِنْ مُثِيرِي الشَّغَبِ .

بـ ثـ ق

اِنْبَثَقَ   يَنْبَثِقُ   اِنْبِثَاقٌ   VII   to emerge

بَعْدَ مُناقَشاتٍ مُطَوَّلَةٍ ، اِنْبَثَقَتْ عِدَّةُ نَتَائجَ وَتَوْصِياتٍ .

بـ جـ ل

بَجَّلَ   يُبَجِّلُ   تَبْجِيلٌ   II   to honor

تَسْتَقْبِلُ مِصْرُ ضُيُوفَهَا وَزُوَّارَها الْكِبَارَ بِمَرَاسِمِ التَّبْجِيلِ وَالْإِكْرَامِ .

ب ح ث

بَحَثَ يَبْحَثُ بَحْثٌ I to discuss

بَحَثَ رئِيسُ الْوُزَرَاءِ عَدَدًا مِنَ الْمَوْضُوعَاتِ الْحَيَوِيَّةِ مَعَ السَّادَةِ الْوُزَرَاءِ .

بَاحَثَ يُبَاحِثُ مُبَاحَثَةٌ III to discuss

بَدَأَتِ الْمُبَاحَثَاتُ الرَّسْمِيَّةُ بَيْنَ وُفُودِ الدُّوَلِ أَمْسِ .

تَبَاحَثَ يَتَبَاحَثُ —— VI to confer (with, about)

ظَلَّ الْوُزَرَاءُ يَتَبَاحَثُونَ فِي الْمَوْضُوعِ لِمُدَّةِ سَاعَتَيْنِ .

ب ح ح

بُحَّ يُبَحُّ بَحٌّ I to become hoarse (voice)

بُحَّ صَوْتِي وَأَنا أُنَبِّهُ طُلاَّبِي وَزُمَلائي إِلَى أَهَمِّيةِ هذا الْقامُوسِ .

ب ح ر

أَبْحَرَ يُبْحِرُ إِبْحَارٌ IV to sail

أَبْحَرَ إِلَى إيطاليا مُنْذُ عامَيْنِ ، وَلَمْ يَعُدْ .

تَبَحَّرَ يَتَبَحَّرُ تَبَحُّرٌ V to study thoroughly

تَبَحَّرَ أَسْلافُنا الْعَرَبُ في دِراسَةِ الْعُلومِ الْعَرَبِيَّةِ .

ب ح ل ق

بَحْلَقَ يُبَحْلِقُ بَحْلَقَةٌ Q to gaze

لا أُرَحِّبُ مِنْهُ أَنْ يَظَلَّ يُبَحْلِقُ في الطَّعامِ وَلا يَأْكُلُ .

ب خ خ

بَخَّ يَبُخُّ بَخٌّ I to splatter

يَبُخُّ " الْمَكْوَجِيُّ " الْقَميصَ بِالْماءِ قَبْلَ الْكَيِّ ، وفي الْحَديثِ النَّبوِيِّ بَخٍ بَخٍ أي " حَسَنًا ".

ب خ ر

بَخَّرَ يُبَخِّرُ تَبْخِيرٌ II to perfume with incense

اِعْتادَ التَّاجِرُ أَنْ يُبَخِّرَ " دُكَّانَهُ " كُلَّ صَباحٍ لِجَلْبِ الرِّزْقِ .

to evaporate V تَبَخَّرَ يَتَبَخَّرُ تَبَخُّرٌ

كَانَتْ لَهُمْ آمَالٌ عَرِيضَةٌ ، وَلكِنَّهَا تَبَخَّرَتْ فِي الْهَوَاءِ .

ب خ س

to devalue I بَخَسَ يَبْخَسُ بَخْسٌ

مِنَ الظُّلْمِ أَنْ نَبْخَسَ الآخَرِينَ حُقُوقَهُمْ .

ب خ ل

to be stingy I بَخِلَ يَبْخَلُ بُخْلٌ

بَيْنَ الْبُخْلِ وَالْحِرْصِ خَيْطٌ رَفِيعٌ .

ب د أ

to start I بَدَأَ يَبْدَأُ بَدْءٌ

بَدَأَتِ الْعَلاَقَاتُ بَيْنَ الْبَلَدَيْنِ فِي التَّحَسُّنِ مُنْذُ الْعَامِ الْمَاضِي .

to take the initiative (in, to) III بَادَأَ يُبَادِئُ مُبَادَأَةٌ

هُوَ رَجُلٌ لَطِيفٌ جِدًّا ، دَائِمًا يُبَادِئُ النَّاسَ بِالتَّحِيَّةِ .

to start VIII اِبْتَدَأَ يَبْتَدِئُ اِبْتِدَاءٌ

هَذَا طِفْلٌ عُمْرُهُ سَنَتَانِ ، وَقَدِ ابْتَدَأَ الْمَشْيَ مُنْذُ شَهْرَيْنِ فَقَطْ .

ب د د

to dissipate s.th., to squander II بَدَّدَ يُبَدِّدُ تَبْدِيدٌ

حُكِمَ عَلَيْهِ بِالسَّجْنِ ؛ لأَنَّهُ بَدَّدَ أَمْوَالَ الدَّوْلَةِ وَسَرَقَهَا لِنَفْسِهِ .

to be dispersed V تَبَدَّدَ يَتَبَدَّدُ تَبَدُّدٌ

اَلْحَمْدُ لِلهِ ، لَقَدْ تَبَدَّدَت السُّحُبُ وَأَصْبَحَ الْجَوُّ صَافِيًا كَمَا كَانَ .

to be obstinate, tyrannical X اِسْتَبَدَّ يَسْتَبِدُّ اِسْتِبْدَادٌ

يُقَالُ فِي الْحِكَمِ : " مَنِ اسْتَبَدَّ بِرَأْيِهِ هَلَكَ " .

ب د ر

to occur I بَدَرَ يَبْدُرُ ——

لَمْ يَبْدُرْ مِنْهُ شَيْءٌ ، فَلِمَاذَا يُعَاقِبُونَهُ ؟

to hasten (to)	III	مُبَادَرَةٌ	يُبَادِرُ	بَادَرَ

حِينَ لَمَحْتُ دُخَانَ الْحَرِيقِ ، بَادَرْتُ بِاسْتِدْعَاءِ رِجَالِ الْإِطْفَاءِ .

to occur	VI	——	يَتَبَادَرُ	تَبَادَرَ

حِينَ سَمِعْتُ الْخَبَرَ ، تَبَادَرَ إِلَى ذِهْنِي أَكْثَرُ مِنْ سُؤَالٍ .

to ask unexpectedly	VIII	——	يَبْتَدِرُ	اِبْتَدَرَ

لَقَدِ ابْتَدَرْتُهُ بِسُؤَالٍ صَعْبٍ لَمْ يَعْرِفْ كَيْفَ يُجِيبُ عَلَيهِ .

بـ د ع

to be creative	I	بَدْعٌ	يَبْدَعُ	بَدَعَ

اَلْبِدْعُ شَيْءٌ جَميلٌ ، أما الْبِدْعةُ فَأَمْرٌ فيهِ انْحِرافٌ .

to make with creativity	II	تَبْدِيعٌ	يُبَدِّعُ	بَدَّعَ

يَقُولُ الْعامَّة " بَدَّعَ الْمُطْرِبُ في الْحفْلةِ أَمْسِ " ، أَيْ أَتى بِكُلِّ جَديدٍ لَدَيْهِ .

to excel creatively	IV	إِبْدَاعٌ	يُبْدِعُ	أَبْدَعَ

مِن الْمَجَلاَّت الْمِصْرِيِّة: مَجَلَّةُ "فِكْرٌ وَإِبْدَاعٌ" .

to create, innovate	VIII	اِبْتِدَاعٌ	يَبْتَدِعُ	اِبْتَدَعَ

كُلَّما حَاوَلَ أَنْ يَبْتَدِعَ شَيْئًا ، هاجَموهُ في الصَّحافَةِ .

بـ د ل

to change	II	تَبْدِيلٌ	يُبَدِّلُ	بَدَّلَ

إِنَّهُ رَجُلٌ مُسْتَبِدٌ ، لا يُبَدِّلُ رَأْيَهُ وَلَوْ كانَ خطأً .

to reciprocate	III	مُبَادَلَةٌ	يُبَادِلُ	بَادَلَ

إِنَّها تُحِبُّهُ ، وَهْوَ يُبَادِلُهَا نَفْسَ الشُّعُورِ .

to substitute (for)	IV	إِبْدَالٌ	يُبْدِلُ	أَبْدَلَ

طَلَبَ مِنْهُ الأُسْتَاذُ أَنْ يُبْدِلَ الْجُمَلَ الْفِعْلِيَّةَ بِجُمَلٍ اِسْمِيَّةٍ .

to change	V	تَبَدُّلٌ	يَتَبَدَّلُ	تَبَدَّلَ

بَعْدَ عَوْدَتِهِ مِنَ السَّفَرِ ، وَجَدْتُ أَنَّهُ تَبَدَّلَ كَثِيرًا عَنْ ذِي قَبْلُ .

to exchange	VI	تَبَادُلٌ	يَتَبَادَلُ	تَبَادَلَ

مَنَ الْمُؤْسِفِ أَنَّهُمْ تَبَادَلُوا الشَّتَائِمَ فِي الْمَكْتَبِ وَأَمَامَ النَّاسِ .

to take instead (of) X اِسْتَبْدَلَ يَسْتَبْدِلُ اِسْتِبْدَالٌ

هِيَ لا تُحِبُّ الْحَقِيبَةَ الْحَمْرَاءَ ؛ وَلِهَذَا فَقَدِ اسْتَبْدَلَتْ بِهَا حَقِيبَةً بَيْضَاءَ .

ب د ن

to become fat I بَدُنَ يَبْدُنُ بَدَانَةٌ

كَثْرَةُ الْأَكْلِ وَعَدَمُ الْحَرَكَةِ مِنْ أَهَمِّ أَسْبابِ الْبَدانَةِ وَالْمَرَضِ .

ب د و

to appear I بَدَا يَبْدُو ——

يَبْدُو أَنَّهُ لاَ يُحِبُّ هَذَا الْعَمَلَ .

to express IV أَبْدَى يُبْدِي إِبْدَاءٌ

يُعْجِبُنِي فيهِ أَنَّهُ لا يُبْدِي رَأْيَهُ إلاَّ بَعْدَ دِراسَةٍ وَتَفْكيرٍ .

ب ذ ر

to sow I بَذَرَ يَبْذُرُ بَذْرٌ

سَقَى الْفَلاَّحُونَ الْأَرْضَ بَعْدَ أَنْ بَذَرُوا بُذُورَ الْقَمْحِ .

to waste II بَذَّرَ يُبَذِّرُ تَبْذِيرٌ

التَّبْذيرُ أَوْ إِنْفاقُ الْمَالِ الْكثير فيمَا لا يُفيدُ أَمْرٌ غَيْرُ مَحْبوبٍ .

ب ذ ل

to exert I بَذَلَ يَبْذُلُ بَذْلٌ

بَذَلْتُ جُهْدًا كَبيرًا كَيْ أَنْجَحَ فِي الِامْتِحانِ .

to use vulgar language VIII اِبْتَذَلَ يَبْتَذِلُ اِبْتِذَالٌ

إِنَّهُ رَجُلٌ مُحْتَرَمٌ ، لاَ يَبْتَذِلُ أَبَدًا فِي كَلاَمِهِ .

ب ر ء

to be, become innocent I بَرِئَ يَبْرَأُ بَرَاءَةٌ / بُرْءٌ

في الْقُرْآنِ الْكَريمِ سورَةٌ تُسَمَّى " التَّوْبَةَ " وَأَيْضًا " بَراءَةً " .

to make s.o. innocent	II	بَرَّأَ يُبَرِّئُ تَبْرِئَةٌ
يُحاوِلُونَ تَبْرِئَتَهُ مِنْ جَرِيمَتِهِ ، وَلَكِنْ هَيْهاتَ .

to exonerate	IV	أَبْرَأَ يُبْرِئُ إِبْرَاءٌ
أَبْرَأَتِ الْمَرأَةُ زَوْجَها مِنْ مُؤَخَّرِ الصَّداقِ وَالنَّفَقَةِ ، نَظيرَ الطَّلاقِ .

to declare o.s. innocent	V	تَبَرَّأَ يَتَبَرَّأُ تَبَرُّؤٌ
كادَ الْأَبُ الطَّيِّبُ يَتَبرَّأُ مِن ابْنِهِ لِسُلوكِهِ الْمُنْحَرِفِ .

to declare o.s. innocent	X	اِسْتَبْرَأَ يَسْتَبْرِئُ اِسْتِبْراءٌ
الِاسْتِبْراءُ في الشَّرْعِ الْإِسْلامِيِّ ، أن تُخْلِيَ ذِمَّتَكَ مما لَيْسَ لَكَ .

ب ر ح

to leave	I	بَرِحَ يَبْرَحُ ——
قَرَّرْنا أَلاَّ نَبْرَحَ الشَّاطِئَ قَبْلَ غُرُوبِ الشَّمْسِ .

to leave	III	بَارَحَ يُبَارِحُ مُبَارَحَةٌ
بَعْدَ انْتِهاءِ الْمُباراةِ ، كانَتْ مُبارَحَةُ الْمَلْعَبِ صَعْبَةً لِلْغَايَةِ .

ب ر د

to become cold	I	بَرَدَ يَبْرُدُ بَرْدٌ
لا تَشْرَبي الشَّايَ وَهْوَ ساخِنٌ ، اِنتَظِري حَتَّى يَبْرُدَ .

to make cold	II	بَرَّدَ يُبَرِّدُ تَبْرِيدٌ
لَمْ يَعُدْ تَبْرِيدُ الثَّلاَّجَةِ عَلَى النَّحْوِ الْمَطْلُوبِ ، سَأَشْتَرِي أُخْرَى .

ب ر ر

to treat with reverence	I	بَرَّ يَبَرُّ بِرٌّ
بِرُّ الْوالِدَيْنِ هُوَ وَاجِبُ الْأَبْنَاءِ لِلْآباءِ وَالْأُمَّهاتِ .

to justify	II	بَرَّرَ يُبَرِّرُ تَبْرِيرٌ
حَاوَلَ أَنْ يُبَرِّرَ خَطَأَهُ وَيَعْتَذِرَ ، وَلَكِنْ دُونَ جَدْوَى .

to be justified	V	تَبَرَّرَ يَتَبَرَّرُ تَبَرُّرٌ
أَعْتَقِدُ أَنَّ الْقَضَايا قَدْ تَبَرَّرَتِ الْآنَ عَلَى نَحْوٍ مَقْبولٍ .

ب ر ز

to become prominent	I	بُرُوزٌ	يَبْرُزُ	بَرَزَ

فِي السَّنَواتِ الْأَخِيرَةِ ، بَرَزَ عَدَدٌ كَبِيرٌ مِنَ الْأُدَبَاءِ الشُّبَّانِ .

to excel (in)	II	——	يُبَرِّزُ	بَرَّزَ

لَقَدْ بَرَّزَ هَذَا الْكَاتِبُ فِي مَجَالِ الْعِلْمِ وَالْأَدَبِ عَلَى السَّوَاءِ .

to compete in a duel	III	مُبَارَزَةٌ	يُبَارِزُ	بَارَزَ

أُحِبُّ مُشَاهَدَةَ الْأَفْلَامِ الَّتِي فِيهَا حَلَقَاتُ مُبَارَزَةٍ .

to present	IV	إِبْرَازٌ	يُبْرِزُ	أَبْرَزَ

الْمُؤَلِّفُ فِي هَذَا الْكِتَابِ لا يُبْرِزُ أَفْكَارَهُ بِوُضُوحٍ .

to duel	VI	——	يَتَبَارَزُ	تَبَارَزَ

تَبَارَزَ الرَّجُلَانِ فَقَتَلَ أَحَدُهُمَا الْآخَرَ بَعْدَ دَقَائِقَ ، والْجُمْهُورُ الْأَبْلَهُ يُصَفِّقُ .

ب ر ع

to excel (in)	I	بَرَاعَةٌ	يَبْرَعُ	بَرَعَ

بَرَعَ الرِّوَائِيُّ فِي رَسْمِ صُوَرٍ حَيَّةٍ لِشَخْصِيَّاتِ رِوَايَتِهِ .

to donate	V	تَبَرُّعٌ	يَتَبَرَّعُ	تَبَرَّعَ

كَانَتْ دَائمًا تَعْطِفُ عَلَى الْفُقَرَاءِ ، وَقَدْ تَبَرَّعَتْ بِالْكَثِيرِ .

ب ر ق

to glitter, flash	I	بَرْقٌ	يَبْرُقُ	بَرَقَ

أُحِبُّ مُشَاهَدَةَ النُّجُومِ وَهْيَ تَبْرُقُ فِي السَّمَاءِ .

to cable (to)	IV	——	يُبْرِقُ	أَبْرَقَ

أَبْرَقْتُ إِلَيْهِ أَنْ يَحْضُرَ فَوْرًا ، كَلَّفَتْنِي الْبَرْقِيَّةُ خَمْسين جُنَيْهًا .

ب ر ك

to kneel down	I	بَرْكٌ	يَبْرُكُ	بَرَكَ

يُعْجِبُ السَّائِحِينَ مَنْظَرُ الْجِمَالِ وَهْيَ تَبْرُكُ حَوْلَ الْأَهْرَامَاتِ .

to bless	III	مُبَارَكَةٌ	يُبَارِكُ	بَارَكَ

دَعَوْتُ لَهُ أَنْ يُبارِكَ الله لَهُ فِي مَالِهِ وَعِيَالِهِ .

to be blessed	V	تَبَرَّكَ يَتَبَرَّكُ تَبَرُّكٌ

يَتَبَرَّكُ الْمُسْلِمُونَ بِزِيَارَةِ أَضْرِحَةِ الْأَوْلِيَاءِ .

to be glorified	VI	تَبَارَكَ —— ——

خَلَقَ اللهُ الْإِنْسَانَ عَلَى أَحْسَنِ صُورَةٍ ، " فَتَبَارَكَ اللهُ أَحْسَنُ الْخَالِقِينَ " .

to be blessed	X	اِسْتَبْرَكَ يَسْتَبْرِكُ ——

كَثِيرٌ مِنَ الْأَطْفَالِ يَسْتَبْرِكُونَ بِدَعَوَاتِ كِبَارِ السِّنِّ .

ب ر م

to twist	I	بَرَمَ يَبْرُمُ بَرْمٌ

يَبْرُمُ الْخَيَّاطُ الْخَيْطَ لِيُصْبِحَ أَكْثَرَ مَتَانَةً .

to conclude (a deal)	IV	أَبْرَمَ يُبْرِمُ إِبْرَامٌ

أَبْرَمَ مَعَهُمْ صَفْقَةً كَبِيرَةً ، تَمَنِّيَاتِي لَهُمْ بِالنَّجَاحِ .

to be twisted, concluded	VII	اِنْبَرَمَ يَنْبَرِمُ اِنْبِرَامٌ

اِنْبَرَمَ الْحَبْلُ ، فَلَمْ أَعُدْ أَعْرِفُ أَوَّلَهُ مِنْ آخِرِهِ .

ب ر م ج

to create a program	Q	بَرْمَجَ يُبَرْمِجُ بَرْمَجَةٌ

دَرَسَ عِدَّةَ دَوْرَاتٍ فِي الْبَرْمَجَة ، وَهُوَ الْآنَ يَبْحَثُ عَنْ عَمَلٍ .

ب ر ه ن

to prove	Q	بَرْهَنَ يُبَرْهِنُ بَرْهَنَةٌ / بُرْهَانٌ

طَلَبَ الْقَاضِي مِنَ الْمُحَامِي أَنْ يُبَرْهِنَ عَلَى بَرَاءَةِ الْمُتَّهَمِ .

ب ر ي

to sharpen	I	بَرَى يَبْرِي بَرْيٌ

حَاوَلَ الطِّفْلُ أَنْ يَبْرِيَ الْقَلَمَ الرُّصَاصَ " بِالْبَرَّايَةِ " فَجَرَحَ يَدَهُ .

to compete with s.o.	III	بَارَى يُبَارِي مُبَارَاةٌ

كَانَتْ مُبَارَاةُ الْأَمْسِ غَيْرَ مُتَكَافِئَةٍ تَمَاماً بَيْنَ الْفَرِيقَيْنِ .

اِنْبَرَى يَنْبَري اِنْبِرَاءٌ VII to defy

لِقَدْ انْبَرى لهُم الْمُحامي وَكَشَفَ أَلاعيبَهُمْ فَكَسَبَ الْقَضِيَّةَ .

بـ ز ز

بَزَّ يَبُزُّ —— I to excel (s.o.)

نَاقَشَهُمْ فِي أُمُورٍ كَثِيرَةٍ وَاسْتَطَاعَ أَنْ يَبُزَّهُمْ جَمِيعًا بِعِلْمِهِ وَمَعْرِفَتِهِ .

اِبْتَزَّ يَبْتَزُّ اِبْتِزَازٌ VIII to rob s.o. (of)

لَمْ يَكُنْ يُحِبُّهَا ، لَقَدْ تَزَوَّجَها فَقَطْ لِيَبْتَزَّ أَمْوَالَهَا .

بـ ز غ

بَزَغَ يَبْزُغُ بُزُوغٌ I to shine (on)

بَزَغَتْ شَمْسُ الْحُرِّيَّةِ عَلَى الْعَدِيدِ مِنَ الْبُلْدَانِ بعد حركات الاستقلال .

بـ ز ق

بَزَقَ يَبْزُقُ بَزْقٌ I to spit

أَحْيَاناً نِجِدُ " لافِتَةً " في الْمُسْتَشْفَياتِ تَقَولُ " مَمْنَوُعٌ الْبَصْقُ عَلَىْ الأَرْضِ " يَقْصِدونَ " الْبَزْقَ " .

بـ ز ل

بَزَلَ يَبْزُلُ بَزْلٌ I to filter (liquid)

اَلْبَزْلُ وَشَفْطُ الدُّهونِ مِن الأُمورِ الطِّبِّيَّةِ الّتي لا يَعْرِفُها الْكَثيرونَ .

بـ سـ ر

اِبْتَسَرَ يَبْتَسِرُ اِبْتِسَارٌ VIII to take premature action

كَيْفَ يُمْكِنُ لِلْمُديرِ أَنْ يَبْتَسِرَ قَراراتِهِ ، أَيْ أَنْ يُصْدِرَها دونَ دِراسَةٍ .

بـ سـ ط

بَسَطَ يَبْسُطُ بَسْطٌ I to spread out

بَسَطْتُ لَهَا يَدَ الْعَوْنِ ؛ لأَنَّهَا كَانَتْ تَسْتَحِقُّ.

بَسَّطَ يُبَسِّطُ تَبْسِيطٌ	II	to simplify

حَاوَلَ الْأُسْتَاذُ أَنْ يُبَسِّطَ الْمَسْأَلَةَ ، فَقَامَ يَشْرَحُهَا عَلَى السَّبُّورَةِ .

بَاسَطَ يُبَاسِطُ مُبَاسَطَةٌ	III	to be informal

إِنَّنِي دَائِمًا أُبَاسِطُ الْعُمَّالَ وَلاَ أَتَشَدَّدُ مَعَهُمْ .

تَبَسَّطَ يَتَبَسَّطُ تَبَسُّطٌ	V	to treat informally

لا أُرِيدُ أَنْ أَتَبَسَّطَ مَعَهُ فَيَفْهَمَنِي خَطأً وَيُهْمِلَ فِي وَاجِبِهِ .

اِنْبَسَطَ يَنْبَسِطُ اِنْبِسَاطٌ	VII	to be delighted (in)

قَابَلُوهُ بِتَرْحَابٍ شَدِيدٍ . فَانْبَسَطَ لِذَلِكَ أَيَّمَا انْبِسَاطٍ .

اِسْتَبْسَطَ يَسْتَبْسِطُ اِسْتِبْسَاطٌ	X	to regard simplistically

اِسْتَبْسَطَ الْمَسْأَلَةَ وَلَكِنَّهَا كَانَتْ أَصْعَبَ مِمَّا يَتَصَوَّرُ .

ب س ق

بَسَقَ يَبْسُقُ بُسُوقٌ	I	to be high

اِسْمُ الْفاعِلِ مِن الْفِعْلِ " بَسَقَ " هُوَ باسِقٌ ، يَقُولونَ : " أَشْجارٌ باسِقَةٌ " أَيْ عالِيَةٌ .

ب س ل

بَسُلَ يَبْسُلُ بَسَالَةٌ	I	to be brave

أَظْهَرَ الْجُنودُ بَسالَةً غَيْرَ مَأْلوفَةٍ فِي مَعْرَكَتِهِم الأَخيرَةِ .

تَبَسَّلَ يَتَبَسَّلُ تَبَسُّلٌ	V	to become brave

حاوَلَ أَنْ يَتَبَسَّلَ ويكونَ أَكْثَرَ شجاعَةً ، وَلَكِنَّه انْهَزَمَ .

اِسْتَبْسَلَ يَسْتَبْسِلُ اِسْتِبْسَالٌ	X	to defy death

اِسْتَبْسَلَ كافَّةُ الْجُنودِ فِي الْحرَبِ ، حَتَّى تَمَّ لَهُم النَّصْرُ .

ب س م ل

بَسْمَلَ يُبَسْمِلُ بَسْمَلَةٌ	Q

to say “ In the name of God, the Merciful, the Compassionate ”

أَبْدَأُ عَمَلِي بِالْبَسْمَلَةِ ، بِأَنْ أَقُولَ : بِسْمِ اللهِ الرَّحْمَنِ الرَّحِيمِ .

ب ش ر

بَشَرَ يَبْشُرُ بَشْرٌ — I — to peel

يَسْتَخْدِمُ بَعْضُ النَّاسِ بَشْرَ الْبُرْتُقالِ في عَمَلِ " مُرَبَّى " .

بَشَّرَ يُبَشِّرُ تَبْشِيرٌ — II — to announce good news to

بَشَّرَهُ الطَّبِيبُ بِأَنَّ الزَّوْجَةَ قَدْ أَنْجَبَتْ مَوْلُودًا ذَكَرًا ، لَمْ يَفْرَحْ ، كانَ يُرِيدُ أُنْثَى .

بَاشَرَ يُبَاشِرُ مُبَاشَرَةٌ — III — to attend (to)

إِنَّهُ يُبَاشِرُ عَمَلَهُ الْآنَ بِجِدِّيَّةٍ وَنَشَاطٍ ، أَتمَنَّى أَنْ يَسْتَمِرَّ .

تَبَاشَرَ يَتَبَاشَرُ —— — VI — to take as a good omen

تَبَاشَرْتُ خَيْرًا عِنْدَمَا عَلِمْتُ عَنْ زِيَادَةِ الْمُرَتَّبَاتِ .

اِسْتَبْشَرَ يَسْتَبْشِرُ اِسْتِبْشَارٌ — X — to take as a good omen

رَأَيْتُ فِي الْحُلْمِ حَمامَةً بَيْضَاءَ تُرَفْرِفُ فَوْقَ بَيْتِي فَاسْتَبْشَرْتُ خَيْرًا .

ب ش ع

بَشِعَ يَبْشَعُ بَشَاعَةٌ — I — to be ugly

لَمْ أَرَ مِثْلَ هَذِهِ الْبَشَاعَةِ مِنْ إِنْسانٍ .

بَشَّعَ يُبَشِّعُ تَبْشِيعٌ — II — to make ugly

ظَلَّ يُبشِّعُ لَهُ فيها ، حَتَّى قَرَّر عَدَمَ الزَّواجِ مِنْها .

اِسْتَبْشَعَ يَسْتَبْشِعُ اِسْتِبْشَاعٌ — X — to regard as ugly

اِسْتَبْشَعْتُ مِنْهُمْ أَنْ يَنْزِلوا إِلَى هَذا الْمُسْتَوى اللَّا أَخْلاقِي في حِوارِهِمْ .

ب ص ر

بَصُرَ يَبْصُرُ بَصَرٌ — I — to see

بَحَثْتُ عَنْهُ كَثِيرًا ، وَأَخِيرًا بَصُرْتُ بِهِ نائِمًا تَحْتَ شَجَرَةٍ .

أَبْصَرَ يُبْصِرُ إِبْصَارٌ — IV — to catch sight (of)

أَبْصَرْتُ الرَّئِيسَ وَهْوَ يُلَوِّحُ بِكِلْتا يَدَيْهِ لِلْجَماهِيرِ .

تَبَصَّرَ يَتَبَصَّرُ تَبَصُّرٌ — V — to reflect on, regard

أَعْلَمُ أَنَّهُ مَشْرُوعٌ جَيِّدٌ ، وَلَكِنِّي فَقَطْ أَتَبَصَّرُ النَّتَائِجَ .

اِسْتَبْصَرَ يَسْتَبْصِرُ اِسْتِبْصَارٌ — X — to be enlightened

كُنْتُ فِي حَيْرَةٍ فَاسْتَبْصَرْتُ بِرَأْيِ أُسْتَاذِي .

ب ص ق

بَصَقَ يَبْصُقُ بَصْقٌ I to spit

مَضى الْفِعْلُ " بَزَقَ " ، وَهْوَ وَالْفِعْلُ " بَصَقَ " سَواءٌ في الْمَعْنَى .

ب ص م

بَصَمَ يَبْصُمُ بَصْمٌ I to fingerprint

بَعْدَ أَنْ بَصَمَ الْجاني عَلَى مَحْضَرِ الشُّرْطَةِ ، أَحالوهُ إِلَى النِّيابَةِ .

ب ط أ

بَطُؤَ يَبْطُؤُ بُطْءٌ I to be slow

لَدَيْهِ بُطْءٌ في الْفَهمِ ، وَبُطْءٌ في الْكَلامِ . إِنَّهُ بِحاجَةٍ إِلَى عِلاجٍ عاجِلٍ .

أَبْطَأَ يُبْطِئُ إِبْطَاءٌ IV to cause to slow down

كانَ إِبْطاؤه عَلَيَّ ، سَبَبًا في ضَياعِ فُرصَتِي .

تَبَاطَأَ يَتَبَاطَأُ تَبَاطُؤٌ VI to proceed slowly

أَكْرَهُ الْمُوَظَّفَ الَّذي يَتَباطَأُ وَهْوَ يُؤَدِّي عَمَلَهُ في خِدْمَةِ الْجَماهيرِ .

اِسْتَبْطَأَ يَسْتَبْطِىءُ اِسْتِبْطَاءٌ X to find slow

اسْتَبْطَأْتُهُ ، فَأَرْسَلتُ إِلَيْه أَخي يَسْتَنْهِضُهُ لِلْحُضورِ .

ب ط ح

بَطَحَ يَبْطَحُ بَطْحٌ I to throw s.o. to the ground

عَلِمْتُ أَنَّهُ " بَطَحَهُ " أَيْ أَحْدَثَ في جَبْهَتِه جُرْحاً دامِيًا عِنْدَمَا أَوْقَعَهُ عَلَى وَجْهِهِ.

اِنْبَطَحَ يَنْبَطِحُ اِنْبِطَاحٌ VII to lie prostrate

حينَ سَمِعَ طَلَقاتِ الرَّصاصِ حَوْلَهُ ، اِنْبَطَحَ عَلَى الْأَرْض في الْحالِ .

ب ط ر

بَطِرَ يَبْطَرُ بَطَرٌ I to be discontented

أَعْجَبُ لِمَنْ يَبْطَرُونَ النِّعْمَةَ وَلا يَشْكُرُونَ اللهَ .

أَبْطَرَ يُبْطِرُ إِبْطَارٌ IV to make reckless

لَقَدْ أَبْطَرَهُم الثَّرَاءُ ، فَنَسُوا الْفُقَرَاءَ .

to scorn V تَبَطَّرَ يَتَبَطَّرُ تَبَطُّرٌ

لِمَاذَا يَتَبَطَّرُ إِلَى هَذا الْحَدِّ ؟ أَلاَ يَخَافُ غَضَبَ اللهِ ؟

بـ ط ش

to attack violently I بَطَشَ يَبْطِشُ بَطْشٌ

نُذَكِّرُ الجَبّارِينَ والْمُتَكَبِّرِينَ بِقَوْلِ اللهِ تَعالَى: " إِنَّ بَطْشَ رَبِّكَ لَشَديدٌ " .

بـ ط ل

to be inactive, invalid I بَطَلَ يَبْطُلُ بُطْلاَنٌ

لَقَدْ بَطَلَ الْعَمَلُ بِالْقَانُونِ الْقَديمِ ابْتِدَاءً مِنَ الشَّهْرِ الْمَاضِي .

to nullify IV أَبْطَلَ يُبْطِلُ إِبْطَالٌ

أَبْطَلَ الْوَزِيرُ الْعَمَلَ بِالْقَانُونِ الْقَدِيمِ بَدْءاً مِن الشَّهرِ الْماضِي .

بـ ط ن

to be hidden I بَطَنَ يَبْطُنُ بَطْنٌ / بُطونٌ

حينَ نَقولُ " بَطَنَ " الشَّيْءُ ، نَقْصِدُ أَنَّه قَدْ اخْتَفَى وَلَمْ يَعُدْ ظاهِرًا لأَحَدٍ .

to cover the inside II بَطَّنَ يُبَطِّنُ تَبْطِينٌ

بَطَّنَ الْخَيَّاطُ الْقُماشَ أَيْ وَضَعَ لَهُ " بِطانَةً " أَوْ طَبَقَةَ قُماشٍ تَحْتَ الأُخْرَى .

to hide s.th. IV أَبْطَنَ يُبْطِنُ إِبْطَانٌ

سِمَةُ الْمُنافِقينَ أَنَّهُمْ يُبْطِنُونَ غَيْرَ ما يُظْهِرونَ ، عِقابُهُمْ شَديدٌ عِنْدَ اللهِ .

to be lined V تَبَطَّنَ يَتَبَطَّنُ تَبَطُّنٌ

تبّطن الْقماشُ أي أصْبحَ له طَبَقَتان : ظاهِرةٌ وباطِنةٌ .

to have profound knowledge X اِسْتَبْطَنَ يَسْتَبْطِنُ اِسْتِبْطَانٌ

اِسْتَبْطَنَ الأَمْرَ ، أَي إِنَّهُ غاصَ إِلَى أَعْماقِهِ لِيَعْرِفَ الْكَثِيرَ وَالْمَزِيدَ .

بـ ع ث

to send (to) I بَعَثَ يَبْعَثُ بَعْثٌ

بَعَثْتُ إِلَيْهِ حَتَّى الآنَ خَمْسَ رَسَائِلَ وَلَكِنَّهُ لَمْ يَرُدَّ .

to cause to emerge VII اِنْبَعَثَ يَنْبَعِثُ اِنْبِعَاثٌ

يَنْبَغِي أَنْ تَنْبَعِثَ فِي الْقَائِدِ رُوحُ الشَّجَاعَةِ وَالتَّضْحِيَةِ .

to send s.o. on scholarship VIII اِبْتَعَثَ يَبْتَعِثُ اِبْتِعَاثٌ

اِبْتَعَثَتْهُ الدَّوْلَةُ لِدِرَاسَةِ الْقَانُونِ فِي فَرَنْسَا .

ب ع ث ر

to scatter Q بَعْثَرَ يُبَعْثِرُ بَعْثَرَةٌ

بَعْثَرَ الْعُصْفورُ الْحَبَّ كُلَّهُ داخِلَ الْقَفَصِ وَخارِجَهُ .

to be scattered Q1 تَبَعْثَرَ يَتَبَعْثَرُ تَبَعْثُرٌ

تَبَعْثَرَتِ الْأَوْراقُ ، وَلَمْ أَعُدْ أَعْرِفُ أَوَّلَها مِنْ آخِرِها. يالَلْخَسارَةِ !

ب ع ج

to slit open I بَعَجَ يَبْعَجُ بَعْجٌ

بَعَجَ " الشَّحَّاذُ " جِلْبابَهُ فَوْقَ صَدْرِهِ ، لِيَضَعَ فيه كُلَّ ما يَشْحَذُه مِن النَّاسِ .

to be slit open, ripped VII اِنْبَعَجَ يَنْبَعِجُ اِنْبِعَاجٌ

اِنْبَعَجَ بابُ السَّيارَةِ بِسَبَبِ شِدَّةِ التَّصادُمِ .

ب ع د

to be far (from) I بَعُدَ يَبْعُدُ بُعْدٌ

تَبْعُدُ الْإِسْكَنْدَرِيَّةُ عَنِ الْقَاهِرَةِ بِحَوالَيْ مِائَتَيْ كِيلُومِتْرٍ .

to prevent s.o. / s.th. (from) III بَاعَدَ يُبَاعِدُ مُبَاعَدَةٌ

أَصْبَحَتِ الْوَظِيفَةُ تُبَاعِدُ بَيْنِي وَبَيْنَ مُمَارَسَةِ الْأَلْعَابِ الرِّيَاضِيَّةِ .

to keep s.o. away (from) IV أَبْعَدَ يُبْعِدُ إِبْعَادٌ

لَقَدْ أَبْعَدَهُ عَنْهَا سُوءُ مُعَامَلَتِهَا لَهُ .

to keep away (from) VI تَبَاعَدَ يَتَبَاعَدُ تَبَاعُدٌ

أَرَى أَنَّهُ يَتَبَاعَدُ عَنْ أَقَارِبِهِ دُونَ سَبَبٍ يُذْكَرُ .

to keep away (from) VIII اِبْتَعَدَ يَبْتَعِدُ اِبْتِعَادٌ

طَلَبْتُ مِنْ أَخِي الْأَصْغَرِ أَنْ يَبْتَعِدَ عَنِ الْأَشْرَارِ .

اِسْتَبْعَدَ يَسْتَبْعِدُ اِسْتِبْعَادٌ X to regard unlikely

أَسْتَبْعِدُ أَنْ يَكُونَ الْمَالُ هُوَ الدَّافِعَ الْأَوَّلَ أَوِ الْأَسَاسِيَ لِارْتِكَابِ هَذِهِ الْجَرِيمَةِ .

ب غ ت

بَغَتَ يَبْغَتُ بَغْتٌ I to come unexpectedly

بَغَتَهُم الْقَائِدُ وَجُنودُهُ لَيْلاً ، وَقَتلوهُم عَنْ آخِرِهِمْ .

بَاغَتَ يُبَاغِتُ مُبَاغَتَةٌ III to surprise

كانَتِ الْمُباغَتَةُ جَرِيئَةً وَسريعةً وَمَدْروسَةً ، فَانْتَصَرَ الْجَيْشُ عَلَى الْعَدُوِّ .

ب غ د د

تَبَغْدَدَ يَتَبَغْدَدُ تَبَغْدُدٌ Q1 to swagger

تَبَغْدَدَ الرَّجُلُ ، أَي اِنْصَلَحَ حالُهُ وَحَصَلَ على كُلِّ ما تَشْتَهيهِ نَفْسُهُ .

ب غ ض

بَغَضَ يَبْغَضُ بُغْضٌ I to hate

الْبُغْضُ وَالْكُرْهُ سَوَاءٌ ، وَهُما ضِدُّ الْحُبِّ وَالْأُلْفَةِ وَالْمَوَّدةِ .

بَغَّضَ يُبَغِّضُ تَبْغِيضٌ II to make hateful

ظَلَّ أَهْلُهُ يُبَغِّضُونَ لَهُ زَوْجَتَهُ ، حَتَى طَلَّقَها .

بَاغَضَ يُبَاغِضُ مُبَاغَضَةٌ III to hate

اَلْمُباغَضَةُ بَيْنَ النَّاسِ تُوقِفُ حَرَكَةَ التَّنْمِيَةِ في الْمُجْتَمَعِ .

أَبْغَضَ يُبْغِضُ إِبْغَاضٌ IV to hate

لِماذا تُبْغِضُهُ وَهْوَ يُحِبُّها كُلَّ هَذا الْحُبِّ ؟! شَيْءٌ مُحَيِّرٌ .

تَبَاغَضَ يَتَبَاغَضُ تَبَاغُضٌ VI to hate each other

لَوْ ظَلَّ النَّاسُ يَتَباغَضُونَ ، لَشاعَت في الْمُجْتَمَعِ رُوحُ الْانْهِزامِيَّةِ وَالْفَناءِ .

ب غ ي

بَغَى يَبْغِي بَغْيٌ I 1. to seek to attain

هَذا الشَّيْخُ لا يَبْغِي مِنْ وَرَاءِ دَعْوَتِهِ إلاَّ وَجْهَ الْحَقِّ .

2. to treat unjustly

لِمَاذَا يَبْغِي بَعْضُ النَّاسِ عَلَى بَعْضٍ ، أَلَيْسُوا مِنْ أَصْلٍ وَاحِدٍ ؟

to aspire (to) VIII اِبْتَغَى يَبْتَغِي اِبْتِغَاءٌ

نَحْنُ لاَ نَبْتَغِي إِلاَّ إِظْهَارَ الْحَقِّ فِي الْقَضِيَّةِ .

ب ق ع

to stain II بَقَّعَ يُبَقِّعُ تَبْقِيعٌ

" بقّع " أَيْ أَحْدَثَ بُقْعَةً بِقُماشٍ وَنَحْوِهِ .

to be stained V تَبَقَّعَ يَتَبَقَّعُ تَبَقُّعٌ

" تَبَقَّعَ " الْقَمِيصُ وَلَمْ يَعُدْ صالحًا لِأَنْ أَلْبَسَهُ .

ب ق ي

to remain I بَقِيَ يَبْقَى بَقَاءٌ

بَقِيَ دَرْسانِ وَنَكُونُ قَدْ أَكْمَلْنَا الْكِتَابَ كُلَّهُ .

to keep IV أَبْقَى يُبْقِي إِبْقَاءٌ

أَنا دَائِمًا أُرِيدُ أَنْ أُبْقِيَ عَلى مَوَدَّتِهِ .

to be left over V تَبَقَّى يَتَبَقَّى تَبَقٍّ

بَعْدَ أَنْ شَرِبْنَا جَمِيعًا تَبَقَّى فِي الْإِنَاءِ مَاءٌ كَثِيرٌ .

to retain, keep X اِسْتَبْقَى يَسْتَبْقِي اِسْتِبْقَاءٌ

لَقَدِ اسْتَبْقَى عِنْدَهُ الْكِتَابَ حَتَّى نَدْفَعَ لَهُ بَقِيَّةَ ثَمَنِهِ .

ب ك ر

to be early I بَكَرَ يَبْكُرُ بُكُورٌ

وَأَنا صَغِيرٌ ، كُنْتُ أُحِسُّ جِيرانَنَا يَبْكُرونَ أَيْ يَسْتَيْقِظُونَ مُبَكِّرِينَ .

to be early II بَكَّرَ يُبَكِّرُ تَبْكِيرٌ

في التَّبْكِيرِ ، خَيْرٌ كَثِيرٌ . هَكَذا يَقولونَ .

to be ahead III بَاكَرَ يُبَاكِرُ مُباكَرَةٌ

حاوَلَ أَنْ يُباكِرَهُمْ ، فَنَجَحَ وَحَصَلَ عَلَى ما يُرِيدُ .

to be early IV أَبْكَرَ يُبْكِرُ إِبْكَارٌ

الْإِبْكارُ أَنْ يَنْهَضَ الشَّخْصُ في وَقْتٍ مُبَكِّرٍ لِيَبْدَأَ الْعَمَلَ بِنَشَاطٍ وَهِمَّةٍ .

اِبْتَكَرَ يَبْتَكِرُ اِبْتِكَارٌ VIII to innovate

اِبْتَكَرَتِ الشَّرِكَةُ دَوَاءً جَدِيدًا لِمَرْضَى السُّكَّرِ.

ب ك م

أَبْكَمَ يُبْكِمُ إِبْكَامٌ IV to silence s.o.

عِنْدَما يُحاوِلُ أَخوهُ الصَّغيرُ الْكَلامَ ، يُبْكِمُهُ ويُخْرِسُهُ في الْحالِ .

ب ك ي

بَكَى يَبْكِي بُكَاءٌ I to weep, cry

بَكَيْتُ كَثِيرًا حِينَ عَلِمْتُ نَبَأَ وَفَاتِهِ .

أَبْكَى يُبْكِي إِبْكَاءٌ IV to cause to cry

كَانَ الْفِيلْمُ حَزِينًا جِدًّا ، وَلِهَذَا فَقَدْ أَبْكَى كَلَّ مَنْ شَاهَدُوهُ .

تَبَاكَى يَتَبَاكَى تَبَاكٍ VI to yearn for the past

مِنْ عَادَاتِ النَّاسِ أَنْ يَتَبَاكَوْا عَلَى الْمَاضِي وَنَعِيمِهِ .

اِسْتَبْكَى يَسْتَبْكِي اِسْتِبْكَاءٌ X to move s.o. to tears

شَرَحَ لَهُمْ ظُرُوفَهُ السَّيِّئَةَ فَاسْتَبْكَاهُمْ عَلَى حَالِهِ .

ب ل ل

بَلَّ يَبُلُّ بَلٌّ / بَلَلٌ I

1. to wet — لَقَدْ بَلَّ قَمِيصَهُ بَعْدَ أَنْ جَفَّ .

2. to recover (from) — لَقَدْ بُلَّ مِنْ مَرَضِهِ وَشُفِيَ وَالْحَمْدُ لِلَّهِ .

بَلَّلَ يُبَلِّلُ —— II to make wet

أَهْرَقَ الشَّايَ عَلَى مَكْتَبِي فَبَلَّلَ لِي كُلَّ الْكُتُبِ .

أَبَلَّ يَبِلُّ —— IV to recover (from)

لَقَدْ أَبَلَّ مِنْ مَرَضِهِ وَهُوَ الآنَ يَتَمَاثَلُ لِلشِّفَاءِ التَّامِ .

تَبَلَّلَ يَتَبَلَّلُ تَبَلُّلٌ V to be wetted

تَبَلَّلَ مَنْدِيلُهُ كَثِيراً مِنْ كَثْرَةِ الْعَرَقِ.

اِبْتَلَّ يَبْتَلُّ اِبْتِلَالٌ VIII to be wetted

سَقَطَ الْمَطَرُ غَزِيرًا فَابْتَلَّتْ كُلُّ الشَّوَارِعِ .

ب ل ب ل

to confuse	Q	بَلْبَلَ يُبَلْبِلُ بَلْبَلَةٌ

أتَى بِمَعْلوماتٍ خَطَأً ، فَأَحْدَثَ بَلْبَلَةً بَيْنَ الْجَميعِ .

to become confused	Q1	تَبَلْبَلَ يَتَبَلْبَلُ تَبَلْبُلٌ

تَبَلْبَلَ الأَمْرُ ، وَلَمْ يَعُدْ فيهِ مَجالٌ لأَيِّ إيضاحاتٍ .

ب ل د

to be stupid	I	بَلُدَ يَبْلُدُ بَلادَةٌ

اَلْبَلادَةُ مَطِيَّةُ الْجَهلِ ، أَي إِنَّها سَبَبٌ في عَدَمِ التَّعَلُّمِ .

to cause to be stupid	II	بَلَّدَ يُبَلِّدُ تَبْليدٌ

لَقَدْ بَلَّدوا عَقْلَهُ ، حَيْثُ لا يَطْلُبونَ إِلَيْهِ التَّفْكيرَ في شَيْءٍ .

to become stupid	V	تَبَلَّدَ يَتَبَلَّدُ تَبَلُّدٌ

تَبَلَّدَ عَقْلُهُ ، وَلَمْ يَعُدْ قادِرًا على التَّفْكيرِ .

ب ل ط

to pave with tiles	II	بَلَّطَ يُبَلِّطُ تَبْليطٌ

قُمْنا الشَّهْرَ الْماضِيَ بِتَبْليطِ مَدْخَلِ بَيْتِنا كَيْ يُعْجِبَ الضُّيوفَ وَالزَّائِرينَ .

ب ل ع

to swallow	I	بَلَعَ يَبْلَعُ بَلْعٌ

لَدَيْه اِلْتِهابٌ في الْحَلْقِ ، وَلَمْ يَعُدْ قادِرًا حَتَّى عَلَى بَلْعِ الطَّعامِ .

to swallow	VIII	اِبْتَلَعَ يَبْتَلِعُ اِبْتِلاعٌ

بَعْدَ أَخْذِ دَواءِ الْحَلْقِ ، أَصْبَحَ يَبْتَلِعُ الطَّعامَ بِسُهولَةٍ أَكْثَرَ .

ب ل غ

to reach	I	بَلَغَ يَبْلُغُ بُلوغٌ

بَلَغَني أَنَّكَ سَتُسافِرُ فَحَضَرتُ لِلتَّحِيَّةِ وَالسُّؤالِ .

to convey (information)	II	بَلَّغَ يُبَلِّغُ تَبْليغٌ

بَلَّغَ كُلُّ الرُّسُلِ رِسالاتِ السَّماءِ .

to exaggerate III بَالَغَ يُبَالِغُ مُبَالَغَةٌ

يَقُولُ إِنَّهُ سَيُؤَلِّفُ قَامُوسًا كَبِيرًا ، إِنَّهُ دَائِمًا يُبَالِغُ .

to inform (of) IV أَبْلَغَ يُبْلِغُ إِبْلاَغٌ

أَبْلَغْتُهُ بِوُصُولِ أَخِيهِ فَفَرِحَ لِلْخَبَرِ وَشَكَرَنِي .

ب ل ه

to be simple-minded I بَلِهَ يَبْلَهُ بَلَهٌ

أُصِيبَ بِالْبَلَهِ ، وَلَمْ يَعُدْ قادِرًا عَلَى مُواصَلَةِ الدِّراسَةِ .

to pretend to be stupid VI تَبَالَهَ يَتَبَالَهُ تَبَالُهٌ

حاوَلَ أَنْ يَتَبالَهَ عَلَى الشُّرْطَةِ لإِخْفاءِ جَرِيمَتِهِ ، وَلَكِنَّهُمْ أَجْبَروهُ عَلَى الاعْتِرافِ .

to deem simple-minded X اِسْتَبْلَهَ يَسْتَبْلِهُ اِسْتِبْلاهٌ

لِماذا الاسْتِبْلاهُ ، وَقَدْ قَرَّرَ الأَطِبَّاءُ أَنَّهُ في أَحْسَنِ قُواهُ الْعَقْلِيَّةِ ؟!

ب ل و

I بَلا يَبْلُو بَلاءٌ

1. to put to the test اِخْتَبَرَهُ فِي أَوَّلِ مَعْرَكَةٍ لِيَعْرِفَ مَدَى بَلائِهِ .

2. to afflict s.o. حينَ يَغْضَبُ إِنْسانٌ مِنْ آخَرَ ، قَدْ يَبْلُوه بِشَيْءٍ لَيْسَ فيهِ .

to be concerned (about) III بَالَى يُبَالِي مُبَالاةٌ

كَثُرَ حَديثُهُم الْكاذِبُ عَنْها ، وَلَمْ تَعُدْ تُبالِي بِما يَقولونَ .

to be put to the test IV أَبْلَى يُبْلِي إِبْلاءٌ

أَبْلَى الْجُنْدِيُّ في الْمَعْرَكَةِ بَلاءً حَسَناً ، وَفي النِّهايَةِ اُسْتُشْهِدَ .

to afflict VIII اِبْتَلَى يَبْتَلِي اِبْتِلاءٌ

قَدْ يَبْتَلِي اللهُ بَعْضَ عِبادِهِ بِمَرَضٍ أَوْ فَقْرٍ لِيَخْتَبِرَ قُوَّةَ إِيمانِهِمْ وَصَبْرِهِمْ .

ب ل و ر

to crystallize Q بَلْوَرَ يُبَلْوِرُ بَلْوَرَةٌ

بَلْوَرَ الْمُتَحَدِثُ أَبْعادَ الْمَوْضوعِ جَيِّدًا وبِلُغَةٍ وَاضِحَةٍ وَمَفْهومَةٍ لِلْجَميعِ .

to be crystallized Q1 تَبَلْوَرَ يَتَبَلْوَرُ تَبَلْوُرٌ

تَبَلْوَرَ لَدَيْنا الآنَ أَسْبابُ نَجاحِهِ في الْمَشْروعِ .

ب ن ج

to anesthetize II بَنَّجَ يُبَنِّجُ تَبْنِيجٌ

أَسْناني حَسَّاسَةٌ لِلْغايَةِ ، لِهَذا طَلَبْتُ مِن الطَّبيبِ أَنْ يُبَنِّجني قَبْلَ الْعِلاجِ .

ب ن ي

to construct, establish I بَنَى يَبْنِي بِنَاءٌ

سَتَبْنِي الْحُكُومَةُ عَدَدًا كَبِيرًا مِنْ مَدَارِسِ اللُّغَاتِ .

to adopt V تَبَنَّى يَتَبَنَّى تَبَنٍّ

شَجَّعَ الْأُسْتَاذُ تِلْمِيذَهُ وَكَأَنَّهُ يَتَبَنَّاهُ حَتَّى تَخَرَّجَ في الْجَامِعَةِ .

ب هـ ت

to be shocked I بُهِتَ يُبْهَتُ ——

صَدَرَ حُكْمُ الْقَاضِي بِالْإِعْدَام فَبُهِتَ الْمُتَّهَمُ .

to come unexpectedly III بَاهَتَ يُبَاهِتُ مُبَاهَتَةٌ

كانَتْ مُباهَتَةً لَنا جَميعًا ، أَنْ نَراها تَحْضُرَ جَلْسَةَ الْمَحْكَمةِ بَعْدَ هُروبٍ اسْتَمرَّ أَعْوامًا .

IV أَبْهَتَ يُبْهِتُ ——

1. to shock أَبْهَتَها الْقاضي بسَرْدِ كافَّةِ التُّهَمِ الّتي ارْتَكَبَتْها مُنْذُ عَشْرِ سَنَواتٍ .

2. to astonish أَصْدَرَ الْقَاضِي حُكْمَهُ الْقَاسِيَ فَأَبْهَتَ الْحَاضِرِينَ .

to become surprised VII اِنْبَهَتَ يَنْبَهِتُ اِنْبِهَاتٌ

وَجَدَهَا لَمْ تَنْبَهِتْ وَهْيَ تَسْتَمِعُ إِلَى التُّهَمِ الْمُوجَّهَةِ إِلَيْها ، إِنَّها فِعْلاً مُذْنِبَةٌ .

ب هـ ج

to be happy I بَهِجَ يَبْهَجُ بَهْجَةٌ

وُجودُ الْأَطْفَالِ في الْأَفْراحِ ، يَجْعَلُ لِلْمُنَاسَبَةِ بَهْجَةً وَسَعادَةً .

to make happy IV أَبْهَجَ يُبْهِجُ إِبْهَاجٌ

أَبْهَجَهُ بِالْخَبَرِ السَّارِّ ، فَوَعَدَهُ بِهَدِيَّةٍ قَيِّمَةٍ .

to be happy VIII اِبْتَهَجَ يَبْتَهِجُ اِبْتِهَاجٌ

اِبْتَهَجَ الشَّعْبُ كُلُّهُ لِتَحْقيقِ جَلاءِ الْمُسْتَعْمِرِ عَنْ أَرْضِهِ .

ب هـ د ل

بَهْدَلَ يُبَهْدِلُ بَهْدَلَةٌ Q to insult

يُقالُ إِنَّهُ " بَهْدَلَهُ " أَيْ اِعْتَدَى عَلَيْهِ بِالْقَوْلِ وَالْفِعْلِ مَعاً .

تَبَهْدَلَ يَتَبَهْدَلُ تَبَهْدُلٌ Q1 to be insulted

تَبَهْدَلَ أَمامَ كُلِّ النَّاسِ وَلَمْ يَعُدْ يُطيقُ أَنْ يَرَوْهُ بَعْدَ ذَلِكَ .

ب هـ ر ج

بَهْرَجَ يُبَهْرِجُ بَهْرَجَةٌ Q to adorn

لِماذا الْبَهْرَجَةُ وَالْإِسْرافُ ، وَأَوْلادُهُ بِحاجَةٍ إِلَى مَصْروفاتٍ ؟!

تَبَهْرَجَ يَتَبَهْرَجُ تَبَهْرُجٌ Q1 to adorn o.s.

تَبَهْرَجَ كَثيرًا وَأَنْفَقَ كُلَّ ما مَعَهُ ، لا نَدْري ماذا يَكونُ حالُهُ بَعْدَ ذَلِكَ ؟!

ب هـ ظ

بَهَظَ يَبْهَظُ بَهْظٌ I to become expensive

بَهَظَتْ أَسْعَارُ السِّلَعِ كَثيرًا ، وَلَمْ نَعُدْ نَسْتَطيعُ شِراءَ كُلِّ شَيْءٍ .

أَبْهَظَ يُبْهِظُ إِبْهَاظٌ IV to make expensive

أَبْهَظَتِ الْأَزْمَةُ الْاقْتِصادِيَةُ أَسْعارَ السِّلَعِ ، وَأَصْبَحَ النَّاسُ في ضِيقٍ شَديدٍ .

ب هـ ل

اِبْتَهَلَ يَبْتَهِلُ اِبْتِهَالٌ VIII to pray humbly to God

اِبْتَهَلَ إِلَى اللهِ كَيْ يَرْزُقَهُ الذُّرِّيَةَ الصَّالِحَةَ .

ب هـ و

بَاهَى يُبَاهِي مُبَاهَاةٌ III to pride o.s.

أَكْرَهُ مِنْهُ أَنْ يَظَلَّ يُباهي بِحَسَبِهِ وَنَسَبِهِ ، وَلَمْ يَعُدْ يَمْلِكُ أَيَّ شَيْءٍ .

تَبَاهَى يَتَبَاهَى تَبَاهٍ VI to be proud

يَتَباهَى دائِمًا أَمامَ الْآخَرينَ أَنَّ جَدَّهُ كانَ " عُمْدَةَ " الْقَرْيَةِ .

ب و أ

to result (in failure)	I	——	يَبُوءُ	بَاءَ

لَمْ يَتَمَكَّنْ مِنْ تَحْقِيقِ مَا أَرَادَ ، بَلْ بَاءَ بِالْفَشَلِ .

to give s.o. a position	II	——	يُبَوِّئُ	بَوَّأَ

تَأَكَّدَ الرَّئِيسُ مِنْ كَفَاءَةِ الْمُوَظَّفِ فَبَوَّأَهُ مَنْصِبًا عَالِيًا .

to hold (a position)	V	——	يَتَبَوَّأُ	تَبَوَّأَ

تَبَوَّأَ الْمُوَظَّفُ مَنْصِبًا أَعْلَى مِمَّا كَانَ فِيهِ مِنْ قَبْلُ .

ب و ب

to classify	II	تَبْوِيبٌ	يُبَوِّبُ	بَوَّبَ

بَوَّبَ الْبَاحِثُ رِسَالَةَ الْمَاجِسْتِيرِ فِي ثَلَاثَةِ فُصُولٍ وَخَاتِمَةٍ .

ب و ح

to disclose	I	بَوْحٌ	يَبُوحُ	بَاحَ

لَمْ يَسْتَطِعْ كِتْمَانَ الْأَمْرِ ، فَبَاحَ بِالسِّرِّ .

to allow	IV	إِبَاحَةٌ	يُبِيحُ	أَبَاحَ

مِنْ سَمَاحَةِ الْإِسْلَامِ أَنَّهُ أَبَاحَ كُلَّ شَيءٍ ، إِلا مَا وَرَدَ فيهِ دَلِيلُ الْحُرْمَةِ .

to allow o.s. the forbidden	X	اِسْتِبَاحَةٌ	يَسْتَبِيحُ	اِسْتَبَاحَ

دَخَلَ الْأَعْدَاءُ الْمَدِينَةَ وَاسْتَبَاحُوا كُلَّ شَيْءٍ فِيهَا .

ب و ر

to be unable to get a husband	I	بَوْرٌ	يَبُورُ	بَارَ

الْفَتَاةُ " تَبور " أَيْ تكْبُر في السِّنِّ دون أَنْ تَتَزَوَّجَ .

to make stagnant, useless	II	تَبْوِيرٌ	يُبَوِّرُ	بَوَّرَ

خَطَّطَ التَّاجِرُ كَيْ يُبَوِّرَ تِجَارَةَ جَارِهِ فَتكْسَدَ لَدَيْهِ وَلا يَبيعَها .

ب و ل

to urinate	I	بَوْلٌ	يَبُولُ	بَالَ

إِنَّهُ يُدَرِّبُ كَلْبَهُ عَلَى أَنْ يَبُولَ فِي مَكَانٍ بَعِيدٍ .

تَبَوَّلَ يَتَبَوَّلُ تَبَوُّلٌ V to urinate

كَانَ مِنْ عَادَتِهِ أَنْ يَتَبَوَّلَ فِي الْفِرَاشِ وَهُوَ صَغِيرٌ .

ب ي ت

بَاتَ يَبِيتُ بَيَاتٌ I to stay overnight

بَاتَ الضَّيْفُ فِي مَنْزِلِنَا ثَلاَثَ لَيَالٍ .

بَيَّتَ يُبَيِّتُ تَبْيِيتٌ II to plot

كَانَ يُبَيِّتُ نِيَّةً سَيِّئَةً وَلَكِنَّ فَضَحَهُ وَكَشَفَ خُطَّتَهُ .

أَبَاتَ يُبِيتُ إِبَاتَةٌ IV to put up s.o. for the night

لَمْ يَعُدْ قادِرًا عَلَى أَنْ يُبَيِّتَهُ مَعَهُ في نَفْسِ الْغُرْفَةِ حَيْثُ يَعْلو شَخيرُهُ .

ب ي د

بَادَ يَبِيدُ بَيْدٌ I to perish

بادَتْ آثارٌ كَثيرَةٌ مِنْ حَضاراتِ كُلِّ الأُمَمِ وَلَمْ يَعُدْ لَها أَثَرٌ .

أَبَادَ يُبِيدُ إِبَادَةٌ IV to exterminate

يَقولونَ : " لَيْسَ في الْحَرْبِ مَكْرُمَةٌ " ، وَالدَّليلُ وُجودُ إِبادَةٍ جَماعِيَّةٍ لِلْبَشَرِ في بَعْضِ الْبُلْدانِ .

ب ي ض

بَاضَ يَبِيضُ بَيْضٌ I to lay (eggs)

هَذِهِ الدَّجاجَةُ تَبِيضُ بَيْضَةً كُلَّ يَوْمَيْنِ .

بَيَّضَ يُبَيِّضُ تَبْيِيضٌ II to make a clean copy

كَتَبَ التَّقْرِيرَ أَوَّلاً فِي مُسَوَّدَةٍ ، ثُمَّ بَيَّضَهُ بَعْدَ ذَلِكَ .

اِبْيَضَّ يَبْيَضُّ اِبْيِضَاضٌ IX to brighten

ظَهَرَتْ بَراءَةُ الْمُتَّهَمِ فَابْيَضَّ وَجْهُهُ مِنَ الْفَرَحِ وَالسَّعَادَةِ .

ب ي ع

بَاعَ يَبِيعُ بَيْعٌ I to sell

بِعْتُ مَنْزِلِي الْقَدِيمَ مُنْذُ شَهْرَيْنِ وَاشْتَرَيْتُ مَنْزِلاً آخَرَ .

to pledge allegiance (to) III بَايَعَ يُبَايِعُ مُبَايَعَةٌ / بَيْعَةٌ

بَايَعَ الْمُسْلِمُونَ خُلَفَاءَهُمْ عَلَى السَّمْعِ وَالطَّاعَةِ .

to pledge mutually (to) VI تَبَايَعَ يَتَبَايَعُ تَبَايُعٌ

تَبَايَعُوا عَلَى السَّمْعِ وَالطَّاعَةِ ، أَيْ بَايَعَ بَعْضُهُمْ بَعْضًا .

to buy VIII اِبْتَاعَ يَبْتَاعُ اِبْتِيَاعٌ

اِبْتَعْتُ الْمَنْزِلَ بَعْدَ صُعُوبَاتٍ كَثِيرَةٍ .

ب ي ن

I بَانَ يَبِينُ بَيَانٌ

1. to be evident

بَانَ عَلَى وَجْهِهِ الْغَضَبُ بَعْدَ أَنْ سَمِعَ الْأَخْبَارَ السَّيِّئَةَ .

2. to be separated from

إِذَا طَلَّقَ الرَّجُلُ زَوْجَتَهُ فَإِنَّهُ يَبِينُ مِنْهَا وَتَبِينُ مِنْهُ .

to make clear II بَيَّنَ يُبَيِّنُ تَبْيِينٌ

بَيَّنْتُ لَهُمْ كُلَّ شَيْءٍ وَلَكِنَّهُمْ لَمْ يَقْتَنِعُوا .

to discriminate III بَايَنَ يُبَايِنُ مُبَايَنَةٌ

لِمَاذَا يُبَايِنُ بَيْنَهُمْ فِي الْمُعَامَلَةِ وَكُلُّهُمْ إِخْوَتُهُ ؟

to become evident V تَبَيَّنَ يَتَبَيَّنُ تَبَيُّنٌ

لَقَدْ تَبَيَّنَ لِي أَخِيرًا أَنَّهُمْ غَيْرُ جَادِّينَ فِي الْاِشْتِرَاكِ مَعَنَا .

to seek clarification X اِسْتَبَانَ يَسْتَبِينُ اِسْتِبَانَةٌ

بَعْدَ أَنِ اسْتَبَنْتُ الْأَمْرَ ، وَجَدْتُهُمْ عَلَى حَقٍّ .

ت

تـ بـ ب

to be destroyed I تَبَّ يَتِبُّ تَبٌّ

حينَ عَرَضَ الرَّسولُ مُحمَّدٌ (ص) دَعْوَتَهُ عَلَى كُفَّارِ قُرَيْشٍ ، قالوا لَهُ : تَبًّا لَكَ ، أَلِهَذا جَمَعْتَنا ؟

to be stabilized X اِسْتَتَبَّ يَسْتَتِبُّ اِسْتِتْبابٌ

اِسْتَتَبَّ الْأَمْنُ في الْبِلادِ بَعْدَ تَطْبيقِ مَبْدَأ الدِّيمُقراطِيَّةِ .

تـ بـ ع

to follow I تَبِعَ يَتْبَعُ تَبَعٌ

لا أَسْتَطيعُ أَنْ أَتْبَعَ إِنْساناً في كُلِّ آرائِهِ ، لي شَخْصِيَّتي .

to follow up III تَابَعَ يُتَابِعُ مُتَابَعَةٌ

أَكَّدْتُ عَلَيْها بِأَنْ تُتَابِعَ الْمَوْضوعَ حَتَّى يَكْتَمِلَ تَعْيينُها في الْوَظيفَةِ .

to cause to succeed, follow IV أَتْبَعَ يُتْبِعُ إِتْبَاعٌ

اِشْتَكَى كَثيرًا وَلَمْ يَجِدْ أُذُنًا صاغِيَةً ، فَأَتْبَعَ شَكْواهُ الْأَخيرَةَ إِلَى الرَّئيسِ .

to track V تَتَبَّعَ يَتَتَبَّعُ تَتَبُّعٌ

اَلْباحِثُ الْجَيِّدُ يَظَلُّ يَتَتَبَّعُ الْمَعْلوماتِ وَالظَّواهِرَ كَيْ يَصِلَ إِلَى اسْتِنْتاجاتٍ جَيِّدَةٍ .

to follow VIII اِتَّبَعَ يَتَّبِعُ اِتِّبَاعٌ

اِتِّباعُ الْأَخْيارِ مَنْجاةٌ ، وَاتِّباعُ الْأَشْرارِ هَلاكٌ وَمَفْسَدَةٌ .

to have as consequence X اِسْتَتْبَعَ يَسْتَتْبِعُ اِسْتِتْبَاعٌ

اِسْتَتْبَعَ الْأَمْرُ ضَرورَةَ إِحْضارِ وَثائِقَ جَديدَةٍ لِإِثْباتِ مِصْداقِيَّتِهِ .

تـ جـ ر

to trade III تَاجَرَ يُتَاجِرُ مُتَاجَرَةٌ

إِنَّهمْ مَعَ الْأَسَفِ يُتاجِرونَ في سِلَعٍ مَمْنوعَةٍ وَبَضائِعَ مُهَرَّبَةٍ .

to trade VIII اِتَّجَرَ يَتَّجِرُ اِتِّجَارٌ

الْاِتِّجارُ الشَّريفُ وَسيلَةٌ آمِنَةٌ لِلْكَسْبِ الْحَلالِ .

ت ح ف

أَتْحَفَ يُتْحِفُ إِتْحَافٌ IV to present unique work

أَتْحفَنَا بِقَصيدَةٍ مِن الشِّعْرِ الْحُرِّ ، لَمْ أَفْهَمْ مِنْها أَيَّ شَيْءٍ .

ت ر ج م

تَرْجَمَ يُتَرْجِمُ تَرْجَمَةٌ I to translate

تَرْجَمْتُ كِتَابًا مِنَ الْإِنْجِلِيزِيَّةِ إِلَى الْعَرَبِيَّةِ .

ت ر ف

تَرِفَ يَتْرَفُ تَرَفٌ I to live in luxury

التَّرَفُ أَمْرٌ مَرْغُوبٌ شَرِيطَةَ أَنْ يَأْتِي نَتيجَةَ الرِّبْحِ الْحَلالِ .

أَتْرَفَ يُتْرِفُ إِتْرَافٌ IV to surround with luxury

أَتْرَفَ كَثيرًا بَعْدَ حُصولِهِ عَلَى الصَّفْقَةِ الْأَخيرَةِ ، إِنَّها فِعْلاً صَفْقَةٌ رابِحةٌ .

ت ر ك

تَرَكَ يَتْرُكُ تَرْكٌ I to leave

تَرَكْتُ كِتَابِي مَعَ صَدِيقِي فَضَاعَ مِنْهُ .

ت ع ب

تَعِبَ يَتْعَبُ تَعَبٌ I to tire (from)

مِنْ عَادَتِي أَنَّنِي لاَ أَتْعَبُ مِنَ الْمَشْيِ بِسُرْعَة .

أَتْعَبَ يُتْعِبُ إِتْعَابٌ IV to make tired

أَتْعَبَنَا الْعَمَلُ الْمُضْنِي فِي هَذا الْقَامُوسِ لِمُدَّةٍ طَوِيلَةٍ

ت ع س

تَعِسَ يَتْعَسُ تَعَاسَةٌ I to become miserable

" تَعِسَ عَبْدُ الدِّينار وَعَبْدُ الدِّرْهَمِ " هَكَذا قالَ الرَّسولُ (ص) يَقْصِدُ عَبيدَ الْمالِ .

أَتْعَسَ يُتْعِسُ إِتْعَاسٌ IV to make miserable

أَحْياناً يُتْعِسُ زَوْجٌ زَوْجَتَهُ ، وَالْعَكْسُ صَحيحٌ ، الْأَسْبابُ كَثيرَةٌ .

ت ف ف

تَفَّ يَتِفُّ تَفٌّ I to spit

يَعْتَقِدُ بَعْضُ النَّاسِ أَنَّ " تَفَّ " مِنْ فَمِهِ كَلِمَةٌ عامِّيَّةٌ ، وَالْأَصْوَبُ " بَصَقَ " .

ت ق ن

أَتْقَنَ يُتْقِنُ إتْقَانٌ IV to master

مِنْ يُتْقِنْ عَمَلَهُ ، يَسْتَحِقُّ التَّقْديرَ وَالْاحْتِرامَ .

ت ك ت ك

تَكْتَكَ يُتَكْتِكُ تَكْتَكَةٌ Q to make tactics

ظَلّ يُتَكْتِكُ وَيُتَكْتِكُ طَمَعاً في الْوَزارَةِ ، وَأَخِيرًا لَمْ يَتِمَّ تَرْشيحُهُ .

ت ل ف

تَلِفَ يَتْلَفُ تَلَفٌ I to be damaged

تَلِفَ الْكُمبُيوتَر مِن الْاسْتِخْدامِ السَّيِّءِ لَهُ .

تَلَّفَ يُتَلِّفُ تَتْليفٌ II to ruin

تَلَّف السَّيَّارَةَ بِسَبَبِ جُنونِ السُّرْعَةِ في الْقِيادَةِ .

أَتْلَفَ يُتْلِفُ إتْلافٌ IV to damage

أَتْلَفَ ابْني الْكُمْبُيوتَر مِنْ حَيْثُ ظَنَّ أَنَّهُ قادِرٌ عَلَى إِصْلاحِهِ .

ت ل ف ز

تَلْفَزَ يُتَلْفِزُ تَلْفَزَةٌ Q to televise

التَّلْفَزَةَ وَسيلَةٌ حَضارِيَّةٌ مِنْ أَرْقَى الْاخْتِراعاتِ الْحَديثَةِ .

ت ل ف ن

تَلْفَنَ يُتَلْفِنُ تَلْفَنَةٌ Q to telephone

أَخَذَ يُتَلْفِنُ لَهُ عَشَراتِ الْمَرَّاتِ ، وَالرِّسالَةُ تَقُولُ : الْموبايل مُغْلَقٌ .

تـ لـ مـ ذ

تَلْمَذَ يُتَلْمِذُ تَلْمَذَةٌ Q to take on as a pupil

تَلْمَذَ خِيرَةُ الْعُلَماءِ عَلَى كِبارِ الْأَساتِذَةِ ، فَكانَ خَيْرًا وَبَرَكَةً عَلَى الْعِلْمِ وَتَقَدُّمِهِ .

تَتَلْمَذَ يَتَتَلْمَذُ تَتَلْمُذٌ Q1 to become a pupil

تَتَلْمَذْتُ عَلَى أُسْتَاذِي الْأَمْرِيكِيِّ قُرابَةَ ثَلاثِ سَنواتٍ تَعَلَّمْتُ فيها الْكَثِيرَ .

تـ لـ و

تَلاَ يَتْلُو تَلْوٌ I 1. to follow

اِستطْلِعْ أَنْتَ أَوَّلاً ، ثُمَّ أَصْدِرْ إِشارَتَكَ لِرِفاقِك كَيْ يَتْلوك .

تَلاَ يَتْلُو تِلاَوَةٌ 2. to read

تِلاوَةُ الْقُرْآنِ الْكَريمِ مَهارَةٌ أَتْقَنَها الْكثيرونَ وَبِخاصَّةٍ في مِصْرَ .

تَتَالَى يَتَتَالَى تَتَالٍ VI to be successive

يَتَتَالَى عَرْضُ الْفِيلْمِ الْجَديدِ بَعْدَ اِفْتِتاحِ الْمُؤْتَمَرِ وَلِمُدَّةِ يَوْمَيْنِ .

تـ مـ م

تَمَّ يَتِمُّ تَمَامٌ I to be completed

تَمَّ إِعْدَادُ هَذَا الْقَامُوسِ فِي ثَلَاثِ سَنَوَاتٍ .

تَمَّمَ يُتَمِّمُ تَتْمِيمٌ II to check

يُتَمِّمُ السَّجَّانُ عَلَى زِنْزَانَاتِ النُّزَلاَءِ كُلَّ سَاعَةٍ .

أَتَمَّ يُتِمُّ إِتْمَامٌ IV to complete

أَتْمَمْتُ أَمْسِ قِرَاءَةَ رِوَايَتَيْنِ .

تـ مـ تـ م

تَمْتَمَ يُتَمْتِمُ تَمْتَمَةٌ Q to mumble

ظَلَّ الشَّيْخُ يُتَمْتِمُ بِكلِماتٍ وَهَمْهَماتٍ غَيْرِ مَفْهومَةٍ ظَنًا أَنَّهُ يَشْفي الْمَرِيضَ .

تـ و ب

تَابَ يَتُوبُ تَوْبَةٌ I to repent

اَلتَّوْبَةُ النَّصوحُ في الإِسْلامِ ، أَنْ تُقلِعَ عَنِ الذَّنْبِ ، وَتَعْزِمَ أَلاَّ تَعودَ إِلَيْهِ .

to make s.o. repent II تَوَّبَ يُتَوِّبُ تَتْوِيبٌ
لَيْسَ في الْإسْلامِ أَنْ يُتَوِّبَ إِنْسانٌ إنساناً آخَرَ ، التَّوْبَةُ مَسْئولِيَّةُ الشَّخْصِ وَحْدَهُ .

تـ و ج

to crown II تَوَّجَ يُتَوِّجُ تَتْوِيجٌ
تَوَّجَ الْفَرِيقُ انْتِصارَاتِهِ بِحُصُولِهِ عَلَى الْكَأْسِ .

to be crowned V تَتَوَّجَ يَتَتَوَّجُ تَتَوُّجٌ
تَتَوَّجَتِ الرِّياضَةُ في مِصْرَ بِوُجودِ فِرَقٍ شَبابِيَّةٍ تَلْعَبُ بِاحْتِرافٍ .

تـ و ق

to long (for) I تَاقَ يَتُوقُ تَوْقٌ
تاقَ لِرُؤيةِ أسْرَتِهِ بِفِلِسْطِينَ ، كَيْفَ ذَلِك وَالْحِصارُ مَوْجودٌ ؟!

تـ يـ ح

to grant IV أَتَاحَ يُتِيحُ إِتَاحَةٌ
أَتاحَتْ لَهُ هَذِهِ الْفُرْصَةُ أَنْ يَحْصُلَ عَلَى مُرَتَّبٍ أَكْبَرَ .

تـ يـ م

to infatuate II تَيَّمَ يُتَيِّمُ ——
تَيَّمَتِ الْحَسْنَاءُ قَلْبَ الشَّابِّ فَأَحَبَّهَا وَتَزَوَّجَهَا .

تـ و ه

to get lost I تاهَ يَتُوهُ تَوْهٌ
ذَهَبَ لِلصَّيْدِ دُونَ خَرِيطَةٍ ، فَتَاهَ عَنِ الْمَكَانِ .

to mislead II تَوَّهَ يُتَوِّهُ تَتْوِيهٌ
شَرَحَ لَهُ الْمكانَ خَطَأً ، فَتَوَّهَهُ لِعَدَّةِ ساعاتٍ وَهْوَ يَبْحَثُ عَنْهُ .

تـ يـ هـ

to stray I تَاهَ يَتِيهُ تَيْهٌ
ظَلَّ قَوْمُ سَيِّدِنا مُوسَى عَلَيْهِ السَّلامُ في " التِّيهِ " أَرْبعين عامًا .

ث

ث ء ب

تَثَاءَبَ يَتَثَاءَبُ تَثَاؤُبٌ VI to yawn

" إِنَّ اللهَ يُحِبُّ الْعُطاسَ ، وَيَكْرَهُ التَّثاؤُبَ " : الْعُطاسُ يَعْقُبهُ نَشاطٌ ، وَالتَّثاؤُبُ كَسَلٌ .

ث أ ر

ثَأَرَ يَثْأَرُ ثَأْرٌ I to avenge

إِنَّهُ دَائِمًا مُتَسَامِحٌ ، لاَ يَثْأَرُ مِمَّنْ أَسَاءُوا إِلَيْهِ .

ث ب ت

ثَبَتَ يَثْبُتُ ثُبُوتٌ / ثَبَاتٌ I to stand firm

لَقَدْ ثَبَتَ طَوِيلاً وَلَمْ يَتَأَثَّرْ بِالْأَحْدَاثِ الصَّعْبَةِ الَّتِي مَرَّتْ بِهِ .

ثَبَّتَ يُثَبِّتُ تَثْبِيتٌ II to appoint permanently

بَعْدَ التَّحَقُّقِ مِنْ كَفَاءَتِهِ وَمُوَاظَبَتِهِ فِي الْعَمَلِ ، ثَبَّتَهُ الْمُدِيرُ فِي الْوَظِيفَةِ .

أَثْبَتَ يُثْبِتُ إِثْبَاتٌ IV to prove

وَجَّهَ الْقَاضِي إِلَيْهِمْ الاِتِّهَامَ وَكَانَ عَلَيْهِمْ أَنْ يُثْبِتُوا بَرَاءَتَهُمْ .

تَثَبَّتَ يَتَثَبَّتُ تَثَبُّتٌ V to verify

إِذَا أَرَدْتَ أَنْ تَتَثَبَّتَ مِنْ شَيْءٍ فَيَجِبُ أَنْ تَبْحَثَ وَتَسْأَلَ وَتَتَحَقَّقَ .

ث ب ر

ثَابَرَ يُثَابِرُ مُثَابَرَةٌ III to persist

ظَلَّ يُثَابِرُ وَيُثَابِرُ حَتَّى حَصَلَ عَلَى دَرَجَةِ الدُّكْتُوراه ، مَعَ الْأَسَفِ لَمْ يَجِدْ وَظِيفَةً .

ث ب ط

ثَبَّطَ يُثَبِّطُ تَثْبِيطٌ II to discourage

مُنْذُ أَنْ تَزَوَّجَهَا وَهْيَ تُثَبِّطُ هِمَّتَهُ أَيْ إِنَّهَا لاَ تُشَجِّعُهُ عَلَى الْعَمَلِ .

تَثَبَّطَ يَتَثَبَّطُ تَثَبُّطٌ V to be discouraged

تَثَبَّطَتْ هِمَّتُهُ فَلَمْ يَعُدْ مُتَحَمِّسًا لِتَنْفِيذِ مَشْرُوعَاتِهِ .

ثـ ر ثـ ر

to chatter Q ثَرْثَرَ يُثَرْثِرُ ثَرْثَرَةٌ

هِيَ دَائِمًا تُثَرْثِرُ بِكَلاَمٍ فَارِغٍ لاَ مَعْنَى لَهُ .

ثـ ر ي

to become wealthy I ثَرِيَ يَثْرَى ثَرَاءٌ

ثَراءُ الْكَسْبِ الْمَشْروعِ في نَظَري أَفْضَلُ مِنْ الثَّراءِ بِالْوِراثَةِ .

to acquire wealth IV أَثْرَى يُثْرِي إِثْرَاءٌ

أَثْرى كَثيرًا مِن التِّجارَةِ في الْمُسْتَلْزَماتِ الطِّبِّيَّةِ .

ثـ قـ ب

to pierce I ثَقَبَ يَثْقُبُ ثَقْبٌ

ثَقَبَ النَّجَّارُ الْبَابَ لِيَضَعَ فِيهِ عَيْنًا سِحْرِيَّةً .

to kindle, light IV أَثْقَبَ يُثْقِبُ إِثْقَابٌ

أَثْقَبَ الشُّموعَ وَدَقَّتْ أَجْراسُ الْكَنِيسَةِ وَأُقِيمَ الْقُدَّاسُ .

to be pierced VII اِنْثَقَبَ يَنْثَقِبُ ——

اِنْثَقَبَ الْبَابُ بِسُهُولَةٍ ؛ لأَنَّ نَوْعِيَّةَ الْخَشَبِ رَدِيئَةٌ .

ثـ قـ ف

to be smart I ثَقُفَ يَثْقُفُ ثَقَافَةٌ

اَلثَّقافَةُ تَعْنيَ تَنَوُّعَ مَصادِرِ الْمَعْرِفَةِ حَيْثُ كانَتْ .

to educate II ثَقَّفَ يُثَقِّفُ تَثْقِيفٌ

مَطْلُوبٌ تَثْقيفُ الشَّبابِ حَوْلَ الْوَطَنِ وَتاريخِهِ .

to exchange cultural information III ثَاقَفَ يُثَاقِفُ مُثَاقَفَةٌ

اَلْمُثاقَفَةُ تَبادُلٌ لِلثَّقافَةِ بَيْنَ أَكْثَرَ مِنْ طَرَفٍ .

to become educated V تَثَقَّفَ يَتَثَقَّفُ تَثَقُّفٌ

أَصَرَّ عَلَى أَنْ يَتَثَقَّفَ جَيِّدًا ، فَبَدأَ بِإِعْدادِ مَكْتَبَةٍ في بَيْتِهِ .

ثـ قـ ل

ثَقُلَ	يَثْقُلُ	ثِقَلٌ	I	to be heavy

ثَقُلَتْ عَلَيْهِ الْحَقِيبَةُ فَاسْتَدْعَى حَمَّالاً لِيَحْمِلَهَا لَهُ بِالأُجْرَةِ .

ثَقَّلَ	يُثَقِّلُ	تَثْقِيلٌ	II	to make heavy

وَضَعَ فِي حَقيبَةِ سَفَرِهِ بَعْضَ الْكُتُبِ ، فَثَقَّلَتِ الْحَقيبَةَ وَأَزادت الْوَزْنَ .

أَثْقَلَ	يُثْقِلُ	إِثْقَالٌ	IV	to burden (with)

أَثْقَلَتِ الزَّوْجَةُ زَوْجَهَا بِمَطَالِبَ لاَ تَنْتَهِي .

تَثَاقَلَ	يَتَثَاقَلُ	تَثَاقُلٌ	VI	to act sluggishly

إِنَّهُ كَسُولٌ جِدًّا ، وَيَتَثَاقَلُ عَنْ عَمَلِ أَيِّ شَيْءٍ .

اِسْتَثْقَلَ	يَسْتَثْقِلُ	اِسْتِثْقَالٌ	X	to find heavy

اِسْتَثْقَلْتُ الْكُتُبَ فَحَمَلْتُهَا عَلَى دُفْعَتَيْنِ .

ثـ كـ ل

ثَكِلَ	يَثْكَلُ	ثُكْلٌ	I	to be bereaved of

ثَكِلَتْهُ أُمُّهُ إِنْ لَمْ يَتَّبِعْ نَصَائِحَ الدِّينِ .

أَثْكَلَ	يُثْكِلُ	——	IV	to bereave

أَثْكَلَتِ الْحَرْبُ الْعَدِيدَ مِنَ النَّاسِ ، فَتَيَتَّمَ أَبْنَاءٌ وَبَنَاتٌ .

ثـ لـ ب

ثَلَبَ	يَثْلِبُ	ثَلْبٌ	I	to slander

لِمَاذَا تَثْلِبُونَهُ فَضَائِلَهُ إِلَى هَذَا الْحَدِّ ؟ إِنَّهُ مَظْلُومٌ .

ثـ لـ ث

ثَلَّثَ	يُثَلِّثُ	تَثْلِيثٌ	II	to triple

يُشِيرُ مُصْطَلَحُ التَّثْلِيثِ في الْمَسِيحِيَّةِ إِلَى الأَبِ وَالاِبْنِ والرُّوحِ الْقُدُسِ .

ثـ لـ ج

ثَلُجَ	يَثْلُجُ	ثَلْجٌ	I	to snow, become icy

ثَلْجُ السَّماءِ طَبِيعِيٌّ ، أَمَّا ثَلْجُ الثَّلاَّجَةِ فَمَصْنوعٌ .

to freeze s.th.	II	تَثْلِيجٌ	يُثَلِّجُ	ثَلَّجَ

يُوحي الطَّاهِي بِتَثْلِيجِ هَذا الطَّبَقِ قَبْلَ تَقْديمِه لِلضُّيوفِ .

to relieve, delight s.o.	IV	إِثْلاجٌ	يُثْلِجُ	أَثْلَجَ

أَثْلَجَ صَدْرِي وَأَسْعَدَني وَأَراحَني أَنْ أَعْرِفَ أَنَّهُ واصَلَ دِراسَتَهُ مِنْ جَديدٍ .

to be frozen	V	تَثَلُّجٌ	يَتَثَلَّجُ	تَثَلَّجَ

تَتَثَلَّجُ اللُّحومُ الطَّازَجَةُ تمامًا حينَ تُوضَعُ في " الْفِريزَر " لِعِدَّةِ ساعاتٍ .

ث م ر

to bear fruit	I	ثُمُورٌ	يَثْمُرُ	ثَمَرَ

ثَمَرَتْ أَشْجارُ الْبُرْتُقالِ في أَوَانِها هَذا الصَّيْفَ .

to bear fruit	IV	إِثْمارٌ	يُثْمِرُ	أَثْمَرَ

أَثْمَرتِ الشَّجَرةُ فَزادَ ثَمَنُها عَمَّا كانَ .

to invest	X	اِسْتِثْمارٌ	يَسْتَثْمِرُ	اِسْتَثْمَرَ

يَسْتَثْمِرُ الْكثيرونَ أَموالَهُمْ في أَعْمالِ الْمُقاوَلاتِ .

ث م ل

to become drunk	I	ثَمَلٌ	يَثْمَلُ	ثَمِلَ

أَخَذَ يَشْرَبُ الْخَمْرَ حَتَّى ثَمِلَ .

to intoxicate	IV	إِثْمالٌ	يُثْمِلُ	أَثْمَلَ

أَثْمَلَهُ شُرْبُ الْخَمْرِ فَلَمْ يَعُدْ يَدْرِي مَنْ هُوَ ولا مَنْ حَوْلَهُ .

ث م ن

	II	تَثْمِينٌ	يُثَمِّنُ	ثَمَّنَ

1. to determine the price ثَمَّنَ الْخَبِيرُ مُحْتَوَيَاتِ الشَّقَّةِ بِعَشْرَةِ آلافِ جُنَيْهٍ فَقَطْ .

2. to appraise, value ثَمَّنَ آراءَهُ عالِياً .

ث ن ي

to fold	I	ثَنْيٌ	يَثْنِي	ثَنَى

كَتَبَ الرِّسالَةَ وَثَنَى الْوَرَقَةَ وَوَضَعَها فِي مَظْرُوفٍ .

ثَنَّى يُثَنِّي تَثْنِيَةٌ II to double

مِنْ عَادَتِهِ أَنْ يُثَنِّيَ فِي الشُّرْبِ ، فَيَشْرَبَ مَرَّتَيْنِ .

أَثْنَى يُثْنِي إِثْنَاءٌ / ثَنَاءٌ IV to commend

أَثْنَى الْمُدِيرُ عَلَى مُوَظَّفِيهِ لِجِدِّهِمْ فِي الْعَمَلِ .

اِنْثَنَى يَنْثَنِي اِنْثِنَاءٌ VII to be folded

ثَنَيْتُ الْوَرَقَةَ فَانْثَنَتْ .

اِسْتَثْنَى يَسْتَثْنِي اِسْتِثْنَاءٌ X to be excepted

مُعْظَمُ النَّاسِ مَادِّيُّونَ وَلَكِنَّ هَؤُلاَءِ اسْتِثْنَاءٌ مِنَ الْقَاعِدَةِ .

ث و ب

ثَابَ يَثُوبُ ثَوْبٌ I to come to one's senses

ظَلَّ يُعانِدُهُم ، وَأَخيرًا ثابَ إِلَى رُشْدِهِ فَتَصالَحوا .

أَثَابَ يُثِيبُ إِثَابَةٌ IV to reward (for)

يُثِيبُ اللهُ النَّاسَ عَلَى أَعْمَالِهِمُ الطَّيِّبَةِ .

ث و ر

ثَارَ يَثُورُ ثَوْرَةٌ I to revolt

قامَتْ ثَوْرَةُ مِصْرَ عَامَ 1952 ثَوْرَةً بَيْضَاءَ لَمْ يُهدَرْ فيها دَمُ شَخْصٍ واحِدٍ .

أَثَارَ يُثِيرُ إِثَارَةٌ IV to agitate, provoke

أَثارَتْ هَذِهِ الْفَضيحةُ سُخْطَ الرَّأْيِ الْعَامِّ جِدًّا .

اِسْتَثَارَ يَسْتَثِيرُ اِسْتِثَارَةٌ X to incite

يُحاوِلونَ إِسْتِثارَتَهُ بِشَتَّى الطُّرقِ ، وَلَكِنَّهُ إِنْسانٌ رَزينٌ لا يَتَأَثَّرُ بِألاعيبِهِمْ .

ث و ي

ثَوَى يَثْوِي ثَوَاءٌ I to be buried

بَعْدَ حَيَاةٍ حَافِلَةٍ ، مَاتَ كَمَا يَمُوتُ كُلُّ النَّاسِ ، وَهَكَذَا ثَوَى فِي التُّرَابِ .

ج

ج أ ر

to seek aid	I	جَأَرَ يَجْأَرُ ——

تَعَطَّلَ تِلِيفُونِي لِمُدَّةٍ طَوِيلَةٍ ، فَجَأَرْتُ بِالشَّكْوَى إِلَى الْمَسْئُولِينَ .

ج أ ش

to be agitated (emotionally)	I	جَأَشَ يَجْأَشُ جَأْشٌ

يَقولونَ فُلانٌ رابِطُ الْجَأْشِ ، أَيْ قَوِيُّ الْعَزِيمَةِ لا يهَابُ ولا يَخافُ .

ج ب ب

to cancel	I	جَبَّ يَجُبُّ جَبٌّ

" الإِسْلاَمُ يَجُبُّ مَا قَبْلَهُ " معناه أَنَّ الشَّخْصَ الَّذي اعْتَنَقَ الإِسْلامَ لا يُحاسَبُ على ماضيهِ .

ج ب ر

to set (bones)	I	جَبَرَ يَجْبُرُ جَبْرٌ

جَبَرَ الطَّبِيبُ الْعِظَامَ الْمَكْسُورَةَ .

to set (bones)	II	جَبَّرَ يُجَبِّرُ تَجْبِيرٌ

سَقَطَ في الْمَلْعَبِ وكُسِرَ مِرْفَقُ ساعِدِهِ الأَيْمَنِ ، فَجَبَّرَهُ لَهُ الطَّبِيبُ .

to treat with kindness	III	جَابَرَ يُجَابِرُ مُجَابَرَةٌ

يُقال جَبْرُ الْخاطِرِ أَوْ مُجابَرتُه مَعْناهُ مُجامَلَةُ الآخرينَ وَمُصالَحَتُهُمْ رَغْمَ أَيِّ خِلافٍ .

to force	IV	أَجْبَرَ يُجْبِرُ إِجْبَارٌ

أَجْبَرُوهُ عَلَى الرَّحِيلِ بَعْدَ إِقامَةِ سَنَتَيْنِ .

to tyrannize	V	تَجَبَّرَ يَتَجَبَّرُ تَجَبُّرٌ

يَذكُرُ التَّارِيخُ أَنَّ فِرْعَوْنَ طَغَى وَبَغَى وَتَجَبَّرَ حَتَّى نَالَ جَزَاءَهُ .

to be rejoined, mended	VII	اِنْجَبَرَ يَنْجَبِرُ اِنْجِبَارٌ

جَبَرَ الطَّبِيبُ العِظَامَ المَكْسُورَةَ فانْجَبَرَتْ بَعْدَ فَتْرَةٍ .
اِنْجَبَرَ كَسْرُ الدَّرَجَةِ فَحَصَلَ عَلَى دَرَجَةٍ صَحِيحَةٍ .

ج ب ن

جَبُنَ	يَجْبُنُ	جُبْنٌ	I	to be cowardly

إنَّهُ يَجْبُنُ عَنْ مُصَارَحَةِ زَوْجَتِهِ بِالْحَقِيقَةِ .

جَبَّنَ	يُجَبِّنُ	تَجْبِينٌ	II	to make cheese

اِعْتَادَ الفَلاَّحون تَجْبِينَ اللَّبَنِ الْحَلِيبِ ، أَيْ بِصُنْعِ الجُبْنِ مِنْهُ بِطُرُقٍ بِدائِيَّةٍ .

تَجَبَّنَ	يَتَجَبَّنَ	تَجَبُّنٌ	V	to turn into cheese

ساعَدَتِ الْمِيْكَنَة عَلَى تَجْبِينِ اللَّبنِ في أَسْرَعِ وَقْتٍ وَبِطَرِيقَةٍ أَكْثَرَ أَمْناً .

ج ب ه

جَبَهَ	يَجْبَهُ	جَبْهٌ / جَبْهَةٌ	I	to confront

ماتَزالُ بَعْضُ القِياداتِ الْعَسْكَرِيَّةِ وَوِحْدَاتُ الجَيْش رابِضَةً عَلَى الجَبْهَةِ الشَّرْقِيَّةِ .

جَابَهَ	يُجَابِهُ	مُجَابَهَةٌ	III	to confront

عِنْدَما جابَهَهُ بِالْحَقائِقِ الدّامِغَةِ ، أَطْرَقَ رَأْسَهُ وَلَمْ يَحِرْ جَوابًا .

ج ب ي

جَبَى	يَجْبِي	جَبْيٌ / جِبَايَةٌ	I	to levy

جَبَى الْإِقْطاعِيُّ ضَرائِبَ بَاهِظَةً مِنَ الْفَلاَّحِينَ .

اِجْتَبَى	يَجْتَبِي	اِجْتِبَاءٌ	VIII	to select

" اللهُ يَجْتَبِي مِنَ الْمَلائِكَةِ رُسُلاً وَمِنَ النَّاسِ " . هَكَذَا وَرَدَ فِي الْقُرْآنِ الْكَرِيمِ .

ج ث ث

جَثَّ	يَجُثُّ	جَثٌّ	I	to uproot

جَثَّ الْفَلاَّحُ جُذورَ بَعْضِ النَّخيلِ لِيساعِدَ على نُمُوِّهِ أَكْثَرَ وأَسْرَعَ .

اِجْتَثَّ	يَجْتَثُّ	اِجْتِثَاثٌ	VIII	to uproot

اِجْتَثَّ الْجَيْشُ كَافَةَ جَحافِلِ الْعَدُوِّ وَأَخْلَى كافَّةَ الْمَواقِعِ مِنْهُمْ .

ج ث م

to oppress	I	جَثْمٌ / جُثُومٌ	يَجْثُمُ	جَثَمَ

جَثَمَ الاسْتِعْمَارُ الإِنْجِلِيزِيُّ عَلَى صَدْرِ مِصْرَ سَبْعِينَ عَامًا .

ج ث و

to kneel	I	جُثُوٌّ	يَجْثُو	جَثَا

حِينَ وَصَلَ إِلَى الْمَلِكِ جَثَا عَلَى رُكْبَتَيْهِ حَسْبَ الْمَرَاسِمِ الْمَلَكِيَّةِ .

ج ح د

to be ungrateful	I	جَحْدٌ / جُحُودٌ	يَجْحَدُ	جَحَدَ

إِنَّهُ دَائِمًا يَجْحَدُ مَا تُقَدِّمُهُ لَهُ مِنْ مُسَاعَدَةٍ وَعَوْنٍ .

ج ح ظ

to bulge	I	جُحُوظٌ	يَجْحَظُ	جَحَظَ

كانَت الضَّرْبَةُ شَدِيدَةً عَلَى رَأْسِه ، فَجَحَظَتْ عَيْنُهُ وَهْوُ تَحْتَ الْعِلاجِ الْآنَ .

ج ح ف

to be unfair	I	جَحْفٌ	يَجْحَفُ	جَحَفَ

جَحَفَ بِأَقارِبِهِ بَعْدَ مَوْتِ أَبيهِ ، فَلَمْ يَعودوا يَزورونَهُ كما كان في السَّابِقِ .

ج د د

to be serious, new	I	جِدٌّ / جِدَّةٌ	يَجِدُّ	جَدَّ

" الْجِدُّ ضِدُّ الْهزلِ " ، وَالْجِدَّةُ مَعْناها الْجَديدُ مِنْ أَيِّ شَيْءٍ .

to renew	II	تَجْدِيدٌ	يُجَدِّدُ	جَدَّدَ

جَدَّدَ جوازَ سَفَرِهِ لِمُدَّةِ سَبْعِ سَنَواتٍ .

to become new	V	تَجَدُّدٌ	يَتَجَدَّدُ	تَجَدَّدَ

تَجَدَّدَتْ شَبَكاتُ الصَّرْفِ الصِّحِّيِّ في بَعْضِ الْمناطِقِ دونَ غَيْرِها حَتَّى الْآنَ .

to enter as a new factor	X	——	يَسْتَجِدُّ	اِسْتَجَدَّ

اِسْتَجَدَّتْ أُمورٌ كَثيرَةٌ تَجْعَلُ التَّفاهُمَ أَمْرًا صَعْبًا .

ج د ر

جَدُرَ يَجْدُرُ جَدارَةٌ I to be suitable, worthy

فازَ الْفَرِيقُ الْقَوْمِيُّ عَلَى مُنافِسيهِ بِجَدارَةٍ .

ج د ف

جَدَفَ يُجدِّفُ تَجْدِيفٌ II to row

بَعْدَ أَنْ تَدَرَّبَ لِمُدَّةِ شَهْرٍ ، اِستَطاعَ أَنْ يُجَدِّفَ بِقاربِهِ مِنْ شَطٍّ إِلَى شَطٍّ .

ج د ل

جَدَلَ يَجْدِلُ جَدْلٌ I to twist, braid

هِيَ تُحِبُّ دائِمًا أَنْ تَجدِلَ شَعْرَها ضَفائِرَ .

جادَلَ يُجَادِلُ جِدَالٌ / مُجَادَلَةٌ III to argue with

يَجِبُ أَنْ يُجَادِلُوهُ بالَّتِي هِيَ أَحْسَنُ ، كَيْ يَكْسَبوهُ إِلَى صَفِّهِمْ .

تَجادَلَ يَتَجادَلُ تَجَادُلٌ VI to carry on a dispute

لِمَاذَا يَتَجادَلُونَ دَائِمًا حَوْلَ الْمَوْضُوعَاتِ التَّافِهَةِ ؟

ج د و

جَدَا يَجْدُو جَدْوٌ I to give a present

جَدا عَلَيْهِ بِساعَةِ يَدٍ ، لِنَجاحِهِ آخِرَ الْعام .

أَجْدَى يُجْدِي إِجْداءٌ IV to give as a present

حاوَلَ أَنْ يُجْدِيَ عَلَيْهِ ، وَلَكِنَّهُ رَفَضَ الْهَدِيَّةَ .

اِسْتَجْدَى يَسْتَجْدِي اِسْتِجْداءٌ X to plead

أَنْفَقَ كُلَّ ما وَرِثَهُ مِنْ أَبِيهِ ، وَأَصْبَحَ يَسْتَجْدِي مِنَ الآخَرِينَ .

ج ذ ب

جَذَبَ يَجْذِبُ جَذْبٌ I

لَقَدْ جَذَبَ الْحَبْلَ بِشِدَّةٍ ، اِنْقَطَعَ الْحَبْلُ فَسَقَطَ عَلَى الأَرْضِ . 1. to pull

جَذَبَ إِلَيْهِ أَنْظَارَ الْمُشَاهِدِينَ . 2. to attract

to engage (in) III جَاذَبَ يُجَاذِبُ مُجَاذَبَةٌ

لَقَدْ جَاذَبَهُمْ عَلَى الْمَوْضُوعِ مُجَاذَبَةً قَوِيَّةً .

to be attracted (to) VII اِنْجَذَبَ يَنْجَذِبُ اِنْجِذَابٌ

أَعْجَبَتْهُ آرَاؤُهُمْ فَانْجَذَبَ إِلَيْهَا بِسُهُولَةٍ .

to attract (to) VIII اِجْتَذَبَ يَجْتَذِبُ اِجْتِذَابٌ

اِجْتَذَبَهُ إِلَى حَلْقَةِ الْعِلْمِ فَأَفَادَ مِنْهَا كَثِيرًا .

جـ ذ ر

to extract the root II جَذَّرَ يُجَذِّرُ تَجْذِيرٌ / جِذْرٌ

عَمَلِيَّاتُ التَّجْذِيرِ تَعْنِي قَلْعَ الْجُذُورِ مِنَ الْأَرْضِ .

جـ ر أ

to dare I جَرُؤَ يَجْرُؤُ جُرْأَةٌ / جَرَاءَةٌ

لَمْ يَجْرُؤْ أَنْ يُصَارِحَنِي بِأَفْكَارِهِ .

to encourage II جَرَّأَ يُجَرِّئُ تَجْرِيءٌ

جَرَّأَهُ أَخُوهُ عَلَى الاشْتِرَاكِ فِي الْمُسَابَقَةِ .

to venture V تَجَرَّأَ يَتَجَرَّأُ تَجَرُّؤٌ

تَجَرَّأَ الطِّفْلُ عَلَى مُدَاعَبَةِ الْكَلْبِ بَعْدَ أَنْ كَانَ يَخَافُ مِنْهُ .

to have the audacity VIII اِجْتَرَأَ يَجْتَرِئُ اِجْتِرَاءٌ

يَجْتَرِئُ السَّيِّئَاتِ ، أي يَرْتَكِبُ الْمُحَرَّمَاتِ .

جـ ر ب

to fade (color) I جَرِبَ يَجْرَبُ جَرَبٌ

تُسْتَخْدَمُ كَلِمَةُ " جَرَب " لِتَعْنِي تَغَيُّرَ اللَّوْنِ أَوِ الْمَرَضَ الْجِلْدِيَّ .

to try II جَرَّبَ يُجَرِّبُ تَجْرِيبٌ / تَجْرِبَةٌ

يُجَرِّبُ الْأُسْتَاذُ مَعَ تَلَامِيذِهِ طُرُقًا عَدِيدَةً لِإِفْهَامِهِمْ مَسَائِلَ الْحِسَابِ .

ج ر ج ر

to drag	Q	جَرْجَرَ يُجَرْجِرُ جَرْجَرَةٌ

فِي عَصْرِ الظُّلْمِ وَالْاِسْتِبْدادِ ، كانوا يُجَرْجِرونَ الفُقَراءَ المَرْبوطِينَ بِالْحِبالِ وَراءَ الخُيولِ .

ج ر ح

to wound, hurt s.o.	I	جَرَحَ يَجْرَحُ جُرْحٌ

لَعِبَ الْوَلَدُ الصَّغِيرُ بِالسِّكِّينِ فَجَرَحَ يَدَهُ .

to malign s.o.	II	جَرَّحَ يُجَرِّحُ تَجْرِيحٌ

لَمْ يَجِدُوا مَا يُسِيءُ إِلَيْهِ ، فَجَرَّحُوهُ بِعُيُوبِ أَصْدِقَائِهِ .

to be cut, wounded	VII	اِنْجَرَحَ يَنْجَرِحُ ——

لَعِبَ بِالسِّكِّينِ فَانْجَرَحَتْ يَدُهُ .

to commit	VIII	اِجْتَرَحَ يَجْتَرِحُ اِجْتِرَاحٌ

أَغْوَاهُ الشَّيْطَانُ فَاجْتَرَحَ عَدَدًا مِنَ الْآثَامِ .

ج ر د

to divest s.o. (of)	II	جَرَّدَ يُجَرِّدُ تَجْرِيدٌ

اِرْتَكَبَ الضَّابِطُ خَطَأً جَسِيمًا فَجَرَّدَهُ الْقَائِدُ مِنْ رُتْبَتِهِ الْعَسْكَرِيَّةِ .

to be stripped (of)	V	تَجَرَّدَ يَتَجَرَّدُ تَجَرُّدٌ

كَيْفَ يَقْتُلُ الابْنُ أُمَّهُ ، لَقَدْ تَجَرَّدَ مِنْ أَبْسَطِ الْقِيَمِ الإِنْسَانِيَّةِ .

ج ر ر

	I	جَرَّ يَجُرُّ جَرٌّ
1. to pull		رَأَيْتُهُ يَرْكَبُ عَرَبَةً تَجُرُّهَا خُيُولٌ .
2. to bring down (upon)		لَقَدْ ضَايَقَ كُلَّ النَّاسِ فَجَرَّ عَلَى نَفْسِهِ الْمَتَاعِبَ .
	VIII	اِجْتَرَّ يَجْتَرُّ اِجْتِرَارٌ
1. to ruminate		اَلْجَمَلُ يَجْتَرُّ غِذَاءَهُ .
2. to mull (over)		قَدْ يَجْتَرُّ الْمَظْلُومُ أَلَمَهُ لِحِينٍ .

جـ ر س

جَرَسَ يَجْرِسُ جَرْسٌ / جَرَسٌ I to ring

نَقولُ: جَرَسُ الْمدرسة ، وجَرْسُ موسيقى الشِّعرِ .

جَرَّسَ يُجَرِّسُ تَجْرِيسٌ II to bring into disrepute

يَقولونَ: جَرَّسَهُ أَمامَ كُلِّ الحَيِّ ، أَي شَهَّر بِهِ وَقالَ عَنْه كَلِماتٍ سيِّئَةً .

جـ ر ش

جَرَشَ يَجْرُشُ جَرْشٌ I to scrape, crush

اِسْتَطاعَ الْعامِلُ الماهِرُ أَنْ يَجْرُشَ لَوْحَ الرُّخامِ القَديمِ إِلَى أَنْ أَصْبَحَ كَالْجديدِ تمامًا .

جـ ر ع

جَرَعَ يَجْرَعُ جَرْعٌ I to gulp

حِينَ جَرْعِ الدَّواءِ ، لَمْ يَسْتَسِغْ لا طَعْمَهُ وَلا رائِحَتَهُ .

جَرَّعَ يُجَرِّعُ تَجْرِيعٌ II to let gulp down

لا تُحاوِلْ أَنْ تُجَرِّعَهُ الدَّواءَ رَغْمًا عَنْهُ .

اِجْتَرَعَ يَجْتَرِعُ اِجْتِرَاعٌ VIII to gulp down

اِجْتَرَعَ الدَّواءَ مرَّةً بَعْدَ مَرَّةٍ ، حَتَّى أَصْبَحَ يَسْتَسيغُه تَمامًا .

جـ ر ف

جَرَفَ يَجْرُفُ جَرْفٌ I to shovel (away, out)

بَدَأَتْ الْجرَّافاتُ تَجْرُفُ قاعَ قَناةِ السُّويس اِسْتِعْدادًا لِفَتْحِها لِلْمِلاحَةِ مِنْ جَديدٍ .

اِنْجَرَفَ يَنْجَرِفُ اِنْجِرافٌ VII to be swept away

اِنْجرَفَتِ الأَعْشابُ وَالأَحْجارُ الْمتُراكِمَةُ بِقاعِ القَناةِ وتَمَّ انْتِشالُها بِالرَّوافِعِ .

جـ ر م

جَرَمَ يَجْرِمُ جُرْمٌ I to commit a crime

مِن الْمَفْروضِ لِلْمُؤْمِنِ أَن لا يَرْتَكِبَ جُرْماً حَرَّمَهُ اللهُ .

جَرَّمَ يُجَرِّمُ تَجْرِيمٌ II to criminalize

يُجَرِّمُ الْقانونُ الْمِصْرِيُّ تَشْغيلَ الأَطْفالِ .

to commit a crime	IV	إِجْرَامٌ	يُجْرِمُ	أَجْرَمَ	

لا يُولَدُ الإجرامُ مَعَ الْإِنْسانِ ، بَلْ إِنَّهُ يَكتَسِبُهُ مِنْ خِلالِ صُحْبَةِ الْأَشْرَارِ .

ج ر ي

to run	I	جَرْيٌ	يَجْرِي	جَرَى

رَأَيْتُ اللِّصَّ يَجْرِي وَوَرَاءَهُ الْكِلَابُ وَالْأَطْفَالُ .

to cause to run	II	تَجْرِيَةٌ	يُجَرِّي	جَرَّى

لِكَي يُجَرِّي الْمَاءَ إِلَى الْأَرْضِ الْعُلْيَا ، شَقَّ قَنَاةً صَغِيرَةً .

to concur (with)	III	مُجَارَاةٌ	يُجَارِي	جَارَى

أَنَا أَعْرِفُ أَنَّهُمْ لاَ يَثِقُونَ فِيهِ ، وَلَكِنَّهُمْ يُجَارُونَهُ فِي آرَائِهِ فَقَطْ .

	IV	إِجْرَاءٌ	يُجْرِي	أَجْرَى

1. to make s.th. flow — قَرَّبَهُ السُّلْطَانُ مِنْ حَاشِيَتِهِ وَأَجْرَى عَلَيْهِ الْأَرْزَاقَ .

أَجْرَى اللهُ الأَنْهارَ وَالْبِحارَ وَرَزَقَنا مِنْها سَمَكًا شَهِيًّا وَلَحْمًا طَرِيًّا .

2. to conduct — تَمَّ إِجْرَاءُ مُبَاحَثَاتٍ لِلتَّوَصُّلِ لِحَلٍ لِلأَزْمَةِ الْمَالِيَّةِ .

ج ز أ

to divide s.th. (into)	II	تَجْزِئَةٌ	يُجَزِّئُ	جَزَّأَ

يَعْمَلُ الاِسْتِعْمَارُ دَائِمًا عَلَى تَجْزِئَةِ الشُّعُوبِ إِلَى جَمَاعَاتٍ مُتَضَارِبَةٍ .

to suffice (for)	IV	إِجْزَاءٌ	يُجْزِئُ	أَجْزَأَ

إِذَا صَلَّى الْمُسْلِمُ صَلاَةَ الْجُمُعَةِ ، أَجْزَأَهُ ذَلِكَ عَنْ صَلاَةِ الظُّهْرِ .

to be divided (into)	V	تَجَزُّؤٌ	يَتَجَزَّأُ	تَجَزَّأَ

تَجَزَّأَتْ هَذِهِ الأَرْضُ الزِّرَاعِيَّةُ إِلَى مَنَاطِقَ لِبِنَاءِ مَسَاكِنَ جَدِيدَةٍ .

to suffice, content o.s.	VIII	اِجْتِزَاءٌ	يَجْتَزِئُ	اِجْتَزَأَ

أَرَدْتُ أَنْ أُدَلِّلَ عَلَى فِكْرَةِ الْخَيْرِ فَاجْتَزَأْتُ بِقِرَاءَةِ آيَةٍ مِنَ الْقُرْآنِ الْكَرِيمِ .

ج ز ر

to butcher	I	جَزْرٌ	يَجْزُرُ	جَزَرَ

لَقَدْ جَزَرَ الْقَاتِلُ الضَّحِيَّةَ مِنْ رَقَبَتِها كَما يَذْبَحُ الْجَزَّارُ الشَّاةَ .

ج ز ز

to cut off, shear | I | جَزَّ يَجِزُّ جَزٌّ

اِعْتادَ الْبَدْوُ جَزَّ صُوفِ الْماشِيَةِ لاسْتِخْدامِهِ أَوْ بَيْعِهِ أَوْ لِتَنْشيطِ الْماشِيَةِ .

to cut off, shear | VIII | اِجْتَزَّ يَجْتَزُّ اِجْتِزَازٌ

يَحْدُثُ اِجْتِزازُ صوفِ الْماشِيَةِ مِنْ أَجْلِ تَنْظيفِها مِن الْحَشَراتِ .

ج ز ع

to be apprehensive (of, about) | I | جَزِعَ يَجْزَعُ جَزَعٌ

مِن النَّاسِ مَنْ يَصْبِرُ عَلَى الْمَصائِبِ ، وَمِنْهُمْ مَنْ يَجْزَعُ مِنْها .

إِذَا كُنْتَ فِي مُشْكِلَةٍ فَعَلَيْكَ أَنْ تَصْبِرَ وَلاَ تَجْزَعَ .

to make apprehensive | IV | —— أَجْزَعَ يُجْزِعُ

أَجْزَعَتْهُ الأَحْدَاثُ فَلَمْ تَعُدْ بِهِ طَاقَةٌ عَلَى الصَّبْرِ وَالْاِحْتِمَالِ .

to break apart, fall apart | V | تَجَزَّعَ يَتَجَزَّعُ تَجَزُّعٌ

تَجَزَّعَ كَثيرًا وَتَحَطَّمَتْ مَعْنَوِيَّاتُهُ ، وَلَمْ يَعُدْ قادِرًا عَلَى الاسْتِمْرارِ .

ج ز ف

to risk | III | جَازَفَ يُجَازِفُ مُجَازَفَةٌ

كَانَ يَظُنُّهَا مُجَرَّدَ مُجَازَفَةٍ ، وَلَكِنَّهُ الْآنَ تَأَكَّدَ مِنْ نَجَاحِ الْمَشْرُوعِ .

ج ز ل

to be plentiful | I | جَزُلَ يَجْزُلُ جَزْلٌ / جَزالَةٌ

كانَ جَزْلُ الْعَطاءِ قَديمًا يُعَدُّ مِنْ مَحاسِنِ الْكِرامِ .

ج ز م

to assert | I | جَزَمَ يَجْزِمُ جَزْمٌ

تَعْتَقِدُ أَنَّهَا حَامِلٌ ، مَعَ أَنَّ الطَّبِيبَ قَدْ جَزَمَ بِعَدَمِ الْحَمْلِ .

جـ ز ي

to reward (for) | I | جَزَى يَجْزِي جَزَاءٌ

يَجْزِي اللهُ كُلَّ إِنْسَانٍ عَلَى قَدْرِ عَمَلِهِ .

to reward, punish | III | جَازَى يُجَازِي مُجَازَاةٌ

جَازَى الْمُدِيرُ الْمُوَظَّفَ النَّشِيطَ بِمُكَافَأَةٍ مَالِيَّةٍ ، وَالْمُوَظَّفَ الْمُهْمِلَ بِخَصْمِ يَوْمَيْنِ .

أَحْسَنَ مَرَّةً وَأَسَاءَ أُخْرَى ، وَقَدْ جَازَيْتُهُ فِي الْحَالَتَيْنِ .

جـ سـ د

to embody | II | جَسَّدَ يُجَسِّدُ تَجْسِيدٌ

جَسَّدَ الْكَاتِبُ مُشْكِلَةَ الْفَقْرِ تَجْسِيدًا فَنِّيًّا مُؤَثِّرًا .

to be embodied | V | تَجَسَّدَ يَتَجَسَّدُ تَجَسُّدٌ

تَجَسَّدَتْ فِي الْبَطَلِ كُلُّ صِفَاتِ الْبُطُولَةِ .

جـ سـ س

to feel | I | جَسَّ يَجُسُّ جَسٌّ

جَسَّ الطَّبِيبُ نَبْضَ الْمَرِيضِ بِعِنَايَةٍ .

to spy | V | تَجَسَّسَ يَتَجَسَّسُ تَجَسُّسٌ

يُعْتَبَرُ التَّجَسُّسُ جَرِيمَةً وَطَنِيَّةً عِقَابُها الإِعْدامُ شَنْقًا .

جـ سـ م

to enlarge | II | جَسَّمَ يُجَسِّمُ تَجْسِيمٌ

يُبَالِغُ صَدِيقِي دَائِمًا فَيُجَسِّمُ كُلَّ الأُمُورِ التَّافِهَةِ .

جـ شـ أ

to burp | II | جَشَّأَ يُجَشِّئُ تَجْشِئَةٌ

اَلتَّجْشِئَةُ صُعوبَةٌ طارِئَةٌ تَحْدُثُ عادَةً عِنْدَ بَلْعِ طَعامٍ أَوْ شَرابٍ .

to burp | V | تَجَشَّأَ يَتَجَشَّأُ تَجَشُّؤٌ

تَجَشَّأَ وَهُوَ يَشْرَبُ الْعَصيرَ لأَنَّ الْهَواءَ قَدْ تَسَلَّلَ إِلَى الْمَرِيءِ وَقْتَ الشُّرْبِ .

جـ شـ ع

to be greedy | I | جَشِعَ يَجْشَعُ جَشَعٌ

لِمَاذَا يَجْشَعُ بَعْضُ النَّاسِ وَيَطْلُبُونَ الْمَزِيدَ ؟

جـ عـ جـ ع

to bluster | Q | جَعْجَعَ يُجَعْجِعُ جَعْجَعَةٌ

مِنْ أَمْثَالِ الْعَرَبِ : " أَسْمَعُ جَعْجَعَةً وَلا أَرَى طِحْنًا " أي أَسْمَعُ صَوْتًا عاليًا لا أَرَى أَثَرَ عَمَلٍ .

جـ عـ د

to become curly | I | جَعُدَ يَجْعُدُ جُعُودَةٌ

يَتَغَلَّبُ خُبَراءُ التَّجْميلِ عَلَى جُعودَةِ الشَّعْرِ بِبَعْضِ الزَّيوتِ وَالْكِريماتِ .

to curl | II | جَعَّدَ يُجَعِّدُ تَجْعِيدٌ

لِيُحاكِي الْمُمَثِّلُ الشَّخْصِيَّةَ الْحَقيقِيَّةَ ، طَلَبَ مِنْ الْكُوافيرِ أَنْ يُجَعِّدَ لَهُ شَعْرَهُ .

to become curly | V | تَجَعَّدَ يَتَجَعَّدُ تَجَعُّدٌ

كَثيرٌ مِن النَّاسِ لا يُحِبُّونَ أَنْ تَتَجَعَّدَ شُعورُهُمْ .

جـ عـ ل

to make, appoint | I | جَعَلَ يَجْعَلُ جَعْلٌ

كَانَ يُرِيدُ أَنْ يَجْعَلَهَا سِكِرْتيرَةً خَاصَّةً ، وَلَكِنَّها رَفَضَتْ .

جـ فـ ف

to dry | I | جَفَّ يَجِفُّ جَفَافٌ

كَانَتِ الأَمْطَارُ قَليلَةً ، وَلِهَذا جَفَّتِ الأَرْضُ بِسُرْعَةٍ .

II | جَفَّفَ يُجَفِّفُ تَجْفِيفٌ

1. to dry — جَفَّفَ الرَّجُلُ عَرَقَهُ بِمِنْدِيلٍ نَظيفٍ .

2. to desiccate — اَلْبَدْوُ يُجَفِّفُونَ الْبَلَحَ حَتَّى يُصْبِحَ تَمْرًا ، ثُمَّ يَبِيعُونَهُ .

ج ف و

جَفَا	يَجْفُو	جَفْوٌ / جَفْوَةٌ	I	to treat crudely

كَانَ يُحِبُّها ، وَلَكِنَّهُ الْآنَ أَصْبَحَ يَجْفُوهَا وَلاَ يُرِيدُ رُؤْيَتَهَا .

جَافَى	يُجَافِي	مُجَافَاةٌ	III	to stay away from

لَقَدْ جَافَانَا وَقَطَعَ كُلَّ عَلاَقَاتِهِ بِنَا .

ج ك ر

جَاكَرَ	يُجَاكِرُ	مَجَاكَرَةٌ	III	to tease

اَلْمُجاكَرَةُ مُحاوَلَةٌ لإِضْحاكِ الآخَرِ سَوَاءٌ بِالْقَوْلِ أَوْ بِالْفِعْلِ .

ج ل ب

جَلَبَ	يَجْلِبُ	جَلْبٌ	I	to bring

جَلَبَ مَعَهُ هَدَايَا قَيِّمَةً لأَهْلِهِ وَأَصْدِقَائِهِ .

اِسْتَجْلَب	يَسْتَجْلِبُ	اِسْتِجْلاَبٌ	X	to bring back

كَانَ مِنْ عَادَةِ الْمُلُوكِ أَنَّهُمْ إِذَا زَارُوا بَلَدًا اِسْتَجْلَبُوا مَعَهُمْ بَعْضَ رِجَالِهِ .

ج ل ج ل

جَلْجَلَ	يُجَلْجِلُ	جَلْجَلَةٌ	Q	to resound

جَلْجَلَ صَوْتُ الْمُنْشِدِ مِنْ خِلالِ الْمِيكْرُوفُون ، فَأَسْعَدَ الْمُسْتَمِعِينَ .

ج ل د

جَلَدَ	يَجْلِدُ	جَلْدٌ	I	to lash

جَلَدَهُ الْقَائِدُ عَشْرَ جَلْدَاتٍ لِتَهَاوُنِهِ فِي أَمْرِ سِلاَحِهِ .

جَلَّدَ	يُجَلِّدُ	تَجْلِيدٌ	II	to bind

لِخَوْفِي عَلَى هَذا الْكِتابِ بِالذّاتِ ، قُمْتُ بِتَجْلِيدِهِ فِي الْمَطْبَعَةِ .

جَالَدَ	يُجَالِدُ	مُجَالَدَةٌ / جِلاَدٌ	III	to fight

ظَلَّ يُجَالِدُهُمْ حَتَّى انْتَصَرَ عَلَيْهِمْ .

تَجَلَّدَ	يَتَجَلَّدُ	تَجَلُّدٌ	V	to endure

عَلَى الإِنْسَانِ أَنْ يَتَحَمَّلَ وَيَتَجَلَّدَ وَقْتَ الشَّدَائِدِ .

ج ل س

جَلَسَ يَجْلِسُ جُلُوسٌ	I	to sit down

جَلَسْتُ عَلَى كُرْسِيٍّ مُرِيحٍ .

جَالَسَ يُجَالِسُ مُجَالَسَةٌ	III	to sit with

أُحِبُّ أَنْ أُجَالِسَ الْعُلَمَاءَ وَالْمُثَقَّفِينَ لأَزْدَادَ عِلْمًا .

أَجْلَسَ يُجْلِسُ إِجْلاَسٌ	IV	to seat

حِينَ رَأَيْتُ الْعَجُوزَ قَادِمَةً ، قُمْتُ مِنْ مَكَانِي وَأَجْلَسْتُهَا .

ج ل ل

جَلَّ يَجِلُّ ——	I	to be innumerable

إِنَّ أَخْطَاءَهُ وَأَعْذَارَهُ كَثِيرَةٌ تَجِلُّ عَنِ الْحَصْرِ .

جَلَّلَ يُجَلِّلُ ——	II	to border (with)

يَوْمَ كَارِثَةِ الطَّائِرَةِ ، ظَهَرَتِ الصُّحُفُ وَقَدْ جَلَّلُوهَا بِالسَّوَادِ .

تَجَلَّلَ يَتَجَلَّلُ ——	V	to be bordered (with)

يَوْمَ الْكَارِثَةِ ، ظَهَرَتِ الصُّحُفُ وَقَدْ تَجَلَّلَتْ بِالسَّوَادِ .

ج ل ط

جَلَطَ يَجْلِطُ جَلْطٌ	I	to clot (blood)

لَمْ يَسْتَطِعْ الأَطِبَّاءُ إِسْعافَهُ مِن الْجَلْطَةِ الأَخِيرة ، فَتُوُفِّيَ عَلَى الْفَوْرِ .

ج ل و

جَلاَ يَجْلُو جُلُوٌّ / جَلاَءٌ	I	to clarify

لَقَدْ جَلَوْتُ لَهُمُ الْمَوْقِفَ ، فَفَهِمُوا الأَمْرَ عَلَى حَقِيقَتِهِ .

أَجْلَى يُجْلِي إِجْلاَءٌ	IV	to oust

أَجْلَتْ مِصْرُ كُلَّ الْقُوَّاتِ الأَجْنَبِيَّةِ عَنْ بِلاَدِهَا .

تَجَلَّى يَتَجَلَّى تَجَلٍّ	V	to become manifest

في قصةِ موسى : " فَلَمّا تَجَلَّى رَبُّهُ لِلْجَبَلِ جَعَلَهُ دَكًّا ، وَخَرَّ مُوسَى صَعِقًا " .

اِنْجَلَى يَنْجَلِي اِنْجِلاَءٌ	VII	to become clear

نَحْمَدُ الله ، لَقَدِ انْجَلَى الْمَوْقِفُ وَأَصْبَحَ فِي غَايَةِ الْوُضُوحِ .

to uncover, reveal VIII اِجْتَلَى يَجْتَلِي اِجْتِلاَءٌ
حَاوَلْتُ أَنْ أَجْتَلِيَ السِّرَّ ، وَلَكِنِّي لَمْ أَسْتَطِعْ .

to seek clarification X اِسْتَجْلَى يَسْتَجْلِي اِسْتِجْلاَءٌ
لَقَدْ فَهِمْتُ كُلَّ شَيْءٍ وَلَنْ أَسْتَجْلِيَ الْمَوْضُوعَ أَكْثَرَ مِنْ ذَلِكَ .

ج م ح

to bolt I جَمَحَ يَجْمَحُ جُمُوحٌ
هَذا حِصَانٌ شَرِسٌ ، إِنَّهُ يَجْمَحُ مِنْ صَاحِبِهِ دَائِمًا .

ج م د

to be frozen I جَمَدَ يَجْمُدُ جُمُودٌ
لَقَدْ جَمَدَ الْمَاءُ وَأَصْبَحَ ثَلْجًا .

to freeze II جَمَّدَ يُجَمِّدُ تَجْمِيدٌ
هَذا بَرْدٌ قَارِسٌ : يُجَمِّدُ الدَّمَ فِي الْعُرُوقِ .

to be frozen V تَجَمَّدَ يَتَجَمَّدُ تَجَمُّدٌ
تَجَمَّدَ الْمَاءُ / تَجَمَّدَ شَخْصٌ فِي مَكَانِهِ .

ج م ع

to collect I جَمَعَ يَجْمَعُ جَمْعٌ
جَمَعَتِ الْحُكُومَةُ بَعْضَ التَّبَرُّعَاتِ لِبِنَاءِ الْمُسْتَشْفَى الْجَدِيدِ .

to assemble II جَمَّعَ يُجَمِّعُ تَجْمِيعٌ
جَمَّعَ الْقَائِدُ قُوَّاتِهِ وَبَدَأَ بِهُجُومٍ جَدِيدٍ .

to copulate III جَامَعَ يُجَامِعُ جِمَاعٌ
كَلِمَةُ " جِمَاعٍ " مَعْنَاهَا مُمَارَسَةُ الْجِنْسِ بَيْنَ الرَّجُلِ وَالْمَرْأَةِ .

to agree unanimously IV أَجْمَعَ يُجْمِعُ إِجْمَاعٌ
أَجْمَعَ الأَعْضَاءُ عَلَى أَنْ تَكُونَ بَيْرُوتُ هِيَ مَقَرَّ الشَّرِكَةِ الْجَدِيدَ .

to assemble V تَجَمَّعَ يَتَجَمَّعُ تَجَمُّعٌ
تَجَمَّعَ الْمُتَظَاهِرُونَ فِي الْمَيْدَانِ ، فَفَرَّقَتْهُمُ الشُّرْطَةُ .

to have a meeting VIII اِجْتَمَعَ يَجْتَمِعُ اِجْتِمَاعٌ

اِجْتَمَعَ الرَّئِيسُ بِنُوَّابِهِ ثَلاثَ سَاعَاتٍ مُتَوَاصِلَةٍ .

to gather X اِسْتَجْمَعَ يَسْتَجْمِعُ اِسْتِجْمَاعٌ

اِسْتَجْمَعَ الْمُلاكِمُ قُوَاهُ وَضَرَبَ خَصْمَهُ الضَّرْبَةَ الْقَاضِيَةَ .

جـ مـ ل

to be beautiful I جَمُلَ يَجْمُلُ جَمَالٌ

جَمالُ النَّاسِ في أَخْلاقِهِمْ ، لا في مَحاسِنِهِمْ .

to make beautiful II جَمَّلَ يُجَمِّلُ تَجْمِيلٌ

كَثُرَتْ صالوناتُ التَّجْميلِ بِالْقاهِرَةِ لأَنَّ عَلَيْها إِقْبالاً كَبيرًا مِن السَّيِّداتِ .

to be courteous III جَامَلَ يُجَامِلُ مُجَامَلَةٌ

ظَلَّ يُجامِلُها كَزَميلةٍ في الْعَمَلِ ، أَساءَتْ فَهْمَهُ وَظَنَّتْ أَنَّهُ يُحِبُّها .

to sum up IV أَجْمَلَ يُجْمِلُ إِجْمَالٌ

اِسْتطاعَ الْباحِثُ أَنْ يُجْمِلَ في خاتِمةِ بَحْثِهِ كافَةَ النَّتائِجِ وَالتَّوصِياتِ .

to make o.s. pretty V تَجَمَّلَ يَتَجَمَّلُ تَجَمُّلٌ

" أَنا لا أَكْذِبُ ، وَلَكِنِّي أَتَجَمَّلُ " عُنْوانُ فِيلمٍ مِصْرِيٍّ بِهِ دِراميَّةٌ رائِعَةٌ .

جـ مـ هـ ر

to gather a crowd Q جَمْهَرَ يُجَمْهِرُ جَمْهَرَةٌ

في التُّراثِ الْعَرَبِيِّ ، نَقْرَأُ عَنْ جَمْهَرَةٍ فَريدَةٍ مِن الْعُلَماءِ وَالْباحِثينَ الْمَرموقينَ .

to be gathered as a crowd Q1 تَجَمْهَرَ يَتَجَمْهَرُ تَجَمْهُرٌ

تَجَمْهَروا أَمَامَ الْقَصْرِ الْمَلَكِيِّ لِيُهَنِّئوا الْمَلِكَ بِوَلِيدِهِ وَليِّ الْعَهْدِ الْجَديدِ .

جـ نـ ب

to keep away II جَنَّبَ يُجَنِّبُ تَجْنِيبٌ

لِتَكونَ مَوْضوعِيًّا في بَحْثِكَ ، عَلَيْكَ أَنْ تُجَنِّبَ اِنْطِباعاتِكَ الشَّخْصِيَّةَ عَنِ الْمَوْضوعِ .

to avoid V تَجَنَّبَ يَتَجَنَّبُ تَجَنُّبٌ

إِذا أَرَدْتَ الْعَيْشَ في أَمانٍ ، تَجَنَّبْ مُخالَطَةَ الأَشْرارِ .

to avoid VIII اِجْتَنَبَ يَجْتَنِبُ اِجْتِنَابٌ

عَلَى الْمؤْمِنِ الْحَقِّ أَنْ يَجْتَنِبَ كُلَّ ما حَرَّمَهُ اللهُ .

ج نـ ح

to veer I جَنَحَ يَجْنَحُ جُنُوحٌ

جَنَحَتْ دَرَّاجَتُهُ فِي السِّبَاقِ فَاصْطَدَمَتْ بِالْحَائِطِ وَتَهَشَّمَتْ تَمَامًا .

to veer II جَنَّحَ يُجَنِّحُ تَجْنِيحٌ

جَنَّحَتِ الطَّائِرَةُ قَلِيلاً وَهْيَ فِي طَرِيقِهَا لِلْهُبُوطِ بِأَرْضِ الْمَطَارِ .

ج نـ د

to draft II جَنَّدَ يُجَنِّدُ تَجْنِيدٌ

سَيُسَلِّمُ ابْنِي نَفْسَهُ إِلى مِنْطَقَةِ التَّجْنِيدِ غَدًا ، لِيَبْدَأَ أَداءَ الْخِدْمَةِ الْعَسْكَرِيَّةِ .

to be drafted V تَجَنَّدَ يَتَجَنَّدُ تَجَنُّدٌ

تُحاوِلُ بَعْضُ الدُّوَلِ أَنْ تُجَنِّدَ لِمَصْلَحَتِها مُواطِنِينَ مِنْ دُوَلٍ أُخْرَى . هَذا سُلوكٌ سَيِّئٌ .

ج نـ س

to give a citizenship II جَنَّسَ يُجَنِّسُ تَجْنِيسٌ / جِنْسِيَّةٌ

لَمْ تُجَنِّسْهُ السُّلْطَاتُ بِجِنْسِيَّةِ الْبَلَدِ إلاّ بَعْدَ مُرُورِ سَنَوَاتٍ .

to acquire a citizenship V تَجَنَّسَ يَتَجَنَّسُ تَجَنُّسٌ

تَزَوَّجَ مِنْ إيطالِيَّةٍ وَقَدْ تَجَنَّسَتْ بِالْجِنْسِيَّةِ الْمِصْرِيَّةِ .

to be homogeneous VI تَجَانَسَ يَتَجَانَسُ تَجَانُسٌ

في رَأْيِي ، هُناكَ تَجانُسٌ كَبيرٌ بَيْنَهُما : السِّنُّ ، الثَّقافَةُ ، الْمُيولُ ، وَالْوَسَطُ الاجْتِماعِيُّ .

ج نـ ن

to be maddened I جُنَّ يُجَنُّ جُنُونٌ

عندما عَلِمَ بِخَطْفِ زَوْجَتِه ، جُنَّ جُنُونُه ولمْ يَعُد يَدْرِي مَاذَا يَفْعَلُ .

to go crazy V تَجَنَّنَ يَتَجَنَّنُ تَجَنُّنٌ

لَقَدِ اغْتَصَبُوا كُلَّ حُقُوقِهِ ، فَتَجَنَّنَ وَارْتَكَبَ جَرِيمَتَهُ .

جـ نـ ي

جَنَى يَجْنِي جَنْيٌ / جِنَايَةٌ I

جَنَى الْبُسْتَانِيُّ الْوَرْدَ مِنَ الْحَدِيقَةِ . — 1. to gather

قَتَلَ صَدِيقَهُ ، فَجَنَى بِذلِكَ عَلَى أُسْرَتَيْنِ — 2. to cause great harm (to)

تَجَنَّى يَتَجَنَّى تَجَنٍّ V — to lay the blame on s.o.

لَقَدْ تَجَنَّى عَلَيْهِ حينَ ادَّعَى أَنَّهُ سَرَقَ وَثائِقَ مِن المكْتَبِ .

اِجْتَنَى يَجْتَنِي اِجْتِنَاءٌ VIII — to gather

إِنَّهُ يُقَدِّمُ الرَّوائِعَ ، وَكَأَنَّهُ يَجْتَنِي مِنْ كُلِّ بُسْتَانٍ زَهْرَةً .

جـ هـ د

جَهَدَ يَجْهَدُ جَهْدٌ / جُهْدٌ I — to exhaust, endeavor

جَهَدَ كَثيرًا حَتَّى حَصَلَ عَلَى شَقَّةٍ مُناسِبَةٍ .

جَاهَدَ يُجَاهِدُ جِهَادٌ / مُجَاهَدَةٌ III — to strive

ظَلَّ يُجاهِدُ وَيَجْتَهِدُ حَتّى حَقَّقَ اللهُ لَهُ كُلَّ أَمانيهِ وَآمالِهِ .

أَجْهَدَ يُجْهِدُ إِجْهَادٌ IV — to exhaust

أَجْهَدَ نَفْسَهُ كَثيرًا ، أَراهُ بِحاجَةٍ إِلى أَخْذِ قِسْطٍ مِن الرَّاحَةِ .

اِجْتَهَدَ يَجْتَهِدُ اِجْتِهَادٌ VIII — to work hard

أَرَدْتُ لهُ أَنْ يَجْتَهِدَ في عَمَلِهِ ، بَدَلاً مِنْ إِضاعَةِ الْوَقْتِ فيما لا يُفيدُ .

جـ هـ ر

جَهَرَ يَجْهَرُ جَهْرٌ I — to say publicly

قُلْتُ لَهُ لاَ تُخْبِرْهُمْ ، وَلَكِنَّهُ جَهَرَ بِالسِّرِّ .

جَاهَرَ يُجَاهِرُ جِهَارٌ / مُجَاهَرَةٌ III — to avow

لَقَدْ جَاهَرَ بِاشْتِرَاكِهِ فِي الْجَرِيمَةِ ، فَاسْتَحَقَّ الْعُقُوبَةَ .

جـ هـ ز

جَهَّزَ يُجَهِّزُ تَجْهِيزٌ II — to prepare

جَهَّزَ الْقَائِدُ جُنُودَهُ لِلاِشْتِرَاكِ فِي الْمَعْرَكَةِ .

أَجْهَزَ يُجْهِزُ إِجْهَازٌ IV to finish (off)

أَسْقَطَتْهُ الطَّلْقَةُ الْأُولَى عَلَى الْأَرْضِ ، وَلَكِنَّ الثَّانِيَةَ أَجْهَزَتْ عَلَيْهِ تَمَامًا .

تَجَهَّزَ يَتَجَهَّزُ تَجَهُّزٌ V to be equipped

لَقَدْ تَجَهَّزَ تَمامًا ، وَبِإِمْكانِهِ كَسْبَ الْجَوْلَةِ الْقادِمَةِ .

ج هـ ش

أَجْهَشَ يُجْهِشُ إِجْهَاشٌ IV to break into sobs

إِنَّهُ حَسَّاسٌ جِدًّا ، أَراهُ يَجْهَشُ بِالْبُكاءِ لِأَدْنَى سَبَبٍ .

ج هـ ض

أَجْهَضَ يُجْهِضُ إِجْهَاضٌ IV to have an abortion

عَلَى الْمَرْأَةِ أَنْ تَعْلَمَ أَنَّ الْإِجْهاضَ لا يَتِمُّ إِلاَّ بِمَباشَرَةِ طَبيبٍ خَبيرٍ .

ج هـ ل

جَهِلَ يَجْهَلُ جَهْلٌ I to be ignorant (of)

إِنَّهُ يَجْهَلُ قِيادَةَ السَّيَّاراتِ وَآدابَ الْمُرُورِ فَكَيْفَ يَحْصُلُ عَلَى رُخْصَةِ قِيادَةٍ ؟

تَجَاهَلَ يَتَجَاهَلُ تَجَاهُلٌ VI to ignore

لأَنَّهُ يُضايِقُها فِي الْجامِعَةِ ، فَقَدْ تَجاهَلَتْهُ فِي الْحَفْلَةِ .

ج هـ م

جَهُمَ يَجْهُمُ جَهامَةٌ I to frown

اَلْجَهامَةُ مَظْهَرٌ مَرْفوضٌ لأَنَّه يُنَفِّرُ النَّاسَ مِن الشَّخْصِ .

تَجَهَّمَ يَتَجَهَّمُ تَجَهُّمٌ V to frown

لِماذا يَتَجَهَّمُ وَقَدْ وَافَقْنا لَهُ عَلَى ما يُريدُ ؟!

ج و ب

جَابَ يَجُوب جَوْبٌ I to wander

يَجوبُ الرَّحالَةُ بِلادًا مُتَعَدِّدَةً يَكْتَسِبُ مِن خِلالِها خِبْراتٍ جَديدَةً .

جَاوَبَ يُجَاوِبُ مُجَاوَبَةٌ III to answer

جَاوِبْ عَنْ سُؤالَيْنِ في ثَلاثِ صَفَحاتٍ فَقَطْ . هَذِهِ هِيَ التَّعْليماتُ .

أَجَابَ يُجِيبُ إِجَابَةٌ IV to reply

سَأَلْتُهُ عَنْ راتِبِهِ ، فَأَجابَ : اَلْغَلاءُ يَأْخُذُ كُلَّ شَيْءٍ .

تَجَاوَبَ يَتَجَاوَبُ تَجَاوُبٌ VI to respond to s.th. positively

طَرَحْنا في الاجْتماعِ فِكْرَةَ إِصْدارِ مَجَلَّةٍ جَديدَةٍ ، فَتَجاوَبَ مَعَنا مُعْظَمُ الْحاضِرينَ .

اِسْتَجَابَ يَسْتَجِيبُ اِسْتِجَابَةٌ X to grant a request

طَلَبْتُ مِنْهُ أَنْ يَتَبرَّعَ لِدارِ الأَيْتامِ ، فَاسْتَجابَ عَلَى الْفَوْرِ .

اِسْتَجْوَبَ يَسْتَجْوِبُ اِسْتِجْوَابٌ X to interrogate

بَعْدَ أَن اسْتَجْوَبَ الْقَاضِي الشَّاهِدَ الأَخيرَ ، قَرَّر إِصْدارَ الْحُكْمِ في الْجَلْسَةِ التَّالِيَةِ .

جـ و د

جَادَ يَجُودُ جَوْدَةٌ I

1. to become better

اَلْجَوْدَةُ وَالنَّوْعِيَّةُ مِن الأَهْدافِ الَّتي تَسْعَى إِلَى تَحْقِيقِها كُلُّ الْجامِعاتِ .

جَادَ يَجُودُ جُودٌ 2. to grant generously

اَلْجودُ هُوَ الْكَرَمُ . يُقالُ : رَجُلٌ جَوادٌ أَيْ كَريمٌ .

جَوَّدَ يُجَوِّدُ تَجْوِيدٌ II to improve

يُحاوِلُ الآنَ أَنْ يُحَسِّنَ خَطَّهُ ، وَيُجَوِّدَ قِراءَتَهُ الْجَهْرِيَّةَ .

اِسْتَجَادَ يَسْتَجِيدُ اِسْتِجادَةٌ X to think s.th. good

يَسْتَجيدُ النَّاسُ عادَةً الْمُنْتَجاتِ اليابانِيَّةَ بِالدَّرَجَةِ الأُولَى .

جـ و ر

جَارَ يَجُورُ جَوْرٌ I to commit an outrage

اَلْجَوْرُ هُوَ الظُّلْمُ وَالاعْتِداءُ وَتَجاوُزُ الْحُدودِ ، وَكُلُّها أُمورٌ مَرْفوضَةٌ .

جَاوَرَ يُجَاوِرُ مُجَاوَرَةٌ III to be adjacent (to)

في الْمُدُنِ الْجَديدَةِ ، يُطلَقُ عَلَى كُلِّ حَيٍّ اِسْمُ " مُجاوَرَةٌ " .

أجار يُجِيرُ إِجَارَةٌ IV to protect

أَجارَ فُلانًا أَيْ اِعْتَبرَهُ جارًا ، لَهُ حَقُّ الْجِوارِ وَالْحِمايَةِ .

to be adjacent to each other VI تَجَاوَرَ يَتَجَاوَرُ تَجَاوُرٌ

حينَ تَتَجاوَرُ الْبُيوتُ ، تَقِلُّ الْحُرِّيَّةُ الشَّخْصِيَّةُ لِلسُّكَّانِ .

to seek protection X اِسْتَجَارَ يَسْتَجِيرُ اِسْتِجَارَةٌ

عِنْدَما أَحَسَّ بِأَنَّهُمْ يُدَبِّرونَ لَهُ مُؤامَرَةً ، اِسْتَجارَ بِأَقارِبِهِ فَحَضَروا عَلَى الْفَوْرِ .

جـ و ز

to be permissible I جَازَ يَجُوزُ جَوَازٌ

لاَ يَجُوزُ أَنْ نُسافِرَ الْآنَ وَنَتْرُكَهُ وَهْوَ مَرِيضٌ .

to approve, permit II جَوَّزَ يُجَوِّزُ ——

يُجَوِّزُ الْفُقَهاءُ هَذا الأَمْرَ الْآنَ .

to exceed III جَاوَزَ يُجَاوِزُ مُجَاوَزَةٌ

جَاوَزَ الْوَلَدُ حُدُودَهُ فَعَاقَبَهُ أَبوهُ .

to permit IV أَجَازَ يُجِيزُ إِجَازَةٌ

أَجازَت " دارُ الإِفْتَاءِ " بَعْضَ الأُمورِ الّتي كانَ النَّاسُ يَظُنُّونَها مُحَرَّمَةً .

to tolerate V تَجَوَّزَ يَتَجَوَّزُ تَجَوُّزٌ

لَمْ تَتِمَّ مُحاسَبَتُهُ عَلَى كُلِّ شَيْءٍ ، لَقَدْ تَجَوَّزوا كَثيرًا في التَّعامُلِ مَعَهُ .

to pass (over) VI تَجَاوَزَ يَتَجَاوَزُ تَجَاوُزٌ

إِنَّهُ مُتَسامِحٌ ، يَتَجاوَزُ دائِمًا عَنْ هَفَواتِ الآخَرِينَ .

to pass VIII اِجْتَازَ يَجْتَازُ اِجْتِيَازٌ

نَحْمَدُ الله ، لَقَدْ اجْتَزْنا مَرْحَلَةَ الْخَطَرِ .

to deem permissible X اِسْتَجَازَ يَسْتَجِيزُ ——

اِسْتَجازَ الْبَعْضُ هَذا الأَمْرَ وَأَبَاحُوهُ .

جـ و ع

to be hungry I جَاعَ يَجُوعُ جَوْعٌ

سَجَّلتِ الْبُلْدانُ الصِّناعِيَّةُ 15 مِلْيونَ جائِعٍ. إذًا الْجوعُ ظاهِرةٌ عالَمِيَّةٌ .

to cause to starve II جَوَّعَ يُجَوِّعُ تَجْوِيعٌ

كانَتْ الْوَزارَةُ الْجَدِيدَةُ حَرِيصَةً عَلَى أَن لاَ تُجَوِّعَ الشَّعْبَ بِأَيِّ حالٍ .

أَجَاعَ يُجِيعُ إِجَاعَةٌ IV to cause to starve

بَعْدَ أَنْ أَجاعَ شَعْبَهُ بِاسْمِ تَرْشيدِ الإِنْفاقِ ، تَظاهَروا ضِدَّهُ وَخَلَعوهُ .

ج و ف

جَوَّفَ يُجَوِّفُ تَجْوِيفٌ II to make hollow

في السَّدِّ الْعَالي ، عَدَدٌ مِنْ " التُّورْبيناتِ " الّتي تَتَّسِعُ تَجْويفاتُها كَثيرًا .

ج و ل

جَالَ يَجُولُ جَوَلَانٌ I to roam

لَمْ يَكُنْ لَدَيْهِ مَا يَعْمَلُهُ ، وَظَلَّ يَجُولُ فِي الشَّوَارِعِ حَتَّى سَاعَةٍ مُتَأَخِّرَةٍ .

أَجَالَ يُجِيلُ —— IV to ponder

أَجَالَ الضَّابِطُ نَظَرَهُ فِي الْمَقْبُوضِ عَلَيْهِمْ حَتَّى تَعَرَّفَ عَلَى الْجَانِي .

تَجَوَّلَ يَتَجَوَّلُ تَجَوُّلٌ V to wander (in)

تَجَوَّلْتُ فِي بُلْدَانٍ كَثِيرَةٍ ، فَلَمْ أُعْجَبْ إِلاَّ بِبَلَدِي .

ج ي ء

جَاءَ يَجِيءُ مَجِيءٌ I to come

مَجِيءُ أَخي في هَذَا الْوَقْتِ قَدْ وَفَّرَ عَلَيْنَا أُمورًا كَثيرَةً .

ج ي ح

اِجْتَاحَ يَجْتَاحُ اِجْتِيَاحٌ VIII to invade

اِجْتَاحَتِ الْقُوَّاتُ الْمُعادِيَةُ بَعْضَ دَوْرِيَّاتٍ لِحَرسِ الْحُدُودِ .

ج ي ش

جَاشَ يَجِيشُ جَيَشَانٌ I to be agitated

جاشَ في صَدْرِهِ أَحاسيسُ كَثيرَةٌ وَأَفْكارٌ مُتَدَفِّقَةٌ .

جَيَّشَ يُجَيِّشُ تَجْيِيشٌ II to levy troops

حينَ قَرَّرَ غَزْوَ أَعْدائِهِ ، جَيَّشَ جَيْشًا كَبيرًا وَأَخَذَ في تَدْريبِهِ .

ح

ح ب ب

حَبَّ يُحِبُّ حُبٌّ — I — to love

حَبَّ الرَّجُلُ ابْنَتَهُ حُبًّا جَمًّا .

حَبَّبَ يُحَبِّبُ —— — II — to make s.o. like

أَخَذَتْ تُحَبِّبُهُ في ابْنَتِها حَتَّى تَزَوَّجَها .

أَحَبَّ يُحِبُّ —— — IV — to like

أَحَبَّ التِّلْمِيذُ دُرُوسَ التَّارِيخِ .

تَحَبَّبَ يَتَحَبَّبُ تَحَبُّبٌ — V — to show affection (to)

تَحَبَّبَ الشَّابُّ إِلَى زَمِيلَتِهِ فَأَحَبَّتْهُ وَتَزَوَّجَا .

تَحَابَّ يَتَحَابُّ تَحَابٌّ — VI — to love one another

يَسْعَدُ الْمُجْتَمَعُ حِينَ يَتَحَابُّ كُلُّ أَفْرَادِهِ ، أَيْ يُحِبُّ بَعْضُهُمْ بَعْضًا .

اِسْتَحَبَّ يَسْتَحِبُّ اِسْتِحْبَابٌ — X — to prefer (to)

عِنْدَما أُسافِرُ إِلَى الْخارِجِ ، أَسْتَحِبُّ كَثِيرًا زِيارَةَ الْمَتَاحِفِ والآثارِ .

ح ب ذ

حَبَّذَ يُحَبِّذُ تَحْبِيذٌ — II — to prefer doing

حَبَّذَ الطَّالِبُ الدِّرَاسَةَ عَلَى الْوَظِيفَةِ .

ح ب س

حَبَسَ يَحْبِسُ حَبْسٌ — I — to confine

حَبَسَ الطِّفْلُ قِطَّتَهُ الصَّغِيرَةَ فِي الْغُرْفَةِ .

اِنْحَبَسَ يَنْحَبِسُ اِنْحِبَاسٌ — VII — to be confined

اِنْحَبَسَ الْعُصْفُورُ فِي الْقَفَصِ .

اِحْتَبَسَ يَحْتَبِسُ اِحْتِبَاسٌ — VIII — to be obstructed

عِنْدَ احْتِبَاسِ الصَّوْتِ تَجِبُ اسْتِشَارَةُ الطَّبِيبِ فَوْرًا .

ح ب ط

حَبَطَ يَحْبُطُ ——	I	to be futile

لَقَدْ حَبَطَ عَمَلُهُ ؛ لأَنَّهُ أَرَادَ بِهِمْ شَرًّا .

أَحْبَطَ يُحْبِطُ إِحْبَاطٌ	IV	to foil

أَحْبَطَ خُطَّتَهُمْ وَانْتَصَرَ عَلَيْهِمْ .

ح ب ك

حَبَكَ يَحْبُكُ حَبْكٌ	I	to weave tight

حَبَكَ الْمؤَلِّفُ أَحْداثَ الْقِصَّةِ في عُقْدَةٍ ذَكِيَّةٍ فَنالَ الْجائِزَةَ .

حَبَّكَ يُحَبِّكُ تَحْبِيكٌ	II	to tighten, weave together

يُحاوِلُ دائمًا أَنْ يُحَبِّكَ الْمَسَائِلَ ، وبِهذا يُعَطِّلُ مَصالِحَ النَّاسِ .

ح ب ل

حَبِلَ يَحْبَلُ حَبْلٌ	I	to become pregnant

ظَنُّوا أَنها عاقِرٌ لا تَحْمِلُ وَلا تَلِدُ ، وَحينَ حَبِلَتْ أَوْ حَمَلَتْ أُصيبوا بِصَدْمَةٍ .

ح ب و

حَبَا يَحْبُو حَبْوٌ	I	to crawl

عِنْدَما يَحْبو الطِّفْلُ تكونُ هَذِهِ الْبِدايَةَ لِتَعَلُّمِهِ الْمَشْيَ .

حَابَى يُحَابِي مُحَابَاةٌ	III	to take sides

الرَّشْوَةُ وَالْمَحْسوبِيَّةُ وَالْمُحاباةُ أُمورٌ مَرْفوضَةٌ مِنَ الشَّعْبِ كُلِّهِ .

ح ت م

حَتَمَ يَحْتِمُ حَتْمٌ	I	to impose s.th. (on)

حَتَمَ عَلَيْهِمْ أَنْ يُسَافِرُوا لَيْلاً .

حَتَّمَ يُحَتِّمُ ——	II	to make obligatory

حَتَّمَ نَاظِرُ الْمَدْرَسَةِ أَلاَّ يَحْضُرَ طَالِبٌ إِلاَّ بِالزِّيِّ الْمَدْرَسِيِّ .

تَحَتَّمَ يَتَحَتَّمُ ——	V	= to

يَتَحَتَّمُ عَلَيْهِمْ دَفْعُ بَقِيَّةِ الثَّمَنِ قَبْلَ اسْتِلاَمِ السَّيَّارَةِ .

ح ث ث

to urge	I	حَثَّ يَحُثُّ حَثٌّ

حَثَّ الْخَطِيبُ الْمُصَلِّينَ عَلَى فِعْلِ الْخَيْرِ .

to urge	IV	أَحَثَّ يُحِثُّ ——

يُحِثُّهُ أَبُوهُ دَائِمًا عَلَى مُذَاكَرَةِ دُرُوسِهِ .

to urge	X	اِسْتَحَثَّ يَسْتَحِثُّ اِسْتِحْثَاثٌ

اِسْتَحَثَّ الْمُخْرِجُ كُلَّ الْمُمَثِّلِينَ عَلَى الاِلْتِزَامِ بِالْمَوَاعِيدِ .

ح ج ب

to conceal	I	حَجَبَ يَحْجُبُ حَجْبٌ

حَجَبَ كُلَّ الْمُسْتَنَدَاتِ الْمُهِمَّةِ وَلَمْ يُظْهِرْهَا إِلَّا أَمَامَ الْقَاضِي .

to veil s.o.	II	حَجَّبَ يُحَجِّبُ تَحْجِيبٌ

أَرَادَت الأُمُّ أَنْ تُحَجِّبَ ابْنَتَها ، وَلَكِنَّ الاِبْنَةَ رَفَضَتْ ذَلِكَ .

to veil o.s.	V	تَحَجَّبَ يَتَحَجَّبُ تَحَجُّبٌ

لَمْ أَكُنْ أَتَصَوَّرُ أَنَّها سَتَتَحَجَّبُ في هَذا الْوَقْتِ .

to be kept out	VII	اِنْحَجَبَ يَنْحَجِبُ اِنْحِجَابٌ

أَغْلَقُوا النَّافِذَةَ فَانْحَجَبَ ضَوْءُ الشَّمْسِ .

to disappear from sight	VIII	اِحْتَجَبَ يَحْتَجِبُ اِحْتِجَابٌ

بَعْدَ خُروجِهِ مِن الْوَزارَةِ ، اِحْتَجَبَ لِفَتْرَةٍ ، ثُمَّ عادَ إِلى الأَضْواءِ .

ح ج ج

to make the pilgrimage	I	حَجَّ يَحُجُّ حَجٌّ

حَجَّ وَالِدِي مَرَّتَيْنِ إِلَى مَكَّةَ قَبْلَ أَنْ يَمُوتَ .

to reason with s.o.	III	حَاجَّ يُحاجُّ حِجَاجٌ / مُحَاجَّةٌ

لَمْ تَكُنْ مُقْتَنِعَةً ؛ لِهَذا فَإِنَّهُ حَاجَّهَا بِالْمَنْطِقِ وَالأَدِلَّةِ حَتَّى أَقْنَعَهَا .

to protest	VIII	اِحْتَجَّ يَحْتَجُّ اِحْتِجَاجٌ

اِحْتَجَّ الْمُحامي عَلَى قَبولِ الْقاضي شَهادَةَ شُهودِ الزُّورِ .

ح ج ر

to declare legally incompetent I — حَجَرَ يَحْجُرُ حَجْرٌ

ظَلَّ الْعجوزُ يُنْفِقُ ثَرْوَتَهُ عَلَى الْخَمْرِ وَالنِّساءِ ، فَرَفَعَ ابنُهُ ضِدَّهُ قَضِيَّةَ حَجْرٍ .

to be hardened V — تَحَجَّرَ يَتَحَجَّرُ تَحَجُّرٌ

اِحْتَرَقَ الْبَيْضُ وَتَحَجَّرَ ، وَلَمْ يَعُدْ صَالِحًا لِلْأَكْلِ .

ح ج ز

to reserve I — حَجَزَ يَحْجِزَ حَجْزٌ

حاوَلْتُ حَجْزَ تَذْكَرَتَيْنِ لِلْحَفْلَةِ ، فَأَخْبَرَتْني بائِعَةُ التَّذاكِرِ بِأَنَّ التَّذاكِرَ قَدْ نَفِدَتْ .

to detain VIII — اِحْتَجَزَ يَحْتَجِزُ اِحْتِجَازٌ

لَيْسَ ضِدَّهُ أَيُّ دَليلٍ ، فَلِماذا يَحْتَجِزونَهُ بِقِسْمِ الشُّرْطَةِ ؟!

ح ج ل

to hop I — حَجَلَ يَحْجِلُ حَجْلٌ

اِعْتَادَ الْملاكِمُ الْعَالميُّ مُحَمَّد عَلي كْلاي أَنْ يَحْجِلَ أَمامَ خَصْمِهِ كَيْ يُرْهِقَهُ لِيَنْهَزِمَ .

ح ج م

to refrain from IV — أَحْجَمَ يُحْجِمُ إِحْجَامٌ

بِسَبَبِ ما حَدَثَ في الرِّحْلَةِ الْأَخيرةِ ، أَصْبَحْتُ أُحْجِمُ عَنْ الْاِشْتِراكِ في الرَّحَلاتِ .

ح د ب

to be kind (to) I — حَدِبَ يَحْدَبُ حَدَبٌ

إِنَّهُ رَجُلٌ طَيِّبٌ وَعَطُوفٌ ، يُحِبُّ الْفُقَرَاءَ وَيَحْدَبُ عَلَيْهِمْ .

to be bent V — تَحَدَّبَ يَتَحَدَّبُ تَحَدُّبَ

كَبُرَ الْعَجُوزُ وَمَرِضَ وَتَحَدَّبَ ظَهْرُهُ .

ح د ث

to take place, happen I — حَدَثَ يَحْدُثُ حُدُوثٌ

حَدَثَتِ الْجَرِيمَةُ بَعْدَ مُنْتَصَفِ اللَّيْلِ بِقَلِيلٍ .

حَدَّثَ يُحَدِّثُ تَحْدِيثٌ — II — to speak to

حَدَّثْتُهُ تِلِيفُونِيًّا ؛ لأَنِّي لَمْ أَسْتَطِعْ مُقَابَلَتَهُ .

حَادَثَ يُحَادِثُ مُحَادَثَةٌ — III — to converse with

إِنَّهَا تَكْرَهُ مِنْهُ أَنْ يُحَادِثَهَا دَائِمًا عَنِ الْحُبِّ وَالزَّوَاجِ .

أَحْدَثَ يُحْدِثُ —— — IV — to cause

أَحْدَثَتِ الْحَرْبُ غَلاَءً فِي الأَسْعَارِ .

تَحَدَّثَ يَتَحَدَّثُ تَحَدُّثٌ — V — to speak

ظَلَّتْ تَتَحَدَّثُ مَعَهُ لِساعاتٍ ، حَتَّى فاتَتْها كُلُّ الْمحاضَراتِ الْيَوْمَ .

تَحَادَثَ يَتَحَادَثُ —— — VI — to converse together

تَعَوَّدا أَنْ يَتَحادَثا كُلَّ لَيْلَةٍ ، ثُمَّ مَلَّ كِلاهُما الْحديثَ .

اِسْتَحْدَثَ يَسْتَحْدِثُ اِسْتِحْدَاثٌ — X — to start

اِسْتَحْدَثَتِ الدَّوْلَةُ نِظَامًا جَدِيدًا لِتَسْهِيلِ الإِجْرَاءَاتِ الْجُمْرُكِيَّةِ .

حـ د ج

حَدَجَ يَحْدِجُ —— — I — to stare (at)

حَدَجَ الرَّجُلُ بِبَصَرِهِ إِلَى الأُفُقِ .

حَدَّجَ يُحَدِّجُ تَحْدِيجٌ — II — to stare (at)

حَدَّجَتِ الْمَرْأَةُ طَوِيلاً فِي وَجْهِ الرَّجُلِ حَتَّى عَرَفَتْهُ .

حـ د د

حَدَّ يَحُدُّ حَدٌّ — I — to limit

يُحَاوِلُ دَائِمًا أَنْ يَحُدَّ مِنْ حُرِّيَّةِ أَبْنَائِهِ .

حَدَّدَ يُحَدِّدُ تَحْدِيدٌ — II — to set

حَدَّدَ الْعَرِيسُ يَوْمَ الْخَمِيسِ الْقَادِمِ مَوْعِدًا لِلزِّفَافِ .

حَادَّ يُحَادُّ —— — III — to act in opposition

يَخْسِرُ مَنْ يُحَادُّ اللهَ وَرَسُولَهُ .

أَحَدَّ يُحِدُّ إِحْدَادٌ — IV — to sharpen

بَدَأَ الْجَزَّارُ (الْقَصَّابُ أَو بائِعُ اللُّحومِ) يُحِدُّ السِّكِينَ اِسْتِعْدادًا لِذَبْحِ خَروفِ الْعِيدِ .

تَحَدَّدَ يَتَحَدَّدُ تَحَدُّدٌ — V — to be determined

بَعْدَ أَنْ تَحدَّدَ مَوْعِدُ الزِّفافِ ، اُضْطُرَّ العريسُ فجأةً إِلَى السَّفرِ .

اِحْتَدَّ يَحْتَدُّ اِحْتِدَادٌ — VIII — to be infuriated

اِحْتَدَّتْ فِي الْمُنَاقَشَةِ فَأَغْضَبَتْ كُلَّ الْحَاضِرِينَ .

ح د ر

حَدَرَ يَحْدُرُ حُدُورٌ — I — to lower s.th.

حَاوَلوا أَنْ يَحْدَروا مَمَرَّ الْجَراحِ ، فَلَمْ يُوافِقْ صَاحِبُ الْمَبْنَى .

حَدَّرَ يُحَدِّرُ تَحْدِيرٌ — II — to lower s.th.

ظَلّوا يُحَدِّرونَ الْمَمَرَّ حَتَّى بَدا وَكَأَنَّهُ نَفَقٌ مُظْلِمٌ .

تَحَدَّرَ يَتَحَدَّرُ تَحَدُّرٌ — V — to descend gradually

تَحَدَّرَتْ أَكْوامُ الْقُمامَةِ مِن الْجَبَلِ ، فَسَدَّت الطَّريقَ وتَعَطَّلت السَّيّاراتُ .

اِنْحَدَرَ يَنْحَدِرُ اِنْحِدارٌ — VII — to descend (a slope)

اِنْحَدَرَتِ السَّيَّارَةُ فِي طَرِيقِ الْجَبَلِ فَانْقَلَبَتْ وَتَهَشَّمَتْ بِمَنْ فِيهَا .

ح د ق

حَدَّقَ يُحَدِّقَ تَحْدِيقٌ — II — to gaze (at)

حَدَّقَ الْمُؤْمِنُ فِي السَّمَاءِ وَقَالَ : يَارَبِّ .

أَحْدَقَ يُحْدِقُ إِحْدَاقٌ — IV — to besiege

قَاموا بِمُظاهَرَةٍ سِلْمِيَّةٍ ، فَأَحْدَقَتْ بِهِم الشُّرْطَةُ وَفرَّقَتْهُمْ .

ح د م

اِحْتَدَمَ يَحْتَدِمُ اِحْتِدَامٌ — VIII — to be aggravated

اِحْتَدَمَ الصِّرَاعُ بَيْنَهُمَا فَانْدَلَعَتِ الْحَرْبُ .

ح د و

حَدَا يَحْدُو حَدْوٌ / حُدَاءٌ — I — to induce

كانوا يَخْسَرونَ في بَيْعِ بِضاعَتِهِمْ ، حَتَّى حَدا ذَلِكَ بِهِمْ إِلَى إِغْلاقِ الْمَحَلِّ .

تَحَدَّى يَتَحَدَّى تَحَدٍّ — V — to challenge

قال لَهُ أَتَحدَّاكَ ، وَإِذا بِالشَّخْصِ الآخَرِ يُشْهِرُ في وَجْهِهِ مُسَدَّسَهُ وَيَقْتُلُهُ .

حـ ذ ر

to be cautious	I	حَذَرٌ	يَحْذَرُ	حَذِرَ

عَلى سائِقِ السَّيارَةِ أَنْ يَحْذَرَ أَيَّ مُفاجآتٍ عَلَى الطَّريقِ السَّريعِ .

to warn	II	تَحْذِيرٌ	يُحَذِّرُ	حَذَّرَ

حَذَّرَهُ عِدَّةَ مَرَّات ، وَلِكنَّهُ لَمْ يَهْتَمْ فَخَسِرَ كُلَّ مالِهِ .

to watch out	III	مُحَاذَرَةٌ	يُحَاذِرُ	حَاذَرَ

عَلَيْكَ أَنْ تُحاذِرَ دائمًا كَيْ تَظَلَّ في الْجانِبِ الْآمِنِ .

حـ ذ ف

to delete	I	حَذْفٌ	يَحْذِفُ	حَذَفَ

بَعْدَ أَنْ كَتَبْتُ قَصِيدَةً طَوِيلَةً ، حَذَفْتُ مِنْهَا أَبْيَاتًا لَمْ تُعْجِبْنِي .

حـ ذ ق

to be skillful	I	حِذْقٌ	يَحْذَقُ	حَذِقَ

حَذِقَ صِناعَةَ الْجُلودِ ، وَكَسَبَ مِنْ وَرائِها الْمالَ الْكَثيرَ .

حـ ذ و

to follow s.o.'s footsteps	I	حَذْوٌ	يَحْذُو	حَذَا

حَذَا حَذْوَ الْأَشْرارِ ، فَوَقَعَ في الْفَخِّ .

to be parallel to s.th.	III	مُحَاذَاةٌ	يُحَاذِي	حَاذَى

يُقالُ : حاذاهُ إِذا وَقَفَ إِلَى جَنْبِهِ تَمامًا ، كَما في الصَّلاةِ .

to be parallel	VI	تَحَاذٍ	يَتَحَاذَى	تَحَاذَى

يَتَحاذَى الْجُنودُ في فِناءِ الْمُعَسْكَرِ وَكَأَنَّهُمْ صَفٌّ واحِدٌ .

to follow s.o.'s footsteps	VIII	اِحْتِذاء	يَحتَذي	اِحْتَذَى

يَحْتَذي الشُّعَراءُ والأُدَباءُ آثارَ بَعْضِهِمُ الْبَعْضَ : أَهِي سَرِقَةٌ أَمْ تَناصٌّ ؟!

حـ ر ب

to fight	III	مُحَارَبَةٌ	يُحَارِبُ	حَارَبَ

حَارَبَ هَذَا الْجُنْدِيُّ فِي ثَلَاثِ مَعَارِكَ وَانْتَصَرَ فِيهَا جَمِيعًا .

تَحَارَبَ يَتَحَارَبُ مُحَارَبَةٌ VI to fight one another

ظَلُّوا يَتَحارَبونَ لِسَنواتٍ ، وَأَخيرًا اتَّفَقوا عَلَى هُدْنَةٍ طَويلَةِ الْأَمَدِ .

ح ر ث

حَرَثَ يَحْرُثُ حَرْثٌ I to plow

أَصْبَحَ الْفَلاَّحُونَ الآنَ يَحْرُثُونَ بِالْمُعِدَّاتِ الْحَدِيثَةِ .

ح ر ج

حَرِجَ يَحْرَجُ حَرَجٌ I to feel discomfort

في الْقُرْآنِ الْكريمِ " لَيْسَ عَلَى الْمريضِ حَرَجٌ ". صَدَقَ اللهُ الْعَظِيمُ .

حَرَّجَ يُحَرِّجُ تَحْرِيجٌ II to forbid s.th. to s.o.

حَرَّجَ عَلَى ابْنِهِ الشَّابِّ أَلاَّ يُخالِطَ الْأَشْرارَ مِنْ أَهْلِ الْحَيِّ .

أَحْرَجَ يُحْرِجُ إِحْرَاجٌ IV to embarrass

إِنَّهُ يُطَالِبُهُمْ بِأَكْثَرَ مِمَّا فِي اسْتِطَاعَتِهِمْ ، لِمَاذَا يُحْرِجُهُمْ هَكَذَا ؟

تَحَرَّجَ يَتَحَرَّجُ تَحَرُّجٌ V to avoid

إِنَّه يَتَحَرَّجُ دَائِمًا عَنِ الْإِدْلاَءِ بِرَأْيِهِ فِي السِّيَاسَةِ .

ح ر ر

حَرَّ يَحِرُّ حَرَارَةٌ I to be hot

دَرَجَةُ الْحرارَةِ تَسْتَمِرُّ في ارْتِفاعِها لِمُدَّةِ يَوْمَيْنِ آخَرَيْنِ .

حَرَّرَ يُحَرِّرُ تَحْرِيرٌ II to liberate

حَرَّرَ السَّيِّدُ كُلَّ الْعَبِيدِ فِي الْمَزْرَعَةِ .

تَحَرَّرَ يَتَحَرَّرُ تَحَرُّرٌ V to become free

فِي الْآونَةِ الْأَخِيرَةِ ، تَحَرَّرَ عَدَدٌ كَبِيرٌ مِنَ الْبُلْدَانِ الْإِفْرِيقِيَّةِ .

اِحْتَرَّ يَحْتَرُّ اِحْتِرارٌ VIII to be heated up

(الِاحْتِرارُ الْعالَمِيُّ) مُصْطَلَحٌ طَفا على السَّطْحِ لِيُعَبِّرَ عن ظاهِرَةٍ جَديدَةٍ .

اِسْتَحَرَّ يَسْتَحِرُّ —— X to blaze

اِسْتَحَرَّ الْقِتَالُ عَلَى الْجَبْهَةِ وَاشْتَدَّتِ الْمَعَارِكُ .

حـ ر د

to be angry at s.o. I حَرَدٌ يَحْرَدُ حَرِدَ

حينَ صارَحَهُ بِالْحقيقَةِ ، بَدا عَلَيْهِ الْحَرَدُ ، فَغَضِبَ وَتَرَكَ الْمَكانَ .

حـ ر ز

to confiscate II تَحْرِيزٌ / حِرْزٌ يُحَرِّزُ حَرَّزَ

حَرَّزَتِ الشُّرْطَةُ مَا كَانَ مَعَ الْمُجْرِمينَ مِنْ أَسْلِحَةٍ وَمُخَدِّرَاتٍ .

IV إِحْرَازٌ يُحْرِزُ أَحْرَزَ

1. to keep in one's possession لَقَد اتَّهَمُوهُ بِإِحْرَازِ سِلاَحٍ دُونَ تَرْخِيصٍ .

2. to score أَحْرَزَ الْفَرِيقُ الْقَوْمِيُّ لِكُرَةِ الْقَدَمِ هَدَفَيْنِ مُقَابِلَ لاَ شَيْءَ.

to be on guard against V تَحَرُّزٌ يَتَحَرَّزُ تَحَرَّزَ

إِنَّهُ يَتَحَرَّزُ دَائِمًا عَنْ مُنَاقَشَةِ أُمُورِ الدِّينِ .

to be careful, wary VIII اِحْتِرَازٌ يَحْتَرِزُ اِحْتَرزَ

إِنَّهُ رَجُلٌ دَقِيقٌ ، يَحْتَرِزُ دَائِمًا عَنْ ذِكْرِ الْعُمُومِيَّاتِ .

حـ ر س

to guard I حِرَاسَةٌ يَحْرُسُ حَرَسَ

اِنْتَقَلَ الْمُعْتَقَلُونَ مِنَ السِّجْنِ إِلَى الْمَحْكَمَةِ فِي حِراسَةٍ مُشَدَّدَةٍ .

to be on one's guard VIII اِحْتِرَاسٌ يَحْتَرِسُ اِحْتَرَسَ

" اِحْتَرِسْ ! أَمَامَكَ مُنْحَنىً " هَكَذَا تَقُولُ لاَفِتَةُ الْمُرُورِ .

حـ ر ش

to scratch I حَرْشٌ يَحْرِشُ حَرَشَ

لا تُحاوِلْ تَنْظيفَ جِسْمِ الثَّلاَّجَةِ بِآلَةٍ حادَّةٍ كَيْ لا تَحْرِشَها .

to provoke II تَحْرِيشٌ يُحَرِّشُ حَرَّشَ

أَخَذَ يُحَرِّشُ الْفلاَّحينَ حَتَّى تَظاهَروا ضِدَّ عُمْدَةِ الْقَرْيَةِ .

to harass V تَحَرُّشٌ يَتَحَرَّشُ تَحَرَّشَ

عِنْدَ خُرُوجِهِ مِنْ مَنْزِلِهِ ، تَحَرَّشَ بِهِ الْمُجْرِمُونَ وَسَرَقوهُ .

ح ر ص

to be eager (for) I حَرَصَ يَحْرِصُ حِرْصٌ

إِنَّهُ طَالِبٌ مُجْتَهِدٌ ، يَحْرِصُ دَائِمًا عَلَى مُذَاكَرَةِ دُرُوسِهِ .

ح ر ض

to incite II حَرَّضَ يُحَرِّضُ تَحْرِيضٌ

أَنَا وَاثِقٌ أَنَّهُ لَمْ يَشْتَرِكْ مَعَهُمْ وَلَمْ يُحَرِّضْهُمْ عَلَى الْقِيَام بِالْمُظَاهَرَةِ .

ح ر ف

to pervert II حَرَّفَ يُحَرِّفُ تَحْرِيفٌ

لاَ أُحِبُّ مَنْ يُحَرِّفُ الْكَلاَمَ عَنْ مَعْنَاهُ الْمَقْصُودِ .

to be perverted V تَحَرَّفَ يَتَحَرَّفُ تَحَرُّفٌ

تَحَرَّفَتِ التَّوْرَاةُ مُنْذُ أَزْمَانٍ بَعِيدَةٍ .

to turn off VII اِنْحَرَفَ يَنْحَرِفُ اِنْحِرَافٌ

اِنْحَرَفَتِ السَّيَّارَةُ قَلِيلاً نَاحِيَةَ الْيَمِينِ ، ثُمَّ تَوَقَّفَتْ .

to take up professionally VIII اِحْتَرَفَ يَحْتَرِفُ اِحْتِرَافٌ

اِحْتَرَفَ مِهْنَةَ التَّمْثِيلِ مُنْذُ ثَلاَثِ سَنَوَاتٍ .

ح ر ق

to burn I حَرَقَ يَحْرِقُ حَرْقٌ

لَقَدْ حَرَقَ كُلَّ الأَوْرَاقِ الْقَدِيمَةِ الَّتِي لاَ تُهِمُّهُ .

to burn slowly II حَرَّقَ يُحَرِّقُ تَحْرِيقٌ

أَخَذَ يُحَرِّقُ خِطَابَاتِهَا لَهُ : خِطَابًا خِطَابًا .

to burn IV أَحْرَقَ يُحْرِقُ إِحْرَاقٌ

أَحْرَقَ الرَّجُلُ كُلَّ الأَوْرَاقِ الَّتِي لاَ لُزُومَ لَهَا عِنْدَهُ .

to eat one’s heart out V تَحَرَّقَ يَتَحَرَّقُ تَحَرُّقٌ

تَرَكَتْهُ خَطِيبَتُهُ وَسَافَرَتْ فَجْأَةً لِتَعِيشَ بِالْخَارِجِ ، فَتَحَرَّقَ قَلْبُهُ شَوْقًا إِلَيْهَا .

to be burned VIII اِحْتَرَقَ يَحْتَرِقُ اِحْتِرَاقٌ

شَبَّ مَاسٌ كَهْرَبَائِيٌّ فِي الْمَحِلِّ أَوِ الْمَحَلِّ فَاحْتَرَقَ بِأَكْمَلِهِ .

حـ ر ك

حَرَّكَ يُحَرِّكُ تَحْرِيكٌ II to move

تَسْعَى الدُّوَلُ الْكُبْرَى الْآنَ إِلَى تَحْرِيكِ الْمُشْكِلَةِ نَحْوَ الْحَلِّ .

تَحَرَّكَ يَتَحَرَّكُ تَحَرُّكٌ V to start moving

تَحَرَّكَتْ كُلُّ قُوَّاتِ الْمُشَاةِ إِلاَّ كَتِيبَةً وَاحِدَةً .

حـ ر م

حَرَمَ يَحْرِمُ حِرْمَانٌ I to deprive (of)

حَرَمَهُ أَبُوهُ مِنَ الْمِيرَاثِ لِسُوءِ سُلُوكِهِ .

حَرَّمَ يُحَرِّمُ تَحْرِيمٌ II to forbid

يُحَرِّمُ الْإِسْلاَمُ شُرْبَ الْخَمْرِ عَلَى الْمُسْلِمِينَ .

أَحْرَمَ يُحْرِمُ إِحْرَامٌ IV

to enter into the state of ritual consecration

أَحْرَمَ الْحَاجُّ حِينَ وَصَلَ قُرْبَ مَكَّةَ ، أَيْ إِنَّهُ لَبِسَ مَلاَبِسَ خَاصَّةً .

تَحَرَّمَ يَتَحَرَّمُ تَحَرُّمٌ V to be forbidden

بَعْدَ إِصابَتِهِ بِالتَّسَمُّمِ مِنْ أَكْلِ الشَّوارِعِ ، تَحَرَّمَ عَلَيْه أَنْ يَتَنَاوَلَ طَعامًا خَارِجَ الْبَيْتِ .

اِحْتَرَمَ يَحْتَرِمُ اِحْتِرَامٌ VIII to respect

مِنْ آدابِ اللِّيَاقَةِ: اِحْتِرامُ الشَّخْصِ الآخَرِ أَيًّا كانَ مَظْهَرُهُ أَوْ عَمَلُهُ .

اِسْتَحْرَمَ يَسْتَحْرِمُ اِسْتِحرَامٌ X to deem impermissible

كَثيرونَ يَسْتَحِلّونَ أَشْياءَ ، وَغَيْرُهُمْ يَسْتَحْرِمونَ أَشْياءَ. أَيْنَ الصَّوابُ ؟

حـ ر ي

تَحَرَّى يَتَحَرَّى تَحَرٍّ V to investigate

تَحَرَّى الضَّابِطُ عَنِ الْمُجْرِمِ فَوَجَدَ لَهُ " سَوابِقَ " كَثيرَةً .

حـ ز ر

حَزَرَ يَحْزُرُ حَزْرٌ I to guess

لَمْ أَكُنْ مُتَأَكِّدًا تَمامًا مِنَ الْواقِعَةِ ، لَقَدْ حَزَرْتُ فَقَطْ .

ح ز ز

to affect, to incise	I	حَزَّ يَحِزُّ حَزٌّ

يَحِزُّ فِي نَفْسِي أَنَّهُ أَحدث حَزًّا في الطَّاوِلَةِ .

ح ز م

to pack	I	حَزَمَ يَحْزِمُ حَزْمٌ

اِسْتَعَدَّ لِلسَّفَرِ فَحَزَمَ أَمْتِعَتَهُ وَسَافَرَ .

to gird s.o. / s.th.	II	حَزَّمَ يُحَزِّمُ تَحْزِيمٌ

يُقالُ حَزَّمَ الْجَيْشُ الْأَعْداءَ أَيْ طَوَّقَهُمْ وَأَحاطَ بِهِمْ مِنْ كُلِّ جانِبٍ .

to be girded	V	تَحَزَّمَ يَتَحَزَّمُ تَحَزُّمٌ

تَحَزَّمَ الْأَعْداءُ وَسْطَ الْقَرْيَةِ وَلَمْ يَسْتَطيعوا الْهَرَبَ .

to gird s.th.	VIII	اِحْتَزَمَ يَحْتَزِمُ اِحْتِزَامٌ

بَعْدَ أَن احْتَطَبَ فُروعَ الْأَشْجارِ الْجافَّةِ في الْغابَةِ ، اِحْتَزَمَها عَلَى ظَهْرِهِ وَرَجَعَ .

ح ز ن

to be sad (about)	I	حَزِنَ يَحْزَنَ حُزْنٌ

حَزِنْتُ كَثِيرًا لِوَفَاةِ وَالِدِ صَدِيقِي .

to sadden	II	حَزَّنَ يُحَزِّنُ تَحْزِينٌ

لَقَدْ حَزَّنني كَثيرًا تِلْكَ الْأَحْداثُ الدّامِيَةُ الّتي تابَعْتُها بِالتِّليفِزْيون .

to sadden	IV	أَحْزَنَ يُحْزِنُ ——

أَحْزَنَتْنِي وَفَاةُ وَالِدِ صَدِيقِي .

ح س ب

to mistake s.o. / s.th. for	I	حَسِبَ يَحْسِبُ حُسْبانٌ

حَسِبْتُكَ وَالِدَ عَمْرٍو وَلَسْتَ أَخَاهُ .

to settle on account, pay a bill	III	حَاسَبَ يُحَاسِبُ حِسَابٌ / مُحَاسَبَةٌ

بَعْدَ الْغَدَاءِ طَلَبَ مِنْ صَدِيقِهِ أَنْ يُحَاسِبَ الْجَرْسُون .

to take precautions	V	تَحَسَّبَ يَتَحَسَّبُ تَحَسُّبٌ

أَرادوا أَنْ أَشْتَرِكَ مَعَهُمْ في الشَّرِكَةِ ، فَتَحَسَّبْتُ لِلْأَمْرِ وَلَمْ أَدْفَعْ أَيَّ نُقُودٍ .

to settle a mutual account VI —— تَحَاسَبَ يَتَحَاسَبُ

دَعْنا نَتَحاسَبْ ، لأنـي أَعْتَقِدُ أَنَّكَ مَدينٌ لي ، وَلَيْسَ الْعَكْسُ .

تَحَاسَبَ الشَّرِيكَانِ وَفَضَّا الشَّرِكَةَ فِي الْحَالِ .

VIII اِحْتَسَبَ يَحْتَسِبُ اِحْتِسَابٌ

to resign in God's will

تُوفِّيَ واحِدٌ مِنْ أَعَزِّ أَصْدِقائي ، فَاحْتَسَبْتُهُ عِنْدَ اللهِ تَعالَى .

حـ سـ د

to envy I حَسَدَ يَحْسُدُ حَسَدٌ

نَعُوذُ بِاللهِ دَائِمًا مِنْ شَرِّ حَاسِدٍ إِذَا حَسَدَ .

to envy each other VI تَحَاسَدَ يَتَحَاسَدُ تَحَاسُدٌ

اَلْمُجْتَمَعُ الرَّاقِي لاَ يَتَحَاسَدُ أَفْرَادُهُ ، وَإِنَّمَا يَتَنَافَسُونَ مُنَافَسَةً شَرِيفَةً .

حـ سـ ر

to lift I حَسَرَ يَحْسُرُ حَسْرٌ

حَسَرَتِ الْمَرْأَةُ اللِّثَامَ عَنْ وَجْهِهَا ، أَيْ كَشَفَتْهُ .

to grieve (for) V تَحَسَّرَ يَتَحَسَّرُ تَحَسُّرٌ

تَحَسَّرَ الْعَجُوزُ عَلَى شَبَابِهِ الَّذِي وَلَّى .

to recede VII اِنْحَسَرَ يَنْحَسِرُ اِنْحِسَارٌ

بَعْدَ هُطُولِ أَمْطَارٍ غَزِيرَةٍ ، اِنْحَسَرَ الْمَاءُ ، فَجَفَّتِ الطُّرُقُ .

حـ سـ س

to feel, sense I حَسَّ يَحُسُّ حِسٌّ

حَسَّ بِالْبَرْدِ ؛ لأَنَّهُ كَانَ يَلْبَسُ مَلاَبِسَ خَفِيفَةً .

to feel, experience IV أَحَسَّ يُحِسُّ إِحْساسٌ

كَانَتْ تُحِسُّ بِأَلَمٍ شَدِيدٍ قَبْلَ إِجْرَاءِ الْعَمَلِيَّةِ .

to grope (for) V تَحَسَّسَ يَتَحَسَّسُ تَحَسُّسٌ

ظَلَّ الأَعْمَى يَتَحَسَّسُ طَرِيقَهُ حَتَّى وَصَلَ إِلَى الْبَابِ وَفَتَحَهُ .

ح س م

to settle an issue | I | حَسَمَ يَحْسِمُ حَسْمٌ

ظَلُّوا مُخْتَلِفِينَ فيما بَيْنَهُمْ حَتَّى حَضَرَ وَالِدُهم فَحَسَمَ الأَمْرَ وَتَصالَحوا .

to be settled (issue) | VII | اِنْحَسَمَ يَنْحَسِمُ اِنْحِسَامٌ

اَلْمَوْقِفُ الآنَ في طَرِيقِهِ إِلَى الاِنْحِسامِ ، لا داعي لِلْقَلَقِ .

ح س ن

to become better | I | حَسُنَ يَحْسُنُ حُسْنٌ

لَقَدْ حَسُنَتْ أَخْلاَقُهُ بَعْدَ أَنْ قَطَعَ عَلاَقَتَهُ بِأَصْدِقَاءِ السُّوءِ .

to improve | II | حَسَّنَ يُحَسِّنُ تَحْسِينٌ

حَاوَلْتُ أَنْ أُحَسِّنَ خَطِّي وَلَكِنَّنِي لَمْ أُفْلِحْ .

IV | أَحْسَنَ يُحْسِنُ إِحْسَانٌ

1. to do right, well

أَجابَ الطَّالِبُ بِالصَّوابِ عَلَى كُلِّ الْأَسْئِلَةِ ، فَكَتَبَ لَهُ الْأُسْتاذُ " أَحْسَنْتَ "

2. to be charitable | يَقولونَ: طالمَا اسْتَعْبَدَ الْإِنْسانَ إِحْسَانٌ .

to become better | V | تَحَسَّنَ يَتَحَسَّنُ تَحَسُّنٌ

تَحَسَّنَ الآنَ نُطْقُهُ بَعْدَ أَنْ تَدَرَّبَ عَلَى الاِسْتِمَاعِ لِلُّغَةِ .

to prefer | X | اِسْتَحْسَنَ يَسْتَحْسِنُ اِسْتِحْسَانٌ

يَسْتَحْسِنُ بَعْضُ النَّاسِ قَضَاءَ أَيَّامِ الْعُطْلاَتِ فِي الْبُيُوتِ .

ح س و

to drink | I | حَسَا يَحْسُو حَسْوٌ

حَسا كوبَ الْعَصيرِ في جُرْعَةٍ واحِدَةٍ ، ثُمَّ تَذَكَّرَ أَنَّهُ صَائِمٌ .

to drink | VIII | اِحْتَسَى يَحْتَسِي اِحْتِسَاءٌ

بَعْدَ أَنْ احْتَسَى كوبَ اللَّبَنِ الدَّافِئِ ، أَحَسَّ بِالرَّاحَةِ وَنَامَ .

ح ش د

to mass | I | حَشَدَ يَحْشِدُ حَشْدٌ

حَشَدَ الْمُرَشَّحُ مَجْموعَةً مِن النَّاخِبينَ وَأَخَذَ يُحَرِّضُهُمْ عَلَى خَصْمِهِ .

حَشَدَ الْقَائِدُ قُوَّاتِه اسْتِعْدَادًا لِلْهُجُوم .

حَشَّد يُحَشِّدُ تَحْشِيدٌ | II | to amass

اِسْتَطاعَ بِذَكائِهِ أَنْ يُحشِّدَ لِصَفِّهِ مَجْموعَةً أُخْرَى مِن النَّاخِبينَ .

اِحْتَشَدَ يَحْتَشِدُ اِحْتِشَادٌ | VIII | to be massed

اِحْتَشَدَ الْجُنُودُ بِأَسْلِحَتِهِمْ فِي سَاحَةِ الْحَرْبِ .

حـ شـ ر

حَشَرَ يَحْشُرُ حَشْرٌ | I | to gather

يَحْشُرُ اللهُ النَّاسَ يَوْمَ الْقِيَامَةِ لِيُحَاسِبَهُمْ عَلَى أَعْمَالِهِمْ .

حـ شـ ر ج

حَشْرَجَ يُحَشْرِجُ حَشْرَجَةٌ | Q | to rattle in the throat

أَسْمَعُ حَشْرَجَةً في حَلْقِهِ ، لابُدَّ أَنْ يَسْتَشيرَ الطَّبيبَ فَوْرًا .

تَحَشْرَجَ يَتَحَشْرَجُ تَحَشْرُجٌ | Q1 | to rattle in the throat

تَحَشْرَجَ حَلْقُهُ كَثيرًا فَلَمْ يَعُدْ قادِرًا عَلَى الْكَلامِ .

حـ شـ ش

حَشَّ يَحُشُّ حَشٌّ | I | to mow

حَشَّ الْفَلاَّحُ الزَّرْعَ كَيْ يَنْمو بِصورَةٍ أَفْضَلَ .

حَشَّشَ يُحَشِّشُ تَحْشِيشٌ | II | to smoke hashish

إِنَّهُمْ عِصابَةٌ يَجْتَمِعونَ لِلتَّحْشيشِ وَضَياعِ الْوَقْتِ .

حـ شـ م

اِحْتَشَمَ يَحْتَشِمُ اِحْتِشَامٌ | VIII

اِحْتِشامُ الْمَرأَةِ مَطْلوبٌ وَخاصَّةً أَمامَ الرِّجالِ . — 1. to dress discreetly

2. to be bashful

طَلَبوا مِنْه أَنْ يُجاهِرَ بِالْحقيقةِ في قاعَةِ الْمَحْكَمَةِ ، وَلكنَّهُ احتَشَمَ وَلَمْ يَرُدَّ لِوجُود سَيدَّاتٍ بِالْقَاعَةِ .

ح ش و

to stuff	I	حَشَا يَحْشُو حَشْوٌ

مِنَ النَّاسِ مَنْ يَحْشُونَ الْوَسَائِدَ بِرِيشِ النَّعَامِ بَدَلاً مِنَ الْقُطْنِ .

to exclude, avoid s.o.	III	حَاشَى يُحَاشِي مُحَاشَاةٌ

تَدُلُّ مُحاشاةُ النَّاسِ لَهُ عَلَى أَنَّهُ رَجُلٌ سَيِّئٌ .

to avoid	VI	تَحَاشَى يَتَحَاشَى ——

لا أُرِيدُ مُوَاجَهَتَهُ ، أَنا دائمًا أَتَحاشاهُ لِسوءِ خُلُقِهِ .

ح ص د

to harvest	I	حَصَدَ يَحْصُدُ حَصْدٌ / حَصَادٌ

جاءَ حَصادُ الْقَمْحِ هَذَا الْعامَ مَوْفورًا ومُرْبِحًا إِلَى حَدٍّ كَبيرٍ .

ح ص ر

to enumerate	I	حَصَرَ يَحْصُرُ حَصْرٌ

حَصَرتِ الدَّوْلَةُ كُلَّ مُمْتَلَكَاتِ الْوَزِيرِ السَّابِقِ .

to besiege	III	حَاصَرَ يُحَاصِرُ حِصَارٌ / مُحَاصَرَةٌ

حَاصَرَتْ إِحْدَى قُوَّاتِنَا الْعَسْكَرِيَّةِ كَتِيبَةً مِنْ كَتَائِبِ الْأَعْدَاءِ .

to be besieged, limited to	VII	اِنْحَصَرَ يَنْحَصِرُ اِنْحِصَارٌ

اِنْحَصَرَتْ إِحْدَى الْكَتَائِبِ خَلْفَ التَّلِّ ، وَلَمْ يَلْبَثوا أَنْ فَكّوا الْحِصَارَ .

ح ص ل

to happen	I	حَصَلَ يَحْصُلُ حُصُولٌ

سَأَلَنِي مَتَى حَصَلَ هَذا ، وَكَيْفَ ، وَأَيْنَ ، وَلِمَاذَا ؟

to collect	II	حَصَّلَ يُحَصِّلُ تَحْصِيلٌ

حَصَّلَ الْمُوَظَّفُ قِيمَةَ اشْتِرَاكِ عُضْوِيَّتِي فِي النَّادِي عَنْ سَنَةٍ .

to have attained	V	تَحَصَّلَ يَتَحَصَّلُ تَحَصُّلٌ

مِنَ الْمَعْلُومَاتِ الَّتِي وَصَلَتْنِي يَتَحَصَّلُ لَدَيَّ أَنَّ اللِّصَّ لَمْ يَكُنْ سَكْرَانَ .

حـ صـ ن

to be fortified, inaccessible I حَصُنَ يَحْصُنُ حَصَانَةٌ

أَعْلَمُ أَنَّ لَدَيْه حَصانَةً بَرلْمَانِيَّةً ، وَمَعَ هَذا تَجِبُ مُحاسَبَتُه الْآنَ .

1. to fortify II حَصَّنَ يُحَصِّنُ تَحْصِينٌ

قَامَتِ الْقُوَّاتُ الْمُسَلَّحَةُ بِتَحْصِينِ الْمَدِينَةِ ضِدَّ أَيِّ هُجُومٍ .

2. to vaccinate (against)

مِنَ الْمُهِمِّ تَحْصِينُ الأَطْفَالِ ضِدَّ الأَمْرَاضِ بِصِفَةٍ دَوْرِيَّةٍ .

to be chaste IV أَحْصَنَ يُحْصِنُ ——

عِنْدَما يَتَزَوَّجُ الشَّابُّ ، يُقالُ إِنَّهُ قَدْ أَحْصَنَ .

to be protected V تَحَصَّنَ يَتَحَصَّنُ تَحَصُّنٌ

تَحَصَّنَ بِالْقَلْعَةِ لِعِدَّةِ أَسابيعَ ، وَلَمْ يَسْتَطيعوا الْقَبْضَ عَلَيْهِ .

حـ صـ ي

to count IV أَحْصَى يُحْصِي إِحْصَاءٌ

أَحْصَى مُدِيرُ الْأَعْمَالِ عَدَدَ الْمُوَظَّفِينَ فِي الشَّرِكَةِ .

حـ ضـ ر

to attend, be present I حَضَرَ يَحْضُرُ حُضُورٌ

حَضَرَ كُلُّ الطُّلاَّبِ إِلَى الصَّفِّ إِلاَّ طَالِبًا .

to prepare II حَضَّرَ يُحَضِّرُ تَحْضِيرٌ

حَضَّرْتُ فَقَطْ الدَّرْسَيْنِ الْأَوَّلَيْنِ .

to lecture III حَاضَرَ يُحَاضِرُ مُحَاضَرَةٌ

كَانَ يُحَاضِرُ فِي إِحْدَى الْجَامِعَاتِ الْأُورُبِّيَّةِ عَنْ الاِقْتِصَادِ .

to bring IV أَحْضَرَ يُحْضِرُ إِحْضارٌ

أَحْضَرْتُ كَلْبِي إِلَى النَّادِي ، فَلَمْ يَسْمَحُوا لَهُ بِالدُّخُولِ .

to become civilized V تَحَضَّرَ يَتَحَضَّرُ تَحَضُّرٌ

تَحَضَّرَتْ شُعُوبٌ كَثِيرَةٌ بِسَبَبِ وَسَائِلِ الإِعْلاَمِ .

to suffer the agony of death VIII أُحْتُضِرَ يُحْتَضَرُ اِحْتِضَارٌ

أُحْتُضِرَ عَمِّي وَمَاتَ مُنْذُ شَهْرَيْنِ فَحَزِنْتُ عَلَيْهِ كَثِيرًا .

اِسْتَحْضَرَ يَسْتَحْضِرُ اِسْتِحْضَارٌ X to bring
اِسْتَحْضَرْتُ مَعِي كُلَّ الْكُتُبِ الَّتِي طَلَبْتَها مِنِّي .

حـ ضـ ن

حَضَنَ يَحْضُنُ حِضْنٌ I to embrace
حَضَنَتِ الْأُمُّ طِفْلَتَهَا وَأَخَذَتْ تُغَنِّي لَهَا حَتَّى نَامَتْ .

حَضَّنَ يُحَضِّنُ تَحْضِينٌ II to incubate
ظَلَّتِ الدَّجَاجَةُ تُحَضِّنُ الْبَيْضَ حَتَّى أَفْرَخَ الْكَتَاكِيتَ .

اِحْتَضَنَ يَحْتَضِنُ اِحْتِضَانٌ VIII to embrace
بَعْدَ وَفاةِ أُمِّهِ ، اِحْتَضَنَتْهُ جَدَّتُهُ وَتَرَبَّى مَعَها إِلَى أَنْ كَبُرَ .

حـ طـ ب

حَطَبَ يَحْطِبُ حَطْبٌ I to gather firewood
ظَلَّ يَتَكَسَّبُ مِن الْحَطْبِ زَمَنًا طَويلاً .

اِحْتَطَبَ يَحْتَطِبُ اِحْتِطابٌ VIII to gather firewood
لَئِنْ يَحْتَطِبْ أَحَدُكُمْ عَلَى ظَهْرِهِ خَيْرٌ لَهُ مِنْ أَنْ يَسْأَلَ النَّاسَ: أَعْطَوْهُ أَو مَنَعوهُ (حديثٌ شَريفٌ) .

حـ طـ ط

حَطَّ يَحُطُّ حَطٌّ I to alight (on), to put down
حَطَّ الْحَمامُ عَلَى سَطْحِ الْبَيْتِ الْمُجَاوِرِ لَنَا .
تصَرَّفَ في الْجَلْسَةِ بطَريقَةٍ صِبْيَانِيَّةٍ ، فَحَطَّ ذَلِكَ مِنْ قَدْرِهِ أَمامَ الْحَاضِرِينَ.

اِنْحَطَّ يَنْحَطُّ اِنْحِطاطٌ VII to become low
عِنْدَما تَسوءُ الْأَخْلاقُ وَيَفْسُدُ النَّاسُ ، يَكُونُ الْمُجْتَمَعُ قَدْ وَصَلَ إِلَى دَرَجَةِ الاِنْحِطاطِ .

حـ طـ م

حَطَمَ يَحْطِمُ حَطْمٌ I to smash
حَطَمَ زُجاجَ السَّيَّارَةِ بِآلَةٍ حادَّةٍ ، فَطالَبَهُ مالِكُها بِدَفْعِ تَعْويضٍ مَالِيٍّ .

حَطَّمَ يُحَطِّمُ تَحْطِيمٌ II to smash
حَطَّمَ الزُّجاجَ تَحْطيمًا فَلَمْ تَعُدْ فيهِ قِطْعَةٌ يُمكِنُ إِصْلاحُها .

to be smashed V تَحَطَّمَ يَتَحَطَّمُ تَحَطُّمٌ
تَحَطَّمَتْ طائِرَةُ رُكَّابٍ بَعْدَ إِقْلاعِها بِساعاتٍ .

ح ظ ر

to forbid I حَظَرَ يَحْظُرُ حَظْرٌ
حَظَرَتِ الْحُكُومَةُ عَلَى الشَّرِكَاتِ طَرْدَ أَيِّ عَامِلٍ .

ح ظ ي

to enjoy (good favor) I حَظِيَ يَحْظَى حُظْوَةٌ
حَظِيَ السَّجِينُ بِمُعَامَلَةٍ طَيِّبَةٍ مِنَ السَّجَّانِ الْمُكَلَّفِ بِحِرَاسَتِهِ .

ح ف ر

to dig I حَفَرَ يَحْفِرُ حَفْرٌ
ظَلُّوا يَحْفِرُونَ الْأَرْضَ حَتَّى نَبَعَ الْمَاءُ .

ح ف ز

to urge I حَفَزَ يَحْفِزُ حَفْزٌ
إِنَّهُ يَحْفِزُهُ دائمًا إِلَى الْعَمَلِ ، وَلَكِنَّهُ لا يَسْتَجِيبُ .

to prepare o.s. to do s.th. V تَحَفَّزَ يَتَحَفَّزُ تَحَفُّزٌ
تَحَفَّزَ لِلْاِشْتِراكِ في السِّباقِ ، وَلَكِنَّهُ مَرِضَ .

ح ف ظ

to memorize I حَفِظَ يَحْفَظُ حِفْظٌ
حَفِظْتُ الْقُرْآنَ كُلَّهُ عِنْدَمَا كَانَ سِنِّي ثَلاثَ عَشْرَةَ سَنَةً .

to make s.o. memorize II حَفَّظَ يُحَفِّظُ تَحْفِيظٌ
تُوجَدُ فِي مِصْرَ الْآنَ مَدَارِسُ عَدِيدَةٌ لِتَحْفِيظِ الْقُرْآنِ الْكَرِيم .

to keep, maintain III حَافَظَ يُحَافِظُ حِفَاظٌ / مُحَافَظَةٌ
طَلَبْتُ مِنْهَا أَنْ تُحَافِظَ عَلَى نَظَافَةِ أَسْنَانِهَا .

to be reserved (people) V تَحَفَّظَ يَتَحَفَّظُ تَحَفُّظٌ
إِنَّهُ يَتَحَفَّظُ دَائِمًا وَلاَ يُرِيدُ مُصَارَحَتَنَا بِمَا عِنْدَهُ .

اِحْتَفَظَ يَحْتَفِظُ اِحْتِفَاظٌ VIII to keep, preserve

مَازِلْتُ أَحْتَفِظُ حَتَّى الْآنَ بِسَاعَةِ وَالِدِي الْمُتَوَفَّى .

حـ ف ل

حَفَلَ يَحْفِلُ حَفْلٌ / حَفْلَةٌ I

1. to celebrate

حَفَلَ بِهِ وَبِعَوْدَتِهِ سالِمًا غانمًا بَعْدَ حُصولِهِ عَلَى دَرَجَةِ الدُّكْتُوراه .

حَفَلَ الْبَيْتُ بِالْمَدْعُوِّينَ 2. to be full (of)

اِحْتَفَلَ يَحْتَفِلُ اِحْتِفَالٌ VIII to celebrate

اِحْتَفَلَتِ الدَّوْلَةُ بِعِيدِ الإِسْتِقْلالِ وَخُروجِ الْمُسْتَعْمِرِ الغاشِمِ .

حـ ف ن

حَفَنَ يَحْفُنُ حَفْنٌ I to scoop

مِنْ عاداتِهِ السَّيِّئَةِ في اللَّعِبِ ، أَنَّهُ يَحْفُنُ حَفْنَةً مِنْ التُّرابِ وَيَذْروها في وُجوهِ رِفاقِهِ .

حـ ف و / ي

حَفِيَ يَحْفَى حَفاوَةٌ I 1. to welcome

قابلوه في الْمطارِ بِبِشْرٍ وحَفاوَةٍ بالِغَةٍ .

حَفِيَ يَحْفَى حَفاءٌ 2. to be barefoot

حَفِيَتْ قَدمَاهُ وهو يَبْحَثُ عَنْ عملٍ .

اِحْتَفَى يَحْتَفِي اِحْتِفَاءٌ VIII to celebrate

سَوْفَ يَحْتَفونَ بِهِ مَساءَ غَدٍ في الْمُجَمَّعِ الثَّقافِيِّ لِإِصْدارِهِ الْجَديدِ .

حـ ق د

حَقَدَ يَحْقِدُ حِقْدٌ I to bear grudges (against)

اِعْلَمْ أَنَّهُ لا يَحْقِدُ عَلَيْكَ إِلاَّ مَنْ هُوَ أَضْعَفُ مِنْكَ .

حـ ق ر

حَقُرَ يَحْقُرُ حقارة I to be low, base

بِهَذا الّذي صَنَعَهُ ، أَجِدُ أَنَّهُ قَدْ حَقُرَ وَصَغُرَ إِلَى حَدٍّ كَبيرٍ .

to humiliate, disparage II حَقَّرَ يُحَقِّرُ تَحْقِيرٌ
لِماذا يُحَقِّرُونَهُ دائمًا ؟ إِنَّهُ يُحاوِلُ وَلِكنَّ الْحَظَّ لَمْ يُحالِفْه بَعْدُ .

to despise s.o. VIII اِحْتَقَرَ يَحْتَقِرُ اِحْتِقَارٌ
اِحْتَقَرْتُهُ كَثيرًا بَعْدَ أَنْ عَرَفْتُ سوءَ أَخْلاقِهِ .

to despise, look down on s.o. X اِسْتَحْقَرَ يَسْتَحْقِرُ اِسْتِحْقَارٌ
لاَ تَسْتَحْقِرْ إِنْسانًا لِمَظْهَرِهِ أَوْ لِفَقْرِهِ .

ح ق ق

to be allowed (to) I حَقَّ يَحِقُّ حَقٌّ
لا يَحِقُّ لِلْمُسْلِمِ أَنْ يُفْطِرَ فِي نَهَارِ شَهْرِ رَمَضَانَ .

to achieve II حَقَّقَ يُحَقِّقُ تَحْقِيقٌ
هَذَا الرَّئِيسُ قَدْ حَقَّقَ الْكَثِيرَ لِصَالحِ شَعْبِهِ وَوَطَنِهِ .

to prove true IV أَحَقَّ يُحِقُّ إِحْقَاقٌ
" وَاللَّهُ يُحِقُّ الْحقَّ وَهُوَ يَهْدي السَّبيلَ " (آيةٌ قُرْآنِيَّةٌ) .

to be realized V تَحَقَّقَ يَتَحَقَّقُ تَحَقُّقٌ
لَقَدْ تَحَقَّقَ الْكَثِيرُ بِفَضْلِ إِخْلاَصِ كُلِّ الْعَامِلِينَ .

to deserve, be entitled X اِسْتَحَقَّ يَسْتَحِقُّ اِسْتِحْقَاقٌ
مَادَامَ قَدْ أَدَّى عَمَلَهُ فَإِنَّهُ يَسْتَحِقُّ الْأَجْرَ .

ح ك م

to rule I حَكَمَ يَحْكُمُ حُكْمٌ
حَكَمَ الْقَاضِي بَيْنَ الْمُتَخَاصِمَيْنِ بِالْعَدْلِ .

to appoint as arbitrator II حَكَّمَ يُحَكِّمُ تَحْكِيمٌ
أَنْت رَجُلٌ عَادِلٌ ، وَنُرِيدُ أَنْ نُحَكِّمَكَ فِي هَذِهِ الْقَضِيَّةِ .

to bring s.o. to trial III حَاكَمَ يُحَاكِمُ مُحَاكَمَةٌ
حَاكَمَتِ الدَّوْلَةُ الْخَائِنَ وَحَكَمَتْ عَلَيْهِ بِالْإِعْدَام .

to make firm IV أَحْكَمَ يُحْكِمُ إِحْكَامٌ
أَحْكَمَ الْقَائِدُ خُطَّتَهُ ؛ فَنَجَحَ فِي مَعْرَكَتِهِ ، وَانْتَصَرَ .

تَحَكَّمَ يَتَحَكَّمُ تَحَكُّمٌ | V | to dominate control

أَنَا لاَ أَقْبَلُ أَنْ يَتَحَكَّمَ إِنْسَانٌ فِي إِنْسَانٍ ، كُلُّنَا بَشَرٌ .

تَحَاكَمَ يَتَحَاكَمُ تَحَاكُمٌ | VI | to appeal (to)

تَحَاكَمَ الْخَصْمانِ إِلَى الْقَاضِي ، وَلِكَنَّهُ لَمْ يَحْكُمْ بَعْدُ لِوَاحِدٍ مِنْهُمَا .

اِسْتَحْكَمَ يَسْتَحْكِمُ اِسْتِحْكَامٌ | X | to be deep rooted

اِسْتَحْكَمَ الْعَداءُ بَيْنَهُما فَدَامَ لِعِدَّةِ سَنَوَاتٍ .

ح ك ي

حَكَى يَحْكِي حِكَايَةٌ | I | to tell

كَانَتْ جَدَّتِي تَحْكِي لِي قِصَصًا جَمِيلَةً ، كُنْتُ أُحِبُّهَا وَأَخَافُ مِنْهَا .

حَاكَى يُحَاكِي مُحَاكَاةٌ | III | to imitate

بَعْضُ الشُّعَرَاءِ الْمُعَاصِرِينَ يُحَاكُونَ الشُّعَرَاءَ الْقُدَمَاءَ وَيُقَلِّدُونَهُمْ .

ح ل ب

حَلَبَ يَحْلِبُ حَلْبٌ | I | to milk

نَظَرْتُ إِلَيْها وَهِيَ تَحْلِبُ الْبَقَرَةَ فَاستَمْتَعْتُ أَنْ أَرَى ذَلِكَ لِأَوَّلِ مَرَّةٍ .

تَحَلَّبَ يَتَحَلَّبُ تَحَلُّبٌ | V | to seep

لِعِلاجِ الْحَلْقِ أَحْيانًا ، يَصِفُ الطَّبِيبُ بَعْضَ أَقْراصٍ لِلتَّحَلُّبِ .

اِسْتَحْلَبَ يَسْتَحْلِبُ اِسْتِحْلابٌ | X | to get juice out

ظَلَلْتُ أَسْتَحْلِبُ الْأَقْراصَ لِأُشْفَى ، وَمَعَ الْأَسَفِ جَفَّ حَلْقِي .

ح ل ج

حَلَجَ يَحْلِجُ حَلْجٌ | I | to gin (cotton)

هَذا الْمَصْنَعُ يَحْلِجُ الْقُطْنَ بِمَاكِينَاتٍ حَدِيثَةٍ جِدًّا .

ح ل ح ل

حَلْحَلَ يُحَلْحِلُ حَلْحَلَةٌ | Q | to drive away

الْحَلْحَلَةُ أَنْ تَذْهَبَ بَعِيدًا ، لَكِنْ إِلَى أَيْنَ ؟ اللهُ أَعْلَمُ .

تَحَلْحَلَ يَتَحَلْحَلُ تَحَلْحُلٌ | Q1 | to move away

أَخَذَ يَتَّحَلْحَلُ وَيَتَحَلْحَلُ حَتَّى غابَ عَنِ الْأَنْظارِ .

ح ل ف

حَلَفَ يَحْلِفُ حَلْفٌ / حَلِفٌ I to swear

" مَنْ كانَ حالِفًا فَلْيَحْلِفْ باللهِ أَوْ لِيَذَرْ " مَعْناهُ أَوْ يَتْرُكُ الْحَلِفَ (حَديثٌ شَريفٌ) .

حَلَّفَ يُحَلِّفُ تَحْلِيفٌ II to make s.o. swear

أَخَذَوا يُحَلِّفونَهُ عَلَى أنه لَمْ يَسْرِقِ السَّاعَةَ ، وَاسْتَمَرَّ يَحْلِفُ بِالْكَذِبِ .

حَالَفَ يُحَالِفُ مُحَالَفَةٌ III to become an ally

جَميعُ الدُّوَلِ تَدْخُلُ في أَحْلافٍ (أَوْ مُحالفاتٍ) عَسْكَرِيَّةٍ أَوْ اِقتصادِيةٍ مَعَ دُوَلٍ أُخْرَى .

اِسْتَحْلَفَ يَسْتَحْلِفُ اِسْتِحْلاَفٌ X to make s.o. swear

حاوَلْتُ اسْتِحْلافَهُ لأَعْرِفَ الْحَقيقَةَ ، وَلِكَنَّهُ رَفَضَ .

ح ل ق

حَلَقَ يَحْلِقُ حَلْقٌ / حِلاَقَةٌ I to shave

حَلَقَ الرَّجُلُ شَعْرَ رَأْسِهِ كُلَّهُ بِسَبَبِ الْحَرِّ .

حَلَّقَ يُحَلِّقُ تَحْليقٌ II to hover

حَلَّقتِ الطَّائِرَةُ فَوْقَ الْمَطَارِ لِمُدَّةِ عَشْرِ دَقَائِقَ قَبْلَ الْهُبُوطِ .

تَحَلَّقَ يَتَحَلَّقُ تَحَلُّقٌ V to form a circle

كُنَّا نَتَحَلَّقُ حَوْلَ أُسْتَاذِنَا ، وَكُلٌّ مِنَّا يَسْأَلُهُ سُؤَالاً .

ح ل ك

حَلَكَ يَحْلُكُ حُلْكَةٌ I to be intensely dark

حَلَكَ اللَّيْلُ وَاشْتَدَّ سَوَادُهُ .

ح ل ل

حَلَّ يَحُلُّ حَلٌّ / حُلُولٌ I to solve

يُحَاوِلُ دَائِمًا أَنْ يَحُلَّ الْمَشَاكِلَ حَلاًّ وَسَطًا .

حَلَّ يَحِلُّ حِلٌّ I

1- حَلَّ بِالْمَكَانِ أَىّ أَقَامَ فِيهِ — 1. to reside in a place

2- حَلَّ لِلْحَاجِّ قَصُّ شَعْرِهِ — 2. to be allowed (by God)

3- حَلَّ الْخَيْطَ أَيْ فَكَّ عُقَدَهُ — 3. to untangle

	II	حَلَّلَ يُحَلِّلُ تَحْلِيلٌ
1. to have medical tests		طَالَبَه الطبيبُ بأنْ يقوم بِعَمَلِ تَحْلِيلِ دَمٍ .
2. to analyze		تَحلِيلُ الرِّوايَةِ يَحْتَاجُ إِلَى أَدَواتٍ نَقْدِيَّةٍ وَلُغَوِيَّةٍ فائِقَةٍ .
to declare lawful	IV	أَحَلَّ يُحِلُّ إِحْلاَلٌ
		قَالَ اللهُ تَعَالَى : " وأَحَلَّ اللهُ البَيْعَ وَحَرَّمَ الرِّبَا "
to dissolve	V	تَحَلَّلَ يَتَحَلَّلُ تَحَلُّلٌ
		بِسَبَبِ النَّقْصِ الشَّدِيدِ في الْكالْسيوُم ، تَحَلَّلَتْ عِظامُهُ .
to be dissolved	VII	اِنْحَلَّ يَنْحَلُّ اِنْحِلاَلٌ
		اِنْحَلَّ الْحِزْبُ بَعْدَ تَشْكِيلِهِ بِشَهْرَيْنِ .
to occupy	VIII	اِحْتَلَّ يَحْتَلُّ اِحْتِلاَلٌ
		اِحْتَلَّتِ إِنْجِلْتِرَا مِصْرَ فِي أَوَاخِرِ الْقَرْنِ التَّاسِعَ عَشَرَ .
to regard as permissible	X	اِسْتَحَلَّ يَسْتَحِلُّ اِسْتِحْلاَلٌ
		إِنَّهُ رَجُلٌ ظَالِمٌ ، يَسْتَحِلُّ لِنَفْسِهِ أَكْلَ أَمْوَالِ النَّاسِ بِالْبَاطِلِ .

حـ لـ م

to dream	I	حَلَمَ يَحْلُمُ حُلْمٌ
		حَلَمْتُ حُلْمًا جَمِيلاً لَيْلَةَ أَمْسِ .
to be patient	I	حَلُمَ يَحْلُمُ حِلْمٌ
		الْحِلْمُ سَيِّدُ الأَخْلاَقِ .
to attain puberty	VIII	اِحْتَلَمَ يَحْتَلِمُ اِحْتِلاَمٌ
		إِذَا احْتَلَمَ الصَّبِيُّ ، عَلَيْهِ أَنْ يَغْتَسِلَ .

حـ لـ و

to enjoy	I	حَلاَ يَحْلُو حَلاَوَةٌ
		يَحْلُو لَهَا دَائِمًا النَّظَرُ مِنَ النَّافِذَةِ .
to sweeten	II	حَلَّى يُحَلِّي تَحْلِيَةٌ
		أَسْتَغْرِبُ أَنَّهُ يُحلِّي كُوبَ الشَّاي بِثلاثِ مَلاعِقَ سُكَّرٍ.

حـ لـ ي

to be adorned I حَلِيَ يَحْلَى حَلْيٌ
يُقَالُ : حَلِيَتِ الْمَرْأَةُ ، إِنْ هِيَ تَزَيَّنَتْ بِلُبْسِ الذَّهَبِ وَالْفِضَّةِ .

to decorate II حَلَّى يُحَلِّى تَحْلِيَةٌ
هَذِهِ الصُّورَةُ تُحَلِّي الْجِدَارَ وَتُجَمِّلُهُ .

to be endowed (with) V تَحَلَّى يَتَحَلَّى تَحَلٍّ
تَتَحَلَّى ابْنَتُهُ دَائِمًا بِالْأَخْلَاقِ الْفَاضِلَةِ .

to find pleasant X اِسْتَحْلَى يَسْتَحْلِي اِسْتِحْلاءٌ
نَقول : فُلانٌ يَسْتَمْرِئُ أَوْ يَسْتَحْلِي هَذَا الأَمْرَ ، أَيْ إِنَّهُ يُحِبُّهُ وُيُفَضِّلُهُ .

حـ مـ د

to praise I حَمِدَ يَحْمَدُ حَمْدٌ
مِنْ خُلُقِ الْمُسْلِمِ أَنْ يَحْمَدَ اللَّهَ دائمًا في السَّرَّاءِ والضَّرَّاءِ .

to praise highly II حَمَّدَ يُحَمِّدُ تَحْمِيدٌ
" حَمْدُ اللهِ " أَنْ تَقولَ : اَلْحَمْدُ لِلهِ ، أَمَّا " تَحْميدُه " ، فإِعْزازُهُ وَوَصْفُهُ بِكُلِّ كَمالٍ .

حـ مـ ر

II حَمَّرَ يُحَمِّرُ تَحْميرٌ
1. to redden قَضاؤُه وَقْتًا طويلاً في حَمَّامِ السِّباحَةِ ظُهْرًا ، كانَ لَهُ أَثَرٌ في تَحْميرِ عَيْنَيْهِ .
2. to fry نَصَحَ الطَّبِيبُ بالاِبْتِعَادِ عَنْ تَحْمِيرِ الْأَطْعِمَةِ لِمَنْعِ تَزَايُدِ الْكوليسْترول .

to blush IX اِحْمَرَّ يَحْمَرُّ اِحْمِرارٌ
اِحْمَرَّ وَجْهُ الْفَتَاةِ مِنَ الْخَجَلِ حِينَ صارَحْتُهَا بِحُبِّي .

حـ مـ س

to be enthusiastic I حَمِسَ يَحْمَسُ حَمَاسَةٌ
" شِعْرُ الْحمَاسَةِ " هُوَ الشِّعْرُ الَّذي يَحْكي عَن الْمعَارِكِ الْحَرْبِيَّةِ .

to make enthusiastic II حَمَّسَ يُحَمِّسُ تَحْمِيسٌ
تَشْجيعُ الْجمْهُورِ لِلْفَريقِ حَمَّسَهُ كَثيرًا إِلَى الْفَوْزِ 3/1 .

تَحَمَّسَ يَتَحَمَّسُ تَحَمُّسٌ V to be zealous, enthusiastic

أَفْهَمْتُهُ الْمَوْضُوعَ ، فَتَحَمَّسَ لَهُ وَأَخَذَ يَعْمَلُ لَهُ دِعايَةً .

حـ مـ ص

حَمَّصَ يُحَمِّصُ تَحْمِيصٌ II to roast

تَحْميصُ بَعْضِ الْحبُوبِ يَجْعَلُ لَها مَذاقًا خاصًا .

حـ مـ ض

حَمُضَ يَحْمُضُ حُمُوضَةٌ I to sour

كُلَّما أَكَلْتُ وَجْبَةً بِصَلْصَةِ طَماطِمَ ، أَشْعُرُ بِحمُوضَةٍ .

حَمَّضَ يُحَمِّضُ تَحْمِيضٌ II to develop (film)

في الرِّحْلةِ الْأَخيرةِ ، اِلتَقَطْتُ صُوَرًا عديدةً ، الْفِيلْمُ الْآنَ في التَّحميضِ .

حـ مـ ق

حَمِقَ يَحْمَقُ حَمَاقَةٌ / حُمْقٌ I to be stupid

لا داعِيَ لِلْحَماقَةِ ، حَاوِلْ أَنْ تَتَفَهَّمَ الظُّروفَ جَيِّدًا .

تَحَامَقَ يَتَحَامَقُ تَحَامُقٌ VI to pretend to be stupid

أَعْلَمُ أَنَّهُمْ يَتَحامَقونَ: كُلٌّ مِنْهُمْ يَتَظاهَرُ بِالْحُمْقِ أَمامَ رِفاقِهِ .

حـ مـ ل

حَمَلَ يَحْمِلُ حَمْلٌ I

حَمَلَ الْبَائِعُ الْمُتَجَوِّلُ صُنْدُوقَهُ عَلَى ظَهْرِهِ . 1. to carry

حَمَلَتْ بِهِ أُمُّهُ بَعْدَ زَوَاجِهَا بِسَنَةٍ وَنِصْفٍ . 2. to be pregnant

حَمَّلَ يُحَمِّلُ تَحْمِيلٌ II to load, burden

يُحَمِّلُ الْبَائِعُ حِمَارَهُ مَا لاَ يُطِيقُ .

تَحَمَّلَ يَتَحَمَّلُ تَحَمُّلٌ V to bear, endure

يَتَحَمَّلُ الْمُغْتَرِبُونَ كَثِيرًا مِنَ الصُّعُوبَاتِ فِي بِدَايَةِ حَيَاتِهِمْ بِالْخَارِجِ .

تَحَامَلَ يَتَحَامَلُ تَحَامُلٌ VI to treat unjustly

إِنَّهُ يَكْرَهُهَا ؛ وَلِهَذَا فَهُوَ يَتَحَامَلُ عَلَيْهَا دَائِمًا .

to endure VIII اِحْتَمَلَ يَحْتَمِلُ اِحْتِمَالٌ

أَعْرِفُ أَنَّهَا صَبَرَتْ طَوِيلاً وَاحْتَمَلَتْهُ كَثِيرًا .

ح م م

to be destined I حُمَّ يُحَمُّ حَمٌّ

إِذَا حُمَّ الْقَضَاءُ ، لاَ مَفَرَّ مِنْ قَدَرِ اللهِ .

to bathe s.o. II حَمَّمَ يُحَمِّمُ تَحْمِيمٌ

حَمَّمَتِ الْأُمُّ طِفْلَها أَيْ أَعْطَتْهُ حَمَّامًا .

to bathe o.s. V تَحَمَّمَ يَتَحَمَّمُ تَحَمُّمٌ

قَالَ الشَّاعِرُ جُبران خَليل جُبْران: "وَتَحَمَّمْتُ بِعِطْرٍ وَتَنَشَّقْتُ بِنور" .

to bathe X اِسْتَحَمَّ يَسْتَحِمُّ اِسْتِحْمَامٌ

يَسْتَحِمُّ ابْنِي مَرَّتَيْنِ يَوْمِيًّا .

ح م ي

I حَمِيَ يَحْمَى حُمُوٌّ

1. to be heated بَعْدَ وُصُولِ فِرَقِ الْمَدَدِ ، حَمِيَتِ الْحَرْبُ وَاشْتَدَّتْ .

2. to protect حَمَى يَحْمِي حِمايَةٌ

حِمايَةُ الْجارِ أَمْرٌ مَرْغوبٌ فى الْإِسْلامِ .

to inspire, to make hot II حَمَّى يُحَمِّي تَحْمِيَةٌ

حَمَّى التَّصْفيقُ وَالْهُتافُ تَشْجِيعَ الْفَريقِ الْوَطَنِي في الْمُباراةِ .

to defend III حَامَى يُحَامِي مُحَامَاةٌ

إِنَّهُ يُحِبُّهَا : يُؤَيِّدُهَا وُيَحامِي عَنْهَا وَيُدَافِعُ عَنْ حُقُوقِها .

to avoid VI تَحَامَى يَتَحَامَى ——

كَانَ سُلُوكُهُ مُرِيبًا وَفِيهِ شَكٌّ ، فَتَحَامَى عَنْهُ كُلُّ الأَصْدِقَاءِ .

to seek protection VIII اِحْتَمَى يَحْتَمِي اِحْتِماءٌ

إِنَّهَا تُعَاكِسُ الْكَلْبَ ، ثُمَّ تَجْرِي لِتَحْتَمِيَ بأَخِيهَا .

ح ن ط

to embalm II حَنَّطَ يُحَنِّطُ تَحْنِيطٌ

بَرَعَ الْفَراعِنَةُ وَالْمِصْرِيّون الْقُدمَاءُ في عَمَلِيَّاتِ التَّحْنيطِ لِتَخْليدِ جُثَثِ مَوْتاهُمْ .

حـ نـ ق

حَنِقَ يَحْنَقُ حَنَقٌ | I | to be furious (with)

إِنَّهُ يَحْنَقُ عَلَيْهِمْ ؛ لأَنَّهُمْ يُضَايِقُونَهُ .

حـ نـ ن

حَنَّ يَحِنُّ حَنِينٌ | I | to yearn (for)

بَعْدَ سَفَرِهِ بِشَهْرَيْنِ ، بَدَأَ يَحِنُّ إِلى أَهْلِهِ وَوَطَنِهِ .

حـ نـ و

حَنَا يَحْنُو حُنُوٌّ | I | to feel compassion

يَقولونَ أَحْيانًا : لَقَدْ حَنا عَلَيْهِ (أَيْ عَطَفَ) حُنُوَّ الْمُرْضِعاتِ عَلَى الْفَطيمِ .

أَحْنَى يُحْنِي إِحْنَاءٌ | IV | to bend

أَحْنَى الْمُمَثِّلُ رَأْسَهُ قَليلاً تَقْديرًا لِتَحِيَّةِ الْجُمْهورِ أَوْ النَّظَّارَةِ لَهُ .

اِنْحَنَى يَنْحَنِي اِنْحِنَاءٌ | VII | to bend over

أَنا لا أَنْحَني إِلاَّ لِلّهِ ، كَلِمَةٌ يَقُولُها أَصْحابُ النُّفوسِ الْقَوِيَّةِ .

حـ و ج

أَحْوَجَ يُحْوِجُ إِحْوَاجٌ | IV | to need

أَحْوَجَهُ أَنْ يَكونَ لَدَيْهِ سَيَّارَةٌ وَلَوْ صَغيرةٌ يَذْهَبُ بِها إِلَى عَمَلِهِ .

اِحْتَاجَ يَحْتاجُ اِحْتِياجٌ | VIII | to need

هَلْ تَحْتَاجُ أَيَّ شَيْءٍ مِنَ الْخَارِجِ فَأُحْضِرَهُ لَكَ ؟

حـ و ذ

اِسْتَحْوَذَ يَسْتَحْوِذُ اِسْتِحْوَاذٌ | X | to overpower

تَرَكَ نَفْسَهُ لِلشَّيْطَانِ فَكَادَ يَسْتَحوِذُ عَلَيْهِ .

حـ و ر

حَوَّرَ يُحَوِّرُ تَحْوِيرٌ | II | to alter

لَقَدْ حَاولَ تَحْويرَ الْكَلامِ ، فَعَاتَبْتُه وَأَوْضَحْتُ لَهُ الْمَوْقِفَ .

to converse III حَاوَرَ يُحَاوِرُ مُحَاوَرَةٌ / حِوَارٌ

كَثيرٌ مِنْ حِواراتِ مُقَدِّمي بَرامِجِ التِّليفِزْيون مَعَ الْمُمَثِّلينَ وَالْمُمَثِّلاتِ تافِهَةٌ .

to be altered V تَحَوَّرَ يَتَحَوَّرُ تَحَوُّرٌ

الْأَمْرُ كانَ وَاضِحًا لا لَبْسَ فيهِ ، وَلَكِنَّهُ تَحَوَّلَ الْآنَ إِلَى مَا هُوَ أَسْوَأُ .

to converse together VI تَحَاوَرَ يَتَحَاوَرُ تَحَاوُرٌ

تَحاوَرْنا قَليلاً ، وَلَكِنَّا لَمْ نَصِلْ بَعْدُ إِلَى حَلٍ يَرْضَى بِهِ كُلُّ الْأَطْرافِ .

حـ و ز

to gain, obtain I حَازَ يَحُوزُ حِيَازَةٌ

حازَ عَلَى كَأْسِ الْأُمَمِ الْإِفْريقيَّةِ فَبَعَثْتُ لَهُ بَرْقِيَّةَ تَهْنِئَةٍ .

to take sides V تَحَيَّزَ يَتَحَيَّزُ تَحَيُّزٌ

مِمَّا يُعْجِبُني فيهِ أَنَّهُ رَجُلٌ مَوْضُوعِيٌّ لا يَتَحَيَّزُ إِلاَّ لِلْحَقِّ .

to take sides VII اِنْحَازَ يَنْحَازُ اِنْحِيَازٌ

كانَ مُسْتَقِلاًّ ، وَلكِنَّهُ الْآنَ قَد انْحازَ إِلَى حِزْبِ الْوَفْدِ .

to take possession (of) VIII اِحْتَازَ يَحْتَازُ اِحتِيَازٌ

اِحْتيازُ الْمبانِي وَالذَّهَبِ وَالشَّرِكاتِ لا يُعادِلُ احْتِيازَ العِلْمِ .

حـ و ش

to hinder s.th. I حَاشَ يَحُوشُ حَوْشٌ

يَقولونَ في الْعامِّيَّةِ : كادَ يَفْتِكُ بِالسَّائِقِ ، وَلكِنَّ إِخْوَتَهُ " حاشوه " أَيْ مَنَعوهُ .

to save II حَوَّشَ يُحَوِّشُ تَحْوِيشٌ

حَوَّشَ أَخي الصَّغيرُ في حَصَّالَتِهِ عَشْرَةَ جُنَيْهاتٍ حَتَّى الْآنَ .

حـ و ط

to surround I حَاطَ يَحُوطُ ——

كَانُوا يَحُوطُونَهُ بِالْحُبِّ وَالْحَنَانِ .

to inform fully (of) IV أَحَاطَ يُحِيطُ إِحَاطَةٌ

إِنَّهُ دَائِمًا يُطْلِعُهُ عَلَى كُلِّ شَيْءٍ ، وَقَدْ أَحَاطَهُ عِلْمًا بِمَا جَرَى فِي الْاِجْتِمَاعِ .

اِحْتَاطَ يَحْتَاطُ اِحْتِيَاطٌ VIII to be cautious (about)

أَعْلَمُ أَنَّهُ دَائِمًا حَرِيصٌ ، يَحْتَاطُ لِكُلِّ أَمْرٍ .

ح و ك

حَاكَ يَحُوكُ حِيَاكَةٌ I to make (a garment)

حَاكَ لَهَا فُسْتَانًا يُشْبِهُ مَلَابِسَ الْبَدْوِ .

ح و ل

حَالَ يَحُولُ —— I to make inaccessible

لَمْ يُمَكِّنْهُ مِنْ تَحْقِيقِ غَرَضِهِ ، بَلْ حَالَ بَيْنَهُ وَبَيْنَ مَا يُرِيدُ .

حَوَّلَ يُحَوِّلُ تَحْوِيلٌ II to change (to, into)

حَوَّلَهُ مِنْ مَلَاكٍ إِلَى شَيْطَانٍ .

حَاوَلَ يُحَاوِلُ مُحَاوَلَةٌ III to try

حَاوَلَ أَنْ يَتَعَلَّمَ السِّبَاحَةَ ، وَلَكِنَّهُ فَشِلَ .

أَحَالَ يُحِيلُ إِحَالَةٌ IV to refer (to)

نَظَرًا لِأَنَّهُ قَرِيبُ الْمُتَّهَمِ ؛ فَقَدْ أَحَالَ الْقَضِيَّةَ إِلَى قَاضٍ آخَرَ .

تَحَوَّلَ يَتَحَوَّلُ تَحَوُّلٌ V to turn (away, from)

لَمْ يَنْجَحْ وَلَمْ يَرْبَحْ مِنْ تِجَارَتِهِ الْأُولَى ، فَتَحَوَّلَ عَنْهَا إِلَى أُخْرَى .

ح و م

حَامَ يَحُومُ حَوَمَان I to circle

كانَ الشَّابُ يُحومُ حَوْلَ بَيْتِ الْفَتَاةِ رَغْبَةً في أَنْ يَراها ، وَلكنّها لَمْ تَظْهَرْ أَبَدًا .

حَوَّمَ يُحَوِّمُ تَحْوِيمٌ II to circle

حَوَّمَ الْحمَامُ فَوْقَ الحَيِّ لِأَكْثَرَ مِنْ نِصْفِ ساعَةٍ ، في تَشْكيلٍ بَديعٍ .

ح و ي

حَوَى يَحْوِي —— I to contain

يَحْوِي هَذا الْكِتَابُ عَدَدًا مِنْ صُوَرِ الْآثَارِ الْإِسْلَامِيَّةِ وَالْفِرْعَوْنِيَّةِ .

to contain VIII اِحْتَوَى يَحْتَوِي اِحْتِوَاءٌ

يَحْتَوِي هَذا الْقَامُوسُ عَلَى جُمَلٍ صَعْبَةٍ وَلَكِنَّهَا مُفِيدَةٌ .

حـ يـ د

I حَادَ يَحِيدُ حِيَادٌ

1. to deviate حَدَتِ السَّيارَةُ عَنْ مسارَها فاصْطَدَمَتْ بسَيّاراتٍ كثيرَةٍ .

2. to be neutral كانَ مَوْقِفُهُ حسّاساً ، فَوَقفَ على الحِيَاد بَيْنَ الطَّرَفين .

to stay away from III حَايَدَ يُحَايِدُ مُحَايَدَةٌ

أَحْيانًا تَكونُ الْمُحَايَدَةُ هِيَ الطَّرِيقُ الأَسْلَمُ لِراحةِ الْعَقْلِ وَالنَّفْسِ .

حـ يـ ر

to be confused I حَارَ يَحَارُ حَيْرَةٌ

لَقَدْ حَارَ وَحَيَّرَنَا مَعَه ، الْأَمْرُ لِلهِ .

to baffle II حَيَّرَ يُحَيِّرُ ——

لَقَدْ حَيَّرَهَا بِأَسْئِلَتِهِ الصَّعْبَةِ .

to be baffled V تَحَيَّرَ يَتَحَيَّرُ تَحَيُّرٌ

عِنْدَمَا عَرَفْتُ الْخَبَرَ ، تَحَيَّرْتُ وَلَمْ أَعْرِفْ مَاذَا أَفْعَلُ .

to be baffled VIII اِحْتَارَ يَحْتَارُ ——

حِينَ وَقَعْتُ فِي الْمُشْكِلَةِ ، اِحْتَرْتُ وَلَمْ أَدْرِ كَيْفَ أَتَصَرَّفُ .

حـ يـ ق

to surround I حَاقَ يَحِيقُ حَيْقٌ

عَبَثَ بِالْمَسْؤولِيَّةِ وَارْتَكَبَ أَخْطَاءَ جَسِيمَةً ، وَالنَّتِيجَةُ أَنَّهُ قَدْ حاقَ بِهِ ما يَسْتَحِقُّهُ مِنْ عِقابٍ .

to surround IV أَحَاقَ يُحِيقُ إِحَاقَةٌ

أَحاقَتْ بِهِ مَشاكِلُ كَثيرَةٌ وَلَمْ يَعُدْ يَدْرِي كَيْفَ يَنْجو مِنْها .

حـ يـ ل

to be wily VI تَحَايَلَ يَتَحَايَلُ تَحَايُلٌ

أَخَذَ يَتَحَايَلُ عَلَى الْقَانُونِ كَيْ لاَ يَدْفَعَ الضَّرَائِبَ .

to deceive VIII اِحْتَالَ يَحْتَالُ اِحْتِيَالٌ

اِحْتَالَ عَلَيْهِ وَسَرَقَ كُلَّ نُقُودِهِ .

ح ي ن

to come (time) I حَانَ يَحِينُ حَيْنٌ

حَانَ الْوَقْتُ لإِنْهَاءِ هَذا الدَّرْسِ ، وَبِدَايَةِ دَرْسٍ جَدِيدٍ .

ح ي ي

to live I حَيِيَ يَحْيَا حَيَاةٌ

لَقَدْ حَيِيَ مَعَ هَذِهِ الْمُشْكِلاَتِ زَمَنًا لَيْسَ بِالْيَسِيرِ .

to greet II حَيَّا يُحَيِّي تَحِيَّةٌ

حِينَ أَرَاهُ ، أُحَيِّيهِ وَلَوْ مِنْ بَعِيدٍ .

to revive IV أَحْيَا يُحْيِي إِحْيَاءٌ

يَبْدَأ عَصْرُ الْإِحْياءِ في الشِّعْرِ الْعَرَبِيِّ الْحَديثِ بالشَّاعِرِ مَحْمود سامي الْبارودي (تُوُفِّيَ 1904م) .

1. to be embarrassed X اِسْتَحَى يَسْتَحِي اِسْتِحْيَاءٌ

إِنَّهُ يَسْتَحِي أَنْ يُكَلِّمَني حِينَ تَكُونُ زَوْجَتِي مَعِي .

2. to keep s.o. alive استحيا يَستَحْيِي اِسْتِحْياءٌ

وَرَدَ في قِصَّةِ فِرْعَوْنَ : " يُقَتِّلونَ أَبْناءَكُمْ وَيَسْتَحْيُونَ نِساءَكُمْ " .

خ

خ ب أ

خَبَأَ يَخْبَأُ خَبْءٌ — I — to hide

خَبَأَ شَيْئًا مَعْناهُ أَخْفاهُ ، وَخَبَّأَ الشَّيْءَ بالَغَ في إِخْفائِهِ .

خَبَّأَ يُخَبِّئُ تَخْبِيءٌ / تَخْبِئَةٌ — II — to hide

مَنْ خَبَّأَ الدَّواءَ ؟ إِنَّنِي لاَ أَراهُ فِي مَكَانِهِ .

تَخَبَّأَ يَتَخَبَّأُ تَخَبُّؤٌ — V — to hide o.s.

هَرَبَ مِن الْبوليسِ وَتَخَبَّأَ في الصَّعيدِ ، فَلَمْ يُعْرَفْ مَكانُهُ .

اِخْتَبأَ يَخْتَبِئُ اِخْتِبَاءٌ — VIII — to hide o.s.

اِخْتَبأَ صَدِيقِي ، وَأَخَذْنَا نَبْحَثُ فَلَمْ نَعْرِفْ أَيْنَ كَانَ .

خ ب ث

خَبُثَ يَخْبُثُ خُبْثٌ — I — to be sly, malicious

الْخُبْثُ مَعْنَاهُ أَنْ يَتَظَاهَرَ الإِنْسَانُ بِأَنَّه لاَ يَعْرِفُ ، وَيَكُونُ عَارِفًا بِكُلِّ شَيْءٍ .

تَخَابَثَ يَتَخَابَثُ تَخَابُثٌ — VI — to behave maliciously

اَلتَّخَابُثُ مِنَ الصِّفَاتِ الْكَرِيهَةِ وَالْمَذْمُومَةِ .

خ ب ر

خَبَرَ يَخْبُرُ خِبْرَةٌ — I — to have experience

تَدرَّبَ في الْمصنَعِ عِدَّةَ سَنواتٍ حَتَّى اكْتَسَبَ خِبْرَةً جَيِّدَةً .

خَبَّرَ يُخَبِّرُ تَخْبِيرٌ — II — to notify s.o.

عِنْدما اسْتَجْوَبوهُ في قِسْمِ الشُّرْطَةِ ، كانَ يُخَبِّرُهُمْ بِمَعْلوماتٍ خَطَأً .

خَابَرَ يُخَابِرُ مُخَابَرَةٌ — III — to telecommunicate

اَلْمُخَابَرَاتُ الدَّوْلِيَّةُ لَهَا تَعْرِيفَةٌ خَاصَّةٌ تَتَغَيَّرُ مِنْ وَقْتٍ لآخَرَ .

أَخْبَرَ يُخْبِرُ إِخْبَارٌ — IV — to inform

أَخْبَرْتُهُ بِوُصُولِ الْوَفْدِ كَيْ يُجَهِّزَ لاِسْتِقْبَالِهِ .

to communicate secretly VI تَخَابَرَ يَتَخَابَرُ تَخَابُرٌ

أَثْبَتوا عَلَيْهِ أَنَّهُ يَتَخابَرُ مَعَ دَوْلَةٍ أَجْنَبِيَّةٍ ضِدَّ وَطَنِهِ فَعَاقبوهُ بِالْإِعْدامِ شَنْقًا .

تُنْفِقُ بَعْضُ الدُّوَلِ أَمْوَالاً طَائِلَةً عَلَى أَجْهِزَةِ التَّخَابُرِ .

to test VIII اِخْتَبَرَ يَخْتَبِرُ اِخْتِبَارٌ

حَصَلَ صَدِيقِي فِي الْاخْتِبَارِ الْأَخِيرِ عَلَى الدَّرَجَةِ النِّهَائِيَّةِ .

to inquire (of, about) X اِسْتَخْبَرَ يَسْتَخْبِرُ اِسْتِخْبَارٌ

يَنْبَغِي أَنْ تَسْتَخْبِرَ عَنْ كُلِّ مَا تَجْهَلُهُ ، كَيْ تَتَعَلَّمَ وَتَكْتَسِبَ خِبْراتٍ مُفيدةً .

خ ب ز

to bake I خَبَزَ يَخْبِزُ خَبْزٌ

خَبَزَتِ الْفَلاَّحَةُ عَدَدًا مِنَ الأَرْغِفَةِ لِتُقَدِّمَهَا سَاخِنَةً لِلضُّيُوفِ .

خَ ب ص

to mingle I خَبَصَ يَخْبِصُ خَبْصٌ

يُقالُ في الْعامِّيَّةِ الْمِصْرِيَّةِ " خَبصَ عَلَيْهِ " أَيْ أَفْشَى أَسْرارَهُ .

to make a mess II خَبَّصَ يُخَبِّصُ تَخْبِيصٌ

يُقالُ في الْعامِّيَّةِ أَيْضًا خَبَّصَ كَثِيراً ، أَيْ أَفْسَدَ كُلَّ شَيءٍ .

خ ب ط

to knock I خَبَطَ يَخْبِطُ خَبْطٌ

يُقالُ : " خَبَطَ الْبابَ " أَوْ " خَبَطَ عَلَى الْباب " أَيْ دَقَّ عَلَيْهِ .

to act haphazardly V تَخَبَّطَ يَتَخَبَّطُ تَخَبُّطٌ

إِنَّهُمْ يَتَخَبَّطُونَ فِي هَذا الْمَوْضُوعِ ، وَلاَ يَعْرِفُونَ لَهُ حَلاًّ .

خ ب ل

to be insane, go mad I خَبَلَ يَخْبُلُ خَبْلٌ

ظَلَّ يُدْمِنُ الْمُسْكِراتِ حَتَّى خَبَلَ عَقْلُهُ أَيْ فَسَدَ .

to drive insane, mad II خَبَّلَ يُخَبِّلُ تَخْبِيلٌ

خَبَّلَهُ شُرْبُ الْخَمْرِ فَفَقَدَ تَوَازُنَهُ كَإِنْسانٍ سَوِيٍّ .

to become disordered (mind) VIII اِخْتَبَلَ يَخْتَبِلُ اِخْتِبَالٌ

اِخْتِبَالُ الْعَقْلِ أَيِّ فَسَادُهُ واضْطِرَابه وعَدَم تَوَازنِهِ .

خ ب و

to die out (fire) I خَبَا يَخْبُو خَبْوٌ / خُبُوٌّ

خَبا ضَوْءُ الشَّمْعَة ، فَلَمْ أَعُدْ أَرَى جَيِّدًا .

خ ت م

to seal (with) I خَتَمَ يَخْتِمُ خَتْمٌ

لا تُعَدُّ الشَّهَادَةُ مُوَثَّقَةً مَا لَمْ تُخْتَمْ بِخَاتَمِ الْجُمْهُورِيَّةِ .

to conclude VIII اِخْتَتَمَ يَخْتَتِمُ اِخْتِتَامٌ

جَاءَ اخْتِتَامُ الدَّوْرَةِ الْأُولِيمْبِيَّةِ الْمَاضِيَةِ بَعْدَ سَلَاسِلَ مِنَ الْفَوْزِ وَالْهَزِيمَةِ .

خ ت ن

to circumcise I خَتَنَ يَخْتِنُ خِتَانٌ

لَمْ يَعُدْ كَثيرٌ مِن الْمُسْلِمِينَ وَالْعَرَبِ يَقومونَ الْآنَ بِخِتَانِ الْإِناثِ .

to be circumcised VIII اِخْتَتَنَ يَخْتَتِنُ اِخْتِتانٌ

اِخْتِتانُ الإِناثِ شَيْءٌ سَيِّءٌ وَكَريهٌ نَفْسِيًّا وَبَدَنِيًّا .

خ ج ل

to be embarrassed I خَجِلَ يَخْجَلُ خَجَلٌ

إِنَّهَا تَخْجَلُ أَنْ تَتَحَدَّثَ فِي مَكَانٍ عَامٍّ ؛ لِأَنَّهَا لَمْ تَتَعَوَّدْ عَلَى ذَلِكَ .

to embarrass II خَجَّلَ يُخَجِّلُ تَخْجِيلٌ

أَسْتَغْفِرُ الله ، لَقَدْ خَجَّلْتَنِي بِكَلامِكِ الطَّيِّب عَنِّي .

to embarrass IV أَخْجَلَ يُخْجِلُ ——

لَقَدْ أَخْجَلُوهَا بِأَنْ طَلَبُوا مَنْهَا إِلْقَاءَ كَلِمَةٍ أَمَامَ الْمَدْعُوِّينَ .

خ د ر

to be numb I خَدِرَ يَخْدَرُ خَدْرٌ

بَعْدَ تَناوُلِ الدَّواءِ ، خَدِرَ ضِرْسي وَلَمْ أَعُدْ أَشْعُرُ بِالْأَلَمِ .

خَدَّرَ يُخَدِّرُ تَخْدِيرٌ — II — to anesthetize

طَبِيبُ التَّخْدِيرِ يَتَقَاضَى عَادَةً أَقَلَّ مِنَ الْجَرَّاحِ .

تَخَدَّرَ يَتَخَدَّرُ تَخَدُّرٌ — V — to be anesthetized

بَعْدَ أَنْ تَخَدَّرَ الْمَرِيضُ ، بَدَأَ الطَّبِيبُ بِإجراءِ عَمَلِيَّةِ الْجِراحَةِ .

خ د ع

خَدَعَ يَخْدَعُ خِدَاعٌ — I — to cheat, deceive

قَالَ إِنَّهُ ذَاهِبٌ لِيُذَاكِرَ مَعَ صَدِيقِهِ ، وَلَكِنَّهُ ذَهَبَ إِلَى السِّينِمَا . لَقَدْ خَدَعَنِي .

خَادَعَ يُخَادِعُ مُخَادَعَةٌ — III — to deceive

سَيَظَلُّ بَعْضُهُمْ يُخَادِعُ الْبَعْضَ الآخَرَ حَتَّى يَنْتَصِرَ فَرِيقٌ مِنْهُمْ فِي النِّهَايَةِ .

اِنْخَدَعَ يَنْخَدِعُ اِنْخِدَاعٌ — VII — to be deceived

قَالَ إِنَّهُ فَقِيرٌ مُحْتَاجٌ ، فَانْخَدَعْتُ بِقَوْلِهِ وَسَاعَدْتُهُ ، ثُمَّ ظَهَرَ لِي أَنَّهُ لِصٌّ .

خ د م

خَدَمَ يَخْدُمُ خِدْمَةٌ — I — to serve

كَانُوا يَقُولُونَ : خَدَمَ فُلاَنٌ فِي الْحُكُومَةِ ، وَالآنَ يَقُولُونَ : عَمِلَ بِالْحُكُومَةِ .

خَدَّمَ يُخَدِّمُ تَخْدِيمٌ — II — to serve s.o.

تُقومُ مَكَاتِبُ التَّخْدِيمِ بِتَقْدِيمِ مُساعَداتٍ لِلْخَدَمِ وَمَنْ يَحْتَاجُونَ إِلَى خِدْماتٍ .

اِسْتَخْدَمَ يَسْتَخْدِمُ اِسْتِخْدَامٌ — X — to use

أَنَا لاَ أَسْتَخْدِمُ إِلاَّ الأَدَوَاتِ الْخَاصَّةَ بِي وَحْدِي .

خ ذ ل

خَذَلَ يَخْذُلُ خَذْلٌ / خِذْلاَنٌ — I — to disappoint

أَوْهَمَنِي أَنَّهُ سَيُسَاعِدُنِي عَلَى السَّفَرِ ، وَلَكِنَّهُ خَذَلَنِي .

تَخَاذَلَ يَتَخَاذَلُ تَخَاذُلٌ — VI — to grow slack

أَكَّدُوا لِي أَنَّهُمْ جَادُّونَ فِي تَأسِيسِ الشَّرِكَةِ ، وَلَكِنَّهُمْ أَخِيرًا تَخَاذَلُوا .

اِنْخَذَلَ يَنْخَذِلُ اِنْخِذَال — VII — to be disappointed

الاِنْخِذالُ مَعْنَاهُ الشُّعورُ بِالْهَزِيمَةِ وَالتَّأَخُّرِ وَالإِحْباطِ .

خ ر ب

to be devastated	I	خَرِبَ يَخْرَبُ خَرَابٌ

اَلْحُرُوبُ وَسِيلَةُ دَمَارٍ وَخَرَابٍ .

to devastate	II	خَرَّبَ يُخَرِّبُ تَخْرِيبٌ

يَجِبُ أَنْ تَتَصَدَّى الدَّوْلَةُ لِكُلِّ مَنْ يُحَاوِلُ تَخْرِيبَ الْمُنْشَآتِ .

to become destroyed	V	تَخَرَّبَ يَتَخَرَّبُ ——

تَخَرَّبَتِ الْبَلْدَةُ بَعْدَ احْتِلالِ الْعَدُوِّ لَها .

خ ر ج

to go out	I	خَرَجَ يَخْرُجُ خُرُوجٌ

خَرَجْتُ مِنْ مَنْزِلِي حَوالَيْ السَّاعَةِ السَّابِعَةِ صَبَاحًا .

to graduate	II	خَرَّجَ يُخَرِّجُ تَخْرِيجٌ

تُخَرِّجُ الْجَامِعَاتُ كُلَّ عَامٍ أَعْدَادًا كَبِيرَةً ، وَالَّذِينَ يَتَخَرَّجُونَ يَبْحَثُونَ عَنْ وَظَائِفَ .

to take out	IV	أَخْرَجَ يُخْرِجُ إِخْرَاجٌ

أَخْرَجَ مِنْ جَيْبِهِ مِنْدِيلاً نَظِيفًا جَفَّفَ بِهِ عَرَقَهُ .

to graduate	V	تَخَرَّجَ يَتَخَرَّجُ تَخَرُّجٌ

حَفْلُ التَّخَرُّجِ السَّنَوِيِّ فِي جَامِعَتِنَا سَيَكُونُ الثُّلاثَاءَ الْقَادِمَ .

to pump, extract	X	اِسْتَخْرَجَ يَسْتَخْرِجُ اِسْتِخْرَاجٌ

تَقُومُ شَرِكَاتٌ عَدِيدَةٌ بِاسْتِخْرَاجِ الْبِتْرولِ مِنْ بَاطِنِ الأَرْضِ .

خ ر س

to be dumb, mute	I	خَرِسَ يَخْرَسُ خَرَسٌ

الْخَرَسُ مَرَضٌ عُضْوِيٌّ مَعْناهُ عَدَمُ الْقُدْرَةِ عَلَى الْكَلامِ .

to silence	IV	أَخْرَسَ يُخْرِسُ إِخْرَاسٌ

يُقالُ : أَخْرَسَهُ أَيْ أَوْقَفَه عَن الْكَلامِ .

خ ر ط

to cut into small pieces	I	خَرَطَ يَخْرُطُ خَرْطٌ

بِالْإِمكانِ خَرْطُ بَعْضِ قِطَعِ غِيارِ السَّيَّاراتِ وَالإِفادَةُ مِنْها كَالْقِطْعَةِ الأَصْلِيَّةِ تَمامًا .

to cut into small pieces	II	خَرَّطَ يُخَرِّطُ تَخْرِيطٌ

يُقالُ خَرَّطَتِ الأُمُّ الْمُلوخِيَّةَ بِالْمِخْرَطَةِ .

	VII	اِنْخَرَطَ يَنْخَرِطُ اِنْخِرَاطٌ

1. to engage into (a community)

بَعْدَ سَفَرِهِ إِلَى أَلْمانْيا ، اِنْضَمّ إِلَى حِزْبٍ مُعارِضٍ وَانْخَرَطَ بَيْنَ صُفوفِهِ .

2. to break into tears

اِنْخَرَطَتْ فِي الْبُكَاءِ بَعْدَ رُسُوبِها فِي الامْتِحَانِ لِلمَرَةِ الثّانِيَةِ .

خـ ر ع

to invent	VIII	اِخْتَرَعَ يَخْتَرِعُ اِخْتِرَاعٌ

جاءَت الاخْتِراعاتُ الْعِلْمِيَّةُ لِتُلَبِّيَ احْتِياجاتِ كُلِّ الْبَشَرِ .

خـ ر ق

to pierce	I	خَرَقَ يَخْرِقُ خَرْقٌ

لاَ تُدْخِلْ أَدَوَاتٍ صُلْبَةً فِي أُذُنِكَ كَيْ لا تَخْرِقَ طَبْلَةَ الأُذُنِ .

to penetrate	VIII	اِخْتَرَقَ يَخْتَرِقُ اِخْتِرَاقٌ

اِخْتَرَقَتْ طَائِرَةُ الْعَدُوِّ الْمَجَالَ الْجَوِّيَّ لِبِلاَدِنا .

خـ ر م

to perforate	I	خَرَمَ يَخْرِمُ خَرْمٌ

اِشْتَرَيْتُ خَرَّامَةً لأَخْرِمَ بِهَا أَوْرَاقَ الْمُحَاضَرَاتِ .

to be pierced	VII	اِنْخَرَمَ يَنْخَرِمُ اِنْخِرَامٌ

إِذا انْخَرَمَتِ الْوَثيقَةُ بِأَيِّ شَكْلٍ ، فَلَنْ تَعودَ صالِحَةً بِأَيِّ حالٍ .

to pass through	VIII	اِخْتَرَمَ يَخْتَرِمُ اِخْتِرَامٌ

خَطَفَ اللِّصُّ حَقِيبَةَ الْبِنْتِ وَاخْتَرَمَ الْمَيْدَانَ إِلَى الشَّارِعِ الْجَانِبِيِّ وَاخْتَفَى .

خـ ز ن

to stock, store	I	خَزَنَ يَخْزِنُ خَزْنٌ / خَزِينُ

خَزَنَ الْبَقَّالُ كَمِّيَّاتٍ كَبِيرَةً مِنَ الصَّابُونِ لِيَرْفَعَ سِعْرَهَا ، فَأَكَلَتْهَا الْفِئْرَانُ .

to stock, store	II	خَزَّنَ يُخَزِّنُ تَخْزِينٌ

هُنَا مَحَلٌّ تَخْزِينِ الْقَمْحِ .

to retain, store	VIII	اِخْتَزَنَ يَخْتَزِنُ اِخْتِزَانٌ

يَخْتَزِنُ الْجِسْمُ مِنَ الْغِذَاءِ قَدْرَ طَاقَتِهِ ، ثُمَّ يَتَخَلَّصُ مِنَ الزَّائِدِ .

خـ ز ي

to be disgraced, humiliated	I	خَزِيَ يَخْزَى خِزْيٌ

يَشْعُرُ الْكُفَّارُ وَالْعُصَاةُ وَالْمُخْطِئُونَ بِالْخِزْيِ يَوْمَ الْقِيَامَةِ . هَكَذا نَقْرأُ في كُتُبِ الدِّينِ .

to put to shame	IV	أَخْزَى يُخْزِي إِخْزَاءٌ

أَخْزَى اللهُ الْعُصَاةَ وَالْكُفَّارَ فَلاَ يَشْعُرُونَ بِسَعَادَةٍ أَبَدًا .

خـ سـ ر

to lose	I	خَسِرَ يَخْسَرُ خَسَارَةٌ / خُسْرَانٌ

أَعْرِفُ أَنَّهُ يُرَاهِنُ بِمَالِهِ فِي حَلَقَاتِ سِبَاقِ الْخَيْلِ ويَخْسَرُ دَائِمًا .

to cause to lose	II	خَسَّرَ يُخَسِّرُ تَخْسِيرٌ

لَقَدْ خَسَّرَهُ الرِّهانُ عَلَى سِباقِ الْخَيْلِ مُعْظَمَ أَمْوالِهِ .

خـ سـ ف

to be eclipsed	I	خَسَفَ يَخْسِفُ خَسْفٌ / خُسُوفٌ

يَحْدُثُ أَحْيَانًا خُسُوفٌ فِي الْقَمَرِ فَلا نَسْتَطِيعُ رُؤْيَتَهُ .

to sink down	VII	اِنْخَسَفَ يَنْخَسِفُ اِنْخِسَافٌ

يُقالُ اِنْخَسَفَ الْقَمَرُ وَانْكَسَفَتِ الشَّمْسُ إذا غَابَ وَاحِدٌ مِنْهُما .

خـ شـ خـ ش

to rattle	Q	خَشْخَشَ يُخَشْخِشُ خَشْخَشَةٌ

أَسْمَعُ خَشْخَشَةً تِجاهَ موتور السَّيارةِ ، لاشَكَّ هُناكَ مُشْكِلَةٌ .

خـ شـ ع

to be awed	I	خَشَعَ يَخْشَعُ خُشُوعٌ

يَخْشَعُ قَلْبُ الإِنْسَانِ الْمُؤْمِنِ لِذِكْرِ اللهِ .

to be humble V تَخَشَّعَ يَتَخَشَّعُ تَخَشُّعٌ

يَتَخَشَّعُ حُجَّاجُ بَيْتِ اللهِ الْحرامِ وَهُمْ يَطوفونَ بِالْكَعْبَةِ في مَكَّةَ .

خـ شـ ن

to be rough I خَشُنَ يَخْشُنُ خُشُونَةٌ

لإزالَةِ خُشونَةِ الْبَشْرةِ ، اِخْتَرَعَ عُلَماءُ التَّجْميلِ عِدَّةَ وَسائلَ .

to be used to a tough life V تَخَشَّنَ يَتَخَشَّنُ تَخَشُّنٌ

يَعْزِفُ الرَّجُلُ الصُّوفيُّ عَنْ حَياةِ النَّعيمِ وَيَزْهَدُ في الْأَشْيْاءِ فَنَقُولُ إِنَّهُ تَخَشَّنَ .

to be able to lead a tough life Q2 اِخْشَوْشَن يَخْشَوْشِنُ اِخْشِوْشان

جاءَ فِي الْحديثِ الشَّريفِ " اِخْشَوْشِنُوا ، فَإِنَّ النِّعْمَةَ لا تَدومُ " .

خـ شـ ي

to fear I خَشِيَ يَخْشَى خَشْيَةٌ

إِذَا كُنْتَ تَخْشَى اللهَ فَلاَ تَرْتَكِب الْمَعَاصِي .

خـ صـ ب

to be fertile (soil) I خَصِبَ يَخْصَبُ خِصْبٌ / خُصُوبَةٌ

بَعْضُ الْأَسْمِدةِ النَّافِعَةِ تَزِيدُ مِنْ خُصوبَةِ التُّرْبَةِ .

to make fertile II خَصَّبَ يُخَصِّبُ تَخْصِيبٌ

تَخْصيبُ الْأَرْضَ شَيْءٌ جَيِّدٌ ، وَكَذَلِكَ تَخْصيبُ الْيُورانْيوم لِلأَغْراضِ السِّلْمِيَّةِ .

to become fertile IV أَخْصَبَ يُخْصِبُ إِخْصَابٌ

1. تَعَهَّدْتُ أَرْضِي بِالرِّعايَةِ وَالْعِنَايَةِ حَتَّى أَخْصَبَتْ تَمَامًا .

2. يُشارُ بِكَلمَةِ الْإِخْصابِ إِلَى تَطَوُّرٍ بَيُولُوجي يُعينُ الزَّوْجَةَ عَلَى الْحَمْلِ وَالْإِنْجابِ .

خـ صـ ر

to summarize VIII اِخْتَصَرَ يَخْتَصِرُ اِخْتِصَارٌ

اِخْتَصَرْتُ الْمُحَاضَرَةَ الأَخِيرَةَ وَلَخَّصْتُهَا فِي صَفْحَتَيْنِ فَقَطْ .

خـ صـ ص

خَصَّ يَخُصُّ خُصُوصٌ / خُصُوصِيَّةٌ I to favor (with)

إِنَّهُ يَخُصُّنِي دَائِمًا بِالْاحْتِرَامِ وَالتَّقْدِيرِ .

خَصَّصَ يُخَصِّصُ تَخْصِيصٌ II to set aside

خَصَّصْتُ وَقْتَ الْمَسَاءِ لِمُذَاكَرَةِ الدُّرُوسِ الصَّعْبَةِ .

تَخَصَّصَ يَتَخَصَّصُ تَخَصُّصٌ V to specialize in

تَخَصَّصَتْ أُخْتِي فِي مَجَالِ تَقْنِيَةِ الْمَعْلُومَاتِ .

اِخْتَصَّ يَخْتَصُّ اِخْتِصَاصٌ VIII to favor (with)

إِنَّهُ رَجُلٌ طَيِّبٌ وَمُتَعَاوِنٌ : يَخْتَصُّنِي دَائِمًا بِعِنَايَتِهِ وَرِعَايَتِهِ .

خـ صـ م

خَصَمَ يَخْصِمُ خَصْمٌ I to deduct

يَخْصِمُ الصَّرَّافُ مِنَ الْمُوَظَّفِ عَشْرَةَ جُنَيْهَاتٍ كُلَّ شَهْرٍ .

خَاصَمَ يُخَاصِمُ خِصَامٌ / مُخَاصَمَةٌ III to dispute with

أَنَا لاَ أُحِبُّ الْخِصَامَ ، وَلَكِنِّي أَحْيَانًا أُضْطَرُّ إِلَيْهِ .

تَخَاصَمَ يَتَخَاصَمُ تَخَاصُمٌ VI to dispute with each other

تَخَاصَمْتُ وَصَدِيقِي ، وَلَمْ يُكَلِّمْ أَحَدُنَا الأَخَرَ لِمُدَّةِ شَهْرَيْنِ تَقْرِيبًا .

اِخْتَصَمَ يَخْتَصِمُ اِخْتِصَامٌ VIII to dispute with

يُقَالُ عِنْدَمَا يَخْتَصِمُ السَّارِقَانِ ، يَظْهَرُ الْمَسْرُوقُ .

خـ ضـ ب

خَضَّبَ يُخَضِّبُ تَخْضِيبٌ II to color with henna

مِنْ عَادَاتِ الزَّوَاجِ فِي الرِّيفِ أَنْ يُخَضِّبُوا يَدَي الْعَرُوسَةِ وَقَدَمَيْهَا بِالْحِنَّاءِ .

تَخَضَّبَ يَتَخَضَّبُ تَخَضُّبٌ V to be tinged with henna

آثَارُ التَّخَضُّبِ وَاضِحَةٌ فِي يَدَي الْعَرُوسَةِ وَقَدَمَيْهَا .

اِخْتَضَبَ يَخْتَضِبُ اِخْتِضَابٌ VIII to become tinged with henna

اِخْتَضَبَتِ الْعَرُوسُ بِالْحِنَّاءِ قَبْلَ الزِّفَافِ بِلَيْلَتَينِ .

خ ض ر

to be green — I — خَضِرَ يَخْضَرُ خَضَرٌ / خُضْرَةٌ

يُقالُ : خَضِرتِ الأَرْضُ ، عِنْدَما تَنْمو فيها الْمَزْروعاتُ بَعْدَ أَنْ كانت جَدْباءَ .

to make green — II — خَضَّرَ يُخَضِّرُ تَخْضِيرٌ

خَضَّرَ الْفَلَّاحُ النَّشيطُ أَرْضَهُ ، بَعْدَ أَنْ كانتْ قاحِلَةً .

to become green — IX — اِخْضَرَّ يَخْضَرُّ اِخْضِرَارٌ

بِفَضْلِ الْحُكُومَةِ ، اِخْضَرَّتِ الصَّحْرَاءُ .

خ ض ع

to surrender — I — خَضَعَ يَخْضَعُ خُضُوعٌ

لَمْ تَخْضَعِ الْمَدِينَةُ لِلْعَدُوِّ وَلَمْ تَسْتَسْلِمْ رَغْمَ الْغارَاتِ الْمُتَكَرِّرَةِ .

to subject to — IV — أَخْضَعَ يُخْضِعُ إِخْضَاعٌ

قَالَ الْقَائِدُ لِجُنُودِهِ : لابُدَّ أَنْ نَقْتَحِمَ الْمَدِينَةَ ونُخْضِعَ أَهْلَهَا لِنِظَامِ حُكْمِنَا .

خ ط أ

to be mistaken — I — خَطِئَ يَخْطَأُ خَطَأٌ

خَطِئَ الرَّجُلُ إِذا وَقَعَ فِي خَطَأٍ دينِيٍّ ، أَيْ أَثِمَ وَارْتَكَبَ مَعْصَيَةً .

to accuse s.o. of an error — II — خَطَّأَ يُخَطِّئُ تَخْطِئَةٌ

لا أُحِبُّ أَنْ يُخَطِّئَ النَّاسُ بَعْضُهُمْ بَعْضًا ، لَيْسَ هَذَا مِن الْخُلُقِ الْكَرِيمِ .

to make a mistake — IV — أَخْطَأَ يُخْطِئُ إِخْطَاءٌ

قَدْ أَخْطَأْتُ حِينَ اشْتَرَيْتُ لابْنِي سَيَّارَةً .

خ ط ب

to give a sermon, speech — I — خَطَبَ يَخْطُبُ خُطْبَةٌ

يَخْطُبُ الإِمَامُ خُطْبَةً فِي الْمَسْجِدِ الْيَوْمَ .

to become engaged — I — خَطَبَ يَخْطِب خُطُوبَةٌ / خِطْبَةٌ

خَطَبَ ابْنُها فَتاةً جَمِيلَةً جِدًّا .

to talk to, address s.o. — III — خَاطَبَ يُخَاطِبُ خِطَابٌ / مُخَاطَبَةٌ

مُنْذُ أَنْ أَخْطَأَ فِي حَقِّي ، لَمْ أُخَاطِبْهُ بِأَيِّ كَلامٍ .

تَخَاطَبَ يَتَخَاطَبُ تَخَاطُبٌ VI to talk to one another

يَنْبَغِي أَنْ تَعْرِفَ أُسْلُوبَ التَّخَاطُبِ الْمُنَاسِبِ كَيْ لاَ تَقَعَ فِي خَطَأٍ .

خ ط ر

خَطَرَ يَخْطِرُ خُطُورٌ I to come to s.o.'s mind

كُنْتُ بِالْبَيْتِ وَخَطَرَ لِي خَاطِرٌ فَتَرَكْتُ الْبَيْتَ عَلَى الْفَوْرِ وَذَهَبْتُ إِلَى السِّينِمَا .

خَطَرَ يَخْطِرُ —— I to walk with a swing

ظَلَّتْ تَخْطِرُ فِي مِشْيَتِها أَيْ تَتَمايَلُ وتُضَيِّقُ خُطُوَاتِهَا تِيهًا وَدَلالاً ، فَوَصَلَتْ مُتَأَخِّرَةً .

خَطُرَ يَخْطُرُ خَطَرٌ / خُطُورَةٌ I to be dangerous

تَزْدَادُ خُطُورَةُ التَّلَوُّثِ الْبَصَرِيّ والسَّمَعِيّ يَوْمَاً بَعْدَ يَوْمٍ .

خَاطَرَ يُخَاطِرُ مُخَاطَرَةٌ III to risk

كَانَتْ مُخَاطَرَةً مِنْهُ أَنْ يَقُودَ سَيَّارَتَهُ لَيْلاً دُون أَنْوَارٍ .

أَخْطَرَ يُخْطِرُ إِخْطَارٌ IV to notify

جاءَنِي إِخْطارٌ مِنْ مَصْلَحَةِ الضَّرائِبِ بِضَرورَةِ دَفْعِ فُروقِ الزِّيادَةِ .

خ ط ط

خَطَّ يَخُطُّ خَطٌّ I

1. to inscribe, draw a line

قَبْلَ أَنْ يَذْكُرَ التَّفاصِيلَ ، خَطَّ خَطَّاً تَحْتَ الْعُنْوَانِ الرَّئِيسِيِّ .

2. to plan لَقَدْ خَطَّ لِنَفْسِهِ طَرِيقًا فِي الْحَيَاةِ غَيْرَ التَّمْثِيلِ وَالسِّينِمَا .

خَطَّطَ يُخَطِّطُ تَخْطِيطٌ II to plan

تُقَامُ مَشْرُوعَاتٌ جَدِيدَةٌ كُلَّ يَوْمٍ بِفَضْلِ رِجَالِ التَّخْطِيطِ وَخُبَرَائِهِ .

اِخْتَطَّ يَخْتَطُّ —— VIII to plan

تَخْتَطُّ الْحُكُومَةُ طَرِيقًا يُوَصِّلُ إِلَى الْمَطَارِ فِي نِصْفِ الْوَقْتِ الْحَالِيِّ تَقْرِيبًا .

تَخْتَطُّ الدَّوْلَةُ سِيَاسَةَ تَعْيِينِ الْخِرِّيجِينَ بِمُجَرَّدِ تَخَرُّجِهِمْ .

خ ط ف

خَطَفَ يَخْطِفُ خَطْفٌ I to snatch

خَطَفَ الصَّقْرُ كَتْكُوتًا صَغِيرًا وَطَارَ بِهِ لِيَأْكُلَهُ .

to snap up (a purchase) V تَخَطَّفَ يَتَخَطَّفُ تَخَطُّفٌ

تَخَطَّفَ النَّاسُ عُلَبَ الزَّيْتِ ؛ لأَنَّ أَسْعَارَهَا رَخِيصَةٌ .

to snatch away from one another VI تَخَاطَفَ يَتَخَاطَفُ تَخَاطُفٌ

ظَلُّوا يَتَخاطَفونَ الْكُرَةَ مِنْ خُصومِهم حَتَّى هَزَموهُم 3 : 1 .

to be snatched away VII اِنْخَطَفَ يَنْخَطِفُ اِنْخِطَافٌ

اِنْخَطَفَتْ أَنْظارُ النَّاسِ لِكُلِّ ما شاهَدوهُ في الْعَرْضِ الْعَسْكَرِيِّ الأَخِيرِ .

to kidnap, hijack VIII اِخْتَطَفَ يَخْتَطِفُ اِخْتِطَافٌ

يَجِبُ أَنْ تُوضَعَ عُقُوبَاتٌ صَارِمَةٌ لِحَوَادِثِ اخْتِطَافِ الأَفْرَادِ وَالطَّائِرَاتِ .

خ ط ل

to talk nonsense I خَطِلَ يَخْطَلُ خَطَلٌ

أنا لا أُحِبُّ الْخَطَلَ لا في التَّفكيرِ ولا في الْكَلامِ .

خ ط و

to step I خَطَا يَخْطُو خَطْوٌ

مِنَ الْحِكْمَةِ أَنْ تُقَدِّرَ لِرِجْلِكَ قَبْلَ الْخَطْوِ مَوْضِعَهَا .

to overstep V تَخَطَّى يَتَخَطَّى تَخَطٍّ

إِذَا كَانَتْ لَكَ مُشْكِلَةٌ فِي الْعَمَلِ ، فَلاَ تَتَخَطَّ بِهَا رَئِيسَكَ الْمُبَاشِرَ .

خ ف ت

to become faint I خَفَتَ يَخْفِتُ خُفُوتٌ

خَفَتَ الضَّوْءُ وخَفَتَ صَوْتُهُ فِي الظَّلاَمِ ، وَلَمْ أَعُدْ أَعْرِفُ مَكَانَهُ .

to lower one's voice III خَافَتَ يُخَافِتُ مُخَافَتَةٌ

كانَتْ مُخافَتَةُ الصَّوْتِ دليلاً عَلَى أَنَّهُم اقْتَنَعوا بِما قُلْتُ .

to lower IV أَخْفَتَ يُخْفِتُ إِخْفَاتٌ

طَلَبْتُ مِنْهُ أَنْ يُخْفِتَ صَوْتَ الرَّادْيو كَيْ أَسْتَطيعَ الْمُذَاكَرَةَ .

خ ف ر

to guard I خَفَرَ يَخْفُرُ خَفْرٌ

" خَفَرُ السَّواحِلِ " قُوَّةُ حِراسَةٍ حُكومِيَّةٍ لِحمايَةِ أَمْنِ الْمَوانِئِ .

خ ف ض

خَفَضَ يَخْفِضُ خَفْضٌ I to lower

رَفَعَ الْجُنْدِيُّ يَدَهُ لِتَحِيَّةِ الضَّابِطِ ، ثُمَّ خَفَضَهَا .

خَفَّضَ يُخَفِّضُ تَخْفِيضٌ II to reduce

طَلَبْتُ مِنْ صَاحِبِ الْبَيْتِ أَنْ يُخَفِّضَ لِي أُجْرَةَ الشَّقَّةِ وَلَكِنَّهُ رَفَضَ .

اِنْخَفَضَ يَنْخَفِضُ اِنْخِفَاضٌ VII to be reduced

تَوَقَّعْتُ اِنْخفاضَ أَسْعارِ السَّيَّاراتِ بَعْدَ اتِّفاقِيَّةِ " اَلْجات " ، وَلَكِنْ لَمْ يَحْدُثْ .

خ ف ف

خَفَّ يَخِفُّ خَفٌّ / خِفَّةٌ I to lose weight, become lighter

إِنَّهَا تَلْتَزِمُ بِنِظَامِ رِجيمِ قَاسٍ ؛ لِهَذَا خَفَّ وَزْنُهَا حَوَالَيْ عَشْرَةِ كِيلُو جِرَامَاتٍ .

خَفَّفَ يُخَفِّفُ تَخْفِيفٌ II to decrease weight

ظَلَّتْ تُخَفِّفُ مِنْ وَزْنِهَا حَتَّى أَصْبَحَتْ نَحِيفَةً جِدًّا .

تَخَفَّفَ يَتَخَفَّفُ تَخَفُّفٌ V to free o.s. from s.th.

حاوِلَ أَنْ تَتَخَفَّفَ مِنْ مَسْئولياتِكَ الأُخْرَى ، كَيْ تُرَكِّزَ عَلَى الْمَشروعِ الْجَديدِ .

اِسْتَخَفَّ يَسْتَخِفُّ اِسْتِخْفَافٌ X to value lightly

اِسْتَخَفَّ بِقُوَّةِ خَصْمِهِ وَلَمْ يُعِدَّ لَهُ الْعُدَّةَ ؛ وَلِذَلِكَ هُزِمَ .

خ ف ق

خَفَقَ يَخْفِقُ خُفُوقٌ / خَفَقَانٌ I to beat

حِينَ عَلِمَ بِحُصُولِهِ عَلَى الْجَائِزَةِ الأُولَى ، خَفَقَ قَلْبُهُ فَرَحًا بِالنَّصْرِ .

أَخْفَقَ يُخْفِقُ إِخْفَاقٌ IV to fail

حَاوَلَ الطِّفْلُ صُعُودَ السُّلَّمِ ، وَلَكِنَّهُ أَخْفَقَ .

خ ف ي

خَفِيَ يَخْفَى خَفَاءٌ I to be concealed

لَمْ أَعْلَمْ كُلَّ التَّفْصِيلاَتِ ، لَقَدْ خَفِيَتْ عَنِّي أَشْيَاءُ .

أَخْفَى يُخْفِي إِخْفَاءٌ IV to hide

أَخْفَتِ الْمُسَافِرَةُ مَشْغُولاَتٍ ذَهَبِيَّةً ، وَلَكِنَّ مَأْمُورَ الْجُمْرُكِ ضَبَطَهَا .

to disguise o.s. V تَخَفَّى يَتَخَفَّى تَخَفٍّ

ظَلَّ يَتَخَفَّى لِعِدَّةِ أَشْهُرٍ ، وَأَخِيرًا تَمَّ الْقَبْضُ عَلَيْهِ .

to disappear VIII اِخْتَفَى يَخْتَفِي اِخْتِفَاءٌ

خَطَفَ اللِّصُّ الْحَقِيبَةَ وَجَرَى بَعِيدًا حَتَّى اخْتَفَى عَنِ الأَنْظَارِ .

خ ل ب

to fascinate I خَلَبَ يَخْلُبُ خَلْبٌ

كَانَ فُسْتَانُ زِفَافِهَا رَائِعًا يَخْلُبُ كُلَّ الأَبْصَارِ .

خ ل ج

to preoccupy III خَالَجَ يُخَالِجُ مُخَالَجَةٌ

لَمْ يُخَالِجْنِي الشَّكُّ لَحْظَةً فِي إِخْلاَصِهِ لِي .

to quiver, tremble VIII اِخْتَلَجَ يَخْتَلِجُ اِخْتِلاَجٌ

كَانَ قَلْبِي يَخْتَلِجُ بِعَوَامِلَ كَثِيرَةٍ وَأَنَا مُقْدِمٌ عَلَى الزَّوَاجِ .

خ ل خ ل

to shake loose Q خَلْخَلَ يُخَلْخِلُ خَلْخَلَةٌ

لَمْ تَحْدُثْ هَذِهِ الْخَلْخَلَةُ فِي الْمَاكِينَةِ إِلاَّ لأَنَّهَا اشْتَغَلَتْ كَثِيرًا أَمْسِ .

to be shaken loose Q1 تَخَلْخَلَ يَتَخَلْخَلُ تَخَلْخُلٌ

تَخَلْخَلَتْ أَجْزَاءٌ مِنَ الْمَاكِينَةِ بِسَبَبِ إِدَارَتِهَا لِفَتْرَةٍ طَوِيلَةٍ .

خ ل د

to be everlasting I خَلَدَ يَخْلُدُ خُلُودٌ

الأَدَبُ الْجَيِّدُ لاَ يَمُوتُ ، بَلْ يُكْتَبُ لَهُ الْخُلُودُ عَلَى الدَّوَامِ .

to make eternal II خَلَّدَ يُخَلِّدُ تَخْلِيدٌ

خَلَّدَ الْكَاتِبُ نَفْسَهُ فِي التَّارِيخِ بِفَضْلِ كِتَابَاتِهِ الرَّائِعَةِ .

to yield to IV أَخْلَدَ يُخْلِدُ إِخْلاَدٌ

لَمْ يَعُدْ نَشِطًا كَمَا كَانَ ، لَقَدْ أَخْلَدَ إِلَى الرَّاحَةِ .

to be or become immortal V تَخَلَّدَ يَتَخَلَّدُ تَخَلُّدٌ

لَمْ يُخْلَقِ الإِنْسَانُ لِيَتَخَلَّدَ فِي الْحياةِ ، لأَنَّ لَهُ أَجَلاً مَحْتومًا ، ثُمَّ يَموتُ .

خ ل س

خَلَسَ يَخْلِسُ خَلْسٌ / خِلْسَةٌ I to steal s.th.

أَخَذَ الْمُوبايِلَ خِلْسَةً وَلَمْ يَشْعُرْ بِهِ أَحَدٌ .

خَالَسَ يُخَالِسُ مُخَالَسَةٌ III to glance furtively at s.o.

خالَسَهُمْ الْمُوَظَّفُ الْجَديدُ وَسَرَقَ وَثائِقَ الشَّرِكَةِ .

اِخْتَلَسَ يَخْتَلِسُ اِخْتِلاسٌ VIII

1. to embezzle

لَقَدْ قَرَّرَ الْمُديرُ فَصْلَ اثْنَيْنِ مِنَ الْمُوَظَّفِينَ ثَبَتَ اخْتِلاسُهُمَا لأَمْوَالِ الشَّرِكَةِ .

2. to steal (time)

أَحَاوِلُ أَنْ أَخْتَلِسَ بَعْضَ الْوَقْتِ لأَزُورَ أَقَارِبِي مَرَّةً كُلَّ أُسْبُوعٍ .

خ ل ص

خَلُصَ يَخْلُصُ خُلُوصٌ / خَلاَصٌ I to be finished (with)

بَعْدَ أَنْ خَلُصْتُ مِنْ عَمَلِي ، سَافَرْتُ إِلَى الإِسْكَنْدَرِيَّةِ .

خَلَّصَ يُخَلِّصُ تَخْلِيصٌ II to free

حَاوَلُوا تَخْلِيصَهُ مِنْ أَيْدِي الأَعْدَاءِ ، وَلَكِنَّهُمْ لَمْ يَسْتَطِيعُوا .

أَخْلَصَ يُخْلِصُ إِخْلاَصٌ IV to be dedicated

مَنْ يُخْلِصْ فِي عَمَلِهِ يَنَلْ رِضَا اللهِ وَالنَّاسِ .

تَخَلَّصَ يَتَخَلَّصُ تَخَلُّصٌ V

1. to give up

بَعْدَ مُحَاوَلاَتٍ مُتَكَرِّرَةٍ ، تَخَلَّصَ مِنْ عَادَةِ التَّدْخِينِ .

2. to get rid (of)

بَعْدَ أَنْ ثَبَتَ كَسَلُ الْعَامِلِ ، تَخَلَّصُوا مِنْهُ .

تَخَالَصَ يَتَخَالَصُ تَخَالُصٌ / مُخَالَصَةٌ VI to be even

بَعْدَ أَنْ تَحاسَبوا ، حَصَلَ مِنْهُمْ عَلَى مُخَالَصَةٍ بِمَثابَةِ إِخْلاءِ طَرَفٍ .

اِسْتَخْلَصَ يَسْتَخْلِصُ اِسْتِخْلاصٌ X to extract

يَكْتُبُ الْباحِثُ لِرِسالَتِهِ لِلْماجِسْتير أَوْ الدُّكْتوراه مُلَخَّصًا وَمُسْتَخْلَصًا .

خـ لـ ط

to mix (up)	I	خَلَطَ يَخْلِطُ خَلْطٌ

إنَّ أفْكَارَهُ غَيْرُ وَاضِحَةٍ ؛ وَلِهَذا فإِنَّهُ دَائِمًا يَخْلِطُ بَيْنَ الأمُورِ .

to mix with	III	خَالَطَ يُخَالِطُ مُخَالَطَةٌ

لا تُخَالِطِ الأشْرَارَ كَيْ لاَ تُصْبِحَ مِنْهُمْ .

to become confused	VIII	اِخْتَلَطَ يَخْتَلِطُ اِخْتِلاَطٌ

اِخْتَلَطَ عَلَيَّ الأمْرُ ، وَلَمْ أعُدْ أعْرِفُ كَيْفَ أتَصَرَّفُ .

خـ لـ ع

to take off	I	خَلَعَ يَخْلَعُ خَلْعٌ

خَلَعَ الْوَلَدُ مَلاَبِسَهُ وَنَزَلَ إِلَى حَمَّامِ السِّبَاحَةِ .

to divorce	III	خَالَعَ يُخَالِعُ مُخَالَعَةٌ

خَالَعَ زَوْجَتَهُ ، أيْ طَلَّقَهَا نَظِيرَ تَنَازُلِها عَنْ كُلِّ حُقُوقِها .

to be taken aback, shattered	VII	اِنْخَلَعَ يَنْخَلِعُ اِنْخِلاَعٌ

عِنْدَما سَمِعَ النَّبَأَ الْفاجِعَ ، اِنْخَلَعَ قَلْبُهُ مِنْ بَين جَنْبَيْهِ كَانْخِلاعِ شُرْفَةٍ مِنْ بِناءٍ .

خـ لـ ف

to follow	I	خَلَفَ يَخْلُفُ خَلَفٌ

بَعْدَ أنْ تُوُفِّيَ مُدِيرُ الْمَدْرَسَةِ ، خَلَفَهُ مُدِيرٌ آخَرُ أصْغَرُ مِنْهُ سِنًّا .

to leave behind	II	خَلَّفَ يُخَلِّفُ تَخْلِيفٌ

اِنْسَحَبَ الْجَيْشُ ، وَخَلَّفَ وَرَاءَهُ بَعضَ الْمُعَدَّاتِ الْمُحَطَّمَةِ .

to oppose	III	خَالَفَ يُخَالِفُ خِلاَفٌ / مُخَالَفَةٌ

لِمَاذَا يُخَالِفُنِي فِي الرَّأيِ وَهُوَ يَعْلَمُ أنَّنِي عَلَى صَوَابٍ ؟!

to go back on (a promise)	IV	أخْلَفَ يُخْلِفُ إخْلاَفٌ

واعَدَني عِدَّةَ مَرَّاتٍ ، وَفي كُلِّ مَرَّة يُخْلِفُ وَعْدَهُ . لَقَدْ فَقَدْتُ الثِّقَةَ فيهِ .

to be absent	V	تَخَلَّفَ يَتَخَلَّفُ تَخَلُّفٌ

تَخَلَّفَ الْيَوْمَ عَدَدٌ مِنْ السَّبَّاحِينَ عَنْ الاشْتِرَاكِ فِي السِّبَاقِ .

اِخْتَلَفَ يَخْتَلِفُ اِخْتِلاَفٌ	VIII	to differ

أَنَا لاَ أَخْتَلِفُ مَعَهُ ، بِالْعَكْسِ إِنِّي أُوَافِقُهُ تَمَامًا .

اِسْتَخْلَفَ يَسْتَخْلِفُ اِسْتِخْلاَفٌ	X	to appoint as successor

رَحَلَ الْقَائِدُ وَاسْتَخْلَفَ أَقْدَمَ الضُّبَّاطِ سِنًّا .

خ ل ق

خَلَقَ يَخْلُقُ خَلْقٌ	I	to create

خَلَقَ اللهُ جَمِيعَ الْمَخْلُوقَاتِ لِحِكْمَةٍ يَعْلَمُهَا .

خَلَّقَ يُخَلِّقُ تَخْلِيقٌ	II	to shape

حَاوَلَ الْمَثَّالُ أَنْ يُخَلِّقَ مِنَ الطَّمْيِ تِمْثَالاً عَلَى شَكْلِ أَسَدٍ .

أَخْلَقَ يُخْلِقُ ——	IV	to wear out

ظَلَّ يَلْبَسُ حِذَاءً وَاحِدًا لِعِدَّةِ سَنَوَاتٍ حَتَى أَخْلَقَهُ تَمَامًا .

تَخَلَّقَ يَتَخَلَّقُ تَخَلُّقٌ	V	to be shaped

تَخَلَّقَ مِنَ الطَّمْيِ تِمْثَالٌ عَلَى شَكْلِ أَسَدٍ ، شُكْرًا لِلْفَنَّانِ .

اِخْتَلَقَ يَخْتَلِقُ اِخْتِلاَقٌ	VIII	to fabricate

يُحَاوِلُ دَائِمًا أَنْ يَخْتَلِقَ الأَعْذَارَ لِيَهْرُبَ مِنَ الْمَسْئُولِيَّةِ .

خ ل ل

خَلَّلَ يُخَلِّلُ تَخْلِيلٌ	II	to pickle

خَلَّلَتْ زَوْجَتِي بَعْضَ الْخِيَارِ وَاللَّيْمونِ .

خَالَلَ يُخَالِلُ مُخَالَلَةٌ	III	to treat as a friend

يَقُول الرَّسولُ (ص) : " اَلْمَرْءُ عَلَى دينِ خَلِيلِهِ ، فَلْيَنْظُرْ أَحَدُكُمْ مَنْ يُخالِلُ " .
أَيْ : مَنْ يُصادِقُ .

أَخَلَّ يُخِلُّ إِخْلاَلٌ	IV	to violate

كَانَتْ بَيْنَهُمَا مُعَاهَدَةٌ ، وَلَكِنَّهُ الآنَ أَخَلَّ بِبَعْضِ شُرُوطِهَا .

تَخَلَّلَ يَتَخَلَّلُ تَخَلُّلٌ	V	to permeate, pervade

يَتَخَلَّلُ الجَوَّ بَعْضُ السُّحُبِ الْكَثِيفَةِ .

اِخْتَلَّ يَخْتَلُّ اِخْتِلاَلٌ	VIII	to lose balance

كَانَ يَسِيرُ عَلَى الْحَبْلِ ، وَلَكِنَّ تَوَازُنَهُ قَدِ اخْتَلَّ فَسَقَطَ .

خـ لـ و

to be devoid (of) I خَلاَ يَخْلُو خُلُوٌّ

خُلُوُّ الْغُرْفَةِ مِنَ الْأُوكْسُجِينْ يَجْعَلُهَا غُرْفَةً غَيْرَ صِحِّيَّةٍ .

to be alone VIII اِخْتَلَى يَخْتَلِي اِخْتِلاءٌ

في الْحَدِيثِ الشَّرِيفِ : " ما اخْتَلَى رَجُلٌ بِأُنْثَى (اِمْرأَةٍ) إلاَّ وَكانَ الشَّيْطانُ ثالِثَهُما " .

خـ لـ ي

to leave a void behind II خَلَّى يُخَلِّي تَخْلِيَةٌ

بَعْدَ حَيَاةٍ حَافِلَةٍ فِي التَّأْلِيفِ والْأَدَبِ ، خَلَّى شِكْسِبيرُ مَكَانَه ، وَمَاتَ .

to release s.o. IV أَخْلَى يُخْلِي إِخْلاَءٌ

بَعْدَ أَنْ دَفَعَ الْغَرَامَةَ الْمُقَرَّرَةَ ، أَخْلَى الْبُولِيسُ سَبِيلَهُ .

to abandon V تَخَلَّى يَتَخَلَّى تَخَلٍّ

أَنَا أَتَعَجَّبُ : كَيْفَ يَتَخَلَّى عَنْ مَبَادِئِهِ بَعْدَ أَنْ كَبُرَ فِي السِّنِّ !

خـ مـ د

to calm down I خَمَدَ يَخْمُدُ خَمْدٌ / خُمُودٌ

بَعْدَ مُحَاوَلاَتٍ مُسْتَمِيتَةٍ مِنْ رِجَالِ الْإِطْفَاءِ ، خَمَدَتِ النَّارُ .

to extinguish IV أَخْمَدَ يُخْمِدُ إِخْمَادٌ

أَخْمَدَ رِجَالُ الْإِطْفَاءِ النَّارَ ، شُكْرًا لَهُمْ .

خـ مـ ر

to cover, conceal I خَمَرَ يَخْمُرُ خَمْرٌ

حُرِّمَتِ الْخَمْرُ في الْإِسْلامِ لِأَسْبابٍ كَثِيرَةٍ .

to ferment s.th., to raise (dough) II خَمَّرَ يُخَمِّرُ تَخْمِيرٌ

إِنَّه يُخَمِّرُ الْعِنَبَ لِيَصْنَعَ مِنْهُ مَادَّةً مُسْكِرَةً .

إِنَّها تُخَمِّرُ الْعَجِينَ ، لِيَنْضَجَ جَيِّدًا عِنْدَ الْخَبْزِ .

to occur to the mind III خَامَرَ يُخَامِرُ مُخَامَرَةٌ

لا يُخَامِرُنِي أَدْنَى شَكٍّ فِي أَنَّ هَذا الرَّجُلَ هُوَ الْقَاتِلُ .

to ferment V تَخَمَّرَ يَتَخَمَّرُ تَخَمُّرٌ

تَخَمَّرَ الْعِنَبُ وَلَمْ يَعُدْ صَالِحًا لِلْأَكْلِ .

to ripen, be fermented VIII اِخْتَمَرَ يَخْتَمِرُ اِخْتِمَارٌ

اِخْتَمَرَتِ الْفِكْرَةُ فِي ذِهْنِي أَوَّلاً . ثُمَّ أَقْدَمْتُ عَلَى تَنْفِيذِهَا .

خ م ش

to scratch I خَمَشَ يَخْمِشُ خَمْشٌ

بَعْدَ أَنْ تَلاعَبَ الطِّفلُ وَالْقِطُّ ، هاجَمَهُ القِطُّ وَخَمَشَهُ بِأَظافِرِهِ في وَجْهِهِ .

خ م ل

to be inactive I خَمَلَ يَخْمُلُ خُمُولٌ

أَنَا لاَ أُحِبُّ الْكَسَلَ وَلاَ الْخُمُولَ .

خ م ن

to guess II خَمَّنَ يُخَمِّنُ تَخْمِينٌ

حاوَلَ أَنْ يُخَمِّنَ الْإِجابَةَ الصَّوَابَ ، وَلَكِنْ لَمْ يُحالِفْهُ الْحَظُّ .

خ ن ع

to yield I خَنَعَ يَخْنَعُ خُنُوعٌ

مَنْ يَتَعَوَّدِ الْخُنُوعَ ، لَنْ يَرْفَعَ رَأْسَهُ أَبَدًا .

خ ن ق

to choke I خَنَقَ يَخْنُقُ خَنْقٌ

أَخْشَى أَنْ يَخْنُقَ الطِّفْلُ قِطَّتَهُ الصَّغِيرَةَ .

to suffocate VIII اِخْتَنَقَ يَخْتَنِقُ اِخْتِنَاقٌ

كَانَ الدُّخَانُ كَثِيفًا ، فَاخْتَنَقَ كُلُّ مَنْ كَانَ بِالْمَقْهَى .

خ و ض

to take up I خَاضَ يَخُوضُ خَوْضٌ

إِنَّهُ عَالِمٌ وَمُثَقَّفٌ وَمُطَّلِعٌ ، يَسْتَطِيعُ أَنْ يَخُوضَ فِي أَيِّ حَدِيثٍ .

خـ و ف

to fear, be afraid (of)	I	خَافَ يَخَافُ خَوْفٌ

كَانَ الْعَرَبُ قَبْلَ الْإِسْلَامِ يَخَافُونَ الْبَحْرَ .

to frighten	II	خَوَّفَ يُخَوِّفُ تَخْوِيفٌ

لا تُخَوِّفْ طِفْلَكَ الصَّغِيرَ بِحِكَايَاتِ الْجِنِّ وَالْأَشْبَاحِ .

to frighten	IV	أَخَافَ يُخِيفُ إِخَافَةٌ

عِنْدَما سَمِع بِانْتِشارِ الْوَباءِ ، أَخافَهُ الْخَبَرُ كَثيرًا فَانْزَعَجَ .

to be afraid (of)	V	تَخَوَّفَ يَتَخَوَّفُ تَخَوُّفٌ

وَجَدْتُهُ يَتَخَوَّفُ مِنْ حِكَايَاتِ الْجِنِّ وَالْأَشْبَاحِ ، فَطَمْأَنْتُهُ .

خـ و ل

to grant	II	خَوَّلَ يُخَوِّلُ تَخْوِيلٌ

طَلَبْتُ مِنْهُ أَنْ يُخَوِّلَنِي الْمَسْئُولِيَّةَ ، وَمِنَ الْآنَ فَأَنَا الْمَسْئُولُ .

خـ و ن

to be disloyal, betray	I	خَانَ يَخُونُ خِيَانَةٌ

خِيَانَةُ الْوَطَنِ جَرِيمَةٌ لا تُغْتَفَرُ .

to distrust s.o.	II	خَوَّنَ يُخَوِّنُ تَخْوِينٌ

أَنَا لاَ أُخَوِّنُهُ ، وَلَكِنِّي أَحْرِصُ مِنْهُ كُلَّ الْحِرْصِ .

to mistrust	X	اِسْتَخْوَنَ يَسْتَخْوِنُ اِسْتِخْوَانٌ

إِنَّهُ لا يَسْتَخْوِنُنِي ، وَلَكِنَّهُ حَرِيصٌ أَكْثَرَ مِنَ اللَّازِمِ .

خـ و ي

to be empty	I	خَوَى يَخْوِي خَوَاءٌ

خَوَى الْمَكانُ أَيْ أَصْبَحَ خالِيًا لا أَنيسَ فيهِ وَلا جَليسَ .

to accompany (a demon)	III	خَاوَى يُخَاوِي مَخَاوَاةٌ

يُقال : هَذا الرَّجُل يخَاوِي ، مَعْناهُ أَنَّ لَهُ عَلاَقَةً بِالْجِنِّ .

خ ي ب

to fail	I	خَابَ يَخِيبُ خَيْبَةٌ

كَانَ يُفَكِّرُ فِي طَرْدِهَا مِنَ الْبَيْتِ ، وَلَكِنْ خَابَ ظَنُّهُ .

to disappoint	II	خَيَّبَ يُخَيِّبُ تَخْيِيبٌ

لَقَدْ خَيَّبَتْ ظَنَّهُ بِإِظْهَارِ عَقْدِ الْإِيجَارِ الْجَدِيدِ .

خ ي ر

to choose	I	خَارَ يَخِيرُ خَيَارٌ

فَكِّرْ جَيِّدًا : إِمَّا السَّفَرُ أَوْ الزَّواجُ ، وَاللهُ يَخيرُ لَكَ .

to choose between	II	خَيَّرَ يُخَيِّرُ تَخْيِيرٌ

خَيَّرْتُ ابْنَتِي بَيْنَ أَنْ تَذْهَبَ لِلنَّادِي أَوْ تَكْتَفِي بِمُشَاهَدَةِ التِّلِيفِزْيُونِ .

to select, choose	V	تَخَيَّرَ يَتَخَيَّرُ تَخَيُّرٌ

تَخَيَّرَ الْأُسْتَاذُ أَحْسَنَ طَالِبَيْنِ وَمَنَحَ كُلاًّ مِنْهُمَا جَائِزَةً .

to choose	VIII	اِخْتَارَ يَخْتَارُ اِخْتِيَارٌ

لَقَدِ اخْتَارَ الْهِجْرَةَ إِلَى أَمْرِيكَا سَعْيًا لِكَسْبٍ أَكْبَرَ .

to ask God's guidance	X	اِسْتَخَارَ يَسْتَخِيرُ اِسْتِخَارَةٌ

كُنْتُ مُتَرَدِّدًا ، فَاسْتَخَرْتُ اللهَ وَقَرَّرْتُ السَّفَرَ .

خ ي ط

to sew	I	خَاطَ يَخِيطُ خَيْطٌ / خِيَاطَةٌ

أَعْطَيْتُهُ ثَلاثَةَ أَمْتَارٍ لِيَخِيطَهَا لِي فُسْتَانًا .

خ ي ل

to imagine	I	خَالَ يَخِيلُ خَيْلٌ / خيال

عِنْدَما شاهَدْتُ اللَّوْحَةَ ، اِحْتَرْتُ كَثيرًا وَقُلْتُ : هَلْ هَذِهِ حَقيقَةٌ أَمْ خَيالٌ ؟

to give the impression of	II	خَيَّلَ يُخَيِّلُ تَخْيِيلٌ

بَيْنَ الْخَيالِ وَالتَّخْييلِ فُروقٌ ، وَلَكِنْ كِلاهُما طَريقٌ لِإبْداعِ صُوَرٍ شِعْرِيَّةٍ .

تَخَيَّلَ يَتَخَيَّلُ تَخَيُّلٌ V to imagine

ظَلَّتْ تَتَخَيَّلُ وَتَتَخَيَّلُ ، حَتَى أَصْبَحَ التَّخَيُّل " لازِمَةً " لَها .

تَخَايَلَ يَتَخَايَلُ تَخَايُلٌ VI to strut

أَحَسَّ بِالْحِصَانِ يتَخايَلُ وَيَزْهو بِنَفْسِهِ قَبْلَ بَدْءِ السِّباقِ .

اِخْتَالَ يَخْتَالُ اِخْتِيَالٌ VIII to strut

دَخَلَ عَلَيْهِم الْقاعَةَ وَقَد اخْتالَ بِمَلابِسِهِ أَوْ زِيِّهِ الْعَسْكَرِيِّ .

خ ي م

خَيَّمَ يُخَيِّمُ تَخْيِيمٌ II to reign

خَيَّمَ الْحُزْنُ عَلَى الْمَدِينَةِ بِسَمَاعِ الْأَخْبَارِ السَّيِّئَةِ .

تَخَيَّمَ يَتَخَيَّمُ تَخَيُّمٌ V to camp

بالرَّغْمِ مِنَ الْبَرْدِ الْقارِس لَيْلاً ، فَقَدْ كانَ التَّخَيُّمْ فى الصَّحراءِ مُمْتِعاً لِلْغَايَةِ .

د

د أ ب

دَأَبَ يَدْأَبُ دَأْبٌ	I	to persist

لَقَدْ دَأَبَ عَلَى السَّيْرِ صَباحًا ، هَذِهِ هِوَايَتُهُ .

د بـ ب

دَبَّ يَدِبُّ دَبٌّ	I	to move creep (slowly)

رَغْمَ ظُلْمَةِ الْمَكَانِ ، لَمْ يَدِبَّ الْخَوْفُ إِلَى نَفْسِي .

دَبَّبَ يُدَبِّبُ تَدْبِيبٌ	II	to point s.th.

يُشْبِهُ الْمِسْمارُ الْمُدَبَّبُ شَكْلَ الْقَلَمِ الرَّصاصِ وَهُوَ مَبْرِيٌّ .

د بـ ج

دَبَّجَ يُدَبِّجُ تَدْبِيجٌ	II	to write down

دَبَّجْتُ مَقَالَةً طَوِيلَةً لِجَرِيدَةِ الشَّرْقِ الْأَوْسَطِ ، رُبَّمَا يَنْشُرُونَهَا .

د بـ د ب

دَبْدَبَ يُدَبْدِبُ دَبْدَبَةٌ	Q	to tap

في رَقْصَةِ " الدَّبْكَةِ " ، نَجِدُ الرَّاقِصينَ يُدَبْدِبونَ بِأَرْجُلِهِمْ في حَرَكاتٍ مُنْتَظِمَةٍ .

د بـ ر

دَبَّرَ يُدَبِّرُ تَدْبِيرٌ	II	to plan, manage

لَوْ لَمْ يُدَبِّرْ حِيلَةً ، لَمَا تَغَلَّبَ عَلَى خَصْمِهِ .

أَدْبَرَ يُدْبِرُ إِدْبَارٌ	IV	to turn one’s back on, flee

أَدْبَرَ الْجَيْشُ أَيْ تَراجَعَ وَفَرَّ مِنْ مَيْدانِ الْمَعْرَكَةِ .

تَدَبَّرَ يَتَدَبَّرُ تَدَبُّرٌ	V	to consider

عَلَى الْإِنْسَانِ أَنْ يُفَكِّرَ طَوِيلاً أَوْ يَتَدَبَّرَ أَمْرَهُ قَبْلَ اتِّخَاذِ الْقَرَارِ .

د ب ك

دَبَكَ يَدْبُكُ دَبْكٌ I to dance the dabka

يَدْبُكُ الرَّاقِصونَ في رَقْصَةِ الدَّبْكَةِ بِأَرجُلِهِم في حَرَكَاتٍ سَريعَةٍ جِدًا .

د ث ر

دَثَّرَ يُدَثِّرُ تَدْثِيرٌ II to cover

بَعْدَ أَنْ اسْتُشْهِدَ زَميلُهمْ في الْمَعْرَكَةِ ، دَثَّروهُ بِعَلَمِ بِلادِهِ .

تَدَثَّرَ يَتَدَثَّرُ تَدَثُّرٌ V to wrap o.s.

في الْقُرآنِ الْكَريم " يَا أَيُّها الْمُدَّثِّر " أَيْ الْمُتَدَثِّر وَهوَ الَّذي يُغَطِّي نَفْسَه بِغِطاءٍ ثَقيلٍ ، [هُوَ هُنا النَّبي مُحَّمد ص] .

اِنْدَثَرَ يَنْدَثِرُ اِنْدِثَارٌ VII to become extinct

اِنْدَثَرَ الْعَدِيدُ مِنْ حَضَارَاتِ الشُّعُوبِ الْقَدِيمَةِ .

د ج ج

دَجَّجَ يُدَجِّجُ تَدْجِيجٌ II to arm (heavily)

رَأَيْتُ بَعْضَ الْجُنُودِ وَهُم مُدَجَّجونَ أَيْ مُزَوَّدونَ بِالْأَسِلحَةِ .

د ج ل

دَجَلَ يَدْجُلُ دَجَلٌ I to be a swindler

الدَّجَلُ هُوَ اِدِّعاءُ مَعْرِفَةِ الْغَيبِ دونَ دَليلٍ . إنَّهُ خِداعٌ للنَّاسِ .

د ح ر

دَحَرَ يَدْحَرُ دَحْرٌ I to drive away

دَحَرَتِ الْكَتيبَةُ الثَّالِثَةُ في الْجَيْشِ فُلولَ الأَعْداءِ عَنْ آخِرِهِمْ .

اِنْدَحَرَ يَنْدَحِرُ اِنْدِحارٌ VII to be driven away

اِنْدِحارُ جَيْشٍ ما ، مَعْناهُ هَزيمَتُهُ النَّكْراءُ التي فِيها نِهَايَتُهُ .

د ح ر ج

دَحْرَجَ يُدَحْرِجُ دَحْرَجَةٌ Q to roll s.th. along

دَحْرَجَ الْوَلَدُ الْكُرَةَ عَلَى الْأَرْضِ .

تَدَحْرَجَ يَتَدَحْرَجُ تَدَحْرُجٌ Q1 to roll along
تَدَحْرَجَتِ الْكُرَةُ عَلَى الأَرْضِ قَلِيلاً ثُمَّ تَوَقَّفَتْ .

د ح ض

دَحَضَ يَدْحَضُ دَحْضٌ I to refute
حَاوَلَ أَنْ يَهْزِمَنِي بِمَنْطِقِهِ ، وَلَكِنَّنِي دَحَضْتُ حُجَجَهُ كُلَّهَا ، أَيْ " أَدْحَضْتُها " تَمامًا .

د خ ر

اِدَّخَرَ يَدَّخِرُ اِدِّخَارٌ VIII
1. to save لَمْ أَدَّخِرْ إِلاَّ مَبْلَغًا صَغِيرًا مِنْ مُرَتَّبِ الشَّهْرِ الْمَاضِي .
2. to spare (effort, trouble) لَمْ أَدَّخِرْ وُسْعًا فِي مُسَاعَدَةِ أَصْدِقَائِي .

د خ ل

دَخَلَ يَدْخُلُ دُخُولٌ I to enter
قَرَأْتُ لاَفِتَةً تَقُولُ : " اَلدُّخُولُ مَمْنُوعٌ " فَتَوَقَّفْتُ أَمَامَ الْمَكْتَبِ .

دَاخَلَ يُدَاخِلُ مُدَاخَلَةٌ III to occur (doubt)
لَمْ يُدَاخِلْهُ شَكٌّ فِي أَنَّ صَدِيقَهُ بَرِيْءٌ .

أَدْخَلَ يُدْخِلُ إِدْخَالٌ IV
1. to insert, let in أَدْخَلَ الطِّفْلُ إِصْبَعَهُ في حَلْقِهِ وَلَمْ يَعْرِفْ كَيْفَ يُخْرِجُهُ .
2. to introduce أَدْخَلَتِ الشَّرِكَةُ بَعْضَ التَّصْمِيمَاتِ الْجَدِيدَةِ عَلَى السَّيَّارَةِ .

تَدَخَّلَ يَتَدَخَّلُ تَدَخُّلٌ V to interfere, intervene
حَاوَلَ أَنْ يَتَدَخَّلَ لِفَضِّ النِّزَاعِ ، وَلَكِنَّهُمْ مَنَعُوهُ .

تَدَاخَلَ يَتَدَاخَلُ تَدَاخُلٌ VI to intervene, interfere
أَحْيَانًا تَتَدَاخَلُ الأُمُورُ الاجْتِمَاعِيَّةُ بِالسِّيَاسِيَّةِ .

د خ ن

دَخَّنَ يُدَخِّنُ تَدْخِينٌ II to smoke (cigarette)
أَتَمَنَّى أَنْ يَصْدُرَ قانونٌ بِمَنْعِ تَدْخِينِ السَّجائِرِ بِالذَّاتِ في الْكُرَةِ الأَرْضِيَّةِ بِأَسْرِها .

to be smoked V تَدَخَّنَ يَتَدَخَّنُ تَدَخُّنٌ

نَسينا اللَّحْمَ في الشَّوَّايَةِ ، فَتَدَخَّنَ وَلَمْ يَعُدْ صَالِحًا لِلأَكْلِ .

د ر أ

to ward off I دَرَأَ يَدْرَأُ دَرْءٌ

لَقَدْ دَرَأَ عَنْهُم الْخَطَرَ مِنْ خِلالِ جَلْسَةِ الصُّلْحِ .

to contend (with) VI تَدارَأَ يَتَدارَأُ تَدارُؤٌ

لَقَدْ حاوَلوا تَدارُؤَ الْخَطَرِ فيما بَيْنَهُمْ ، وَلكِنْ مُشْكِلاتٌ جَديدَةٌ طَرَأَتْ .

د ر ب

to train II دَرَّبَ يُدَرِّبُ تَدْريبٌ

دَرَّبَ الْبَطَلُ عَدَدًا مِنَ الشُّبَّانِ عَلَى الْمُلاكَمَةِ .

to be or become trained V تَدَرَّبَ يَتَدَرَّبُ تَدَرُّبٌ

تَدَرَّبَ عَدَدٌ مِنَ الشُّبَّانِ عَلَى الْمُلاكَمَةِ .

د ر ج

to be brought up to I دَرَجَ يَدْرُجُ دَرْجٌ

أَحْمَدُ اللهَ ، فَلَقَدْ دَرَجْتُ عَلَى حُبِّ الْخَيْرِ لِلآخَرِينَ .

to advance gradually II دَرَّجَ يُدَرِّجُ تَدْرِيجٌ

يَزْدادُ الْحُبُّ بَيْنَهُما بِالتَّدْريجِ .

to include IV أَدْرَجَ يُدْرِجُ إِدْرَاجٌ

أَدْرَجَ الْقَاضِي قَضِيَّةَ الاخْتِطَافِ ضِمْنَ قَضَايَا الأَمْسِ .

to advance gradually V تَدَرَّجَ يَتَدَرَّجُ تَدَرُّجٌ

لَقَدْ تَدَرَّجَ أَخِي فِي الْوَظَائِفِ حَتَّى وَصَلَ إِلَى مُدِيرٍ عَامٍّ .

to be included VII اِنْدَرَجَ يَنْدَرِجُ اِنْدِرَاجٌ

يَنْدَرِجُ فِي هَذَا الْقَامُوسِ مُعْظَمُ الأَفْعَالِ الْمُهِمَّةِ .

to lead gradually X اِسْتَدْرَجَ يَسْتَدْرِجُ اِسْتِدْرَاجٌ

اِسْتَدْرَجَ اللِّصُّ الطِّفْلَةَ إِلَى مِنْطَقَةٍ خَلاَءٍ وَسَرَقَ قُرْطَهَا .

د ر د ش

دَرْدَشَ يُدَرْدِشُ دَرْدَشَةٌ Q to chat

" يا لّلا نْدَرْدِشْ بِالْعَرَبي " عُنْوانُ كِتابٍ لِتَعْليمِ الْعامِّيَّةِ الْمِصْرِية بِالْجامعةِ الأمريكيَّةِ بِالْقاهرةِ .

د ر س

دَرَسَ يَدْرُسُ دَرْسٌ / دِرَاسَةٌ I to study

دَرَسْنَا الْقَانُونَ حِينَ كُنَّا طُلاَّبًا فِي كُلِّيَّةِ الْحُقُوقِ .

دَرَّسَ يُدَرِّسُ تَدْرِيسٌ II to instruct

دَرَّسْتُ أَجْيَالاً وَأَجْيَالاً مِنْ جِنْسِيَّاتٍ مُخْتَلِفَةٍ .

دَارَسَ يُدَارِسُ مُدَارَسَةٌ III to study together

مُدارَسَةُ الْمَشْروعِ أَمْرٌ مُهِمٌّ قَبْلَ الْبَدْءِ بِالتَّنْفيذِ .

مُدَارَسَةُ الْأَسْبَابِ بِوُضُوحٍ ، تَجْعَلُ لِقَرَارِنَا أَهَمِّيَّةً .

تَدَارَسَ يَتَدَارَسُ تَدَارُسٌ VI to study together

مَازِلْنَا نَتَدَارَسُ الْوَضْعَ الْقَائِمَ .

اِنْدَرَسَ يَنْدَرِسُ اِنْدِرَاسٌ VII to go to ruin

بَنَى الْأَقْدَمُونَ الْعَدِيدَ مِنَ الْآثَارِ ، وَلَكِنَّ مُعْظَمَهَا قَدِ انْدَرَسَ .

د ر ع

تَدَرَّعَ يَتَدَرَّعُ تَدَرُّعٌ V to arm o.s.

بَعْدَ أَنْ تَدَرَّعوا بِأَسْلِحَتِهِم الْفَتَّاكَةِ ، تَسلَّلوا لَيْلاً لِمُهاجَمةِ الْأَعْداءِ .

د ر ك

أَدْرَكَ يُدْرِكُ إِدْرَاكٌ IV to realize

أَدْرَكْنا أَخِيرًا أَنَّ تَأْلِيفَ الْقَوَامِيسِ لَيْسَ بِالْعَمَلِ السَّهْلِ .

تَدَارَكَ يَتَدَارَكُ تَدَارُكٌ VI to correct

لَقَدْ أَخْطَأْتُ فِي حَقِّهِ ، وَلَكِنِّي تَدَارَكْتُ الْأَمْرَ ، وَاعْتَذَرْتُ لَهُ .

اِسْتَدْرَكَ يَسْتَدْرِكُ اِسْتِدْرَاكٌ X to supplement

سَوْفَ نَضَعُ اسْتِدْرَاكًا فِي الْكِتَابِ ، نَذْكُرُ فِيهِ الْخَطَأَ وَالصَّوَابَ .

د ر ي

to know | I | دَرَى يَدْرِي دِرَايَةٌ

تَنْقَسِمُ الْعُلومُ الْإِسْلامِيَّةُ إِلَى عُلومِ دِرايةٍ أَيْ مَعْرِفةٍ ، وَعُلومِ تَحْقيقٍ وَتَطْبيقٍ .

to dissemble | III | دَارَى يُدَارِي مُدَارَاةٌ

اَلْمُدَاراةُ هِيَ أَنْ تَكونَ غَاضِبًا مِنْ أَحَدٍ ، وَفي نَفْسِ الْوَقْتِ ، تُعامِلَهُ بِلُطْفٍ .

to let know, inform | IV | أَدْرَى يُدْرِي إِدْرَاءٌ

مَنْ أَدْراكَ أنهم يَسْتَعِدُّونَ لِلْحَرْبِ ؟

to hide o.s. | VI | تَدَارَى يَتَدَارَى تَدَارٍ

بَعْدَ فَضيحَتِهِ الْأَخيرَةِ ، قَرَّرَ أَنْ يَتَدارى وَيَخْتَفيَ عَنِ النَّاسِ .

د س س

to plot (against) | I | دَسَّ يَدُسُّ دَسٌّ

إِنَّهُ رَجُلٌ مَاكِرٌ ، لَقَدْ دَسَّ لِصَدِيقِي عِنْدَ مُدِيرِهِ ، فَأَقَالَهُ الْمُدِيرُ .

to slip in (among) | VII | اِنْدَسَّ يَنْدَسُّ اِنْدِسَاسٌ

أَكْرَهُ أَنْ يَنْدَسَّ فِي صُفُوفِنَا حَمْقَى أَوْ أَغْبِيَاءُ .

د ش ن

to inagurate | II | دَشَّنَ يُدَشِّنُ تَدْشِينٌ

قامَتْ الْحُكومَةُ بِتَدْشينِ فُرْقاطَةٍ حَرْبِيَّةٍ في مِياهِ الْخَليجِ .

د ع ب

to joke | I | دَعَبَ يَدْعَبُ دُعَابَةٌ

الدُّعابَةُ وَسيلَةٌ لِتَخْفِيفِ الرُّوتينِ وَالْجِدِّيَّةِ وَالْمَلَلِ .

to caress | III | دَاعَبَ يُدَاعِبُ مُدَاعَبَةٌ

دَاعَبَ النَّوْمُ جُفُونَهَا فَنَامَتْ فِي ثَوَانٍ .

to make fun (of) | VI | تَدَاعَبَ يَتَدَاعَبُ تَدَاعُبٌ

أَنَا لاَ أُحِبُّ فيهِ أَنْ يَتَدَاعَبَ مَعِي بِهذَا الشَّكْلِ .

د ع س

to tread underfoot	I	دَعَسَ يَدْعَسُ دَعْسٌ

دَعَسَ بِحِذائِهِ عَلَى رِجْلِ الصَّبِيِّ دونَ قَصْدٍ .

د ع م

to support	I	دَعَمَ يَدْعَمُ دَعْمٌ

كَانَ مَوْقِفُهُ مَهْزُوزًا ، وَلَكِنَّ الْمُدِيرَ دَعَمَهُ .

to support	II	دَعَّمَ يُدَعِّمُ تَدْعِيمٌ

إِنَّهُ دَائِمًا يُدَعِّمُنِي وَيُعَضِّدُ آرَائِي .

to be supported	V	تَدَعَّمَ يَتَدَعَّمُ تَدَعُّمٌ

لَقَدْ تَدَعَّمَ مَوْقِفِي بَعْدَ الْبَحْثِ الْمُمْتَازِ الَّذِي قُمْتُ بِهِ .

د ع و

I دَعَا يَدْعُو دَعْوَةٌ / دُعَاءٌ

1. to pray to, to invoke — لَقَدْ دَعَوْتُ اللهَ أَنْ يَقْبَلَ الْمُدِيرُ طَلَبِي .
2. to invite — دَعَت صَدِيقَتَها إِلَى حَفلِ عِيدِ مِيلادِ ابْنَتِها ، فاعْتَذَرَتْ .
3. to call for — دَعَا رَئِيسُ الْوُزَرَاءِ إِلَى اِجْتِمَاعٍ عاجِلٍ .

د ع ي

to tumble down, collapse	VI	تَدَاعَى يَتَدَاعَى تَدَاعٍ

هَذَا الْبَيْتُ قَدِيمٌ جِدًّا ، أَخْشَى أَنْ يَتَدَاعَى فَيَسْقُطَ فِي أَيِّ وَقْتٍ .

to claim	VIII	ادَّعَى يَدَّعِي اِدِّعَاءٌ

إِنَّنِي أَكْرَهُ الْادِّعاءاتِ الْكَاذِبَةَ مَهْما كانَ قائِلوها .

to summon	X	اِسْتَدْعَى يَسْتَدْعِي اِسْتِدْعَاءٌ

اِسْتَدْعَى الْقَاضِي عَدَدًا مِنَ الشُّهُودِ ، كُلُّهُمْ شَهِدُوا ضِدَّهَا .

د ف ع

I دَفَعَ يَدْفَعُ دَفْعٌ

1. to pay — دَفَعْتُ لِلسَّائِقِ مَبْلَغًا كَبِيرًا ، وَلَكِنَّهُ لَمْ يَكُنْ سَعِيدًا .

2. to push

أَمَرَ الشُّرْطِي زُمَلاءَهُ بَأَنْ يَدْفَعُوا السَّيَّارَةَ الْمُهَشَّمَةَ مِنْ الْحَادِثِ إِلَى جَانِبِ الطَّرِيقِ .

to defend	III	دِفَاعٌ / مُدَافَعَةٌ	يُدَافِعُ	دَافَعَ

لَقَدْ دَافَعْتُ عَنْهُ دِفَاعًا حَارًّا ، وَلَكِنَّ الْقَاضِي أَدَانَهُ .

to push one another	VI	تَدَافُعٌ	يَتَدَافَعُ	تَدَافَعَ

تَدافَعَ النَّاسُ عَلَى دَفعِ فَواتيرِ التِّليفُون لأَنَّ الْيَوْمَ آخِرُ مَوْعِدٍ لِلسَّدادِ دونَ غَرامَةٍ .

to rush off	VII	اِنْدِفَاعٌ	يَنْدَفِعُ	اِنْدَفَعَ

حينَ اِسْتَغاثَ وَهُوَ بِالْبَحْرِ ، اِنْدَفَعَ صَديقي بِملابِسِهِ وَأَنْقَذَهُ مِنَ الْغَرقِ .

د ف ق

to flow	I	دَفْقٌ	يَدْفُقُ	دَفَقَ

أَحْسَسْتُ بِالدَّمِ يَدْفُقُ فِي وَجْهِهِ مِنْ شِدَّةِ الْغَضَبِ .

to pour, gush forth	V	تَدَفُّقٌ	يَتَدَفَّقُ	تَدَفَّقَ

تَدَفَّقَ النَّهْرُ فَمَلأَ الْمِنْطَقَةَ خَيْرًا وَنَمَاءً وَخُضْرَةً .

د ف ن

to bury	I	دَفْنٌ	يَدْفِنُ	دَفَنَ

بَعْدَ أَنْ غَسَّلوهُ وَجَهَّزوهُ ، دَفَنوهُ في مَقْبَرَةِ أَعْمامِهِ – رَحِمَهُ الله .

د ق ق

to ring	I	دَقٌّ	يَدُقُّ	دَقَّ

دَقَّ جَرَسُ الْبَابِ فَفَتَحْتُ ، وَلَكِنِّي لَمْ أَجِدْ أَحَدًا .

to scrutinize	II	تَدْقِيقٌ	يُدَقِّقُ	دَقَّقَ

دَقَّقَ النَّظَرَ فِي الْمَسْأَلَةِ ، وَلَكِنَّهُ لَمْ يَهْتَدِ إِلَى حَلٍّ .

to be broken	VII	——	يَنْدَقُّ	اِنْدَقَّ

سَقَطَ مِنَ الدَّوْرِ الثَّانِي فِي الْعِمَارَةِ فَانْدَقَّتْ عُنُقُهُ وَمَاتَ .

to become fine	X	——	يَسْتَدِقُّ	اِسْتَدَقَّ

يَقُولُونَ عَنِ الْبِنْتِ الْجَمِيلَةِ ، لَقَدْ كَبُرَتْ وَاسْتَدَقَّ عُودُهَا .

د كـ ك

دَكَّ يَدُكُّ دَكٌّ I to raze

دَكَّ الْقَائِدُ الْمَدِينَةَ بِوَابِلٍ مِنَ النِّيرَانِ .

دَكَّكَ يُدَكِّكُ تَدْكِيكٌ II to thread

بَعْدَ أَنْ وَضَعَ الْفَلاَّحُ الْقَمْحَ في جِوالٍ كَبيرٍ ، دَكَّكَهُ بِحَبْلٍ مَتينٍ وَرَبَطَهُ .

اِنْدَكَّ يَنْدَكُّ —— VII to be razed

اِنْدَكَّتِ الْمَدِينَةُ بِوَابِلٍ مِنَ النِّيرَانِ .

د لـ ل

دَلَّ يَدُلُّ دَلٌّ / دَلاَلَةٌ I to indicate, show

إِجَاباتُه فِي الاْمْتِحَانِ تَدُلُّ عَلى إِلْمَامِه بِالْمَوْضُوعِ وحُسْنِ تَنْظِيمِ أَفْكَارِهِ .

دَلَّلَ يُدَلِّلُ تَدْلِيلٌ II to give evidence

حَاوَلْتُ التَّدْلِيلَ عَلَى بَرَاءَتِهِ ، وَلَكِنْ لاَ أَحَدَ يُصَدِّقُنِي .

تَدَلَّلَ يَتَدَلَّلُ تَدَلُّلٌ V to be coquettish

إِنَّهَا تَتَدَلَّلُ أَمَامَهُ دَائِمًا . رُبَّمَا يَتَزَوَّجُهَا !

اِسْتَدَلَّ يَسْتَدِلُّ اِسْتِدْلاَلٌ X to infer

نَحْنُ نَسْتَدِلُّ عَلَى النَّهارِ بِوُجُودِ الشَّمْسِ .

د لـ د ل

دَلْدَلَ يُدَلْدِلُ دَلْدَلَةٌ Q to dangle

رَبَطَ حَقيبَةَ الْمَدْرَسةِ بِحَبْلٍ ، ثُمَّ دَلْدَلَها لِزَميلِهِ ، فَسَقَطَتِ الْحَقيبَةُ وَأَصابَتْ زَميلَهُ بِجُروحٍ .

تَدَلْدَلَ يَتَدَلْدَلُ تَدَلْدُلٌ Q1 to be dangled

تَدَلْدَلَ الْحَبْلُ رَغْمًا عَن الطِّفْلِ ، لأَنَّ الْحَقيبَةَ كانَتْ ثَقيلَةً .

د لـ و

دَلَّى يُدَلِّي تَدْلِيَةٌ II to let hang

زَرَعَ شَجَرَةَ لِبْلابٍ في شُرْفَةِ الدَّوْرِ الثَّاني ثُمَّ دَلَّى بَعْضَ فُروعِها للدَّوْرِ الأَوَّلِ .

أَدْلَى يُدْلِي إِدْلاَءٌ IV to give (a statement, speech, vote)

أَدْلَى الْوَزيرُ بِتَصْريحٍ مُهِمٍ إِلَى أَحَدِ الْمُراسِلينَ الأَجَانِبِ .

تَدَلَّى يَتَدَلَّى تَدَلٍّ V to hang down

تَدَلَّتْ فُروعُ شَجَرَةِ اللِّبْلابِ إِلَى الدَّوْرِ السُّفْلِيِّ حَتَّى وَصَلَت إِلَى الأَرْضِ .

د م ث

دَمَثَ يَدْمُثُ دَمَاثَةٌ I to be gentle

دَماثَةُ الْخُلُقِ تَجْعَلُ النَّاسَ يَلْتَفُّونَ حَوْلَكَ وَيُحِبُّونَكَ .

د م ج

دَمَجَ يَدْمُجُ دَمْجٌ I to merge

دَمَجْتُ فَصْلَيْنِ مِنْ رِسَالَتِي لِلْمَاجِسْتِير فِي فَصْلٍ وَاحِدٍ .

أَدْمَجَ يُدْمِجُ إِدْمَاجٌ IV to merge

حَاوَلْتُ أَنْ أُدْمِجَ ثَلاثَةَ فُصُولٍ فِي اثْنَيْنِ ، فَلَمْ أَسْتَطِعْ .

اِنْدَمَجَ يَنْدَمِجُ اِنْدِمَاجٌ VII to join in, integrate

لَقَدْ أَحَبَّتْهُمْ وَانْدَمَجَتْ مَعَهُمْ وَأَصْبَحَ الْجَمِيعُ أَصْدِقَاءَهَا .

د م د م

دَمْدَمَ يُدَمْدِمُ دَمْدَمَةٌ Q to mutter

حاوَلْتُ تَهْدِئَةَ غَضَبِهِ ، وَلكِنَّهُ ظَلَّ يُدَمْدِمُ وَيُزَمْجِرُ وَكَأَنَّه حَيوانٌ مُفْتَرِسٌ .

د م ر

دَمَّرَ يُدَمِّرُ تَدْمِيرٌ II to destroy

حَاوَلَ أَنْ يُدَمِّرَهَا ، وَلَكِنَّهَا كَانَتْ أَقْوَى مِنْ كُلِّ شَيْءٍ .

تَدَمَّرَ يَتَدَمَّرُ تَدَمُّرٌ V to be destroyed

تَدَمَّرَتْ مُعْظَمُ الْمَباني الْمُجاوِرَةِ لِلسِّفارَةِ بَعْدَ التَّفْجيرِ الإِرْهابِيِّ الأَخير .

د م ع

دَمَعَ يَدْمَعُ دَمْعٌ I to evoke tears

حِينَ سَمِعْتُ بِنَبَأِ وَفَاتِهِ ، دَمَعَتْ عَيْنَايَ .

أَدْمَعَ يُدْمِعُ إِدْمَاعٌ IV to cause to weep

أَدْمَعَنِي مَا سَمِعْتُهُ عَنْ مَآسٍ فِي حَيَاتِهِم .

د م غ

دَمَغَ يَدْمَغُ دَمْغٌ I to stamp

بَعْدَ الزَّوَاجِ ، دَمَغَتْهُ بِطَابَعِهَا فَأَصْبَحَ يَتَصَرَّفُ كَأَنَّهُ هِيَ .

اِنْدَمَغَ يَنْدَمِغُ —— VII to be stamped

اِنْدَمَغَتْ شَخْصِيَّتُهُ بِطَابَعِ زَوْجَتِهِ فَكَأَنَّهُمَا شَخْصٌ وَاحِدٌ .

د م ن

أَدْمَنَ يُدْمِنُ إِدْمَانٌ IV to be addicted

غابَتْ عَنْهُ رِقابَةُ الْأَهْلِ وَرِعايَتُهُمْ لَهُ ، فَأَدْمَنَ الْمُخَدِّراتِ .

د ن أ

دَنَأَ يَدْنُؤُ دُنُوءٌ / دَناءَةٌ I to be despicable

الدَّناءَةُ أَوْ وَضَاعَةُ الْخُلُقِ صِفَةٌ ذَمِيمَةٌ يَكْرَهُها النَّاسُ فِي كُلِّ الْبِلادِ والْأَصْقَاعِ .

د ن س

دَنَّسَ يُدَنِّسُ تَدْنِيسٌ II to desecrate, stain

لَنْ أَتْرُكَهُ يُدَنِّسُ التَّارِيخَ بِمَقَالاَتِهِ السَّيِّئَةِ .

تَدَنَّسَ يَتَدَنَّسُ تَدَنُّسٌ V to be desecrated, stained

لاَ تَجْعَلِ الْكَلْبَ يَحْتَكُّ بِكَ ، فَتُدَنِّسَ ثِيَابَكَ .

د ن و

دَنَا يَدْنُو دُنُوٌّ I to come or go near

في كُتُبِ النَّحْوِ الْعَرَبِيِّ مِثالٌ عَلَى النَّهْيِ يَقولُ : " لاَ تَدْنُ مِنَ الْأَسَدِ يَأْكُلْكَ " .

دَانَى يُدَانِي مُدَانَاةٌ III to measure up

أَعْتَقِدُ أَنَّهُ لَنْ يُدَانِيَهَا فِي الذَّكَاءِ ، فَذَكَاؤُهَا كَبِيرٌ .

أَدْنَى يُدْنِي إِدْنَاءٌ IV to bring close

طَلَبَ الْعَجُوزُ أَنْ أَدْنِيَ لَهُ الْكُرْسِيَّ كَيْ يَجْلِسَ عَلَيْهِ .

تَدَنَّى يَتَدَنَّى تَدَنٍّ V to decline, sink

لَمْ أَكُنْ أُصَدِّقُ أَنَّهُ سَيَتَدَنَّى فِي أَخْلاقِهِ إِلَى هَذَا الْمُسْتَوَى .

to approach	VI	تَدَانَى يَتَدَانَى تَدَانٍ

ظَلَّ الصَّقْرُ يَتَدَانَى حَتَّى قَارَبَ الدَّجَاجَةَ فَاخْتَطَفَهَا وَطَارَ .

د هـ س

to run over	I	دَهَسَ يَدْهَسُ دَهْسٌ

لَمْ يَنْتَبِهْ إِلَى الْإِشَارَةِ الْمُرُورِيَّةِ ، وَحاوَلَ عُبورَ الشَّارِعِ بِسُرْعَةٍ فَدَهَسَتْهُ سَيَّارَةٌ .

د هـ ش

to be astonished	I	دَهِشَ يَدْهَشُ دَهْشَةٌ

اِسْتَوْلَتْ عَلَيَّ الدَّهْشَةُ وَأَنَا أَرَاهُ يَتَحَدَّثُ الْأَلْمَانِيَّةَ .

to astonish	IV	أَدْهَشَ يُدْهِشُ إِدْهَاشٌ

أَدْهَشَنِي أَنَّهُ يَقُودُ السَّيَّارَةَ دُونَ رُخْصَةِ قِيَادَةٍ .

to be astonished	VII	اِنْدَهَشَ يَنْدَهِشُ اِنْدِهَاشٌ

اِنْدَهَشْتُ كَثِيرًا حِينَ سَمِعْتُ بِنَبَأِ طَلَاقِهِمَا .

د هـ م

to take by surprise	I	دَهَمَ يَدْهَمُ دَهْمٌ

دَهَمَتْهُ سَيَّارَةٌ مُسْرِعَةٌ ، فَكَسَرَتْ سَاقَهُ .

to catch unawares	III	دَاهَمَ يُدَاهِمُ مُدَاهَمَةٌ

دَاهَمَهُ الْبُولِيسُ وَهْوَ فِي الْمَطَارِ ، فَلَمْ يُسَافِرْ .

د هـ ن

to paint	I	دَهَنَ يَدْهِنُ دَهْنٌ / دِهَانٌ

دَهَنَ الْعُمَّالُ بَيْتِي بِاللَّوْنِ الْأَبْيَضِ .

to flatter	III	دَاهَنَ يُدَاهِنُ مُدَاهَنَةٌ

أَنَا لا أُحِبُّ مَنْ يُدَاهِنُ أَوْ يُنَافِقُ فَكِلاهُمَا حَقِيرٌ .

د هـ و ر

to deteriorate	Q1	تَدَهْوَرَ يَتَدَهْوَرُ تَدَهْوُرٌ

تَدَهْوَرَتْ أَحْوالُ النَّاسِ بَعْدَ الْأَزْمَةِ الاقْتِصَادِيَّةِ الْعَالَمِيَّةِ في كُلِّ مَكانٍ .

د هـ ي

دَهِيَ يَدْهَى دَهَاءٌ I to be cunning

اَلدَّهاءُ صِفَةٌ سَيِّئَةٌ بِوَجْهٍ عامٍ ، وَلَكِنْ في الْحُروبِ لَها أَهَمِيَّةٌ كَبِيرةٌ .

د و ر

دَارَ يَدُورُ دَوَرَانٌ I to rotate, go around

يُقَالُ لِمَنْ يَعْمَلُ كَثِيرًا : إِنَّهُ يَدُورُ كَالثَّوْرِ فِي السَّاقِيَةِ .

دَوَّرَ يُدَوِّرُ تَدْوِيرٌ II to search, march

يُقَالُ في الْعَامِيَّةِ " دَوَّر " عَلَى الشَّيْءِ أَيْ بَحَثَ عَنْهُ ، وَ " دوّر " الطَّابورَ أَيْ وَجَّهَهُ .

أَدارَ يُدِيرُ إِدَارَةٌ IV

1. to turn (on) أَدَرْتُ مِفْتَاحَ التِّلِيفِزْيونِ فَوَجَدْتُ مُبَارَاةَ كُرَةِ قَدَمٍ ، فَأَغْلَقْتُهُ .

2. to direct ظَلَّ يُدِيرُ الشَّرِكَةَ لِسَنَوَاتٍ ، ثُمَّ اسْتَقَالَ مِنهَا وسَافَرَ إلَى الْخَارِجِ .

تَدَوَّرَ يَتَدَوَّرُ تَدَوُّرٌ V to become round

تَدَوَّرَتِ الْعَجِينَةُ الصَّغْيرةُ في يَدِ الْخَبَّازِ ، ثُمَّ بَسَطَها لِتُصبحَ فَطيرَةً كَبيرَةً .

اِسْتَدَارَ يَسْتَدِيرُ اِسْتِدَارَةٌ X to turn (around)

اِسْتَدَارَ الزَّمَنُ ، وَقَابَلْتُ أَصْدِقَاءَ طُفُولَتِي فِي اجْتِمَاعٍ .

د و س

دَاسَ يَدُوسُ دَوْسٌ I to step on s.th.

مَضَتْ كَلِمَةُ " دَعَسَ " وَهْيَ قَرِيبَةٌ مِن " داسَ " مَعَ فَرْقٍ يَسيرٍ بَيْنَهُما .

اِنْدَاسَ يَنْدَاسُ اِنْدِيَاسٌ VII to be stepped on

يُقالُ " اِنْداسَ " أَيْ داسَ عَلَيْهِ أَحَدٌ ، أَوْ أَصْبَحَ حَقيرًا مَنْبوذًا أَمامَ النَّاسِ .

د و ل

دَالَ يَدُولُ —— I to change, turn (against)

الزَّمَنُ دائمًا يدولُ عَلَى النَّاسِ وَالْأُمَمِ ، فَيُذِلُّ الْعَزيزَ ، وَيُعِزُّ الذَّليلَ .

دَوَّلَ يُدَوِّلُ تَدْوِيلٌ II to make international

نَجَحَتْ أَمْرِيكا كَثيرًا في تَدْويلِ " الدُّولارِ " في شَتَّى أَقْطَارِ الْعالَمِ .

to discuss, confer III دَاوَلَ يُدَاوِلُ مُدَاوَلَةٌ

جاءَتْ مُداوَلاتُ الْمُسْتَشارينَ حَوْلَ هَذِهِ الْقَضِيَّةِ سَلبِيَّةً لِلْغايَةِ .

to alternate, handle VI تَدَاوَلَ يَتَدَاوَلُ تَدَاوُلٌ

يَتَداوَلُ التُّجّارُ في مِصْرَ إِلَى جانِبِ الْجُنَيْهِ عُمْلاتٍ أَجْنَبِيَّةً مُتَعَدِّدَةً .

د و م

to last, continue I دَامَ يَدُومُ دَوَامٌ

دامَ عَلَى هَذَه الْحالِ مِنْ شِدَّةِ الْمَرضِ أَكْثَرَ مِنْ عامٍ ، ثُمّ تُوُفِّي – رَحِمَهُ اللهُ .

to continue, pursue III دَاوَمَ يُدَاوِمُ مُدَاوَمَةٌ

لَمْ يُداوِمْ في عَمَلِهِ قُرابَةَ تِسْعَةَ أَيَّامٍ ، فَحَرَّروا لَهُ إِنْذارًا بِالْغِيابِ .

to continue, make last X اِسْتَدَامَ يَسْتَدِيمُ اِسْتِدَامَةٌ

يَشيعُ مُصْطَلَحُ التَّنْمِيَةِ الْمُسْتَدامَةِ " أَيْ الدَّائِمةِ وَالْمُسْتَمِرَّةِ " في الأَقْطارِ الْعَرَبِيَّةِ الآنَ .

د و ن

to write down II دَوَّنَ يُدَوِّنُ تَدْوِينٌ

إِنَّنِي أُفَضِّلُ أَنْ أُدَوِّنَ أَجْمَلَ الْعِبَارَاتِ الَّتِي أَسْمَعُهَا .

د و ي

to resound I دَوِيَ يَدْوَى دَوِيٌّ / دَوًى

كانَ دَوِيُّ الْمَدافِعِ في الْغَارَةِ الأَخِيرَةِ أَخْطَرَ مِنْ صَوْتِ الْقَنابِلِ .

to resound II دَوَّى يُدَوِّي ——

دَوَّى صَوْتُ الْمِدْفَعِ ، فَهَرَبَتِ الطّائِرةُ عَلَى الْفَوْرِ .

to treat (a patient) III دَاوَى يُدَاوِي مُدَاوَاةٌ

يُحاوِلُ أَنْ يُداوِيَهُ بِالْعِلاجِ الْمُناسِبِ ، وَلَكِنَّهُ يَرْفُضُ .

to be treated (with medicine) VI تَدَاوَى يَتَدَاوَى تَدَاوٍ

بَعْدَ أَنْ تَداوَى جَيِّدًا ، تَحَسَّنَتْ صِحَّتُه وَرَجَعَ لِمُمارَسَةِ عَمَلِهِ .

د ي ن

to be indebted (to)	I	دَيْنٌ	يَدِينُ	دَانَ

لَقَدْ سَاعَدَهَا كَثِيرًا ؛ لِهَذَا فَهِيَ تَدِينُ لَهُ بِالْوَلاَءِ .

to be a creditor	III	مُدَايَنَةٌ	يُدَاينُ	دَايَنَ

قَرَّرْتُ ألاّ أداينَهُ بَعْدَ الْيَوْمِ ، فَهُوَ لا يَرُدُ لي ايَّ شيئٍ .

to convict	IV	إِدَانَةٌ	يُدِينُ	أَدَانَ

حَاوَلَ أَنْ يَتَخَلَّصَ مِن الْاتِّهَامَاتِ ، وَلَكِنْ كُلُّ الدَّلاَئِلِ كَانَت تُدِينُهُ .

to be religious	V	تَدَيُّنٌ	يَتَدَيَّنُ	تَدَيَّنَ

التَّدَيُّنُ يُسَاعِدُ عَلَى يَقَظَةِ الضَّمِيرِ .

to take up a loan	X	اِسْتِدَانَةٌ	يَسْتَدِينُ	اِسْتَدَانَ

لَمْ يَعُدْ مَعَهُ نُقُودٌ ؛ لِهَذَا فَقَدِ اسْتَدَانَ مِنْ أَخِيهِ بِمَبْلَغٍ كَبِيرٍ .

ذ

ذ ب ح

to slaughter | I | ذَبَح يَذْبَحُ ذَبْحٌ

زَوْجَتِي لاَ تُحِبُّ أَنْ نَذْبَحَ الدَّجاجَ فِي الْبَيْتِ .

to massacre | II | ذَبَّحَ يُذَبِّحُ تَذْبِيحٌ

بَعْدَ أَنْ احْتَلّوا الْمدِينَة ، أَخَذوا يُذَبِّحونَ النِّساءَ وَالْأَطْفالَ . إِنَّها بَرْبَرِيَّةٌ .

ذ ب ذ ب

to vibrate | Q | ذَبْذَبَ يُذَبْذِبُ ذَبْذَبَةٌ

يَقيسونَ مَوْجاتِ الْإِرْسالِ في الرَّاديو بِالذَّبْذَباتِ. لا أَفْهَمُ ماذا يَقْصِدونَ .

to vibrate, vacillate | Q1 | تَذَبْذَبَ يَتَذَبْذَبُ تَذَبْذُبٌ

تَذَبْذَبَ صَوْتُ الرَّادْيو ، فَأَدْرَكْتُ أَنَّ خَلَلاً بَدَأَ في الْجِهازِ .

ذ ب ل

to wither | I | ذَبُلَ يَذْبُلُ ذُبُولٌ

لَقَدْ ذَبُلَتِ الْوَرْدَةُ ، فَهَلْ حَلَّ الشِّتَاءُ ؟

ذ ر ر

to throw (dust in s.o.'s eyes) | I | ذَرَّ يَذُرُّ ذَرٌّ

يَقولونَ : حَدَثَ هَذَا مِنْ قَبِيلِ " ذَرِّ الرَّمادِ في الْعُيونِ " أَيْ بِدايةً لِعِقابٍ أَكْثَرَ .

ذ ر ع

to use as a shield | V | تَذَرَّعَ يَتَذَرَّعُ تَذَرُّعٌ

كَانَتْ مُشْكِلَتُهُ كَبِيرَةً ، وَلَكِنَّهُ تَذَرَّعَ بِالصَّبْرِ .

ذ ر ف

to flow (tears) | I | ذَرَفَ يَذْرِفُ ذَرْفٌ

ظَلَّ يَذْرِفُ الدَّمْعَ لِساعاتٍ ، وَلكِنْ دونَ جَدْوَى فَقَدْ سُرِقَتْ سَيَّارَتُهُ .

ذ ر و

to scatter s.th. I ذَرَا يَذْرُو ذَرْوٌ

ذَرَا قِشْرَ الْأُرْزِ ، لِيُعبِّىءَ الْأُرْزَ النَّظيفَ في الْأَكْياسِ .

to throw down, scatter IV أَذْرَى يُذْرِي إِذْرَاءٌ

أَذْرَى الْقِشْرَ بَعيدًا ، فَأَطارَتْهُ الرِّياحُ في كُلِّ مَكانٍ .

ذ ع ر

to be frightened I ذُعِرَ يُذْعَرُ ذُعْرٌ

لَقَدِ اسْتَوْلَى عَلَيَّ الذُّعْرُ وَأَنَا أُشَاهِدُ هَذَا الْفِيلْمَ الْمُرْعِبَ .

to frighten IV أَذْعَرَ يُذْعِرُ إِذْعَارٌ

اِقْتَرَبَ اللِّصُّ مِنْ بابِ السَّيَّارَةِ فَاشْتَغَلَ الْإِنْذارُ الصَّوْتِيُّ فَأَذْعَرَ اللِّصَّ وَهَرَبَ .

to be alarmed, frightened VII اِنْذَعَرَ يَنْذَعِرُ اِنْذِعارٌ

اِنْذَعَرَ النَّاسُ مِنْ صَوْتِ الْإِنْذارِ الصَّوْتِيِّ وَخاصَّةً في مُنْتَصَفِ اللَّيْلِ .

ذ ع ن

to yield IV أَذْعَنَ يُذْعِنُ إِذْعَانٌ

لَمْ يُوَافِقْ عَلَى رَأْيِنَا فِي الْبِدَايَةِ ، وَلَكِنَّهُ مَا لَبِثَ أَنْ أَذْعَنَ لِلْأَمْرِ .

ذ ك ر

to mention I ذَكَرَ يَذْكُرُ ذِكْرُ

لَقَدْ ذَكَرَ لِيَ اسْمَهَا أَكْثَرَ مِنْ مَرَّةٍ ، وَلَكِنِّي نَسِيتُهُ .

to remind II ذَكَّرَ يُذَكِّرُ تَذْكِيرٌ

حَاوِلْ أَنْ تُذَكِّرَنِي بِاسْمِهَا يَوْمَ الْاِنْتِخَابَاتِ .

to study III ذَاكَرَ يُذَاكِرُ مُذَاكَرَةٌ

ذَاكَرْتُ ثَلاثَةَ دُرُوسٍ وَلَكِنِّي لَمْ أَفْهَمْ كُلَّ مَا فِيهَا .

to remember V تَذَكَّرَ يَتَذَكَّرُ تَذَكُّرٌ

تَذَكَّرْتُ اِسْمَ الشَّاهِدَةِ ولكِنْ بَعْدَ فَواتِ الْأَوانِ .

to study together VI تَذاكَرَ يَتَذاكَرُ تَذاكُرٌ

تَذاكَرْتُ الْمَسْأَلَةَ مَعَ صَدِيقِي ، وَلِلْأَسَفِ لَمْ نَفْهَمْهَا .

اِسْتَذْكَرَ يَسْتَذْكِرُ اِسْتِذْكَارٌ X to study, go over

اِسْتِذْكَارُ الدُّرُوسِ أَوَّلاً بِأَوَّلَ يَجْعَلُكَ تَتَفَوَّقُ فِي الاِمْتِحَانَاتِ .

ذ ك ي

ذَكِيَ يَذْكَى ذَكَاءٌ I to be sharp-witted, intelligent

قَدْ يَخْتَلِفُ النَّاسُ في اكْتِسابِ دَرَجاتِ الذَّكاءِ ، وَلَكِنّ عُقولَهُمْ وَمُخوخَهُم سَواءٌ .

ذَكَّى يُذَكِّي تَذْكِيَةٌ II to make s.th. clear

تَذْكِيَةُ الأَمْرِ أَيْ تَوْضيحُهُ وَوَضْعُ جَوانِبِهِ بِشَكْلٍ مُبَلْوَرٍ .

أَذْكَى يُذْكِي إِذْكَاءٌ IV to make s.th. clear

إِذْكاءُ الْمَوْضوعِ بِإِيضاحاتٍ وَتَفْسيراتٍ تَرْفَعُ مِنْ شَأْنِ الْقَضِيَّةِ .

ذ ل ل

ذَلَّ يَذِلُّ ذُلٌّ / ذِلَّةٌ / مَذَلَّةٌ I to humiliate

كَانَتْ تَشْعُرُ بِالذُّلِّ قَبْلَ حُصُولِهَا عَلَى الْوَظِيفَةِ .

ذَلَّلَ يُذَلِّلُ تَذْلِيلٌ II to overcome

طالَبَ الْمُحافِظُ كافَّةَ أَعْضاءِ الْمجالِسِ الْمَحَلِّيَّةِ بِتَذْليلِ الْعَقَباتِ لِكُلِّ الْمُواطِنينَ .

أَذَلَّ يُذِلُّ إِذْلاَلٌ IV to humiliate s.o.

النّاسُ عادَةً لاَ يُحِبُّونَ عَمَلِيَّاتِ الإِذْلاَلِ .

تَذَلَّلَ يَتَذَلَّلُ تَذَلُّلٌ V to humble o.s.

لَقَدْ تَذَلَّلَ لَهَا كَيْ تُوَافِقَ عَلَى تَزْوِيجِهِ ابْنَتِهَا .

اِسْتَذَلَّ يَسْتَذِلُّ اِسْتِذْلاَلٌ X to humiliate

لِمَاذَا يَسْتَذِلُّهُمْ إِلَى هَذَا الْحَدِّ ؟

ذ م ر

تَذَمَّرَ يَتَذَمَّرُ تَذَمُّرٌ V to grumble, complain

لَمْ يَكُنْ رَاضِيًا عَنْ كُلِّ مَا حَدَثَ ، لَقَدْ أَعْلَنَ تَذَمُّرَهُ .

ذ م م

ذَمَّ يَذُمُّ ذَمٌّ I to defame

اَلذَّمُّ وَالْمَدْحُ أَمْرَانِ مُتَنَاقِضَانِ .

ذ ن ب

أَذْنَبَ يُذْنِبُ إِذْنَابٌ IV to do wrong (to)

قَدْ أَذْنَبَ فِي حَقِّ جِيرَانِهِ ، وَيَجِبُ عَلَيْهِ أَنْ يَعْتَذِرَ لَهُمْ .

ذ هـ ب

ذَهَبَ يَذْهَبُ ذَهَابٌ I to go

سَأَلَنِي عَنْهُ فَقُلْتُ إِنَّهُ ذَهَبَ إِلَى غَيْرِ رَجْعَةٍ .

ذَهَّبَ يُذَهِّبُ تَذْهِيبٌ II to gild

بَعْدَ أَنْ ذَهَّبَ الْعَامِلُ التِّمْثَالَ بِمَاءِ الذَّهَبِ ، بَدَا وَكَأَنَّهُ مَصْنوعٌ مِنَ الذَّهَبِ .

أَذْهَبَ يُذْهِبُ —— IV to take away

دَعَوْتُ لَهُ بِأَنْ يُذْهِبَ اللهُ عَنْهُ الْحُزْنَ وَالأَلَمَ .

ذ هـ ل

ذُهِلَ يُذْهَلُ ذُهُولٌ I to be startled

لَمْ يَكُنْ يَتَوَقَّعُ أَن أَبَاهُ فِي السِّينِما ؛ وَلِذَلِكَ ذُهِلَ عِنْدَمَا رَآهُ .

أَذْهَلَ يُذْهِلُ —— IV to startle

أَذْهَلَتْهُ رُؤْيَةُ أَبِيهِ عَنْ وُجُودِ حَبِيبَتِهِ .

ذ و ب

ذَابَ يَذُوبُ ذَوْبٌ / ذَوَبَانٌ I to dissolve

يَذُوبُ السُّكَّرُ فِي الْمَاءِ أَسْرَعَ قَبْلَ وَضْعِ اللَّيْمُونِ .

ذَوَّبَ يُذَوِّبُ تَذْوِيبٌ II to dissolve

ذَوَّبَ مِلْعَقَتَيْنِ مِنَ السُّكَّرِ فِي نِصْفِ كُوبِ مَاءٍ وَشَرِبَهُ .

أَذَابَ يُذِيبُ إِذَابَةٌ IV to melt

فِي مَصَانِعِ الْحَدِيدِ وَالصُّلْبِ ، يُذِيبُونَ الْحَدِيدَ حَتَّى يُصْبِحَ كَالْمَاءِ .

ذ و د

ذَادَ يَذُودُ ذَوْدٌ I to defend

كُلُّ وَطَنٍ يَذودُ عَنْ حِماهُ ، وَلكِنْ تَخْتَلِفُ وَسائِلُ الذَّوْدِ .

يَذُودُ الشُّرطِيُّ عَنْ مَوْقِعِ حِرَاسَتِهِ مَهْمَا كَلَّفَهُ ذَلِكَ مِنْ جَهْدٍ .

ذ و ق

ذَاقَ يَذُوقُ ذَوْقٌ I to taste

عِنْدَما ذاق الطَّعامَ ، تَرَكَ الْمَائِدَةَ وَذَهَبَ .

أَذَاقَ يُذِيقُ إِذَاقَةٌ IV to make s.o. taste

أَذاقَ طُغْيانُ الْحُكَّامِ شُعوبَهُمْ بِالْخِزْيِ وَالْمَهانَةِ .

تَذَوَّقَ يَتَذَوَّقُ تَذَوُّقٌ V to taste

" اَلتَّذَوُّقُ الْأَدَبِيُّ " لَيْسَ مَعْرِفَةً فَقَطْ بِالْأَدَواتِ ، وَلَكِنَّهُ خِبْرَةٌ وَمُمَارَسَةٌ .

ذ و ي

ذَوَى يَذْوِي ذَيٌّ / ذَوِيٌّ I to wither, fade

بَعْدَ الْجِرَاحَةِ ، ذَوَى شَبَابُهَا وَبَدَتْ كَأَنَّهَا امْرَأَةٌ عَجُوزٌ .

ذ يـ ع

ذَاعَ يُذِيعُ ذُيُوعٌ I to spread

ذَاعَ صيتُه كَثيرًا في بَلَدِهِ فَتَوقَّعَ حُصولَهُ عَلَى الْجائِزَةِ ، وَلكِنَّ ذَلِكَ لَمْ يَحْدُثْ .

أَذَاعَ يُذِيعُ إِذَاعَةٌ IV to broadcast

عِنْدَما أَذاعَ التِّليفزيون نَبَأَ اسْتِقالَةِ الْوَزارَةِ ، فَرِحَ كُلُّ النَّاسِ .

ذ يـ ل

ذَيَّلَ يُذَيِّلُ تَذْيِيلٌ II to attach a supplement

ذَيَّلْتُ طَلَبِي لِلْمُدِيرِ بِإِمْضَائِي . أَرْجُو أَنْ يُوَقِّعَ عَلَيْهِ بِالْقَبُولِ .

ر

ر أ ب

رَأَبَ يَرْأَبُ رَأْبٌ — I — to mend

اَلْخِلافَاتُ بَيْنَ الْبَلَدَيْنِ حَادَّةٌ ، وَفِي حَاجَةٍ إِلَى مَنْ يَرْأَبُ الصَّدْعَ .

ر أ س

رَأَسَ يَرْأَسُ رِيَاسَةٌ / رِئَاسَةٌ — I — to head, preside

رَأَسْتُ جَلْسَتَيْنِ وَلَمْ أَكُنْ سَعِيدًا بِهَذِهِ الرِّئَاسَةِ .

تَرَأَّسَ يَتَرَأَّسُ تَرَؤُّسٌ — V — to head

عِنْدَما يَتَرَأَّسُ الْجَلْسَةَ الدَّوْرِيَّة ، أَتَأَكَّدُ مِنْ أَنَّنا لا نَنْتَهي إِلاَّ بَعْدَ أَرْبَعِ ساعاتٍ .

ر أ ف

رَأَفَ يَرْأَفُ رَأْفَةٌ — I — to be merciful

بَعْدَ أَنْ اطَّلَعَ عَلَى ظُروفِهِ ، رَأَفَ بِهِ وَأَعْطاهُ عُقوبَةً مُخَفَّفَةً .

تَرَأَّفَ يَتَرَأَّفُ تَرَأُّفٌ — V — to be merciful

تَرَأَّفَ الْقاضي بِالْمُتَّهَمِ خاصَّةً وَأَنَّ الْأَدِلَّة ضِدَّهُ كانَتْ ضَعِيفَةً .

ر أ ي

رَأَى يَرَى رَأْيٌ / رُؤْيَةٌ — I — to see, regard

إِنَّهُ يَرَى أَنَّ الثَّلاَّجَةَ الْمُسْتَوْرَدَةَ رَخِيصَةٌ ، وَأَنَا أَرَى غَيْرَ ذَلِكَ .

رَاءَى يُرَائِي مُرَاءَاةٌ — III — to act hypocritically

الْمُراءاةُ أَوْ النِّفاقُ صِفَةٌ غَيْرُ أَخْلاقِيَّةٍ ، وَلَكِنَّها تُمارَسُ .

أَرَى يُرِي —— — IV — to show

لَقَدْ أَرَانَا شَقَّتَهُ الْجَدِيدَةَ ، فِي رَأْيِي : اَلْقَدِيمَةُ أَفْضَلُ .

تَرَاءَى يَتَرَاءَى —— — VI — to seem appropriate

بَعْدَ دِراسةِ الْمَوْقِفِ ، تَراءَى لي أَنْ أَنْسَحِبَ وَلا أُشارِكَ .

to consider, decide VIII ارْتَأى يَرْتَئِي ارْتِآءٌ

بَعْدَ تَفْكيرٍ طَويلٍ ، ارْتَأَيْتُ أَنْ أُسْهِمَ مَعَهُمْ في الْمَشْروعِ .

ر ب أ

to consider s.o. above doing s.th. I —— رَبَأَ يَرْبَأُ

أَنَا أَرْبَأُ بِهَا أَنْ تَنْزِلَ إِلَى مُسْتَوَى هَؤُلاَءِ النَّاسِ ، خاصَّةً وَأَنَّها ذاتُ خُلُقٍ رَفيعٍ .

ر ب ب

to mix, be master I رَبَّ يَرُبُّ رَبٌّ

قَالَ الشَّاعِرُ بَشَّارُ : أُمامَةُ رَبَّةُ الْبَيْتِ تَصُبُّ الْخَلَّ في الزيْتِ .

لا تخشَ شَيْئًا مادامَ ربُّ الأَرْبابِ مَوْجودًا .

ر ب ت

to pat I رَبَتَ يَرْبُتُ رَبْتٌ

بَعْدَ أَنْ نَجَحْتُ ، رَبَتَ أَبِي عَلَى كَتِفِي قَائِلاً : أَنَا سَعِيدٌ بِكَ .

ر ب ح

to make a profit I رَبِحَ يَرْبَحُ رِبْحٌ

بِعْتُ سَيَّارَتِي بِثَمَنٍ زَهِيدٍ ، لَمْ أَرْبَحْ فِيهَا شَيْئًا .

to make s.o. gain a profit II رَبَّحَ يُرَبِّحُ تَرْبِيحٌ

يَكْفِي أَنَّهُ رَبَّحَهُ كَثيرًا مِنْ مَشْروعِهِ ، أَبَعْدَ هَذا يُعاديهِ ؟

to make s.o. gain a profit IV أَرْبَحَ يُرْبِحُ إِرْبَاحٌ

أَرْبَحَهُ كَثيرًا مِنْ تِجارَةِ الْعُمْلَةِ وَالْمُخَدِّراتِ ، ثُمّ أُلْقِيَ الْقَبْضُ عَلَيْهِما .

ر ب ص

to await s.o.'s mistake V تَرَبَّصَ يَتَرَبَّصُ تَرَبُّصٌ

إِنَّهُ يَكْرَهُهَا ، وَلِذَلِكَ فَكُلٌّ مِنْهُمَا يَتَرَبَّصُ بِالآخَرِ .

ر بـ ض

رَبَضَ	يَرْبِضُ	رُبُوضٌ	I	to lie down (animals)

شَاهَدْتُ الْأَسَدَ فِي حَدِيقَةِ الْحَيوَانَاتِ وَهْوَ يَرْبِضُ فِي الْقَفَصِ .

ر بـ ط

رَبَطَ	يَرْبِطُ	رَبْطٌ	I	to tie (up)

رَبَطْتُ حِصَانِي بِحَبْلٍ أَمَامَ الْحَدِيقَةِ .

رَابَطَ	يُرَابِطُ	رِبَاطٌ / مُرَابَطَةٌ	III	to be stationed

مَا زَالَ الْجَيْشُ يُرَابِطُ فِي انْتِظَارِ أَوَامِرَ جَدِيدَةٍ بِالتَّحَرُّكِ .

تَرَابَطَ	يَتَرَابَطُ	تَرَابُطٌ	VI	to be united

مِنْ أَعْظَمِ الْأُمُورِ أَنْ يَتَرَابَطَ أَفْرَادُ الْمُجْتَمَعِ .

اِرْتَبَطَ	يَرْتَبِطُ	اِرْتِبَاطٌ	VIII	to commit o.s. to

بَعْدَ ارْتِباطي بِالْعَمَلِ الْجَديدِ ، أُفَكِّرُ في السَّفَرِ إِلَى الْخارِجِ .

ر بـ ع

تَرَبَّعَ	يَتَرَبَّعُ	تَرَبُّعٌ	V	to sit cross-legged

تَرَبَّعَ أَخوهُ الْأَصْغَرُ عَلَى كُرْسِيِّ الْعَرْشِ ، وَلَكِنْ لِفَتْرَةٍ وَجيزَةٍ .

ر بـ ك

أَرْبَكَ	يُرْبِكُ	إِرْبَاكٌ	IV	to confuse

الْأَضْوَاءُ الْقَوِيَّةُ مِنْ خَلْفِي تُرْبِكُنِي وَأَنَا أَقُودُ سَيَّارَتِي .

اِرْتَبَكَ	يَرْتَبِكُ	اِرْتِبَاكٌ	VIII	to be confused

حِينَ صَارَحَهَا بِحُبِّهِ ، اِرْتَبَكَتْ وَلَمْ تَعْرِفْ بِمَاذَا تُجِيبُ .

ر بـ و

رَبَا	يَرْبُو	رِبًا / رُبُوٌّ	I	to exceed

عَدَدُ الْفَلاَّحِينَ فِي هَذِهِ الْقَرْيَةِ يَرْبُو الْآنَ عَلَى الْمِلْيُونِ .

ر ب ي

to be raised | I | رَبِيَ يَرْبَى رَبْوٌ / رِباً

بَعْدَ مَوْتِ الْأَبِ ، رَبِيَ الطِّفْلُ فِي حِضْنِ جَدِّهِ .

to bring up, raise | II | رَبَّى يُرَبِّي تَرْبِيَةٌ

ظَلّوا يُرَبّونَ الدَّجاجَ في الْمَنْزِلِ حَتَّى انْتَقَلَ إِلَيْهِ وَإِلَيْهِمُ الْمَرَضُ .

to practice usury | III | رَابَى يُرَابِي مُرَابَاةٌ

لَقَدْ حَصَلَ عَلَى ثَرْوَتِهِ مِنْ خِلالِ الْمُراباةِ وَانْتِهازِ حاجَةِ النَّاسِ .

to become rich | IV | أَرْبَى يُرْبِي إِرْبَاءٌ

أَرْبَى كَثيرًا وَأَصْبَحَ لَدَيْهِ مَزارِعُ وَعَقاراتٌ وَسَيّاراتٌ فارِهَةٌ .

to be brought up | V | تَرَبَّى يَتَرَبَّى تَرَبٍّ

تَرَبَّى صَديقي في بَيْتِ عِزٍّ ، وَلكِنَّ أَخْلاقَهُ لا تُوحي بِذَلِكَ .

ر ت ب

to arrange | II | رَتَّبَ يُرَتِّبُ تَرْتِيبٌ

رَتَّبْتُ أَدَواتِ الْمَدْرَسَةِ فِي حَقِيبَتِي الْجَدِيدَةِ .

to result (from) | V | تَرَتَّبَ يَتَرَتَّبُ تَرَتُّبٌ

لَقَدْ تَرَتَّبَ عَلَى سَفَرِي أَنْ أَنْفَقْتُ كُلَّ نُقُودِي .

ر ت ع

to pasture | I | رَتَعَ يَرْتَعُ رَتْعٌ

رَتَعَتِ الْجِمالُ في السَّاحَةِ ، اِسْتِعْدادًا لَبَدْءِ الْمَوْكِبِ .

to pasture | IV | أَرْتَعَ يُرْتِعُ إِرْتَاعٌ

أَرْتَعَ الْبَدوِيُّ الْجِمالَ في السَّاحَةِ ، لِمُدَّةِ لَيْلَتَيْنِ قَبْلَ بَدْءِ الْعُرْسِ .

ر ت ق

to mend | I | رَتَقَ يَرْتُقُ رَتْقٌ

يُقالُ " رَتَقَ الْفَتْقَ " حِسًّا أَيْ أَصْلَحَ قَطْعاً بِقَميصٍ وَنَحوِهِ ، وَمَعْنىً أَيْ عالَجَ الْخَطَأَ .

ر ت ل

رَتَّلَ	يُرَتِّلُ	تَرْتِيلٌ	II	to chant

لَدَيْنَا في مِصْرَ شُيوخٌ أَجِلاَّءُ يُتْقِنونَ تَرْتيلَ الْقُرْآنِ ، وَشَبيهٌ بِهَذا في بَعْضِ بُلْدانٍ أُخْرى .

ر ث و

رَثَا	يَرْثُو	رِثَاءٌ	I	to mourn

اِعْتَادَ الشُّعراءُ أَنْ يَنْظِموا قَصائِدَ رِثاءٍ لِمَنْ رَحَلَ مِنْ مُلوكِهِمْ أَوْ مَعارِفِهِمْ .

ر ج أ

أَرْجَأَ	يُرْجِئُ	إِرْجَاءٌ	IV	to postpone

أَرْجَأَ الْمُدِيرُ الاْجْتِمَاعَ مِنَ السَّبْتِ إِلَى الْخَمِيسِ .

ر ج ج

رَجَّ	يَرُجُّ	رَجٌّ	I	to shake

مَكتوبٌ عَلَى عُلْبَةِ الدَّواءِ ، رُجَّ الزُّجاجَةَ جَيِّدًا قَبْلَ الاِسْتِعْمالِ .

ر ج ح

رَجَحَ	يَرْجَحُ	رُجُوحٌ / رُجْحَانٌ / رَجاحَةٌ	I	to outweigh

في حالةِ رَجَحَ دَليلُهُمْ ، فَإِنَّ الْقَاضي سَوْفَ يَحْكُمُ لَهُمْ .

رَجَّحَ	يُرَجِّحُ	تَرْجِيحٌ	II	to give predominance, prefer

رَجَّحَ الْأَمْرَ أَيْ إِنَّهُ فَضَّلَهُ عَلَى غَيْرِهِ لِأَسْبابٍ شَخْصِيَّةٍ أَوْ مَوْضوعِيَّةٍ .

تَرَجَّحَ	يَتَرَجَّحُ	تَرَجُّحٌ	V	to carry greater weight

تَرَجَّحَ هَذَا الْأَمْرُ بَعْدَ مُسانَدَةِ الْإِعْلامِ لَهُ .

ر ج ع

رَجَعَ	يَرْجِعُ	رُجُوعٌ	I	to come back

رَجَعْتُ إِلَى بَيْتِي مُبَكِّرًا ؛ لأَنِّي كُنْتُ مُتْعَبًا .

رَاجَعَ يُرَاجِعُ مُرَاجَعَةٌ III to check

أَرْجُو مِنْكَ أَنْ تُرَاجِعَ نُقُودَكَ قَبْلَ مُغَادَرَةِ الْخَزِينَةِ .

أَرْجَعَ يُرْجِعُ إِرْجَاعٌ IV to take back

لَقَدْ أَرْجَعَتْنِي هَذِهِ الْمُقَابَلَةُ إِلَى ذِكْرَيَاتِ الطُّفُولَةِ .

تَرَاجَعَ يَتَرَاجَعُ تَرَاجُعٌ VI to go back (on)

كَانَ يُصِرُّ عَلَى الشَّكْوَى ، وَلَكِنَّهُ تَرَاجَعَ فِي آخِرِ لَحْظَةٍ .

اِرْتَجَعَ يَرْتَجِعُ اِرْتِجَاعٌ VIII to go back

اَلْبِضَاعَةُ " الْمُرْتَجَعَةُ " هِيَ الَّتِي اشْتَرَاهَا النَّاسُ وَوَجَدُوا بِهَا عُيُوبًا فَأَرْجَعُوهَا لِلْمَحَلاَّتِ .

اِسْتَرْجَعَ يَسْتَرْجِعُ اِسْتِرْجَاعٌ X to take back

اِسْتَرْجَعْتُ كُلَّ الْكُتُبِ الَّتِي كَانَ قَدِ اسْتَعَارَهَا مِنِّي ، وَلَكِنْ بَعْدَ إِلْحَاحٍ شَدِيدٍ .

ر جـ ف

رَجَفَ يَرْجُفُ رَجْفٌ I to tremble

خَرَجْتُ بِالْقَمِيصِ وَكَانَ الْجَوُّ بَارِدًا فَارْتَجَفْتُ مِنَ الْبَرْدِ .

أَرْجَفَ يُرْجِفُ إِرْجَافٌ IV to make s.o. tremble

يُقَالُ : أَرْجَفَهُ الْبَرْدِ أَوْ أَرْجَفَه حُكْمُ الْقَضَاءِ بِالسَّجْنِ .

اِرْتَجَفَ يَرْتَجِفُ اِرْتِجَافٌ VIII to tremble

اِرْتَجَفَ مِنْ الْبَرْدِ أَوْ اِرْتَجَفَ أَمَامَ الْقَاضِي حَيْثُ وَاجَهَهُ بِالْوَاقِعَةِ .

ر جـ ل

تَرَجَّلَ يَتَرَجَّلُ تَرَجُّلٌ V to get down

تَرَجَّلَ عَن الْفَرسِ أَيْ نَزَلَ عَنْها .

اِرْتَجَلَ يَرْتَجِلُ اِرْتِجَالٌ VIII to improvise

اِرْتَجَلَ الشَّاعِرُ قَصِيدَةً عَصْماءَ لِتَهْنِئَةِ الرَّئِيسِ بِإِعادةِ انْتِخابِهِ .

ر جـ م

رَجَمَ يَرْجُمُ رَجْمٌ I to conjecture, to abuse

إِنَّهُ يَرْجُمُ بِالْغَيْبِ حِينَ يَقُولُ إِنَّهُمْ رَجَمُوهَا بِالْحِجَارَةِ .

ر ج و

to hope | I | رَجَا يَرْجُو رَجَاءٌ

كُنْتُ أَرْجُو أَنْ يَنْتَهِيَ هَذَا الْعَمَلُ فِي الصَّيْفِ .

to request earnestly | V | تَرَجَّى يَتَرَجَّى تَرَجٍّ

ظَلَّ يَتَرَجَّاهُ حَتَّى وَافَقَ لَهُ عَلَى الْإِجَازَةِ .

to wish, to ask | VIII | اِرْتَجَى يَرْتَجِي ——

أَنَا لاَ أَرْتَجِي مِنْ دُنْيَايَ إِلاَّ السَّتْرَ .

ر ح ب

to be spacious | I | رَحُبَ يَرْحُبُ رَحَبٌ / رَحابَةٌ

اَلْمكانُ بِناسِهِ ، أَحْيانًا نَشْعُرُ بِرَحابَةِ الْمَكانِ لاِتساعِ صَدْرِ الْمُقيمينَ فيهِ .

to welcome | II | رَحَّبَ يُرَحِّبُ تَرْحِيبٌ

بَعْدَ أَنْ تَقابَلْتُ وَالسَّفيرُ ، رَحَّبَ كُلٌّ مِنَّا بِالْآخَرِ ، وَافْتَرَقْنا .

ر ح ل

to depart | I | رَحَلَ يَرْحَلُ رَحِيلٌ

لَقَدْ رَحَلَ عَنَّا بَعْدَ حَيَاةٍ حَافِلَةٍ بِالشِّعْرِ وَالْأَدَبِ .

to make s.o. depart | II | رَحَّلَ يُرَحِّلُ تَرْحِيلٌ

يَقوم الْجَيْشُ بِتَرْحيلِ بَعْضِ الْجُنودِ إِلَى الْمَواقِعِ الْأَمامِيَّةِ بِالْجَبْهةِ .

ر ح م

to have mercy | I | رَحِمَ يَرْحَمُ رَحْمَةٌ

رَحِمَ اللهُ امْرَأً عَرَفَ قَدْرَ نَفْسِهِ .

to plead for God's mercy | V | تَرَحَّمَ يَتَرَحَّمُ تَرَحُّمٌ

بَعْدَ أَنْ مَاتَ ، أَخَذُوا يَتَرَحَّمُونَ عَلَيْهِ وَعَلَى أَيَّامِهِ .

VI | تَرَاحَمَ يَتَرَاحَمُ تَرَاحُمٌ

to show love and mercy for one another

التَّرَاحُمُ مَطْلُوبٌ فِي كُلِّ الْأَدْيَانِ السَّمَاوِيَّةِ .

to ask for mercy X اِسْتَرْحَمَ يَسْتَرْحِمُ اِسْتِرْحَامٌ

لَقَدِ اسْتَرْحَمْتُهُ مِنْ أَجْلِهِمْ ، وَأَخِيرًا وَافَقَ عَلَى مَطَالِبِهِمْ .

ر خ ص

to be cheap I رَخُصَ يَرْخُصُ رُخْصٌ

هُناكَ عَلاقَةٌ لا أَفْهَمُها بَيْنَ ارْتِفاعِ سِعْرِ الدُّولارِ ورُخْصِ الذَّهَبِ .

to license II رَخَّصَ يُرَخِّصُ تَرْخِيصٌ

يَسْتَغْرِقُ تَرْخِيصُ سَيَّارَةٍ جَدِيدَةٍ حَوالَيْ سَاعَةٍ .

to find s.th. cheap X اِسْتَرْخَصَ يَسْتَرْخِصُ اِسْتِرْخَاصٌ

إِنَّهُمَ لاَ يَخَافُونَ شَيْئًا ، يَسْتَرْخِصُونَ حَيَاتَهُمْ فِي سَبِيلِ مَبَادِئِهِمْ .

ر خ و

to become loose I رَخَا يَرْخُو رُخُوٌّ

عِنْدَمَا تَرْخُو أَسْلاَكُ الْعُودِ يُصْبِحُ نَغَمُهُ نَافِرًا .

to slacken IV أَرْخَى يُرْخِي إِرْخَاءٌ

إِذَا أَرْخَيْتَ الْحَبْلَ ، يُصْبِحُ مِنَ السَّهْلِ عَلَيَّ شَدُّهُ .

to slacken, be remiss VI تَرَاخَى يَتَرَاخَى تَرَاخٍ

حاوَلْتُ إِفْهامَهُ الْوَضْعَ بِالضَّبْطِ كَيْ يُنْقِذَ الصَّحَفِيَّ ، وَلَكِنَّهُ تَراخَى وَلَمْ يَفْعَلْ .

to become relaxed X اِسْتَرْخَى يَسْتَرْخِي اِسْتِرْخَاءٌ

بَعْدَ هَذِهِ الرِّحْلَةِ الشَّاقَّةِ ، أَحْسَسْتُ بِاسْتِرْخَاءٍ غَرِيبٍ .

ر د د

to send back, answer I رَدَّ يَرُدُّ رَدٌّ

أَرْسَلْتُ إِلَيْهِ خِطَابَيْنِ ، وَلَكِنَّهُ لَمْ يَرُدَّ عَلَيَّ حَتَّى الْآنَ .

to repeat II رَدَّدَ يُرَدِّدُ تَرْدِيدٌ

سَمِعْتُهُمْ وَهُمْ يُرَدِّدُونَ الْأَنَاشِيدَ فِي الشَّوَارِعِ .

to hesitate, spread V تَرَدَّدَ يَتَرَدَّدُ تَرَدُّدٌ / تَرْدَادٌ

يَتَرَدَّدُ في كُلِّ الْأَوْساطِ أَنَّ هَذَا الشَّخْصَ يَتَرَدَّدُ كَثيرًا وَلا يَتَّخِذُ قَراراتٍ .

to apostatize	VIII	اِرْتِدَادٌ	يَرْتَدُّ	اِرْتَدَّ

مَنْ يَرْتَدَّ عَنْ دِينِهِ فَإِنَّهُ يَمُوتُ كَافِرًا . هَكَذَا حُكْمُ الْإِسْلَامِ .

to get back	X	اِسْتِرْدَادٌ	يَسْتَرِدُّ	اِسْتَرَدَّ

لَمْ أَسْتَرِدَّ قِيمَةَ التَّأْمِينِ عَلَى السَّيَّارَةِ حَتَّى الْآنَ .

ر د ع

to prevent	I	رَدْعٌ	يَرْدَعُ	رَدَعَ

بَعْدَ أَنْ قاموا بِغارةٍ عَلَى مَواقِعِنا ، لَمْ يَكُنْ أَمامَنا إِلاَّ الرَّدُّ عَلَيهِمْ وَالرَّدْعُ لَهُمْ .

to be prevented	VIII	اِرْتِدَاعٌ	يَرْتَدِعُ	اِرْتَدَعَ

اِرْتَدَعَ الْأَعْداءُ كَثِيرًا بَعْدَ أَنْ تَأَكَّدوا مِن قُدْرَتِنا عَلَى الرَّدْعِ .

ر د ف

to come next	I	رَدْفٌ / رِدْفٌ	يَرْدُفُ	رَدَفَ

الرِّدْفُ أَوْ الرَّديفُ هُوَ الشَّخْصُ الَّذي يَرْكَبُ الِحصانَ خَلْفَ الْفارِسِ أَوْ شَخْصٍ آخَرَ .

to make s.th. be followed	IV	إِرْدَافٌ	يُرْدِفُ	أَرْدَفَ

بَعْدَ أَنْ شَرَحَ أَبْعادَ الْمَوْقِفِ ، أَرْدَفَ قائلاً: لا يُوجَدُ الْآنَ حَلٌّ .

to be synonymous	VI	تَرَادُفٌ	يَتَرَادَفُ	تَرَادَفَ

يَظُنُّ النَّاسُ أَنَّ عَدَدًا مِن الْكَلِماتِ يَترادَفُ ، وَالْحقيقةُ أَنَّ الفُروقَ مَوْجودَةٌ بَيْنَ الْمُترادِفاتِ .

ر د م

to fill with earth	I	رَدْمٌ	يَرْدُم	رَدَمَ

إِنَّهَا بِرْكَةٌ آسِنَةٌ ، سَمِعْتُ أَنَّ الْحُكُومَةَ سَتَرْدُمُهَا .

ر د ي

to fell s.o.	IV	——	يُرْدِي	أَرْدَى

يُقالُ: ضَرَبَهُ بِعَصًا غَليظَةٍ عَلَى رَأْسِهِ ، فَأَرْداهُ قَتيلاً في الْحالِ .

to deteriorate	V	تَرَدٍّ	يَتَرَدَّى	تَرَدَّى

الْأَوْضَاعُ الْمُتَرَدِّيَةُ في الدَّاخِلِ وَالْخارِجِ لاَ تُبَشِّرُ بِأَيِّ إِصْلاحٍ .

to wear VIII اِرْتَدَى يَرْتَدِي اِرْتِدَاءٌ

اِرْتَدَى أَخِي حُلَّتَهُ الْجَدِيدَةَ وَبَدا فيها كَضابِطِ شُرْطَةٍ .

ر ز ح

to suffer I رَزَحَ يَرْزَحُ رَزْحٌ

يَالَهُ مِنْ شَعْبٍ مُكَافِحٍ ، ظَلَّ يَرْزَحُ تَحْتَ الاِسْتِعْمَارِ أَعْوَامًا طَوِيلَةً .

ر ز ق

to bless I رَزَقَ يَرْزُقُ رِزْقٌ

بَعْدَ سَنَتَيْنِ مِنَ الزَّوَاجِ ، رَزَقَهُمَا اللهُ بِتَوْءَمٍ: وَلَدٍ وَبِنْتٍ .

to make a living VIII اِرْتَزَقَ يَرْتَزِقُ اِرْتِزَاقٌ

نَحْمَدُ اللهَ ، لَقَدْ وَجَدَ الشَّحَّاذُ عَمَلاً بَسِيطًا يَرْتَزِقُ مِنْهُ الآنَ .

ر ز م

to bundle I رَزَمَ يَرْزُمُ رَزْمٌ

طَلَبْتُ مِنْهُ أَنْ يَضَعَ رُزْمَةَ وَرَقِ الطَّابِعَةِ بِجِوارِ الْكُومْبُيوتَر .

ر س ب

to fail I رَسَبَ يَرْسُبُ رُسُوبٌ

دَخَلَ الاِمْتِحَانَ لِلْمَرَّةِ الثَّانِيَةِ ، وَلَكِنَّهُ رَسَبَ أَيْضًا .

to precipitate II رَسَّبَ يُرَسِّبُ تَرْسِيبٌ

تَرْسِيبُ الْحَامِضِ فِي الدَّمِ أَمْرٌ لَهُ خُطُورَةٌ كَبِيرَةٌ .

to precipitate V تَرَسَّبَ يَتَرَسَّبُ تَرَسُّبٌ

تَرَسَّبَتْ كَمِّيَّةٌ مِنَ الْحَامِضِ فِي الدَّمِ ، وَكَانَ لاَ بُدَّ مِنْ عِلاَجٍ سَرِيعٍ .

ر س خ

to be deeply rooted I رَسَخَ يَرْسَخُ رُسُوخٌ

لَمْ يَرْسَخْ فِي ذِهْنِي عَنْهُ إِلاَّ ذِكْرَيَاتُهُ الأَلِيمَةُ .

to make deeply rooted II رَسَّخَ يُرَسِّخُ تَرْسِيخٌ
اَلْمَسْأَلَةُ تَحْتَاجُ إِلَى تَرْسِيخِ الْأَفْكَارِ فِي أَذْهَانِهِمْ بِطُرُقٍ أُوْضَحَ .

to be deeply rooted V تَرَسَّخَ يَتَرَسَّخُ تَرَسُّخٌ
تَرَسَّخَتْ فِي ذِهْنِي عَنْهُ ذِكْرَيَاتٌ أَلِيمَةٌ .

ر س ل

to correspond III رَاسَلَ يُرَاسِلُ مُرَاسَلَةٌ
ظَلَلْتُ أُرَاسِلُهَا سَنَتَيْنِ ، ثُمَّ انْقَطَعَتْ أَخْبَارُهَا .

to send IV أَرْسَلَ يُرْسِلُ إِرْسَالٌ
أَرْسَلَتْ إِلَيْ بَرْقِيَّةَ تَهْنِئَةٍ بَعْدَ حُصُولِي عَلَى اللِّيسَانْس .

1. to take one’s time V تَرَسَّلَ يَتَرَسَّلُ تَرَسُّلٌ
إِنَّهُ دَائِماً يَتَرَسَّلُ فِي كَلامِهِ وقِرَاءَتِهِ ومِشْيَتِهِ ، أي يَتَمَهَّلُ .

2. to write freely
" أُسْلوبُ التَّرَسُّلِ " أَي أُسْلُوبُ الْكِتَابَةِ الْفَنِّيَّةِ بِالنَّثْرِ دُونَ سَجْعٍ .

to correspond (with) VI تَرَاسَلَ يَتَرَاسَلُ تَرَاسُلٌ
أَخَذْنَا نَتَرَاسَلُ فَتْرَةً ، ثُمَّ تَكَاسَلْنَا عَنِ الْمُرَاسَلَةِ .

to talk at length X اِسْتَرْسَلَ يَسْتَرْسِلُ اِسْتِرْسَالٌ
بَدَأَ خُطْبَتَهُ بَطِيئًا ، وَلَكِنَّهُ سُرْعَانَ مَا اسْتَرْسَلَ فِي الْحَدِيثِ وَالْأَفْكَارِ .

ر س م

to draw I رَسَمَ يَرْسُمُ رَسْمٌ
رَسَمْتُ لابْنَتِي قِطَّةً لِتُقَلِّدَهَا ، فَرَسَمَتْ أَحْسَنَ مِنْهَا .

to mark II رَسَّمَ يُرَسِّمُ تَرْسِيمٌ
تَرْسِيمُ الْحُدودِ بَيْنَ الدُّوَلِ مَن الأُمُورِ الْمُهِمَّةِ ، وَبِدونِ ذَلِكَ تَتَزايَدُ الْمُشْكِلاتُ .

to follow (an example) V تَرَسَّمَ يَتَرَسَّمُ تَرَسُّمٌ
كُنْتُ أُحِبُّ هَذا الشَّاعِرَ ، لِذَلِكَ فَقَدْ تَرَسَّمْتُ طَرِيقَتَهُ فِي شِعْرِي .

to be shown, visible VIII اِرْتَسَمَ يَرْتَسِمُ اِرْتِسَامٌ
اِرْتَسَمَتْ عَلَى وَجْهِهَا عَلامَاتُ السَّعادةِ وَأَنَا أُهَنِّئُهَا عَلَى النَّجَاحِ .

ر سـ و

to anchor, settle | I | رَسَا يَرْسُو رُسُوٌّ

رَسَتِ السَّفِينَةُ قُرْبَ الشَّاطِئِ مُنْذُ سَاعَاتٍ .

to fix firmly | IV | أَرْسَى يُرْسِي إِرْسَاءٌ

لَقَدْ أَرْسَى أَفْكَارَهُ عَنْهُمْ عَلَى مَا سَمِعَهُ مِنْهَا .

ر شـ ح

to filter | I | رَشَحَ يَرْشَحُ رَشْحٌ

بِسَبَبِ عَدْمِ مُجَابَهَةِ تَلَوُّثِ الْهَوَاءِ بِالْرَشْحِ والتَّنْقِيَةِ ، أُصِيبَ الْكَثِيرُونَ بِالْبَرْدِ وَالرَّشْحِ مِنْ أُنُوفِهِم .

to nominate | II | رَشَّحَ يُرَشِّحُ تَرْشِيحٌ

رَشَّحَ الْحِزْبُ الْحَاكِمُ عَدَدًا مِنْ الْكَفَاءَاتِ والْقِيَادَاتِ الْوَاعِيَةِ .

to be nominated | V | تَرَشَّحَ يَتَرَشَّحُ تَرَشُّحٌ

بَعْدَ أَنْ تَرَشَّحَ لِلْبَرْلَمَانِ ، اِكْتَشَفُوا أَنَّهُ تَقَدَّمَ بِوَثَائِقَ مُزَوَّرَةٍ .

ر شـ د

to become mature | I | رَشَدَ يَرْشُدُ رُشْدٌ

يَقُولُونَ : حِينَ يَصِلُ الْغُلامُ إِلَى سِنِّ الْرُشْدِ ، يُصْبِحُ مَسْئُولاً مَسْئُولِيَّةً قَانُونِيَّةً .

to guide, rationalize | II | رَشَّدَ يُرَشِّدُ تَرْشِيدٌ

تَرْشِيدُ فِكْرِ الشَّبَابِ وتَوْجِيهِهِم لا يَقِلُ أَهَمِيَةً عَنْ تَرْشِيدِ اِسْتِخْدَامِ الْمِيَاهِ .

to guide | IV | أَرْشَدَ يُرْشِدُ إِرْشَادٌ

كَثِيرٌ مِنْ طَلَبَةِ الْمَدَارِسِ وَالْجَامِعَاتِ بِحَاجَةٍ إِلَى دَوْرَاتِ إِرْشَادٍ وَتَوْعِيَةٍ بِحَاضِرِهِم وَمُسْتَقْبَلِهِم .

to ask for guidance | X | اِسْتَرْشَدَ يَسْتَرْشِدُ اِسْتِرشَادٌ

الاسْتِرْشَادُ بِآرَاءِ الآخَرِينَ مِنْ الأُمُورِ الْمَرْغُوبَةِ والْمَطْلُوبَةِ .

ر شـ ش

to spray | I | رَشَّ يَرُشُّ رَشٌّ

مَلأَ النَّامُوسُ الْغُرْفَةَ ، وَكَانَ لابُدَّ مِنْ رَشِّ " مُبِيدِ حَشَرَاتٍ " .

ر ش ف

رَشَفَ يَرْشُفُ رَشْفٌ I to drink

بَعْضُ النَّاسِ يَرْشُفونَ الْقَهْوَةَ بِصْوتٍ عالٍ .

اِرْتَشَفَ يَرْتَشِفُ اِرْتِشَافٌ VIII to drink

لأَنَّهُ يُحِبّ عَصيرَ الْمانْجو ، اِسْتَمَرَّ يَرْتَشِفُ مِنْ الْكأْسَ .

ر ش ق

رَشَقَ يَرْشُقُ رَشْقٌ I to throw

يُواجِهُ الْأَطْفالُ الْفِلسطينيون الدَّباباتِ الْإسرائيلِيَّة بِرَشقها بالحجارَةِ .

تَرَاشَقَ يَتَرَاشَقُ تَرَاشُقٌ VI to hurt one another

ظَلاَّ يَتَراشَقانِ بِالْكَلِماتِ النَّابِيَةِ وَالسِّبابِ حَتَّى تَشابَكا بِالْأَيْدِي .

ر ش و

رَشَا يَرْشُو رِشْوَةٌ I to bribe

الرِّشْوَةُ دَاءٌ يُعَطِّلُ مَصَالِحَ الْكَثِيرِينَ .

اِرْتَشَى يَرْتَشِي اِرْتِشَاءٌ VIII to accept a bribe

لَمْ أَكُنْ أَعْرِفُ أَنَّ أَيًّا مِن الْمُوظَّفينَ الْحُكومِيين أَوْ غَيْرِهِمْ يُمْكِنُ أَنْ يَرْتَشِيَ .

ر ص د

رَصَدَ يَرْصُدُ رَصْدٌ I to allocate

رَصَدَتِ الْمُحافَظَةُ جَائِزَةً بِاسْمِ أَدِيبِهَا الْكَبِيرِ .

أَرْصَدَ يُرْصِدُ إِرْصَادٌ IV to observe (stars), to set aside

مَصْلَحَةُ الْأَرْصادِ الْجَوِّيَّةِ تُوالينا مِن خِلالِ التِّلِيفزْيون بِأَحْوالِ الطَّقْسِ وَدَرَجاتِ الْحَرارَةِ.

تَرَصَّدَ يَتَرَصَّدُ تَرَصُّدٌ V to regard attentively

لَقَدْ ثَبَتَ أَنَّهَ قَتَلَهُ مَعَ سَبْقِ الْإِصْرَارِ وَالتَّرَصُّدِ .

ر ص ع

رَصَّعَ يُرَصِّعُ تَرْصِيعٌ II to inlay with gems

رَصَّعَ الْجواهِرْجي تاجَ الْعَروسِ بِحَبَّاتٍ مِن اللُّؤْلُؤِ وَالْماسِ وَالْياقُوتِ .

ر ص ف

to pave I رَصَفَ يَرْصُفُ رَصْفٌ

رَصَفَتِ الْمُحَافَظَةُ شَارِعَيْنِ حَتَّى الْآنَ لَيْسَ مِنْهُمَا شَارِعِي .

ر ص ن

to be calm I رَصُنَ يَرْصُنُ رَصَانَةٌ

يُقالُ رَجُلٌ رَزِينٌ وَرَصِينٌ أَيْ إِنَّهُ هادِئُ الطِّباعِ لَكِنْ بِفِكْرٍ مُتَوقِّدٍ .

ر ض خ

to yield I رَضَخَ يَرْضَخُ رُضُوخٌ

بَعْدَ مُشَاوَرَاتٍ وَأَخْذٍ وَرَدٍّ ، رَضَخَ لِلْأَمْرِ الْوَاقِعِ ، وَقَبِلَ .

ر ض ض

to bruise I رَضَّ يَرُضُّ رَضٌّ

اِشْتَبَهَ الطَّبِيبُ فِي رَضٍّ فِي الْعَضَلَةِ ، فَطَلَبَ مِن الْمَرِيضِ عَدَمَ الْحَرَكَةِ .

ر ض ع

to breast-feed (baby) I رَضَعَ يَرْضَعُ رِضاعَةٌ

ظَلَّ يَرْضَعُ مِنْ أُمِّهِ رِضاعَةً طَبيعِيَّةً لِمُدَّةِ عامٍ ، ثُمَّ فُطِمَ بَعْدَ ذَلِكَ .

to breast-feed (mother) IV أَرْضَعَ يُرْضِعُ إِرْضَاعٌ

أَرْضَعَتْهُ أُمُّهُ لِفَتْرةٍ قَصيرَةٍ ثُمَّ مَرِضَتْ ، فَأَصْبَحَ يَتَناوَلُ اللَّبَنَ الصِّناعِيَّ .

ر ض ي

to consent I رَضِيَ يَرْضَى رِضًى / رِضَاءٌ

هَلْ تَرْضَى لابْنَتِكَ أَنْ تَكُونَ رَاقِصَةً ؟

to compensate II رَضَّى يُرَضِّي تَرْضِيَةٌ

بَعْدَ خِلافٍ دامَ سَنَواتٍ عَلَى قِطْعَةِ أَرْضٍ مُجاوِرَةٍ ، كانَ لابُدَّ مِنْ وِفاقٍ وَتَرْضِيةٍ .

to satisfy, please IV أَرْضَى يُرْضِي إِرْضَاءٌ

لاَ يُرْضِينِي أَنْ أَسْتَرِيحَ ، وَيَتْعَبَ الْآخَرُونَ .

تَرَاضَى يَتَرَاضَى تَرَاضٍ VI to conciliate

أَحْمَدُ اللهَ ، لَقَدْ أَوْجَدْتُ بَيْنَهُمَا جَوًّا مِنَ التَّرَاضِي .

اِرْتَضَى يَرْتَضِي اِرْتِضَاءٌ VIII to approve

أَنَا لاَ أَرْتَضِي مِنْكَ أَنْ تُضَايِقَهَا إِلَى هَذَا الْحَدِّ .

اِسْتَرْضَى يَسْتَرْضِي اِسْتِرْضَاءٌ X to try to conciliate s.o.

ظَنَّ أَنَّنِي غَاضِبٌ مِنْهُ ، فَأَخَذَ يَسْتَرْضِينِي حَتَّى أَفْهَمْتُهُ الأَمْرَ .

ر ط ب

رَطِبَ يَرْطَبُ رُطُوبَةٌ I to be moist

حينَ تَرْطَبُ الْفَواكِه ، تَفْسَدُ وَيَتَغَيَّرُ طَعْمُها .

رَطَّبَ يُرَطِّبُ تَرْطِيبٌ II to moisten, moisturize

اِشْتَرتْ اِبْنَتُهُ بَعْضَ " الْكِريماتِ " مِن الصَّيْدَلِيَّةِ لِتَرْطيبِ الْبَشْرَةِ .

تَرَطَّبَ يَتَرَطَّبُ تَرَطُّبٌ V to be moistened, moisturized

بَعْدَ اسْتِخْدامِ " الْكِريماتِ " تَرَطَّبَ الْجِلْدُ وَصارَ أَحْسَنَ مِمَّا كانَ .

ر ط م

اِرْتَطَمَ يَرْتَطِمُ اِرْتِطَامٌ VIII to bump against

اِرْتَطَمَ مِيكروباص بِسيَّارَةِ أُجْرَةٍ فَهَشَّمَها تَمامًا .

ر ع ب

رَعَبَ يَرْعَبُ رُعْبٌ I to be terrified

تَشيعُ الْآنَ أَفْلامُ الرُّعْبِ في بِلادِنا الْعَرَبِيَّةِ ، ويُحِبُّها الأَطْفالُ كَثيرًا .

أَرْعَبَ يُرْعِبُ إِرْعَابٌ IV to frighten

ظَلَّ يُرْعِبُهُ بِأكثَرَ مِنْ وَسيلَةٍ ، حَتَّى قَرَّرَ تَرْكَ مَسْكَنِهِ وَالْانْتِقالَ إِلَى مَسْكَنٍ آخَرَ .

اِرْتَعَبَ يَرْتَعِبُ اِرْتِعَابٌ VIII to become terrified

جاءَ فِيلمُ السَّهْرَةِ مَليئًا بِأَحْداثٍ خَطِرةٍ وَمُطارَدَةٍ وَقَتْلٍ ، فَارْتَعَبَ أَطْفالي جَميعًا .

ر ع د

رَعَدَ يَرْعُدُ رَعْدٌ I to thunder

أَيُّهُما أَسْبَقُ : الْبَرْقُ أَمِ الرَّعْدُ . سُؤالٌ كانوا يُوَجِّهونَهُ إِلَيَّ وَأَنا صَغيرٌ .

أَرْعَدَ يُرْعِدُ إِرْعَادٌ IV to make s.o. tremble

أَرْعَدَهُ تَهْدِيدُ اللِّصِّ لَهُ بِخَطْفِ ابْنَتِهِ إِنْ لَمْ يُعْطِهِ ما يُرِيدُ .

اِرْتَعَدَ يَرْتَعِدُ اِرْتِعَادٌ VIII to tremble

اِرْتَعَدَ الْأَبُ كَثِيرًا خَشْيَةَ أَنْ تُخْتَطَفَ الِابْنَةُ .

ر ع ر ع

تَرَعْرَعَ يَتَرَعْرَعُ تَرَعْرُعٌ Q1 to grow

تَرَعْرَعَ الزَّرْعُ وَتَمايَلَت الْأَشْجارُ ، فَشَعُرْنا بِنَسيمٍ رَطْبٍ يَمْلأُ الْمَكانَ .

ر ع ش

رَعَشَ يَرْعَشُ رَعْشٌ / رُعاشٌ I to tremble

كانَ لِي صَديقٌ يَضَعُ قِطْعَةً مِن الْوَرَقِ عَلَى جَفْنِ عَيْنِهِ حينَ يَجِدُها تَرْعَشُ .

أَرْعَشَ يُرْعِشُ إِرْعَاشٌ IV to make s.o. / s.th. tremble

كَثْرَةُ الْأَضْواءِ و" فْلاشات " التَّصْويرِ أَصابتْ عَيْنَهُ بِالْإِرْعاشِ .

اِرْتَعَشَ يَرْتَعِشُ اِرْتِعَاشٌ VIII to shiver

اِزْدادَ الْبَرْدُ لَيْلاً وَهُوَ يَقودُ سَيَّارَتَهُ فَأَحَسَّ بِارْتِعاشٍ شَديدٍ .

ر ع ي

رَعَى يَرْعَى رِعَايَةٌ / رَعْيٌ I to protect

الْأَبْنَاءُ دَائِمًا فِي حَاجَةٍ إِلى رِعَايَةِ الْوَالِدَيْن .

رَاعَى يُرَاعِي مُرَاعَاةٌ III to observe

مُرَاعَاةُ الْأَوَامِرِ وَالْإِرْشَادَاتِ أَمْرٌ مَطْلُوبٌ .

اِسْتَرْعَى يَسْتَرْعِي —— X to attract

اِسْتَرْعَى انْتِبَاهِي وَأَنَا فِي الْحَفْلَةِ أَنَّ ضَيْفًا اصْطَحَبَ كَلْبَهُ مَعَهُ .

ر غ ب

رَغِبَ يَرْغَبُ رَغْبَةٌ I

1. to desire — إِنَّنِي أَرْغَبُ فِي شِرَاءِ الْقَامُوسِ الْجَدِيدِ .

2. to prefer not to — بَيْتِي قَرِيبٌ مِنْ عَملِي ، لِهَذا فَأَنَا أَرْغَبُ عَنْ شِرَاءِ سَيَّارَةٍ .

to make s.o. desire s.th. II رَغَّبَ يُرَغِّبُ تَرْغِيبٌ
ظَلَلْتُ أُرَغِّبُهُ فِي أَهَمِّيَّةِ جِهَازِ الْفِيدْيُو حَتَّى اشْتَرَى وَاحِدًا .

ر غ د

to be comfortable (life) I رَغُدَ يَرْغُدُ رَغْدٌ / رَغَدٌ
يَقولونَ : فُلانٌ عاشَ في رَغْدٍ أو رَغَدٍ وبُلَهْنِيَةٍ وَرَخاءٍ ، أيْ عاشَ عيشَةَ غِنًى وَثراءٍ .

ر غ ر غ

to gargle Q رَغْرَغَ يُرَغْرِغُ رَغْرَغَةٌ
عِنْدَ الْتِهابِ الْحَلْقِ ، يُوصي الأَطِبّاءُ بِالْغَرْغَرَةِ ، وَيُقالُ : رَغْرَغَةٌ .

ر غ م

to compel IV أَرْغَمَ يُرْغِمُ إِرْغَامٌ
مَهْمَا حَاوَلَ فَلَنْ يَسْتَطِيعَ أَنْ يُرْغِمَنِي عَلَى مَا لاَ أُرِيدُ .

ر غ و

to foam I رَغَا يَرْغُو رَغْوٌ / رَغْوَةٌ
عِنْدَما تَغْسِلُ يَدَيْكَ بِالْماءِ وَالصَّابونِ ، اُنْظُرْ لِتَتَأَكَّدَ مِنْ " رَغْوَةِ " الصَّابونَةِ .

ر ف أ

to mend I رَفَأَ يَرْفَأُ رَفْءٌ
يُقالُ : رَفَأَ الْبَنْطَلونَ أَيْ أَصْلَحَ ما فيهِ مِنْ تَمَزُّقٍ ، وَرَفَأَ ما بَيْنَهُما أَيْ أَصْلَحَ .

ر ف ث

to talk, behave in obscene manner I رَفَثَ يَرْفِثُ رَفْثٌ / رَفَثٌ
الرَّفَثُ يَعْني الْكَلامَ أَو الْفِعْلَ الْمُشينَ والسَّيِّءُ . يَحْرُمُ هَذا في الْحَجِّ وَالصَّوْمِ خاصَّةً.

ر ف د

to support I رَفَدَ يَرْفِدُ رَفْدٌ
إِخْراجُ الْمُوظَفِ مِنْ عَمَلِهِ بِالإِقالةِ . يُقالُ لَهُ " رَفْتٌ " ، أَمَّا الرَّفْدُ فَهُوَ التَّزويدُ وَالْمُسانَدَةُ .

اِسْتَرْفَدَ يَسْتَرْفِدُ اِسْتِرْفادٌ X to ask for support

حاوَلَ أَنْ يَسْتَرْفِدَ مُساعَدَتَهُمْ الْمالِيَّةَ ، لِيُسدِّدَ دُيونَهُ .

ر ف ر ف

رَفْرَفَ يُرَفْرِفُ رَفْرَفَةٌ Q to flutter

رَفْرَفَتْ أَعْلامُ الدُّوَلِ إِيذانًا بِبَدْءِ الْمُؤْتَمَرِ .

ر ف س

رَفَسَ يَرْفِسُ رَفْسٌ I to kick

الرَّفْسِ لِلْحَيَواناتِ ، وَلَكِنَّ الْإِنْسانَ أَحيانًا يُقَلِّدُهُمْ .

ر ف ض

رَفَضَ يَرْفُضُ رَفْضٌ I to refuse

رَفَضَ السَّفَرَ بِالْقِطارِ ، وَفَضَّلَ أَنْ يُسافِرَ بِالطَّائِرَةِ .

ر ف ع

رَفَعَ يَرْفَعُ رَفْعٌ I to raise

قَبْلَ أَنْ يُغادِرَ الْقاعَةَ ، رَفَعَ يَدَهُ مُسْتَئْذِنًا .

رَافَعَ يُرَافِعُ مُرافَعَةٌ III to defend s.o.

جاءَتْ مُرافَعَةُ الْمُحامي في الْقَضِيَّةِ لِصالِحِ الْمُتَّهَمِ ، فَخُفِّفَ عَنْهُ الْحُكْمُ .

تَرَفَّعَ يَتَرَفَّعُ تَرَفُّعٌ V to deem o.s. above s.th.

يَجِبُ أَنْ يَتَرَفَّعَ الْإِنْسَانُ عَنْ صَغَائِرِ الْأُمُورِ .

تَرَافَعَ يَتَرَافَعُ تَرَافُعٌ VI to plead (in court)

تَرَافَعَ الْمُحَامِي فِي الْجَلْسَةِ لِمُدَّةِ نِصْفِ سَاعَةٍ ، فَكَسَبَ الْقَضِيَّةَ .

اِرْتَفَعَ يَرْتَفِعُ اِرْتِفاعٌ VIII to rise

اِرْتَفَعَ صَوْتُ التَّلامِيذِ بِالنَّشِيدِ الْقَوْمِيِّ .

ر ف ف

رَفَّ يَرِفُّ رَفٌّ I to flutter

يَرِفُّ الْعَلَمُ أَوْ يُرَفْرِفُ ، أَيْ يَتَحَرَّكُ بِفِعْلِ الْهَواءِ ذاتَ الْيَمِينِ وذاتَ الْيَسارِ .

ر ف ق

to treat gently	I	رَفَقَ يَرْفُقُ رِفْقٌ

إِنَّهُ يَرْفُقُ بِهَا وَلاَ يُرْهِقُهَا بِعَمَلٍ كَثِيرٍ .

to accompany	III	رَافَقَ يُرَافِقُ مُرَافَقَةٌ

رَافَقَنِي فِي الرِّحْلَةِ ثَلاَثَةُ أَصْدِقَاءٍ كُلُّهُمْ أَصْغَرُ مِنِّي سِنًّا .

to attach	IV	أَرْفَقَ يُرْفِقُ إِرْفَاقٌ

أَرْفَقْتُ الشِّيكَ بِخِطَابٍ فِيهِ عُنْوَانِي وَرَقْمُ تِلِيفُونِي .

to be kind	V	تَرَفَّقَ يَتَرَفَّقُ تَرَفُّقٌ

يَجِبُ أَنْ تَتَرَفَّقَ بِالضُّعَفَاءِ وَالْمَرْضَى .

to travel together	VI	تَرَافَقَ يَتَرَافَقُ تَرَافُقٌ

تَرافَقوا في الرِّحْلَةِ ، وَلكنْ حَدَثَتْ مُشادَّةٌ كَلامِيَّةٌ بَيْنَهُمْ ، صَمَّموا بَعْدَها عَلَى عَدَمِ التَّرافُقِ .

ر ف هـ

to be luxurious (life)	I	رَفَهَ يَرْفُهُ رَفَاهِيَةٌ

الرَّفاهِيةُ مَعْناها وُجودُ فَضْلِ زِيادَةٍ لَدَى النَّاسِ ، وَهِيَ مَطْمَحُ كُلِّ الْأُمَمِ وَالشُّعوبِ .

to provide recreation	II	رَفَّهَ يُرَفِّهُ تَرْفِيهٌ

حَياةُ الْجُنْدِيَّةِ جادَّةٌ وَفيها عَمَلٌ كَثيرٌ ، وَلِهَذا يَحْتاجُ الْجُنْدِيُّ إِلَى التَّرْفيهِ مِنْ وَقْتٍ لآخَرَ .

ر ق ب

to control, supervise	I	رَقَبَ يَرْقُبُ رَقَابَةٌ

الرَّقَابَةُ عَلَى الْأَسْعَارِ مَازَالَتْ مُسْتَمِرَةً .

	III	رَاقَبَ يُرَاقِبُ مُرَاقَبَةٌ
1. to fear		مُرَاقَبَةُ اللهِ فِي السِّرِّ وَالْعَلَنِ أَمْرٌ مَطْلُوبٌ .
2. to observe (attentively)		أُحِبُ مُرَاقَبَةَ النُّجُومِ فِي اللَّيْلَةِ الْقَمْرَاءِ .
to anticipate, expect	V	تَرَقَّبَ يَتَرَقَّبُ تَرَقُّبٌ

كُلُّنَا يَتَرَقَّبُ لَهَا حَدَثًا سَعِيدًا بَعْدَ أَيَّامٍ .

to wait, anticipate	VIII	اِرْتَقَبَ يَرْتَقِبُ اِرْتِقَابٌ

إِذَا كُنْتَ فِي شَكٍّ مِنْ هَذَا الْأَمْرِ ، فَارْتَقِبْ قَلِيلاً وَسَتَرَى .

ر ق د

to lie down	I	رَقَدَ يَرْقُدُ رُقُودٌ

في قِصَّةِ أَهْلِ الْكَهْفِ ، يَقُولُ الْقُرآنُ عَنْهُمْ : " وَتَحْسَبُهُمْ أَيْقاظًا وَهُمْ رُقودٌ " .

to put s.o. to sleep	IV	أَرْقَدَ يُرْقِدُ إِرْقادٌ

أَرْقَدَتِ الْأُمُّ طِفْلَها أَيْ ظَلَّتْ بِجِوارِهِ في الْفِراشِ حَتّى نامَ .

ر ق ر ق

to overflow (tears)	Q1	تَرَقْرَقَ يَتَرَقْرَقُ تَرَقْرُقٌ

أَحْسَسْتُ بِغَضْبَتِهِ ، وَالدَّليلُ ، وَجَدْتُ الدَّمْعَ يَتَرَقْرَقُ في عَيْنَيهِ .

ر ق ص

to dance	I	رَقَصَ يَرْقُصُ رَقْصٌ

لاَ أُحِبُّ أَنْ أَرْقُصَ : لاَ وَحْدِي وَلاَ مَعَ النَّاسِ .

to dance with	III	رَاقَصَ يُرَاقِصُ مُرَاقَصَةٌ

شَاهَدْتُهُ وَهْوَ يُرَاقِصُهَا فِي الْحَفْلَةِ .

to make s.o. dance	IV	أَرْقَصَ يُرْقِصُ إِرْقَاصٌ

أَرْقَصَها عَلَى أَنْغَامِ موسيقاه ، فَحَبَّبَ الْمَوْجودينِ في الرَّقْصِ وَالْمُوسيقَى .

to dance together	VI	تَرَاقَصَ يَتَرَاقَصُ تَرَاقُصٌ

ظَلّا يَتَراقَصانِ طَوالَ السَّهْرَةِ ، ثُمَّ حَدَثَتْ مُفاجَأةٌ ، تَرَكَها وَانْصَرَفَ .

ر ق ع

to patch	I	رَقَعَ يَرْقَعُ رَقْعٌ / رُقْعَةٌ

لَمْ يَرْغَبْ في النُّهوضِ خَشْيَةَ أَنْ نَرَى رُقْعَةَ بَنْطَلونِهِ .

to patch	II	رَقَّعَ يُرَقِّعُ تَرْقِيعٌ

نَقولُ : إِنَّهمْ يُحاوِلونَ تَرْقيعَ الْمَشاكِلِ ، رَغْمَ أَنَّها بِحاجَةٍ إِلَى حُلولٍ جِذْرِيَّةٍ .

ر ق ق

to become thin	I	رَقَّ يَرِقُّ رِقٌّ

مِنْ كَثْرَةِ الْغَسيلِ وَالْكَيِّ ، رَقَّ قُماشُ الْبَنْطَلونِ وَلَمْ يَعُدْ يَصْلُحُ لِلُّبْسِ .

to make thin | II | رَقَّقَ يُرَقِّقُ تَرْقِيقٌ

اَلْغَسيلُ وَالْكَيُّ بِكَثْرَةٍ يُرَقِّقُ أَحْيانًا نَسيجَ الْقُماشِ .

ر ق م

to write | I | رَقَمَ يَرْقُمُ رَقْمٌ

يَقولونَ : السّاعي فيما لا طَائِلَ تَحْتَهُ ، كَالرّاقِمِ عَلَى الْماءِ .

to number | II | رَقَّمَ يُرَقِّمُ تَرْقِيمٌ

بَعْدَ أَنْ أَكْمَلَ الْبَحْثَ ، بَدَأَ في تَرْقيمِ الصَّفَحاتِ عَلَى الْكُمْبيُوتَر .

ر ق ي

to develop | I | رَقِيَ يَرْقَى رُقِيٌّ

اَلْعَمَلُ يُؤَدِّي إِلَى رُقِيِّ الْمُجْتَمَعِ وَتَقَدُّمِهِ .

to promote s.o. | II | رَقَّى يُرَقِّي تَرْقِيَةٌ

بَعْدَ شَهْرَيْنِ ، سَوْفَ يُرَقَّى هَذَا الْمُوَظَّفُ إِلَى دَرَجَةٍ أَعْلَى .

to be promoted | V | تَرَقَّى يَتَرَقَّى تَرَقٍّ

هَذَا الْمُوَظَّفُ لاَ يَسْتَحِقُّ أَنْ يَتَرَقَّى نَظَرًا لِكَسَلِهِ وَخُمُولِهِ .

to advance | VIII | اِرْتَقَى يَرْتَقِي اِرْتِقاءٌ

إِذَا عَمِلْتَ بِجِدٍّ وَإِخْلاَصٍ ، حَقَّقْتَ لِنَفْسِكَ ارْتِقَاءً بَيْنَ زُمَلاَئِكَ .

ر ك ب

to ride | I | رَكِبَ يَرْكَبُ رُكُوبٌ

رَكِبْتُ سَيَّارَةَ أُجْرَةٍ . فَتَعَطَّلَتْ فِي الطَّرِيقِ .

to install | II | رَكَّبَ يُرَكِّبُ تَرْكِيبٌ

رَكَّبَ الْعَامِلُ جِهَازَ التَّكْيِيفِ خَطَأً ، فَلَم يَعمل .

to make s.o. ride, mount | IV | أَرْكَبَ يُرْكِبُ إِرْكَابٌ

أَرْكَبَنِي أَخِي حِصَانًا وَأَنَا أَزُورُهُ فِي مَزْرَعَتِهِ .

to be composed (of) | V | تَرَكَّبَ يَتَرَكَّبُ تَرَكُّبٌ

يَتَأَلَّفُ أَوْ يَتَرَكَّبُ أَوْ يَشْمَلُ الْبِناءُ اثْنَيْ عَشَرَ دَوْرًا للسَّكَنِ .

to commit | VIII | اِرْتَكَبَ يَرْتَكِبُ اِرْتِكَابٌ

لَقَدِ ارْتَكَبَ هَذَا الْمُجْرِمُ عِدَّةَ جَرَائِمَ فِي حَيٍّ وَاحِدٍ .

ر كـ د

to be still, stagnant | I | رَكَدَ يَرْكُدُ رُكُودٌ

بَعْدَ رُكودِ الْماءِ في التُّرعَةِ ، يَصْعُبُ عَلَيْنا صَيْدُ الأَسماكِ الْحَيَّةِ .

ر كـ ز

to plant firmly | I | رَكَزَ يَرْكُزُ رَكْزٌ

رَكَزَ الشَّيْخُ عَصاهُ فِي الرَّمْلِ وَقَالَ : هُنَا وُلِدْتُ ، وَهُنَا أُدْفَنُ .

to concentrate | II | رَكَّزَ يُرَكِّزُ تَرْكِيزٌ

مَسَائِلُ الرِّيَاضِيَّاتِ تَحْتَاجُ مِنَ الطَّالِبِ إِلَى تَرْكِيزٍ كَبِيرٍ .

to be instilled | V | تَرَكَّزَ يَتَرَكَّزُ تَرَكُّزٌ

قَدْ تَرَكَّزَ فِي نَفْسِي الآنَ ، أَنَّهُ سَعِيدٌ بِعَمَلِهِ مَعَنَا .

to be based (on) | VIII | اِرْتَكَزَ يَرْتَكِزُ اِرْتِكَازٌ

يَرْتَكِزُ الْبَحْثُ عَلَى مَنْهَجَيْنِ : وَصْفِيٍّ وَتَارِيخِيٍّ .

ر كـ ض

to gallop | I | رَكَضَ يَرْكُضُ رَكْضٌ

ظَلَّ الْفَارِسُ يَرْكُضُ بِجَوَادِهِ وَرَاءَهُمْ حَتَّى لَحِقَ بِهِمْ .

ر كـ ع

to kneel down | I | رَكَعَ يَرْكَعُ رُكُوعٌ

عِنْدَمَا اقْتَرَبَ مِنَ الْمَلِكِ ، رَكَعَ بَيْنَ يَدَيْهِ .

to make s.o. kneel (down) | IV | أَرْكَعَ يُرْكِعُ ——

إِنَّهُ أَقْوَى مِنْهُمْ وَيَسْتَطِيعُ أَنْ يُرْكِعَهُمْ لِرَغْبَتِهِ لَوْ أَرَادَ ، أَلَمْ أَقُلْ لَكَ إِنَّهُ طَاغِيَةٌ .

ر كـ ك

to be weak | I | رَكَّ يَرِكُّ رَكَاكَةٌ

الرَّكاكَةُ مَنْبوذَةٌ في كُلِّ شَيْءٍ ، في نَوعِيَّاتِ الأَطْعِمَةِ ، وَكَذا الشِّعْرِ الرَّديءِ .

ر ك م

تَرَاكَمَ	يَتَرَاكَمُ	تَرَاكُمٌ	VI	to accumulate

تَراكَمَتْ الْقُمامَةُ في الشَّوارِع ، فَضَجَّ النَّاسُ وَقَدَّموا شَكاوَى لِلْحَكُومَةِ .

ر ك ن

رَكَنَ	يَرْكَنُ	رُكُونٌ	I	to rely (on)

لَقَدْ أَحْبَبْتُهُ ورَكَنْتُ إِلَيْهِ ، وَبَعْدَ أَنْ عَرَفَ كُلّ أَسْراري ، أَذاعَها لِكُلّ النَّاسِ .

اِرْتَكَنَ	يَرْتَكِنُ	اِرْتِكَانٌ	VIII	to rely (on)

إِنَّنِي لاَ أَرْتَكِنُ إِلاَّ لِمَنْ أَثِقُ فِيهِ .

ر م د

رَمَدَ	يَرْمَدُ	رَمَدٌ	I	to have inflamed eyes

ذَهَبْتُ إِلَى مُسْتَشْفَى الرَّمَدِ ، لَمْ يَسْتَطيعوا تَشْخيصَ مُشْكِلَةِ عَينيَّ .

ر م ز

رَمَزَ	يَرْمُزُ	رَمْزٌ	I	to represent, symbolize

يَرْمُزُونَ بِهَذَا التِّمْثَالِ إِلَى تَارِيخِهِمْ وَنَهْضَتِهِمُ الْمُرْتَقَبَةِ .

ر م ش

رَمَشَ	يَرْمُشُ	رَمْشٌ	I	to wink

أَراهُ دائمًا يَرْمُشُ بِعَيْنِهِ أَكْثَرَ مِن اللّازِمِ : أَهِي عادَةٌ أَمْ مَرَضٌ ؟

ر م ق

رَمَقَ	يَرْمُقُ	رَمْقٌ	I	to glance (at)

شَاهَدْتُهُ وَهْوَ يَرْمُقُهَا بِنَظْرَةِ حِقْدٍ .

ر م م

رَمَّمَ	يُرَمِّمُ	تَرْمِيمٌ	II	to repair

كانَ الْمَبْنَى بِحاجَةٍ إِلَى تَرْميمٍ ، أَخيرًا حَصَلْنا عَلَى تَصْريحٍ بِبَقائِهِ وَتَرْميمِهِ .

to be repaired	V	تَرَمُّمٌ	يَتَرَمَّمُ	تَرَمَّمَ

تَرَمَّمَ الْمَبْنَى ، وَأَصْبَحَ الْآنَ صالحًا لِكافَةِ الْأَغْراضِ .

ر م ي

to throw s.th.	I	رَمْيٌ	يَرْمِي	رَمَى

رَمَيْتُ إِلَيْهِ الْكُرَةَ مِنَ النَّافِذَةِ فَسَقَطَتْ عَلَى رَأْسِ أَحَدِ الْمَارَّةِ .

to be reported	VI	——	يَتَرَامَى	تَرَامَى

لَقَدْ تَرَامَى إِلَى سَمْعِي أَنَّهُ سَيَتَزَوَّجُهَا ، وَلاَ أَدْرِي : هَلْ هَذَا صَحِيحٌ ؟

to throw o.s. (on)	VIII	اِرْتِمَاءٌ	يَرْتَمِي	اِرْتَمَى

كَانَ مُتْعَبًا فَارْتَمَى عَلَى مَقْعَدٍ وَغَلَبَهُ النَّوْمُ فَنَامَ .

ر ن ح

to sway s.th. / make s.o. stagger	II	تَرْنِيحٌ	يُرَنِّحُ	رَنَّحَ

رَنَّحَهُ شُرْبُ الْخَمرِ ، فَلَمْ يَعُدْ يَعْرِفُ كَيْفَ يَستَوِي قائِمًا .

to sway, stagger	V	تَرَنُّحٌ	يَتَرَنَّحُ	تَرَنَّحَ

تَرَنَّحَ بَعْدَ قَضاءِ سَهْرَةٍ حَمْراءَ مَعَ الْغَوانِي وَالرَّاقِصاتِ. هُوَ الْآنَ بِالْعِنايةِ الْمُرَكَّزَةِ .

ر ن م

to intone (song)	II	تَرْنِيمٌ	يُرَنِّمُ	رَنَّمَ

التَّرنيمُ صَوْتٌ عَذْبٌ يَسْتَمِرُّ وَيَطولُ فَيُعْجِبُ السّامِعِينَ .

to intone (song)	V	تَرَنُّمٌ	يَتَرَنَّمُ	تَرَنَّمَ

في النَّحوِ الْعَرَبِيِّ ، نَوْعٌ مِن التَّنْوينِ يُقالُ لَهُ تَنْوينُ التَّرَنُّمِ وَيأْتي في الْقَوافي الْمُقَيَّدَةِ بِالشِّعْرِ .

ر ن ن

to ring	I	رَنٌّ	يَرِنُّ	رَنَّ

رَنَّ أَو دَقَّ جَرَسُ التِّليفُون ، رَفَعْتُ السَّمَّاعَةَ ، لَمْ يَرُدّ عَلَيَّ أَحَدٌ .

ر ن و

to gaze	I	رُنُوٌّ	يَرْنُو	رَنَا

ظَلَّ يَرْنُو إِلَيْها ، وَهْيَ لا تَنْتَبِهُ إِلَيْهِ ، وَفَجْأَةً رَأَتْهُ عَلَى حالِهِ ، فَتَركَت لَهُ الْمَكانَ .

ر هـ ب

to fear, be frightened | I | رَهِبَ يَرْهَبُ رَهْبَةٌ

أَنَا لاَ أَرْهَبُ شَيْئًا ، وَلَكِنَّنِي أَخْشَى اللهَ .

to intimidate | II | رَهَّبَ يُرَهِّبُ تَرْهِيبٌ

أَيُّهُمَا أَنْفَعُ فِي تَرْبِيَةِ الْأَوْلاَدِ : اَلتَّرْغِيبُ أَمِ التَّرْهِيبُ ؟

to terrorize | IV | أَرْهَبَ يُرْهِبُ إِرْهَابٌ

أَصْبَحَ الْإِرْهَابُ قَضِيَّةً تَشْغَلُ بَالَ الْعَالَمِ كُلِّهِ .

to become a monk, nun | V | تَرَهَّبَ يَتَرَهَّبُ تَرَهُّبٌ

إِنَّهُ دَائِمًا يَرْفُضُ الزَّوَاجَ ، فَهَلْ سَيَتَرَهَّبُ ؟ أَمْ مَاذَا ؟

ر هـ بـ ن

to become a monk | Q1 | تَرَهْبَنَ يَتَرَهْبَنُ تَرَهْبُنٌ

الرَّهْبَنَةُ في أَبسَطِ تَعْريفاتِها : اِنْقِطاعٌ لِلْعبادَةِ وَزُهْدٌ في الْمادِيّات وَمُداوَمةُ الطّاعِةِ للهِ .

ر هـ ف

to be acute | I | رَهَفَ يَرْهَفُ رَهْفٌ / رَهَافَةٌ

لَقَدْ رَهَفَ سَمْعُهُ لِدَرَجَةٍ تَلْفِتُ النَّظَرَ .

to listen closely | IV | أَرْهَفَ يُرْهِفُ إِرْهَافٌ

إِنَّهَا تُرْهِفُ السَّمْعَ ، رُبَّمَا لِتَتَسَمَّعَ لأَيِّ شَيْءٍ .

ر هـ ق

to be adolescent | III | رَاهَقَ يُرَاهِقُ مُرَاهَقَةٌ

فَتْرَةُ الْمُرَاهَقَةِ مِنْ أَشَدِّ الْفَتَرَاتِ حَرَجًا فِي حَيَاةِ الْإِنْسَانِ .

to overburden | IV | أَرْهَقَ يُرْهِقُ إِرْهَاقٌ

بَعْدَ عَمَلٍ مُتَوَاصِلٍ لِمُدَّةِ سِتِّ سَاعَاتٍ ، أَحْسَسْتُ بِالْإِرْهَاقِ .

ر هـ ل

to be flabby (flesh) | V | تَرَهَّلَ يَتَرَهَّلُ تَرَهُّلٌ

بَعْدَ أَنْ أَجْرَتْ عَمَلِيَّةً لِشَفْطِ الدُّهونِ مِنْ جِسْمِها ، تَرَهَّلَ جَسَدُها وَكَأَنَّها عَجوزٌ .

ر هـ ن

to mortgage, pawn	I	رَهَنَ يَرْهَنُ رَهْنٌ	

رَهَنَ بَيْتَهُ الْقَدِيمَ لِيُكْمِلَ الْمَبْلَغَ وَيشْتَرِيَ السَّيَّارَةَ .

to bet	III	رَاهَنَ يُرَاهِنُ رِهَانٌ / مُرَاهَنَةٌ

رَاهَنَ أَنْ يَكْسِبَ حِصَانُهُ هَذِهِ الْمَرَّةَ ، وَلَكِنَّهُ خَسِرَ الرِّهَانَ .

to bet	VI	تَرَاهَنَ يَتَرَاهَنُ تَرَاهُنٌ

تَرَاهَنْتُ مَعَ أَخِي عَلَى أَنَّ الْحِصَانَ الْأَبْيَضَ لَنْ يَكسِبَ هَذِهِ الْمَرَّةَ .

to pawn	VIII	اِرْتَهَنَ يَرْتَهِنُ اِرْتِهَانٌ

اِرْتَهَنَ سَاعَتَهُ بِجُنَيْهَيْنِ كَانَ فِي حَاجَةٍ إِلَيْهِمَا .

ر و ب

to curdle milk	I	رَابَ يَرُوبُ رَوْبٌ

كَثيرونِ مِن الْمَرْضَى وَحَتَّى الْأَصِحَّاءُ يُحِبُّونَ اللَّبَنَ الرَّايِبَ بَديلاً عَن الْحَليبِ والزَّبادي .

ر و ج

to sell well	I	رَاجَ يَرُوجُ رَوَاجٌ

هَذَا النَّوْعُ مِنَ الْقُمَاشِ يَرُوجُ الْآنَ أَكْثَرَ مِنْ ذِي قَبْلُ .

to promote, sell well	II	رَوَّجَ يُرَوِّجُ تَرْوِيجٌ

حَاوَلَ التَّاجِرُ أَنْ يُرَوِّجَ بِضَاعَتَهُ فَرَخَّصَ السِّعْرَ .

ر و ح

to leave	I	رَاحَ يَرُوحُ رَوَاحٌ

اِنْدَلَعَتِ الْحَرْبُ وَرَاحَ ضَحِيَّتَهَا عَدَدٌ كَبِيرٌ مِنَ الْأَبْرِيَاءِ .

to revive	II	رَوَّحَ يُرَوِّحُ تَرْوِيحٌ

يُحاوِلونَ التَّرْويحَ عَنْهُ طَوالَ الْوَقْتِ ، وَلكِنَّ أَزْمَتَهُ كَبيرَةَ مازالَ يَعيشُها .

to alternate	III	رَاوَحَ يُرَاوِحُ مُرَاوَحَةٌ

يُمْكِنُكَ الْمُرَاوَحَةُ بَيْنَ عَمَلِكَ الدَّائِمِ ، وعَمَلِكَ الْمُوَقَّتِ ، لا مُشْكِلَةَ .

to let rest IV أَرَاحَ يُرِيحُ إِرَاحَةٌ
حَديثُه الشَّائِقُ (أَوْ الشَّيِّقُ) يُريحُني دائمًا .

to vary VI تَرَاوَحَ يَتَرَاوَحُ تَرَاوُحٌ
يَتَرَاوَحُ السِّعْرُ بَيْنَ عَشْرَةِ دُولَارَاتٍ وَخَمْسَةَ عَشَرَ .

to find rest VIII اِرْتَاحَ يَرْتَاحُ اِرْتِيَاحٌ
بَعْدَ قَضاءِ شَهْرٍ في الْمَصيفِ بِالْإِسْكَنْدَرِيَّةِ ، شَعَرَ بِارْتِياحٍ أَكْثَرَ .

to refresh o.s. X اِسْتَرْوَحَ يَسْتَرْوِحُ اِسْتِرْوَاحٌ
قُمْتُ بالرِّحْلَةِ لأَسْتَرْوِحَ قَليلاً مِنْ عَناءِ الْعَمَلِ .

ر و د

to accustom I رَادَ يَرُودُ رَوْدٌ / رَوَدَانٌ / رِيَادٌ
كَانَ يَرُودُ ابْنَهُ عَلَى مُخالَطَةِ الْأَجَانِبِ ، وَلَكِنَّهُ لَمْ يُفْلِحْ .

to tempt III رَاوَدَ يُرَاوِدُ مُرَاوَدَةٌ
رَاوَدَتْنِي نَفْسِي أَنْ أَتْرُكَ الْوَظِيفَةَ وَأَشْتَغِلَ سِمْسَارًا .

to want IV أَرَادَ يُرِيدُ إِرَادَةٌ
خَلَقَ اللهُ الْإِنْسانَ ، وَجَعَلَ لَهُ إِرادَةً يَخْتارُ بِها ما بَيْنَ الصَّالِحِ وَالطَّالِحِ .

to think over VI تَرَاوَدَ يَتَرَاوَدُ تَرَاوُدٌ
ظَلَّ يَتَرَاوَدُ مَعَ نَفْسِهِ ، وَلَمْ يَصِلْ إِلَى قَرَارٍ حَاسِمٍ .

to take o.s. (to a place) VIII اِرْتَادَ يَرْتَادُ اِرْتِيَادٌ
أَصْبَحَ ارْتِيادُ الْمَقاهي الشَّعْبِيَّةِ ظاهِرةً عامَّةً تَفَشَّتْ بَيْنَ كُلِّ الشَّبابِ .

ر و ض

to train I رَاضَ يَرُوضُ رَوْضٌ
رَحْمَةُ اللهِ عَلَى أُسْتَاذِي ، لَقَدْ كَانَ دَائِمًا يَرُوضُنِي عَلَى فِعْلِ الْخَيْرِ .

to tame II رَوَّضَ يُرَوِّضُ تَرْوِيضٌ
كَثِيرٌ مِنَ الشَّبَابِ الْآنَ يُرَوِّضُونَ الْحَيَوَانَاتِ الْمُفْتَرِسَةَ .

to exercise V تَرَيَّضَ يَتَرَيَّضُ تَرَيُّضٌ
إِنَّه يَتَرَيَّضُ (أَو يَرْتاضُ) في النَّادي كُلَّ يَوْمٍ .

ر و ع

رَاعَ	يَرُوعُ	رَوْعٌ	I	to scare

رَاعَنِي وُجُودُ قِرْدٍ يَقْفِزُ فِي الشَّارِعِ هُنَا وَهُنَاكَ .

رَوَّعَ	يُرَوِّعُ	تَرْوِيعٌ	II	to scare

لَقَدْ رَوَّعَ وُجُودُ الْقِرْدِ عَدَدًا كَبِيرًا مِنَ النَّاسِ فَوَلَّوْا هَارِبِينَ .

تَرَوَّعَ	يَتَرَوَّعُ	تَرَوُّعٌ	V	to be frightened

تَرَوَّعَ الْمارَّةُ جَميعُهُمْ عِنْدَما أُشيعَ أَنَّ " السَّفَّاحَ " مَوْجودٌ بِالْحَيِّ .

اِرْتَاعَ	يَرْتَاعُ	اِرْتِياعٌ	VIII	to be frightened

اِرْتَاعَتِ ابْنَتِي لِرُؤْيَةِ الْقِرْدِ يَقِفُ أَمَامَ مَنْزِلِنَا .

ر و غ

رَاغَ	يَرُوغُ	رَوَغَانٌ	I	to dodge

كانَ مَدينًا لَهُ ، وَظَلَّ يُراوِغُهُ لِشُهورٍ كَيْ لا يُسَدِّدَ الدَّيْنَ . ما نِهايَةُ الرَّوَغانِ ؟

رَاوَغَ	يُرَاوِغُ	مُرَاوَغَةٌ	III	to dodge

أَنا لا أُحِبُّ الْمُراوَغَةَ ، إِنَّها كَالْخِداعِ وَالسَّرِقَةِ وَلَيْسَ فيها شَرَفٌ .

ر و ق

رَاقَ	يَرُوقُ	——	I	to be clear, pure

اِعْتادَ بَعْضُ النّاسِ أَنْ يَدُقّوا بُذورَ الْمِشْمِشِ ، وَيضَعوها في الْماءِ الكَدِرِ كَيْ يَروقَ وَيَصْفو .

رَوَّقَ	يُرَوِّقُ	تَرْوِيقٌ	II	to make clear, pure

رَوَّقَ الْماءَ مِنْ خِلالِ وَصْفةٍ شَعْبِيَّةٍ ، هِيَ وَضْعُ بُذورِ الْمِشْمِشِ الْمَطْحُونِ فيهِ .

أَرَاقَ	يُرِيقُ	إِرَاقَةٌ	IV	to spill

إِراقَةُ الدِّماءِ وَسَفْكُها دونَ وَجْهِ حَقٍّ ، مِن الْأُمُورِ الّتي حَرَّمَتْها الْأَدْيانُ السَّماوِيَّةُ .

ر و ي

رَوَى	يَرْوِي	رِوَايَةٌ	I	to tell (a story)

رَوَتْ لِي وَالِدَتِي رِوَايَةً لَمْ أَسْمَعْ أَجْمَلَ مِنْهَا .

رَوَّى يُرَوِّي تَرْوِيَةٌ II to quench s.o.'s thirst

كُنْتُ كَالظَّمْآنِ ، وَلَكِنَّ قِراءَةَ هَذِهِ الرِّسَالَةِ رَوَّتْنِي كَثِيرًا .

أَرْوَى يُرْوِي إِرْوَاءٌ IV to quench s.o.'s thirst

أَرْجو أَنْ يَكونَ ٱلأَسير قَد أَرْوَى بَعْدَ شُرْبِ الْماءِ ، كَيْ نَسْتَجْوِبَهُ .

تَرَوَّى يَتَرَوَّى تَرَوٍّ V to ponder

يَجِبُ أَنْ تَتَرَوَّى قَبْلَ اتِّخَاذِ قَرَارٍ ، كَيْ لاَ تَنْدَمَ .

اِرْتَوَى يَرْتَوِي اِرْتِواءٌ VIII to quench one's thirst

كُنْتُ ظَمْآنَ وَأَنَا بِالصَّحْرَاءِ ، حَتَّى وَجَدْتُ عَيْنَ مَاءٍ فَشَرِبْتُ وَارْتَوَيْتُ .

ر ي ب

رَابَ يَرِيبُ رَيْبٌ / رِيبَةٌ I to fill with suspicion

الرَّيْبُ أَو الرِّيبَةُ مَعْناها الشَّكُّ ، وَهْوَ لا يَزولُ إِلاَّ بِالْيَقينِ .

أَرَابَ يُرِيبُ إِرَابَةٌ IV to alarm

لَقَدْ أَرابَنِي هَذا الْأَمْرُ أَي أَدْخَلَ الشَّكَّ في نَفْسِي وَلَمْ أَعُدْ أَدْري مَاذا أَفْعَلُ .

اِرْتَابَ يَرْتَابُ اِرْتِيَابٌ VIII to have doubts

عِنْدَما تَحَدَّثْتُ مَعَهُ ، أَيْقَنْتُ بِارْتِيابِهِمْ فيهِ ، إِنَّه لَيْسَ صَرِيحًا عَلَى الْإِطْلاقِ .

ر ي ث

تَرَيَّثَ يَتَرَيَّثُ تَرَيُّثٌ V to wait

يَنْبَغِي عَلَيْهَا أَنْ تَتَرَيَّثَ قَلِيلاً قَبْلَ إِعْطَائِهِ الْمُوَافَقَةَ .

ز

ز أ ر

to roar	I	زَأَرَ يَزْأَرُ زَئِيرٌ

زَئِيرُ الْأَسَدِ يُخِيفُ كُلَّ النَّاسِ .

ز ج ج

to push, throw (into prison)	I	زَجَّ يَزُجُّ زَجٌّ

ثَبَتَتْ عَلَيْهِ التُّهْمَةُ ، فَزَجَّ بِهِ الْحَاكِمُ فِي السِّجْنِ .

ز ج ر

to drive away	I	زَجَرَ يَزْجُرُ زَجْرٌ

زَجَرْتُ الْكَلْبَ مَرَّاتٍ ، وَلَكِنَّهُ ظَلَّ يَحُومُ حَوْلَنَا .

to be driven away	VII	اِنْزَجَرَ يَنْزَجِرُ اِنْزِجَارٌ

لَنْ يَنْزَجِرَ الْكَلْبُ بِهَذَا الأَسْلوبِ الضَّعيفِ .

to be driven away	VIII	اِزْدَجَرَ يَزْدَجِرُ اِزْدِجَارٌ

تَأَكَّدْتُ الْآنَ فَقَطْ أَنَّ الْكَلْبَ قَدْ ازْدَجَرَ وَلَمْ يَعُدْ يَحومُ حَوْلَنا كَما كانَ .

ز ج و

to urge on s.th. / s.o.	I	زَجَا يَزْجُو زَجْوٌ

أُريدُ مِنْكَ أَنْ تَزْجُوَ هَذَا الْأَمْرَ وَأَنْ تُفْهِمَ النَّاسَ بِأَهَمِّيَّتِهِ .

to extend (greetings, thanks)	II	زَجَّى يُزَجِّي تَزْجِيَةٌ

ظَلَّ يُزَجِّي إِلَيْهِ تَحِيَّاتِهِ وَاحْتِراماتِهِ حَتَّى سَمِعَ أَنَّهُ غادَرَ الْبَلْدَةَ .

to extend (greetings, thanks)	IV	أَزْجَى يُزْجِي إِزْجَاءٌ

كَتَبَ لَهُ بِطاقَةَ شُكْرٍ قائلاً : أُزْجِي إِلَيْكَ تَحِيَّاتي وَشُكْري وَتَقْديري .

ز حـ ف

زَحَفَ يَزْحَفُ زَحْفٌ	I	to crawl

قَبْلَ أَنْ يَزْحَفَ الثُّعْبَانُ نَحْوِي ، قَتَلْتُهُ .

ز حـ ز ح

زَحْزَحَ يُزَحْزِحُ زَحْزَحَةٌ	Q	to budge

هَذا الْحَجَرُ ثَقِيلٌ جِدًّا ، لاَ يُمْكِنُ لإِنْسَانٍ أَنْ يُزَحْزِحَهُ وَحْدَهُ .

ز حـ ف

زَحَفَ يَزْحَفُ زَحْفٌ	I	to crawl

ظَلَّ الْجُنْدِيُّ الْمَكْسورَةُ ساقُهُ يَزْحَفُ عَلَى رُكْبَتَيْهِ حَتَّى وَصَلَ الْمُعَسْكَرَ .

ز حـ لـ ق

تَزَحْلَقَ يَتَزَحْلَقُ تَزَحْلُقٌ	Q1	to slide

ظَلَّ الطِّفْلُ يَتَزَحْلَقُ في النَّادي قُرابَةَ ساعَةٍ ، ثُمَّ أُصيبَ بِضَرْبَةِ شَمْسٍ .

ز حـ م

زَحَمَ يَزْحَمُ زَحْمَةٌ	I	to crowd

هَؤُلاَءِ النَّاسُ يَزْحَمُونَ الْمَكْتَبَ دُونَ أَدْنَى سَبَبٍ .

زَاحَمَ يُزَاحِمُ مُزَاحَمَةٌ / زِحَامٌ	III	to shove

لِمَاذَا يُزَاحِمُونَ وَلَيْسَتْ لَهُمْ مَصْلَحَةٌ فِي كُلِّ هَذَا ؟

تَزَاحَمَ يَتَزَاحَمُ تَزَاحُمٌ	VI	to crowd together

لِماذا كُلُّ هَذا التَّزَاحُمِ عَلى الْبَضَائِعِ الْأَجْنَبِيَّةِ ؟!

اِزْدَحَمَ يَزْدَحِمُ اِزْدِحامٌ	VIII	to be crowded

اِزْدَحَمَ الْقِطَارُ بِالرُّكَّابِ فَنَزَلْتُ وَانْتَظَرْتُ قِطَارًا آخَرَ .

ز خـ ر

زَخَرَ يَزْخَرُ زَخْرٌ	I	to abound (in)

زَخَرَتْ مَكْتَبَاتُ الْعَالَمِ بِمَخْطُوطاتٍ عَرَبِيَّةٍ نَادِرَةٍ .

to be enriched (by) VIII اِزْدَخَرَ يَزْدَخِرُ اِزْدِخَارٌ

تَزْدَخِرُ الْمَكْتَبَاتُ الْعَالَمِيَّةُ بِعَدَدٍ وَافِرٍ مِنَ الْمَخْطُوطَاتِ الْعَرَبِيَّةِ .

ز خ ر ف

to decorate Q زَخْرَفَ يُزَخْرِفُ زَخْرَفَةٌ

زَخْرَفَ التَّلَامِيذُ فَصْلَهُمُ اسْتِعْدَادًا لِلْاحْتِفَالِ بِرَأْسِ السَّنَةِ .

to be decorated Q1 تَزَخْرَفَ يَتَزَخْرَفُ تَزَخْرُفٌ

تَزَخْرَفَ الْبَيْتُ كَثِيراً اسْتِعْدَاداً لاسْتِقْبَالِ الْأَبِ الْقَادِمِ مِنَ الْحَجِّ .

ز ر د

to gulp VIII اِزْدَرَدَ يَزْدَرِدُ اِزْدِرَادٌ

كَانَ جَوْعَانَ ، وَأَخَذَ يَزْدَرِدُ كُلَّ مَا عَلَى الْمَائِدَةِ مِنْ أَطْعِمَةٍ .

ز ر ع

to plant I زَرَعَ يَزْرَعُ زَرْعٌ / زِرَاعَةٌ

زَرَعَ الْفَلَّاحُ ثُلُثَ أَرْضِهِ قَمْحًا .

to be planted VII اِنْزَرَعَ يَنْزَرِعُ اِنْزِرَاعٌ

اِنْزَرَعَ الْقَمْحُ وَالْحَمْدُ لله ، بَقِيَ أَنْ نُفَكِّرَ فِي زِرَاعَةِ مَحْصُولٍ جَدِيدٍ .

to reclaim (land) X اِسْتَزْرَعَ يَسْتَزْرِعُ اِسْتِزْرَاعٌ

تَقومُ الْحُكُومَةُ الْآنَ بِاسْتِزْرَاعِ أَرْضاً جَدِيدَةً في الصَّحْرَاءِ .

ز ر ق

to become blue IX اِزْرَقَّ يَزْرَقُّ اِزْرِقَاقٌ

اِزْرَقَّتِ السَّماءُ مَرَّةً أُخْرَى بَعْدَ اِنْقِشَاعِ الْغَمامِ وَالضَّبابِ .

ز ر ي

to scold I زَرَى يَزْرِي زِرَايَةٌ

إِلَى مَتَى يَظَلُّ يَزْرِي بِهِ دونَ ذَنْبٍ جَناهُ ؟

to degrade IV أَزْرَى يُزْرِي إِزْرَاءٌ

لَقَدْ أَزْرَى بِهِ عَمَلُهُ السَّيِّئُ وَلَمْ يَعُدْ أَحَدٌ يَحْتَرِمُهُ كَما كانَ في السَّابِقِ .

to think little of s.th. / s.o. VIII اِزْدَرَى يَزْدَرِي اِزْدِرَاءٌ
لِمَاذا يَزْدَريهِ وَهْو إِنْسانٌ طَيِّبٌ لا يُؤذِي النَّاسَ ؟!

ز ع ج

to disturb IV أزْعَجَ يُزْعِجُ إزْعَاجٌ
عِنْدَما أَدْخُلُ غُرْفَتي بِأَيِّ فُنْدُقٍ ، أُعلِّقُ اللَّافِتَةَ التّي تَقولُ " رَجاءً عَدَمَ الْإِزْعاجِ " .

to be disturbed VII اِنْزَعَجَ يَنْزَعِجُ اِنْزِعَاجٌ
اِنْزَعَجْتُ كَثيرًا بِاتِّصال مُوظَّفِ الاِسْتِقْبالِ بي تليفونيًا ، في وَقْتٍ مُتَأَخِّرٍ مِن اللَّيْلِ .

ز ع ز ع

to shake Q زَعْزَعَ يُزَعْزِعُ زَعْزَعَةٌ
إِنَّهُ يَهْدُفُ دَائِمًا إِلَى زَعْزَعَةِ ثِقَتِهَا بِالنَّاسِ .

to be shaken Q1 تَزَعْزَعَ يَتَزَعْزَعُ تَزَعْزُعٌ
تَزَعْزَعَتْ ثِقَتُهُمْ بِهِ بَعْدَ أَنْ عَرفوا حَقيقَتَهُ .

ز ع ق

to yell I زَعَقَ يَزْعَقُ زَعْقٌ
يُقالُ زَعَقَ أَوْ بِالْأَحْرَى : صَاحَ بِهِمْ كَيْ يُنْقِذُوهُ مِن الْغَرَقِ .

ز ع م

to pretend, claim I زَعَمَ يَزْعُمُ زَعْمٌ
زَعَمَ اللِّصُّ أَنَّهُ جَاءَ سَائِلاً لاَ سَارِقًا .

to lead V تَزَعَّمَ يَتَزَعَّمُ تَزَعُّمٌ
تَزَعَّمَ طَالِبٌ بِالثَّانَوِيِّ عِصَابَةً لِسَرِقَةِ السَّيَّارَاتِ .

ز غ ر د

to make a trilling sound Q زَغْرَدَ يُزَغْرِدُ زَغْرَدَةٌ
زَغْرَدَتْ أُمُّ الْعَرُوسِ مِنْ قَلْبِهَا ابْتِهَاجًا بِزِفَافِ ابْنَتِهَا .

ز غـ لـ ل

زَغْلَلَ يُزَغْلِلُ زَغْلَلَةٌ Q to dazzle (eyes)

رَغْمَ أَنَّ نَظَّارَتَهُ جَديدَةٌ فَإِنَّهُ يَشْعُر بِزَغْلَلَةٍ تَعوقُه عَن الرُّؤْيَةِ الْواضِحَةِ .

ز فـ ر

زَفَرَ يَزْفَرُ زَفِيرٌ I to exhale

الزَّفِيرُ وَالشَّهِيقُ هُمَا حَرَكَتَا عَمَلِيَّةِ التَّنَفُّسِ .

ز فـ ف

زَفَّ يَزُفُّ زِفَافٌ I

1. to be married off

في الْأُسْبوعِ الْماضِي ، حَضَرْتُ حَفْلَ زِفافٍ جَميلٍ بِفُنْدُقِ " ماريوت " بالزَّمالِك .

2. to inform

عِنْدَما زَفَّ إِلَيَّ نَبأَ زَواجِهِ ، بَعَثْتُ لَهُ بِبَرْقِيَّةٍ أُهَنِّئُهُ وَأَدْعو لَهُ .

ز قـ ز ق

زَقْزَقَ يُزَقْزِقُ زَقْزَقَةٌ Q to chirp (birds)

يُقالُ : شَقْشَقَتِ الْعَصافيرُ ، وَلكِنَّ الْبَعْضَ يُفَضِّلُ كَلِمَةَ " زَقْزَقَتْ " .

ز كـ و

زَكَا يَزْكُو زَكَاةٌ I to be pure in heart

الزَّكاةُ أَساسًا هِي التَّطَهُّرُ ، وَلكِنْ مَعْنَاها في الشَّرْعِ دَفْعُ ضَرِيبَةِ الْمالِ لِلْفُقَرَاءِ .

زَكَّى يُزَكِّي تَزْكِيَةٌ II to recommend s.o.

كَتَبْتُ لِلطَّالِبِ خِطابَ تَزْكِيَةٍ كَيْ يُكْمِلَ دِراسَتَهُ بِالْقاهِرَةِ .

تَزَكَّى يَتَزَكَّى تَزَكٍّ V to purify o.s.

أَحْمَدُ اللهَ ، فَلَقَدْ تَزَكَّيا وَتَصافَيا وَرَجَعا صَديقَيْنِ مِنْ جَديدٍ .

ز ل ج

زَلَجَ يَزْلَجُ زُلُوجٌ I to slip

زَلَجَتْ قَدَمِي وَساخَتْ في الرَّمْلِ السَّاخِنِ عَلَى الشَّاطِئِ.

تَزَلَّجَ يَتَزَلَّجُ تَزَلُّجٌ V to skate

لا أُحِبُّ أَنْ أَتَزَلَّجَ ، بَلْ أَهوَى أَنْ أُشاهِدَ الأَطْفالَ وَهُمْ يَتَزَلَّجونَ عَلَى الثَّلْجِ .

ز ل ز ل

زَلْزَلَ يُزَلْزِلُ زَلْزَلَةٌ / زِلْزالٌ Q to quake, shake violently

أَحْدَثَ زِلْزالُ الأُسْبوعِ الْماضي فِي الْيابانِ زَلْزَلَةً فِي بَعْضِ الأَكْواخِ .

تَزَلْزَلَ يَتَزَلْزَلُ تَزَلْزُلٌ Q1 to be shaken

عِنْدما يَحْدُثُ زِلْزالٌ -لا قَدَّرَ اللهُ- تَتَزَلْزَلُ كُلُّ الْمباني وَالْبُيوتُ وَكَأَنَّها تَرْقُصُ .

ز ل ل

زَلَّ يَزِلُّ زَلٌّ I to slip, make a mistake

يُقالُ زَلَّتْ قَدَمُهُ فُوَقَعَ عَلَى الأَرْضِ ، وَزَلَّ أَيْ اِرْتَكَبَ خَطَأً .

أَزَلَّ يُزِلُّ إِزْلالٌ IV to cause s.o. to slip

في الْقُرآنِ الْكَريمِ في قِصَّةِ آدَمَ وَحَوّاء وَالشَّيْطانِ " فَأَزَلَّهُما الشَّيْطانُ عَنْها " أَيْ عَن الْجَنَّةِ .

ز ل ق

زَلِقَ يَزْلَقُ زَلَقٌ I to slide

زَلِقَتْ قَدَمُهُ رَغْمًا عَنْهُ فَانْكَبَّ عَلَى وَجْهِهِ ساقِطًا عَلَى الأَرْضِ .

اِنْزَلَقَ يَنْزَلِقُ اِنْزِلاقٌ VII to slide

اِنْزَلَقَتْ قَدَمُهُ فَجْأَةً فَسَقَطَ مَغْشِيًّا عَلَيْهِ .

ز م ت

تَزَمَّتَ يَتَزَمَّتُ تَزَمُّتٌ V to be prim

أَنا أَكْرَهُ التَّزَمُّتَ في أَيِّ شَيْءٍ ، فَالتَّشَدُّدُ لَيْسَ مِنْ سِماتِ الْمُتَحَضِّرينَ .

ز م ل

زامَلَ يُزامِلُ مُزامَلَةٌ III to be a colleague

زامَلَها في كُلِّيَةِ الصَّيْدَلَةِ لِمُدَّةِ خَمْسِ سَنَواتٍ ، ثُمَّ تَخَرَّجَ وَعادَ إِلَى وَطَنِهِ .

تَزامَلَ يَتَزامَلُ تَزامُلٌ VI to be close companions

بَعْدَ أَنْ تَزامَلا لِسَنَواتٍ ، فَرَّقَتْ بَيْنَهُما الأَقْدارُ .

ز م م

to fasten I زَمَّ يَزُمُّ زَمٌّ

يُقالُ زَمَّ شَفَتَيْهِ أيْ أَطْبَقَهُما ، وزَمَّ (أوْ " رَبطَ ") الحِزامَ في الطَّائِرَةِ أو السَّيَّارةِ .

ز م ن

to coincide VI تَزَامَنَ يَتَزَامَنُ تَزَامُنٌ

تَزامَنَ وُصولُهُ إِلَى الْقاهِرَةِ ، سَفَري إِلَى أَمْريكا ، فَلَمْ نَلْتَقِ مَعَ الأَسَفِ .

ز ن د ق

to be an atheist Q1 تَزَنْدَقَ يَتَزَنْدَقُ تَزَنْدُقٌ / زَنْدَقَةٌ

تَزَنْدَقَ أَيْ خالَفَ تَعاليمَ الدِّينِ وَكَفَرَ بِكُلِّ شَيْءٍ .

ز ن ي

to commit adultery I زَنَى يَزْنِي زِنًا

الزِّنا مَعْنَاهُ مُمَارَسَةُ الْجِنْسِ مَعَ غَيْرِ الزَّوْجَةِ أَوِ الزَّوْجِ ، وَهُوَ حَرَامٌ فِي كُلِّ الأَدْيَانِ .

ز ن ن

to buzz I زَنَّ يَزُنُّ زَنٌّ

يُقالُ في الْعَامِّيَّةِ الْمِصْرِيَّةِ " دَبُّور زَنَّ عَلَى خَراب عِشُّه " أَيْ إِنسانٌ أَقْدَمَ عَلَى ما فيهِ هَلاكُهُ دونَ أَنْ يَدْرِي .

ز ه د

to abstain I زَهِدَ يَزْهَدُ زُهْدٌ

أَصْبَحْتُ أَزْهَدُ فِي قِيَادَةِ السَّيَّارَةِ ، التَّاكْسِي أَسْهَلُ .

to induce s.o. to abstain from s.th. II زَهَّدَ يُزَهِّدُ تَزْهِيدٌ

زَهَّدَنِي فِي قِيَادَةِ سَيَّارَتِي : اِزْدِحَامُ الشَّوَارِعِ وَكَثَافَةُ الْمُرورِ .

to induce s.o. to abstain from s.th. IV أَزْهَدَ يُزْهِدُ ——

أَزْهَدَتْهُ قِرَاءَةُ كُتُبِ الدِّينِ فِي أُمُورِ الدُّنْيَا التَّافِهَةِ .

to practice asceticism	V	تَزَهَّدَ يَتَزَهَّدُ تَزَهُّدٌ

اَلتَّزَهُّدُ طَرِيقَةٌ فِي الْعِبَادَةِ تَهْدُفُ إِلَى عَدَمِ الاِهْتِمَامِ بِأُمُورِ الدُّنْيَا أَوِ الطَّمَعِ فِيهَا .

ز هـ ر

to bloom, be radiant	I	زَهَرَ يَزْهَرُ زَهْرٌ / زُهُورٌ

مَا أَجْمَلَ أَنْ يُشَاهِدَ الإِنْسَانُ زُهُورًا فِي بَيْتِهِ أَوْ فِي مَكْتَبِهِ !

to bloom	IV	أَزْهَرَ يُزْهِرُ إِزْهَارٌ

أَزْهَرَتِ الأَشْجَارُ وَشَقْشَقَتِ الْعصافيرُ وَطابَ جَوُّ الرَّبيعِ . ما أَحْلَى الرَّبيعَ !

to flourish	VIII	اِزْدَهَرَ يَزْدَهِرُ اِزْدِهَارٌ

شَهِدَ التَّارِيخُ ازْدِهَارَ بَعْضِ الْحَضَارَاتِ وَانْحِطَاطَ حَضَارَاتٍ أُخْرَى .

ز هـ ق

to die	I	زَهَقَ يَزْهَقُ زُهُوقٌ

كادَتْ روحُهُ تَزْهَقُ مِنْ كَثْرَةِ الشَّواغِلِ وَالْمَسْئولِيّاتِ وَالْمَشاكِلِ .

to destroy	IV	أَزْهَقَ يُزْهِقُ إِزْهَاقٌ

أَطْلَقَ عَلَيْهِ عِدَّةَ طَلَقاتٍ مِنْ مُسَدَّسِهِ ، فَأَزْهَقَ روحَهُ في الْحالِ .

ز هـ و

to be conceited	I	زَهَا يَزْهُو زَهْوٌ

كَانَتْ تَزْهُو بِجَمَالِهَا مُعْتَقِدَةً أَلاَّ أَحَدَ أَجْمَلُ مِنْهَا .

to be resplendent	VIII	اِزْدَهَى يَزْدَهِي اِزْدِهَاءٌ

تَزْدَهِي قَاعَةُ الاِجْتِمَاعَاتِ بِالْوُفُودِ مِنْ سَائِرِ الأَقْطَارِ فِي الْعَالَمِ .

ز و ج

to marry off	II	زَوَّجَ يُزَوِّجُ تَزْوِيجٌ

زَوَّجَهُ ابْنَتَهُ لِمَا عَلِمَ عَنْهُ مِنَ اسْتِقَامَةٍ وَتَدَيُّنٍ .

to bring to agreement	III	زَاوَجَ يُزَاوِجُ مُزَاوَجَةٌ

زَاوَجْتُ بَيْنَ عَمَلِي فِي الْمَصْنَعِ وَعَمَلِي فِي الْمُسْتَشْفَى .

to get married V تَزَوَّجَ يَتَزَوَّجُ تَزَوُّجٌ
تَزَوَّجَتْ مُنْذُ سَنَوَاتٍ وَهَاجَرَتْ مَعَ زَوْجِهَا إِلَى كَنَدَا .

to intermarry VI تَزَاوَجَ يَتَزَاوَجُ تَزَاوُجٌ
قَدْ أَتَزَوَّجُ أُخْتَكَ ، وَتَتَزَوَّجُ أَنْتَ أُخْتِي ، وَيُسَمَّى ذَلِكَ تَزَاوُجًا .

to pair, be double VIII اِزْدَوَجَ يَزْدَوِجُ اِزْدِوَاجٌ
اِنْتَبِهْ ! مِنْ هُنَا يَنْتَهِي ازْدِوَاجُ الطَّرِيقِ .

ز و د

to increase I زَادَ يَزِيدُ زِيَادَةٌ
لَم يَقْبَلِ السِّعْرَ الْأَوَّلَ ، فَحَاوَلْتُ زِيَادَتَهُ عِشْرِينَ جُنَيْهًا أُخْرَى .

to provide II زَوَّدَ يُزَوِّدُ تَزْوِيدٌ
زَوَّدَتْنِي الْمَحَطَّةُ بِالْوَقُودِ اللاَّزِمِ لِسَيَّارَتِي ، فَوَاصَلْتُ الرِّحْلَةَ .

to make a higher bid III زَاوَدَ يُزَاوِدُ مُزَاوَدَةٌ
عِنْدَ إِقَامَةِ مَزَادَاتٍ ، هُنَاكَ أُنَاسٌ مَأْجُورُونَ يُزَايِدُونَ لِمَصْلَحَةِ تُجَارٍ أَوْ رِجَالِ أَعْمَالٍ .

to be supplied (with) V تَزَوَّدَ يَتَزَوَّدُ تَزَوُّدٌ
تَزَوَّدْتُ بِالْوَقُودِ قَبْلَ أَنْ أَبْدَأَ رِحْلَتِي الطَّوِيلَةَ .

to increase VIII اِزْدَادَ يَزْدَادُ اِزْدِيَادٌ
غَلاءُ أَسْعَارِ السِّلَعِ الْأَسَاسِيَّةِ فِي كُلِّ بَلَدٍ أَمْرٌ آخِذٌ فِي الْاِزْدِيَادِ .

to ask for more X اِسْتَزَادَ يَسْتَزِيدُ اِسْتِزَادَةٌ
تَعَلَّمْنَا مِنْهُ الْكَثِيرَ وَالْوَفِيرَ وَلَمْ نَكْتَفِ بِعِدَّةِ مُحَاضَرَاتٍ بَلْ طَلَبْنَا الْاسْتِزَادَةَ .

ز و ر

to visit I زَارَ يَزُورُ زِيَارَةٌ
زَارَنِي فِي مَكْتَبِي ثَلَاثَ مَرَّاتٍ ، آخِرُهَا الشَّهْرَ الْمَاضِيَ .

to forge, falsify II زَوَّرَ يُزَوِّرُ تَزْوِيرٌ
إِنَّهُ رَجُلٌ غَشَّاشٌ ، يُزَوِّرُ الْمُسْتَنَدَاتِ مُقَابِلَ رِشْوَةٍ .

to visit each other VI تَزَاوَرَ يَتَزَاوَرُ تَزَاوُرٌ
عِنْدَمَا يَتَزَاوَرُ الْأَقَارِبُ وَالْأَصْدِقَاءُ ، تَجِدُ الْبَيْتَ وَقَدْ مَلَأَتْهُ الْبَهْجَةُ .

ز و ق

زَوَّقَ يُزَوِّقُ تَزْوِيقٌ II to adorn

في الْعامِّيةِ يَقولونَ "زَوَّقوا الْعَروسَةَ" وفي الْفُصْحى نَقولُ: جَمَّلوها. تَعبْير الْعَامِّيةِ أَوْقَعُ .

ز و ل

زَالَ يَزُولُ زَوَالٌ I to come to an end

حَمْداً لِلّهِ ، زَالَتْ مَرْحَلَةُ الْخَطَرِ ، وَسَتَتَحَسَّنُ صِحَّتُهُ .

(مَا) زَالَ (مَا) يَزَالُ —— I to continue

لايَزَالُ يَعْمَلُ فِي الْمَصْنَعِ ، وَلَكِنَّهُ الْآنَ يَبْحَثُ عَنْ عَمَلٍ آخَرَ .

زَاوَلَ يُزَاوِلُ مُزَاوَلَةٌ III to pursue s.th.

زاوَل مِهْنَةَ الطِّبِّ بِدونِ تَرْخيصٍ ، فَأُوقِفَ عَنْ عَمَلِهِ وَتَمَّ حَبْسُهُ .

أَزَالَ يُزِيلُ إِزَالَةٌ IV to remove

لَقَدْ شَرَحَ لِيَ الْحَقِيقَةَ ، فَأَزَالَ الشُّكُوكَ مِنْ نَفْسِي .

ز و ي

اِنْزَوَى يَنْزَوِي اِنْزِوَاءٌ VII to withdraw o.s.

إِنَّهُ غَرِيبٌ ، يَنْزَوِي دَائِمًا وَحْدَهُ وَلاَ يَخْتَلِطُ بِالنَّاسِ .

ز يـ ت

زَيَّتَ يُزَيِّتُ تَزْيِيتٌ II to grease, oil

طَلَبْتُ مِن الْميكانيكي أَنْ " يُزَيِّتَ " لي السَّيارَةَ ، حَاوَلْتُ إِفْهامَهُ بِلُغَتِهِ .

ز يـ ح

زَاحَ يَزِيحُ زَيْحٌ / زَيَحَانٌ I to move s.th. or s.o.

زاحَ الطَّاوِلَةَ إِلَى جِوارِ الشُّبّاكِ ، فَلَمْ نَعُدْ نَسْتطيعُ فَتْحَ الشُّبّاكِ .

أَزَاحَ يُزِيحُ إِزَاحَةٌ IV to move s.th. or s.o.

حاوَلَ أَنْ يُزِيحَهُ مِنْ مَكْتَبِهِ ، وَلَكِنَّهُ لَمْ يَسْتَطِعْ .

to be removed VII اِنْزَاحَ يَنْزَاحُ اِنْزِيَاحٌ

نَحْمَدُ اللهَ ، اِنْزاحَت الْغُمَّةُ وَعُدْنا لِلصَّفاءِ مِنْ جَديدٍ .

ز يـ غ

to disappear (from) I زَاغَ يَزِيغُ زَيْغٌ

رَأَيْتُ اللِّصَّ فِي الزِّحَامِ ، وَلَكِنَّهُ سُرْعَانَ مَا زَاغَ عَنْ بَصَرِي .

to cause to disappear IV أَزَاغَ يُزِيغُ إِزَاغَةٌ

أَزَاغَ اللِّصَّ عَنْ بَصَرِي اِزْدِحَامُ الْمَكَانِ فَلَمْ أَعُدْ أَرَاهُ .

ز يـ ف

to falsify II زَيَّفَ يُزَيِّفُ تَزْيِيفٌ

حَاوَلَ أَنْ يُزَيِّفَ الْحَقِيقَةَ أَمَامَ الْقَاضِي ، وَلَكِنَّهُ كَشَفَ أَلاعِيبَهُ .

ز يـ ن

to make distinguished I زَانَ يَزِينُ زِينَةٌ

عَلِيٌّ رَجُلٌ شُجَاعٌ وَمُحْتَرَمٌ ، مَا يَزِينُهُ أَكْثَرَ هُوَ حِفَاظُهُ عَلَى الْمَوَاعِيدِ .

II زَيَّنَ يُزَيِّنُ تَزْيِينٌ

1. to inveigle s.o. (to a mistaken belief)

لَقَدْ زَيَّنَ لِيَ أَنَّ الشَّرِكَةَ سَتَرْبَحُ ، وَلَمْ أَكُنْ أَعْرِفُ الْحَقِيقَةَ .

2. to decorate

تَمَّ تَزْيِينُ بَيْتِ الْعَرُوسِ بِالْأَنْوَارِ الْمُلَوَّنَةِ اِبْتِهَاجاً بِزِفَافِهَا .

to be adorned V تَزَيَّنَ يَتَزَيَّنُ تَزَيُّنٌ

تَزَيَّنَتِ الْعَرُوسُ اسْتِعْدَادًا لِلِقَاءِ زَوْجِهَا .

to be decorated VIII اِزْدَانَ يَزْدَانُ اِزْدِيانٌ

اِزْدَانَ مَنْزِلُ الْعَرُوسِ بِالْوُرُودِ وَالزُّهُورِ وَالثُّرَيَّاتِ هُنَا وَهُنَاكَ .

س

س أ ل

سَأَلَ	يَسْأَلُ	سُؤَالٌ	I	to ask

سَأَلْتُهُ عَنِ الْعُنْوَانِ فَقَالَ إِنَّهُ لاَ يَعْرِفُهُ .

سَاءَلَ	يُسَائِلُ	مُسَاءَلَةٌ	III	to question

لاَ تَفْعَلِ الْخَطَأَ فَتَضَعَ نَفْسَكَ مَوْضِعَ الْمُسَاءَلَةِ .

تَسَاءَلَ	يَتَسَاءَلُ	تَسَاؤُلٌ	VI	to inquire (about, of)

حَاوِلْ أَنْ تَتَسَاءَلَ عَمَّا لاَ تَعْرِفُهُ .

س أ م

سَئِمَ	يَسْأَمُ	سَأَمٌ	I	to be bored

لَقَدْ سَئِمْتُ مِنَ الرُّوتِينِ الْيَوْمِيِّ ، أَوَدُّ الْقِيَامَ بِرِحْلَةٍ .

أَسْأَمَ	يُسْئِمُ	إِسْآمٌ	IV	to cause to be bored

أَسْأَمَهُ كَثِيرًا فِرَاقُهَا ، فَقَدْ كَانَتْ لَهُ زَوْجَةً وَصَدِيقَةً .

س ب ب

سَبَّ	يَسُبُّ	سَبٌّ	I	to insult

سَمِعْتُ الْوَلَدَ يَسُبُّ الرَّجُلَ الْعَجُوزَ بِكَلِمَاتٍ نَابِيَةٍ .

سَبَّبَ	يُسَبِّبُ	تَسْبِيبٌ	II	to cause

سَبَّبَ انْقِطَاعُ الْمِيَاهِ أَكْثَرَ مِنْ مَرَّةٍ ، وَجودَ خَلَلٍ في الْأَنَابِيبِ الْفَرْعِيَّةِ .

سَابَّ	يُسَابُّ	سِبَابٌ	III	to exchange insults

كَلِمَاتُ السِّبَابِ أَحْيَانًا تَكُونُ أَفْظَعَ وَأَقْسَى مِنَ الضَّرْبِ .

تَسَبَّبَ	يَتَسَبَّبُ	تَسَبُّبٌ	V	to cause

تَسَبَّبَ أَحَدُ زُمَلائِنا في قَطْعِ عَيْشِ حارِسِ الْبِنايةِ ، لِسُلوكِهِ الْخَشِنِ مَعَهُ .

تَسَابَّ	يَتَسَابُّ	تَسَابٌّ	VI	to insult each other

سَمِعْتُهُمَا يَتَسَابَّانِ ، فَحَزِنْتُ جِدًّا لِهَذَا الْمَوْقِفِ .

س ب ح

to swim I سِبَاحَةٌ يَسْبَحُ سَبَحَ

إِنَّهُ رَجُلٌ عَاقِلٌ ، لاَ يَسْبَحُ ضِدَّ التَّيَّارِ .

to glorify (God) II تَسْبِيحٌ يُسَبِّحُ سَبَّحَ

سَمِعْتُ الشَّيْخَ يُسَبِّحُ اللهَ قَائِلاً : سُبْحَانَ اللهِ الْعَظِيمِ .

س ب ر

to study thoroughly, fathom I سَبْرٌ يَسْبُرُ سَبَرَ

لاَ تُفَكِّرْ فِي الْحَلِّ قَبْلَ أَنْ تَسْبُرَ غَوْرَ الْمُشْكِلَةِ وَتَبْحَثَهَا جيِّدًا .

س ب ع

to divide into seven parts II تَسْبِيعٌ / سُبوع يُسَبِّعُ سَبَّعَ

بَعْدَ سَبْعَةِ أَيَّامٍ مِنْ ميلادِ الْمَوْلودِ ، تُقِيمُ الْأُسْرَةُ حَفْلَ " سُبوعٍ " لَهُ .

س ب ق

to precede I سَبْقٌ يَسْبِقُ سَبَقَ

كُنْتُ أَوَدُّ أَنْ أَنْشُرَ هَذَا الرَّأْيَ عَلَى النَّاسِ ، وَلَكِنَّهَا سَبَقَتْنِي إِلَى ذَلِكَ .

to compete III سِبَاقٌ / مُسَابَقَةٌ يُسَابِقُ سَابَقَ

فَازَ صَدِيقِي فِي سِبَاقِ الْخَيْلِ ، وَلَكِنَّهُ فَشِلَ فِي مُسَابَقَةِ الشُّعَرَاءِ .

to compete VI تَسَابُقٌ يَتَسَابَقُ تَسَابَقَ

يَتَسَابَقُ فَرِيقَا كُرَةِ الْقَدَمِ مِنْ أَجْلِ الْحُصُولِ عَلَى الْكَأْسِ الذَّهَبِيَّةِ .

to precede VIII اِسْتِبَاقٌ يَسْتَبِقُ اِسْتَبَقَ

أَكَّدْتُ عَلَيْهِ أَنْ يَجْلِسَ ، وَلَكِنَّهُ اسْتَبَقَ إِلَى الْبَابِ وَخَرَجَ .

س ب ك

to cast (metal) I سَبْكٌ يَسْبُكُ سَبَكَ

كَانَ لَدَيْهِ مَسْبَكٌ يَسْبُكُ فِيهِ الْحَدِيدَ ، وَلَكِنَّهُ بَاعَهُ مُؤَخَّرًا .

س ب ل

أَسْبَلَ يُسْبِلُ إِسْبَالٌ IV to let s.th. hang down

كَتَبَ أخي لِصَديقِهِ الْمَريضِ " أَسْبَلَ اللهُ عَلَيْكَ ثَوْبَ الْعافِيةِ وَعَجَّلَ بِشِفائِكَ " .

س ب ي

سَبَى يَسْبِي سَبْيٌ I to capture

نَقْرَأُ فِي التَّارِيخِ أَنَّ قَائِدًا مَا سَبَى عَدَدًا مِنَ النِّسَاءِ والأَطْفَالِ فِي الْحَرْبِ .

س ت ر

سَتَرَ يَسْتُرُ سَتْرٌ I to protect

دَعَوْتُ لَهُ أَنْ يَسْتُرَهُ اللهُ فِي الدُّنْيَا وَالْآخِرَةِ .

تَسَتَّرَ يَتَسَتَّرُ تَسَتُّرٌ V to conceal, hide

حَاوَلَ أَنْ يَتَسَتَّرَ عَلَى الْمُجْرِمِ ، وَلَكِنَّ الْبُولِيسَ عَلِمَ بِالْأَمْرِ .

اِسْتَتَرَ يَسْتَتِرُ اِسْتِتَارٌ VIII to be hidden

لَقَدْ كَرِهَ كُلَّ شَيْءٍ فَذَهَبَ بَعِيدًا وَاسْتَتَرَ عَنْ عُيُونِ النَّاسِ .

س ج د

سَجَدَ يَسْجُدُ سُجُودٌ I to prostrate o.s. in worship

بَعْدَ أَنْ نَجَحَتِ الْعَمَلِيَّةُ الْجِراحِيَّةُ ، سَجَدْتُ لِلَّهِ تَعْظِيمًا وَشُكْرًا .

س ج ع

سَجَعَ يَسْجَعُ سَجْعٌ I to coo

سَمِعْتُ الْحَمَامَ يَسْجَعُ بِصَوْتٍ مُحَبَّبٍ .

س ج ل

سَجَّلَ يُسَجِّلُ تَسْجِيلٌ II to record, register

سَجَّلْنَا فِي هَذَا الْقَامُوسِ عَدَدًا كَبِيرًا مِنَ الْأَفْعَالِ وَمَصَادِرِهَا .

سَاجَلَ يُسَاجِلُ مُسَاجَلَةٌ III to debate with s.o.

كانَتْ بَيْنَهُما مُساجَلَةٌ عن " الْعَوْلَمَةِ : خَيْرٌ أَمْ شَرٌّ " ، اِنْتَهَتْ بِمُشَادَّةٍ كَلامِيَّةٍ .

to be recorded V —— يَتَسَجَّلُ تَسَجَّلَ

تَسَجَّلَتْ كُلُّ كَلِمَاتِ هَذَا الْقَامُوسِ عَلَى نَحْوٍ خَاصٍّ .

س ج ن

to jail I سَجْنٌ يَسْجُنُ سَجَنَ

لَقَدْ سَجَنُوهُ عِدَّةَ مَرَّاتٍ ، وَلَكِنَّهُ مَازَالَ يُمَارِسُ الْإِجْرَامَ .

س ج ي

to be dark I سَجْيٌ يَسْجِي سَجَى

يَقُولُونَ : سَجَى اللَّيْلُ أَيْ أَظْلَمَ .

to shroud IV —— يُسْجِي أَسْجَى

عَرَفْنَا أَنَّهُ فَارَقَ الْحَيَاةَ ، فَأَسْجَيْنَاهُ عَلَى سَرِيرِهِ حتّى يَتِمَّ تَجْهِيزُهُ وَدَفْنُهُ - رَحِمَهُ اللهُ .

س ح ب

to withdraw I سَحْبٌ يَسْحَبُ سَحَبَ

سَحَبَ تَقْرِيبًا نِصْفَ رَصِيدِهِ مِنَ الْبَنْكِ .

to retreat VII اِنْسِحَابٌ يَنْسَحِبُ اِنْسَحَبَ

اِنْسَحَبَ الْقَائِدُ مِنَ الْمَوْقِعِ الَّذِي اكْتَشَفَهُ الْأَعْدَاءُ .

س ح ر

to bewitch, charm I سِحْرٌ يَسْحَرُ سَحَرَ

يَقُولُونَ عَنِ الْأُسْلُوبِ الْبَلِيغِ وَالْجَمِيلِ ، إِنَّهُ السِّحْرُ الْحَلَالُ .

V تَسَحُّرٌ / سَحُورٌ يَتَسَحَّرُ تَسَحَّرَ

to have a light meal before daybreak

لأَنَّ الصَّائِمَ يُمْسِكُ عَنِ الطَّعامِ وَالشَّرابِ مِنَ الْفَجْرِ وَحَتَّى الْمَغْرِبِ ، فَإِنَّهُ يَحْتَاجُ إِلَى وَجْبَةٍ تُسَمَّى " السَّحُورَ " .

س ح ق

to wipe out I سَحْقٌ يَسْحَقُ سَحَقَ

كَانَ قَائِدًا جَبَّارًا ، سَحَقَ كُلَّ الْأَعْدَاءِ فِي مَعَارِكَ عَدِيدَةٍ .

to be crushed	VII	اِنْسَحَقَ يَنْسَحِقُ اِنْسِحاقٌ

اِنْسَحَقَ الأَعْداءُ وَهَرَبَتْ فُلولُهُمْ أَمامَ جَيْشِنا الْباسِلِ .

س ح ل

to drag, demolish	I	سَحَلَ يَسْحَلُ سَحْلٌ

" السَّحْلُ " مُصْطَلَحٌ عَسْكَرِيٌّ يَعْنِي الْقَضاءَ عَلَى الأَعْداءِ ومُعِدَّاتِهِمْ .

to be demolished, dragged	VII	اِنْسَحَلَ يَنْسَحِلُ اِنْسِحَالٌ

اِنْسَحَلتْ جَحافِلُ الْجَيْشِ أمامَ كَتائِبِ الصَّاعِقَةِ في الصَّحْراءِ .

س خ ر

to ridicule	I	سَخِرَ يَسْخَرُ سُخْرِيَةٌ

لِمَاذَا يَسْخَرُونَ مِنْهُمْ عَلَى هَذَا النَّحْوِ ؟

to harness, subjugate	II	سَخَّرَ يُسَخِّرُ تَسْخِيرٌ

سَخَّرَ اللهُ كُلَّ مَا فِي الأَرْضِ لِخِدْمَةِ الإِنْسَانِ .

س خ ط

to resent	I	سَخِطَ يَسْخَطُ سُخْطٌ

لَمْ يُعْجِبْهُ تَصَرُّفُهَا ، لَقَدْ عَاتَبَهَا وَظَلَّ يَسْخَطُ عَلَى تَصَرُّفَاتِهَا .

to enrage	IV	أَسْخَطَ يُسْخِطُ ——

أَسْخَطَهَا مِنْهُ أَنَّهُ ظَلَّ يُعَاتِبُهَا أَمَامَ النَّاسِ .

س خ ف

to be absurd, silly	I	سَخُفَ يَسْخُفُ سَخَافَةٌ

لَمْ تَعُدْ تَتَحَمَّلُ سَخافَتَهُ ، يُحاوِلَ أَنْ يَتَظَرَّفَ لَكِنْ بِطَرِيقَةٍ فَجَّةٍ .

س خ ن

to become hot	I	سَخَنَ يَسْخُنُ سُخُونَةٌ

لَمْ يَسْخُنِ الطَّعامُ بَعْدُ ، اِنْتَظِرْ عَشْرَ دَقائِقَ أُخْرَى .

to make hot II سَخَّنَ يُسَخِّنُ تَسْخِينٌ

قَالَتِ الْأُمُّ لأَبْنَائِها : لَمْ أَعُدْ قادِرَةً عَلَى تَسْخينِ الطَّعامِ أَكْثَر مِنْ مَرَّةٍ . لِماذا لا تَحْضُرونَ سَوِيًّا ؟!

س خ و

to be generous I سَخَا يَسْخُو سَخْوٌ / سَخَاءٌ

ظَلَّ يُنْفِقُ أَمْوالَهُ بِسَخاءٍ كَبيرٍ ، حَتَّى نَفِدَ مُعْظَمُها .

س د د

to obstruct I سَدَّ يَسُدُّ سَدٌّ

لَقَدْ ضَايَقَهُ وَسَدَّ عَلَيْهِ كُلَّ الطُّرُقِ .

to pay II سَدَّدَ يُسَدِّدُ تَسْديدٌ

سَدَّدْتُ مَبْلَغَ ثلاثمائةِ جُنَيْهٍ ثَمَنَ فَاتُورَةِ الْكَهْرُبَاءِ .

to be paid V تَسَدَّدَ يَتَسَدَّدُ ——

تَسَدَّدَتْ كافَةُ الْفَواتيرِ حَتَّى الْآنَ ، عَدا فاتورَةِ التِّليفونِ .

to be obstructed VII اِنْسَدَّ يَنْسَدُّ اِنْسِدَادٌ

اِمْتَلأَ الْحَوْضُ بِالرَّمْلِ فَانْسَدَّ . نَحْنُ بِحاجَةٍ إِلَى سَبَّاكٍ ماهِرٍ يغَيِّرُ مواسيرَ الْحَمَّامِ .

س د ل

to let hang down IV أَسْدَلَ يُسْدِلُ إِسْدَالٌ

بَعْدَ كُلِّ فَصْلٍ مِنْ فُصولِ الْمَسْرَحِيَّةِ ، يَتِمُّ إِسْدالُ السِّتارِ .

س د ي

to extend s.th. (service, advice, thanks) IV أَسْدَى يُسْدِي إِسْدَاءٌ

هَذا الرَّجُلُ الطَّيِّبُ يُسْدي مَعْروفَهُ تَقْريبًا لِكُلِّ النَّاسِ .

س ر ب

to slip away I سَرِبَ يَسْرَبُ سَرَبٌ

في قِصَّةِ الْخِضْرِ وَموسَى عَلَيْهِ السَّلامُ ، يَذْكُرُ الْقُرآنُ عَنِ الْحوتِ " وَاتَّخَذَ سَبيلَهُ في الْبَحْرِ سَرَبا " .

to cause to leak II سَرَّبَ يُسَرِّبُ تَسْرِيبٌ
مِنْ أَخْطَرِ الْمُشْكِلاتِ ، أَنْ يَتَسَبَّبُ شَخْصٌ في تَسْرِيبِ الْغازِ الطَّبيعِيِّ .

to sneak, leak away V تَسَرَّبَ يَتَسَرَّبُ تَسَرُّبٌ
تَسَرَّبَ الْغازُ الطَّبيعِيُّ في أَحَدِ الْفَنادِقِ ، فَأَدَّى إِلَى حَريقٍ أَكَلَ الأَخْضَرَ وَالْيابِسَ .

س ر ح

to be distracted I سَرَحَ يَسْرَحُ سَرَاحٌ / سَرْحٌ
جَلَسْتُ فِي حَدِيقَةِ النَّادِي ، وَسَرَحْتُ بِفِكْرِي إِلَى أَيَّامِ الطُّفُولَةِ .

to release II سَرَّحَ يُسَرِّحُ تَسْرِيحٌ
يُسَرِّحُ الْجَيْشُ كُلَّ مَنْ تَنْتَهِي مُدَّةُ خِدْمَتِهِ .

س ر د

to narrate I سَرَدَ يَسْرُدُ سَرْدٌ
نَستَخْدِمُ كَلِمةُ " السَّرْدِ " في مُقابِلِ كَلِمَةِ " الْحِوارِ " في الرِّوايَةِ أَو الْمَسْرَحِيَّةِ .

س ر ر

to delight I سَرَّ يَسُرُّ سُرُورٌ
سَرَّنِي سُرُورًا كَبِيرًا أَنَّهُ يَخْتَصُّنِي بِسِرِّهِ .

to confide IV أَسَرَّ يُسِرُّ إِسْرَارٌ
أَسَرَّ إِلَيَّ بِأَنَّهُ سَيَسْتَقِيلُ مِنَ الْوَظيفَةِ ، فَحَذَّرْتُهُ .

س ر ع

to be fast I سَرُعَ يَسْرُعُ سُرْعَةٌ
السُّرْعَةُ الْقُصْوَى لِلسَّياراتِ الْمَلاّكي (الْخاصَّةِ) لا تَزيدُ عَنْ 90 كِيلومِتْراً في السَّاعَةِ .

to rush III سَارَعَ يُسَارِعُ مُسَارَعَةٌ
سَارَعَ الْمُلاكِمُ إِلَى تَسْديدِ عَدَدٍ مِن الضَّرباتِ في وَجْهِ خَصْمِهِ ، حَتَّى فازَ أَخيرًا بِالنِّقاطِ .

to hurry IV أَسْرَعَ يُسْرِعُ إِسْرَاعٌ
قالَ أَحَدُ وُزراءِ الْقَرْنِ الْماضي لِسائِقِهِ : لا تُسْرِعْ حَتَّى نصَلَ سالِمينَ قَبْلَ الْوَقْتِ .

to be hasty V تَسَرَّعَ يَتَسَرَّعُ تَسَرُّعٌ
التَّسَرُّعُ في أَيِّ شَيْءٍ سُلوكٌ سَيِّئٌ عواقِبُهُ وَخِيمَةٌ .

س ر ق

to steal I سَرَقَ يَسْرِقُ سَرِقَةٌ

سَرَقَ حَقِيبَتِي وَفِيهَا نُقُودِي وَجَوَازُ سَفَرِي .

to be stolen VII اِنْسَرَقَ يَنْسَرِقُ ——

اِنْسَرَقَتِ الْحَقِيبَةُ حِينَ كُنْتُ مُنْشَغِلاً بِشِرَاءِ تَذْكَرَةِ السَّفَرِ .

to eavesdrop VIII اِسْتَرَقَ يَسْتَرِقُ اِسْتِرَاقٌ

يُقَالُ إِنَّ بَعْضَ الْجِنِّ يَسْتَرِقُونَ السَّمْعَ أَيْ يَتَسَمَّعُونَ عَلَى الْبَشَرِ .

س ر ي

to become valid I سَرَى يَسْرِي سُرًى / سَرَيَانٌ

قَرَأْتُ فِي الْجَرِيدَةِ أَنَّ هَذَا الْقَانُونَ يَسْرِي ابْتِدَاءً مِنَ الشَّهْرِ الْقَادِمِ .

to dispel s.o.'s worries II سَرَّى يُسَرِّي تَسْرِيَةٌ

كُنْتُ حَزِينًا لِمَا حَدَثَ ، وَلَكِنَّ زِيَارَتَهُ لِي سَرَّتْ عَنِّي كَثِيرًا .

to travel by night IV أَسْرَى يُسْرِي إِسْرَاءٌ

" الْإِسْرَاءُ وَالْمِعْرَاجُ " حَادِثَانِ مُهِمَّانِ فِي تَارِيخِ الْإِسْلَامِ وَالْمُسْلِمِينَ .

to take as a concubine V تَسَرَّى يَتَسَرَّى تَسَرٍّ

كَانَ لِلْغَنِيِّ أَنْ يَتَسَرَّى بِأَيِّ عَدَدٍ مِنْ جَوَارِيهِ ، وَلَكِنْ بَطَلَ هَذَا النِّظَامُ .

س ط ح

to level, flatten II سَطَّحَ يُسَطِّحُ تَسْطِيحٌ

أَرَاهُ يُسَطِّحُ الْمَوْضُوعَ ، مَعَ أَنَّ الْمَسْأَلَةَ أَعْمَقُ مِمَّا يَتَصَوَّرُ .

to be leveled, flattened V تَسَطَّحَ يَتَسَطَّحُ تَسَطُّحٌ

تَسَطَّحَتْ مُنَاقَشَاتُهُمْ كَثِيرًا ، فَلَمْ أَعُدْ أَدْرِي مَاذَا يَقْصِدُونَ .

س ط ر

to record II سَطَّرَ يُسَطِّرُ تَسْطِيرٌ

يُسَطِّرُ التَّارِيخُ الْأَحْدَاثَ وَالْوَقَائِعَ الَّتِي تَكُونُ قَدْ حَدَثَتْ بِالْفِعْلِ .

س ط ع

سَطَعَ يَسْطَعُ سُطُوعٌ	I	to rise

سَطَعَتِ الشَّمْسُ وَأَصْبَحَ الْجَوُّ دَافِئًا بَعْضَ الشَّيْءِ .

س ط و

سَطَا يَسْطُو سَطْوٌ	I	to break into

سَطَا اللِّصُّ عَلَى الْبَيْتِ ، وَسَرَقَ مَا خَفَّ حَمْلُهُ وَغَلاَ ثَمَنُهُ .

س ع د

سَعِدَ يَسْعَدَ سَعْدٌ / سَعَادَةٌ	I	to be happy

سَعِدْتُ بِانْتِهَاءِ الْعَامِ الدِّرَاسِيِّ ، حَيْثُ أَقُومُ بِرِحْلَةٍ طَوِيلَةٍ .

سَاعَدَ يُسَاعِدُ مُسَاعَدَةٌ	III	to help

سَاعَدَنِي عَلَى النَّجَاحِ فِي الْاِمْتِحَانِ .

أَسْعَدَ يُسْعِدُ إِسْعَادٌ	IV	to make happy

أَسْعَدَتْنِي رُؤْيَتُهُ فِي صِحَّةٍ جَيِّدَةٍ .

س ع ر

سَعَّرَ يُسَعِّرُ تَسْعِيرٌ	II	to price

يُقالُ : سَعَّرَ الْحديدَ أَيْ حَدَّد لَهُ سِعْرًا ، وَالْأَفْضَلُ ثَمَّنَ .

تَسَعَّرَ يَتَسَعَّرُ تَسَعُّرٌ / سعير	V	to flare up

تَسَعَّرَتْ النِّيرانُ كَثيرًا فَشَبَّ الْحريقُ في الْمبَنْى بِأَكْمَلِهِ .

اِسْتَعَرَ يَسْتَعِرُ اِسْتِعَارٌ	VIII	to break out

اِسْتَعَرَ الشَّرُّ وَالْمَرضُ أَي انْتَشَرَ كُلٌّ مِنْهُما .

س ع ف

أَسْعَفَ يُسْعِفُ إِسْعَافٌ	IV	to help, rescue

كَانَ الْمُصَابُ يَحْتَاجُ إِلَى إِسْعَافٍ سَرِيعٍ .

س ع ل

سَعَلَ يَسْعُلُ سَعْلٌ / سُعالٌ I to cough

ظَلَّ يَسْعُلُ لِعِدَّةِ ساعاتٍ ، وَبَعْدَ أَخْذِ الدَّواءِ ، راحَ في سُباتٍ عَميقٍ .

س ع ي

سَعَى يَسْعَى سَعْيٌ I to make an effort

سَعَيْتُ لَدَى الْمُديرَةِ كَيْ تُوَظِّفَ لِيَ ابْنِي .

س ف ر

سَفَرَ يَسْفِرُ سُفُورٌ / سِفارَةٌ I to remove veil

في الْقَرْنِ الْعِشْرينَ ، اِشْتَدَّ النِّقاشُ حَوْل " السُّفورُ وَالْحِجابُ " .

سافَرَ يُسافِرُ سَفَرٌ III to travel

سافَرَتْ خَطيبَتِي مَعَ أُسْرَتِها لِقَضاءِ عُطْلَةِ الصَّيْفِ في مَرْسَى مَطْروح .

أَسْفَرَ يُسْفِرُ —— IV to result in

أَسْفَرَتِ الْحادِثَةُ الأَخيرةُ عَنْ وُجودِ إِرْهابيين مُخْتَبِئينَ في الْجَبَلِ .

س ف ع

سَفَعَ يَسْفَعُ سَفْعٌ I to slap, strike

يُقالُ : سَفَعَ الرَّمْلُ وُجوهَهُمْ وَعُيونَهُمْ ، كَما يُقَالُ سَفَعَهُ أَي صَفَعَهُ عَلَى وَجْهِهِ .

س ف ك

سَفَكَ يَسْفِكُ سَفْكٌ I to shed (blood)

سَفْكُ الدِّمَاءِ حَرَامٌ فِي كُلِّ الأَدْيَانِ .

س ف ه

سَفِهَ يَسْفَهُ سَفْهٌ / سَفاهَةٌ I to be foolish

السَّفاهَةُ طَيْشٌ وَجَهْلٌ وَخِفَّةٌ غَيْرُ مَرغوبَةٍ .

سَفَّهَ يُسَفِّهُ تَسْفيهٌ II to call s.o. / s.th. foolish

لِماذا يُحاوِلونَ دائِمًا تَسْفِيهَ آرائِهِ ؟

س ق ط

to fall	I	سَقَطَ يَسْقُطُ سُقُوطٌ

سَقَطَ الشَّمْعِدَانُ عَلَى الزُّجَاجِ فَحَطَّمَهُ .

to let fall, drop	IV	أَسْقَطَ يُسْقِطُ إِسْقَاطٌ

أَسْقَطَ الطِّفْلُ الْكُرْسِيَّ مِنَ النَّافِذَةِ فَوَقَعَ عَلَى رُؤوسِ الْمَارَّةِ وَأَصَابَهُمْ .

to fall, come down	VI	تَسَاقَطَ يَتَسَاقَطُ تَسَاقُطٌ

يَتَسَاقَطُ الْمَطَرُ غَزِيرًا فِي فَصْلِ الشِّتَاءِ .

س ق م

to become sick, sick of	I	سَقِمَ يَسْقَمُ سُقْمٌ

سَقِمْتُ مِنَ الرُّوتِينِ الْيَوْمِيِّ ، أَنْشُدُ نَوْعًا مِنَ التَّجْدِيدِ .

to make sick	IV	أَسْقَمَ يُسْقِمُ إِسْقَامٌ

كَانَتْ مُتَعَلِّقَةً بِهِ جِدًّا ، لِهَذَا أَسْقَمَتْهَا هِجْرَتُهُ إِلَى كَنَدَا .

س ق ي

to make s.o. drink	I	سَقَى يَسْقِي سَقْيٌ

سَقَى حِصانَهُ مِن الْحَوْضِ قَبْلَ السِّباقِ بِساعَتَيْنِ .

to give s.o. to drink	III	سَاقَى يُسَاقِي مُسَاقَاةٌ

ظَلَّ يُساقيهِمْ مِمَّا حَرَّمَ اللهُ ، حَتَّى طَلَعَ عَلَيْهِمُ الْفَجْرُ .

to search for a drink	X	اِسْتَسْقَى يَسْتَسْقِي اِسْتِسْقَاءٌ

ظَلَّ الْبَدْوِيُّ يَسْتَسْقي في الصَّحْراءِ أَيْ يَبْحَثُ عَنْ ماءٍ يَرْوي عَطَشَهُ .

س ك ب

to pour out	I	سَكَبَ يَسْكُبُ سَكْبٌ

سَكْبُ الْماءِ مَعْناه : اِنْصَبَّ وَسالَ مِن إِبْريقٍ إِلى كوبٍ .

to be poured, spilled	VII	اِنْسَكَبَ يَنْسَكِبُ اِنْسِكَابٌ

اِنْسَكَبَ ماءٌ كَثيرٌ في الْكُوبِ حَتَّى طَفَحَ وَسقَطَ عَلَى الْأَرْضِ .

س ك ت

سَكَتَ يَسْكُتُ سُكُوتٌ	I	to be silent

لَمْ يَعْرِفْ بِمَاذَا يَرُدُّ عَلَيْهَا ، فَسَكَتَ .

أَسْكَتَ يُسْكِتُ إِسْكَاتٌ	IV	to make s.o. silent

أَسْكَتَهُ أَنَّهُ لَمْ يَكُنْ يَعْرِفُ مَاذَا يَقُولُ .

س ك ر

سَكِرَ يَسْكَرُ سُكْرٌ	I	to be drunk

ظَلَّ يَشْرَبُ وَيَشْرَبُ حَتَّى سَكِرَ .

أَسْكَرَ يُسْكِرُ إِسْكَارٌ	IV	to intoxicate

أَسْكَرَهُ الشُّرْبُ مَرَّةً بَعْدَ مَرَّةٍ .

س ك ع

تَسَكَّعَ يَتَسَكَّعُ تَسَكُّعٌ	V	to grope about

بَعْدَ أَنْ طَرَدَهُ أَبوهُ لِسوءِ خُلُقِهِ ، ظَلَّ يَتَسَكَّعُ في الشَّوارِعِ حَتَّى قَبَضَ عَلَيْهِ الْبوليسُ .

س ك ن

سَكَنَ يَسْكُنُ سُكُونٌ / سَكَنٌ	I	to dwell

سَكَنَ فِي بَيْتِنَا رَجُلٌ عَجُوزٌ هِوَايَتُهُ مُدَاعَبَةُ الْكِلاَبِ .

سَاكَنَ يُسَاكِنُ ——	III	to reside under the same roof

كَانَ يُسَاكِنُنَا فِي الدَّوْرِ الْعُلْوِيِّ رَجُلٌ كَفِيفٌ فَقَدَ بَصَرَهُ وَهُوَ شَابٌّ .

أَسْكَنَ يُسْكِنُ إِسْكَانٌ	IV	to allocate living quarters

أَسْكَنْتُ الرَّجُلَ الْكَفِيفَ مَعَ زَمِيلٍ مُبْصِرٍ ، كَيْ يُساعِدَهُ في قَضَاءِ حاجاتِهِ .

س ل ب

سَلَبَ يَسْلُبُ سَلْبٌ	I	to rob

ظَلَّ يَتَظَاهَرُ لَهَا بِالْحُبِّ حَتَّى سَلَبَ كُلَّ أَمْوَالِهَا وَهَرَبَ .

اِسْتَلَبَ يَسْتَلِبُ اِسْتِلاَبٌ	X	to plunder

اِسْتَدْرَجَهُمْ إِلَى الصَّحْرَاءِ واسْتَلَبَ مِنْهُمْ كُلَّ مَا مَعَهُمْ .

س ل ح

to arm II سَلَّحَ يُسلِّحُ تَسْلِيحٌ / سلاح

أَيُّ دَوْلَةٍ تَهْتَمُّ كَثيرًا بِتَسْليحِ جَيْشِها لِلْحِمايةِ وَالدِّفاعِ مَعًا .

to be armed V تَسَلَّحَ يَتَسَلَّحُ تَسَلُّحٌ

تَسَلَّحَتْ كَافَّةُ وَحْداتِ الْجَيْشِ بِأَحْدثِ التَّقْنِياتِ .

س ل خ

to skin I سَلَخَ يَسْلَخُ سَلْخٌ

سَلَخَ الْجَزَّارُ جِلْدَ الْخَرُوفِ .

to peel (skin) V تَسَلَّخَ يَتَسَلَّخُ تَسَلُّخٌ

تَسَلَّخَ ظَهْرُ ابْنِي مِنْ نُزُولِ الْبَحْرِ وَالشَّمْسِ الْحَارِقَةِ .

to be peeled VII اِنْسَلَخَ يَنْسَلِخُ اِنْسِلاَخٌ

اِنْسَلَخَ الْجِلْدُ بِسَبَبِ الْمَاءِ الْمَالِحِ وَالشَّمْسِ الْحَارِقَةِ .

س ل س

to be flowing I سَلِسَ يَسْلَسُ سَلاسَةٌ

عِنْدَما نَقْرأُ شِعْرَ الْبُحْتُرِيِّ ، نُحِسُّ بسَلاسَةٍ عَذْبَةٍ في قَصائِدِهِ .

س ل س ل

to link together Q سَلْسَلَ يُسَلْسِلُ سَلْسَلَةٌ

قامَ الْجُنودُ بِسَلْسَلَةِ الْأَسْرَى ، ثُمَّ عَرَضوهُمْ عَلَى قَناةِ التِّلِيفزْيون .

to be linked together Q1 تَسَلْسَلَ يَتَسَلْسَلُ تَسَلْسُلٌ

تَسَلْسَلَ الْأَسْرَى وَاحِدًا وَاحِدًا ، وَكانَ مَنْظَرُهُمْ غريبًا وَعَجيبًا .

س ل ط

to empower II سَلَّطَ يُسَلِّطُ تَسْلِيطٌ

يُسَلِّطُ اللهُ عَلَى الظَّالِمِ مَنْ يَنْتَقِمُ مِنْهُ وَلَوْ بَعْدَ حِينٍ .

to overpower V تَسَلَّطَ يَتَسَلَّطُ تَسَلُّطٌ

لِمَاذَا كُلُّ هَذَا التَّسَلُّطِ وَالدُّنْيَا فَانِيَةٌ لَنْ تَدُومَ لأَحَدٍ ؟

س ل ف

سَلَفَ يَسْلُفُ سَلَفٌ I to be over, past

مَعْنَى " سَلَفَ " مَضَى وانْقَضَى .

سَلَّفَ يُسَلِّفُ تَسْلِيفٌ II to lend

يُساعِدُ بَنْكُ التَسْليفِ الزِّرَاعِي كافَّةَ الْفَلاَّحين بالْبُذورِ وَالأَسْمِدَةِ عَلَى السَّواءِ .

اِسْتَلَفَ يَسْتَلِفُ اِسْتِلاَفٌ VIII to borrow

أفضَلُ مِنْ كَلِمَةِ " اِسْتَلَف " : كَلِمَةُ " اِقْتَرَضَ " الْمالَ .

س ل ق

سَلَقَ يَسْلُقُ سَلْقٌ I to boil

سَلَقَتْ أُخْتي ثَلاثَ بَيْضاتٍ ، أَكَلْتُ اثْنَتَيْنِ مِنْها بدونِ خُبْزٍ .

تَسَلَّقَ يَتَسَلَّقُ تَسَلُّقٌ V to mount, climb

تَسَلَّقَ الصَّغيرُ شَجَرَةَ الْمانْجو ، ثُمَّ ظَلَّ فَوْقَها يَصْرُخُ لِعَدَمِ قُدْرَتِه عَلَى النُّزولِ .

س ل ك

سَلَكَ يَسْلُكُ سُلُوكٌ I to behave

رَغْمَ فَقْرِهِ ، فَإِنَّهُ يَسْلُكُ فِي حَيَاتِهِ سُلُوكَ السَّادَةِ وَالْعُظَمَاءِ .

سَلَّكَ يُسَلِّكُ تَسْلِيكٌ II to clear (pipelines)

حاوَلَ السَّبَّاكُ أَنْ يُسَلِّكَ كافَّةَ الْمَواسيرِ (الأنابيب) وَلَكِنَّهُ لَمْ يَسْتَطِعْ .

اِنْسَلَكَ يَنْسَلِكُ —— VII to join

لَقَدِ انْصَلَحَ حَالُهُ بَعْدَ أَنِ انْسَلَكَ فِي صُفُوفِ الْجُنْدِيَّةِ .

س ل ل

تَسَلَّلَ يَتَسَلَّلُ تَسَلُّلٌ V to sneak (into)

حاوَلَ أَنْ يَتَسَلَّلَ إِلَى الْقَصْرِ في مُنْتَصَفِ اللَّيْلِ ، وَلكِنَّ الْحُرَّاسَ كانوا يَقِظينَ فَأَمْسَكوا بِهِ .

اِنْسَلَّ يَنْسَلُّ اِنْسِلاَلٌ VII to sneak (into)

لَقَدْ أَخْفَى شَخْصِيَّتَهُ الْحَقِيقِيَّةَ وَانْسَلَّ بَيْنَ أَفْرَادِ الْعِصَابَةِ حَتَّى قَبَضَ عَلَى زَعِيمِهِمْ .

اِسْتَلَّ يَسْتَلُّ اِسْتِلاَلٌ VIII to pull out

ظَلَّ صَابِرًا عَلَى إِهَانَتِهَا لَهُ ، وَفَجْأَةً اسْتَلَّ سِكِّينًا وَطَعَنَهَا فِي صَدْرِهَا .

س ل م

to be safe | I | سَلِمَ يَسْلَمُ سَلاَمٌ

حَمْدًا لِلهِ ، فَلَقَدْ سَلِمَ مِنَ النَّارِ وَالْحَرِيقِ بِأُعْجُوبَةٍ .

to greet, shake hands | II | سَلَّمَ يُسَلِّمُ تَسْلِيمٌ

سَلَّمْتُ عَلَيْهِ فِي مَكْتَبِهِ مَرَّتَيْنِ ، وَلَكِنَّهُ لاَ يَتَذَكَّرُنِي .

to keep the peace (with) | III | سَالَمَ يُسَالِمُ مُسَالَمَةٌ

أُسَالِمُ مَنْ يُسَالِمُنِي ، وَأُعَادِي مَنْ يُعَادِينِي .

to become a Muslim | IV | أَسْلَمَ يُسْلِمُ إِسْلاَمٌ

دَعَا الْإِسْلاَمُ الْعَرَبَ إِلَى عِبَادَةِ اللهِ وَتَرْكِ عِبَادَةِ الْأَصْنَامِ .

to receive | V | تَسَلَّمَ يَتَسَلَّمُ تَسَلُّمٌ

تَسَلَّمْتُ رِسَالَةً مِنْ صَدِيقٍ لِي ، يُخْبِرُنِي فِيهَا بِاعْتِزَامِهِ الزَّوَاجَ .

to receive | VIII | اِسْتَلَمَ يَسْتَلِمُ اِسْتِلاَمٌ

شَيْءٌ طَبِيعِيٌّ أَنْ يَكُونَ اسْتِلاَمُ الْكُتُبِ مِنَ الْمَدْرَسَةِ بَعْدَ دَفْعِ الْمَصْرُوفَاتِ .

to surrender | X | اِسْتَسْلَمَ يَسْتَسْلِمُ اِسْتِسْلاَمٌ

ظَلَّ يُقَاوِمُ الْأَعْدَاءَ وَلَمْ يَسْتَسْلِمْ أَبَدًا حَتَّى قُتِلَ .

س ل و (ي)

to forget totally | I | سَلاَ يَسْلُو سُلُوٌّ / سُلْوَانٌ

مِنَ الصَّعْبِ نِسْيَانُهَا ، وَلَكِنَّهُ الْآنَ سَلاَ عَنْهَا وَلَمْ يَعُدْ يَذْكُرُهَا أَوْ يَتَذَكَّرُهَا .

to amuse | II | سَلَّى يُسَلِّي تَسْلِيَةٌ

أَنَا أُحِبُّ جِلْسَاتِهِ الْمَرِحَةَ ، فَهُو يُسَلِّينَا بِالْقِصَصِ وَالنِّكَاتِ اللَّطِيفَةِ .

to be amused | V | تَسَلَّى يَتَسَلَّى تَسَلٍّ

أَظُنُّ أَنَّهُ لا يُحِبُّهَا ، هُو فقط يتسلَّى بها لِبَعْضِ الْوَقْتِ .

س م ح

to permit | I | سَمَحَ يَسْمَحُ سَمَاحٌ

سَمَحْتُ لَهُمْ بِالدُّخُولِ بَعْدَ أَنْ تَأَكَّدْتُ مِنْ شَخْصِيَّاتِهِمْ .

to forgive | III | سَامَحَ يُسَامِحُ مُسَامَحَةٌ

بَعْدَ أَنْ عَرَفَتِ الزَّوْجَةُ خِيَانَةَ زَوْجِها ، حَلَفَتْ أَنْ لا تُسامِحَهُ طُولَ الْعُمْرِ .

تَسَامَحَ يَتَسَامَحُ تَسَامُحٌ VI to be tolerant

لَنْ أَتَسَامَحَ مَعَهُمْ بَعْدَ هَذِهِ الْمَرَّةِ ، سَوْفَ أُحَاسِبُهُمْ عَلَى مَا يَفْعَلُونَ .

اِسْتَسْمَحَ يَسْتَسْمِحُ —— X to ask s.o's permission

اِسْتَسْمَحَنِي أَنْ يَدْخُلَ دُونَ بِطَاقَةِ دَعْوَةٍ ، فَأَذِنْتُ لَهُ .

س م ر

سَمَرَ يَسْمُرُ سَمَرٌ I to chat (at night)

كُنْتُ أَنَا وَأَصْدِقَائِي نَسْمُرُ فِي الْمُعَسْكَرِ حَتَّى الصَّبَاحِ .

سَامَرَ يُسَامِرُ مُسَامَرَةٌ III to converse

اَلْمُسَامَرَةُ عِبَارَةٌ عَنْ أَحَادِيثَ لَطِيفَةٍ تَتَسَلَّى بِهَا الْأُسْرَةُ فِي الْمَسَاءِ .

تَسَمَّرَ يَتَسَمَّرُ تَسَمُّرٌ V to be nailed (down)

ضَبَطْتُهُ يَفْتَحُ دُرْجَ مَكْتَبِي ، وَحِينَ رَآنِي تَسَمَّرَ فِي مَكَانِهِ .

تَسَامَرَ يَتَسَامَرُ تَسَامُرٌ VI to chat together (at night)

أَخَذْنَا نَتَسَامَرُ فِي مَوْضُوعَاتٍ شَتَّى ، تَقْرِيبًا حَتَّى الصَّبَاحِ .

س م س ر

سَمْسَرَ يُسَمْسِرُ سَمْسَرَةٌ Q to act as a broker

لَنْ أَسْمَحَ لَهُ أَبَدًا أَنْ يُساوِمَنِي في قيمَةِ السَّمْسَرَةِ .

س م ع

سَمِعَ يَسْمَعُ سَمْعٌ / سَمَاعٌ I to hear

سَمِعْتُهُ يَتَحَدَّثُ إِلَيْهَا بِلُغَةٍ أَجْنَبِيَّةٍ .

أَسْمَعَ يُسْمِعُ إِسْمَاعٌ IV to let, make s.o. hear

طَلَبَ مِنْهُ الْمُلَحِّنُ أَنْ يُسْمِعَهُ صَوْتَهُ قَبْلَ الْاِشْتِرَاكِ فِي الْمُسَابَقَةِ .

تَسَمَّعَ يَتَسَمَّعُ تَسَمُّعٌ V to eavesdrop

حَاوَلَ أَنْ يَتَسَمَّعَ مَا يَقُولُونَ ، وَلَكِنَّهُ لَمْ يَسْتَطِعْ تَمْيِيزَ الْأَصْوَاتِ .

اِسْتَمَعَ يَسْتَمِعُ اِسْتِمَاعٌ VIII to listen

اِسْتَمَعْتُ إِلَى الشَّرِيطِ فِي مَعْمَلِ اللُّغَاتِ ، وَلَكِنِّي لَمْ أَفْهَمْ مِنْهُ شَيْئًا .

س م م

to poison	I	سُمٌّ	يَسُمُّ	سَمَّ	

يَقُولُونَ : وَضَعَ السُّمَّ فِي الْعَسَلِ ، يَعْنُونَ بِهَذَا خِدَاعَ الْمَظْهَرِ .

to poison	II	تَسْمِيمٌ	يُسَمِّمُ	سَمَّمَ

أَهْمَلَ فِي تَنْظِيفِ الْخَضْرَاوَاتِ ، فَسَمَّمَ كُلَّ مَنْ أَكَلُوا مِنْ طَعَامِهِ .

to be poisoned	V	تَسَمُّمٌ	يَتَسَمَّمُ	تَسَمَّمَ

تَسَمَّمَتْ مَجْمُوعَةٌ مِنَ النَّاسِ بِسَبَبِ وَجْبَةٍ غَيْرِ نَظِيفَةٍ .

س م ن

to be or become fat	I	سَمَانَةٌ / سِمْنَةٌ	يَسْمَنُ	سَمِنَ

السِّمْنَةُ هِيَ داءُ الْعَصْرِ ، ويَجِبُ أَنْ نَتَخَلَّصَ مِنْها قَدْرَ الْمُسْتَطاعِ .

to make fat	II	تَسْمِينٌ	يُسَمِّنُ	سَمَّنَ

يُسَمِّنُ الْفَلاَّحُ بَقَراتِهِ لِبِضْعَةِ أَشْهُرٍ قَبْلَ بَيْعِها .

س م و

to rise (above)	I	سُمُوٌّ	يَسْمُو	سَمَا

لَمْ يُعَامِلْهُمْ بِمُعَامَلَتِهِمْ ، بَلْ إِنَّهُ سَمَا فَوْقَ الْجَمِيعِ .

to seek to surpass	III	مُسَامَاةٌ	يُسَامِي	سَامَى

مَنْ الَّذِي يَجْرُؤُ أَنْ يُسَامِيَ هَذَا الرَّجُلَ النَّبِيلَ فِي خُلُقِهِ وَأَدَبِهِ ؟

to tower	VI	تَسَام	يَتَسَامَى	تَسَامَى

لَقَدْ تَسَامَى هَذَا الرَّجُلُ حَتَّى اسْتَحَقَّ مِنَّا كُلَّ تَقْدِيرٍ وَاحْتِرَامٍ .

س م ي

to title, name	II	تَسْمِيَةٌ	يُسَمِّي	سَمَّى

تَسْمِيَةُ هَذَا الْقَامُوسِ لَمْ تَكُنْ أَمْرًا سَهْلاً فِي الْبِدَايَةِ .

to be named	V	تَسَمٍّ	يَتَسَمَّى	تَسَمَّى

لَقَدْ تَسَمَّى اللِّصُّ بِعِدَّةِ أَسْمَاءٍ كَيْ يُضَلِّلَ الْبُولِيسَ .

to call one's name	X	——	يَسْتَسْمِي	اِسْتَسْمَى

أَنَا لاَ أَسْتَسْمِي أَحَدًا بِغَيْرِ اسْمِهِ الْحَقِيقِيِّ .

س ن ح

to occur | I | سَنَحَ يَسْنَحُ سُنُوحٌ

عِنْدَمَا تَسْنَحُ لِيَ الْفُرْصَةُ ، سَأُسَافِرُ دُونَ تَرَدُّدٍ .

س ن د

to support | I | سَنَدَ يَسْنُدُ سَنَدٌ

سَنَدْتُ ذِرَاعَ الطِّفْلَةِ وَهِيَ تَمْشِي كَيْ لاَ تَقَعَ عَلَى الْأَرْضِ .

to back | III | سَانَدَ يُسَانِدُ مُسَانَدَةٌ

لَقَدْ سَانَدَنِي فِي أُمُورٍ كَثِيرَةٍ ، وَأَنَا أَعْرِفُ لَهُ هَذَا الْجَمِيلَ .

to lean | IV | أَسْنَدَ يُسْنِدُ إِسْنَادٌ

كَانَ مُتْعَبًا بَعْدَ الرِّحْلَةِ ، فَأَسْنَدَ رَأْسَهُ إِلَى مَقْعَدِ السَّيَّارَةِ وَنَامَ .

to support | VI | تَسَانَدَ يَتَسَانَدُ تَسَانُدٌ

اَلتَّعَاوُنُ يَقْتَضِي أَنْ يَتَسَانَدَ كُلٌّ مِنَّا عَلَى الْآخَرِ وَقْتَ اللُّزُومِ .

to use as basis | VIII | اِسْتَنَدَ يَسْتَنِدُ اِسْتِنَادٌ

لَمْ يَسْتَنِدِ الْقَاضِي فَقَطْ إِلَى الْمُسْتَنَدَاتِ ، بَلْ طَلَبَ شَهَادَةَ الشُّهُودِ .

س ن ن

to pass (a law) | I | سَنَّ يَسُنُّ سَنٌّ / سُنَّةٌ

سَنَّتِ الْحُكومَةُ عَدَدًا مِن الْقَوانينِ لِصالِح كافَّةِ الْمُواطِنينَ .

to estimate s.o.'s age | II | سَنَّنَ يُسَنِّنُ تَسْنِينٌ

اِقْترحَ الْمأْذونُ اِسْتِصدارَ " شَهادَةِ تَسْنينٍ " بَدَلَ شَهادَةِ الْميلادِ .

to follow (a course, way) | VIII | اِسْتَنَّ يَسْتَنُّ ——

يَقولُ الرَّسولُ (ص) : " مَنِ اسْتَنَّ سُنَّةً حَسَنَةً كانَ لَهُ أَجْرُها وَأَجْرُ مَنْ عَمِلَ بِها " .

س ه ب

to elaborate (on) | IV | أَسْهَبَ يُسْهِبُ إِسْهَابٌ

اَلْغَرِيبُ أَنَّهُ يُسْهِبُ وَيُطِيلُ الْكَلاَمَ عَنْ أَمْرٍ وَاضِحٍ غَايَةَ الْوُضُوحِ .

س هـ د

سَهِدَ يَسْهَدُ سَهَدٌ / سُهَادٌ I to be sleepless

أَصابَهُ الْأَرَقُ وَالسُّهادُ فَلَمْ يَنَمْ وَظَلَّ يُفَكِّرُ: أَيتزَوَّجُها أَمْ يَتْرُكُها ؟!

سَهَّدَ يُسَهِّدُ تَسْهِيدٌ II to make sleepless

أَصابَهُ حُبُّها بِتَسْهِيدٍ شَدِيدٍ أَفْقَدَهُ صَوابَهُ وراحَتَهُ .

س هـ ر

سَهِرَ يَسْهَرُ سَهَرٌ I to stay up (at night)

سَهِرْتُ بِالْأَمْسِ حَتَّى وَقْتٍ مُتَأَخِّرٍ ، لِهَذَا فَأَنَا إِلَى الْيَوْمِ مُتْعَبٌ .

س هـ ل

سَهُلَ يَسْهُلُ سُهُولَةٌ I to be easy

يَسْهُلُ عَلَيَّ قِرَاءَةُ خَطِّ النَّسْخِ أَكْثَرَ مِنْ قِرَاءَةِ خَطِّ الرُّقْعَةِ .

سَهَّلَ يُسَهِّلُ تَسْهِيلٌ II to facilitate

كَانَتْ هُنَاكَ مَشَاكِلُ لاَ تُحَلُّ ، وَلَكِنَّ الْفَضْلَ لَهُ : لَقَدْ سَهَّلَ لِيَ كُلَّ الْأُمُورِ .

تَسَاهَلَ يَتَسَاهَلُ تَسَاهُلٌ VI to be lenient

هُنَاكَ أُمُورٌ يَنْبَغِي لِلْإِنْسَانِ أَلاَّ يَتَسَاهَلَ فِيهَا .

اِسْتَسْهَلَ يَسْتَسْهِلُ اِسْتِسْهَالٌ X to deem easy

اِسْتَسْهَلْتُ الْأَمْرَ فِي الْبِدَايَةِ ، وَلَكِنَّهُ كَانَ أَصْعَبَ مِمَّا تَصَوَّرْتُ .

س هـ م

سَاهَمَ يُسَاهِمُ مُسَاهَمَةٌ III to contribute

ساهَمَ صَديقي بِمَبْلَغٍ كَبيرٍ في مَشْروعِ " دارِ الْأَيْتامِ " .

أَسْهَمَ يُسْهِمُ إِسْهَامٌ IV to participate

إِسْهامُهُ في مَشْروعِ " دارِ الْأَيْتامِ " جَلَبَ لَهُ الْحَظَّ وَالْخَيْرَ كُلَّهُ .

س هـ و

سَهَا يَسْهُو سَهْوٌ I to forget, overlook

أَنَا لاَ أَسْهُو لَحْظَةً عَنْ إِعْطَائِهِ الدَّوَاءَ .

س و ء

سَاءَ يَسُوءُ سُوءٌ I

سَاءَنِي كَثِيرًا أَنْ أَعْلَمَ أَنَّهَا تَزَوَّجَتْ هَذَا الرَّجُلَ الْمِزْوَاجَ . 1. to displease

سَاءَتْ أَحْوَالُهُ كَثِيراً بَعْد أَنْ خَسِرَ كُلَ أَمْوَالِهِ في الْبُورْصَةِ . 2. to get worse

سَوَّأَ يُسَوِّئُ تَسْوِيءٌ II to spoil

حاوَلَ أَنْ يُسَوِّىءَ سُمْعَتَها بَعْدَ أَنْ رَفَضَت الْاِقْترانَ بِهِ .

أَسَاءَ يُسِيئُ إِسَاءَةٌ IV to deal badly with, offend

لِماذا يُسيء إِلَى النَّاسِ بِهَذِهِ الطَّرِيقَةِ الْوَقِحَةِ ؟!

اِسْتَاءَ يَسْتَاءُ اِسْتِيَاءٌ VIII to be upset

اِسْتَأْتُ كَثِيرًا لِمَا سَمِعْتُه مِنْ أَخْبَارٍ سَيِّئَةٍ .

س و د

سَادَ يَسُودُ سِيَادَةٌ I to prevail

يَسُودُ الْآنَ اعْتِقَادٌ بِأَنَّ الْعِلْمَ كَمَا يِنْفَعُ ، قَدْ يُدَمِّرُ .

سَوَّدَ يُسَوِّدُ تَسْوِيدٌ II to blacken, to make master

يُقالُ : " سَوَّدَ الشَّيْءَ " جَعَلَهُ أَسْوَدَ ، و" سَوَّد فُلانًا " جَعَلَهُ سَيِّدًا .

اِسْوَدَّ يَسْوَدُّ اِسْوِدَادٌ IX to become black, ashamed

بَعْدَ اِفْتِضَاحِ أَمْرِهِ ، أَصْبَحَ يَتَخَفَّى عَن النَّاسِ ، وَاسوَدَّ وَجْهُهُ كَثِيرًا .

س و ر

سَوَّرَ يُسَوِّرُ تَسْوِيرٌ II to fence in

اِشْتَرَيْتُ قِطْعَةَ أَرْضٍ وَسَوَّرْتُهَا بِسُورٍ إِلَى أَنْ أَتَمَكَّنَ مِنْ بِنَائِهَا .

سَاوَرَ يُسَاوِرُ مُسَاوَرَةٌ III to occur to

لَمْ يُسَاوِرْنِي أَدْنَى شَكٍّ فِي أَنَّهُ هُوَ الَّذِي أَفْشَى السِّرَّ .

س و غ

سَوَّغَ يُسَوِّغُ تَسْوِيغٌ II to justify

كَيْفَ أُصَدِّقُهُ وَهُوَ لاَ يُسَوِّغُ لِيَ الْأُمُورَ بِطَرِيقَةٍ مَنْطِقِيَّةٍ .

اِسْتَسَاغَ يَسْتَسِيغُ اِسْتِسَاغَةٌ X to find pleasant

أَنَا لاَ أَسْتَسِيغُ وَلاَ أَقْبَلُ تَدَخُّلَهُ فِي شُئُونِي بِهَذَا الشَّكْلِ .

س و ق

سَاقَ يَسُوقُ سَوْقٌ I to drive

ساقَ أَخي أَيْ قادَ السَّيَّارةَ لِمُدَّةِ ساعَتَيْنْ حَتَّى نَفِدَ الْبَنْزِينُ مِنْها .

سَوَّقَ يُسَوِّقُ تَسْوِيقٌ II to market

عَمَلِيَّات " تَسْويق " الْبَضائِع ، تَحْتَاجُ إِلَى خِبْراتٍ كَثيرةٍ .

تَسَوَّقَ يَتَسَوَّقُ تَسَوُّقٌ V to shop

خَرَجَتْ زَوْجَتِي لِتَتَسَوَّقَ مَعَ صَديقَتِها مِنْ أَكْبَرِ مَتْجَرِ في التَّجَمُّعِ الْخامِسِ .

اِنْسَاقَ يَنْسَاقُ اِنْسِيَاقٌ VII to be driven, carried away

أَنا آسِفٌ عَلَيْهِ ، لَقَد انْساقَ وَرَاءَ نَزَوَاتِهِ حَتَّى مَرِضَ وَفَقَدَ أَمْوالَهُ .

اِسْتَاقَ يَسْتَاقُ اِسْتِيَاقٌ VIII to drive, herd

اِسْتاقَهُمْ أَيْ اقْتَادَهُمْ جَميعاً إِلَى السِّجْنِ بَعْدَ إِصْدارِ الْأَحْكام ضِدَّهُمْ .

س و م

سَاوَمَ يُسَاوِمُ مُسَاوَمَةٌ III to bargain

ظَلَّ يُساوِمُهُ عَلَى شِراءِ قِطْعَةِ الْأَرْضِ ، وَأَخيرًا اتَّضَحَ أَنّ هَذَا الْبَيْعَ وَهْمِيٌّ .

تَسَاوَمَ يَتَسَاوَمُ تَسَاوُمٌ VI to bargain

ظَلّا يَتَساوَمانِ : كُلٌّ مِنْهُما يَزِيدُ السِّعْرَ وَيَنْقُصُهُ ، وَأَخيرًا لَمْ تَكْتَمِلِ الصَّفْقَةُ .

س و ي

سَوَّى يُسَوِّي تَسْوِيَةٌ II to make equal

عَلَى الْوالِدَيْنِ أَنْ يُسَوِّيا بَيْنَ الْأَبْناءِ والْبَنَاتِ في كُلِّ شَيْءٍ .

سَاوَى يُسَاوِي مُسَاوَاةٌ III to make equal

شُيوعُ الْمُساواةِ في الْمُجْتَمَعِ وَتَكافُؤُ الْفُرَصِ يَجْعَلُ النَّاسَ سُعَداءَ .

تَسَاوَى يَتَسَاوَى تَسَاوٍ VI to be equal

سَأَلَنِي : هَلْ تَعْتَقِدُ أَنّ الْفَقِيرَ بِإِمْكانِهِ أَنْ يَتَساوَى مَعَ الْغَنِيِّ ؟

اِسْتَوَى يَسْتَوِي اِسْتِوَاءٌ VIII to be even, equal

يَقولُ الْعَرَبُ : " اِسْتَوى الْماءُ والْخَشَبُ " أيْ اِنْعَدَمَتِ الْفُروق وَالْمَسافاتُ بَيْنَ الأَشْياءِ .

س ي ب

تَسَيَّبَ يَتَسَيَّبُ تَسَيُّبٌ V to be uncontrolled

التَّسَيُّبُ مُشْكِلَةٌ مُجْتَمَعِيَّةٌ خَطيرةٌ ، لأَنَّها ضِدُّ " الالْتِزامِ " الْمَطْلوبِ .

اِنْسَابَ يَنْسَابُ اِنْسِيَابٌ VII to flow (water)

اِنْسابَ الْماءُ في النَّهْرِ فَابْتَهَجَ الْفَلّاحون وتَعَشَّمُوا خَيْرًا .

س ي ح

سَاحَ يَسِيحُ سِيَاحَةٌ I to travel

تُعْتَبَرُ السِّيَاحَةُ مَوْرِدًا مِنْ مَوَارِدِ الدَّخْلِ الْقَوْمِيِّ .

س ي ر

سَار يَسِيرُ سَيْرٌ I to walk

قانونُ الْمرُورِ لا يَقْتَصِرُ عَلَى السَّيَّاراتِ فَقَطْ ، بَلْ يَشْمَلُ سَيْرَ الْمُشاةِ أَيْضًا .

سَيَّرَ يُسَيِّرُ تَسْيِيرٌ II to set in motion

سَيَّرَتْ وَزَارَةُ الْمُوَاصَلاَتِ عَدَدًا آخَرَ مِنَ الْقِطَارَاتِ بِمُنَاسَبَةِ الْعِيدِ .

سَايَرَ يُسَايِرُ مُسَايَرَةٌ III to get along with

إِنَّنِي أَحْيَانًا أُسَايِرُهُمْ ، وَلَكِنْ لاَ يَعْنِي هَذَا رِضَايَ عَنْ تَصَرُّفَاتِهِمْ .

س ي ط ر

سَيْطَرَ يُسَيْطِرُ سَيْطَرَةٌ Q to control

كُنْتُ أَتَوَقَّعُ أَنْ تُسَيْطِرَ عَلَيْهِ زَوْجَتُهُ الثَّانِيَةُ .

س ي ل

سَالَ يَسِيلُ سَيَلاَنٌ / سُيُولَةٌ I to flow, become liquid

يَقولُ الاقْتِصاديّون أَحْيانًا : لا تُوجَدُ سُيولَةٌ كافِيَةٌ لِوَقْفِ نَزيفِ غَلاءِ الأَسْعارِ .

أَسَالَ يُسِيلُ إِسَالَةٌ IV to make flow, liquify

تَكْثُرُ إِسَالَةُ الدِّمَاءِ في الْحُروبِ .

ش

شـ أ م

تَشَاءَمَ يَتَشَاءَمُ تَشَاؤُمٌ VI to be pessimistic

يَقولونَ في الْأَمْثالِ : الشُّؤْمُ عِنْدَ التَّشاؤُمِ ، عَلَى الْإِنْسانِ أَنْ يَتفاءَلَ دائمًا .

شـ بـ ب

شَبَّ يَشِبُّ شَبَابٌ / شَبٌّ I to become a youth

ظَلَّ يَعِيشُ مَعَهُمَا زَمَنًا حَتَّى شبَّ عَنِ الطَّوْقِ فَقَرَّرَ الْعَيْشَ وَحْدَهُ .

شـ بـ ث

تَشَبَّثَ يَتَشَبَّثُ تَشَبُّثٌ V to cling to

يُحاوِلُ دائمًا أَنْ يَتَشَبَّثَ بِالْحِبالِ الْواهِيَةِ ، وَلِذَلِكَ سَقَطَ .

شـ بـ ع

شَبِعَ يَشْبَعُ شِبَعٌ I to satisfy one's appetite

ظَلَّ يَأْكُلُ مِنْ كُلِّ صِنْفٍ حَتَّى شَبِعَ .

أَشْبَعَ يُشْبِعُ إِشْبَاعٌ IV to gratify (appetite)

لاَ تُشْبِعُنِي إلاَّ وَجْبَةٌ مِنَ السَّمَكِ الْمَشْوِيِّ وَالْأُرْزِ الْأَبْيَضِ .

تَشَبَّعَ يَتَشَبَّعُ تَشَبُّعٌ V to be saturated

لَقَدْ عَانَى مِنْهَا الْكَثِيرَ حَتَّى وَصَلَ الْآنَ إِلَى دَرَجَةِ التَّشَبُّعِ .

شـ بـ ك

شَبَكَ يَشْبُكُ شَبْكٌ I to interlock

شَبَكَ الْأَطْفَالُ أَيَادِيَهُمْ وَهُمْ يُغَنُّونَ الْأُغْنِيَةَ الْجَدِيدَةَ .

شَبَّكَ يُشَبِّكُ تَشْبِيكٌ II to interlock

شَبَّكَتِ التِّلْميذاتُ أَيْدِيَهُنَّ سَوِيًّا في عَرْضِ الرَّقْصَةِ ، فَكانَ الْمَنْظَرُ جَميلاً لِلْغَايَةِ .

to be interterlocked V تَشَبَّكَ يَتَشَبَّكُ تَشَبُّكٌ

تَشَبَّكَتْ أَيادِي الطَّالِباتِ فَقَطْ عِنْدَ عَرْضِ الرَّقْصَةِ الأَخيرةِ في الْحَفْلِ .

to be interlocked VI تَشَابَكَ يَتَشَابَكُ تَشَابُكٌ

تَشَابَكَتْ أَيَادِيهِمْ وَهُمْ يُنْشِدُونَ النَّشِيدَ الْوَطَنِيَّ .

to clash (with) VIII اِشْتَبَكَ يَشْتَبِكُ اِشْتِبَاكٌ

حَدَثَ اشْتِبَاكٌ مُسَلَّحٌ بَيْنَ الْبُولِيسِ وَأَفْرَادِ الْعِصَابَةِ .

ش ب ه

to liken s.o. / s.th. (to) II شَبَّهَ يُشَبِّهُ تَشْبِيهٌ

" مُحَمَّدٌ كَالْبَحْرِ " مُحَمَّدٌ : مُشَبَّهٌ ، وَالْبَحْرُ : مُشَبَّهٌ بِهِ ، وَأَداةُ التَّشْبيهِ : الْكَافُ ، وَوَجْهُ الشَّبَهِ : اَلْجودُ وَالْكَرَمُ . يُشَبِّهُ الشُّعَراءُ عادَةً الْمَرْأَةَ الْجَمِيلَةَ بِالْقَمَرِ .

to resemble III شَابَهَ يُشَابِهُ مُشَابَهَةٌ

لِلْعَرَبِ حِكَمٌ وَأَمْثَالٌ ، وَمِنْها : مَنْ شَابَهَ أَبَهُ (أي أَباهُ) فَما ظَلَمَ .

to resemble IV أَشْبَهَ يُشْبِهُ ——

اِبْنُهُ الثَّانِي يُشْبِهُ أُمَّهُ أَكْثَرَ مِنَ الاِبْنِ الأَوَّلِ .

to imitate V تَشَبَّهَ يَتَشَبَّهُ تَشَبُّهٌ

حاوِلْ أَنْ تَتَشَبَّهَ بِهِمْ ، لَكِنْ في الأُمورِ الْمُفيدَةِ وَالنَّافِعَةِ .

VIII اِشْتَبَهَ يَشْتَبِهُ اِشْتِبَاهٌ

1. to appear doubtful

عِنْدَما اشْتَبَهَ عَلَيْهِم الأَمْرُ ، أَيَّ شَيْءٍ يَخْتارونَ ، تَرَكوا الْمَسْأَلَةَ مَفْتوحَةً .

2. to suspect

اِشْتَبَهَتِ الشُّرْطَة فِيهِ ، فَبَدَأَتِ التَّحْقِيقَ مَعَهُ .

ش ت م

to insult, abuse I شَتَمَ يَشْتُمُ شَتْمٌ

يَجِبُ أَلاَّ يَشْتُمَ الْمُدِيرُ مُوَظَّفِيهِ .

to insult each other III شَاتَمَ يُشَاتِمُ مُشَاتَمَةٌ

لَقَدْ سَمِعْتُهُما يُشَاتِمُ كُلٌّ مِنْهُمَا الآخَرَ .

to insult one another VI تَشَاتَمَ يَتَشَاتَمُ تَشَاتُمٌ

لِماذَا يَتَشَاتَمَانِ وَلَمْ يَحْدُثْ مَا يَدْعُو إِلَى كُلِّ هَذَا ؟

شـ جـ ب

to denounce I شَجَبَ يَشْجُبُ شَجْبٌ

أَصْدَرُوا قَرَارًا بِشَجْبِ عَمَلِيَّةِ الْإِرْهَابِ الْأَخِيرَةِ .

شـ جـ ر

to plant trees II شَجَّرَ يُشَجِّرُ تَشْجِيرٌ

قامَت الْحُكومَةُ بِتَشْجيرِ كَثيرٍ مِن الْمَيْادينِ ، اَلْأَهَمُّ مُحَافَظَةُ النّاسِ عَلَيْها .

to quarrel with s.o. III شَاجَرَ يُشَاجِرُ مُشَاجَرَةٌ

قامَت مُشاجَرَةٌ عَنِيفَةٌ بَيْنَ الْمُتَفَرِّجينَ بِسَبَبِ نَتائِجِ الْمُباراةِ الْأَخيرَةِ .

to quarrel with each other VI تَشَاجَرَ يَتَشَاجَرُ تَشَاجُرٌ

لِماذا يَتَشاجَرونَ دائمًا عَلَى أُمورٍ تافِهَةٍ ؟! إِنَّهُم بِحاجَةٍ إِلَى تَحْكيمِ الْعَقْلِ .

شـ جـ ع

to be courageous I شَجُعَ يَشْجُعُ شَجَاعَةٌ

اَلشَّجاعَةُ فَضيلَةٌ وَهْيَ وَسَطٌ بَيْنَ رَذيلتَيْنِ : اَلْجُبْنُ وَالتَّهَوُّرُ .

to encourage II شَجَّعَ يُشَجِّعُ تَشْجِيعٌ

لَقَدْ شَجَّعَنِي وَالِدِي عَلَى حُبِّ الْكُتُبِ وَقِراءَتِهَا وَاقْتِنَائِهَا .

to pluck up courage V تَشَجَّعَ يَتَشَجَّعُ تَشَجُّعٌ

كُنْتُ مُتَرَدِّدًا أَوَّلَ الأَمْرِ ، وَلَكِنِّي تَشَجَّعْتُ وَنَشَرْتُ الْقَصِيدَةَ .

شـ جـ ن

to be sad I شَجِنَ يَشْجَنُ شُجُونٌ

أَشْعارُ الْحُبِّ في الْأَدَبِ الْعَرَبِيِّ مَليئَةٌ بِالدُّموعِ وَالْمُعاناةِ وَالشُّجونِ .

to sadden IV أَشْجَنَ يُشْجِنُ إِشْجَانٌ / أَشْجانٌ

" إِشْجانٌ " : أَيْ إِحْزانُ الْآخَرِ ، أَمّا " أَشْجانٌ " فَهْوَ اسْمُ بِنْتٍ لَطيفَةٍ دائِمًا .

ش ج و

to grieve	I	شَجَا يَشْجُو شَجْوٌ

مَدَحَ شاعِرٌ أَحَدَ الْخُلَفاءِ فَقالَ : شَجْوُ حُسّادِهِ وَغَيْظُ عِداهُ (أي إِحْزان حُسّادِهِ وَغَيْظُ أَعْدائِهِ) .

to sadden	IV	أَشْجَى يُشْجِي إِشْجَاءٌ

تُشْجِينِي هَذِهِ الْأُغْنِيَةِ كَثِيرًا ، وَمَعَ هَذا أُحِبُّ أَنْ أَسْمَعَها .

ش ح ب

to become pale	I	شَحَبَ يَشْحُبُ شُحُوبٌ

مِنْ كَثْرَةِ السَّهَرِ ، شَحَبَ لَوْنُهُ وَلَمْ يَعُدْ قَادِرًا عَلَى مُمارِسَةِ الرِّياضَةِ .

ش ح ذ

I شَحَذَ يَشْحَذُ شَحْذٌ

1. to sharpen

شَحَذَ الْفَيْلَسُوفُ فِكْرَهُ وَكَتَبَ أُولَى مَقَالاَتِهِ فِي هَذَا الْمَوْضُوعِ الشَّائِكِ .

2. to beg

وَجَدوه يَشْحَذُ مِنَ النَّاسِ أَمَامَ الضَّرِيحِ ، فَقَبَضُوا عَلَيْهِ وسَجَنُوه .

ش ح م

to grease	II	شَحَّمَ يُشَحِّمُ تَشْحِيمٌ

فِي كُلِّ مَحَطَّةِ بِنْزِينٍ ، مَكانٌ خاصٌّ لِتَشْحِيمِ السَّيَّاراتِ .

ش ح ن

I شَحَنَ يَشْحَنُ شَحْنٌ

1. to ship — شَحَنْتُ سَيَّارتِي فِي الْبَاخِرَةِ مِنْ إِيطَالْيَا إِلَى الْإِسْكَنْدَرِيَّةِ .

2. to fill — ظَلّتْ تَشْحَنُ زَوْجَها ضَدَّ أُمِّهِ وَأُخْتِهِ ، حَتى غَضِبَ مِنْهُما .

to argue, quarrel	VI	تَشَاحَنَ يَتَشَاحَنُ تَشَاحُنٌ

هُمْ يَتَشَاحَنُونَ غَالِبًا عَلَى أُمُورٍ تَافِهَةٍ .

ش ح ح

1. to become little I شَحَّ يَشُحُّ شَحٌّ / شُحٌّ

شَحَّ الْماءُ كَثيرًا في هَذِه الْمِنْطَقَة ، وَلا نَدْري لِماذا ؟

2. to be or become stingy

بَعْدَ أَنْ رَاجتْ تِجارَتُه ، تَعَلَّم الشُّحَّ وَلَمْ يَعُدْ يَجودُ بِأَيِّ شَيْءٍ .

ش خ ص

to diagnose II شَخَّصَ يُشَخِّصُ تَشْخِيصٌ

حَاوَلَ أَنْ يُشَخِّصَ لِيَ الْمَسْأَلَةَ عَلَى أَنَّهَا أَكْبَرُ مِنْ حَجْمِهَا الْحَقِيقِيِّ .

to be diagnosed V تَشَخَّصَ يَتَشَخَّصُ تَشَخُّصٌ

الْآنَ تَشَخَّصَ الدّاءُ ، يَجِبُ أَنْ نَبْحَثَ عَنِ الدَّواءِ الْمُنَاسِبِ .

ش د د

to pull I شَدَّ يَشُدُّ شَدٌّ

ظَلاَّ يَشُدَّانِ سِلْكَ التِّلِيفُونِ ، حَتَّى انْقَطَعَتِ الْحَرَارَةُ .

to intensify II شَدَّدَ يُشَدِّدُ تَشْدِيدٌ

طَلَبَ إِلَيْهِمْ أَنْ يُشَدِّدُوا الْحِرَاسَةَ عَلَى مَنْزِلِ السَّفِيرِ .

to be harsh, strict V تَشَدَّدَ يَتَشَدَّدُ تَشَدُّدٌ

لَقَدْ تَشَدَّدَ مَعَهُمُ الْمُوَظَّفُ وَلَمْ يَسْمَحْ لَهُمْ بِدُخُولِ النَّادِي .

to become more intense, stronger VIII اِشْتَدَّ يَشْتَدُّ اِشْتِدَادٌ

اِشْتَدَّ الْحَرُّ فِي الْأَيَّامِ الْأَخِيرةِ ، فَهَرَبَ النَّاسُ إِلَى الشَّوَاطِئِ .

ش د ق

to speak in a loud-mouthed manner V تَشَدَّقَ يَتَشَدَّقُ تَشَدُّقٌ

هُناكَ خُطَباءُ مَساجِدَ يَغْلِبُ عَلَيْهِم التَّشَدُّقُ أَيْ تَفْخيمُ الْأَصْواتِ عِنْدَ نُطْقِها .

ش د و

to chant, sing I شَدَا يَشْدُو شَدْوٌ

شَدا الْبُلْبُلُ فَأَطْرَبَ الْجميعَ ، وَشدا عبْد الْحَليمِ حافِظ فَأَسْعَدَ الْكُلَّ .

ش ذ ذ

شَذَّ يَشِذُّ شُذُوذٌ I to be an exception

كانوا مُتَّفِقِينَ تمامًا ، لَمْ يَشِذَّ مِنْهُم واحِدٌ عَنْ تَأْيِيد هَذا الْمُرشَّحِ .

ش ذ ب

شَذَّبَ يُشَذِّبُ تَشْذِيبٌ II to trim

تَشْذِيبُ الْأَشْجَارِ لَيْسَ أَهَمَّ مِنْ تَشْذِيبِ الْأَخْلَاقِ .

ش ر ب

شَرِبَ يَشْرَبُ شُرْبٌ I to drink

شَرِبْتُ كُوبَيْنِ مِنَ الْمَاءِ ، وَمَازِلْتُ أُحِسُّ بِالْعَطَشِ .

شَرَّبَ يُشَرِّبُ تَشْرِيبٌ II

1. to saturate طَلَبْتُ مِنَ الرَّسَّامِ أَنْ يُشَرِّبَ اللَّوْنَ الأَصْفَرَ بِالْبُنِّيِّ الْفَاتِحِ .

2. to let drink شَرَّبت الْأُمُّ طِفْلَها الْحَليبَ .

أَشْرَبَ يُشْرِبُ إِشْرَابٌ IV to saturate

إِشْرَابُ الْأَلْوَانِ بَعْضِهَا بَعْضًا قَدْ يَخْلُقُ أَلْوَانًا جَدِيدَةً .

تَشَرَّبَ يَتَشَرَّبُ تَشَرُّبٌ V to absorb

إِنَّهُ رَجُلٌ مَرِحٌ جِدًّا ، لَقَدْ تَشَرَّبْتُ مِنْهُ رُوحَ الْفُكَاهَةِ .

ش ر ح

شَرَحَ يَشْرَحُ شَرْحٌ I to explain

شَرَحْتُ لَهُ وِجْهَةَ نَظَرِي ، وَلَكِنَّهُ لَمْ يَقْتَنِعْ .

شَرَّحَ يُشَرِّحُ تَشْرِيحٌ II to dissect

شَرَّحَ الْأُسْتَاذُ الْجُثَّةَ أَمَامَ طُلَّابِهِ فِي كُلِّيَّةِ الطِّبِّ .

اِنْشَرَحَ يَنْشَرِحُ اِنْشِرَاحٌ VII to become happy

عِنْدَما سَمِعْتُ نَبَأَ نَجاحِها ، اِنْشَرَحَ صَدْرِي وَحَمِدْتُ اللهَ .

ش ر خ

شَرَخَ يَشْرُخُ شَرْخٌ I to crack

الشَّرْخُ دائمًا يَحْدُثُ في الْمَباني ، لَكِنْ أَحْيانًا يَحْدُثُ في عَلاقاتِ النَّاسِ .

شـ ر د

to be absent-minded I شُرُودٌ يَشْرُدُ شَرَدَ

إِنَّها دَائمةُ الشُّرودِ ، وَبِخَاصَّةٍ بَعْدَ أَنْ فَسَخَت خِطْبَتَها لِسَمير .

to chase away II تَشْرِيدٌ يُشَرِّدُ شَرَّدَ

شَرَّدَ الْعَدُوُّ بِاجْتِيَاحِه الْغَاشِم مِئاتِ الأُسَرِ مِمَنْ لا حَوْلَ لَهُم ولا طَوْلَ .

to be homeless V تَشَرُّدٌ يَتَشَرَّدُ تَشَرَّدَ

كَمْ مِن الأَطْفالِ الَّذين يَفْقِدونَ رِعايةَ الأَهْلِ ، يَتَشَرَّدُونَ في الشَّوارِعِ .

شـ ر ط

to impose as a condition (on) I شَرْطٌ يَشْرُطُ شَرَطَ

دَعَانِي بَعْضُ الأَصْدِقَاءِ إِلَى النَّادِي ، فَشَرَطْتُ عَلَيْهِمْ أَنْ أَصْطَحِبَ كَلْبِي مَعِي .

to impose conditions V تَشَرُّطٌ يَتَشَرَّطُ تَشَرَّطَ

كُلَّما دَعَوْناهُ إِلَى حَفْلَةٍ ، يَتَشَرَّطُ عَلَيْنا وَكَأَنَّه دائمًا زاهِدٌ في حُضورِ الحفلاتِ .

to impose as a condition (on) VIII اِشْتِرَاطٌ يَشْتَرِطُ اِشْتَرَطَ

اِشْتَرَطْتُ عَلَى أَصْدِقَائِي إِحْضَارَ الْكَلْبِ إِلَى النَّادِي ، فَرَفَضُوا .

شـ ر ع

to embark (upon) I شُرُوعٌ / شَرْعٌ يَشْرَعُ شَرَعَ

خِفْتُ عَلَيْهِ أَنْ يُجَنَّ ، فَيَشْرَعَ فِي اِرْتِكَابِ جَرِيمَةٍ .

to legislate II تَشْرِيعٌ يُشَرِّعُ شَرَّعَ

التَّشْرِيعَاتُ السَّمَاوِيَّةُ صَالِحَةٌ لِكُلِّ زَمَانٍ وَمَكَانٍ .

to hoist IV —— يُشْرِعُ أَشْرَعَ

أَشْرَعَ الْبَحَّارُ شِرَاعَ السَّفِينَةِ لِتَتَّجِهَ صَوْبَ الْمِينَاءِ .

شـ ر ف

to be honored (by) I شَرَفٌ يَشْرُفُ شَرُفَ

شَرُفْتُ بِوُجُودِكِ فِي الْحَفْلِ .

to honor, confer an honor II تَشْرِيفٌ يُشَرِّفُ شَرَّفَ

شَرَّفَنِي بِالزِّيَارَةِ ، فَكَانَ شَرَفًا وَتَشْرِيفًا مَعًا .

شَارَفَ يُشَارِفُ مُشَارَفَةٌ III to approach

ظَلَّ يُنْفِقُ أَمْوَالَهُ حَتَّى شَارَفَ عَلَى الْفَقْرِ .

أَشْرَفَ يُشْرِفُ إِشْرَافٌ IV to supervise

أَشْرَفْتُ عَلَى بَرْنَامَجٍ لِتَعْلِيمِ اللُّغَةِ الْعَرَبِيَّةِ فِي الْخُرْطُومِ .

تَشَرَّفَ يَتَشَرَّفُ تَشَرُّفٌ V to be honored (by)

تَشَرَّفْتُ بِمَعْرِفَتِهِ ، إِنَّهُ مِنْ أَكْبَرِ الْمُهَنْدِسِينَ .

اِسْتَشْرَفَ يَسْتَشْرِفُ اِسْتِشْرَافٌ X to survey

صَعِدَ الْجُنْدِيُّ إِلَى قِمَّةِ الْجَبَلِ لِيَسْتَشْرِفَ الْمَكَانَ قَبْلَ إِقَامَةِ الْمُعَسْكَرِ .

ش ر ق

شَرَقَ يَشْرُقُ شُرُوقٌ I to rise (sun)

إِذا كانَ شُروقُ الشَّمْسِ بِدايةَ الْعَمَلِ ، فَغُروبُها راحةٌ لِلنَّفْسِ .

شَرَّقَ يُشَرِّقُ تَشْرِيقٌ II to go east

يُقالُ شَرَّقَ وَغَرَّبَ أَيْ تَوَجَّهَ إِلَى أَماكِنَ مُتَعَدِّدَةٍ ، وَخاصَّةً بَعْدَ اِنْتِهاءِ " أَيامِ التَّشْرِيقِ " فِي الْحَجِّ .

أَشْرَقَ يُشْرِقُ إِشْرَاقٌ IV to rise, to shine (sun)

أَشْرَقَتِ الشَّمْسُ بِضِيائِها ، وَأَشْرَقَتْ حَفيدَتي بِطَلَّتِها الْجَميلَةِ .

اِسْتَشْرَقَ يَسْتَشْرِقُ اِسْتِشْرَاقٌ X to study the Orient

الْاِسْتِشْراقُ أَمْرٌ جَدَلِيٌّ ، وَلكِنْ لا نَنْسَى أَنَّ كُلَّ فَرْدٍ يَخْدِمُ بِلادَهُ عَلَى طَريقَتِهِ .

ش ر ك

شَارَكَ يُشَارِكُ مُشَارَكَةٌ III to participate (in)

إِنَّهُ دَائِمًا يُشَارِكُ فِي الْأَنْشِطَةِ الْمُخْتَلِفَةِ فِي هَذَا النَّادِي .

أَشْرَكَ يُشْرِكُ إِشْرَاكٌ / شِرْكٌ IV to be a polytheist

مَنْ يُشْرِكْ بِاللهِ فَسَيَدْخُلُ نَارَ جَهَنَّمَ .

تَشَارَكَ يَتَشَارَكُ تَشَارُكٌ VI to participate (in)

تَشَارَكْنَا أَنَا وَزَمِيلِي فِي الْإِعْدَادِ لِحَفْلَةِ آخِرِ الْعَامِ .

اِشْتَرَكَ يَشْتَرِكُ اِشْتِرَاكٌ VIII to participate

اِشْتَرَكَ اِبْنِي فِي رِحْلَةِ الْمَدْرَسَةِ .

ش ر ه

شَرِهَ يَشْرَهُ شَرَهٌ I to be greedy

الْاِعْتدالُ مَطْلوبٌ في كُلِّ شَيْءٍ ، وَلكِنَّ الشَّرهَ غَيْرُ مَرْغوبٍ أَبَدًا .

ش ر ي

اَشْتَرَى يَشْتَرِي شِرَاءٌ VIII to buy

اِشْتَرَى أَخوهُ سَيَّارَةً ثُمَّ باعَها بَعْدَ بِضْعَةِ أَشْهُرٍ .

اِسْتَشْرَى يَسْتَشْرِي اِسْتِشْرَاءٌ X to deteriorate

عِنْدَما يَسْتَشْري الْفَسادُ في أُمَّةٍ ، فَقُلْ عَلَى الدُّنْيا السَّلامُ .

ش ط ر

شَطَرَ يَشْطُرُ شَطْرٌ I to halve

شَطَرْتُ الْكَعْكَةَ نِصْفَيْنِ ، وَأَعْطَيْتُ كُلَّ وَاحِدٍ مِنْهُمَا شَطْرًا .

شَاطَرَ يُشَاطِرُ مُشَاطَرَةٌ III to share (feelings)

تُوُفِّي وَالِدُ صَدِيقَتِي فَأَرْسَلْتُ إِلَيْهَا بَرْقِيَّةً تَقُولُ : نُشَاطِرُكُمُ الْأَحْزَانَ .

اِنْشَطَرَ يَنْشَطِرُ اِنْشِطَارٌ VII to be divided

عِنْدَما سَمِعْتُ بِوُقوعِ الصَّخْرَةِ وَانْهِيارِ الْبُيوتِ في الْمُقَطَّمِ ، اِنْشَطَرَ قَلْبي نِصْفَيْنِ .

ش ع ر

شَعَرَ يَشْعُرُ شُعُورٌ I to feel

بَعْدَ عَمَلٍ مُتَوَاصِلٍ لِسَاعَاتٍ ، شَعَرْتُ بِالتَّعَبِ وَالْفُتُورِ .

أَشْعَرَ يُشْعِرُ إِشْعَارٌ IV to make s.o. feel

إِنَّهَا دَائِمًا تُشْعِرُهُ بِأَهَمِّيَّتِهِ ، لِذَلِكَ فَإِنَّهُ يُحِبُّهَا كَثِيرًا .

اِسْتَشْعَرَ يَسْتَشْعِرُ اِسْتِشْعَارٌ X to sense

اِسْتَشْعَرْتُ مِنْ حَدِيثِهِ أَنَّهُ لاَ يُوافِقُ عَلَى رَأْيِهَا .

ش ع ع

شَعَّ يَشُعُّ شَعٌّ I to spread

يَقولُ النَّاسُ أَحْيانًا : شاعَ النَّبَأُ ، وَهُمْ يَقْصِدونَ أَنَّه انْتَشَرَ .

أَشعَّ يُشعُّ إشْعَاعٌ IV to radiate

الشُّعاعُ الّذي يَبْعَثُ الضَّوْءَ مَقْبولٌ ، أَمَّا الإِشْعاعُ فَأَمرٌ مُخيفٌ .

ش ع ل

شَعَلَ يَشْعَل شَعْلٌ / شُعْلَةٌ I to lit

في اِفْتِتاحِ كُلِّ دَوْرَةِ أُولِيْمِبِّيةٍ ، يَتِمُ إِيقادُ شُعْلَةٍ تَظَلُّ حَتَّى نِهايةِ الدَّوْرَةِ .

أَشْعَلَ يُشْعِلُ إِشْعَالٌ IV to ignite, light

عِنْدَما أَشْعَلَ سيجارَةً في الأُتوبيس ، ثارَ النَّاسُ عَلَيْهِ .

اِشْتَعَلَ يَشْتَعِلُ اشْتِعَالٌ VIII

1. catch fire

اِشْتَعَلَتْ النَّارُ فِي الْمَصْنَعِ ، فَأَجْهَزَتْ وقَضَتْ عَلى الْآلاتِ والْمُنْتَجَاتِ .

2. to spread

في الْقُرْآنِ الْكريمِ : " وَاشْتَعَلَ الرَّأْسُ شَيْبًا " كِنايةً عَنْ كِبَرِ السِّنِّ .

ش غ ب

شَغَبَ يَشْغَبُ شَغَبٌ I to make trouble

حينَ تَقومُ مَجْموعاتٌ مُعارِضَةٌ بِإثارَةِ الشَّغَبِ ، تَجِد الْحُكومَةَ تُجابِهُها عَلَى الْفَوْرِ .

شَاغَبَ يُشَاغِبُ مُشَاغَبَةٌ III to make trouble

أَقولُ : هَذا الشَّخْصُ مُشاغِبٌ أَيْ إِنَّه يُصَدِّرُ الْمَتاعِبَ وَالْإِزْعاجَ لِكُلِّ النّاسِ .

ش غ ف

شَغَفَ يَشْغَفُ شَغَفٌ I to be infatuated (with)

لَمْ أرَ أَجْمَلَ مِنْهَا ، فَلاَ غَرَابَةَ أَنْ يُشْغَفَ بِهَا حُبًّا .

ش غ ل

شَغَلَ يَشْغَلُ شُغْلٌ I to occupy, preoccupy o.s. (with)

إِنَّهُ دَائِمًا يَشْعُر بِالْفراغ ، اِقْتَرَحْتُ عَلَيْهِ أَنْ يَشْغَلَ نَفْسَهُ بِأَيِّ هِوايَةٍ .

شَاغَلَ يُشَاغِلُ مُشَاغَلَةٌ III to engross one's attention

ظَلَّ يُشَاغِلُهَا وَتُشَاغِلُه ، فَكَانَتِ النِّهَايَةُ الطَّبيعِيَّةُ بِالزَّوَاجِ .

تَشَاغَلَ يَتَشَاغَلُ تَشَاغُلٌ VI to occupy o.s. with s.th.

لَمْ يُعْجِبْهُ تَصَرُّفُهَا الأَخِيرُ ، فَتَشَاغَلَ عَنْهَا لِعِدَّةِ أَسَابِيعَ .

اِنْشَغَلَ يَنْشَغِلُ اِنْشِغَالٌ VII to be occupied with

آسِفٌ جِدًّا ، لَقَدْ نَسِيتُ الْمَوْعِدَ ، بِانْشِغالي بِمُشاهَدَةِ الْمُباراةِ .

اِشْتَغَلَ يَشْتَغِلُ اِشْتِغَالٌ VIII to work

اِشْتَغَلَ مُحَامِيًا أَوَّلَ الأَمْرِ ، هُوَ الآنَ يَعْمَلُ مُسْتَشَارًا فِي الْحُكُومَةِ .

ش ف ع

شَفَعَ يَشْفَعُ شَفَاعَةٌ / شَفْعٌ I to intercede (with, for)

إِذَا أَخْطَأْتَ فِي حَقِّ اللهِ ، فَلَنْ يَشْفَعَ لَكَ إِنْسَانٌ .

أَشْفَعَ يُشْفِعُ إِشْفَاعٌ IV to attach

أَشْفَعْتُ طَلَبِي بِالْمُسْتَنَدَاتِ اللاَّزِمَةِ .

تَشَفَّعَ يَتَشَفَّعُ تَشَفُّعٌ V to intercede

حاول أن يَتَشَفَّعَ لَهُ ، وَلَكِنَّ الْمُدِيرَ لَمْ يَقْبَلْ تَشَفُّعَهُ .

اِسْتَشْفَعَ يَسْتَشْفِعُ اِسْتِشْفَاعٌ X to ask for the intercession (of)

مِنْ عَادَةِ النَّاسِ أَنْ يَسْتَشْفِعُوا بِالأَوْلِيَاءِ الصَّالِحِينَ .

ش ف ف

شَفَّ يَشِفُّ شَفٌّ I to reveal

إِنَّ هَذَا التَّصَرُّفَ الْكَرِيمَ يَشِفُّ عَنْ خُلُقٍ وَنُبْلٍ .

اِسْتَشَفَّ يَسْتَشِفُّ اِسْتِشْفَافٌ X to perceive

اِسْتَشَفَّ الْقَاضِي أَنَّ الشُّهُودَ يَكْذِبُونَ .

ش ف ق

أَشْفَقَ يُشْفِقُ إِشْفَاقٌ IV to sympathize (with)

صَحِيحٌ إِنَّهُ مَغْرُورٌ ، وَلَكِنِّي أُحِبُّهُ وَأُشْفِقُ عَلَيْهِ لِظُروفٍ أَعْرِفُها عَنْهُ .

ش ف ي

شَفَى يَشْفِي شِفَاءٌ I to cure

دَعَوْتُ لَهُ أَنْ يَشْفِيَهُ اللهُ مِنْ مَرَضِهِ .

أَشْفَى يُشْفِي إِشْفَاءٌ IV to slake (a passion)

لَنْ يُشْفِيَ غَلِيلَهُ مِنْهُ إِلاَّ بِأَنْ يَحْكُمَ عَلَيْهِ الْقَضَاءُ بِالسَّجْنِ .

تَشَفَّى يَتَشَفَّى تَشَفٍّ V to take revenge (for, on)

كَانَ غَاضِبًا مِنْهُ جِدًّا ، وَحَاوَلَ أَنْ يَتَشَفَّى فِيهِ .

اِسْتَشْفَى يَسْتَشْفِي اِسْتِشْفَاءٌ X to seek a cure

كَانَ بَحَاجَةٍ لِلرَّاحَةِ ، وَلِهَذَا فَقَدْ أَدْخَلُوهُ مَصَحَّةً لِلاسْتِشْفَاءِ .

شـ قـ ق

شَقَّ يَشُقُّ شَقٌّ I to split, rip

شَقَّ بَطْنَ السَّمَكَةِ فَوَجَدَ فِيهَا لُؤْلُؤَةً .

شَقَّقَ يُشَقِّقُ تَشْقِيقٌ II to dissect

لِمَاذَا يُحَاوِلُ أَنْ يُشَقِّقَ الْمَوْضُوعَ بِهَذَا الشَّكْلِ ؟

تَشَقَّقَ يَتَشَقَّقُ تَشَقُّقٌ V to be cracked

تَشَقَّقَ جِدَارُ الْمَنْزِلِ رَغْمَ أَنَّهُ حَدِيثُ الْبِنَاءِ .

اِشْتَقَّ يَشْتَقُّ اِشْتِقَاقٌ VIII to derive (from)

فِي اللُّغَةِ الْعَرَبِيَّةِ ، نَسْتَطِيعُ أَنْ نَشْتَقَّ مِنَ الْجِذْرِ الْوَاحِدِ عِدَّةَ صِيَغٍ .

شـ كـ ر

شَكَرَ يَشْكُرُ شُكْرٌ I to thank

اللهُ سُبْحَانَهُ وَتَعَالَى خَلَقَنَا ، ثُمَّ رَزَقَنَا ، أَفَلا يَسْتَحِقُّ الشُّكْرَ مِنَّا جَمِيعًا ؟

تَشَكَّرَ يَتَشَكَّرُ تَشَكُّرٌ V to thank

أَخَذْتُ أَتَشَكَّرُ لَهُ لُطْفَهُ وَمُسَاعَدَتَهُ عَلَى تَعَاوُنِهِ مَعَنَا .

شـ كـ س

شَاكَسَ يُشَاكِسُ مُشَاكَسَةٌ III to quarrel

لا يُرِيدُ أَنْ يَعِيشَ فِي هُدُوءٍ ، إِنَّهُ مُغْرَمٌ بِالْمُشَاكَسَةِ وَمُضَايَقَةِ الْجِيرَانِ .

تَشَاكَسَ يَتَشَاكَسُ تَشَاكُسٌ VI to quarrel with one another

لَمْ تَكُنْ هَذِهِ أَوَّلَ مَرَّةٍ ، لَقَدْ تَشَاكَسَ مَعَهُم مِن قَبْلُ وَحَرَّرُوا لَهُ " مَحْضَرًا " بِالشُّرْطَةِ .

شـ كـ ك

شَكَّ يَشُكُّ شَكٌّ — I — to doubt

لَيْسَ لَدَيَّ أَدْنَى شَكٍّ فِي بَرَاءَتِهِ .

شَكَّكَ يُشَكِّكُ تَشْكِيكٌ — II — to make s.o. doubt

حَاوَلَ أَنْ يُشَكِّكَنِي فِي تَصَرُّفِهِ ، وَلَكِنِّي لَمْ أَقْتَنِعْ .

تَشَكَّكَ يَتَشَكَّكُ تَشَكُّكٌ — V — to doubt

تَشَكَّكْتُ فِيهِ لِفَتْرَةٍ ، وَلَكِنِّي تَأَكَّدْتُ أَخِيرًا أَنَّهُ بَرِيءٌ .

شـ كـ ل

شَكَّلَ يُشَكِّلُ تَشْكِيلٌ — II — to form, shape

تَمَّ تَشْكِيلُ اللِّجانِ ، أَرْجو أَنْ أَجِدَ اسْمِي فيها .

أَشْكَلَ يُشْكِلُ إِشْكَالٌ — IV — to be obscure

ما حَدَثَ ، كانَ مُجَرَّدَ إِشْكالٍ بَسيطٍ ، وتَمّ تَسْوِيَةُ الْمَسْأَلَةِ .

اِسْتَشْكَلَ يَسْتَشْكِلُ اِسْتِشْكَالٌ — X — to file an appeal

بَعْدَ أَنْ صَدَرَ حُكْمُ الْمَحْكَمَةِ ، قَدَّمَ مُحاميهِ اِسْتِشْكالاً لِنَظَرِ الْقَضِيَّةِ مَرَّةً أُخْرَى .

شـ كـ و

شَكَا يَشْكُو شَكْوَى / شِكَايَةٌ — I — to complain

إِنَّه يَشْكو دائِمًا ، وَلَعَلَّ ذَلِكَ لأَنَّهُ غَيْرُ مُتَصالِحٍ مَعَ نَفْسِهِ .

تَشَاكَى يَتَشَاكَى تَشاكٍ — VI — to complain to one another

تَشاكَيا سَوِيًّا ، مِنْ سوءِ أَخْلاقِ صَديقِهِما .

اِشْتَكَى يَشْتَكِي اِشْتِكَاءٌ — VIII — to complain

اِشْتَكَى الْعَامِلُ رَئِيسَ الْوَرْدِيَّةِ ، فَعُوقِبَ الْعَامِلُ بِالْفَصْلِ .

شـ لـ ل

شَلَّ يَشُلُّ شَلَلٌ — I — to be paralyzed

لَقَدْ كَبُرَتْ سِنُّهُ ، وَأُصِيبَ بِالشَّلَلِ . شَفَاهُ اللهُ .

أَشَلَّ يُشِلُّ —— — IV — to immobilize

يُحَاوِلُ أَنْ يُشِلَّ يَدِي عَنِ الْعَمَلِ ، وَلَكِنِّي لاَ أَهْتَمُّ بِهِ .

انْشَلَّ يَنْشَلُّ —— VII to be paralyzed

أُصِيبَ بِصَدْمَةٍ بَالِغَةٍ فَانْشَلَّتْ يَدُهُ .

ا ش م ء ز

اِشْمَأَزَّ يَشْمَئِزُّ اِشْمِئْزَازٌ Q2 to feel disgust

قَتَلَ أَباهُ ثُمَّ سَرَقَ نُقودَهُ . مَنْظَرُهُ في قَفَصِ الاِتِّهامِ يُثيرُ الاِشْمِئْزازَ .

ش م ت

شَمِتَ يَشْمَتُ شَمَاتَةٌ I to rejoice at the misfortune of s.o.

أَحْيَانًا نَغْضَبُ وَلكِنَّا لا نَصِلُ إِلَى حَدِّ الشَّماتَةِ أَيْ لا نَفْرَحُ لِمَصَائِبِ الآخَرِينَ .

ش م خ

شَمَخَ يَشْمَخُ شُمُوخٌ I to be proud

إِنَّهُ دَائِمًا يَعْرِفُ قَدْرَ نَفْسِهِ ، وَلِهَذَا فَهُوَ يَشْمَخُ بِأَنْفِهِ .

تَشَامَخَ يَتَشَامَخُ تَشَامُخٌ VI to give o.s. airs

حَاوَلَ مِرَارًا أَنْ يَتَشَامَخَ عَلَيْهِمْ ، وَلَكِنَّهُ لَمْ يَسْتَطِعْ .

ش م س

شَمَّسَ يُشَمِّسُ تَشْمِيسٌ II to expose to the sun

التَّشْميسُ هو قَضاءُ وَقْتٍ تَحْتَ الشَّمْسِ ، وَحَبَّذا لَوْ كانَ عَلَى شاطِىءِ بَحْرٍ .

تَشَمَّسَ يَتَشَمَّسُ تَشَمُّسٌ V to sit or lie in the sun

تَشَمَّسَتِ الْمَرْأَةُ مَعَ طِفْلِها ، فَأُصيبَ الطِّفْلُ بِضَرْبَةِ شَمْسٍ ، شَفاهُ اللهُ .

ش م ع

شَمَّعَ يُشَمِّعُ تَشْمِيعٌ II to wax, legally close a store

تَشْميعُ مَحَلٍّ مِنْ قِبَلِ الْحُكومَةِ مَعْناهُ إِغْلاقُهُ بِالشَّمْعِ الأَحْمَرِ .

ش م ل

شَمِلَ يَشْمَلُ شُمُولٌ / شَمْلٌ I to contain

شَمِلَ هَذَا الْقَامُوسُ عَدَدًا كَبِيرًا مِنَ الْكَلِمَاتِ الصَّعْبَةِ .

to include VIII اِشْتَمَلَ يَشْتَمِلُ اِشْتِمَالٌ

اِشْتَمَلَ هَذَا الْقَامُوسُ عَلَى الْأَفْعَالِ الْأَسَاسِيَّةِ فِي اللُّغَةِ الْعَرَبِيَّةِ .

ش م م

to smell I شَمَّ يَشُمُّ شَمٌّ

شَمَّ الطِّفْلُ الدَّوَاءَ فَبَكَى وَأَصَرَّ أَلاَّ يَتَعَاطَاهُ .

to give s.o. s.th. to smell II شَمَّمَ يُشَمِّمُ تَشْمِيمٌ

شَمَّمَتِ الْأُمُّ الدَّوَاءَ لاِبْنِهَا فَرَفَضَ تَعَاطِيَهُ فِي الْحَالِ .

to infer, sniff out VIII اِشْتَمَّ يَشْتَمُّ اِشْتِمَامٌ

اشْتَمَمْتُ مِنْهَا أَنَّهَا كَانَتْ مُتَزَوِّجَةً وَطُلِّقَتْ .

ش ن ج

to become agitated V تَشَنَّجَ يَتَشَنَّجُ تَشَنُّجٌ

كُلَّما أُحاوِلُ مُفاتَحَتَهُ في أَمْرِ زَوْجَتِهِ ، أَجِدُهُ يَتَشَنَّجُ وَلا يَرْغَبُ في الْمُناقَشَةِ .

ش ن ع

to be ugly I شَنُعَ يَشْنُعُ شَنَاعَةٌ

وَصَلَ إِلَى حَدِّ الشَّناعَةِ وَالْبَشاعَةِ وَأَصْبَحَتْ رُؤْيَتُهُ غَيْرَ مَرْغوبَةٍ .

to calumniate II شَنَّعَ يُشَنِّعُ تَشْنِيعٌ

بِسَبَبِ الْغَيْرَةِ ، حاوَلوا التَّشْنيعَ عَلَيْهِ وَإِفْسادَ سُمْعَتِهِ .

ش ن ن

to launch an attack I شَنَّ يَشِنُّ شَنٌّ

شَنَّتِ الْبِلاَدُ حَرْبًا شَعْوَاءَ عَلَى أَعْدَائِهَا .

ش هـ د

to witness, testify I شَهِدَ يَشْهَدُ شُهُودٌ / شَهَادَةٌ

شَهِدْتُ أَمَامَ الْقَاضِي بِبَرَاءَتِهِ .

to watch III شَاهَدَ يُشَاهِدُ مُشَاهَدَةٌ

شَاهَدْتُ بِالْأَمْسِ فِيلْمَ قِصَّةِ حُبٍّ .

to call as witness IV أَشْهَدَ يُشْهِدُ إِشْهَادٌ

أَشْهَدَ الْقَاضِي الشُّهُودَ عَلَى الْجُنَاةِ فَلَمْ يَتَعَرَّفُوا إِلاَّ عَلَى وَاحِدٍ مِنْهُمْ .

to recite the "shahada," creed of Islam V تَشَهَّدَ يَتَشَهَّدُ تَشَهُّدٌ

التَّشَهُّدُ فِي الصَّلاَةِ عِبَارَةٌ عَنْ قِرَاءَةِ صِيغَةٍ قَبْلَ إِنْهَاءِ الصَّلاَةِ .

1. to cite an example X اِسْتَشْهَدَ يَسْتَشْهِدُ اِسْتِشْهَادٌ

الاِسْتِشْهادُ في النَّحْوِ الْعَرَبِيِّ هُوَ الْإِتْيانُ بِأَمْثِلَةٍ مَأثورَةٍ لِتوضيحِ الْقَواعِدِ .

2. to be martyred X اُسْتُشْهِدَ يُسْتَشْهَدُ اِسْتِشْهَادٌ

اِشْتَرَكَ فِي ثَلاثِ مَعارِكَ وَلَكِنَّهُ اُسْتُشْهِدَ فِي الْمَعْرَكَةِ الْأَخِيرَةِ .

ش هـ ر

to make well-known I شَهَرَ يَشْهَرُ شَهْرٌ

" الشَّهْرُ الْعَقَارِيُّ " مَصْلَحَةٌ حُكُومِيَّةٌ وَظيفَتُها تَوْثيقُ الْعُقودِ بِكَافَّةِ أَنْواعِها .

to make known, announce IV أَشْهَرَ يُشْهِرُ إِشْهَارٌ

بَعْدَ خسارَتِهِ في الْبُورْصَةِ ، أَشْهَرَ إِفْلاسَهُ .

to be or become famous VIII اُشْتُهِرَ يُشْتَهَرُ اِشْتِهَارٌ

الاِشْتِهارُ أَوْ الشُّهْرَةُ : السُّمْعَةُ الطَّيِّبَةُ ، أَحْيانًا تَكُونُ الشُّهْرَةُ لِلْمُجْرِمينَ .

ش هـ ق

to inhale I شَهِقَ يَشْهَقُ شَهِيقٌ

نَفَسُ الْإِنْسانِ يَتَرَدَّدُ بَيْنَ " الشَّهِيقِ " وهو أَخْذُ النَّفَسِ ، و " الزَّفيرِ " إِخْراجُهُ .

ش هـ و

to whet s.o.'s appetite II شَهَّى يُشَهِّي تَشْهِيَةٌ

أَخَذَ يَشْرَحُ لي بالتَّفْصيلِ مُكَوِّناتِ الْكَعْكَةِ ، فَشَهَّاني إِلى أَكْلِها نَيِّئَةٍ .

to crave V تَشَهَّى يَتَشَهَّى تَشَهٍّ

لا تُعَوِّدْ نَفْسَكَ أَنْ تَتَشَهَّى كُلَّ شَيْءٍ ، كَيْ لا تَكونَ عَبْدًا لِلشَّهْوَةِ .

اِشْتَهَى يَشْتَهِي اِشْتِهاءٌ / شَهْوَةٌ VIII to crave

حينَ أَشْتَهي أَحَدَ الْأَطْعِمَةِ ، أُذَكِّرُ نَفْسي بِعواقِبِ الْإِكْثارِ مِنْهُ .

شـ و ب

شَابَ يَشُوبُ شَوْبٌ I to mix

شابَ أَيِ اخْتَلَطَ ، أو ظَهَرَ أَثَرُهُ .

شـ و ر

شَاوَرَ يُشَاوِرُ مُشَاوَرَةٌ III to consult

حَاوَلْتُ أَنْ أُشَاوِرَهُ فِي الْأَمْرِ ، وَلَكِنَّهُ دَائِمًا يَرْفُضُ .

أَشَارَ يُشِيرُ إِشَارَةٌ IV

1. to signal, indicate

إِشَارَةُ الْمُرورِ الْحَمْرَاءِ تُشِيرُ إِلَى ضَرُورَةِ التَّوَقُّفِ الْفَوْرِيِّ .

2. to advise أَشَارَ عَلَيْهَا بِأَنْ تَضَعَ نُقُودَهَا فِي الْبَنْكِ .

تَشَاوَرَ يَتَشَاوَرُ تَشَاوُرٌ VI to consult each other

تَشَاوَرْنَا مَعًا ثُمَّ قَرَّرْنَا السَّفَرَ .

اِسْتَشَارَ يَسْتَشِيرُ اِسْتِشَارَةٌ X to consult s.o.

يَقولونَ : " لا خابَ مَنِ اِسْتَشارَ " لأَنَّ في الْمَشورَةِ اطْمِئْناناً وَنَجاحاً .

شـ و ش

شَوَّشَ يُشَوِّشُ تَشْوِيشٌ II to disturb

كُلَّما حاوَلَ أَخوهُ الْمُذاكَرَةَ ، يَفْتَحُ الرّادْيُو بِصَوْتٍ عالٍ لِيُشَوِّشَ عَلَيْهِ .

تَشَوَّشَ يَتَشَوَّشُ تَشَوُّشٌ V to be disturbed

في الِامْتِحانِ ، كُنْتُ أَعْرِفُ الْإِجاباتِ ، وَلَكِنِّي تَشَوَّشْتُ مِنْ رُؤْيَةِ وُجوهِ الْمُراقبينَ .

شـ و ق

شَوَّقَ يُشَوِّقُ تَشْوِيقٌ II to fill s.o. with longing

بَعْدَ أَنْ سَرَدَ عَلَيَّ موجَزَ الْفِيلْمِ ، قُلْتُ لَهُ : لَقَدْ شَوَّقْتَني إِلَى رُؤْيَتِهِ .

تَشَوَّقَ يَتَشَوَّقُ تَشَوُّقٌ V to long for

تَشَوَّقْتُ كَثيرًا لِلذَّهابِ إِلَى أَسْوانَ وَالْأُقْصُرِ وَمُشاهَدَةِ الْآثارِ الْفِرْعَوْنِيَّةِ هُناكَ .

اِشْتاقَ يَشْتاقُ اِشْتِياقٌ VIII to long for

بَعْدَ ثَلاثِ سَنَواتٍ بِالْخارِجِ مَعَ زَوْجِها ، اشْتاقَتْ لِرُؤْيَةِ أَهْلِها فَرَجَعَتْ .

شـ و ه

شَوَّهَ يُشَوِّهُ تَشْوِيهٌ II to disfigure

اَلّذي شَوَّهَ جَمالَ اللَّوْحَةِ ، لَيْسَ الشَّكْلَ وَلا الْخُطوطَ والْأَلْوانَ ، بَلْ ثَمَنُها الْباهِظُ .

تَشَوَّهَ يَتَشَوَّهُ تَشَوُّهٌ V to be disfigured

مِنَ جَرَّاءِ الْحُروبِ ، يَتَشَوَّهُ الْكَثيرونَ نَتيجَةَ اِسْتِخْدامِ قَنابِلَ مَحْظُورةٍ .

شـ و ي

شَوَيَ يَشْوِي شَيٌّ / شِوَاءٌ I to grill

تَعَوَّدْنا وَنَحْنُ صِغارٌ أَنْ نَشْوِيَ اللَّحْمَ بِأَنْفُسِنا مَعَ ذَوينا ، ثُمَّ نَأْكُلَه في الْحالِ .

اِشْتَوَى يَشْتَوِي اِشْتِوَاءٌ VIII to be grilled

اِشْتِواءُ اللَّحْمِ مَعْناهُ نُضوجُهُ عَلَى النَّارِ كَيْ يُصبِحَ لَذيذَ الطَّعمِ .

شـ يـ أ

شَاءَ يَشَاءُ مَشِيئَةٌ I to want

مَا شَاءَ اللهُ كَانَ ، وَمَا لَمْ يَشَأْ لَمْ يَكُنْ .

شـ يـ ب

شَابَ يَشِيبُ شَيْبٌ I to become gray-haired

شَابَ شَعْرُ رَأْسِهِ رَغْمَ صِغَرِ سِنِّهِ .

شَيَّبَ يُشَيِّبُ تَشْيِيبٌ II to cause s.o.'s hair to turn white

شَيَّبَنِي الْقَلَقُ وَالْخَوْفُ مِنَ الْمَجْهُولِ .

شـ يـ خ

شَاخَ يَشِيخُ شَيْخُوخَةٌ I to age

رَأَيْتُهُ مَرَّةً وَاحِدَةً حَالَ شَيْخُوخَتِهِ ، فَحَزِنْتُ عَلَيْهِ .

ش ي د

to set up	I	شَيْدٌ	يَشِيدُ	شَادَ

شَادَ الرَّئِيسُ الْجَدِيدُ دَوْلَتَهُ عَلَى أُسُسٍ مِنَ الْحُرِّيَّةِ وَالدِّيمُقرَاطِيَّةِ .

to construct	II	تَشْيِيدٌ	يُشَيِّدُ	شَيَّدَ

شَيَّدَ الْفَرَاعِنَةُ عَدَدًا كَبِيرًا مِنَ الْآثَارِ الَّتِي مَا تَزَالُ بَاقِيَةً .

to praise	IV	إِشَادَةٌ	يُشِيدُ	أَشَادَ

بَعْدَ قِراءَةِ رِوَايَاتِهِ أَشَادَ النُّقَّادُ بِطَرِيقَتِهِ فِي الْقَصِّ وإِبْداعِهِ فِي الْحَبْكَةِ .

to be constructed	V	تَشَيُّدٌ	يَتَشَيَّدُ	تَشَيَّدَ

تَشَيَّدَ الْعَدِيدُ مِنْ مَصَانِعِ الْوَرَقِ ، وَمَعَ ذَلِكَ فَسِعْرُهُ مُرْتَفِعٌ .

ش ي ع

to spread	I	شُيُوعٌ	يَشِيعُ	شَاعَ

فِي كُلِّ عَصْرٍ ، تَشِيعُ ظَاهِرَةٌ ، وَتَخْتَفِي أُخْرَى .

to escort the deceased to burial	II	تَشْيِيعٌ	يُشَيِّعُ	شَيَّعَ

حَمَلُوا نَعْشَهُ بَعْدَ وَفَاتِهِ وَشَيَّعُوهُ حَتَّى مَثْوَاهُ الْأَخِيرِ .

to support, side with	III	مُشَايَعَةٌ	يُشَايِعُ	شَايَعَ

هُمْ لاَ يُشَايِعُونَهُ إِلاَّ لأَنَّهُ يُؤْمِنُ بِمَبَادِئِهِمْ .

to spread	IV	إِشَاعَةٌ	يُشِيعُ	أَشَاعَ

قَدْ أَشَاعَ هَذَا الْمُجْرِمُ الْفَوْضَى فِي الْحَيِّ كُلِّهِ .

to become a Shi‘i	V	تَشَيُّعٌ	يَتَشَيَّعُ	تَشَيَّعَ

التَّشَيُّعُ مَذْهَبٌ دِينِيٌّ أَصَابَهُ تَطَوُّرٌ كَبِيرٌ بِتَطَوُّرِ أَنْصَارِهِ .

ص

ص ب أ

to convert to	I	صُبُوءٌ	يَصْبَأُ	صَبَأَ

كَانَ الْعَرَبُ يَقُولُونَ : صَبَأَ فُلانٌ أي تَرَكَ دِينَهُ إلَى دِينٍ آخَرَ .

ص ب ب

to pour	I	صَبٌّ	يَصُبُّ	صَبَّ

صَبَّ الْبَائِعُ عَصِيرَ الْبُرْتُقَالِ فِي كُوبٍ غَيْرِ نَظِيفٍ .

to drip (with perspiration)	V	تَصَبُّبٌ	يَتَصَبَّبُ	تَصَبَّبَ

ظَلَّ يَجْرِي فِي الْمَلْعَبِ حَتَّى تَصَبَّبَ عَرَقًا .

to be poured out, gush	VII	اِنْصِبَابٌ	يَنْصَبُّ	اِنْصَبَّ

كَثِيرونَ يُحِبُّونَ انْصِبابَ الْمَطَرِ مِن السَّماءِ .

ص ب ح

to become	IV	إصْبَاحٌ	يُصْبِحُ	أَصْبَحَ

لاَ يَسْتَقِرُّ الْجَوُّ (أَو الطَّقْسُ) عَلَى حالٍ ، فَأَحْيانًا يُصْبِحُ حَارًّا ، وأحيانًا بارِدًا .

ص ب ر

to be patient	I	صَبْرٌ	يَصْبِرُ	صَبَرَ

مَنْ صَبَرَ وَتَأَنَّى ، نَالَ مَا تَمَنَّى .

to persevere	VIII	اِصْطِبَارٌ	يَصْطَبِرُ	اِصْطَبَرَ

الَّذِي يَتَحَمَّلُ وَيَصْطَبِرُ عَلَى الْمَكَارِهِ يَكُونُ رَجُلاً بِمَعْنَى الْكَلِمَةِ .

ص ب غ

to dye	I	صَبْغٌ / صِباغَةٌ	يَصْبُغُ	صَبَغَ

بَعْضُ السَّيِّداتِ يَصْبُغْنَ شُعُورَهُنَّ بِأَلْوانٍ عَجِيبَةٍ .

to be dyed VIII اِصْطَبَغَ يَصْطَبِغُ اِصْطِبَاغٌ
اِصْطَبَغَ شَعْرُها بِلَوْنٍ غريبٍ ، وَلكِنْ لَمْ يَصْطَبِغْ شُعورُها بِأَيِّ نَدَمٍ .

ص ب و

to desire I صَبَا يَصْبُو صَبْوٌ
إِنَّهُ يَصْبُو إِلَيْهَا رَغْمَ أَنَّهَا فِي سِنِّ بَنَاتِهِ .

to behave like a child VI تَصَابَى يَتَصَابَى تَصَابٍ
عِنْدَمَا يَتَصابَى الْعَجُوزُ ، فَقُلْ : عَلى الدُّنْيَا السَّلامُ .

ص ح ب

to accompany I صَحِبَ يَصْحَبُ صُحْبَةٌ
صَحِبْتُ أَقَارِبَ زَوْجَتِي فِي رِحْلَةٍ نِيلِيَّةٍ لِمُدَّةِ سَاعَتَيْنِ .

to accompany III صَاحَبَ يُصَاحِبُ مُصَاحَبَةٌ
مُصَاحَبَةُ الْأَشْرَارِ مِنَ النَّاسِ تَجْلِبُ عَلَى الْإِنْسَانِ الْأَذى .

to become friends VI تَصَاحَبَ يَتَصَاحَبُ تَصَاحُبٌ
تَعَرَّفَا فِي الْمَدْرَسَةِ حَيْثُ كَانَا زَمِيلَيْنِ ، بَعْدَهَا تَصَاحَبَا وَهُمَا الْآنَ صَدِيقَانِ .

to take along VIII اِصْطَحَبَ يَصْطَحِبُ اِصْطِحَابٌ
اِصْطَحَبْتُ مَعِي خَطِيبَتِي إِلَى السِّينِمَا .

to take along X اِسْتَصْحَبَ يَسْتَصْحِبُ اِسْتِصْحَابٌ
اِسْتَصْحَبْتُ مَعِي زُمَلَائِي إِلَى مُبَارَاةِ كُرَةِ الْقَدَمِ الْأَخِيرَةِ .

ص ح ح

to prove true I صَحَّ يَصِحُّ صِحَّةٌ
لَقَدْ صَحَّ عِنْدِي الْآنَ كُلُّ مَا كُنْتَ تَقُولُهُ عَنْهَا .

to correct II صَحَّحَ يُصَحِّحُ تَصْحِيحٌ
إِنَّنِي فَقَطْ أُرِيدُ أَنْ أُصَحِّحَ فِكْرَتَكَ عَنِ الْمَوْضُوعِ .

to be corrected V تَصَحَّحَ يَتَصَحَّحُ ——
لَقَدْ تَصَحَّحَ الْوَضْعُ الْآنَ ، وَلَمْ تَعُدْ بَيْنَهُمَا مُشْكِلَةٌ .

ص ح ف

صَحَّف يُصحِّفُ تَصْحِيفٌ II

to make a mistake when writing a word

اَلتَّصْحيفُ اِرْتِكابُ أَخْطاءٍ في كِتابَةِ كَلِمةٍ ما ، مِن الْغَريبِ أنْ الْكَلماتِ الْخَطَأَ أَحْيانًا تُعْتَبَرُ تَنْمِيَةً لِلُّغَةِ .

تَصَحَّفَ يَتَصَحَّفُ تَصَحُّفٌ V to be misread

تَصَحَّفتُ السُّؤالَ فَأخْطأتُ فى الْإجابَةِ عَنْهُ .

ص ح و

صَحَا يَصْحُو صَحْوٌ I to wake up

صَحا عَلَى طَلْقَةِ الْمِدْفَعِ ، فَعَرَفَ أَنَّ الْمَغْرِبَ قَدْ حانَ ، وَأَنَّهُ سَيَأكُلُ بَعْدَ صَوْمِ يَوْمٍ طَويلٍ .

ص د أ

صَدِئَ يَصْدَأُ صَدأٌ I to become rusty

ظَاهِرَةٌ غَريبةٌ أَنَّ كُلَّ الْبُيوتِ الْواقِعةَ عَلَى شاطِىءِ الْبَحْرِ الْأَبْيَضَ الْمُتَوَسِّط ، مَعادِنُها تَصْدَأُ .

ص د د

صَدَّ يَصُدُّ صَدٌّ I to turn away

حَاوَلَ أَنْ يَتَقَرَّبَ إِلَيْهَا مِرَارًا ، وَلَكِنَّهَا صَدَّتْهُ عَنْ نَفْسِهَا .

تَصَدَّى يَتَصَدَّى تَصَدٍّ V to confront

عِنْدَما عَلِمَ قَائِدُ الْفَصيلَةِ أَنَّ ثَمَّةَ تَسَلُّلاً مِن الْعَدُوِّ ، تَصَدَّى لَهُمْ عَلَى الْفَوْرِ .

ص د ر

صَدَرَ يَصْدُرُ صُدُورٌ I to be issued

اَلْآنَ يَصْدُرُ في مِصْر جَرائِدُ وَمَجَلَّاتٌ تَسْتَعْصي عَلَى الْحَصْرِ .

صَدَّرَ يُصَدِّرُ تَصْدِيرٌ II

1. to write a preface

صَدَّر كِتابَهُ الْجَديدَ بِمُقَدِّمَةٍ ضافِيةٍ شَكَرَ فيها الْقُرَّاءَ جَميعًا .

2. to export كَما تَسْتَوْرِدُ مِصْرُ مِن الْخارِجِ ، فَإِنَّها تُصَدِّرُ إِلَيْهِ الْكَثيرَ .

to confiscate III صَادَرَ يُصَادِرُ مُصَادَرَةٌ

ضُبط مَعَ الْمُسافِرِ مُسَدَّسٌ غَيْرُ مُرَخَّصٍ ، فَتَمَّتْ مُصادَرَتُهُ في الْحالِ .

to issue IV أَصْدَرَ يُصْدِرُ إِصْدَارٌ

تُصْدِرُ الْجامِعاتُ مَجَلاَّتٍ دَوْريةً تَهْتَمُّ بِشُؤونِ الطَّلَبَةِ .

to preside over V تَصَدَّرَ يَتَصَدَّرُ تَصَدُّرٌ

تَصَدَّرَ رَئيسُ الْجَلْسَةِ الاِجْتماعَ ، وَلِلأَسَفِ لَمْ يَكُنْ كُلُّ الأَعْضاءِ حاضِرينَ .

to obtain a legal judgment X اِسْتَصْدَرَ يَسْتَصْدِرُ اِسْتِصْدَارٌ

في مِصْرَ ، تَمَّ اِستِصْدارُ قرارٍ بِمَنْعِ " النِّقابِ " بِاعْتِبارِهِ عَادَةً وَلَيْسَ عِبادَةً .

ص د ف

to happen by chance I صَدَفَ يَصْدِفُ صَدْفٌ

قَدْ يَصْدِفُ أَنْ تَجِدَ رَجُلاً في ثِيابٍ رَثَّةٍ ، ثُمّ تَعْرِفُ بَعْدَ ذَلِكَ أَنَّهُ صاحِبُ مَتْجَرٍ كَبيرٍ .

to meet unexpectedly III صَادَفَ يُصَادِفُ مُصَادَفَةٌ / صُدْفَةٌ

كانتْ صُدْفَةً وَمُصادَفَةً جَميلةً ، أَنْ أَراها في الْحَفْلَةِ بَعْدَ كُلِّ هَذِهِ السَّنواتِ .

to happen by chance VI تَصَادَفَ يَتَصَادَفُ تَصَادُفٌ

لَمْ أَكُنْ أَظُنُّ أَنِّي أَراهُ ، وَلَكِنْ تَصادَفَ وُجودُهُ في نَفْسِ الْمُؤْتَمَرِ .

ص د ق

to tell the truth I صَدَقَ يَصْدُقُ صِدْقٌ

مَنْ يَلْتَزِمِ الصِّدْقَ فِي أَقْوالِهِ ، يَثِقْ بِهِ كُلُّ النَّاسِ .

to believe II صَدَّقَ يُصَدِّقُ تَصْدِيقٌ

لَقَدْ صَدَّقْتُ أَنَّهُ خَسِرَ نُقُودَهُ ، فَأَقْرَضْتُهُ مَا كَانَ مَعِي .

to befriend III صَادَقَ يُصَادِقُ مُصَادَقَةٌ

إِنَّنِي لاَ أُصَادِقُ إِلّا مَنْ أَثِقُ فِيهِ .

to give alms V تَصَدَّقَ يَتَصَدَّقُ تَصَدُّقٌ

إِذَا تَصَدَّقْتَ عَلَى الْفُقَرَاءِ ، كَانَ ذَلِكَ خَيْرًا لَهُمْ وَلَكَ .

to become friends VI تَصَادَقَ يَتَصَادَقُ تَصَادُقٌ

لاَ تَتَصَادَقْ إِلّا مَعَ أَصْحَابِ الْعُقُولِ وَالأَخْلاَقِ .

صـ د م

صَدَمَ يَصْدِمُ صَدْمَةٌ I to clash, collide (with)

صَدَمَت السَّيارَةُ شابًّا في مُقْتَبَلِ الْعُمْرِ ، حاوِلِ الْجُمْهورُ إيقافَ السّائِقِ وَلَكِنَّهُ هَرَبَ .

صَادَمَ يُصَادِمُ صِدَامٌ / مُصَادَمَةٌ III to bump, clash

يَتَحدَّثونَ كَثيرًا عَنْ " صِدامِ الْحَضاراتِ " آنَ الأَوانُ للتَّحَدُّثِ عَنْ " تَعارُفِ الْحَضاراتِ " .

اِصْطَدَمَ يَصْطَدِمُ اِصْطِدَامٌ VIII to collide with

اِصْطَدَمَت السَّيارَةُ بِشَجَرَةٍ فَتَكَسَّرَتْ ، وَمازالَت الشَّجَرَةُ تَقِفُ شامِخَةً .

صـ د ي

أَصْدَى يُصْدِي إِصْدَاءٌ / صدَى IV to resound, echo

أَحْيانًا نَقولُ : " رَجْعُ الصَّدَى " ، وَنَقْصِدُ رُدودَ الأَفْعالِ لأَيِّ حَدَثٍ .

تَصَدَّى يَتَصَدَّى تَصَدٍّ V to oppose

حَاوَلُوا الْقِيَامَ بِمُظَاهَرَةٍ ، فَتَصَدَّى لَهُمُ الْبُولِيسُ وَمَنَعَهُمْ .

صـ ر ح

صَرَّحَ يُصَرِّحُ تَصْرِيحٌ II to declare

صَرَّحَ مَصْدَرٌ مَسْئُولٌ بِمَدِّ الإِجَازَاتِ إِلَى مَا بَعْدَ غَدٍ .

صَارَحَ يُصَارِحُ مُصَارَحَةٌ III to speak frankly, avow

صَارَحَتْهُ بِحُبِّهَا لَهُ بَعْدَ أَنِ الْتَزَمَ بِخِطْبَةِ صَدِيقَتِهَا .

تَصَارَحَ يَتَصَارَحُ تَصَارُحٌ VI to talk frankly together

لَقَدْ تَصارَحَا ، وَلَكِنْ بَعْدَ فَوَاتِ الأَوَانِ .

صـ ر خ

صَرَخَ يَصْرُخُ صُرَاخٌ / صَرْخَةٌ I to scream

عِنْدَما سَمِعْتُ صَرْخَةَ الطِّفْلِ ، عَرَفْتُ أَنَّهُ في مُشْكِلَةٍ .

اِسْتَصْرَخَ يَسْتَصْرِخُ اِسْتِصْرَاخٌ X to cry for help

حاوَلَت الْفَتاةُ أَنْ تَسْتَصْرِخَ كَيْ يُنْقِذَها أَحَدٌ مَنْ أَيْدي الْمُجْرمينَ ، وَلَكِنْ هَيْهاتَ .

ص ر ر

to insist IV أَصَرَّ يُصِرُّ إِصْرَارٌ

أَصَرَّتِ الزَّوْجَةُ عَلَى طَرْدِ الْخَادِمَةِ مِنَ الْبَيْتِ .

ص ر ع

to bring to the ground I صَرَعَ يَصْرَعُ صَرْعٌ

اِشْتَبَكا قَليلاً بِالْأَيْدِي ، وَلَمْ يَلْبَثْ أَحَدُهُما أَنْ صَرَعَ الْآخَرَ وَطَرَحَهُ أَرْضًا .

to wrestle III صَارَعَ يُصَارِعُ مُصَارَعَةٌ

كُنْتُ أُمارِسُ لُعْبَةَ " الْمُصارَعَةِ " وَلَكِنِّي لا أَزالُ أَكْرَهُ " الْمُصارَعَةَ الْحُرَّةَ " .

to fight with each other VI تَصَارَعَ يَتَصَارَعُ تَصَارُعٌ

أَتَساءَلُ : لِماذا يَتَصارَعونَ عَلَى شَيْءٍ لَنْ يَعودَ نَفْعُهُ عَلَيْهِمْ ؟!

ص ر ف

to pay (out) I صَرَفَ يَصْرِفُ صَرْفٌ

صَرَفَ لَهُ صَرَّافُ الْبَنْكِ مَبْلَغًا مِنْ رَصِيدِهِ فِي الْبَنْكِ .

to administer II صَرَّفَ يُصَرِّفُ تَصْرِيفٌ

اَلْمُدِيرُ غَائِبٌ الْآنَ ، وَنَائِبُهُ لاَ يَعْرِفُ كَيْفَ يُصَرِّفُ الْأُمُورَ .

to behave V تَصَرَّفَ يَتَصَرَّفُ تَصَرُّفٌ

كَانَ تَصَرُّفُهُ سَخِيفًا ، وَلِهَذَا فَقَدْ عَاتَبْتُهُ بِشِدَّةٍ .

to depart VII اِنْصَرَفَ يَنْصَرِفُ اِنْصِرَافٌ

حَاوَلْتُ إِفْهَامِهِ الْحَقِيقَةِ ، وَلَكِنَّهُ انْصَرَفَ عَنِّي وَ لَمْ يَسْمَعْ .

ص ع ب

to be difficult I صَعُبَ يَصْعُبُ صُعُوبَةٌ

صَعُبَتْ عَلَيْهِ دِراسَةُ الْقانونِ فَتَرَكَهُ وَاشْتَغَلَ سائِقَ تاكْسي .

to make difficult II صَعَّبَ يُصَعِّبُ تَصْعِيبٌ

لِماذا تُصَعِّبونَ عَلَيَّ الْأَمْرُ؟ دَعوني وَشَأْني فَقَدْ أَنْجَحُ .

to find difficult X اِسْتَصْعَبَ يَسْتَصْعِبُ اِسْتِصْعَابٌ

اِسْتَصْعَبَ حَلَّ مَسائِلِ الْحِسابِ ، فَطَلَبَ أَنْ يَأْخُذَ دَرْسًا خُصوصِيًّا .

ص ع د

to ascend	I	صَعِدَ يَصْعَدُ صُعُودٌ
		صَعِدَ إِلَى الدَّوْرِ الْعُلْوِيِّ وَسَيَنْزِلُ بَعْدَ قَلِيلٍ .
to escalate	II	صَعَّدَ يُصَعِّدُ تَصْعِيدٌ
		يُحَاوِلُ أَنْ يُصَعِّدَ الْمَوْقِفَ دُونَ أَدْنَى سَبَبٍ .
to be escalated	V	تَصَعَّدَ يَتَصَعَّدُ تَصَعُّدٌ
		إِذَا تَصَعَّدَ الْمَوْقِفُ فَلَنْ أَكُونَ مَسْئُولاً عَنْ شَيْءٍ .
to rise	VI	تَصَاعَدَ يَتَصَاعَدُ تَصَاعُدٌ
		قِيمَةُ الدُّولاَرِ فِي تَصَاعُدٍ مُسْتَمِرٍّ .

ص ع ق

to electrocute	I	صَعَقَ يَصْعَقُ صَعْقٌ
		لَمَسَ سِلْكَ الْكَهْرَبَاءِ فَصَعَقَهُ التَّيَّارُ وَمَاتَ .
to be struck by electricity	VII	اِنْصَعَقَ يَنْصَعِقُ ——
		فِي خَمْسِينِيَّاتِ الْقَرْنِ الْعَشْرِينَ ، اِنْصَعَقَ خِضْرُ التُّونِي بَطَلُ الْعَالَمِ فِي رَفْعِ الْأَثْقَالِ .

ص غ ر

to become small	I	صَغُرَ يَصْغُرُ صِغَرٌ
		كُنْتُ أَحْتَرِمُهُ وَأُقَدِّرُهُ ، وَلَكِنْ بَعْدَ تَصَرُّفِهِ الْأَخِيرِ ، صَغُرَ فِي عَيْنَيّ كَثِيرًا .
to make smaller, diminutive	II	صَغَّرَ يُصَغِّرُ تَصْغِيرٌ
		تَستطِيعُ أَنْ تُصَغِّرَ الصّورَةَ عَنْ حَجْمِهَا الْحالِيّ ، كَما تَسْتَطِيعُ أَنْ تُصَغِّرَ كَلِمةَ " رَجُل " فَتَقولُ " رُجَيْل " .
to be servile	VI	تَصَاغَرَ يَتَصَاغَرُ تَصَاغُرٌ
		بِهذا الَّذي يَفْعَلُونَهُ ، يَتَصَاغَرُونَ في نَظَرِ النَّاس .
to deem small	X	اِسْتَصْغَرَ يَسْتَصْغِرُ اِسْتِصْغَارٌ
		حاوَلَ اسْتِصْغارَ الْأَمْرِ وَلَمْ يَأْخُذْ لَهُ عُدَّتَهُ ، فَكَانَت النَّتِيجَةُ خَيْبَتَهُ .

ص ف ح

to pardon	I	صَفَحَ يَصْفَحُ صَفْحٌ

اِسْتَسْمَحْتُ وَالِدِي أَنْ يَصْفَحَ عَنْ غَلْطَةِ أَخِي الصَّغِيرِ .

to greet	III	صَافَحَ يُصَافِحُ مُصَافَحَةٌ

عِنْدَمَا قَابَلْتُهُ فِي الْمَطَارِ ، صَافَحْتُهُ مُصَافَحَةَ الأَخِ الْمُشْتَاقِ .

	V	تَصَفَّحَ يَتَصَفَّحُ تَصَفُّحٌ

to leaf through a book, newspaper

تَصَفَّحْتُ هَذَا الْقَامُوسَ ، فَفَهِمْتُ أَشْيَاءَ وَجَهِلْتُ أَشْيَاءَ أُخْرَى .

to shake hands	VI	تَصَافَحَ يَتَصَافَحُ تَصَافُحٌ

بَعْدَ السَّلامِ الْوَطْنِيّ لِلدّوْلَتيْنِ ، تَصافَحَ الرَّئِيسانِ ثُمَّ اسْتَعْرَضا حَرَسَ الشَّرَفِ .

ص ف ر

to yellow	I	صَفَرَ يَصْفِرُ صُفْرَةٌ / صَفيرٌ / صَفارٌ

لَمْ يَرْوِ الْبُسْتَانِيُّ الشَّجَرَ ، لِهَذَا فَقَدْ صَفِرَتْ كُلُّ الأَوْرَاقِ .

to whistle	II	صَفَّرَ يُصَفِّرُ تَصْفِيرٌ

حِينَ رَأَى الشُّرْطِيُّ اللِّصَّ ، صَفَّرَ بِصَفَّارَتِهِ فَأَسْرَعَ زَمِيلُهُ وَأَمْسَكَ بِهِ .

to become yellow	IX	اِصْفَرَّ يَصْفَرُّ اِصْفِرَارٌ

اِصْفَرَّتْ أَوْرَاقُ الشَّجَرِ ، رُبَّمَا لأَنَّ الْبُسْتَانِيَّ لَمْ يَرْوِهَا فِي الْوَقْتِ الْمُنَاسِبِ .

ص ف ع

to slap	I	صَفَعَ يَصْفَعُ صَفْعٌ

صَفَعَهُ عَلَى قَفاهُ ، فَاسْتَلّ سِكِّينًا وَشَجَّ بِها رَأْسَهُ .

ص ف ف

to line up	I	صَفَّ يَصُفُّ صَفٌّ

صَفَّ الضَّابِطُ جُنُودَهُ أَمَامَ الْبَابِ لِتَحِيَّةِ الْقَائِدِ عِنْدَ وُصُولِهِ .

to comb	II	صَفَّفَ يُصَفِّفُ تَصْفِيفٌ

صَفَّفَ الْكُوَافِيرُ شَعْرَ الْمَرْأَةِ بِطَرِيقَةٍ غَرِيبَةٍ .

to be combed	V	تَصَفَّفَ يَتَصَفَّفُ تَصَفُّفٌ

تَصَفَّفَ شَعْرُهَا وَبَدَتْ وَكَأَنَهَا أَجْنَبِيَّةٌ .

to stand in formation	VIII	اِصْطَفَّ يَصْطَفُّ اِصْطِفَافٌ

اِصْطَفَّ الْجُنُودُ فِي الْمَيْدَانِ اسْتِعْدَادًا لِبَدْءِ الاْحْتِفَالِ .

ص ف ق

to clap	II	صَفَّقَ يُصَفِّقُ تَصْفِيقٌ

كَانَ الْعَرْضُ الْمَسْرَحِيُّ عَظِيمًا فَصَفَّقَ لَهُ الْجَمِيعُ .

ص ف و

to be clear	I	صَفَا يَصْفُو صَفْوٌ / صَفَاءٌ

حَمْدًا لِلهِ ، لَقَدْ صَفا الْجوُّ وَرَجَعوا إِلَى الْوِفاقِ بَعْدَ خِصامٍ .

to clear	II	صَفَّى يُصَفِّي تَصْفِيَةٌ

بَعْضُ الْمَحَلاّتِ تَقومُ بِعَمَلِ " تَصْفِياتٍ " سَنَوِيَّةٍ ، حَيْثُ تُباعُ الْبَضَائِعُ بِأَثْمانٍ زَهيدَةٍ .

to clear matters with one another	VI	تَصَافَى يَتَصَافَى تَصَافٍ

تَصافَى الزَّوْجُ وَالزَّوْجَةُ بَعْدَ تَدَخُّلِ الأَهْلِ وَالأَقارِبِ .

to select	VIII	اِصْطَفَى يَصْطَفِي اِصْطِفَاءٌ

" إِنَّ اللهَ اصْطَفَى آدمَ وَنُوحًا وآلَ إِبْراهيمَ وآلَ عِمْرانَ عَلَى الْعالَمينَ " قُرْآنٌ كَرِيمٌ .

ص ق ل

to polish	I	صَقَلَ يَصْقُلُ صَقْلٌ

هَذا الطَّالِبُ مَوْهوبٌ ، وَعَلَيْنا صَقْلُ مَوْهِبَتِهِ في الْبَيْتِ وَالْمَدْرَسَةِ .

to be polished	VII	اِنْصَقَلَ يَنْصَقِلُ اِنْصِقَالٌ

لا أَعْتَقِدُ أَنَّهُ انْصَقَلَ كَما كُنَّا نَتَوقَّعُ ، لَقَدْ كَرِهَ هُوايَتَهُ .

ص ل ب

to crucify	I	صَلَبَ يَصْلُبُ صَلْبٌ

ذُكِرَتْ قِصَةُ صَلْبِ الْمسيحِ فِي الإِنْجِيلِ والْقُرْآنِ .

to harden V تَصَلَّبَ يَتَصَلَّبُ تَصَلُّبٌ

لاَ تَأْكُلْ بُرُوتِينَاتٍ حَيَوَانِيَّةً كَثِيرَةً كَيْ لاَ تَتَصَلَّبَ شَرَايِينُكَ .

صـ لـ ح

to be proper, righteous I صَلَحَ يَصْلُحُ صَلاَحٌ

لاَ يَصْلُحُ الْمُجْتَمَعُ دُونَ نِظَامٍ وَحَاكِمٍ .

to reach a compromise III صَالَحَ يُصَالِحُ مُصَالَحَةٌ

لَقَدْ صَالَحُوهُ عَلَى أَنْ يَأْخُذُوا الْمَحَلَّ وَيُعْطُوهُ الشَّرِكَةَ .

to repair IV أَصْلَحَ يُصْلِحُ إِصْلاَحٌ

أَصْلَحَ الرَّجُلُ سَاعَتِي فَلَمْ تَعُدْ تُؤَخِّرُ كَمَا كَانَتْ .

to reconcile with one another VI تَصَالَحَ يَتَصَالَحُ تَصَالُحٌ

تَصَالَحَا عَلَى أَنْ يَتَبَادَلاَ الْمَحِلَّ وَالشَّرِكَةَ .

to agree (upon certain formalities) VIII اِصْطَلَحَ يَصْطَلِحُ اِصْطِلاَحٌ

اِصْطَلَحْنَا عَلَى تَسْمِيَةِ هَذَا الْعَمَلِ بِالْقَامُوسِ .

to reclaim X اِسْتَصْلَحَ يَسْتَصْلِحُ اِسْتِصْلاَحٌ

اِسْتَصْلَحَ أَخِي قِطْعَةً مِنَ الأَرْضِ وَزَرَعَهَا فَاكِهَةً .

صـ لـ ع

to be bald I صَلِعَ يَصْلَعُ صَلَعٌ

أَصْبَحَ أَصْلَعاً وَلَمْ يَعُدْ فِي رَأْسِهِ شَعْرَةٌ ، يَتَهَكَّمُونَ عَلَيْهِ قَائِلِينَ بِالْعَامِّيَّةِ

" رَبِّنا صَالِحْهاَ مْعاه " .

صـ لـ ي

to pray II صَلَّى يُصَلِّي صَلاَةٌ

بَعْدَ أَنْ صَلَّيْتُ رَكْعَتَيْنِ لِلَّهِ ، دَعَوْتُهُ أَنْ يُيَسِّرَ لِيَ الأُمُورَ .

to burn IV أَصْلَى يُصْلِي إِصْلاَءٌ

يُصْلِي اللهُ الْكَافِرِينَ نَارًا حَامِيَةً هِيَ نَارُ جَهَنَّمَ .

to seek warmth VIII اِصْطَلَى يَصْطَلِي اِصْطِلاَءٌ

جَلَسَ الْبَدْوِيُّ يَصْطَلِي بِالنَّارِ مِنْ شِدَّةِ الْبَرْدِ .

ص م ت

to be silent	I	صَمَتَ يَصْمُتُ صَمْتٌ

لَقَدْ صَمَتَ طَوالَ الاجْتِمَاعِ ، وَلَمْ يَنْبِسْ بِبِنْتِ شَفَةٍ أَيْ بِكَلِمَةٍ .

ص م د

to withstand	I	صَمَدَ يَصْمُدُ صُمُودٌ

صَمَدَ الْجَيْشُ فِي الْمَعْرَكَةِ رَغْمَ قَسْوَةِ الْجَوِّ وَسُوءِ الظُّرُوفِ .

ص م م

to become deaf	I	صَمَّ يَصَمُّ صَمَمٌ

كانَ يَسْمَعُ ، وَلكِنَّ عَمَلَهُ بِالتِّليفوناتِ أَثَّرَ سَلْبًا عَلَى سَمْعِهِ فَأُصيبَ بِالصَّمَمِ .

	II	صَمَّمَ يُصَمِّمُ تَصْمِيمٌ
1. to insist		صَمَّمَ أَخي عَلَى السَّفَرِ بِالْبَحْرِ رَغْمَ أَنَّ الْجَوَّ شتاءٌ .
2. design		صَمَّمَتْ أُخْتي رُسوماتٍ جَميلةً اِستِعْدادًا لافْتِتاحِ الْمَعْرَضِ .

ص ن ع

to make	I	صَنَعَ يَصْنَعُ صُنْعٌ

صَنَعَ أَخِي سَفِينَةً مِنَ الْوَرَقِ الْمُقَوَّى .

to industrialize	II	صَنَّعَ يُصَنِّعُ تَصْنِيعٌ

كَثِيرٌ مِنَ الدُّوَلِ النَّامِيَةِ الْآنَ تَهْتَمُّ بِعَمَلِيَّاتِ التَّصْنِيعِ الْحَدِيثَةِ .

to cooperate with, flatter	III	صَانَعَ يُصَانِعُ مُصَانَعَةٌ

ظَلَّ يُصَانِعُهُمْ حَتَّى حَصَلَ عَلَى مَا يُرِيدُ ، ثُمَّ أَعْلَنَ اخْتِلَافَهُ مَعَهُمْ .

to pretend	V	تَصَنَّعَ يَتَصَنَّعُ تَصَنُّعٌ

تَصَنَّعَ أَنَّهُ طَيِّبُ الْقَلْبِ ، وَلَمْ يَرَوْا مِنْهُ الشَّرَّ إِلَّا مُؤَخَّرًا .

to pretend	VIII	اِصْطَنَعَ يَصْطَنِعُ اِصْطِنَاعٌ

ظَلَّ يَصْطَنِعُ الْمَعْرُوفَ حَتَّى وَثِقَ بِهِ النَّاسُ .

ص ن ف

to sort II صَنَّفَ يُصَنِّفُ تَصْنِيفٌ

بَعْدَ أَنْ يَجْمَعَ الْباحِثُ مادَّةَ الْبَحْثِ ، عَلَيْه تَصْنيفُها في مَجْموعاتٍ مُتَناسِبةٍ .

ص ن ف ر

to rub with sandpaper Q صَنْفَرَ يُصَنْفِرُ صَنْفَرَةٌ

هَذِه كَلِمَةٌ تَتَأَلَّفُ مِن " صَن " اِختِصْارِ ساند sand (رَمْلٌ) و" فَر " قَريبَةٌ من بيبر paper أيْ (وَرَقٌ) .

ص ه ر

to smelt I صَهَرَ يَصْهَرُ صَهْرٌ

صَهَرَ الْعَامِلُ الْحَدِيدَ فِي مَصْنَعْ الْحَدِيدِ وَالصُّلْبِ .

III صَاهَرَ يُصَاهِرُ مُصَاهَرَةٌ

to become related by marriage (of the groom)

صَاهَرَهُمْ أَيْ تَزَوَّجَ إِحْدَى بَنَاتِهِمْ .

IV أَصْهَرَ يُصْهِرُ ——

to become related by marriage (of the groom)

أَصْهَرَ إِلَيْهِمْ أَيْ إِنَّهُ أَصْبَحَ قَرِيبًا لَهُمْ بَعْدَ أَنْ تَزَوَّجَ إِحدَى بَنَاتِهِمْ .

VI تَصَاهَرَ يَتَصَاهَرُ تَصَاهُرٌ

to be related by marriage of exchange

تَصَاهَرَتِ الْأُسْرَتَانِ بِمَعْنَى أَنَّ كُلاًّ مِنْهُمَا تَزَوَّجَتْ مِنْ أَوْلَادِ الْأُخْرَى .

ص و ب

to point (at) II صَوَّبَ يُصَوِّبُ تَصْوِيبٌ

صَوَّبَ الضَّابِطُ مُسَدَّسَهُ إِلَى اللِّصِّ وَهَدَّدَهُ بِالضَّرْبِ لِيَقِفَ .

to hit, injure IV أَصَابَ يُصِيبُ إِصَابَةٌ

أَصَابَتِ الرَّصَاصَةُ قَدَمَ اللِّصِّ فَسَقَطَ عَلَى الْأَرْضِ .

to verify X اِسْتَصْوَبَ يَسْتَصْوِب اِسْتِصْوَابٌ

اِسْتَصْوَبَ صَاحِبُ الْمَطْبَعَةِ مِنْ صِحَّةِ الْمَخْطُوطَةِ .

ص و ت

صَوَّتَ يُصَوِّتُ تَصْوِيتٌ II to vote

صَوَّتَ النَّاخِبُونَ لِصَالِحِ الرَّئِيسِ الْجَدِيدِ .

ص و ر

صَوَّرَ يُصَوِّرُ تَصْوِيرٌ II to portray, photograph

قَدْ صَوَّرَ لِيَ الْخَيَالُ أَنَّهَا أَجْمَلُ مِنْ ذَلِكَ بِكَثِيرٍ .

تَصَوَّرَ يَتَصَوَّرُ تَصَوُّرٌ V to imagine

تَصَوَّرْتُ أَنَّنِي أَسْتَطِيعُ السِّبَاحَةَ وَحْدِي ، وَلَكِنَّنِي كُنْتُ وَاهِمًا .

ص و ع

اِنْصَاعَ يَنْصَاعُ اِنْصِيَاعٌ VII to submit

بَعْدَ خِلافاتٍ كَثيرةٍ ، اِنْصاعَ إِلَى رَأْيِهِمْ وَأَصْبَحَ مَعَهُمْ .

ص و غ

صَاغَ يَصُوغُ صَوْغٌ / صِيَاغَةٌ I to form, mold

أَساتِذَةُ اللُّغَةِ الْعَرَبِيَّةِ يَصوغونَ كَلِماتٍ ، وَالصَّائِغُ يَصوغُ قِطَعًا ذَهَبِيَّةً جَميلةً .

ص و ف

تَصَوَّفَ يَتَصَوَّفُ تَصَوُّفٌ V to become a Sufi

تَصَوَّفَ أَيْ تَخَلَّصَ لِلْعِبادَةِ وَزَهِدَ في الدُّنْيا وَأَصْبَحَ يَرَى الْأَشْياءَ بِوُجْدانِهِ .

ص و ل

صَالَ يَصُولُ صَولانٌ / صَوْلَةٌ I to rove, attack

يَقولونَ : صالَ وَجالَ أَيْ إِنَّهُ فَعَلَ كُلَّ ما يُريدُ ويَشْتَهِي دونَ رادِعٍ ، وَرُبَّما الْهُجومُ .

ص و م

صَامَ يَصُومُ صَوْمٌ / صِيَامٌ I to fast

صَامَ أَخِي الصَّغِيرُ عِدَّةَ أَيَّامٍ فِي رَمَضَانَ ، ثُمَّ أَفْطَرَ بَعْدَ مَرَضِهِ .

ص و ن

to maintain I صَانَ يَصُونَ صَوْنٌ / صِيَانَةٌ

اَلْمفرُوضُ أَنْ يَكونَ بِكُلِّ مَكانٍ " وَرْشَةُ صِيانَةٍ " لِإصْلاحِ الْأَجْهِزَةِ الثَّمينَةِ .

ص ي ح

to yell I صَاحَ يَصِيحُ صِيَاحٌ

صَاحَ الْقَائِدُ فِي جُنُودِهِ كَيْ يَحْمِلُوا السِّلاَحَ فَوْرًا .

to shout VI تَصَايَحَ يَتَصَايَحُ تَصَايُحٌ

تَصَايَحَ الْجُنُودُ وَهُمْ زَاحِفُونَ عَلَى الْأَعْدَاءِ .

ص ي د

to hunt, trap, fish I صَادَ يَصِيدُ صَيْدٌ

صَادَ صَدِيقِي ثَلاثَ عُصْفُورَاتٍ بِبُنْدُقِيَّةِ الصَّيْدِ .

to hunt down V تَصَيَّدَ يَتَصَيَّدُ تَصَيُّدٌ

تَصَيَّدْتُ سَبَبًا أَعْتَمِدُ عَلَيْهِ فِي رَفْضِي هَذِهِ الْوَظِيفَةَ .

to hunt, trap, fish VIII اِصْطَادَ يَصْطَادُ اِصْطِيَادٌ

اِصْطَدْتُ يَمَامَةً وَحَمَامَةً ، ثُمَّ أَطْلَقْتُهُمَا .

ص ي ر

to become I صَارَ يَصِيرُ صَيْرُورَةٌ

لَقَدْ صارَ الْآنَ أَكْبَرَ رَجُلِ أَعْمالٍ ، لَدَيْهِ شَرِكاتٌ وَمُؤسَّساتٌ وَمَشْروعاتٌ لا حَصْرَ لَها .

ص ي ف

to spend the summer II صَيَّفَ يُصَيِّفُ تَصْيِيفٌ

يأَتي هَذَا الْفِعْلُ مِن الْإسْمِ (صَيْف) ويَعْني قَضاءَ الصَّيْفِ : كُلِّهِ أَوْ بَعْضِهِ عَلَى شاطِىءٍ ما .

to spend the summer, vacation VIII اِصْطَافَ يَصْطَافُ اِصْطِيَافٌ

الْاِصْطِيافُ حَرَكَةُ رَواجٍ لِشَركاتٍ تَبْغي الْكَسْبَ وَالرِّبْحَ مِنْ هَذا الْأَمْرِ .

ض

ضـ أ ل

to become small, tiny | I | ضَؤُلَ يَضْؤُلُ ضَآلَةٌ

سَأَلَني صَديقي : هَلْ تَضْؤُلُ الصُّورةُ وتَصْغُرُ في الْمِرْآة الْمُحدَّبَة ؟ قُلْتُ : لا أَدْري .

to decrease | VI | تَضَاءَلَ يَتَضَاءَلُ تَضَاؤُلٌ

في بَعْضِ الْمرَايا تَتَضَاءَلُ الصُّوَرُ ، وفي بَعْضِها الْآخَرِ يَكبُرُ حَجْمُها .

ضـ بـ ط

to arrest | I | ضَبَطَ يَضْبِطُ ضَبْطٌ

ضَبَطَهُ الضَّابِطُ وَوَجَدَ مَعَهُ الْمَسْرُوقَاتِ .

to be regulated | VII | اِنْضَبَطَ يَنْضَبِطُ اِنْضِبَاطٌ

اِنْضَبَطَ الشَّارِعُ الْآنَ بَعْدَ دَوْرِيَّاتِ الشُّرْطَةِ الْمُتَوَاصِلَةِ .

ضـ جـ ج

to be noisy | I | ضَجَّ يَضِجُّ ضَجِيجٌ

ضَجَّ الْمَكَانُ بِمَنْ فِيهِ وَمَا فِيهِ : ضَوْضَاءُ لاَ أُحِبُّهَا .

ضـ جـ ر

to be exasperated (with) | I | ضَجِرَ يَضْجَرُ ضَجَرٌ

ضَجِرْتُ مِنْهُ بَعْدَ أَنْ تَحَمَّلْتُهُ لِعِدَّةِ سَنَوَاتٍ .

ضـ حـ ك

to laugh | I | ضَحِكَ يَضْحَكُ ضَحِكٌ

ضَحِكَ كَثِيرًا عِنْدَمَا عَلِمَ بِالْخَبَرِ .

to banter, joke with s.o. | III | ضَاحَكَ يُضَاحِكُ مُضَاحَكَةٌ

ظَلَّ يُضَاحِكُهَا حَتَّى تَعِبَتْ .

أَضْحَكَ يُضْحِكُ إِضْحَاكٌ	IV	to make s.o. laugh

النُّكْتَةُ الْجَمِيلَةُ تُضْحِكُ كُلَّ مَنْ يَسْمَعُهَا .

تَضَاحَكَ يَتَضَاحَكُ تَضَاحُكٌ	VI	to laugh together

تَضَاحَكَ الصَّدِيقَانِ حِينَ نَظَرَا وَلَمْ يَجِدَا فِي جُيُوبِهِمَا نُقُودًا .

ض ح ي

ضَحَّى يُضَحِّي تَضْحِيَةٌ	II	to sacrifice

أحْيانًا يُضَحِّي الْأَبْناءُ من أَجْلِ الْآباءِ ، أَمَّا غالِبًا فَيُضَحِّي الْآباءُ والْأُمَّهاتُ .

أَضْحَى يُضْحِي ——	IV	to become

أضْحَتِ الْديمُقراطيَّة مَطْلَباً لِكُلِّ الشُّعوبِ .

ض خ خ

ضَخَّ يَضُخُّ ضَخٌّ	I	to pump

سَتُبْنَى هُنَا مَحَطَّةٌ لِضَخِّ الْبِنْزِينِ ، كَيْ يَتَوافَرَ أَكْثَرَ لِلسَّيَّاراتِ .

ض خ م

ضَخُمَ يَضْخُمُ ضَخَامَةٌ	I	to become gross

ضَخَامة الْفيلِ لا تُعادِلها ضَخامةُ أيِّ حَيَوانٍ آخَرَ .

ضَخَّمَ يُضَخِّمُ تَضْخِيمٌ	II	to inflate

لا تُحاوِلْ تَضْخيمَ الأَمْرِ ، اَلْمَسْأَلَةُ أَبْسَطُ مِن هذا بِكَثيرٍ .

تَضَخَّمَ يَتَضَخَّمُ تَضَخُّمٌ	V	to become inflated

تُعاني كافَّةُ بُلدانِ الْعالَمِ مِن التَّضَخُّمِ والْغَلاءِ وَزِيادَةِ الْأَسْعارِ .

ض ر ب

ضَرَبَ يَضْرِبُ ضَرْبٌ	I	to beat

ضَرَبَ الْكَلْبَ بِعَصَاهُ ، فَعَضَّهُ الْكَلْبُ فِي رِجْلِهِ .

ضَارَبَ يُضَارِبُ مُضَارَبَةٌ	III	to speculate

بَعْضُ الْبُنُوكِ تُطَبِّقُ نِظَامَ الْمُضَارَبَةِ .

to go on strike	IV	أَضْرَبَ يُضْرِبُ إِضْرَابٌ

نَقْرَأُ فِي الصُّحُفِ عَنْ إِضْرَابَاتٍ هُنَا وَهُنَاكَ .

to be contradictory	VI	تَضَارَبَ يَتَضَارَبُ تَضَارُبٌ

تَضَارَبَتِ الْآرَاءُ حَوْلَ الْمَوْقِفِ الأَخِيرِ .

to become disturbed	VIII	اِضْطَرَبَ يَضْطَرِبُ اِضْطِرَابٌ

لَقَدِ اضْطَرَبَ كَثِيرًا عِنْدَمَا صَارَحُوهُ بِجَرِيمَتِهِ .

ض ر ر

to harm, damage	I	ضَرَّ يَضُرُّ ضَرَرٌ

إِنَّنِي دَائِمًا أُحْسِنُ إِلَيْهِ ، وَلَكِنَّ ضَرَرَهُ كَبِيرٌ .

to harm, damage	IV	أَضَرَّ يُضِرُّ إِضْرَارٌ

لَقَدْ أَضَرَّ ذَلِكَ بِمُسْتَقْبَلِهِ .

to suffer damage	V	تَضَرَّرَ يَتَضَرَّرُ تَضَرُّرٌ

إِنَّنِي أَتَضَرَّرُ مِنْ أَنْ أَكُونَ شَرِيكًا لَهُ فِي هَذَا الْمَشْرُوعِ .

ض ر ع

to be similar	III	ضَارَعَ يَتَضَارَعُ مُضَارَعَةٌ

يُقالُ إنَّ هذا التِّمْثالَ في روما يُضارِع تِمْثالاً آخَرَ في بارِيس ، أَيْ إنَّهما مُتَشابِهانِ .

to beg	V	تَضَرَّعَ يَتَضَرَّعُ تَضَرُّعٌ

لَقَدْ تَضَرَّعَتِ الْأُمُّ إلى اللهِ كَيْ يَشْفِيَ لها اِبْنَها الرَّضيعَ .

ض ع ف

to become weak	I	ضَعُفَ يَضْعُفُ ضَعْفٌ

ضَعُفَ بَصَرُهُ وَسَمْعُهُ نَظَرًا لِكِبَرِ سِنِّهِ .

to double	II	ضَعَّفَ يُضَعِّفُ تَضْعِيفٌ

تَضْعِيفُ الْحَرْفِ مَعْنَاهُ وَضْعُ شَدَّةٍ فَوْقَهُ .

to multiply, double	III	ضَاعَفَ يُضَاعِفُ مُضَاعَفَةٌ

كُلُّ إِنْسَانٍ يَرْغَبُ فِي مُضَاعَفَةِ دَخْلِهِ .

to weaken IV أَضْعَفَ يُضْعِفُ إِضْعَافٌ

أَضْعَفَ الْمُلاَكِمَ أَنَّ خَصْمَهُ يَعْتَمِدُ عَلَى يَدِهِ الْيُسْرَى .

to pretend to be weak V تَضَعَّفَ يَتَضَعَّفُ تَضَعُّفٌ

ظَلَّ يَتَضَعَّفُ حَتَّى حَصَلَ عَلَى مَا يُرِيدُ .

to be doubled VI تَضَاعَفَ يَتَضَاعَفُ تَضَاعُفٌ

تَضَاعَفَ دَخْلُهُ الْآنَ بَعْدَ أَنْ عَمِلَ لِفَتْرَةٍ ثَانِيَةٍ .

to deem weak X اِسْتَضْعَفَ يَسْتَضْعِفُ اِسْتِضْعَافٌ

لِمَاذَا تَسْتَضْعِفُونَهُمْ ؟ أَنَا مُتَأَكِّدٌ أَنَّهُمْ أَقْوِيَاءٌ .

ض غ ط

to press, pressure I ضَغَطَ يَضْغَطُ ضَغْطٌ

لَقَدْ ضَغَطَ عَلَيْهِ أَبُوهُ أَنْ يَتْرُكَ دِرَاسَةَ الْهَنْدَسَةِ لِيُسَاعِدَهُ فِي الْمَحَلِّ .

ض ل ل

to go astray I ضَلَّ يَضِلُّ ضَلاَلٌ

ضَلَّ أَحَدُ الْأَصْدِقَاءِ طَرِيقَهُ ، وَهُوَ الْآنَ فِي السِّجْنِ .

to delude, mislead II ضَلَّلَ يُضَلِّلُ تَضْلِيلٌ

حَاوَلُوا أَنْ يُضَلِّلُونِي ، وَلَكِنَّهُمْ لَمْ يَسْتَطِيعُوا .

to misguide IV أَضَلَّ يُضِلُّ إِضْلاَلٌ

أَضَلَّهُ الشَّيْطَانُ فَاتَبَعَ طَرِيقَ الْجَرِيمَةِ .

ا ض م ح ل

to fade away Q2 اِضمَحَلَّ يَضمَحِلُّ اِضْمِحْلاَلٌ

اِسْتَشْرَى الضَّعْفُ والاِضْمِحْلاَلُ في الاِمْبِراطورِيّاتِ الْقَديمَةِ ، فَسَقَطت .

ض م د

to bandage II ضَمَّدَ يُضَمِّدُ تَضْمِيدٌ

ضَمَّدَ لَهُ الطَّبِيبُ جُرْحَهُ كَيْ لاَ يَنْزِفَ .

ضـ مـ م

to bring together | I | ضَمَّ يَضُمُّ ضَمٌّ

ضَمَّ الصَّفُّ الَّذِي أَدْرُسُ فِيهِ كُلَّ الطُّلاَبِ مِنَ الْيَابَانِ .

to join | VII | اِنْضَمَّ يَنْضَمُّ اِنْضِمَامٌ

اِنْضَمَّ إِلَى صَفِّنَا عَدَدٌ مِنَ الطُّلَّابِ أَغْلَبُهُمْ أُورُوبِّيُّونَ .

ضـ مـ ن

to guarantee | I | ضَمِنَ يَضْمَنُ ضَمَانٌ

أَنَا لاَ أَضْمَنُ حَيَاتَهُ بَعْدَ هَذِهِ الْمُغَامَرَةِ الْخَطِيرَةِ .

to include s.th. in | II | ضَمَّنَ يُضَمِّنُ تَضْمِينٌ

ضَمَّنَ الْمُرَاسِلُ تَقْرِيرَهُ تَحْذِيرًا إِلَى حُكُومَتِهِ .

to contain | V | تَضَمَّنَ يَتَضَمَّنُ تَضَمُّنٌ

تَضَمَّنَ التَّقْرِيرُ كُلَّ مَا حَدَثَ طَوَالَ الشَّهْرِ الْمَاضِي .

ضـ نـ ن

to withhold (from) | I | ضَنَّ يَضِنُّ ضَنٌّ

إِنَّهُ بَخِيلٌ جِدًّا ، يَضِنُّ بِنُقُودِهِ حَتَّى عَلَى زَوْجَتِهِ وَأَوْلاَدِهِ .

ضـ هـ ي

to compare, resemble | III | ضَاهَى يُضَاهِي مُضَاهَاةٌ

ظَلَّ الرَّسامُ يُضاهِي بَعْضَ الصُّوَرِ ، لِيَخْتارَ أَفْضَلَها لِلْمِهْرَجانِ .

ضـ و ء

to gleam, beam | I | ضَاءَ يَضُوءُ ضَوْءٌ

تَحْظَى الْقِلَّةُ مِن النَّاسِ بِوُجودِهِمْ في دائِرَةِ الضَّوْءِ ، تَظَلُّ الْكَثْرَةُ خارِجَها .

to light | IV | أَضَاءَ يُضِيءُ إِضَاءَةٌ

حَصَلَ الْفِيلْمُ على جائِزَةِ الأُوسكار لِتَمَيُّزِ الإِضاءَةِ والتَّصْوير .

ض ي ع

ضَاعَ يَضِيعُ ضَيَاعٌ	I	to be lost

ضَاعَ مِنْهَا الْكِتَابُ ، فَذَهَبَتْ تَبْحَثُ عَنْهُ فِي الْمَكْتَبَةِ .

ضَيَّعَ يُضَيِّعُ تَضْيِيعٌ	II	to lose

لَقَدْ ضَيَّعَ التِّلْمِيذُ كِتَابَهُ الْجَدِيدَ ، لَنْ أَشْتَرِيَ لَهُ آخَرَ .

أَضَاعَ يُضِيعُ إِضَاعَةٌ	IV	to waste (time), lose

لَقَدْ أَضَعْتَ وَقْتِي بِهَذَا الْكَلاَمِ الَّذِي لاَ طَائِلَ تَحْتَهُ .

ض ي ف

ضَافَ يَضِيفُ ضِيافَةٌ	I	to stay as guest

تَقْلِيدٌ حَمِيدٌ في وُجودِ " دارِ ضِيافَةٍ " في بَعْضِ الْجامعاتِ لِاسْتِضافَةِ الزَّائرينَ .

أَضَافَ يُضِيفُ إِضَافَةٌ	IV	to add

هَذا الْبَحْثُ قَدْ أَضافَ جَديدًا في طَريقَةِ الْعَرْضِ والتَّوْثيقِ .

اِسْتَضَافَ يَسْتَضِيفُ اِسْتِضَافَةٌ	X	to invite s.o.

استضافت جامِعَةُ الإِسْكَنْدَرِيَّةِ عَدَداً من الْجامِعاتِ الأُورُوبِّيَّةِ الْعامَ الْماضيَ .

ض ي ق

ضَاقَ يَضِيقُ ضِيقٌ	I	to feel confined

لَقَدْ ضِقْتُ بِالْمَكَانِ ، وَقَرَّرْتُ الرَّحِيلَ .

ضَيَّقَ يُضَيِّقُ تَضْيِيقٌ	II	to tighten

ضَيَّقَ عَلَيْهِ الْخِنَاقَ ، كَيْ يَقْبَلَ الْوَظِيفَةَ الْجَدِيدَةَ .

ضَايَقَ يُضَايِقُ مُضَايَقَةٌ	III	to harass, annoy

لِمَاذَا يُضَايِقُونَهُ وَهُمْ يَعْرِفُونَ أَنَّهُ لَنْ يَتَخَلَّى عَنْ مَبَادِئِهِ .

تَضَايَقَ يَتَضَايَقُ تَضَايُقٌ	VI	to become annoyed

لَقَدْ تَضَايَقْتُ كَثِيرًا لِمَوْقِفِهِمْ مِنْهُ .

ط

ط أ ط أ

طَأْطَأَ يُطَأْطِئُ طَأْطَأَةٌ | Q | to hang one's head

أَكْرَهُ مَنْ يُطَأْطِئُ رَأْسَهُ ، فَذَلِكَ رَمْزُ الْمَذَلَّةِ .

ط ب خ

طَبَخَ يَطْبُخُ طَبْخٌ | I | to cook

طَبَخَتْ زَوْجَتِي وَجْبَةً شَهِيَّةً جِدًّا .

ط ب ع

طَبَعَ يَطْبَعُ طَبْعٌ | I | to print

طَبَعْتُ كِتَابِي هَذِهِ الْمَرَّةَ لَدَى مَطْبَعَةٍ جَدِيدَةٍ .

طَبَّعَ يُطَبِّعُ تَطْبِيعٌ | II | to normalize

تَطْبِيعُ الْعَلاَقَاتِ بَيْنَ دَوْلَتَيْنِ قَدْ يَسْتَغْرِقُ بَعْضَ الْوَقْتِ .

تَطَبَّعَ يَتَطَبَّعُ تَطَبُّعٌ | V | to take on

تَطَبَّعَ الابْنُ بِطَبْعِ أَبِيهِ . وَمَنْ يُشَابِهْ أَبَاهُ فَمَا ظَلَمَ .

اِنْطَبَعَ يَنْطَبِعُ اِنْطِبَاعٌ | VII | to be imprinted (in, on)

اِنْطَبَعَتْ فِي مُخَيِّلَتِي صُورَتُهُ وَهُوَ عَلَى ظَهْرِ السَّفِينَةِ .

ط ب ق

طَبَّقَ يُطَبِّقُ تَطْبِيقٌ | II | to apply

سَمِعْتُ أَنَّ تَطْبِيقَ الْقَانُونِ الْجَدِيدِ يَبْدَأُ الشَّهْرَ الْقَادِمَ .

طَابَقَ يُطَابِقُ مُطَابَقَةٌ / طِبَاقٌ | III | to compare

حَاوَلَ أَنْ يُطَابِقَ الإِمْضَاءَ الْمَوْجُودَ عَلَى الشِّيكِ بِالإِمْضَاءِ الْمَوْجُودِ بِالدَّفْتَرِ .

أَطْبَقَ يُطْبِقُ إِطْبَاقٌ | IV | to surround

اِنْتَهَزُوا فُرْصَةَ انْشِغَالِ الْجُنُودِ بِالْعَشَاءِ ، وَأَطْبَقُوا عَلَيْهِمْ جَمِيعًا .

تَطَابَقَ يَتَطَابَقُ تَطَابُقٌ VI to match

تَطابَقت أَقْوالُهُ في الْمَحْضَرِ الْأَوَّلِ مَعَ شَهادَةِ الشُّهُودِ .

ط ح ن

طَحَنَ يَطْحَنُ طَحْنٌ I to grind

طَحَنَ الْفَلاَّحُ إِرْدَبًّا مِنَ الْقَمْحِ وَوَزَّعَهُ دَقِيقًا عَلَى أَقَارِبِهِ .

تَطَاحَنَ يَتَطَاحَنُ تَطَاحُنٌ VI to quarrel

مِنْ سِمَاتِ هَذَا الْعَصْرِ ، أَنَّ النَّاسَ تَتَطَاحَنُ لِتَحْقِيقِ كَسْبٍ أَكْثَرَ .

ط ر أ

طَرَأَ يَطْرَأُ طُرُوءٌ I to occur

كُنْتُ أَنْوِي السَّفَرَ ، وَلَكِنْ طَرَأَ طَارِئٌ مَنَعَنِي .

ط ر ب

طَرِبَ يَطْرَبُ طَرَبٌ I to be delighted, moved

عِنْدَمَا اسْتَمَعْتُ إِلَى أُغْنِيَتِهِ الْأَخِيرَةِ ، طَرِبْتُ جِدًّا لِلْكَلِمَاتِ وَاللَّحْنِ .

أَطْرَبَ يُطْرِبُ إِطْرَابٌ IV to enrapture

أَطْرَبَنِي بِأُغْنِيَتِهِ الْجَدِيدَةِ .

ط ر ح

طَرَحَ يَطْرَحُ طَرْحٌ I to put out (on the market)

طَرَحَتِ الْوِزَارَةُ عَدَدًا مِنَ الْكَرَارِيسِ وَالْكَشَاكِيلِ بِأَسْعَارٍ مُخَفَّضَةٍ .

تَطَارَحَ يَتَطَارَحُ تَطَارُحٌ VI to exchange

أَخَذوا يَتطارَحونَ أَشْعارَهُمْ لِعِدَّةِ ساعاتٍ .

اِطَّرَحَ يَطَّرِحُ اِطِّرَاحٌ VIII to put aside

بَعْدَ تَفْكِيرٍ وَتَأَمُّلٍ ، قَرّروا أن يَطَّرِحوا الْمَشْروعَ جانِبًا .

ط ر د

طَرَدَ يَطْرُدُ طَرْدٌ I to dismiss

عِنْدَمَا عَلِمَ بِتَلاَعُبِهِ ، طَرَدَهُ مِنَ الْعَمَلِ .

to chase	III	مُطَارَدَةٌ	يُطَارِدُ	طَارَدَ	

طَارَدَ الْبُولِيسُ لِصًّا مُحْتَرِفًا فِي سَاعَةٍ مُتَأَخِّرَةٍ لَيْلَةَ أَمْسِ .

to progress steadily	VIII	اِطِّرَادٌ	يَطَّرِدُ	اِطَّرَدَ

إِنَّ زِيَادَةَ السُّكَّانِ قَدْ لاَ تَحْدُثُ بِاطِّرَادٍ فِي كُلِّ السَّنَوَاتِ ، هُنَاكَ اسْتِثْنَاءَاتٌ .

to elaborate on	X	اِسْتِطْرَادٌ	يَسْتَطْرِدُ	اِسْتَطْرَدَ

بَعْدَ أَنْ أَوْضَحَ هَدَفَهُ مِنْ الْمُحَاضَرَةِ ، أَخَذَ يَسْتَطْرِدُ عَنْ حَرَكَةِ الْفِكْرِ بِصُورَةٍ عَامَّةٍ .

ط ر ز

to embroider	II	تَطْرِيزٌ	يُطَرِّزُ	طَرَّزَ

يَحْتَاجُ التَّطْرِيزُ الْيَدَوِيُّ إِلَى جُهْدٍ وَوَقْتٍ .

ط ر ق

to knock (on)	I	طَرْقٌ	يَطْرُقُ	طَرَقَ

حِينَ طَرَقَ الْبَابَ ، لَمْ تَفْتَحْ لَهُ . لَقَدْ كَانَتْ غَارِقَةً فِي النَّوْمِ .

to bow in silence	IV	إِطْرَاقٌ	يُطْرِقُ	أَطْرَقَ

حِينَ أَخْبَرْتُهُ بِحَقِيقَةِ الْمَوْقِفِ ، أَطْرَقَ قَلِيلاً ثُمَّ هَزَّ رَأْسَهُ أَسَفًا وَحَسْرَةً .

to go into (a subject)	V	تَطَرُّقٌ	يَتَطَرَّقُ	تَطَرَّقَ

كُنَّا نَبْحَثُ أَسَاسًا قَضِيَّةَ التَّعْلِيمِ ، وَلَكِنَّ الْحَدِيثَ تَطَرَّقَ إِلَى السِّيَاسَةِ .

ط ع م

to eat	I	طَعَامٌ / طَعْمٌ	يَطْعَمُ	طَعِمَ

" الطَّعَامُ لِكُلِّ فَمٍ " اِسْمُ مَسْرَحِيَّةٍ عَرَبِيَّةٍ مَشْهُورَةٍ .

to feed	IV	إِطْعَامٌ	يُطْعِمُ	أَطْعَمَ

قَالَتِ السَّيِّدَةُ عَنِ الْخَادِمَةِ : لَقَدْ أَطْعَمْنَاهَا بَعْدَ جُوعٍ وَلَكِنَّهَا لاَ تَعْتَرِفُ بِالْجَمِيلِ .

ط ع ن

to stab	I	طَعْنٌ	يَطْعَنُ	طَعَنَ

اَلطَّعْنُ مِنَ الْخَلْفِ أَقْسَى أَنْوَاعِ الطَّعْنِ .

طَاعَنَ يُطَاعِنُ مُطَاعَنَةٌ III to stab s.o. / s.th.

طاعَنَ أَحَدُهما الآخَرَ ، حتى كانَت الْغَلَبة لِلأَقوى ، وسَقَطَ الآخرُ عَلَى الأَرَضِ .

ط غ ي

طَغَى يَطْغَى طَغْيٌ / طُغْيَانٌ I to tyrannize, predominate

بَعْدَ أَنِ ازْدَهَرَتْ تِجَارَتُه ، طَغَى وَبَغَى وَطَرَدَ نِصْفَ الْعُمَّالِ مِنَ الْمَصْنَعِ .

أَطْغَى يُطْغِي —— IV to dominate, predominate

الإِنْسَانُ الَّذِي يُطْغِيهِ الْمَالُ ، إِنْسَانٌ ضَعِيفٌ .

ط ف أ

أَطْفَأَ يُطْفِئُ إِطْفَاءٌ IV

شَبَّ الْحَرِيقُ فِي الدَّوْرِ الْعُلْوِيِّ ، فَأَطْفَأْنَاهُ فِي الْحَالِ . 1. to extinguish

اِنْطَفَأَ يَنْطَفِئُ اِنْطِفَاءٌ VII 2. to be extinguished

في تَمامِ الثَّانيةَ عَشْرَةَ مِن مُنْتَصَفِ اللَّيْلِ ، اِنْطَفَأَت الأَنْوارُ ثُمَّ أضاءتْ لِعامٍ جديدٍ .

ط ف ح

طَفَحَ يَطْفَحُ طَفْحٌ I to overflow

عِنْدَمَا تَزْدَادُ الْمُشْكِلاَتُ وَتَتَكَاثَرُ دُونَ حَلٍّ ، يَقُولُ النَّاسُ : طَفَحَ الْكَيْلُ .

ط ف ق

طَفِقَ يَطْفَقُ —— I to begin

بَعْدَ أَنْ رَحَلَتْ عَنْهُ ، ظَلَّ فَتْرَةً مُتَأَثِّرًا وَلَكِنَّهُ مَا طَفِقَ حَتَّى سَلاَ عَنْهَا .

ط ف ل

تَطَفَّلَ يَتَطَفَّلُ تَطَفُّلٌ V to intrude (upon)

لا أَحِبُّ التَّطَفُّلَ وَلا الْمُتَطَفِّلينَ مِمَّنْ يَتَدَخَّلونَ في شُئونِ غَيْرِهِمْ .

ط ف و

طَفَا يَطْفُو طَفْوٌ I to float

بَعْدَ أَنْ غَرِقَ فِي الْبَحْرِ بِيَوْمَيْنِ ، طَفَتْ جُثَّتُهُ عَلَى الشَّاطِئِ الآخَرِ .

ط ل ب

طَلَبَ	يَطْلُبُ	طَلَبٌ	I	to request
طَلَبَ مِنِّي الْمُسَاعَدَةَ ، فَقُلْتُ لَهُ : عَلَى الرَّحْبِ وَالسَّعَةِ .				

طَلَبَ يَطْلُبُ طَلَبٌ — I — to request

طَلَبَ مِنِّي الْمُسَاعَدَةَ ، فَقُلْتُ لَهُ : عَلَى الرَّحْبِ وَالسَّعَةِ .

طَالَبَ يُطَالِبُ مُطَالَبَةٌ — III — to demand

طَالَبَنِي صَاحِبُ الْبَيْتِ بِأُجْرَةِ الْمِيَاهِ ، وَلَكِنِّي رَفَضْتُ .

تَطَلَّبَ يَتَطَلَّبُ تَطَلُّبٌ — V — to require

لَيْسَتْ هَذِهِ الْمُشْكِلَةُ سَهْلَةً ، إِنَّهَا تَتَطَلَّبُ مِنَّا بَعْضَ التَّفْكِيرِ .

ط ل ع

طَلَعَ يَطْلُعُ طُلُوعٌ — I — to rise

يَبْدَأُ النَّهَارُ الْحَقِيقِيُّ بِطُلُوعِ الشَّمْسِ وَيَنْتَهِي بِغُرُوبِهَا .

طَالَعَ يُطَالِعُ مُطَالَعَةٌ — III — to read

فِي كُلِّ مَدْرَسَةٍ ، تُوجَدُ حُجْرَةٌ لِلْمُطَالَعَةِ ، وَلَكِنَّ عَدَدَ الْقُرَّاءِ قَلِيلٌ .

أَطْلَعَ يُطْلِعُ إِطْلاَعٌ — IV — to reveal

أَطْلَعَنِي عَلَى أَسْرَارِهِ ، فَعَرَفْتُ عَنْهُ الْكَثِيرَ .

تَطَلَّعَ يَتَطَلَّعُ تَطَلُّعٌ — V — to strive (for)

إِنَّهُ دَائِمًا يَتَطَلَّعُ إِلَى حَيَاةٍ أَفْضَلَ وَلَكِنَّهُ لاَ يَعْمَلُ ، وَهُنَا الْمُشْكِلَةُ .

اِطَّلَعَ يَطَّلِعُ اِطِّلاَعٌ — VIII — to look into s.th.

اِطَّلَعْتُ عَلَى عَدَدٍ مِنَ الصُّحُفِ الصَّادِرَةِ صَبَاحَ الْيَوْمِ .

اِسْتَطْلَعَ يَسْتَطْلِعُ اِسْتِطْلاَعٌ — X — to seek information

كَانُوا قَدِيمًا يَسْتَطْلِعُونَ هِلاَلَ أَوَائِلِ الشُّهُورِ الْعَرَبِيَّةِ بِالْعَيْنِ الْمُجَرَّدَةِ .

ط ل ق

طَلَّقَ يُطَلِّقُ تَطْلِيقٌ — II — to divorce

بَعْدَ أَنْ تَزَوَّجَ بِسَنَتَيْنِ ، طَلَّقَ زَوْجَتَهُ زَاعِمًا أَنَّهُمَا غَيْرُ مُتَفَاهِمَيْنِ .

أَطْلَقَ يُطْلِقُ إِطْلاَقٌ — IV — to name

أَطْلَقْتُ عَلَى هَذِهِ الشَّاعِرَةِ لَقَبَ أَمِيرَةِ الشِّعْرِ عَلَى الْإِطْلاَقِ .

اِنْطَلَقَ يَنْطَلِقُ اِنْطِلاَقٌ VII

1. to rush out

أَخْبَرُوهُ بِوَفَاةِ أَخِيهِ فِي حَادِثٍ ، فَانْطَلَقَ إِلَى الشَّارِعِ يَعْدُو كَالْمَجْنُونِ .

2. to launch

اِنْطَلَقَ صارُوخٌ جَدِيدٌ إِلَى الْفَضَاء ، أَطْلَقَتْهُ " نَاسَا " .

ط ل ل

أَطَلَّ يُطِلُّ إِطْلاَلٌ / إِطْلاَلَةٌ IV to look (through), overlook

كانَت لا تُطِلّ مِن الشُّبَّاكِ إلا نادِرًا ، وَلِهَذا لَمْ يَعْرِفْها كَثيرونَ .

ط ل ي

طَلَى يَطْلِي طَلْيٌ / طِلاَءٌ I to paint

لَمْ يُعْجِبْهُمْ لَوْنُ وَاجِهَةِ الْبُيُوتِ ، فَقَامُوا بِطِلاَئِهَا بِلَوْنٍ جَدِيدٍ .

ط م أ ن

طَمْأَنَ يُطَمْئِنُ طَمْأَنَةٌ Q to reassure

اِسْتَفْسَرْتُ مِنَ الطَّبِيبِ عَنْ صِحَّتِهَا ، فَطَمْأَنَنِي عَلَيْهَا .

اِطْمَأَنَّ يَطْمَئِنُّ اِطْمِئْنَانٌ Q2 to feel assured

لَمْ أَطْمَئِنَّ عَلَيْهَا إِلاَّ بَعْدَ أَنْ قَابَلْتُ الطَّبِيبَ نَفْسَهُ .

ط م ح

طَمَحَ يَطْمَحُ طُمُوحٌ I to aspire (to)

كَانَ دَائِمًا يَطْمَحُ إِلَى الْعَيْشِ فِي بَلَدٍ أَفْضَلَ .

ط م س

طَمَسَ يَطْمِسُ طَمْسٌ I

1. to efface

طَمَسَ بَعْضُ الْمُؤَرِّخينَ أَحْداثًا نَظُنُّها مُهِمَّةً ، وأَبْرَزوا أَحْداثًا لَيْسَتْ لَها أَيَّةُ أَهَمِّيَّةٍ .

2. to destroy

طَمَسَتِ الْحُروبُ كَثيرًا من آثارِ الأُمَمِ السّابِقَةِ .

ط م ع

to covet | I | طَمِعَ يَطْمَعُ طَمَعٌ

تَزَوَّجَتْهُ لِأَنَّهَا كَانَتْ تَطْمَعُ فِي أَمْوَالِهِ .

to make s.o. desirous | IV | أَطْمَعَ يُطْمِعُ ——

أَطْمَعَهَا فِيهِ مَا يَمْتَلِكُهُ مِنْ عَقَارَاتٍ وَأَرَاضٍ .

ط هـ ر

to be clean | I | طَهُرَ يَطْهُرُ طُهْرٌ / طُهُورٌ

اِغْتَسَلَ بِالْمَاءِ وَقَدْ طَهُرَ تَمَامًا .

to sterilize | II | طَهَّرَ يُطَهِّرُ تَطْهِيرٌ

طَهَّرَتِ الْمُمَرِّضَةُ الْجُرْحَ أَوَّلاً ثُمَّ وَضَعَتْ عَلَيْهِ دَوَاءً وَضِمَادَةً .

to be purified | V | تَطَهَّرَ يَتَطَهَّرُ تَطَهُّرٌ

اِعْتَقَدَ أَنَّهُ تَطَهَّرَ مِنْ ذُنُوبِهِ تَمَامًا بَعْدَ أَنْ تَابَ وَاسْتَقَامَ وَعَرَفَ اللهَ .

ط هـ و

to cook | I | طَهَا يَطْهُو طَهْيٌ

طَهَا الطَّبَّاخُ وَجْبَةً قَالَ : إِنَّهَا هِنْدِيَّةٌ ، وَلَكِنِّي لاَ أُحِسُّ لَهَا طَعْمًا .

ط و ر

to develop | II | طَوَّرَ يُطَوِّرُ تَطْوِيرٌ

تَطْوِيرُ التَّعْلِيمِ فِي أَيِّ بَلَدٍ يَحْتَاجُ أَوَّلاً إِلَى دِرَاسَاتٍ مُكَثَّفَةٍ .

to be developed | V | تَطَوَّرَ يَتَطَوَّرُ تَطَوُّرٌ

لَقَدْ تَطَوَّرَ التَّعْلِيمُ فِي السَّنَوَاتِ الْأَخِيرَةِ .

ط و ع

to tame, shape | II | طَوَّعَ يُطَوِّعُ تَطْوِيعٌ

يُحَاوِلُ الشَّاعِرُ أَنْ يُطَوِّعَ الْكَلِمَاتِ لِتَخْدُمَ غَرَضَهُ الشِّعْرِيَّ .

to obey | IV | أَطَاعَ يُطِيعُ إِطَاعَةٌ / طَاعَةٌ

لَيْسَ أَحْسَنَ فِي الْحَيَاةِ مِنْ أَنْ يُطِيعَ الْاِبْنُ وَالِدَيْهِ .

to volunteer V تَطَوَّعَ يَتَطَوَّعُ تَطَوُّعٌ

لَمْ أَجِدْ مَنْ يُسَاعِدُهَا ، فَتَطَوَّعَ أَخِي بِمُسَاعَدَتِهَا دُونَ مُقَابِلٍ .

ط و ف

to tour I طَافَ يَطُوفُ طَوَافٌ

كُنْتُ أَوَدُّ أَنْ أَطُوفَ الدُّنْيَا بِأَسْرِهَا ، وَلَكِنْ مِنْ أَيْنَ آتِي بِالْمَالِ ؟

to roam II طَوَّفَ يُطَوِّفُ تَطْوِيفٌ

لَقَدْ طَوَّفَ هَذَا الرَّحَّالَةُ فِي الْعَالَمِ كُلِّهِ ، شَرْقِهِ وَغَرْبِهِ .

ط و ق

to surround II طَوَّقَ يُطَوِّقُ تَطْوِيقٌ

طَوَّقَتِ الشُّرْطَةُ الْمِنْطَقَةَ حَتَّى عَثَرَتْ على الْجُناةِ .

to bear IV أَطَاقَ يُطِيقُ إِطَاقَةٌ

أَصْبَحَ لا يُطيقُ صُحْبَتَهُ ولا حَتَّى ذِكْرَ اسْمِهِ .

ط و ل

to last long I طَالَ يَطُولُ طُولٌ

سَأَلْتَنِي أَنْ أَشْرَحَ لَكَ الأَسْبَابَ ، وَهَذَا شَرْحٌ يَطُولُ .

to prolong IV أَطَالَ يُطِيلُ إِطَالَةٌ

لَقَدْ أَطَالَ الْخَطِيبُ كَثِيراً فِي شَأْنِ مُعَامَلَةِ الزَّوْجَاتِ .

to go too far, be insolent VI تَطَاوَلَ يَتَطَاوَلُ تَطَاوُلٌ

لَقَدْ تَطَاوَلَ عَلَيْهِ فِي الْجَلْسَةِ ، ثُمَّ انْسَحَبَ مِنْهَا غاضِباً .

to become tall X اِسْتَطَالَ يَسْتَطِيلُ اِسْتِطَالَةٌ

لَقَدِ اسْتَطَالَتِ الشَّجَرَةُ ، وَلَمْ أَكُنْ أَتَوَقَّعُ أَنْ تَصِلَ فِي طُولِهَا إِلَى هَذَا الْحَدِّ .

ط و ي

to close, fold I طَوَى يَطْوِي طَيٌّ

عَلَيْنَا أَنْ نَطْوِيَ هَذِهِ الصَّفْحَةَ ، وَنَفْتَحَ صَفْحَةً جَدِيدَةً لِعَلاقَتِنَا .

to imply | VII | اِنْطَوَى يَنْطَوِي اِنْطِوَاءٌ

يَنْطَوِي كَلاَمُهُ عَلَى رَفْضٍ ، وَلَكِنَّهُ لاَ يُصَرِّحُ بِذَلِكَ .

ط ي ب

to please | I | طَابَ يَطِيبُ طِيبٌ / طِيبَةٌ

لَقَدْ طَابَ لِيَ الْمُقَامُ فِي الإِسْكَنْدَرِيَّةِ ، فَمَكَثْتُ هُنَاكَ عَشْرَ سَنَوَاتٍ .

to make pleasant | II | طَيَّبَ يُطَيِّبُ تَطْيِيبٌ

حِينَ يَتَحَدَّثُونَ عَنْ رَجُلٍ طَيِّبٍ مَاتَ ، يَقُولُونَ : طَيَّبَ اللهُ ثَرَاهُ .

to perfume o.s. | V | تَطَيَّبَ يَتَطَيَّبُ تَطَيُّبٌ

اِسْتَعَدَّتِ الْبِنْتُ لاِسْتِقْبَالِ خَطِيبِهَا ، فَتَزَيَّنَتْ وَتَطَيَّبَتْ .

ط ي ر

to fly | I | طَارَ يَطِيرُ طَيَرَانٌ

عَانَى النَّاسُ كَثِيرًا فِي الْمُواصَلاتِ قَبْلَ اخْتِرَاعِ الطَّيَرَانِ .

IV | أَطَارَ يُطِيرُ ——

1. to let fly — فَتَحَ الوَلَدُ الْقَفَصَ ، وَأَطَارَ الْعُصْفورَ مِنْهُ .

2. to dispel — أَخْبَرَهُ خَبَرًا أَطَارَ صَوابَهُ .

to see an evil omen | V | تَطَيَّرَ يَتَطَيَّرُ تَطَيُّرٌ

قُلْتُ لَهُ مِرَارًا : لاَ تَتَطَيَّرْ وَلا تَكُنْ مُتَشَائِمًا ، كُنْ مُتَفَائِلاً .

to scatter | VI | تَطَايَرَ يَتَطَايَرُ تَطَايُرٌ

قَذَفَ الْوَلَدُ حَجَرًا عَلَى زُجَاجِ النَّافِذَةِ ، فَتَطَايَرَ الزُّجَاجُ عَلَى رُؤوسِنا .

to agitate, be irate | X | اِسْتَطَارَ يَسْتَطِيرُ اِسْتِطَارَةٌ

حِينَ عَرَفَ الْحَقِيقَةَ اسْتَطَارَ غَضَبًا وَقَرَّرَ فَسْخَ الْخُطُوبَةِ .

ط ي ش

to miss, go astray | I | طَاشَ يَطِيشُ طَيْشٌ

كَانَ يَنْوِي قَتْلَهُ ، وَلَكِنَّ اللهَ أَنْقَذَهُ فَطَاشَ السَّهْمُ وَلَمْ يُصِبْهُ .

ظ

ظ ف ر

ظَفِرَ يَظْفَرُ ظَفَرٌ	I	to win

ظَفِرْتُ بِثَلاثِ جَوائِزَ فِي عَامٍ وَاحِدٍ .

أَظْفَرَ يُظْفِرُ ——	IV	to render victory

ظَلَّ يُبَصِّرُهُ بِالْعَدُوِّ وَيَدُلُّهُ عَلَى مَواقِعِهِ ، حَتَّى أَظْفَرَهُ بِالنَّصْرِ عَلَيْهِ .

ظ ل ل

ظَلَّ يَظَلُّ ——	I	to continue

ظَلَّ يُرَاسِلُهَا حَتَّى تَزَوَّجَتْ فَانْقَطَعَتْ أَخْبَارُهَا .

ظَلَّلَ يُظَلِّلُ تَظْلِيلٌ	II	to shade

قُلْتُ لابْنِي : ظَلِّلِ الْمِسَاحَةَ الْبَيْضَاءَ بِاللَّوْنِ الأَحْمَرِ ، هَكَذَا تَكُونُ الصُّورَةُ أَجْمَلَ .

أَظَلَّ يُظِلُّ إِظْلاَلٌ	IV	to protect

لَقَدْ أَظَلَّنِي هَذَا الأُسْتَاذُ بِعَطْفِهِ وَبِرِّهِ وَمُسَاعَدَتِهِ .

اِسْتَظَلَّ يَسْتَظِلُّ اِسْتِظْلاَلٌ	X	

1. to put o.s. under the protection (of)

كُنْتُ أَسْتَظِلُّ فِي حِمَى وَالِدِي قَبْلَ أَنْ يَمُوتَ .

2. to seek shade — أُحِبُّ أَنْ أَسْتَظِلَّ تَحْتَ ظِلِّ شَجَرَةٍ فِي الْجَوِّ الْحَارِ .

ظ ل م

ظَلَمَ يَظْلِمُ ظُلْمٌ	I	to treat unjustly

كَانَ قَاسِيًا مَعَهُمْ : ظَلَمَهُمْ وَأَخْرَجَهُمْ مِنَ الْقَرْيَةِ بِفَضِيحَةٍ .

أَظْلَمَ يُظْلِمُ إِظْلاَمٌ	IV	to darken

أَظْلَمَ اللَّيْلُ ، وَلَمْ أَسْمَعْ فِي الْقَرْيَةِ إِلاَّ صَوْتَ الْحَيَوَانَاتِ وَبَعْضَ الطُّيُورِ .

تَظَلَّمَ يَتَظَلَّمُ تَظَلُّمٌ	V	to complain

نَصَحْتُهُ أَنْ يَتَظَلَّمَ إِلَى لَجْنَةِ الشَّكَاوَى بِالْوِزَارَةِ .

ظ مـ أ

ظَمِئَ	يَظْمَأُ	ظَمأٌ	I	to be thirsty

كُنْتُ بِالصَّحَراءِ وَلَمْ يَكُنْ مَعِي مَاءٌ ، فَظَمِئْتُ كَثِيرًا .

ظ نـ ن

ظَنَّ	يَظُنُّ	ظَنٌّ	I	to assume

لَقَدْ ظَنَّ أَنَّنِي مُتَسَاهِلٌ . وَلَكِنْ هَيْهَاتَ !

ظ ـهـ ر

ظَهَرَ	يَظْهَرُ	ظُهُورٌ	I	to appear

ظَهَرَتِ الْجَرَائِدُ الْيَوْمَ وَهِيَ تَحْمِلُ أَنْبَاءً سَارَّةً .

أَظْهَرَ	يُظْهِرُ	إِظْهَارٌ	IV	to show

أَظْهَرَ لَهَا الْوُدَّ ، وَلَكِنَّهَا لَمْ تَعْرِفْ كَيْفَ تَرْعَاهُ .

تَظَاهَرَ	يَتَظَاهَرُ	تَظَاهُرٌ	VI	to pretend

تَظَاهَرَ بِالْبُرُودِ رَغْمَ أَنَّ عَوَاطِفَهُ كَانَتْ مُتَأَجِّجَةً .

اِسْتَظْهَرَ	يَسْتَظْهِرُ	اِسْتِظْهَارٌ	X	to memorize

أَخْبَرَنِي الْأُسْتَاذُ بِأَهَمِّيَّةِ الْقَصِيدَةِ فَاسْتَظْهَرْتُهَا جَيِّدًا وَحَفِظْتُهَا عَنْ ظَهْرِ قَلْبٍ .

ع

ع بـ أ

عَبَأ يَعْبَأُ عِبْءٌ I to be concerned (about)

أَصْبَحْتُ لا أهْتَمُّ بِه ، وَلاَ أَعْبَأُ بِمَا يَقُولُ .

عَبَّأَ يُعَبِّئُ تَعْبِئَةٌ II to call up, mobilize

بَعْدَ الْهُجُومِ الأَخِيرِ ، جَاءَ بَيَانُ الْحُكُومَةِ بِالتَّعْبِئَةِ الْعَامَّةِ لِلْجَيْشِ وَلِلشَّعْبِ مَعاً .

ع بـ ث

عَبَثَ يَعْبَثُ عَبَثٌ I to act foolishly, fiddle (with)

إِنَّهُ يَعْبَثُ بِأَمْوَالِهِ وَيُنْفِقُهَا فِيمَا لاَ يَنْفَعُ .

ع بـ د

عَبَدَ يَعْبُدُ عِبَادَةٌ / عُبُودِيَّةٌ I to worship

مَنْ يَعْبُدِ اللهَ حَقَّ عِبَادَتِهِ ، يَنَلْ رِضَاهُ وَثَوَابَهُ .

عَبَّدَ يُعَبِّدُ تَعْبِيدٌ II to pave

عَبَّدَتِ الْوِزَارَةُ عَدَداً مِنَ الطُّرُقِ فَأَصْبَحَتْ أَفْضَلَ بِكَثِيرٍ .

تَعَبَّدَ يَتَعَبَّدُ تَعَبُّدٌ V to devote o.s. to worship

اَلتَّعَبُّدُ لِلهِ لاَ يَعْنِي أَنْ تَظَلَّ دُونَ أَنْ تَعْمَلَ ، فَالْعَمَلُ حَقٌّ وَوَاجِبٌ .

اِسْتَعْبَدَ يَسْتَعْبِدُ اِسْتِعْبَادٌ X to enslave

بَعْدَ سِنِينَ مِنَ الظُّلْمِ وَالاِسْتِعْبَادِ ، نَالَ الشَّعْبُ حُرِّيَّتَهُ .

ع بـ ر

عَبَرَ يَعْبُرُ عُبُورٌ I to cross

هَذَا رَجُلٌ كَفِيفٌ لَنْ يُمْكِنَهُ عُبُورُ الشَّارِعِ إِلّا مَعَ إِنْسَانٍ مُبْصِرٍ .

عَبَّرَ يُعَبِّرُ تَعْبِيرٌ II to express

عَبَّرْتُ عَنْ رَأْيِي فِي الاْجْتِمَاعِ ، فَغَضِبَ بَعْضُ الزُّمَلاَءِ .

to consider	VIII	اِعْتِبَارٌ	يَعْتَبِرُ	اِعْتَبَرَ

اِعْتَبَرْتُ الْمُشْكِلَةَ بَسِيطَةً وَلِهَذا فَلَمْ أُفَكِّرْ كَثِيراً فِيهَا .

ع ب س

to frown	I	عَبْسٌ / عُبُوسٌ	يَعْبِسُ	عَبَسَ

هَلْ بِالإِمْكانِ أن نُصَنِّفَ الشُّعوبَ ، في شَعْبٍ عابِسٍ وَآخرَ بَشوشٍ ؟!

ع ب ق

to be fragrant	I	عَبَقٌ	يَعْبَقُ	عَبِقَ

كَثْرَةُ الزُّهورِ والرِّياحينِ في مَدْخَلِ الْقَصْرِ تَجْعَلُهُ يَعْبَقُ بِرَوائِحَ مُسْتَحَبَّةٍ .

ع ت ب

to reprove	I	عِتَابٌ	يَعْتِبُ	عَتَبَ

لَمْ تَبْعَثْ إِلَيَّ بِرَسَائِلَ طَوالَ شَهْرَيْنِ ، فَعَتَبْتُ عَلَيْهَا لِهَذا التَّأْخِيرِ .

to reprove	III	مُعَاتَبَةٌ	يُعَاتِبُ	عَاتَبَ

لَقَدْ عاتَبْتُهَا لأَنَّها لَمْ تَبْعَثْ بِرَسَائِلَ لِمُدَّةِ شَهْرَيْنِ .

to reprove each other	VI	تَعَاتُبٌ	يَتَعَاتَبُ	تَعَاتَبَ

حِينَ تَلاقَيْنَا فِي الْحَفْلَةِ ، تَعَاتَبْنَا عَلَى انْقِطَاعِ الْمُرَاسَلَةِ بَيْنَنَا .

ع ت ق

to set free, emancipate	I	عِتْقٌ	يَعْتَقُ	عَتَقَ

قَدِيماً كانَ الْعِتْقُ يَعْني إِعْطاءَ الْعَبْدِ حُرِّيَّتَهُ .

to emancipate	IV	إِعْتَاقٌ	يُعْتِقُ	أَعْتَقَ

كَانَ عِنْدَهُ عَبْدٌ يَخْدِمُهُ ، وَلَكِنَّهُ أَعْتَقَهُ لِوَجْهِ اللهِ .

to be freed of s.th.	VII	اِنْعِتَاقٌ	يَنْعَتِقُ	اِنْعَتَقَ

أخيرًا حَصَلَ الْغُلامُ عَلَى وَظيفَةٍ ، فَانْعَتَقَ من عَمَلِ بَيْعِ الْجَرائدِ في الطُّرُقاتِ .

ع ت م

to obscure	II	تَعْتِيمٌ	يُعَتِّمُ	عَتَّمَ

أحيانًا يَتَّهِمُ النَّاسُ الْحُكومَةَ أو الصَّحافَةَ بِتَعْتيمِ بَعْضِ الأَحْداثِ وَإِخْفائِها .

ع ت و

عَتَا يَعْتُو عُتُوٌّ I to be domineering

لَقَدْ عَتَا عُتُوًّا كَبِيراً وَظَلَمَ الْعَدِيدَ مِنَ الْفَلاَّحِينَ فَكَرِهَهُ الْجَمِيعُ .

ع ث ر

عَثَرَ يَعْثُرُ عُثُورٌ I to come (across)

عَثَرْتُ فِي الْقِطَارِ عَلَى حَقِيبَةِ سَيِّدَةٍ فَسَلَّمْتُهَا بِالْمَحَطَّةِ .

تَعَثَّرَ يَتَعَثَّرُ تَعَثُّرٌ V to stumble

تَعَثَّرَ فِي دِرَاسَتِهِ بِكُلِّيةِ الطِّبِّ لِأَنَّهُ كَانَ ضَعِيفاً فِي اللُّغَةِ الإِنْجِلِيزِيَّةِ .

ع ج ب

عَجِبَ يَعْجَبُ عَجَبٌ I to wonder

عَجِبْتُ مِنْهُ كَيْفَ يَقُودُ سَيَّارَةً دُونَ رُخْصَةِ قِيَادَةٍ !

أَعْجَبَ يُعْجِبُ إِعْجَابٌ IV to admire

أَعْجَبَنِي فِيهَا ذَكَاؤُهَا وَقُوَّةُ مُلاحَظَتِهَا .

تَعَجَّبَ يَتَعَجَّبُ تَعَجُّبٌ V to be amazed (at)

تَعَجَّبْتُ مِنْ أَخِي لِأَنَّهُ قَرَّرَ السَّفَرَ إِلَى الْخَارِجِ بَعْدَ أَنْ تَزَوَّجَ .

ع ج ج

عَجَّ يَعُجُّ عَجٌّ I to roar

عِنْدَ دُخُولِ الرَّئِيسِ إِلَى قَاعَةِ الْمُؤْتَمَرِ ، عَجَّ الْمَكَانُ بِالتَّصْفِيقِ .

ع ج ر ف

تَعَجْرَفَ يَتَعَجْرَفُ تَعَجْرُفٌ Q1 to become arrogant

في تقديمِهِ طَلَبَ الإِحاطَةِ بِالْبَرْلَمَانِ ، تَحدَّثَ في نَبْرَةٍ مُتَعَجْرِفَةٍ أَغْضَبَت الْحاضِرِينَ .

ع ج ز

عَجَزَ يَعْجِزُ عَجْزٌ I to be unable (to)

لَقَدْ عَجَزَ عَنْ سَدَادِ الْمَصْرُوفَاتِ فَطَرَدَتْهُ الْمَدْرَسَةُ .

عَجَّزَ يُعَجِّزُ تَعْجِيزٌ II to disable

تَسْتَهْدِفُ بَعْضُ أَسْئِلَةِ الإمْتِحاناتِ التَّعْجِيزَ ولَيْسَ التَّيْسيرَ عَلَى الطَّلَبَةِ .

أَعْجَزَ يُعْجِزُ إِعْجازٌ IV

1. to prevent (from) أَعْجَزَهُ مَرَضُهُ عَنْ حُضُورِ الْحَفْلَةِ .

2. to make s.o. incapable of doing s.th.

يُقَال " إِعْجازُ القُرْآنِ الْكَرِيمِ " لأَنَّهُ أَعْجَزَ العَرَبَ عَن الإِتْيانِ بِمِثْلِهِ .

ع ج ل

عَجِلَ يَعْجَلُ عَجَلٌ / عَجَلَةٌ I to hasten

ذَهَبْتُ إِلَى عَمَلِي عَلَى عَجَلٍ فَنَسِيتُ كُرَّاسَةَ الْمُحَاضَرَاتِ .

عَجَّلَ يُعَجِّلُ تَعْجِيلٌ II to hurry s.o. / s.th.

وَافَقَ العَرُوسَانِ عَلَى تَعْجِيلِ حَفْلِ الزِّفَافِ .

عَاجَلَ يُعَاجِلُ مُعاجَلَةٌ III to hurry to catch up

لَقَدْ عَاجَلَهُ الْبُولِيسُ وَقَبَضَ عَلَيْهِ قَبْلَ أَنْ يَهْرُبَ .

أَعْجَلَ يُعْجِلُ إِعْجَالٌ IV to rush s.o.

لَقَدْ أَعْجَلَنِي صَدِيقِي بِالْخُرُوجِ ، فَنَسيتُ حَقِيبَتِي .

تَعَجَّلَ يَتَعَجَّلُ تَعَجُّلٌ V to hurry

لَقَدْ تعجَّلَ وَرَكِبَ الْقِطَارَ فَنَسِيَ قُبَّعَتَهُ مَعِي .

اِسْتَعْجَلَ يَسْتَعْجِلُ اِسْتِعْجَالٌ X to accelerate, expedite

بَعَثَ الْمُوَظَّفُ اسْتِعْجَالاً آخَرَ إِلَىالْبَنْكِ الرَّئِيسيِّ يَسْتَعْجِلُهُ صَرْفَ مُرَتَّبِي .

ع ج م

أَعْجَمَ يُعْجِمُ إِعْجَامٌ IV to make comprehensible

أَعْجَمْتُ حُروفَ الْمَخْطوطَةِ أي أَزَلْتُ عُجْمَتَها بِأَنْ وَضَعْتُ النِّقاطَ لِلْحروفِ .

ع ج ن

عَجَنَ يَعْجِنُ عَجْنٌ I to knead

عَجَنَ الْخَبَّازُ الدَّقِيقَ وَالزُّبْدَةَ وَنَسي أَنْ يَضَعَ السُّكَّرَ .

تَعَجَّنَ يَتَعَجَّنُ تَعَجُّنٌ V to become lumpy, soggy

كَانَتْ مَقَادِيرُ الطِّلاَءِ مُتَفَاوِتَةً جِدًّا فَتَعَجَّنَ كُلُّ شَيْءٍ .

ع د د

to count I عَدَّ يَعُدُّ عَدٌّ

عَدَّ أَخِي مَا مَعَهُ مِنْ نُقُودٍ فَوَجَدَهَا أَقَلَّ مِنْ ثَمَنِ السَّمَكِ .

to enumerate II عَدَّدَ يُعَدِّدُ تَعْدِيدٌ

أَخَذَ يُعَدِّدُ لَهُمُ الأَسْبَابَ كَيْ يَقْتَنِعُوا بِوِجْهَةِ نَظَرِهِ .

to prepare IV أَعَدَّ يُعِدُّ إِعْدَادٌ

يَتَطَلَّبُ الإِعْدَادُ لِلْحَفْلَةِ أَنْ أَتَغَيَّبَ عَنْ عَمَلِي يَوْمَيْنِ .

to multiply V تَعَدَّدَ يَتَعَدَّدُ تَعَدُّدٌ

كَانَ الْيُونَانِيُّونَ الْقُدَمَاءُ يَعْتَقِدُونَ بِتَعَدُّدِ الآلِهَةِ .

to regard highly VIII اِعْتَدَّ يَعْتَدُّ اِعْتِدَادٌ

إِنَّهُ دَائِماً يَعْتَدُّ بِقُدْرَاتِهِ لأَنَّهُ وَاثِقٌ فِي نَفْسِهِ .

to be prepared (for, to) X اِسْتَعَدَّ يَسْتَعِدُّ اِسْتِعْدَادٌ

بَدَأَتِ الاِسْتِعْدَاداتُ لِلْعَامِ الدِّراسِيِّ الْجَدِيدِ .

ع د ل

to act justly I عَدَلَ يَعْدِلُ عَدْلٌ / عَدَالَةٌ

هَذَا قَاضٍ نَزِيهٌ ، دَائِماً يَعْدِلُ فِي أَحْكَامِهِ .

to adjust, amend II عَدَّلَ يُعَدِّلُ تَعْدِيلٌ

سَمِعْتُ أَنَّهُمْ سَيُعَدِّلُونَ بَعْضَ الْمَوَادِّ فِي الْقَانُونِ الْجَدِيدِ .

to be equivalent, equated III عَادَلَ يُعَادِلُ مُعَادَلَةٌ

تَشيعُ كَلِمَةُ الْمُعادَلَةِ وَالْمُعادَلاتِ في الرِّياضِيَّاتِ والْكيمْياءِ ومُعادَلَةِ الشَّهاداتِ .

to be amended V تَعَدَّلَ يَتَعَدَّلُ تَعَدُّلٌ

تَعَدَّلَ الْقانونُ الأَخيرُ بإضافَةِ بَعْضِ الْموادِ وَحَذْفِ أُخْرَى .

to be equivalent VI تَعَادَلَ يَتَعَادَلُ تَعَادُلٌ

تَعَادَلَ فَرِيقَا كُرَةِ الْقَدَمِ ، بِدُونِ أَهْدَافٍ لأَيٍّ مِنْهُمَا .

to straighten VIII اِعْتَدَلَ يَعْتَدِلُ اِعْتِدَالٌ

حِينَ سَمِعَ الْخَبَرَ ، اِعْتَدَلَ فِي جِلْسَتِهِ قَائِلاً : رَحِمَهُ اللهُ .

ع د م

to lack — I — عَدِمَ يَعْدَمُ عَدَمٌ

إنَّهُ لاَ يَعْدَمُ وَسِيلَةً فِي مُضَايَقَتِهَا .

to destroy, to sentence to death — IV — أَعْدَمَ يُعْدِمُ إعْدَامٌ

أَعْدَمَتِ الْوَزَارَةُ كُلَّ أَوْرَاقِ الامْتِحَانَاتِ الَتِي مَضَتْ عَلَيْهَا خَمْسُ سَنَوَاتٍ .

ثَبَتَتْ عَلَيْهِ جَرِيمَةُ الْقَتْلِ فَعُوقِبَ بِحُكْمِ الإِعْدَامِ

to vanish — VII — اِنْعَدَمَ يَنْعَدِمُ انْعِدامٌ

بَعْدَ تَحْوِيلِ الْمُرُورِ مِنْ شَارِعِنَا ، اِنْعَدَمَتِ الضَّوْضَاءُ تَمَاماً .

ع د و

to run fast — I — عَدَا يَعْدُو عَدْوٌ

كَانَ الثَّعْلَبُ يَعْدُو وَرَاءَ ذِئْبٍ صَغِيرٍ ، وَلَكِنَّهُ لَمْ يَلْحَقْ بِهِ .

to show enmity — III — عَادَى يُعَادِي مُعَادَاةٌ / عِدَاءٌ / عَدَاوَةٌ

لماذا يُعادِي النَّاسُ بَعْضَهُمْ بَعْضًا ، أَلَيْسوا من أبٍ واحدٍ وأمٍّ واحِدةٍ ؟!

to infect — IV — أَعْدَى يُعْدِي إِعْدَاءٌ

أَبْعَدْتُ الدَّجَاجَاتِ عَنِ الدِّيكِ خَشْيَةَ أَنْ يُعْدِيَها فَتَمْرَضَ .

to assault — V — تَعَدَّى يَتَعَدَّى تَعَدٍّ

تَعَدَّى الْبَائِعُ عَلَى الشُّرْطِيِّ فَكَانَ مَصِيرَهُ السَّجْنُ .

to be hostile to one another — VI — تَعَادَى يَتَعَادى تَعَادٍ

تَتَعادَى شُعوبٌ بَعْضُها ضِدَّ بَعْضٍ ، ثُمَّ لا يَلْبَثونَ إلّا أَنْ يَتَصالَحوا .

to attack — VIII — اِعْتَدَى يَعْتَدِي اِعْتِدَاءٌ

نَقْرَأُ وَنَسْمَعُ وَنُشاهِدُ كُلَّ يَوْمٍ أَنَّ بَلَدًا أَوْ شَخْصًا اعْتَدَى عَلَى آخَرَ ، حَتَّى مَتَى ؟

to incite s.o. (against) — X — اِسْتَعْدَى يَسْتَعْدِي اِسْتِعْدَاءٌ

لَمْ يَقْدِرْ عَلَى رَدِّ عَدَاوَتِهِ ، لِهَذَا اسْتَعْدَى عَلَيْهِ بَعْضَ الْمُجْرِمِينَ فَقَتَلُوهُ .

ع ذ ب

to be fresh, sweet (of water) — I — عَذُبَ يَعْذُبُ عُذُوبَةٌ

بَيْنَ عُذُوبَةِ النَّهْرِ وَمُلُوحَةِ الْبَحْرِ فَرْقٌ كَبِيرٌ .

to torment, torture II عَذَّبَ يُعَذِّبُ تَعْذِيبٌ

لَقَدِ ادَّعَى أَمَامَ الْقَاضِي أَنَّهُمْ عَذَّبُوهُ وَهُوَ فِي السِّجْنِ .

to suffer V تَعَذَّبَ يَتَعَذَّبُ تَعَذُّبٌ

لَقَدْ قَرَّرَ الْاِنْفِصَالَ عَنْهَا وَتَرَكَهَا تَتَعَذَّبُ بَعِيدَةً عَنْ أُسْرَتِهَا وَأَهْلِهَا .

to hide the pain X اِسْتَعْذَبَ يَسْتَعْذِبُ اِسْتِعْذَابٌ

كَانَتْ تَتَأَلَّمُ فِي دَاخِلِهَا ، وَلَكِنَّهَا اسْتَعْذَبَتْ الْأَلَمَ كَيْ لاَ تَبْدُوَ ضَعِيفَةً أَمَامَهُ .

ع ذ ر

to excuse I عَذَرَ يَعْذِرُ عُذْرٌ

شَرَحْتُ لَهُ سَبَبَ تَأَخُّرِي ، وَكَانَ مُتَفَاهِماً ، فَعَذَرَنِي .

to have an excuse IV أَعْذَرَ يُعْذِرُ إِعْذَارٌ

قُلْتُ لَهُ : لَقَدْ أَنْذَرْتُكَ لِلْمَرَّةِ الْأَخِيرَةِ ، وَقَدْ أَعْذَرَ مَنْ أَنْذَرَ .

to be unfeasible V تَعَذَّرَ يَتَعَذَّرُ تَعَذُّرٌ

تَعَذَّرَتْ عَلَيَّ الرُّؤْيَةُ وَالثَّلْجُ يُغَطِّي تَمَامًا زُجَاجَ السَّيَّارَةِ .

to apologize VIII اِعْتَذَرَ يَعْتَذِرُ اِعْتِذَارٌ

لَقَدِ اعْتَذَرَ لَهَا عَلَى مَا بَدَرَ مِنْهُ أَمَامَ النَّاسِ .

ع ذ ل

to reproach I عَذَلَ يَعْذِلُ عَذْلٌ

إِنَّهُ دَائِماً يَعْذِلُنِي وَيَلُومُنِي لِأَتْفَهِ الْأَسْبَابِ .

ع ر ب

to translate into Arabic II عَرَّبَ يُعَرِّبُ تَعْرِيبٌ

اَلتَّعْرِيبُ مَعْنَاهُ أَنْ تَنْقُلَ إِلَى اللُّغَةِ الْعَرَبِيَّةِ مَا هُوَ مَكْتُوبٌ بِلُغَاتٍ أُخْرَى .

to express IV أَعْرَبَ يُعْرِبُ إِعْرَابٌ

أَعْرَبْتُ لَهُ عَنْ أَسَفِي ، فَقَبِلَ اعْتِذَارِي .

to become an Arab V تَعَرَّبَ يَتَعَرَّبُ تَعَرُّبٌ

اَلتَّعَرُّبُ مَعْنَاهُ أَنْ يُصْبِحَ غَيْرُ الْعَرَبِيِّ عَرَبِيًّا .

to become an Arabist X اِسْتَعْرَبَ يَسْتَعْرِبُ اِسْتِعْرَابٌ

اَلْمُسْتَعْرِبُونَ جَمَاعَةٌ ارْتَضَوْا أَنْ يَكُونُوا عَرَباً أَوِ اهْتَمُّوا بِالْعَرَبِ ، أَوْ تَظاهَرُوا بِذلِكَ .

ع ر ب د

to live a sinful life, run wild Q عَرْبَدَ يُعَرْبِدُ عَرْبَدَةٌ

ظَلَّ هَذا الشَّابُ يُعَرْبِدُ ويُفْسِدُ حياتَهُ حَتَّى دَخَلَ السِّجْنَ .

ع ر ج

to stop (by) on the way I عَرَجَ يَعْرُجُ عَرَجٌ / عُرُوجٌ

عَرَجَ عَلَيَّ وَأَنَا بِالْمَسْرَحِ ، فَلَمْ أَجِدِ الْوَقْتَ مُنَاسِباً لِلْحَدِيثِ مَعَهُ .

to turn (to) II عَرَّجَ يُعَرِّجُ تَعْرِيجٌ

أَشْعُرُ أَنَّهُ فِي مَقَالاَتِهِ الأَخِيرةِ ، يُعَرِّجُ دَائِماً عَلَى الْأَزْمَةِ الْاِقْتِصَادِيَّةِ .

to zigzag V تَعَرَّجَ يَتَعَرَّجُ تَعَرُّجٌ

اِنْدَهَشْتُ لأَنَّ هَذَا الطَّرِيقَ يَتَعَرَّجُ عَلَى هَذَا النَّحْوِ .

to curve VII اِنْعَرَجَ يَنْعَرِجُ انْعِرَاجٌ

اِخْتَلَّ تَوَازُنُهُ فَانْعَرَجَت السَّيَّارَةُ ، وَاصْطَدَمَت بِالشَّجَرَةِ .

ع ر س

to marry (of the groom) II عَرَّسَ يُعَرِّسُ عُرْسٌ / تَعْرِيسٌ

فِي الْأَسَالِيبِ الْقَدِيمَةِ كَانُوا يَقُولُونَ : عَرَّسَ بِهَا أَوْ بَنَى بِهَا أَيْ تَزَوَّجَهَا .

ع ر ض

to present I عَرَضَ يَعْرِضُ عَرْضٌ

عَرَضَ الْمُوَظَّفُ الْأَوْرَاقَ عَلَى الْمُدِيرِ كَيْ يَعْتَمِدَهَا .

1. to speak ill (of) II عَرَّضَ يُعَرِّضُ تَعْرِيضٌ

اَلتَّعْرِيضُ بِإِنْسَانٍ مَعْنَاهُ أَنْ تَتَحَدَّثَ عَنْهُ بِسُوءٍ وبِطَرِيقٍ غَيْرِ مُبَاشِرٍ .

2. to expose عَرَّضَتِ الْعَاصِفَةُ السَّيَّارَاتِ لِلْخَطَرِ بِسَبَبِ اِنْعِدَامِ الرُّؤْيَةِ .

to oppose III عَارَضَ يُعَارِضُ مُعَارَضَةٌ

كَانَ دَائِماً يُعَارِضُ فِي زَوَاجِهَا مِنْ ضَابِطٍ ، وَأَخِيراً وَافَقَ .

to turn (away) IV أَعْرَضَ يُعْرِضُ إِعْرَاضٌ

لَقَدْ فَهِمْتُ أَنَّهُ يَقْصِدُ مُضَايَقَتِي ، وَلِهَذَا فَقَدْ أَعْرَضْتُ عَنْهُ .

to face V تَعَرَّضَ يَتَعَرَّضُ تَعَرُّضٌ

تَعَرَّضَتِ الْبِلَادُ لِمَوْجَةٍ حَارَّةٍ اسْتَمَرَّتْ ثَلَاثَةَ أَيَّامٍ .

to contradict VI تَعَارَضَ يَتَعَارَضُ تَعَارُضٌ

قَرَارُهُ لا يَتَعَارَضُ مَعَ رَأْيِي .

to object (to) VIII اِعْتَرَضَ يَعْتَرِضُ اِعْتِرَاضٌ

إِنَّهُ دَائِماً يَعْتَرِضُ عَلَى أَيَّةِ مَشْرُوعَاتٍ جَدِيدَةٍ .

X اِسْتَعْرَضَ يَسْتَعْرِضُ اِسْتِعْرَاضٌ

1. to inspect اِسْتَعْرَضَ الرَّئِيسُ حَرَسَ الشَّرَفِ ، ثُمَّ اسْتَقَلَّ سَيَّارَةً مَكْشُوفَةً .

2. to review اِسْتَعْرَضَ الرَّئِيسانِ الْقَضَايَا ذَاتَ الاِهْتِمامِ الْمُشْتَرَكِ .

ع ر ف

to know I عَرَفَ يَعْرِفُ عِرْفَانٌ / مَعْرِفَةٌ

عَرَفْتُ عَنْهُ الْكَثِيرَ وَلَكِنِّي لَمْ أُصَارِحْهُ بِذَلِكَ .

to acquaint s.o. (with) II عَرَّفَ يُعَرِّفُ تَعْرِيفٌ

لَقَدْ عَرَّفَهَا بِابْنِ صَدِيقِهِ وَكَانَتْ سَعِيدَةً بِذَلِكَ .

to get acquainted (with) V تَعَرَّفَ يَتَعَرَّفُ تَعَرُّفٌ

تَعَرَّفْتُ عَلَيْهَا بِالْمَطَارِ وَأَنَا فِي طَرِيقِي إِلَى رُومَا .

to become acquainted (with) VI تَعَارَفَ يَتَعَارَفُ تَعَارُفٌ

لَقَدْ تَعَارَفَا فَتَحَابَّا وَتَزَوَّجَا ، فَبِالرِّفَاءِ وَالْبَنِينَ .

to confess VIII اِعْتَرَفَ يَعْتَرِفُ اِعْتِرَافٌ

اِعْتَرَفَ الْمُتَّهَمُ بِجَرِيمَتِهِ وَلَمْ يَكُنْ ثَمَّةَ دَاعٍ لاِسْتِجْوَابِ الشُّهُودِ .

ع ر ق

to sweat I عَرِقَ يَعْرَقُ عَرَقٌ

حَصَلَ عَلَى عَمَلِه الْأَخِيرِ بَعْدَ جُهْدٍ وَعَرَقٍ وَتَعَبٍ .

ع ر ق ل

to obstruct Q عَرْقَلَ يُعَرْقِلُ عَرْقَلَةٌ

أَخَذَ يُعَرْقِلُ لَهَا الْمَسَائِلَ حَتَّى تَرَكَتْ لَهُ الْمَكْتَبَ وَالْوَظِيفَةَ .

ع ر ي

to be bare I عَرِيَ يَعْرَى عَرَاءٌ / عُرْيٌ

تَعْرَى الْأَشْجَارُ مِنْ أَوْرَاقِهَا فِي فَصْلِ الشِّتَاءِ .

to uncover II عَرَّى يُعَرِّي تَعْرِيَةٌ

لاَ أُحِبُّ تَعْرِيَةَ الْحَقَائِقِ عَلَى هَذَا النَّحْوِ .

to be uncovered V تَعَرَّى يَتَعَرَّى تَعَرٍ

لَقَدِ انْكَشَفَ أَمْرُهُ وَتَعَرَّى عَلَى حَقِيقَتِهِ أَمَامَ كُلِّ النَّاسِ .

to take possession of s.o. VIII اِعْتَرَى يَعْتَرِي اِعْتِرَاءٌ

يَعْتَرِينِي مِنْ وَقْتٍ لِآخَرَ شُعورٌ غريبٌ بِأَني أُقَصِّرُ في عَمَلي .

ع ز ب

to be distant I عَزُبَ يَعْزُبُ عُزُوبٌ

لا يَعْزُبُ عَنْ عِلْمِ اللهِ شَيْءٌ فِي الْأَرْضِ وَلا فِي السَّمَاءِ .

ع ز ز

I عَزَّ يَعِزُّ عِزٌّ

to be emotionally hard (for) s.o.

لَقَدْ عَزَّ عَلَيْهِ أَنْ يَتْرُكَهَا لِحَالِهَا ، فَآثَرَ السُّكْنَى أَمَامَ بَيْتِهَا .

to strengthen II عَزَّزَ يُعَزِّزُ تَعْزِيزٌ

إِنَّ قُوَّاتِهِ تَحْتَاجُ لِتَعْزِيزٍ ، وَلَكِنَّهَا فِي انْتِظَارِ أَوَامِرَ جَدِيدَةٍ .

to esteem IV أَعَزَّ يُعِزُّ إِعْزَازٌ

أَهْدَيْتُ إِلَيْهِ كِتَابِي بَعْدَ أَنْ كَتَبْتُ عَلَيْهِ : مَعَ التَّقْدِيرِ وَالْإِعْزَازِ .

to be reinforced V تَعَزَّزَ يَتَعَزَّزُ تَعَزُّزٌ

الْآنَ تَعَزَّزَ الْمَوْقِفُ عَمَّا كَانَ عَلَيْهِ الْحَالُ مِنْ قَبْلُ .

to cherish	VIII	اِعْتِزَازٌ	يَعْتَزُّ	اِعْتَزَّ

إِنَّهَا تَعْتَزُّ بِكُلِّ الْهَدَايَا الَّتِي أَهْدَيْتُهَا إِلَيْهَا قَبْلَ الزَّوَاجِ .

ع ز ف

to play, to become averse	I	عَزْفٌ / عُزُوفٌ	يَعْزِفُ	عَزَفَ

اَلْعَزْفُ مُوسِيقَى ، وَالْعُزُوفُ تَرْكٌ وَهُرُوبٌ .

ع ز ل

	I	عَزْلٌ	يَعْزِلُ	عَزَلَ

1. to isolate — في الْحَجْرِ الصِّحِّيِّ ، يَتِمُّ عَزْلُ الْمَرضَى عن الْأَصِحَّاء .

2. to discharge — تَمّ عَزْلُ الرَّئيسِ دونَ مُحاكَمةٍ ولايَعْرِفونَ السَّبَبَ حَتَّى الْآنَ .

to be isolated	VII	اِنْعِزَالٌ	يَنْعَزِلُ	اِنْعَزَلَ

كثيرٌ من الْأَطْفالِ يَنْعَزِلونَ عَنْ أَقْرانِهِم خارِجَ الصُّفوفِ الدِّراسِيَّةِ .

to retire	VIII	اِعْتِزَالٌ	يَعْتَزِلُ	اِعْتَزَلَ

بَعْدَ حَياةٍ سِياسِيَّةٍ حافِلَةٍ ، قَرّر أَحَدُ النُّوّاب في الْبَرْلَمانِ أَنْ يَعْتَزِلَ .

ع ز م

to decide	I	عَزْمٌ / عَزِيمَةٌ	يَعْزِمُ	عَزَمَ

عَزَمْتُ عَلَى السَّفرِ بَعْدَ يَوْمَيْنِ .

to intend	VIII	اِعْتِزَامٌ	يَعْتَزِمُ	اِعْتَزَمَ

اِعْتَزَمْتُ الْقِيَامَ بِرِحْلَةٍ طَوِيلَةٍ أَنْسَى فِيهَا كُلَّ الْمَشَاغِلِ .

ع ز و

to trace s.th. to an origin	I	عَزْوٌ	يَعْزُو	عَزَا

اَلْبَعْضُ يَعْزون ما حَدَثَ في الْمُظاهراتِ الْأَخيرةِ إِلَى غَلاءِ الْأَسْعارِ .

to offer condolences	II	تَعْزِيَةٌ	يُعَزِّي	عَزَّى

اِعْتاد الناسُ أن يُعَزّوا بَعْضُهُمْ بَعْضًا عِنْدَ فَقْدِ قَريبٍ أو صَديقٍ .

عـ سـ عـ س

to darken Q عَسْعَسَ يُعَسْعِسُ عَسْعَسَةٌ

في الْقُرْآنِ الكريمِ آيةٌ تَقُولُ : " واللَّيْلِ إذا عَسْعَسَ " أي أَظْلَمَ وشَمَلَ الْكَوْنَ .

عـ سـ ف

to treat unjustly I عَسَفَ يَعْسِفُ عَسْفٌ

تُدينُ لَجْنةُ " حُقُوق الإِنْسانِ " الظُّلْمَ والْعَسْفَ وما شابَهَ .

to act arbitrarily V تَعَسَّفَ يَتَعَسَّفُ تَعَسُّفٌ

يُقالُ إنَّهُم يَتَعَسَّفون كَثِيراً في قَراراتِهِمْ : يُصْدِرونَها دُونَ دِراسَةٍ .

عـ سـ كـ ر

to camp Q عَسْكَرَ يُعَسْكِرُ عَسْكَرَةٌ

كَانَ الْمَكَانُ مُنَاسِباً فَعَسْكَرَ فِيهِ الْجُنُودُ عَلَى الْفَوْرِ .

عـ شـ ر

to live together III عَاشَرَ يُعَاشِرُ مُعَاشَرَةٌ

تَحُثُّ الأَدْيانُ جَميعُها عَلَى حُسْنِ مُعاشَرَةِ الزَّوجيْن : كُلٌّ للآخَرِ .

عـ شـ ق

to love passionately, adore I عَشِقَ يَعْشَقُ عِشْقٌ

إنَّها تَعْشَقُ قِرَاءَةَ الْقِصَصِ الْبُولِيسيَّةِ .

عـ شـ و

to be night blind I عَشَا يَعْشُو عُشُوٌّ

بَعْدَ أَنْ عَشَا بَصَرُهُ ، اِحْتَاجَ إِلَى نَظَّارَةٍ طِبِّيَّةٍ .

to give dinner (to) II عَشَّى يُعَشِّي تَعْشِيَةٌ

عَشَّى الْغَنِيُّ خَدَمَهَ بَعْدَ انْصِرَافِ الزُّوَّارِ .

to make dim-sighted (at night) IV أَعْشَى يُعْشِي إِعْشَاءٌ

يُقَالُ أَعْشَى فُلانٌ ، إِذَا أَصَابَتْهُ آفَةٌ في بَصَرِهِ تَمْنَعُهُ مِنَ الرُّؤْيَةِ لَيْلاً .

to dine V تَعَشَّى يَتَعَشَّى تَعَشٍّ
تَعَشَّيْتُ بِالْأَمْسِ فِي وَقْتٍ مُتَأَخِّرٍ .

ع ص ب

to blindfold, tie a head band I عَصَبَ يَعْصِبُ عَصْبٌ
لِمَاذَا يَعْصِبُ عَيْنَيْهِ عَنْ رُؤْيَةِ الْحَقِيقَةِ؟

to be fanatic V تَعَصَّبَ يَتَعَصَّبُ تَعَصُّبٌ
إِنَّهُ رَجُلٌ عَاقِلٌ وَمُتَسَامِحٌ ، لا يَتَعَصَّبُ إِلا لِلرَّأْيِ السَّلِيمِ .

ع ص ر

to squeeze I عَصَرَ يَعْصِرُ عَصْرٌ
عَصَرَ الطَّبَّاخُ الطَّمَاطِمَ وَأَضَافَهَا إِلَى الْبَصَلِ الْمَقْلِيِّ .

to be contemporary III عَاصَرَ يُعَاصِرُ مُعَاصَرَةٌ
اَلتُّرَاثُ وَالْمُعَاصَرَةُ أَيْ : اَلْقَدِيمُ وَالْجَدِيدُ .

to be contemporary VI تَعَاصَرَ يَتَعَاصَرُ تَعَاصُرٌ
لَيْسَ مَعْنَى أَنَّهُمَا يَتَعَاصَرَانِ أَنْ يَكُونَا نُسْخَةً مُمَاثِلَةً .

to be wrung out VII اِنْعَصَرَ يَنْعَصِرُ اِنْعِصَارٌ
حِينَ سَمِعْتُ النَّبَأَ الْأَلِيمَ ، اِنْعَصَرَ قَلْبِي أَسَفاً وَحُزْناً .

to squeeze dry VIII اِعْتَصَرَ يَعْتَصِرُ اِعْتِصَارٌ
إِنَّهُمْ يَعْتَصِرُونَهُ فِي مُقَابِلِ الْأَجْرِ الْمُرْتَفِعِ الَّذِي يَدْفَعُونَهُ لَهُ .

ع ص ف

to storm I عَصَفَ يَعْصِفُ عَصْفٌ
هَبَّت عاصِفَةٌ شَديدَةٌ اِقْتَلَعَت الْأَشْجَارَ .

ع ص م

to prevent, protect I عَصَمَ يَعْصِمُ عَصْمٌ / عِصْمَةٌ
كَادَ يَقَعُ فِي الْخَطِيئَةِ ، وَلَكِنَّ اللهَ قَدْ عَصَمَهُ .

اِعْتَصَمَ يَعْتَصِمُ اِعْتِصَامٌ VIII to cling (to)

اَلِاعْتِصَامُ بِاللَّـهِ مِنْ أَحْسَنِ السُّبُلِ إِلَى السَّعَادَةِ .

ع ص و

عَصَا يَعْصُو عُصُوٌّ I to rebel (against)

لَقَدْ عَصَا عَلَيْهِمْ وَلَمْ يَسْتَطِيعُوا أَنْ يَتَغَلَّبُوا عَلَيْهِ .

ع ص ي

عَصَى يَعْصِي مَعْصِيَةٌ / عِصْيَانٌ I to disobey

يَجِبُ عَلَيْنَا أَلَّا نَعْصِيَ اللَّـهَ فِي كُلِّ مَا أَمَرَنَا بِهِ .

اِسْتَعْصَى يَسْتَعْصِي اِسْتِعْصَاءٌ X

to become difficult, unattainable

حَاوَلُوا الْإِمْسَاكَ بِهِ وَلَكِنَّهُ اسْتَعْصَى عَلَيْهِمْ وَلَمْ يَسْتَطِيعُوا .

ع ض د

عَضَّدَ يُعَضِّدُ تَعْضِيدٌ II to support

إِنَّهُ يُعَضِّدُ طَلَبَهُ بِالْمُسْتَنَدَاتِ الَّتِي تُثْبِتُ أَحَقِّيَّتَهُ فِي الْأَرْضِ .

عَاضَدَ يُعَاضِدُ مُعَاضَدَةٌ III to support

مُعَاضَدَةُ الصَّدِيقِ لِلصَّدِيقِ أَمْرٌ هَامٌّ وَمَطْلُوبٌ .

تَعَضَّدَ يَتَعَضَّدُ تَعَضُّدٌ V to be supported

تَعَضَّدَ الطَّلَبُ الْمُقَدَّمُ بِالْمُسْتَنَدَاتِ الَّتِي قَدَّمْتُهَا مُؤَخَّرًا .

ع ض ض

عَضَّ يَعَضُّ عَضٌّ I to bite

عَضَّهُ كَلْبٌ ضَالٌّ فَكَانَ عَلَيْهِ أَنْ يَذْهَبَ فَوْرًا لِلْمُسْتَشْفَى .

ع ط ب

عَطِبَ يَعْطَبُ عَطَبٌ I to be spoiled

تَرَكَتِ الْخَادِمَةُ كَمِّيَّةً مِنَ الْبَطَاطِسِ لِمُدَّةٍ طَوِيلَةٍ ، فَعَطِبَتْ كُلُّهَا .

أَعْطَبَ يُعْطِبُ إِعْطَابٌ IV to spoil

الرُّطُوبَةُ تَكُونُ عَادَةً سَبَباً فِي إِعْطَابِ وإِتْلافِ بَعْضِ الْخَضْرَوَاتِ .

ع ط ر

to perfume	II	عَطَّرَ يُعَطِّرُ تَعْطِيرٌ

إِنَّهَا دَائِمًا تُعَطِّرُ الْجَوَّ كُلَّهُ بِكَلِمَاتِهَا الرَّقِيقَةِ وَابْتِسَامَاتِهَا الْحُلْوَةِ .

to be perfumed	V	تَعَطَّرَ يَتَعَطَّرُ تَعَطُّرٌ

تَعَطَّرَ الْمَكَانُ لِمُجَرَّدِ وُصُولِكُمْ ، فَأَهْلاً وَسَهْلاً وَمَرْحَبًا .

ع ط س

to sneeze	I	عَطَسَ يَعْطُسُ عَطْسٌ

أَخَذَ يَعْطُسُ عِدَّةَ مَرَاتٍ ، فَعَلِمْتُ أَنَّهُ مُصَابٌ بِالْبَرْدِ .

to make s.o. sneeze	IV	أَعْطَسَ يُعْطِسُ ——

أَعْطَسَهُ أَنْ يَشُمَّ رَائِحَةَ هَذِهِ التَّوَابِلِ .

ع ط ش

to be thirsty	I	عَطِشَ يَعْطَشُ عَطَشٌ

إِنَّنِي عَادَةً لا أُحِسُّ بِالْعَطَشِ فِي الصَّبَاحِ .

to cause to thirst	II	عَطَّشَ يُعَطِّشُ تَعْطِيشٌ

حَذارِ أن تُعَطِّشَ إِنْسانًا أَوْ طَيْرًا أَوْ حَيَوانًا أو حتَّى نَباتًا .

to yearn	V	تَعَطَّشَ يَتَعَطَّشُ تَعَطُّشٌ

تَعَطَّشْتُ لِسَمَاعِ أَخْبَارِكَ ، اُكْتُبْ لِي دَائِمًا .

ع ط ف

to be kind (to)	I	عَطَفَ يَعْطِفُ عَطْفٌ

هُوَ دَائِمًا أَبٌ طَيِّبٌ ، يَعْطِفُ عَلَى الْجَمِيعِ .

to awaken sympathy	V	تَعَطَّفَ يَتَعَطَّفُ تَعَطُّفٌ

أَخَذَ يَتَعَطَّفُ كَيْ يُوَافِقَ لَهُ عَلَى الطَّلَبِ .

to sympathize (with)	VI	تَعَاطَفَ يَتَعَاطَفُ تَعَاطُفٌ

إِنَّنِي أَتَعَاطَفُ مَعَهُ دَائِمًا ، وَلَكِنِّي أُخَالِفُهُ فِي هَذِهِ الْمَرَّةِ .

to turn off	VII	اِنْعَطَفَ يَنْعَطِفُ اِنْعِطَافٌ

كَادَ الشُّرْطِيُّ يُمْسِكُ بِاللِّصِّ لَوْلا أَنَّهُ انْعَطَفَ إِلَى زُقَاقٍ وَاخْتَبَأَ فِيهِ .

اِسْتَعْطَفَ يَسْتَعْطِفُ اِسْتِعْطَافٌ X to implore

حَاوَلَ أَنْ يَسْتَعْطِفَهَا لِتَصفحَ عَنْهُ وَلَكِنَّهَا تَرَكَتْهُ يُعَانِي .

ع ط ل

عَطِلَ يَعْطَلُ عُطْلٌ I to be devoid

يُقَالُ : عَطِلَتِ الْمَرْأَةُ إِذَا لَمْ تَلْبَسْ حَلْيًا أَوْ مُجَوْهَرَاتٍ .

عَطَّلَ يُعَطِّلُ تَعْطِيلٌ II to obstruct

كَانَتِ الْحَادِثَةُ سَبَبًا فِي تَعْطِيلِ الْمُرُورِ أَرْبَعَ سَاعَاتٍ .

تَعَطَّلَ يَتَعَطَّلُ تَعَطُّلٌ V to be delayed

تَعَطَّلَ سَيْرُ الْمِتْرُو بِسَبَبِ انْقِطَاعِ التَّيَّارِ الْكَهْرَبائِيِّ .

ع ط و

أَعْطَى يُعْطِي إِعْطَاءٌ IV to give

أَعْطَيْتُهُ كِتابِي وأَخَذْتُ مِنْهُ الْقاموسَ كَيْ أَكْشِفَ فيه عَنْ مَعْنَى كَلِمَةٍ .

تَعَاطَى يَتَعَاطَى تَعَاطٍ VI to take (drugs)

اِتَّضَحَ أَنَّهُ يتَعَاطَى مُخَدِّراتٍ ، وَلِذَلِكَ كانَ هَذا مَصيرَهُ .

ع ظ م

عَظُمَ يعْظُمُ عِظَمٌ I to be oppressive

لَقَدْ عَظُمَ عَلَيْهِ أَنْ يَشْتَغِلَ مُوَظَّفًا عَادِيًا . كَانَ لَهُ طُمُوحٌ كَبِيرٌ .

عَظَّمَ يُعَظِّمُ تَعْظِيمٌ II to glorify

تَعْظِيمُ الْأَمَاكِنِ الْمُقَدَّسَةِ أَمْرٌ لَهُ أَثَرُهُ فِي نُفُوسِ النَّاسِ .

أَعْظَمَ يُعْظِمُ إِعْظَامٌ IV to hold in high esteem

عَلِمْتُ أَنَّهُ لَمْ يُشَارِكْهُمْ فِي مُؤَامَرَتِهِمُ الْأَخِيرَةِ ، فَأَعْظَمْتُهُ لِهَذَا الْمَوْقِفِ .

تَعَاظَمَ يَتَعَاظَمُ تَعَاظُمٌ VI to be arrogant

إِنَّهُ رَجُلٌ مَغْرُورٌ ، يُحَاوِلُ أَنْ يَتَعَاظَمَ عَلَى الْآخَرِينَ .

اِسْتَعْظَمَ يَسْتَعْظِمُ اِسْتِعْظَامٌ X to regard as great

نَظَرْتُ إِلَى الْأَهْرَامِ ، فَاسْتَعْظَمْتُ مَا قَامَ بِهِ الْأَجْدَادُ .

ع ف ف

to abstain (from s.th. forbidden) I عَفَّ يَعِفُّ عَفَافٌ / عِفَّةٌ

مَنْ عَفَّ نَفْسَه عَمَّا حَرَّمَ اللهُ ، كَانَ ثَوَابُهُ عَظِيمًا عِنْدَ اللهِ .

to be abstemious V تَعَفَّفَ يَتَعَفَّفُ تَعَفُّفٌ

بِرَغْمِ حَاجَتِهِ إِلَى الْمَالِ ، فَإِنَّهُ يَتَعَفَّفُ وَلا يَطْلُبُ الْمُسَاعَدَةَ .

ع ف ن

to be rotten V تَعَفَّنَ يَتَعَفَّنُ تَعَفُّنٌ

اِتَّضَحَ تَسَرُّبُ الْمياهِ إلى الْبَضائِعِ بِالسُّوقِ ، فَتَعَفَّنَتِ الْفاكِهَةُ والْخَضْراواتُ .

ع ف و

to forgive I عَفَا يَعْفُو عَفْوٌ

مِنْ شِيَمِ الْكِرَامِ : اَلْعَفْوُ عِنْدَ الْمَقْدِرَةِ .

to restore to health III عَافَى يُعَافِي مُعَافَاةٌ

أَصابَهُ مَرَضٌ عُضالٌ جَعَلَنا نَدْعو له بِالْمُعافاةِ والشِّفاءِ الْعاجِلِ .

to dismiss IV أَعْفَى يُعْفِي إِعْفَاءٌ

بَعْدَ خِدْمَةِ عِشْرينَ عاماً في الْحُكُومَةِ ، أَعْفَوْهُ مِنْ مَنْصِبِهِ .

to recover VI تَعَافَى يَتَعَافَى تَعَافٍ

نَحْمَدُ اللهَ ، خَرَجَ مِن الْمُسْتَشْفَى وَقَدْ تَعافَى تَمامًا .

to request exemption X اِسْتَعْفَى يَسْتَعْفِي اِسْتِعْفَاءٌ

لَمْ يُقيلوهُ (أو يُعفوهُ) مِنْ مَنْصِبِهِ ، هُوَ الّذي طَلَبَ الاِسْتِعْفاءَ .

ع ف ي

to be effaced I عَفَى يَعْفَى عَفْيٌ / عَفَاءٌ

عَفَتِ الدِّيَارُ أيْ دَرَسَتْ وَامَّحَتْ وَزَالَتْ : هَكَذَا يُقَالُ فِي الشِّعْرِ الْعَرَبِيِّ .

ع ق ب

to follow I عَقَبَ يَعْقُبُ عَقْبٌ

يَعْقُبُ الرَّعْدَ والْبَرْقَ مَطَرٌ غَزيرٌ .

to comment II عَقَّبَ يُعَقِّبُ تَعْقِيبٌ

بَعْدَ أَنْ اِنْتَهَتْ مُحاضَرَتُهُ ، عَقَّبَ عَلَيْها رَئِيسُ الْجَلْسَةِ فَأَطالَ .

to punish III عَاقَبَ يُعَاقِبُ مُعَاقَبَةٌ / عِقَابٌ

عَاقَبَتِ الْأُمُّ ابْنَهَا بِحِرْمَانِهِ مِنْ مَصْرُوفِهِ الْيَوْمِيِّ لِأَنَّهُ يَتَمَارَضُ .

to follow IV أَعْقَبَ يُعْقِبُ ——

أَعْقَبَ حَفْلَ الْافْتِتَاحِ جَلْسَةٌ مُغْلَقَةٌ اسْتَمَرَّتْ سَاعَتَيْنِ .

to pursue V تَعَقَّبَ يَتَعَقَّبُ تَعَقُّبٌ

أَخَذَ الْبولِيسُ يَتَعَقَّبُ اللُّصُوصَ الثَّلاثَةَ حَتَّى قَبَضَ عَلَيْهِمْ .

to be consecutive VI تَعَاقَبَ يَتَعَاقَبُ تَعَاقُبٌ

يَتَعَاقَبُ اللَّيْلُ والنَّهارُ أَوِ الْبَرْدُ وَالْحَرُّ: أَيْ إِنَّ أَحَدَهُمَا يَأْتِي بَعْدَ الْآخَرِ .

ع ق د

to convene I عَقَدَ يَعْقِدُ عَقْدٌ

عَقَدَ الرَّئِيسُ جَلْسَةً مُطَوَّلَةً مَعَ بَعْضِ السَّادَةِ الْوُزَرَاءِ .

to complicate II عَقَّدَ يُعَقِّدُ تَعْقِيدٌ

إِنَّ تَدَخُّلَهُ فِي هَذَا الْمَوْضُوعِ قَدْ زَادَ الْأَمْرَ تَعْقِيدًا .

to be complicated V تَعَقَّدَ يَتَعَقَّدُ تَعَقُّدٌ

لَقَدْ تَعَقَّدَتِ الْمَسَائِلُ وَأَصْبَحَ مِنَ الصَّعْبِ الْعُثُورُ عَلَى حَلٍّ .

to make a contract (with) VI تَعَاقَدَ يَتَعَاقَدُ تَعَاقُدٌ

تَعَاقَدَتْ شَرِكَتُنَا مَعَ بَعْضِ الشَّرِكَاتِ الْعَالَمِيَّةِ عَلَى تَبَادُلِ بَعْضِ السِّلَعِ .

to be convened VII اِنْعَقَدَ يَنْعَقِدُ انْعِقَادٌ

اِنْعَقَدَ الاجْتِمَاعُ الْأَخِيرُ قَبْلَ وُصُولِ الْمُدِيرِ مِنَ الْخَارِجِ بِيَوْمَيْنِ .

to believe VIII اِعْتَقَدَ يَعْتَقِدُ اِعْتِقَادٌ

أَعْتَقِدُ أَنَّهُمْ سَيُسَلِّمُونَهُ الْحَقِيبَةَ بِكُلِّ مَا فِيهَا .

ع ق ر

to wound I عَقَرَ يَعْقِرُ عَقْرٌ

عَقَرَ الْكَلْبُ رِجْلَ الْبِنْتِ فَحَمَلْنَاهَا إِلَى الْمُسْتَشْفَى .

ع ق ق

عَقَّ يَعُقُّ عَقٌّ / عُقُوقٌ I to be undutiful (to one's parents)

إِنَّ مِنْ أَكْبَرِ الْكَبَائِرِ : عُقُوقَ الْوَالِدَيْنِ ، هَكَذَا يَقُولُ الْإِسْلامُ .

ع ق ل

عَقَلَ يَعْقِلُ عَقْلٌ I to hobble

عَقَلَ حِصَانَهُ أَيْ قَيَّدَهُ بِحَبْلٍ بِجِوارِ حَدِيقَةِ الْمَنْزِلِ .

تَعَقَّلَ يَتَعَقَّلُ تَعَقُّلٌ V to become prudent

أَرْجُوكَ أَنْ تَتَعَقَّلَ قَلِيلاً وَلا تَتَّخِذْ قَرارَكَ الْآنَ .

اِعْتَقَلَ يَعْتَقِلُ اِعْتِقالٌ VIII to arrest

تَمَّ اعْتِقالُهُ أَكْثَرَ مِنْ مَرَّةٍ بِسَبَبِ الْاِشْتِباهِ فيهِ .

ع ق م

عَقَمَ يَعْقُمُ عُقْمٌ I to be barren

اَلْعُقْمُ مَعْنَاهُ عَدَمُ الْإِنْجَابِ أَيْ عَدَمُ قُدْرَةِ الْأَبِ أَوِ الْأُمِّ عَلَى إِنْجَابِ أَطْفَالٍ .

عَقَّمَ يُعَقِّمُ تَعْقِيمٌ II to sterilize

يَجِبُ عَلَى الطَّبِيبِ أَنْ يُعَقِّمَ الْأَدَوَاتِ الطِّبِّيَّةَ قَبْلَ اسْتِخْدامِهَا مَعَ كُلِّ مَرِيضٍ .

تَعَقَّمَ يَتَعَقَّمُ تَعَقُّمٌ V to be sterilized

تَعَقَّمَتِ الْأَدَوَاتُ الطِّبِّيَّةُ وَاسْتَعَدَّ الطَّبِيبُ لِإِجْراءِ الْجِراحَةِ .

ع ك ر

عَكَّرَ يُعَكِّرُ تَعْكِيرٌ II to disturb

كُنَّا سُعَدَاءَ قَبْلَ أَنْ تَصِلَ أُخْتُهُ وَتُعَكِّرَ عَلَيْنَا صَفْوَ الْحَيَاةِ .

تَعَكَّرَ يَتَعَكَّرُ تَعَكُّرٌ V to be disturbed

تَعَكَّرَ مِزَاجِي كَثِيرًا حِينَ سَمِعْتُ أَنَّهُ يُفْشِي أَسْرَارِي لِلْآخَرِينَ .

تَعَكَّرَ ماءُ الْبِرْكَةِ فَاتَّصَلوا بِالْمَسْئولينَ لِحَلِّ الْمُشْكِلَةِ .

ع ك س

عَكَسَ يَعْكِسُ عَكْسٌ I to reflect

عَكَسَتْ هَذِهِ الْمِرْآةُ صُورَتَهُ ، فَهَلْ تَعْكِسُ حَقِيقَتَهُ ؟

عَاكَسَ يُعَاكِسُ مُعَاكَسَةٌ III to harass

ظَلَّ يُعَاكِسُهَا فِي الشَّارِعِ حَتَّى رَآهُ الشُّرْطِيُّ وَقَبَضَ عَلَيْهِ .

اِنْعَكَسَ يَنْعَكِسُ اِنْعِكَاسٌ VII to be reflected

كَانَ مُهْتَمًا بِالْفُنُونِ التَّشْكِيلِيَّةِ ، وَقَدِ انْعَكَسَ هَذَا فِي رِوَايَاتِهِ كُلِّهَا .

ع ك ف

عَكَفَ يَعْكُفُ عُكُوف / عَكْفٌ I to be busily engaged (in)

عَكَفْنَا عَلَى إِعْدَادِ هَذَا الْقَامُوسِ وَقْتًا لَيْسَ بِالْيَسِيرِ .

اِعْتَكَفَ يَعْتَكِفُ اِعْتِكَافٌ VIII to devote o.s. to s.th.

اِعْتَكَفَ الشَّيْخُ فِي بَيْتِهِ أَيَّامًا وَلَمْ يُقَابِلْ أَحَدًا مِنَ النَّاسِ .

ع ل ب

علَّبَ يُعَلِّبُ تَعْلِيبٌ II to preserve in boxes, cans

تَقوم الشَّرِكةُ بِتَعْلِيبِ الْبَلَحِ بَعْدَ تَجْفيفِه .

ع ل ج

عَالَجَ يُعَالِجُ مُعَالَجَةٌ III to cure, treat

عَالَجَ الطَّبِيبُ الْمريضَ وأَوْصاهُ بِأَخْذِ الدَّواءِ لِمُدَّةِ شَهْرٍ آخَرَ .

ع ل ف

عَلَفَ يَعْلِفُ عَلَفٌ I to feed (animals)

عَلَفْتُ الْحِصَانَ تِبْنًا أَيْ قَدَّمْتُ لَهُ نَوْعًا مِنَ الطَّعَامِ لِيَأْكُلَهُ .

ع ل ق

عَلِقَ يَعْلَقُ عَلاقَةٌ I to be attached (to)

عَلِقَ بِذَاكِرَتِي بَعْضُ أَسْمَاءِ أَصْدِقَاءِ الطُّفُولَةِ ، وَنَسِيتُ الآخَرِينَ .

to comment (on) II عَلَّقَ يُعَلِّقُ تَعْلِيقٌ

لَقَدْ عَلَّقَ الْمُحَرِّرُ بَعْدَ الْمَقَالَةِ بِأَنَّهُ غَيْرُ مَسْئُولٍ عَمَّا وَرَدَ بِهَا .

to cling (to) V تَعَلَّقَ يَتَعَلَّقُ تَعَلُّقٌ

يَتَعَلَّقُ بَعْضُ الأَطْفَالِ بِأُمَّهَاتِهِمْ ، وَالْبَعْضُ الآخَرُ بِآبَائِهِمْ .

ع لـ ك

to chew I عَلَكَ يَعْلُكُ عَلْكٌ / عِلْكٌ

مَضْغُ الْعِلْكِ لا يُفْطِرُ الصَّائِمَ ، هَكَذا جاءَ في حَديثِ الرَّسولِ (ص) .

ع لـ ل

to justify II عَلَّلَ يُعَلِّلُ تَعْلِيلٌ

اَلتَّعْليلُ أَو التَّبْرِيرُ وَسيلَةٌ لِلْبَرْهَنَةِ عَلَى صِحَّةِ ما يُقالُ أَو يَحْدُثُ .

to make an excuse V تَعَلَّلَ يَتَعَلَّلُ تَعَلُّلٌ

أَخَذَ يَتَعَلَّلُ بِأَعْذارٍ واهِيَةٍ ، كَيْ يَتَغَيَّبَ مِنْ عَمَلِهِ .

to fall ill, become weak VIII اِعْتَلَّ يَعْتَلُّ اِعْتِلالٌ

في الأَيَّامِ الأَخيرَةِ ، اِعْتَلَّتْ صِحَّتُهُ وَلَمْ يَعُدْ قادِرًا عَلَى الْعَمَلِ .

ع لـ م

to be informed I عَلِمَ يَعْلَمُ عِلْمٌ

عَلِمْتُ أَنَّكَ سَتَشْتَرِي قَامُوسَ الأَفْعَالِ وَمَصَادِرِهَا . أَعَانَكَ اللهُ .

to teach II عَلَّمَ يُعَلِّمُ تَعْليمٌ

مَنْ عَلَّمَني حَرْفًا ، صِرْتُ لَهُ عَبْدًا . هَكَذَا يَقُولُ الْعَرَبُ .

to notify IV أَعْلَمَ يُعْلِمُ إِعْلامٌ

أَعْلَمَنِي أَنَّ مَوْعِدَ سَفَرِهِ لَنْ يَكُونَ قَبْلَ الْخَمِيسِ بَعْدَ الْقَادِمِ .

to learn V تَعَلَّمَ يَتَعَلَّمُ تَعَلُّمٌ

تَعَلَّمْتُ كَثِيرًا مِنْ هَذَا الْقَامُوسِ ، وَلَكِنْ بِصُعُوبَةٍ .

to inquire (about) X اِسْتَعْلَمَ يَسْتَعْلِمُ اِسْتِعْلامٌ

حَاوَلْتُ أَنْ أَسْتَعْلِمَ عَنْ مَوْعِدِ قِيَامِ الطَّائِرَةِ ، فَلَمْ أَتَمَكَّنْ .

ع ل ن

أَعْلَنَ يُعْلِنُ إِعْلانٌ IV to advertise, announce

أَصْبَحَ الْإِعْلانُ في الْإِعْلامِ الْمَسْموعِ والْمَقْروءِ والْمَرْئِيِّ شَيْئًا أَساسِيًّا .

ع ل و

عَلا يَعْلو عُلُوٌّ I to rise

أَخَذَتِ الطَّائِرَةُ تَعْلو وَتَعْلو حَتَّى اخْتَفَتْ فَوْقَ السَّحابِ .

ع ل ي

عَلِيَ يَعْلَى عَلاءٌ I to be high, excel

أَسْمَيْتُ ابْنِي " عَلاء " ، رَجَاءَ أَنْ يَرْقَى فِي مُسْتَقْبَلِهِ .

عَلَّى يُعَلِّي تَعْلِيَةٌ II to raise, elevate

تَعْلِيَةُ الْبُيُوتِ دَوْرًا أَوْ دَوْرَيْنِ تَسْتَلْزِمُ الْحُصولَ عَلَى إِذْنٍ وَرُخْصَةٍ .

أَعْلَى يُعْلِي إِعْلاءٌ IV to glorify

سَمِعْتُ الشَّيخَ يَقُولُ – إِنَّنَا نَفْعَلُ هَذَا مِنْ أَجْلِ إِعْلاءِ كَلِمَةِ اللهِ .

تَعَالَى يَتَعَالَى تَعَالٍ VI to deem o.s. superior (to)

يُحَاوِلُ دَائِمًا أَنْ يَتَعَالَى عَلَى رِفَاقِهِ ، وَلِهَذَا فَهُمْ لا يُحِبُّونَهُ .

اِعْتَلَى يَعْتَلِي اِعْتِلاءٌ VIII to ascend the throne

بَعْدَ اعْتِلائِهِ الْعَرْشَ بِسَنَواتٍ ، قامَتْ ثَوْرَةٌ ضِدَّهُ وَخَلَعَهُ الشَّعْبُ .

اِسْتَعْلَى يَسْتَعْلِي اِسْتِعْلاءٌ X to be arrogant

لِمَاذَا كُلُّ هَذَا الاسْتِعْلاءِ . إِنَّنَا بَشَرٌ ، وَقَدْ خَلَقَنا اللهُ سَواسِيَةً .

ع م د

عَمَدَ يَعْمِدُ عَمْدٌ I to go, turn (to)

لَمْ تُعْجِبْهُ الصُّوَرُ الْمُعَلَّقَةُ عَلَى الْحَائِطِ فَعَمَدَ إِلَيْهَا وَأَزَاحَهَا جَمِيعَاً .

عَمَّدَ يُعَمِّدُ تَعْمِيدٌ II to baptize

شَاهَدْتُهُمْ مَرَّةً وَاحِدَةً وَهُمْ يُعَمِّدُونَ طِفْلاً فِي الْكَنِيسةِ .

تَعَمَّدَ يَتَعَمَّدُ تَعَمُّدٌ V to do intentionally

لِماذا يتَعَمَّدُ دائِمًا الْإِسَاءَةَ إِلَيْهَا ؟

to depend on, authorize VIII اِعْتَمَدَ يَعْتَمِدُ اِعْتِمَادٌ

يَعتَمِدُ التِّلْميذُ على والِدِه ، وأَيْضاً يَعْتَمِدُ عَميدُ الْكُلِّيَةِ نَتيجَةَ اللِّيسانْس .

ع م ر

to become inhabited I عَمَرَ يَعْمُرُ عُمْرَانٌ / عِمَارَةٌ

اَلْعُمْرَانُ أَصْعَبُ مِنَ الدَّمَارِ ، وَالْبِنَاءُ لَيْسَ أَسْهَلَ مِنَ الْهَدْمِ .

to build II عَمَّرَ يُعَمِّرُ تَعْمِيرٌ

تَعْمِيرُ الْمُجْتَمَعَاتِ الْجَدِيدةِ وَالْمُدُنِ النَّائيَةِ لَيْسَ بِالْأَمْرِ السَّهْلِ .

to reconstruct IV أَعْمَرَ يُعْمِرُ إِعْمَارٌ

بَعْدَ تَوَقُّف الْحَرْبِ بِعِدَّةِ أَشْهُرٍ ، بَدَأَ الإِعْمارُ مِنْ خِلالِ شَرِكاتٍ عِمْلاقَةٍ .

to perform a small pilgrimage (‘umra) VIII اِعْتَمَرَ يَعْتَمِرُ اِعْتِمَارٌ

يَعْتَمِرُ الْحُجَّاجُ فِي بَيْتِ اللهِ الْحَرام عَلَى مَدارِ الْعامِ وَلَيْسَ وَقْتَ الْحَجِّ فَقَط .

to colonize X اِسْتَعْمَرَ يَسْتَعْمِرُ اِسْتِعْمَارٌ

لَقَدْ تَيَقَّظَ الْعَالَمُ الْآنَ وَلَمْ يَعُدْ الاِسْتِعْمَارُ الْمُسَلَّحُ مُجْدِيًا .

ع م ق

to deepen II عَمَّقَ يُعَمِّقُ تَعْمِيقٌ / عُمْقٌ

مَطْلوبٌ مِنْك أن تُعَمِّقَ الْبَحْثَ ، كَما يُعَمِّق الْحَفَّارُ الْبِئْرَ .

V تَعَمَّقَ يَتَعَمَّقُ تَعَمُّقٌ

to investigate thoroughly, penetrate deeply

أَعْرِفُ مِنْ مُنَاقَشَتِهِ أَنَّهُ تَعَمَّقَ فِي دِرَاسَةِ الْمَوْضُوعِ ، تمامًا كما تَعَمَّقوا في حَفْرِ الْبِئْرِ في قَرْيَتِنا .

ع م ل

to work I عَمِلَ يَعْمَلُ عَمَلٌ

كَانَ يَعْمَلُ طَوَالَ الْيَوْمِ نَظِيرَ الْحُصُولِ عَلَى قُوتِهِ وَقُوتِ أَوْلادِهِ .

to treat III عَامَلَ يُعَامِلُ مُعَامَلَةٌ

حَاوَلَ أَنْ يُعَامِلَهُمْ بِلُطْفٍ وَلَكِنَّهُمْ كَانُوا عَنِيدينَ .

أَعْمَلَ يُعْمِلُ إِعْمَالٌ IV to put to work

حَاوَلَ أَنْ يُعمِلَ فِكْرَهُ كَيْ يَهْتَدِيَ إِلَى حَلٍّ سَرِيعٍ ، وَلَكِنَّهُ لَمْ يَسْتَطِعْ .

تَعَامَلَ يَتَعَامَلُ تَعَامُلٌ VI to do business, deal (with)

تَعَامَلْتُ مَعَ هَذِهِ الشَّرِكَةِ لِوَقْتٍ قَصِيرٍ ثُمَّ قَطَعْتُ عَلاقَتِي بِهَا .

اِسْتَعْمَلَ يَسْتَعْمِلُ اِسْتِعْمَالٌ X to use

طَلَبْتُ مِنْهُ أَنْ أَسْتَعْمِلَ التِّلِيفُونَ ، فَرَفَضَ .

ع م م

عَمَّ يَعُمُّ عُمُومٌ I to include, become general

بِالطَّبْعِ هَذَا الْقَانونُ يَعُمُّ كُلَّ الْمُوَظَّفِينَ عَلَى اخْتِلافِ دَرَجَاتِهِمْ .

عَمَّمَ يُعَمِّمُ تَعْمِيمٌ II to generalize, circulate

أَصْدَرَ مَجْلِسُ الْوُزَراءِ تَعْميمًا بِجَعْلِ إِجازَةِ الْعِيدِ يَوْمَيْنِ فَقَطْ .

تَعَمَّمَ يَتَعَمَّمُ تَعَمُّمٌ V to wear a turban

شاعَ في خَمْسينِيَّاتِ الْقَرْنِ الْعِشْرينَ مُصْطَلَحا : مُعَمَّمٍ لمن يَلْبَسَ الْعِمامة ، ومُطَرْبَشٍ لمن يَلْبَسَ الطَّربوشَ .

ع م ي

عَمِيَ يَعْمَى عَمًى I to be blind

عَمَى الْقَلْبِ أَسْوَأُ مِنْ عَمَى الْبَصَرِ .

عَمَّى يُعَمِّي تَعْمِيَةٌ II to obscure

حَاوَلَ أَنْ يُعَمِّيَ عَلَيَّ الْمَسْأَلَةَ وَلا يُطْلِعَنِي عَلَى السَّبَبِ الْحَقِيقِيِّ .

أَعْمَى يُعْمِي إِعْمَاءٌ IV to blind

لَقَدْ أَعْمَاهُ الْمَرْكَزُ وَالْمَالُ ، فَنَسِيَ كُلَّ مَنْ حَوْلَهُ .

تَعَامَى يَتَعَامَى تَعَامٍ VI to pretend not to see

حَاوَلَتْ أَنْ تَتَعامَى عَنِ الْحَقَائِقِ كَيْ لا تَعْتَرِفَ بِخَطَئِهَا .

ع ن ت

عَنِتَ يَعْنَتُ عَنَتٌ I to be in distress

يَعْمَلونَ في ظروفٍ صَعْبَةٍ ، فَضْلاً عَنِ الْعَنَتِ الذي يُعانونَ مِنْهُ .

عَنَّتَ يُعَنِّتُ تَعْنِيتٌ II to annoy

إِنَّهُمْ يَكْرَهونَهُ ، وَلِهذا يُواصِلون تَعْنيتَهُ عَلَى أيِّ خَطَأٍ تافِهٍ .

تَعَنَّتَ يَتَعَنَّتُ تَعَنُّتٌ V to be stubborn

أَخْشَى أَنْ يَتَعَنَّتوا مَعَهُ وَيَرْفُضوا الْتِماسَهُ .

ع نـ د

عَانَدَ يُعَانِدُ مُعَانَدَةٌ / عِنَادٌ III to oppose

الْعِنادُ لِلْكِبارِ خَصْلَةٌ ذَميمَةٌ ، أَمَّا عِنادُ الْأَطفالِ فَعادَةٌ نَتَعايَشُ مَعَها .

ع نـ ف

عَنُفَ يَعْنُفُ عُنْفٌ I to deal roughly (with)

كَانَ يَعْنُفُ مَعَها فِي الْحَديثِ ، فَكَرِهَتْهُ وَقَرَّرَتْ الانْفِصالَ .

عَنَّفَ يُعَنِّفُ تَعْنِيفٌ II to scold

عَنَّفَهَا وَعَاتَبَهَا بِشِدَّةٍ أَمَامَ كُلِّ النَّاسِ ، فَتَرَكَتِ الْعَمَلَ .

ع نـ ق

عَانَقَ يُعَانِقُ مُعَانَقَةٌ / عِنَاقٌ III to hug

بَعْدَ غَيْبَةٍ طَويلَةٍ ، عانَقَ الزَّوْجُ زَوْجَتَهُ وَكُلَّ أَطْفالِهِ .

تَعَانَقَ يَتَعَانَقُ تَعانُقٌ VI to hug each other

تَعانَقَ الْإِخْوَةُ وَالْأَصْدِقاءُ بَعْضُهُمْ مَعَ بَعْضٍ .

اِعْتَنَقَ يَعْتَنِقُ اِعْتِنَاقٌ VIII to embrace

بَعْدَ ظُهورِ الْإسلامِ ، اِعْتَنَقَهُ كَثيرونَ من أَصْحابِ الْمِلَلِ والدِّياناتِ الْأُخْرَى .

ع نـ ن

عَنَّ يَعِنُّ عَنٌّ I to occur (to)

عَنَّ لِي أيْ خَطَرَ لِفِكْري أَنَّ أُخْتَهُ هِيَ السَّبَبُ فِي الْمُشْكِلَةِ .

ع نـ و

عَنَا يَعْنُو عُنُوٌّ I to be submissive

" وَعَنَت الْوُجوهُ لِلْحَيِّ الْقَيِّوم وَقَدْ خابَ مَنْ حَمَلَ ظُلْمًا " . يَحْدُثُ هَذا يَوْمَ الْقِيامَةِ .

ع ـنـ ي

to mean | I | عَنَى يَعْنِي عَنْيٌ
قَالَ إِنَّهُ مَشْغُولٌ ، فَهَل يَعْنِي هَذَا أَنَّهُ سَيَتَأَخَّرُ ؟

to endure | III | عَانَى يُعَانِي مُعَانَاةٌ
عَانَيْتُ كَثِيرًا فِي الْحُصُول عَلَى إِذْنِ اسْتِيرادٍ وَتَصْدِيرٍ .

to care (for), see (to) | VIII | اِعْتَنَى يَعْتَنِي اِعْتِنَاءٌ
إِنَّهَا تَعْتَنِي بِأَطْفَالِهَا رَغْمَ انْشِغَالِهَا بِالْعَمَلِ .

عـ ـهـ د

to entrust (with) | I | عَهِدَ يَعْهَدُ عَهْدٌ
عَهِدْتُ إِلَيْهِ بِتَسْجِيلِ سَيَّارَتِي ، فَقَبِلَ ذَلِكَ مَشْكُورًا .

to promise | III | عَاهَدَ يُعَاهِدُ مُعَاهَدَةٌ
لَقَدْ عَاهَدْتُ اللهَ أَنْ أَكُونَ مُخْلِصًا لِأَهْلِي وَوَطَنِي .

to promise, be committed (to) | V | تَعَهَّدَ يَتَعَهَّدُ تَعَهُّدٌ
تَعَهَّدَ الْوَالِدُ بِإِحْضَارِ شَهَادَةِ مِيلادِ ابْنَتِهِ فَوْرَ قَبُولِهَا بِالْمَدْرَسَةِ .

to pledge | VI | تَعَاهَدَ يَتَعَاهَدُ تَعَاهُدٌ
تَعَاهَدَ الْقَائِدُ وَجُنُودُهُ عَلَى إِحْرازِ النَّصْرِ مَهْما كَلَّفَهُمْ ذَلِكَ .

عـ و ج

to deviate, be bent | IX | اِعْوَجَّ يَعْوَجُّ اِعْوِجَاجٌ
اِعْوَجَّ عَن الطَّرِيقِ الْمُسْتَقِيمِ ، كَما يَعْوَجُّ الْمَعْدَنُ من النَّارِ .

عـ و د

to return | I | عَادَ يَعُودُ عَوْدٌ / عَوْدَةٌ
خَرَجَ مِنْ بَيْتِهِ فِي الصَّباحِ ، وَعَادَ فِي الْمَسَاءِ .

to accustom s.o. (to) | II | عَوَّدَ يُعَوِّدُ تَعْوِيدٌ
لَقَدْ عَوَّدْتُهُ عَلَى شُرْبِ كُوبِ اللَّبَنِ كُلَّ صَبَاحٍ .

to resume | III | عَاوَدَ يُعَاوِدُ مُعَاوَدَةٌ
حَلَفَ اللِّصُّ أَمَامَ الشُّرطِيِّ أَنَّهُ لَنْ يَسْرِقَ ثَانِيَةً ، ثُمَّ عَاوَدَ السَّرِقَةَ مِنْ جَدِيدٍ .

to re-do s.th.	IV	أعَادَ يُعِيدُ إعادَةٌ

أَعادَ تَصْميمَ الْغِلافِ ، ولكنّ ذَلِكَ لَمْ يُعْجِب الْمُؤلِّفَ .

to be accustomed (to)	V	تَعوَّدَ يَتَعَوَّدُ تَعَوُّدٌ

لَقَدْ تَعَوَّدْتُ أَنْ أَمَارِسَ رِيَاضَةَ الْجَرْي كُلَّ صَبَاحٍ .

to get used to, be accustomed	VIII	اِعْتَادَ يَعْتَادُ اِعْتِيادٌ

اِعْتادَ النَّاسُ في الأَعْيادِ أَنْ يَصْطَحِبوا أَوْلادَهُمْ إِلى الْحَدائِقِ الْعامَّةِ .

to get s.th. back	X	اِسْتَعَادَ يَسْتَعِيدُ اِسْتِعَادَةٌ

بَعْدَ عِلاجٍ اِسْتَمَرَّ لِبِضْعَةِ أَشْهُرٍ ، اِسْتَعادَ الْمريضُ صِحَّتَهُ مِنْ جَديدٍ .

ع و ذ

to take refuge	I	عَاذَ يَعُوذُ عَوْذٌ / عِيَاذٌ

اَلْمُؤْمِنُ دَائِمًا يَعُوذُ بِاللهِ مِنْ كُلِّ شَرٍّ .

to seek God's protection	II	عَوَّذَ يُعَوِّذُ تَعْوِيذٌ

اَلتَّعْوِيذُ مَعْنَاهُ أَنْ تَقُولَ: أَعوذُ بِاللهِ مِنَ الشَّيْطَانِ الرَّجِيمِ .

to ask God's protection	V	تَعَوَّذَ يَتَعَوَّذُ تَعَوُّذٌ

إِذَا أَحْسَسْتَ بِمُقَاوَمَةِ الشَّيْطَانِ لَكَ ، فَتَعَوَّذْ بِاللهِ مِنْهُ .

to ask God's protection	X	اِسْتَعَاذَ يَسْتَعِيذُ اَسْتِعَاذَةٌ

تَعَوَّدْتُ أَنْ أَسْتَعِيذَ بِاللهِ مِنَ الشَّيْطَانِ الرَّجِيمِ .

ع و ر

to lose an eye	I	عَوِرَ يَعْوَرُ عَوَرٌ

اَلْعَوَرُ أَنْ يَرَى شَخْصٌ بِعَيْنٍ واحِدةٍ لِأَنَّهُ فَقَدَ الأُخْرى ، هذا له حَقُّ الْمُبْصِرِ بِعَيْنَيْنِ .

to lend	IV	أَعَارَ يُعِيرُ إِعَارَةٌ

أَعَارَنِي صَدِيقِي كِتَابًا جَمِيلاً جِدًّا قَرَأْتُهُ كُلَّهُ لَيْلَةَ أَمْسِ .

to borrow (from)	X	اِسْتَعَارَ يَسْتَعِيرُ اِسْتِعَارَةٌ

اِسْتَعَرْتُ كِتَابًا مِنْ الْمَكْتَبَةِ فَضَاعَ مِنِّي .

ع و ز

to be needy	I	عَازَ يَعُوزُ عَوَزٌ

كَانَ فِي حَالَةٍ سَيِّئَةٍ جِدًّا مِنَ الْفَقْرِ وَالْعَوَزِ .

ع و ض

to compensate | II | عَوَّضَ يُعَوِّضُ تَعْوِيضٌ

أُصِيبَ أَحَدُ الْعُمَّالِ أَثْناءَ تَأْدِيَةِ عَمَلِهِ ، فَصَرَفُوا لَهُ تَعْوِيضًا وَمُكَافَأَةً .

to substitute | X | اِسْتَعَاضَ يَسْتَعِيضُ اِسْتِعَاضَةٌ

حَذَّرَهُ الطَّبِيبُ مِنْ أَكْلِ اللُّحُومِ ، فَاسْتَعَاضَ عَنْهَا بِأَكْلِ السَّمَكِ .

ع و ق

to hinder | I | عَاقَ يَعُوقُ عَوْقٌ

يُحاوِلُ دائمًا أَنْ يَعوقَ طريقَهُنّ بِمُعاكساتٍ سَخِيفة .

to hinder | IV | أَعَاقَ يُعِيقُ إِعَاقَةٌ

إِصابَتُهُ الأَخيرَةُ في قَدَمِهِ أَصْبَحَتْ تَعوقُهُ عَنْ قِيادَةِ السَّيَّارَةِ .

ع و ل

to provide for s.o. | I | عَالَ يَعُولُ عَوْلٌ

اَلأَبُ يَعولُ ثَلاثَةَ أَوْلادٍ قُصَّرٍ ، عدا زَوْجَتِهِ وأُخْتِهِ .

to depend on, cry, shout | II | عَوَّلَ يُعَوِّلُ تَعْوِيلٌ

مَعْنَى التَّعْويلِ الاِعْتِمادُ عَلَى الآخَرِ ، أَوِ الْبُكاءُ وَالْعَويلُ عَلَيْهِ .

to provide for s.o. | IV | أَعَالَ يَعِيلُ إِعَالَةٌ

اَلإِعالَةُ مَسْؤولِيَّةُ ربِّ الأُسْرَةِ أَوْ مَنْ يقومُ مَقَامَهُ بَعْدَ رَحيلِهِ .

ع و م

to swim | I | عَامَ يَعُومُ عَوْمٌ

لَمْ أَتَعَلَّمْ الْعَوْمَ وَأَنَا صَغِيرٌ ، لِذَا فَمِنَ الصَّعْبِ عَلَيَّ تَعَلُّمَهُ الْآنَ .

to float | II | عَوَّمَ يُعَوِّمُ تَعْوِيمٌ

يُنَاقِشُ بَعْضُ خُبَرَاءِ الاِقْتِصَادِ تَعْوِيمَ الْجُنَيْهِ الْمِصْرِيِّ .

ع و ن

to assist s.o. | III | عَاوَنَ يُعَاوِنُ مُعَاوَنَةٌ

يَقومُ مُعاوِنُ ناظِرِ مَحطَّةِ السِّكَّةِ الْحديدِ بِمُراقَبَةِ سَيْرِ الْقِطاراتِ .

to cooperate VI تَعاوَنَ يَتَعاوَنُ تَعاوُنٌ

يَتعاوَنُ الْجَميعُ مَعَنا ، هذا صَحيحٌ ، وَلَكِنْ ما يَنْقُصُنا هُوَ الإمكاناتُ الْمادِّيَّةُ .

to ask for help X اِسْتَعانَ يَسْتَعِينُ اِسْتِعانَةٌ

اِسْتَعنْتُ بِهِ أَكْثَرَ مِنْ مَرَّةٍ ، وَلَمْ يَتَرَدَّدْ أَبَدًا في مُساعَدَتِي .

ع و ي

to howl I عَوَى يَعْوِي عُوَاءٌ

يُقَالُ : عَوَى الذِّئْبُ ، كَمَا يُقَالُ نَبَحَ الْكَلْبُ وَزَأَرَ الأَسَدُ وَمَاءَتِ الْقِطَّةُ .

ع يـ ب

to reprove I عَابَ يَعِيبُ عَيْبٌ

عابَ عَلَيْهِ أَنَّهُ لا يَحْضُرُ إِلى مَكْتَبِهِ في الْوَقْتِ الْمُحَدَّدِ .

ع يـ ث

to ravage I عَاثَ يَعِيثُ عَيْثٌ

لَمْ يَجِدْ مَنْ يَرُدَّ إِسَاءَتَهُ ، فَعَاثَ فِيهَا فَسَادًا .

ع يـ د

to felicitate II عَيَّدَ يُعَيِّدُ تَعْيِيدٌ

يَوْمَ الْعِيدِ ، ذَهَبْتُ إِلَى مَنْزِلِ أَحَدِ أَقَارِبِي وَعَيَّدْتُ عَلَى الْجَميعِ .

to repeat IV أَعَادَ يُعِيدُ إِعَادَةٌ

أَعَدْتُ طِبَاعَةَ كِتَابِي الأَخيرِ ، فَكَلَّفَنِي كَثِيرًا .

to be accustomed (to) VIII اِعْتَادَ يَعْتَادُ اِعْتِيَادٌ

اِعْتَادَ صَدِيقِي عَلَى الذِّهابِ إِلَى النَّادِي كُلَّ يَوْمٍ .

to regain X اِسْتَعَادَ يَسْتَعِيدُ اِسْتِعَادَةٌ

اِسْتَعَادَ أَخِي ثِقَتَهُ بِنَفْسِهِ ، وَقَرَّرَ تَأْدِيَةَ الاِمْتِحَانِ هَذَا الْعَامَ .

ع يـ ر

to abuse s.o. (for), insult II عَيَّرَ يُعَيِّرُ تَعْيِيرٌ

ظَلَّ يُعَيِّرُهُ بِسَوَادِ أُمِّهِ ، حَتَّى تَضَايَقَ مِنْهُ وَقَتَلَهُ .

عَايَرَ يُعَايِرُ مُعَايَرَةٌ III to gauge

تَحْتَاجُ مُعَايَرَةُ الْمَعَادِنِ كَالذَّهَبِ وَالْفِضَّةِ إِلَى دِقَّةٍ بَالِغَةٍ .

ع يـ ش

عَاشَ يَعِيشُ عَيْشٌ / مَعِيشَةٌ I to live

عَاشَ سَنَوَاتٍ خَارِجَ وَطَنِهِ ، وَلَكِنَّهُ مَا لَبِثَ حَتَّى عَادَ .

عَايَشَ يُعَايِشُ مُعَايَشَةٌ III to experience

مُعَايَشَةُ الْأَعْمَالِ الْأَدَبِيَّةِ تَعْنِي قِرَاءَتَهَا جَيِّدًا لِفَهْمِهَا وَهَضْمِهَا وَاسْتِيعَابِهَا .

أَعَاشَ يُعِيشُ إِعَاشَةٌ IV to keep alive, support

دَفَعَ إِلَيْهِمْ أُجْرَةَ الْمَسْكَنِ وَالتَّنَقُّلاتِ وَمَصَارِيفَ الْإِعَاشَةِ .

تَعَيَّشَ يَتَعَيَّشُ تَعَيُّشٌ V to earn one's bread

أخيرًا وَبَعْدَ تَعَبٍ ، وَجَدَ عَمَلاً مُناسِبًا يَتَعَيَّشُ مِنْهُ .

تَعَايَشَ يَتَعَايَشُ تَعَايُشٌ VI to coexist

تَسْتَطِيعُ الشُّعُوبُ الْمُخْتَلِفَةُ أَنْ تَتَعَايَشَ - لَوْ أَرَادَتْ - فِي سَلامٍ دَائِمٍ .

ع يـ ن

عَيَّنَ يُعَيِّنُ تَعْيِينٌ II to appoint

عَيَّنَ الْمُدِيرُ ثَلاثَةَ مُوَظَّفِينَ جُدُدٍ .

عَايَنَ يُعَايِنُ مُعَايَنَةٌ III to inspect

طَلَبْتُ مِنْهَا أَنْ تُعَايِنَ السَّيَّارَةَ جَيِّدًا قَبْلَ شِرَائِهَا .

تَعَيَّنَ يَتَعَيَّنُ تَعَيُّنٌ V to be incumbent (upon)

بَعْدَ وَفَاةِ وَالِدِي ، تَعَيَّنَ عَلَيَّ أَنْ أَتَحَمَّلَ كُلَّ مَسْئُولِيَّاتِي فِي الْأُسْرَةِ .

ع يـ ي

عَيَّ يَعْيَى عِيٌّ / عَيَاءٌ I to be incapable

ظَلَّ يَطْلُبُ الاشْتِرَاكَ فِي الْمُنَاقَشَةِ ، وَحِينَ بَدَأَ ، عَيَّ وَلَمْ يُنَاقِشْ أَيَّ شَيْءٍ .

أَعْيَا يُعْيِي إِعْيَاءٌ IV to be weary (of)

بَحَثْتُ عَنْهُ طَوِيلاً حَتَّى أَعْيَانِي الْبَحْثُ .

غ

غ ب ر

غَبَرَ يَغْبُرُ غَبْرٌ I to become covered with dust

تَاهَ فِي الصَّحْرَاءِ وَلَمْ نَعْرِفْ مَكَانَهُ ، حَتَّى غَبَرَ وَطَالَ شَعْرُهُ .

غَبَّرَ يُغَبِّرُ تَغْبِيرٌ II to cover with dust

غَبَّرت الْعاصِفَةُ التُّرابِيَّةُ كُلَّ الشَّوارِعِ والْبيُوتِ .

تَغَبَّرَ يَتَغَبَّرُ تَغَبُّرٌ V to be covered with dust

اَلْجَوُّ غَيْرُ نَقِيٍّ ، لِهَذَا فَإِنَّ الْمَلابِسَ النَّظِيفَةَ سُرْعَانَ مَا تَتَغَبَّرُ وَتَتَّسِخُ .

اِغْبَرَّ يَغْبَرُّ اِغْبِرَارٌ IX to be dust-colored

اِغْبَرَّ الْجَوُّ كثيرًا بَعْدَ الْعاصِفِةِ التُّرابِيَّةِ الْمُفاجِئَةِ .

غ ب ط

غَبَطَ يَغْبَطُ غَبْطٌ / غِبْطَةٌ I to deem s.o. fortunate

أَنَا أَغْبِطُهُ دَائِمًا لِما يَتَمَيَّزُ بِهِ مِنْ أَدَبٍ رَفِيعٍ .

أَغْبَطَ يُغْبِطُ إِغْبَاطٌ IV to deem s.o. fortunate

إِنَّنِي أُغْبِطُهُ عَلَى ذَكَائِهِ وَحُسْنِ تَصَرُّفِهِ .

اِغْتَبَطَ يَغْتَبِطُ اِغْتِبَاطٌ VIII to be delighted

لَقَدِ اغْتَبَطَ كَثِيرًا حِينَ عَلِمَ بِاخْتِيَارِهِ وَزِيرًا .

غ ب ن

غَبَنَ يَغْبُنُ غَبْنٌ I to treat s.o. unfairly

لَقَدْ غَبَنُوهُ وَلَمْ يُعْطُوهُ حَقَّهُ رَغْمَ اجْتِهَادِهِ .

غ ب ي

غَبِيَ يَغْبَى غَبَاوَةٌ / غَباءٌ I to be unable to comprehend easily

اَلْغَباوَةُ ضِدُّ الذَّكاءِ ، وَهِيَ تَعْنِي الْحُمْقَ وَبُطْءَ الْفَهْمِ وَسوءَ التَّقْدِيرِ .

تَغَابَى يَتَغَابَى تَغَابٍ VI to pretend to be stupid

التَّغابي مَعْناهُ أَنَّ الشَّخْصَ لَيْسَ غَبِيًّا ، بَلْ يَتظَاهَرُ بِالْغَباءِ لِحاجَةٍ في نَفْسِهِ .

غ ث ي

غَثِيَ يَغْثَى غَثَيَانٌ I to feel sick

بَعْدَ أَنْ تَناوَلَ الْعَصيرَ ، شَعَرَ بِغَثَيانٍ ، لَعَلَّ الْعَصيرَ فاسِدٌ ، أَو الْكوبَ مُلَوَّثٌ .

غ ج ر

غَجَّرَ يُغَجِّرُ تَغْجيرٌ II to curse

هَذا الْفِعْلُ أَساسًا يَرْجِعُ إِلَى " الغَجَر " ، وَيَزْعُمونَ أَنَّ لَغَتَهُمْ كانَتْ بَذيئَةً ، لا نَدْري .

غ د ر

غَدَرَ يَغْدُرُ غَدْرٌ I to deceive

لَقَدْ أَعطَيْتُهُ ثِقَتِي ، وَلَكِنَّهُ غَدَرَ بِي .

غَادَرَ يُغَادِرُ مُغَادَرَةٌ III to leave

غَادَرْتُ الْقَاهِرَةَ إِلَى أَمْريكا عَلَى مَتْنِ طَائِرَةٍ مِصْرِيَّةٍ ، قَطَعْتُ الرِّحْلَةَ مُباشَرَةً في اثْنَتَيْ عَشْرَةَ سَاعَةً .

غ د ق

غَدَقَ يَغْدَقُ غَدْقٌ I to give bountifully

كَانَ الْغَدْقُ عَلَيْهِ كَثيرًا ، وَلِكنَّهُ لَمْ يُقَدِّرِ الْمَعْروفَ فَتَنَكَّرَ لِمَنْ مَدَّ إِلَيْهِ يَدَ الْمُساعَدَةِ .

أَغْدَقَ يُغْدِقُ إِغْداقٌ IV to give bountifully

بَعْدَ أَنْ أَغْدَقَ عَلَى خَادِمِهِ ، تَنَكَّرَ لَهُ الْخَادِمُ وَ نَسِيَ مَعْرُوفَهُ .

غ د و

غَدَا يَغْدُو غُدُوٌّ I to go

إِنَّهُ لا يُمْكِنُهُ فِرَاقُهَا لَحْظَةً ، لِهَذَا فَإِنَّهُ يَصْحَبُهَا مَعَهُ فِي الْغُدُوِّ وَالرَّوَاحِ .

غَدَّى يُغَدِّي تَغْدِيَةٌ II to give lunch to s.o.

يَشيعُ الْآنَ اسْتِخْدامُ هَذا الفِعْلِ لِيَعْنِيَ تَقْديمَ الْغَداءِ إِلَى آخَرَ .

to eat lunch	V	تَغَدَّى يَتَغَدَّى تَغْدٍ

مَعْنَى الْفِعْلِ هُنا أَنَّ الشَّخْصَ تَناوَلَ طَعامَ الْغَداءِ .

غ ذ ذ

to hasten	I	غَذَّ يَغُذُّ غَذٌّ

حِينَ عَلِمَ الْجَيْشُ أَنَّ الطَّرِيقَ طَوِيلٌ ، غَذَّ السَّيْرَ أَكْثَرَ وَأَكْثَرَ .

to speed	IV	أَغَذَّ يُغِذُّ إِغْذَاذٌ

أَمَرَ الْقَائِدُ جُنُودَهُ بِأَنْ يُغِذُّوا السَّيْرَ كَيْ يَصِلُوا قَبْلَ الصَّبَاحِ .

غ ر ب

to set (sun)	I	غَرَبَ يَغْرُبُ غَرْبٌ / غروب

تَغْرُبُ الشَّمْسُ الْيَوْمَ بَعْدَ دَقِيقَتَيْنِ مِنْ مَوْعِدِ غُرُوبِهَا أَمْسِ .

to depart	II	غَرَّبَ يُغَرِّبُ تَغْرِيبٌ

اَلْغُرْبَةُ تَعْنِي الاِبْتِعادَ عَن الْوَطَنِ ، أَمَّا التَّغْرِيبُ فَيعنيَ اِبْتِعادَ النَّفْسِ إِلَى أَيّ اِتِّجاهٍ .

to overdo	IV	أَغْرَبَ يُغْرِبُ إِغْرَابٌ

حَاوَلَ أَنْ يُوضِّحَ لَهُمْ وِجْهَةَ نَظَرِهِ ، وَلَكِنَّهُ أَغْرَبَ كَثِيراً فِي الشَّرْحِ .

to be far from homeland	V	تَغَرَّبَ يَتَغَرَّبُ تَغَرُّبٌ

يَتَغَرَّبُ بَعْضُ النَّاسِ تَارِكِينَ أُسَرَهُمْ وَذَوِيهِمْ مِنْ أَجْلِ الْحُصُولِ عَلَى الْمَالِ .

to be far from homeland	VIII	اِغْتَرَبَ يَغْتَرِبُ اِغْتِرَابٌ

يَغْتَرِبُ بَعْضُ الْعَرَبِ فَيَتْرُكونَ بِلادَهُمْ إِلَى أوروبّا وأَمْريكا .

to find strange, be astonished	X	اِسْتَغْرَبَ يَسْتَغْرِبُ اِسْتِغْرابٌ

كَيْفَ يَظَلُّ عَلَى حُبِّهَا وَيَتَزَوَّجُ مِنْ أُخْرَى ؟! لَقَدِ اسْتَغْرَبْتُ .

غ ر ب ل

to scrutinize meticulously	Q	غَرْبَلَ يُغَرْبِلُ غَرْبَلَةٌ

هَذَا الْأُسْتَاذُ يُغَرْبِلُ الْبَحْثَ كُلَّهُ كَمَا لَوْ كَانَ يَقْرَؤُهُ حَرْفًا حَرْفًا .

غ ر د

to sing	I	غَرِدَ يَغْرَدُ غَرَدٌ

عِنْدَما تَغْرَدُ الْعَصَافِيرُ نَقُولُ لَعَلَّها تَتَخاطَبُ سَوِيًّا ، وَلَكِنّا لا نَعْرِفُ لُغَتَها .

to sing	II	تَغْرِيدٌ	يُغَرِّدُ	غَرَّدَ

أَمَامَ بَيْتِي شَجَرَةٌ تُغَرِّدُ فَوْقَهَا الْعَصَافِيرُ صَبَاحَ مَسَاءَ .

غ ر ر

to deceive, be conceited	I	غُرُورٌ	يَغُرُّ	غَرَّ

اَلْغُرورُ شُعورٌ كاذِبٌ يَجْعَلُ الشَّخْصَ يَنْظُرُ إِلَى نَفْسِهِ بِأَكْثَر مِمَّا تَسْتَحِقُّ .

to deceive s.o.	II	تَغْرِيَةٌ	يُغَرِّرُ	غَرَّرَ

لَقَدْ غَرَّروا بِهِ حينَ أَشْرَكوهُ مَعَهُم في مَشْروعٍ فاشِلٍ .

to feel arrogant	VIII	اِغْتِرَارٌ	يَغْتَرُّ	اِغْتَرَّ

لِماذا يَغْتَرُّ بِنَفْسِهِ إِلَى هَذا الْحَدِّ ؟ اَلتَّواضُعُ سُلوكٌ مَطْلوبٌ وَمَحْمودٌ .

غ ر ز

to plunge (into)	I	غَرْزٌ	يَغْرِزُ	غَرَزَ

غَرَزَتْ أَقْدامُ الْجَمَلِ فِي الطِّينِ ، فَتَوَقَّفَ عَنِ الْمَشْيِ .

to plunge s.th. (into)	II	تَغْرِيزٌ	يُغَرِّزُ	غَرَّزَ

بَعْدَ رَخَّاتِ الْمَطَرِ الْمُتَوالِيَةِ ، تَسَبَّبَ الطِّينُ في تَغْرِيزِ أَقْدامِ الْجَمَلِ .

to plunge s.th. (into)	IV	إِغْرَازٌ	يُغْرِزُ	أَغْرَزَ

حاوَلَ أَنْ يُغْرِزَ السِّكِّينَ في قَلْبِهِ تَمامًا ، وَلَكِنَّ اللهَ نَجَّاهُ فَلَمْ يَمُتْ .

to penetrate deeply (into)	V	تَغَرُّزٌ	يَتَغَرَّزُ	تَغَرَّزَ

تَتَغَرَّزُ أَقْدامُ الْجِمالِ في الطَّمْيِ وَالطِّينِ ، وَتَصْعُبُ حَرَكَتُها .

to be penetrated (into)	VII	اِنْغِرَازٌ	يَنْغَرِزُ	اِنْغَرَزَ

اِنْغَرَزَ مِسْمَارٌ فِي إِحْدَى عَجَلاتِ السَّيَّارَةِ ، فَتَعَطَّلْنَا سَاعَةً .

to be inserted (into)	VIII	اِغْتِرَازٌ	يَغْتَرِزُ	اِغْتَرَزَ

يَعْنِي الْاِغْتِرازُ : دُخول آلَةٍ حادَّةٍ إِلَى عُمْقِ جِسْمٍ بَشَرِيٍّ أَوْ كائِنٍ آخَرَ .

غ ر س

to plant	I	غَرْسٌ	يَغْرِسُ	غَرَسَ

غَرَسَ الْبُسْتَانِيُّ عَدَدًا مِنَ الْأَشْجَارِ فِي حَدِيقَةِ بَيْتِنَا .

to be planted VII انْغَرَسَ يَنْغَرِسُ انْغِراسٌ

انْغَرَسَت الأَشْجَارُ وَلَمْ يَعُدْ عَلَيْنَا إلاَّ أَنْ نَرْوِيَها بِالْمَاءِ .

غ ر ض

to attain the goal IV أَغْرَضَ يُغْرِضُ إغْرَاضٌ

نَقولُ : أَغْرَضَ فُلانٌ ، إذا أَصابَ الْهَدَفَ تَمامًا .

to take sides V تَغَرَّضَ يَتَغَرَّضُ تَغَرُّضٌ

التَّغرُّضُ هُوَ أَخْذُ الشَّخْصِ مَوْقِفًا خاصًّا مِنْ أَيِّ شَيْءٍ .

غ ر غ ر

to gargle Q غَرْغَرَ يُغَرْغِرُ غَرْغَرَةٌ

لِآلاَمِ الْحَلْقِ ، كَتَبَ لَهُ الطَّبِيبُ وَصْفَةً تَقولُ : اَلْغَرْغَرَةُ ثلاثَ مَرَّاتٍ يَوْمِيًّا .

to gargle Q1 تَغَرْغَرَ يَتَغَرْغَرُ تَغَرْغُرٌ

عِنْدَما يَشْعُرُ الشَّخْصُ بِأَلَمٍ في حَلْقِهِ ، يَجِبُ عَلَيْهِ أَنْ يَتَغَرْغَرَ بِدَواءٍ سائِلٍ مَخْصوصٍ .

غ ر ف

to ladle I غَرَفَ يَغْرُفُ غَرْفٌ

غَرَفْتُ الْمَاءَ بِيَدِي وَسَقَيْتُ كَلْبِيَ الْعَطْشَانَ .

to benefit, take (from, by) VIII اِغْتَرَفَ يَغْتَرِفُ اِغْتِرَافٌ

أَعْرِفُ أَنَّهُ عَالِمٌ فَاضِلٌ ، يَغْتَرِفُ الْكَثِيرُونَ مِنْ عِلْمِهِ وَفَضْلِهِ .

غ ر ق

to drown I غَرِقَ يَغْرَقُ غَرَقٌ

كَانَ الْوَلَدُ لاَ يَعْرِفُ السِّبَاحَةَ ، وَحِينَ نَزَلَ الْبَحْرَ غَرِقَ فِي الْحَالِ .

to cause to drown II غَرَّقَ يُغَرِّقُ تَغْرِيقٌ

لَقَدْ تَسَبَّبَ بِمِزاحِهِ السَّخيفِ في الْبَحْرِ ، أَنْ يُغَرِّقَ أَعَزَّ النَّاسِ إِلَيْهِ .

to flood (with) IV أَغْرَقَ يُغْرِقُ إغْرَاقٌ

لَقَدْ أَغْرَقَ التُّجَّارُ السُّوقَ بِكَمِّيَّاتٍ هَائِلَةٍ مِنَ الْمَلابِسِ الْمُسْتَوْرَدَةِ .

اِغْرَوْرَقَ يَغْرَوْرِقُ اِغْرِوْرَاقٌ Q2 to be full of tears

تَماسَكَ قَلِيلاً بَعْدَ أَنْ سَمِعَ النَّبأَ الأَلِيمَ ، ثُمّ اغْرَوْرَقَتْ عَيْناهُ بِالدُّموعِ .

تَغَرَّقَ يَتَغَرَّقُ تَغَرُّقٌ V to be sunk

سَقَطَتْ حَقِيبَتُها في الْبَحْرِ ، فَتَغَرَّقَتْ في الْحالِ . أَعْتَقِدُ أَنَّها سَتَطْفو بَعْدَ وَقْتٍ .

اِسْتَغْرَقَ يَسْتَغْرِقُ اِسْتِغْرَاقٌ X to last (a certain time)

اِسْتَغْرَقَ إِعْدادُ هَذا الْقاموسِ عِدَّةَ سَنَواتٍ .

غ ر م

غَرِمَ يَغْرَمُ غُرْمٌ / غَرَامَةٌ I to pay a fine

مَنْ يُخْطِئُ فِي قَوَاعِدِ الْمُرُورِ ، فَعَلَيْهِ أَنْ يَدْفَعَ غَرَامَةً .

غَرَّمَ يُغَرِّمُ تَغْرِيمٌ II to fine s.o.

غَرَّمَهُ رَجُلُ الْمُرُورِ خَمْسِينَ جُنَيْهًا لأَنَّهُ خَالَفَ إِشَارَةَ السِّكَّةِ الْحَدِيدِ .

أَغْرَمَ يُغْرِمُ إِغْرَامٌ IV to be very fond of

لَقَدْ أُغْرِمَ بِها كَثِيرًا لِدَرَجَةِ أَنَّهُ فَكَّرَ في أَنْ يَتَزَوَّجَها .

تَغَرَّمَ يَتَغَرَّمُ —— V to be fined

إِنَّه يَتَغَرَّم كَثِيراً ، لأَنَّهُ لاَ يَلْتَزِمُ بِآدَابِ الْمُرورِ وَقَوَاعِدِه .

غ ر و

غَرَا يَغْرُو غَرْوٌ I to glue

يَعْلَمُ النَّجّارُ جَيّدًا كَيْفَ يَغْرُو قِطَعَ الْخَشَبِ الْمُتَجانِسَةِ ، لِتَتَماسَكَ في شَكْلِ كُرْسِيٍّ أَوْ طَاوُلَةٍ .

غَرَّى يُغَرِّي تَغْرِيَةٌ II to glue

غَرَّى النَّجّارُ قِطَعَ الْخَشَبِ ثُمَّ تَرَكَها قَليلاً قَبْلَ أَنْ يُلْصِقَ بَعْضَها بِبَعْضٍ .

أَغْرَى يُغْرِي إِغْرَاءٌ IV to seduce

في صِناعَةِ السِّينِما ، تَظْهَرُ بَطَلاتُ الإِغْراءِ بِمَظاهِرَ خَليعَةٍ وَإِباحِيَّةٍ .

غ ز ل

غَزَلَ يَغْزِلُ غَزْلٌ I to spin

مَدينَةُ " الْمَحَلَّةِ الْكُبْرَى " بِالْوَجْهِ الْبَحْرِيِّ بِها مَصانِعُ مَشْهورَةٌ في الْغَزْلِ وَالنَّسيجِ .

غَازَلَ يُغَازِلُ مُغَازَلَةٌ	III	to flirt

حاوَلَ الشّابُّ مُغازَلَةَ الْفَتاةِ ، وَلكِنَّها لَمْ تَتَجاوَبْ مَعَهُ ، فَشَعَرَ بِخَيْبَةِ أَمَلٍ .

تَغَزَّلَ يَتَغَزَّلُ تَغَزُّلٌ	V	to flirt

كَثيرًا ما تَغَزَّلَ شُعَراءُ الْعَرَبِ الْأَقْدَمونَ بِالْمَرْأةِ ، فَتَركوا لَنا نِتاجًا شِعْرِيًّا رائِعًا .

تَغَازَلَ يَتَغَازَلُ تَغَازُلٌ	VI	to flirt with s.o.

التَّغازُلُ مَعْناهُ تَكْرارُ مُحاوَلاتٍ لِتَقَرُّبِ الشَّابِّ إِلَى فَتَاةٍ ، بِزَعْمِ حُبِّهِ لَها .

اِغْتَزَلَ يَغْتَزِلُ اِغْتِزالٌ	VIII	to spin

بَعْضُ شِرَكاتٍ تَهْتَمُّ بِاغْتِزالِ الصُّوفِ ، وَبَعْضُها بِاغْتِزالِ الْقُطْنِ .

غ ز و

غَزَا يَغْزُو غَزْوٌ	I	to invade

أَيُّهُمَا أَخْطَرُ عَلَى الشُّعُوبِ : اَلْغَزْوُ الْمُسَلَّحُ ؟ أَمِ الْغَزْوُ الْفِكْرِيُّ ؟

غ س ل

غَسَلَ يَغْسِلُ غَسْلٌ	I	to wash

غَسَلْتُ وَجْهِيَ بِالْمَاءِ وَالصَّابُونِ .

غَسَّلَ يُغَسِّلُ تَغْسِيلٌ	II	to wash thoroughly

في مِصْر ، نَقولُ : تَغْسِيلُ الْمَيِّتِ قَبْلَ دَفْنِهِ ، وَلَكِنْ في بِلادٍ عَرَبِيَّةٍ أُخْرَى يَعْني التَّغْسيلُ تَحَرِّي النَّظافَةِ بِالْماءِ .

اِنْغَسَلَ يَنْغَسِلُ ——	VII	to be washed

سَقَطَ الْمَطَرُ غَزيرًا ، فَانْغَسَلَ الشَّارِعُ دُونَ جُهْدٍ .

اِغْتَسَلَ يَغْتَسِلُ اِغْتِسَالٌ	VIII	to bathe

اِغْتَسَلْتُ قَبْلَ الذَّهابِ إِلَى الْمَسْجِدِ لِلصَّلاةِ .

غ ش ش

غَشَّ يَغُشُّ غِشٌّ	I	to cheat

قَالَ نَبِيُّ الْإِسْلام (ص) : " مَنْ غَشَّنَا فَلَيْسَ مِنَّا " .

غَشَّشَ يُغَشِّشُ تَغْشِيشٌ	II	to make s.o. cheat

غَشَّشَ صَديقَهُ في الامتِحانِ ، فَرَسَبَ الاثْنانِ لِأَنَّ كُلَّ الإجاباتِ كانَتْ خَطَأً .

to be deceived VIII اِغْتَشَّ يَغْتَشُّ اِغْتِشَاشٌ
الاِغْتِشاشُ في أيِّ شَيْءٍ ، أمْرٌ مَرْفوضٌ لأنَّكَ تُزَيِّنُ الأسْوَأَ .

غ ش و

to conceal, cover I غَشِيَ يَغْشَى غَشَاوَةٌ
نَقولُ : عَلَى أبْصارِهِمْ غَشاوَةٌ ، فَلَمْ يَعودوا قادِرينَ عَلَى تَمْييزِ الْجَيِّدِ مِن الرَّديءِ .

to cover II غَشَّى يُغَشِّي تَغْشِيَةٌ
غَشَّت الظُّلْمَةُ وَالضَّبابُ مَعًا الطَّريقَ الدَّائِرِيَّ ، فَحَدَثَتْ حَوادِثُ جَسيمَةٌ .

to cover IV أَغْشَى يُغَشِّي إِغْشَاءٌ
أَغْشَى الظَّلامُ كُلَّ شَيْءٍ فَفَضَّلَ سائِقُ التَّاكْسي التَّوَقُّفَ في مَكانِ انْتِظارٍ .

to cover V تَغَشَّى يَتَغَشَّى تَغَشٍّ
تَغَشَّى الظَّلامُ الْقَرْيَةَ ، فَلَزِمَ الْفَلاَّحون بُيوتَهُمْ .

to hide o.s. X اِسْتَغْشَى يَسْتَغْشِي اِسْتِغْشَاءٌ
اِسْتَغْشَى اللِّصُّ طَوالَ اللَّيْلِ هَرَبًا مِن الشُّرْطَةِ .

غ ص ب

to take by force I غَصَبَ يَغْصِبُ غَصْبٌ
غَصَبَ مَنْهُ سَاعَتَهُ وَعَزَمَ عَلَى ألاَّ يَرُدَّهَا إلَيْهِ .

VIII اِغْتَصَبَ يَغْتَصِبُ اِغْتِصَابٌ

1. to rape
في الْآونَةِ الْأَخيرةِ ، كَثُرتْ جَرائِمُ اغْتِصابِ الشُّبَّانِ لِلْفَتَياتِ. إنَّها مِنْ أبْشَعِ الْجَرَائِمِ .

2. to take by force, usurp اِغْتَصَبَ السَّاعَةَ بَعْدَ مُقَاوَمَةٍ شَدِيدَةٍ .

غ ص ص

to choke I غَصَّ يَغَصُّ غَصٌّ / غُصَّةٌ
كُلَّمَا أَرَدْتُ إِخْبَارَهُ عَنِ الْحَادِثِ ، أَحْسَسْتُ كَأَنَّ فِي حَلْقِي غُصَّةً .

to choke s.o. / o.s. IV أَغَصَّ يُغِصُّ إِغْصَاصٌ
عِنْدَما اسْتَمَعَ إِلَى كَلامِهِ التَّافِهِ ، أَغَصَّ كَثيرًا وَلَمْ يَعُدْ قادِرًا عَلَى الاِسْتِمْرارِيَّةِ .

اِغْتَصَّ يَغْتَصُّ اِغْتِصَاصٌ VIII to be over-crowded

اِغْتصَّ الشَّارِعُ وَاكْتَظَّ بِالسَّيَّارات وَالنَّاسِ ، فَتَضاعَفَ التَّلَوُّثُ الْبِيئِيُّ وَالصَّوْتِيُّ مَعًا .

غ ص ن

غَصَّنَ يُغَصِّنُ تَغْصِينٌ II to prune

يُقالُ : غَصَّنَ الْبُسْتانِيُّ شَجَرَ الْحَديقَةِ حَيْثُ خَفَّفَ بَعْضَ الْفُروعِ لِيتَزايَدَ نُمُوُّ الْفُروعِ الْأُخْرَى .

أَغْصَنَ يُغْصِنُ إِغْصَانٌ IV to prune

عَمَلِيَّةُ إِغْصانِ الشَّجَرِ وَتَخْفيفُها بِنَزْعِ بَعْضِ الْفُروعِ وَاسْتِبْقاءِ أُخْرَى لَيْستْ عَمَلِيَّةً سَهْلَةً .

غ ض ب

غَضِبَ يَغْضَبُ غَضَبٌ I to be angry (with, at)

لَمْ أَكُنْ مِنَ الْمُتَفَوِّقِينَ فِي الْمُسَابَقَةِ ، لِهَذَا غَضِبَ مِنِّي وَالِدِي .

غَاضَبَ يُغَاضِبُ مُغَاضَبَةٌ III to be cross (with)

أَنَا لا أَقْصِدُ مُغَاضَبَتَهُ ، وَلَكِنَّهُ حَسَّاسٌ جِدًّا يَغْضَبُ لأَيِّ سَبَبٍ .

أَغْضَبَ يُغْضِبُ إِغْضَابٌ IV to irritate

أَغْضَبَنِي مِنْهَا أَنَّهَا لا تَرْعَى بَيْتَهَا وَأَوْلادَهَا كَمَا كَانَ يَنْبَغِي .

غ ض ض

غَضَّ يَغُضُّ غَضٌّ I to lower one's eyes (out of politeness)

غَضُّ الْبَصَرِ مَعْنَاهُ أَلّا تَنْظُرَ إِلَى غَيْرِ مَحَارِمِكَ (وَالِدَتِكَ وَأُخْتِكَ وَبِنْتِكَ) .

غ ض و

أَغْضَى يُغْضِي إِغْضَاءٌ IV to disregard

يَقولُ الشّاعِرُ : يُغْضِي حَياءً وَيُغْضَى مِنْ مَهابَتِهِ فَلا يُكَلَّمُ إِلّا حينَ يَبْتَسِمُ .

تَغَاضَى يَتَغَاضَى تَغَاضٍ VI to pretend not to notice

قُلْتُ لَهُ مِرارًا أَنْ يَتَغاضَى عَنْ هَذِهِ الْأُمورِ الْبَسيطَةِ ، وَلَكِنَّه لَمْ يَنْتَصِحْ بِرَأْيِي .

غ ط ر س

غَطْرَسَ يُغَطْرِسُ غَطْرَسَةٌ Q to be arrogant, snobbish

أَنَا لا أَقْبَلُ مِنْهُ هَذِهِ الْغَطْرَسَةَ ، عَلَيْهِ أَنْ يُشَارِكَ وَيَفْهَمَ .

to be arrogant, snobbish Q1 تَغَطْرَسَ يَتَغَطْرَسُ تَغَطْرُسٌ

ظَلَّ يَتَغَطْرَسُ وَلا يَعْمَلُ حِسَابًا لِأَحَدٍ حَتَّى كَانَتْ نِهَايَتُهُ أَلِيمَةً .

غ ط س

to dive I غَطِسَ يَغْطِسُ غَطْسٌ

ظَنَنْتُهُ يَغْطِسُ ، وَلَكِنَّ الْحَقِيقَةَ أَنَّهُ كَانَ يَغْرَقُ .

to submerge, dip II غَطَّسَ يُغَطِّسُ تَغْطِيسٌ

في مُباراةٍ نَهْرِيَّةٍ سَخيفَةٍ ، حاوَلَ كُلٌّ مِنْهما أَنْ يُغَطِّسَ الْآخَرَ ، فَكانَ أَنْ ماتَ أَحَدُهُما .

to dive V تَغَطَّسَ يَتَغَطَّسُ تَغَطُّسٌ

مِنْ هُوايَتِهِ الْمُفَضَّلَةِ أَنْ يَظَلَّ يَتَغَطَّسُ في حَمَّامِ السِّباحَةِ لِساعاتٍ .

غ ط ط

to immerse, plunge I غَطَّ يَغُطُّ غَطٌّ

بَعْدَ تَعَبِ يَوْمٍ طويلٍ ، أَسْنَدَ رَأْسَهُ إِلَى جِذْعِ شَجَرَةٍ وَغَطَّ في سُباتٍ عَميقٍ .

غ ط و

to cover s.o. / s.th. II غَطَّى يُغَطِّي تَغْطِيَةٌ

غَطَّتِ الْأُمُّ وَليدَها بِبَطَّانِيَّةٍ مِن الصُّوفِ ، فَكادَ يَخْتَنِقُ .

to be covered V تَغَطَّى يَتَغَطَّى تَغَطٍّ

تَغَطَّى الْوَلَدُ بِغِطاءِ الْوِسادَةِ ، فَأَصْبَحوا يَبْحَثُونَ عَنْهُ .

غ ف ر

to forgive I غَفَرَ يَغْفِرُ غُفْرَانٌ

طَلَبْتُ مِنَ اللهِ أَنْ يَغْفِرَ لِي مَا عَمِلْتُهُ مِنْ أَخْطَاءٍ .

to forgive VIII اِغْتَفَرَ يَغْتَفِرُ اِغْتِفارٌ

يَغْتَفِرُ اللهُ ذُنُوبَ الْإِنْسَانِ عَلَى شَرِيطَةِ أَلَّا يَعُودَ الْإِنْسَانُ إِلَيْهَا .

to ask forgiveness X اِسْتَغْفَرَ يَسْتَغْفِرُ اِسْتِغْفَارٌ

ظَلَلْتُ أَسْتَغْفِرُ اللهَ رَاجِيًا أَنْ يَصْفَحَ عَنِّي وَيَغْفِرَ لِي .

غ ف ل

to neglect, be forgetful	I	غَفْلَةٌ / غَفَلٌ	يَغْفُلُ	غَفَلَ

غَفَلَتْ عَنْ حَقِيبَتِهَا فِي الْمَطَارِ ، فَسَرَقَهَا اللُّصُوصُ .

to make s.o. inattentive	II	تَغْفِيلٌ	يُغَفِّلُ	غَفَّلَ

حاوَلَ أَنْ يُغَفِّلَهُ بِبَعْضِ الْحِيَلِ ، ثُمَّ سَرَقَهُ وَهَرَبَ .

to exploit s.o.'s carelessness	III	مُغَافَلَةٌ	يُغَافِلُ	غَافَلَ

غَافَلَ اللِّصُّ السَّيِّدَةَ ، وَقَامَ بِسَرِقَةِ حَقِيبَتِهَا .

to neglect, overlook	IV	إِغْفَالٌ	يُغْفِلُ	أَغْفَلَ

لاَ أُرِيدُكَ أَنْ تُغْفِلَ هَذِهِ النُّقْطَةَ ، عَلَيْكَ أَنْ تَذْكُرَهَا فِي الْاِجْتِمَاعِ .

to exploit s.o.'s carelessness	V	تَغَفُّلٌ	يَتَغَفَّلُ	تَغَفَّلَ

ظَلّوا يَتَغَفَّلونَهُ إِلَى أَنْ اِعْتادَ حَتَّى عَلَى مُغافَلَةِ نَفْسِهِ .

to ignore	VI	تَغافُلٌ	يَتَغافَلُ	تَغافَلَ

حَاوَلَ أَنْ يَتَغَافَلَ عَنِ الْفُقَرَاءِ ، وَنَسِيَ أَنَّ اللهَ لَيْسَ بِغَافِلٍ عَنْ أَحَدٍ .

to fool, dupe s.o.	X	اِسْتِغْفَالٌ	يَسْتَغْفِلُ	اِسْتَغْفَلَ

اِسْتَغْفَلَهُ لأَنَّهُ كَانَ مَشْغُولاً بِالدَّاخِلِ ، وسَرَقَ نُقودَهُ .

غ ف و

to slumber, doze	I	غَفْوَةٌ / غُفُوٌّ	يَغْفُو	غَفَا

رَجَعْتُ مِنْ عَمَلِي مُتْعَبًا ، فَغَفَوْتُ غَفْوَةً قَصِيرَةً قَبْلَ الْغَدَاءِ .

to slumber, doze	IV	إِغْفاءٌ	يُغْفِي	أَغْفَى

لَسْتُ أَدْرِي ما حَدَثَ : أَكانَتْ غَفْوَةً أَمْ إِغْفاءَةً ، اَلْمُهِمُّ أَنَّنِي نِمْتُ .

غ ل ب

to defeat	I	غُلْبٌ / غَلَبَةٌ	يَغْلِبُ	غَلَبَ

لَقَدْ غَلَبْتُهُ عَلَى أَمْرِهِ ، وَلَمْ يَعُدْ يَعْرِفُ مَاذَا يَعْمَلُ .

to predominate	II	تَغْلِيبٌ	يُغَلِّبُ	غَلَّبَ

يُقَالُ عَنِ الأَبِ وَالأُمِّ : " أَبَوَانِ " . وَهَذَا لُغَوِيًا يُسَمَّى " التَّغْلِيبَ " .

to combat (with, against)	III	مُغَالَبَةٌ	يُغَالِبُ	غَالَبَ

ظَلَّ يُغَالِبُهُ عَلَى الْمَرْكَزِ الأَوَّلِ حَتَّى غَلَبَهُ وَحَصَلَ عَلَيهِ .

تَغَلَّبَ يَتَغَلَّبُ تَغَلُّبٌ V to overcome

كانَتْ أَمَامِي صُعُوبَاتٌ كَثِيرَةٌ وَلَكِنِّي أَحْمَدُ اللهَ ، فَلَقَدْ تَغَلَّبْتُ عَلَيْهَا جَمِيعاً .

تَغَالَبَ يَتَغَالَبُ تَغَالُبٌ VI to struggle with one another

ظَلَّ الطَّرَفانِ يَتَغَالَبانِ وَلَمْ يَسْتَطِعْ أَيٌّ مِنْهُمَا أَنْ يَهْزِمَ الآخَرَ .

غ ل ط

غَلِطَ يَغْلَطُ غَلَطٌ I to make a mistake, err

غَلِطَ ابْنِي فِي كِتَابَةِ كَلِمَةِ " قَامُوس " حَيْثُ كَتَبَ كَافًا بَدَلَ الْقَافِ .

غَلَّطَ يُغَلِّطُ تَغْلِيطٌ II to cause s.o. to make a mistake

حَاوَلَ أَنْ يُغَلِّطَهُ فِي الإِمْلاءِ فَقَرَأَ الْكَلِمَاتِ بِسُرْعَةٍ وَمَرَّةً وَاحِدَةً فَقَطْ .

غَالَطَ يُغَالِطُ مُغَالَطَةٌ III to falsify

إِنَّهُ يَعْرِفُ الْحَقِيقَةَ جَيِّدًا ، وَلَكِنَّهُ دَائِمًا يُغَالِطُ ولا يَعْتَرِفُ بِها .

أَغْلَطَ يُغْلِطُ إِغْلاطٌ IV to cause s.o. to make a mistake

لَمْ يُغَلِّطْهُ مَرَّةً وَاحِدَةً فَحَسْبُ ، لَقَدْ تَعَوَّدَ عَلَى إِغْلاطِهِ مَرَّاتٍ عَديدَةً .

تَغَالَطَ يَتَغَالَطُ تَغَالُطٌ VI

to cause each other to make mistakes

يُحاوِلُ كُلٌّ مِنْهُما أَنْ يَتَغالَطَ مَعَ الآخَرِ ، وَلا نَدْري ماذا سَتَكونُ النَّتيجَةُ .

غ ل ظ

غَلُظَ يَغْلُظُ غِلَظٌ / غِلْظَةٌ I to be tough, rude

إِنَّهَا لا تُحِبُّه ، لأَنَّهُ دَائِمًا يَغْلُظُ مَعَهَا فِي كَلامِهِ .

غَلَّظَ يُغَلِّظُ تَغْلِيظٌ II to make gross

أَخَذَ يُغَلِّظُ الأَيْمَانَ أَيْ يَحْلِفُ باللهِ مَرَّةً وَمَرَّةً ، حَتَّى صَدَّقْتُهُ .

أَغْلَظَ يُغْلِظُ إِغْلاظٌ IV to speak rudely

سَمِعْتُهُ يُغْلِظُ لَهَا الْقَوْلَ ، وَهِيَ صَامِتَةٌ تَسْمَعُ وَلا تَرُدُّ .

اِسْتَغْلَظَ يَسْتَغْلِظُ اِسْتِغْلاظٌ X to thicken

اسْتَغْلَظَتْ سَاقُ النَّبَاتِ أَيْ كَبُرَتْ فِي الْحَجْمِ .

غ ل غ ل

غَلْغَلَ يُغَلْغِلُ غَلْغَلَةٌ Q to penetrate

الْغَلْغَلةُ دُخولٌ إِلَى أَعْماقِ الْأَشْياءِ ، يَقولونَ : مِنْ أَجْلِ فَهْمِ حَقيقَتِها .

تَغَلْغَلَ يَتَغَلْغَلُ تَغَلْغُلٌ Q2 to penetrate into s.th.

تَغَلْغَلَ نُفوذُهُ في الْقَرْيَةِ ، حَتَّى أَصْبَحَ مِنْ كِبارِ الزُّرَّاعِ وَالتُّجَّارِ الْمَرْموقينَ .

غ ل ف

غَلَّفَ يُغَلِّفُ تَغْلِيفٌ II to bind, wrap

هَذِهِ الْمَطْبَعَةُ تُغَلِّفُ الْكُتُبَ دَائِمًا تَغْلِيفًا فاخِرًا .

غ ل ق

غَلَقَ يَغْلِقُ غَلْقٌ I to close

" الْمَحَلُّ مُغْلَقٌ لِلتَّحسينات " نَقْرَأُ هَذِهِ اللَّوْحَةَ أَحْيانًا عَلَى مَحَلّاتٍ تُجَدِّدُ أَحْوالَها .

غَلَّقَ يُغَلِّقُ تَغْلِيقٌ II to lock s.th.

في قِصَّةِ يُوسُفَ عَلَيْهِ السَّلامُ ، تَقولُ الْآيَةُ الْقُرْآنِيَّةُ عَنْ زُلَيْخا امْرأةِ الْعَزيزِ "... وَغَلَّقَتِ الأَبْوابَ " .

أَغْلَقَ يُغْلِقُ إِغْلاقٌ IV to close s.th.

شاعَ في الْقَرْنِ التّاسِعَ عَشَرَ وأَوائِلِ الْقَرْنِ الْعِشْرينَ : إِغْلاقُ بَعْضِ الصُّحُفِ وَالْمَجَلّاتِ .

اِنْغَلَقَ يَنْغَلِقُ اِنْغِلاقٌ VII to be closed

لِماذا الْاِنْغِلاقُ عَلَى النَّفْسِ ؟ الْاِنْفِتاحُ عَلَى الْآخَرِ أَمْرٌ مَطْلوبٌ .

اِسْتَغْلَقَ يَسْتَغْلِقُ اِسْتِغْلاقٌ X to be obscure

عِنْدَما اسْتَغْلَقَ الْأَمْرُ عَلَيْهِمْ ، لَمْ يَجِدوا وَسيلَةً لِحَلِّ الْمُشْكِلَةِ .

غ ل ل

غَلَّ يَغُلُّ غَلٌّ I to produce (land)

غَلَّت الْأَراضي الصَّحْراوِيَّة غَلًّا وَفيرًا بَعْدَ اِسْتِصْلاحِها .

تَغَلَّلَ يَتَغَلَّلُ تَغَلُّلٌ V to penetrate

تَغَلَّلَت الْمِياهُ الْجَوْفِيَّةُ في باطِنِ الْأَرْضِ ، حَتَّى قَوَّضَت الْمَنْزِلَ فَانْهارَ .

اِنْغَلَّ يَنْغَلُّ اِنْغِلالٌ VII to penetrate

اَلْانْغِلالُ تَسَرُّبٌ خَفِيٌّ إِلَى الْأَعْماقِ : يَحْدُثُ ذَلِكَ مادِّيًّا أَوْ مَعْنَوِيًّا عَلَى السَّواءِ .

اِسْتَغَلَّ يَسْتَغِلُّ اِسْتِغْلالٌ X to exploit

حاوَلَ أَنْ يَسْتَغِلَّها وَيَحْصُلَ عَلَى ثَرْوَتِها ، وَلَكِنَّها كانَتْ أَذْكَى مِنْهُ وَاسْتَغَلَّتْهُ .

غ لـ و

غَلا يَغْلُو غُلُوٌّ I to be high

غَلَت الْأَسْعارُ غُلُوًّا فاحِشًا .

غَلَّى يُغَلِّي تَغْلِيَةٌ II to raise the price

كُلَّما انْخَفَضَ سِعْرُ الدّولار ، غَلَّى الْجَواهِرْجِيَّةُ سِعْرَ الذَّهَبِ . ما الْعَلاقَةُ ؟

غالَى يُغالِي مُغالاةٌ III to exaggerate

أَنا أَكْرَهُ الْمُغالاةَ في كُلِّ شَيْءٍ ، حَتَّى وَلَو كانتْ في حُسْنِ الْإِسْتِضافَةِ .

أَغْلَى يُغْلِي إِغْلاءٌ IV to raise the price

لماذا يُغْلي السِّعْرَ وَلَهُ مُنافِسونَ يبيعونَ بِأَقَلَّ مِنْهُ ؟

تَغالَى يَتَغالَى تَغالٍ VI to be excessive

تَغالَتْ أَسْعارُ السِّلعِ عالَمِيًّا بِشَكْلٍ مُذْهِلٍ . كَيْفَ يَعيشُ النَّاسُ ؟

اِسْتَغْلَى يَسْتَغْلِي اِسْتِغْلاءٌ X to find expensive

كُنْتُ أَوَدُّ شِراءَ مِعْطَفٍ جَديدٍ وَلَكِنِّي اسْتَغْلَيْتُ سِعْرَه فَلَمْ أَشْتَرِهِ .

غ لـ ي

غَلَى يَغْلِي غَلْيٌ / غَلَيَانٌ I to boil

غَلَى الْماءُ غَلَيَانًا كَثيرًا حَتَّى تَبَخَّرَ بَعْضُهُ وَنَقَصَ .

أَغْلَي يُغْلِي إِغْلاءٌ IV to make boil

اَلْأَفْضَلُ أَنْ تُغْلِيَ الْماءَ جَيِّدًا قَبْلَ أَنْ تُضِيفَ الشّايَ والسُّكَّرَ .

غ مـ د

غَمَدَ يَغْمِدُ غَمْدٌ I to sheathe

غَمَدَ الْمُحارِبُ السَّيْفَ في قِرابِهِ . تَقولُ الْعامَّةُ " جِرابِه " .

to sheathe, conceal II غَمَّدَ يُغَمِّدُ تَغْمِيدٌ

غَمَّدَ الْمُحارِبونَ سُيوفَهُمْ في قِرابِهِمْ بَعْدَ فَوْزِهِمْ عَلَى أَعْدائِهِمْ .

to sheathe IV أَغْمَدَ يُغْمِدُ إغْمَادٌ

أَراهُ يُغْمِدُ السَّيْفَ الآنَ ، مَعْنَى ذَلِكَ أَنَّه جَنَحَ إِلَى السَّلامِ .

to protect V تَغَمَّدَ يَتَغَمَّدُ تَغَمُّدٌ

" تَغَمَّدَ اللهُ الْفَقيدَ بِرَحْمَتِهِ " كَلِمَةُ دُعاءٍ نَقولُها دائِمًا عِنْدَما نَتَذَكَّرُ أَحَدَ مَوْتانا .

غ م ر

to flood I غَمَرَ يَغْمُرُ غَمْرٌ

كَانَت الأَمطَارُ غَزِيرَةً ، فَغَمَرَت الْوَادِي كُلَّهُ .

to engage in an adventure III غَامَرَ يُغَامِرُ مُغَامَرَةٌ

كانَتْ مُغامَرَةً غَيْرَ مَحْسُوبَةٍ ، وَضَعَ كُلَّ نُقُودِهِ في الْبورصَةِ فَضاعَ رَصيدُهُ .

to be immersed VII اِنْغَمَرَ يَنْغَمِرُ اِنْغِمَارٌ

اِنْغَمَرَتِ الأَشْجَارُ فِي الْمَاءِ فَلَمْ نَعُدْ نَرى إلا أَوْرَاقَهَا .

غ م ز

to wink I غَمَزَ يَغْمِزُ غَمْزٌ

الْغَمْزُ بِالْعَيْنِ لُغَةٌ ، وَلَكِنَّهَا لُغَةٌ غَيْرُ مُتَحَضِّرَةٍ .

to signal and wink to one another VI تَغَامَزَ يَتَغَامَزُ تَغَامُزٌ

رَأَيْتُ بَعْضَ السَّيِّدَاتِ يَتَغَامَزْنَ عَلَى أُخْرَيَاتٍ . أَنَا لا أَحْتَرِمُ سُلُوكِيَّاتِهِنَّ . خُلُقٌ بَذِيءٌ .

غ م س

to dip I غَمَسَ يَغْمِسُ غَمْسٌ

غَمَسَ الْكاتِبُ الْقَلَمَ في الْمِحْبَرَةِ ، ثُمَّ كَتَبَ الآيَةَ الْقُرْآنِيَّةَ بِخَطٍ كوفِيٍّ جَميلٍ .

to dip II غَمَّسَ يُغَمِّسُ تَغْمِيسٌ

ظَلَّ يُغَمِّسُ الْقَلَمَ وَيُدَبِّجُ صَفَحاتٍ وَصَفَحاتٍ ، حَتىّ نَفِدَ الْمِدادُ ، أي الْحِبْرَ .

to immerse, be dipped (in) VII اِنْغَمَسَ يَنْغَمِسُ اِنْغِمَاسٌ

اِنْغَمَسَ صاحِبُنا في اللَّهْوِ وَالْمَلاهي اللَّيْلِيَّةِ فَأَضاعَ نَفْسَهُ ، وَضَيَّعَ أَمْوالَهُ .

to immerse, be dipped (in) VIII اِغْتَمَسَ يَغْتَمِسُ اِغْتِمَاسٌ

قَدْ يَكونُ في " الاِغْتِماسِ " مُبالَغَةً في الْغَمْسِ ، أَوْ هُوَ غَمْسٌ مُتَكَرِّرٌ ، أَوْ فيهِ جُهْدٌ .

غ م ض

to be obscure I غَمُضَ يَغْمُضُ غُمُوضٌ

أَصْبَحَ الْغُموضُ يُسَيْطِرُ عَلَى الْمَوْقِفِ وَلا نَدْري ماذا سَيَكونُ الْحَلُّ .

to shut eyes II غَمَّضَ يُغَمِّضُ تَغْمِيضٌ

غَمَّضَ الطَّبيبُ بِيَدِهِ عَيْنَ الْمَريضِ ، لِيَتَحَسَّسَ نَبْضَها وَهِيَ مُغْمَضَةٌ .

to shut eyes IV أَغْمَضَ يُغْمِضُ إِغْمَاضٌ

أَمْسَكَ بِمِسْبَحَتِهِ بَعْدَ الصَّلاةِ ، ثُمَّ أَغْمَضَ عَيْنَيْهِ وَاسْتَمَرَّ في قِرَاءَةِ الْقُرْآنِ الْكَريمِ .

to be closed VII اِنْغَمَضَ يَنْغَمِضُ اِنْغِمَاضٌ

اِنْغَمَضَ الْمَوْقِفُ أَكْثَرَ ، وَتَدَخَّلَ الْكَثيرونَ في مُحاوَلَةٍ لاِسْتيضاحِ الْحَقيقَةِ .

to sleep VIII اِغْتَمَضَ يَغْتَمِضُ اِغْتِمَاضٌ

مُنْذُ لَيْلَتَيْنِ ، لَمْ تَغْتَمِضْ عَيْناىَ بِالنَّومِ ، كانوا يَقولُونَ : لَمْ تَكْتَحِلْ .

غ م ط

to belittle I غَمَطَ يَغْمِطُ غَمْطٌ

حَاوَلَ أَنْ يَغْمِطَهَا حَقَّهَا ، وَلَكِنَّ جُهْدَهَا فِي الْبَحْثِ وَاضِحٌ .

to undervalue IV أَغْمَطَ يُغْمِطُ إِغْماطٌ

لِمَاذَا يُغْمِطُهُمْ مَعَ أَنَّهُمْ يَعْمَلُونَ لَيْلَ نَهارَ .

غ م غ م

to mumble Q غَمْغَمَ يُغَمْغِمُ غَمْغَمَةٌ

ظَلَّ الدَّرْويشُ يُغَمْغِمُ في السَّاحَةِ بِكَلامٍ لا نَعْرِفُهُ ، ثُمَّ سَقَطَ عَلَى الأَرْضِ مَغْشِيّاً عَلَيْهِ .

غ م م

to trouble, grieve s.o. I غَمَّ يَغُمُّ غَمٌّ

ذَكَرَ لِي خَبَرًا شَنِيعًا ، فَغَمَّ كُلَّ الْحَاضِرِينَ .

to conceal s.th. II غَمَّمَ يُغَمِّمُ تَغْمِيمٌ

تَغْميمُ الْغَمامِ أَو السَّحابِ ، يَجْعَلُكَ لا تَرَى الشَّمْسَ بِوَضوحٍ .

أَغَمَّ يُغِمُّ —— IV to distress

أَغَمَّه بِالْخَبَرِ الْأَلِيمِ ، فَخَرَجَ مِن الْمَكْتَبِ لا يَلْوِي عَلَى شَيْءٍ ، أيْ تَائِهًا لا يَعْرِفُ إِلَى أَيْنَ يَتَّجِهُ .

حَاوَلَ أَنْ يُغِمَّهُمْ بِذِكْرِ هَذَا الْخَبَرِ الْمُحْزِنِ .

اِنْغَمَّ يَنْغَمُّ اِنْغِمَامٌ VII to be distressed

سَمِعُوا بالنَّبأِ فَانْغَمَّ الْجَميعُ دونَ اسْتِثناءٍ .

اِغْتَمَّ يَغْتَمُّ اِغْتِمَامٌ VIII to be distressed

حِينَ سَمِعْتُ بِنَبَإِ اعْتِقَالِهِ ، اغْتَمَمْتُ كَثِيرًا لِذَلِكَ ، أَعْلَمُ أَنَّهُ بَرِيءٌ .

غ م ي

غُمِيَ يُغْمَى غَمْيٌ I to faint

لَقَدْ فَقَدَ تَوازُنَهُ وَغُمِيَ عَلَيْهِ بَعْدَ جَوْلَةِ مُلاكَمَةٍ خاسِرَةٍ .

غَمَّى يُغَمِّي تَغْمِيَةٌ II to blindfold

لِماذا تُغَمِّي عَلَيْهِمْ نَبَأَ سَفَرِكَ؟ حَتْمًا سَيَعْرِفونَ ذَلِكَ .

أَغْمَى يُغْمِي إِغْمَاءٌ IV to faint

في حالَةِ رُؤْيَتِكَ لِحالَةِ إِغْماءٍ ، عَلَيْكَ تَطْبيقُ مَبادِئِ الإِسْعافاتِ الأَوَّلِيَّةِ .

غ ن د ر

تَغَنْدَرَ يَتَغَنْدَرُ تَغَنْدُرٌ Q1 to be coquettish

تَزَوَّجَ الْعَجُوزُ امْرَأَةً مُتَصابِيَةً : تَتَغَنْدَرُ أَمامَهُ وَهْوَ في حالَةِ إِعْياءٍ شَديدٍ .

غ ن م

غَنِمَ يَغْنَمُ غَنِيمَةٌ I to gain

الْغَنيمَةُ ما يَأْخُذُهُ الْجَيْشُ مِنْ خَصْمِهِ بَعْدَ هَزيمَتِهِ ، وَهِيَ كَسْبٌ حَلالٌ .

أَغْنَمَ يُغْنِمُ إِغْنَامٌ IV to make gain

أَعْتَقِدُ أَنَّهُ أَغْنَمَ كَثيرًا مِن عَمَلِيّاتِ الاِسْتيرادِ وَالتَّصْديرِ .

اِغْتَنَمَ يَغْتَنِمُ اِغْتِنَامٌ VIII to take (the opportunity)

اِغْتَنَمْتُ الْفُرْصَةَ ، وَفاتَحْتُ خالي بِرَغْبَتي في الزَّواجِ مِن ابْنَتِهِ .

غ ن ي

غَنِيَ	يَغْنَى	غِنَىً	I	to be wealthy

غَنِيَ الرَّجُلُ كَثيرًا مِنْ خِلالِ تِجارَةِ الْمُخدِّراتِ .

غَنَّى	يُغَنِّي	تَغْنِيَةٌ / غِناءٌ	II	to sing

ظَلَّ يُغَنِّي في الْحَفْلَةِ حَتَّى الصَّباحِ .

أَغْنَى	يُغْنِي	إِغْناءٌ	IV	to suffice

إِنَّ ما فَعَلَهُ مَعَهُم ، يُغْني كَثيرًا عَنْ أيِّ اِعْتِذارٍ .

اِغْتَنَى	يَغْتَنِي	اِغْتِنَاءٌ	VIII	to become rich

اِغْتَنَى التَّاجِرُ كَثيرًا ، لِأَنَّهُ يُراعِي ضَميرَهُ وَلا يُدْخِلُ الْحَرامَ عَلَى نَفْسِهِ وَعِيالِهِ .

اِسْتَغْنَى	يَسْتَغْنِي	اِسْتِغْنَاءٌ	X	to spare, have no need

لَدَيَّ سَيَّارَتانِ ، اِسْتَغْنَيْتُ عَن السَّيَّارةِ الْأَكْبَرِ وَبِعتُها لِازْدِحامِ الشَّوارِعِ .

غ و ث

أَغَاثَ	يُغِيثُ	إِغَاثَةٌ	IV	to help

في فِلِسْطينَ ، تَأَسَّسَتْ مُنْذُ فَتْرَةٍ طَويلةٍ. وَكالَةُ غَوْث (أَوْ إِغاثَةِ) الْلاجِئينَ .

اِسْتَغَاثَ	يَسْتَغِيثُ	اِسْتِغَاثَةٌ	X	to appeal for help

عِنْدَما هاجَمَهُ الْمُجْرِمونَ لَيْلاً ، حاوَلَ الاِسْتِغاثَةَ ، وَلَمْ يَسْتَجِبْ لَهُ أَحَدٌ .

غ و ر

غَارَ	يَغُورُ	غَوْرٌ	I	to become hollow

أَحْيانًا تَغُورُ بَعْضُ الصُّخورِ أَوْ تَسْقُطُ نَتيجَةَ ظَاهِرَةِ " التَّعْرِيَةِ والنَّحْتِ " .

غَوَّرَ	يُغَوِّرُ	تَغْوِيرٌ	II	to hollow s.th. out

بِحُجَّةِ تَنْظِيفِ الْجُرْحِ ، غَوَّرَ الطَّبيبُ كَثيرًا مِنْ فَتْحَةِ الْجُرْحِ .

أَغَارَ	يُغِيرُ	إِغَارَةٌ	IV	to raid

أَغارَ عَلَى الْأَعْداءِ لَيْلاً ، وَأَبادَهُمْ عَنْ آخِرِهِمْ ، ورَجَعَ وَهُوَ يَرْفَعُ لِواءَ النَّصْرِ .

غ و ص

غَاصَ	يَغُوصُ	غَوْصٌ	I	to submerge, dive

يَغُوصُ الْمَلاَّحونَ إِلَى أَعْماقِ الْبَحْرِ وَحَتَّى الشُّعَبِ الْمُرْجانِيَّةِ .

غَوَّصَ يُغَوِّصُ تَغْويصٌ II to immerse s.o. / s.th.

التَّغْويصُ مَعْنَاهُ الْقِيَامُ بِعَمَلِيَّاتِ الْغَوْصِ عِنْدَ الاسْتِعْدَادِ .

غ و ط

غَوَّطَ يُغَوِّطُ تَغْويطٌ II to deepen

لَقَدْ غَوَّطَ الطَّبيبُ مَكانَ الرُّصاصَةِ ، لِيُمْكِنَهُ إِخْراجُها مِن كَتِفِ الْمَجْنيِّ عَلَيْهِ .

تَغَوَّطَ يَتَغَوَّطُ تَغَوُّطٌ V to evacuate the bowels

التَّغَوُّطُ عَمَلِيَّةٌ يَتَخَلَّصُ فيها الْجِهازُ الْهَضْمِيُّ مِنْ فَضَلاتِ الْأَكْلِ .

غ و ل

غَالَ يَغُولُ غَوْلٌ I to destroy

الْغَوْلُ هُو الْهَلاكُ وَهْوَ نَوْعٌ مِن التَّدَمُّر الّذي لا يَعْرِفُ رَحْمَةً .

اِغْتَالَ يَغْتَالُ اِغْتِيَالٌ VIII to assassinate

مِنْ أَقسَى الْعَمَليات الْإِجْرامِيَّةِ ، اِغْتيالُ الشُّرَفاءِ مِن النَّاسِ .

غ و ي

غَوَى يَغْوِي غَوْيٌ / غَيٌّ / غَوايَةٌ I to misguide, tempt

سَيَظَلُّ الشَّيْطَانُ يَغْوِي الْإِنْسَانَ ، وَسَيَظَلُّ الْإِنْسَانُ يُقَاوِمُ .

غَوَّى يُغَوِّي تَغْوِيَةٌ II to tempt

ظَلَّ يُغَوِّيهِ حَتَّى وافَقَ عَلَى مُشارَكَتِهِ في الْإِجْرَام .

أَغْوَى يُغْوِي إِغْواءٌ IV to tempt

أَغْواهُ بِالْمالِ حَتَّى تَرَكَ دِراسَتَهُ بِالْجامِعَةِ ، وَانْضَمَّ إِلَى بِطانَةِ السُّوءِ .

حَاوَلَ الشَّيْطَانُ أَنْ يُغْوِيَهُ ، فَلَمْ يَسْتَطِعْ .

اِنْغَوَى يَنْغَوِي اِنْغِواءٌ VII to be enticed

قَدْ تَظُنُّ أَنَّهُ اِنْغَوَى ، وَلَكِنِّي أَعْتَقِدُ أَنَّ إِيمَانَهُ أَقْوَى مِنْ هَذا .

غ ي ب

غَابَ يَغِيبُ غِيَابٌ / غَيْبَةٌ I to be absent

غَابَ صَدِيقي عَنِ الصَّفِّ مَرَّتَيْنِ حَتَّى الْآنَ .

to cause s.th. to disappear | II | تَغْيِيبٌ | يُغَيِّبُ | غَيَّبَ

إِنَّ شُرْبَهُ الْخَمْرَ يُغَيِّبُ عَقْلَهُ فَلاَ يَعِي مَا يَدُورُ حَوْلَهُ .

to be absent | V | تَغَيُّبٌ | يَتَغَيَّبُ | تَغَيَّبَ

تَغَيَّبَ ثَلاثَةَ أَيَّام بِسَبَبِ مَرَضِهِ .

to backbite | VIII | اِغْتِيابٌ | يَغْتَابُ | اِغْتَابَ

إِنَّهُمْ يَغْتَابُونَ زَمِيلَهُمْ وَيَتَكَلَّمُونَ عَنْهُ بالسُّوءِ فِي غِيَابِهِ .

غ يـ ث

to water with rain | I | غَيْثٌ | يَغِيثُ | غَاثَ

اَلْقُرآنُ الْكَرِيمُ يَسْتَخْدِمُ كَلِمَةَ " الْمَطَرِ " في وَقْتِ الشِّدَّةِ ، وَيَسْتَخْدِمُ كَلِمَةَ " الْغَيْثِ " في الرَّحمةِ دائِمًا .

غ يـ ر

to be jealous (about, of) | I | غَيْرَةٌ | يَغَارُ | غَارَ

هُوَ دَمِيمٌ ، وَهِيَ جَمِيلَةٌ جِدًّا ، لِهَذَا فَهُوَ دَائِمًا يَغَارُ عَلَيْهَا .

to alter, change | II | تَغْيِيرٌ | يُغَيِّرُ | غَيَّرَ

عَلَى الإِنْسَانِ أَنْ يُغَيِّرَ ظُرُوفَهُ مِنْ وَقْتٍ لآخَرَ خَشْيَةَ الْمَلَلِ .

to differentiate | III | مُغَايَرَةٌ | يُغَايِرُ | غَايَرَ

كُنْتُ أَظُنُّ أَنَّ اللُّغَةَ هِيَ الْكَلامُ ، وَلَكِنَّ أُسْتَاذِي غَايَرَ بَيْنَهُمَا .

to raid | IV | إِغَارَةٌ | يُغِيرُ | أَغَارَ

أَغَارَ بَعْضُ الْبَدْوِ عَلَى سُكَّانِ الْقَرْيَةِ .

to be changed | V | تَغَيُّرٌ | يَتَغَيَّرُ | تَغَيَّرَ

لَقَدْ تَغَيَّرَ الْحَالُ عَنْ ذِي قَبْلُ ، وَأَصْبَحَتْ فِي وَضْعٍ أَفْضَلَ .

غ يـ ظ

to infuriate | I | غَيْظٌ | يَغِيظُ | غَاظَ

غَاظَنِي أَنَّ الْقِطَارَ فَاتَنِي وَأَنَا بِالْمَحَطَّةِ أُسَلِّمُ عَلَى صَدِيقِي .

to make furious, vex | II | تَغْيِيظٌ | يُغَيِّظُ | غَيَّظَ

غَيَّظَنِي مِنْهُ أَنهُ يُسيءُ إِلَيَّ دائِمًا وَلا يُفَكِّرُ مَرَّةً في الاِعْتِذارِ .

أَغَاظَ يُغِيظُ إِغَاظَةٌ IV to make furious, vex

إِذَا أَرَدتَ أَنْ تُغِيظَهُ ، فَاعْلَمْ أَنَّهُ أَيْضًا سَيُغِيظُكَ .

اِغْتَاظَ يَغْتَاظُ اِغْتِيَاظٌ VIII to become furious (with, about)

اغْتَظْتُ كَثِيرًا مِنْهُ لأَنَّهُ أَخْطَأَ وَلَمْ يَعْتَذِرْ عَنْ خَطَئِهِ .

غ ي م

غَامَ يَغِيمُ غَيْمٌ I to become cloudy

ظَهَرَ غَيْمٌ في السَّماءِ ، ظَنَّ أَنَّها سَتُمْطِرُ فَقَرَّرَ الْبَقاءَ في الْبَيْتِ .

غَيَّمَ يُغَيِّمُ تَغْيِيمٌ II to become cloudy

غَيَّمَ عَلَى الْمُؤتَمرِ شُعورٌ كَئِيبٌ ، بِسَبَبِ ما تَمَّ نَشْرُه عَنْهُ في جَرائِدِ الْيَوْمِ .

ف

ف أ ت

اِفْتَأَتَ   يَفْتَئِتُ   اِفْتِئاتٌ   VIII   to tell lies

إِنَّهُ كاذِبٌ لا يَقولُ الْحَقيقَةَ ، قُلْتُ لَهُ : لِماذا الاِفْتِئاتُ عَلَى النَّاسِ ؟

ف أ ف أ

فَأْفَأَ   يُفَأْفِئُ   فَأْفَأَةٌ   Q   to stammer

اَلْفَأْفَأَةُ عَيْبٌ خَلْقِيٌّ في النُّطْقِ ، يُمْكِنُ مُعالَجَتُها بِقِسمِ التَّخاطُبِ بِجامِعَةِ عَيْن شَمْس .

ف أ ل

تَفاءَلَ   يَتَفاءَلُ   تَفاؤُلٌ   VI   to regard as a good omen

سَمِعْتُ النَّبَأَ السَّعيدَ أَمْسِ ، فَتَفاءَلْتُ كَثيرًا .

ف ت ت

فَتَّ   يَفُتُّ   فَتٌّ   I   to weaken

يَقُولونَ : فَتَّ فُلانٌ في عَضُدِ (ساعِدِ الْيَدِ) فُلانٍ ، أَيْ ضَعَفَهُ وَخَذَلَهُ .

فَتَّتَ   يُفَتِّتُ   تَفْتيتٌ   II   to crumble

في الْمُسْتَشْفَياتِ الْآنَ ، يَتِمُّ تَفْتيتُ كافَّةِ أَنْواعِ الْحَصَى لِلشَّخْصِ بِاللِّيزَر .

تَفَتَّتَ   يَتَفَتَّتُ   تَفَتُّتٌ   V   to be crumbled

تَفَتَّتَتِ الْحَصاةُ الَّتي كانَتْ بِالْكِلَى ، وَلَكِنَّ الْمَريضَ ما يَزالُ يَشْعُرُ بِأَلَمٍ شَديدٍ .

ف ت ح

فَتَحَ   يَفْتَحُ   فَتْحٌ   I   to open

فَتَحْتُ النَّافِذَةَ وَالْبابَ ، فَدَخَلَ الْهَواءُ الْحُجْرَةَ بارِدًا مُنْعِشًا .

فاتَحَ   يُفاتِحُ   مُفاتَحَةٌ   III   to broach

حاوَلَ أَنْ يُفاتِحَها فِي أَمْرِ زَواجِهِ ، وَلَكِنَّهُ خَجِلَ .

تَفَتَّحَ يَتَفَتَّحُ تَفَتُّحٌ V

1. to be opened تَفَتَّحَت أَبْوَابُ مَكْتَبِ الاقْتِرَاعِ إيذاناً بِبَدْءِ عَمَلِيَّةِ التَّصْويتِ .

2. bloom تَفَتَّحَت الأزْهَارُ وَالْوُرُودُ إيذَاناً بِقُدُومِ الرَّبيعِ .

to open up, be open VII اِنْفَتَحَ يَنْفَتِحُ اِنْفِتَاحٌ

صَدِيقِي رَجُلٌ مُطَّلِعٌ ، يَنْفَتِحُ عَلَى الْعَدِيدِ مِنَ الثَّقَافَاتِ .

to inaugurate VIII اِفْتَتَحَ يَفْتَتِحُ اِفْتِتَاحٌ

اِفْتَتَحَ الْوَزِيرُ الْحَفْلَ ، ثُمَّ بَدَأَ الْبَرْنَامَجُ .

to commence X اِسْتَفْتَحَ يَسْتَفْتِحُ اِسْتِفْتَاحٌ

مِنْ عَادَةِ الشُّيُوخِ أَنْ يَبْدَأُوا أَحَادِيثَهُمْ بِعِبَارَةِ : " نَسْتَفْتِحُ بِالَّذِي هُوَ خَيْرٌ " .

ف ت ر

to cool off, abate I فَتَرَ يَفْتُرُ فُتُورٌ

كَانَتِ الْعَلاقَةُ بَيْنَهُمَا قَوِيَّةً وَوَطِيدَةً ، وَلَكِنَّهَا فَتَرَتْ فِي الأَيَّامِ الأَخِيرَةِ .

ف ت ش

فَتَّشَ يُفَتِّشُ تَفْتِيشٌ II

1. to search إِنَّهُ دَائمًا يُفَتِّشُ عَنْهُمْ لِيَعْرِفَ أَسْرارَهُمْ . لَهُ عادَةٌ ذَميمَةٌ .

2. to inspect

قَامَت الشُّرْطَةُ بِتَفْتِيشِ الْبَيْتِ بَعْدَ أَنْ تَمَّ الإِبْلاغُ بِوجُودِ بَعْضِ الْهَارِبينَ مِنَ السِّجْنِ فيهِ .

ف ت ق

to rip, tear, be creative I فَتَقَ يَفْتُقُ فَتْقٌ

هَذِهِ الصُّورَةُ الْجَمِيلَةُ تَدُلُّ عَلَى أَنَّ هَذَا الْفَنَّانَ فَتَقَ ذِهْنَهُ تَمَامًا .

to open up, unstitch II فَتَّقَ يُفَتِّقُ تَفْتِيقٌ

تَفْتِيقُ أَكْمَامِ الزَّهْرِ عِبَارَةٌ قَدْ تَعْنِي وُجُودَ صُوَرٍ خَيَالِيَّةٍ جَمِيلَةٍ .

to be creative V تَفَتَّقَ يَتَفَتَّقُ تَفَتُّقٌ

يُقَالُ تَفَتَّقَتْ قَرِيحَتُهُ بِمَعْنَى أَنَّهُ أَبْدَعَ مِنْ خَيَالِهِ الشَّيْءَ الْكَثِيرَ .

to be torn apart, open VII اِنْفَتَقَ يَنْفَتِقُ اِنْفِتَاقٌ

بَعْدَ إِجْراءِ الْعَمَلِيَّةِ الْجِراحِيَّةِ ، يَظَلُّ خَائفًا مِن انْفِتاقِ الْجُرْحِ .

ف تـ ك

فَتَكَ يَفْتِكُ فَتْكٌ I to assault

كَانَ يَعْلَمُ أَنَّهُ يَنْوِي بِهِ الشَّرَّ ، وَلِهَذَا فَقَدْ فَتَكَ بِهِ حِينَ رَآه .

ف تـ ل

فَتَلَ يَفْتِلُ فَتْلٌ I to twist

كُنْتُ أَهْوَى أَنْ أُشَاهِدَ الْعُمَّالَ وَهُمْ يَفْتِلُونَ الْحِبَالَ بِأَيدِيهِمْ .

فَتَّلَ يُفَتِّلُ تَفْتِيلٌ II to twist

يَظُنُّ الْبَعْضُ أَنَّ تَفْتِيلَ الْحِبالِ أَمْرٌ سَهْلٌ ، وَالْحقيقَةُ عَكْسُ ذَلِكَ .

ف تـ ن

فَتَنَ يَفْتِنُ فِتْنَةٌ I to captivate (by)

لَقَدْ فَتَنَتْهُ بِجَمَالِهَا ، وَفَتَنَهَا بِعَقْلِهِ وَقَلَمِهِ .

اِفْتَتَنَ يَفْتَتِنُ اِفْتِتَانٌ VIII to be infatuated (by)

لَقَد افْتَتَنَ بِهَا افْتِتَانًا كَبِيرًا وَلَمْ يَعُدْ يُطِيقُ الْبُعْدَ عَنْهَا .

ف تـ و

أَفْتَى يُفْتِي إِفْتَاءٌ IV to give a formal legal opinion

تُصْدِرُ " دار الْإِفْتاءِ " في مِصْرَ فَتاوَى كَثيرةً لِلرَّدِّ عَلَى السَّائِلِينَ .

اِسْتَفْتَى يَسْتَفْتِي اِسْتِفْتَاءٌ X to ask for a formal legal opinion

وَجَدَ مُشْكِلَةً وَلَمْ يَجِدْ لَها حَلاًّ ، نَصَحوهُ بِاسْتِفْتاءِ " الْمُفْتي " بِدارِ الْإِفْتاءِ الْمِصْرِيَّةِ .

ف جـ أ

فَاجَأَ يُفَاجِئُ مُفَاجَأَةٌ III to surprise

فَاجَأَنِي صَديقِي مُفَاجَأَةً سَارَّةً ، قَالَ إِنَّهُ سَيَتَزَوَّجُ .

ف جـ ر

فَجَرَ يَفْجُرُ فَجْرٌ / فُجُورٌ I to deviate, go astray

حِينَ يَضِلُّ الْإِنْسَانُ ، فَإِنَّهُ يَفْجُرُ وَيَنْسَى اللهَ .

to make s.th. gush or explode II فَجَّرَ يُفَجِّرُ تَفْجِيرٌ

مِنْ قُدْرَةِ اللهِ سُبْحَانَهُ وَتَعَالَى أَنَّهُ يُفَجِّرُ الْأَنْهَارَ تَفْجِيرًا ، مَعَ الْأَسَفِ الْإِرهابيّونَ حَوْلَ الْعالَمِ يُفَجِّرونَ أيَّ شَيْءٍ .

to flow forth V تَفَجَّرَ يَتَفَجَّرُ تَفَجُّرٌ

تَفَجَّرَتِ الْأَنْهَارُ بِقُدْرَةِ اللهِ وَعَظَمَتِهِ .

VII اِنْفَجَرَ يَنْفَجِرُ اِنْفِجَارٌ

1. to burst حِينَ عَلِمَ بِالْخَبَرِ ، سَكَتَ هُنَيْهَةً ثُمَّ اِنْفَجَرَ فِي الْبُكَاءِ .

2. to explode اِنْفَجَرَتْ سَيَارَةٌ مُفَخَّخَةٌ مُحْدِثَةً الْعَدِيدِ مِنْ الضَّحَايَا .

ف ج ع

to distress s.o. I فَجَعَ يَفْجَعُ فَجْعٌ / فَجِيعَةٌ

لَقَدْ فَجَعَهُ النَّبأُ ، وَلَمْ يَعُدْ يَدْرِي مَاذَا يَصْنَعُ .

to distress s.o. IV أَفْجَعَ يُفْجِعُ إِفْجَاعٌ

أَفْجَعَتْهُ الْحَادِثَةُ فَتَجَمَّدَ فِي مَكَانِهِ وَلَمْ يَنْبِسْ بِبِنْتِ شَفَةٍ .

to grieve (for) V تَفَجَّعَ يَتَفَجَّعُ تَفَجُّعٌ

ظَلَّ يَتَفَجَّعُ عَلَيْهَا سِنِينَ طِوَالاً ، فَلَقَدْ مَاتَتْ صَغِيرَةً .

ف ح ح

to hiss I فَحَّ يَفُحُّ فَحِيحٌ

" اَلْفَحيحُ " صَوْتُ الأَفْعَى ، لَمْ أَسْمَعْهُ وَلَمْ يَشْرَحْهُ لي أَحَدٌ كَيْفَ يَكونُ .

ف ح ش

to be obscene فَحُشَ يَفْحُشُ فُحْشٌ

الْفُحْشُ بِالْقَوْلِ أَوْ بِالْفِعْلِ رَذيلَةٌ يَجِبُ الابْتِعَادُ عَنْها .

to use obscene language IV أَفْحَشَ يُفْحِشُ إِفْحَاشٌ

اَلإِفْحاشُ أَمْرٌ مَرْفوضٌ يَنْبُذُهُ كُلُّ النَّاسِ .

ف ح ص

to examine I فَحَصَ يَفْحَصُ فَحْصٌ

بَعْدَ أَنْ فَحَصَ الطَّبِيبُ الْمَرِيضَ جَيِّداً ، حَوَّلَهُ إِلَى الْمُسْتَشْفَى .

تَفَحَّصَ يَتَفَحَّصُ تَفَحُّصٌ V to scrutinize

ظَلَّ يَتَفَحَّصُ وَجْهَها لِثَوانٍ ، ثُمَّ عَرَفَ أَنَّها كانَتْ تِلْمِيذَتَهُ مُنْذُ رُبْعِ قَرْنٍ .

ف ح ل

اِسْتَفْحَلَ يَسْتَفْحِلُ اِسْتِفْحالٌ X to get out of control

حاوَلْتُ تَهْدِئَتَهُ ، وَلَكِنَّهُ كانَ ثائِرًا جِدًّا ، وَاسْتَفْحَلَ التَّوَتُّرُ بَيْنَهُ وَبَيْنَهُمْ .

ف ح م

فَحَّمَ يُفَحِّمُ تَفْحِيمٌ II to blacken

فَحَّمَ الْاِنْفِجارُ السَّيَّارَةَ ، فَبَدَتْ بَعْدَ الْحادِثِ وَهِيَ مُتَفَحِّمَةٌ تَمامًا .

أَفْحَمَ يُفْحِمُ إِفْحَامٌ IV to silence s.o. with arguments

حاوَلَ فَرْضَ وِجْهَةِ نَظَرِهِ ، وَلَكِنَّها أَفْحَمَتْهُ بِالْحُجَجِ والْبَراهينِ أَمامَ الْجَميعِ .

ف خ ر

فَخَرَ يَفْخَرُ فَخْرٌ I to be proud (of)

حِينَ عَلِمْتُ بِتَفَوُّقِ أَوْلادِي فِي الْمَدْرَسَةِ ، أَحْسَسْتُ بِالْفَخْرِ .

فَاخَرَ يُفاخِرُ مُفَاخَرَةٌ III to boast (of, about)

إِنَّهُ يُفَاخِرُنا بِأَمْوَالِهِ ، وَنُفاخِرُهُ بِالْعِلْمِ الَّذِي حَصَّلْنَاهُ .

تَفَاخَرَ يَتَفاخَرُ تَفَاخُرٌ VI to boast (of, about)

ظَلَّ يَتَفاخَرُ بِنَسَبِهِ وَأَصْلِهِ وَأَمْلاكِهِ ، وَنَسِي أَنَّهُ مِنَ التُّرَابِ وَإِلَى التُّرَابِ يَعُودُ .

اِفْتَخَرَ يَفْتَخِرُ اِفْتِخَارٌ VIII to take pride (in)

إِنَّنِي دَائِمًا أَفْتَخِرُ بِأَسَاتِذَتِي غَايَةَ الاِفْتِخَارِ .

ف خ م

فَخُمَ يَفْخُمُ فَخَامَةٌ I to be magnificent

حينَ دَخَلْنا الْمَطارَ ، وَجَدْنا فَخامَةً ما بَعْدَها فَخامَةٌ ، عَرَفْتُ أَنَّني في دُبَيّ .

فَخَّمَ يُفَخِّمُ تَفْخيمٌ II to honor

إِنَّهُ رَجُلٌ نَبيلٌ وَفاضِلٌ ، يَسْتَحِقُّ التَّفْخيمَ وَالتَّبْجيلَ وَالاِحْتِرامَ .

ف د ح

to burden I فَدَحَ يَفْدَحُ فَدْحٌ

عِنْدَما شَعَرَ بِفَداحَةِ الْخَطْبِ ، قَرَّرَ الانْسِحابَ وَالسَّفَرَ إِلَى الْخارِجِ .

to regard as a heavy burden X اِسْتَفْدَحَ يَسْتَفْدِحُ اِسْتِفْداحٌ

إِنَّهُمْ دائِمًا يَسْتَفْدِحونَ أَيَّ خَطْبٍ ، رَغمَ أَنَّها مَسائِلُ تافِهَةٌ .

ف د ي

to sacrifice for s.o. / s.th. II فَدَّى يُفَدِّي تَفْدِيَةٌ

إِنَّ وَطَنِيَّتَهُ الْحَقَّةَ تَجْعَلُهُ عَلَى اسْتِعْدَادٍ لِتَفْدِيَةِ الْوَطَنِ بِرُوحِهِ .

to avert, avoid III فَادَى يُفَادِي مُفَادَاةٌ

حَاوَلَ أَنْ يُفَادِيَ الطَّعْنَةَ فَأَصَابَتْ كَتِفَ صَدِيقِهِ .

to avoid VI تَفَادَى يَتَفَادَى تَفَادٍ

أُحَاوِلُ دَائِمًا أَنْ أَتَفَادَى الدُّخُولَ مَعَهُ فِي مُنَاقَشَاتٍ .

to sacrifice s.th. for s.o. VIII اِفْتَدَى يَفْتَدِي اِفْتِدَاءٌ

اِفْتَدَى اللهُ إِسْماعيلَ بْنِ إِبْراهيمَ عَلَيْهِما السَّلامُ بِذِبْحٍ (أَيْ كَبْشٍ) عَظيمٍ .

ف ر ج

to open a way out I فَرَجَ يَفْرُجُ فَرْجٌ / فُرْجَةٌ

ظَنَنْتُ أَنَّ الْمُشْكِلَةَ لَنْ تُحَلَّ ، وَلَكِنَّ اللهَ قَدْ فَرَجَ فُرْجَةً ظَهَرَ مِنْهَا أَكْثَرُ مِنْ حَلٍّ .

to relieve II فَرَّجَ يُفَرِّجُ تَفْرِيجٌ

هَذَا الرَّجُلُ طَيِّبُ الْقَلْبِ ، يُفَرِّجُ دَائِمًا عَلَى النَّاسِ مِنْ أَصْحَابِ الْحَاجَاتِ .

to liberate IV أَفْرَجَ يُفْرِجُ إِفْرَاجٌ

بَعْدَ الْقَبْضِ عَلَيْهِ وَتَحْريرِ مَحْضَرِ شُرْطَةٍ بِالْواقِعةِ ، أَفْرَجوا عَنْهُ بِكَفَالَةٍ .

to watch V تَفَرَّجَ يَتَفَرَّجُ تَفَرُّجٌ

" تَفَرَّجَ " فِعْلٌ قَريبٌ مِمّا يُسْتَعْمَلُ في الْعامِيَّةِ بِتَشْكيلٍ مُخْتَلِفٍ ، الأَصْوَبُ أَنْ نَقولَ " شَاهَدَ " .

to open VII اِنْفَرَجَ يَنْفَرِجُ اِنْفِرَاجٌ

نَحْمَدُ اللهَ ، لَقَد انْفَرَجَت الأَزْمَةُ عَلَى خَيْرٍ .

ف ر ح

to rejoice (at, over) I فَرِحَ يفْرَحُ فَرَحٌ

فَرِحْتُ بِقُدُومِهِ بَعْدَ هَذِهِ الْغَيْبَةِ الطَّوِيلَةِ .

to be exhilarating IV أَفْرَحَ يُفْرِحُ —

شَيْءٌ يُفرِحُ حَقًا أَنْ يَكُونَ لَدَيْهِ ابْنٌ ذَكِيٌّ إِلَى هَذَا الْحَدِّ .

ف ر خ

to hatch II فَرَّخَ يُفَرِّخُ تَفْرِيخٌ

مُنْذُ سَنَواتٍ ، تَأَثَّرَتْ تِجارَةُ تَفْرِيخِ الدَّواجِنِ بِسَبَبِ أَنْفِلْوَنْزا الطُّيُورِ .

ف ر د

to assign s.th. especially for s.th. IV أَفْرَدَ يُفْرِدُ إِفْرَادٌ

حاوَلَ الْباحِثُ أَنْ يُفْرِدَ فَصْلاً لِلتَّارِيخِ وَالتَّوْصِياتِ .

to be unique VII اِنْفَرَدَ يَنْفَرِدُ اِنْفِرَادٌ

اِنْفَرَدَ الصَّحَفِيُّ بِنَشْرِ الْخَبَرِ بِأَنَّ السَّجِينَ قَدْ تَمَّ نَقْلُهُ إِلَى سِجْنٍ انْفِرادِيٍّ .

ف ر ر

to flee I فَرَّ يَفِرُّ فِرَارٌ

فَرَّ اللِّصُّ وَلَمْ نَسْتَطِعِ اللَّحَاقَ بِهِ.

to reveal VIII اِفْتَرَّ يَفْتَرُّ اِفْتِرَارٌ

يُقَالُ فِي مَدْحِ الْمَرْأَةِ الْجَمِيلَةِ : إِنَّ ثَغْرَهَا يَفْتَرُّ دَائِمًا عَن ابْتِسَامَةٍ .

ف ر ز

to classify I فَرَزَ يَفْرِزُ فَرْزٌ

بَعْدَ الاِنْتِخَابَاتِ ، قَامَتْ وِزَارَةُ الدَّاخِلِيَّةِ بِفَرْزِ الأَصْوَاتِ وَإِعْلانِ النَّتِيجَةِ .

ف ر س

to look closely (at) V تَفَرَّسَ يَتَفَرَّسُ تَفَرُّسٌ

تَفَرَّسَ فِي وَجْهِهَا بُرْهَةً قَبْلَ أَنْ يَتَعَرَّفَ عَلَيْهَا .

to kill (prey) VIII اِفْتَرَسَ يَفْتَرِسُ اِفْتِرَاسٌ

خَرَجَ الْأَسَدُ مِنْ عَرينِهِ فَوَجَدَ غَزَالَةً ، جَرَى وَراءَها وَافْتَرَسَها .

ف ر ش

to spread s.th. out I فَرَشَ يَفْرِشُ فَرْشٌ

فَرَشَتْ مِلاءَةً بَيْضاءَ وَوَضَعَتْ عَلَيْهَا الطَّعَامَ فِي الْحَدِيقَةِ وَبَدَأَتْ تَأْكُلُ .

to stretch out (on) VIII اِفْتَرَشَ يَفْتَرِشُ اِفْتِرَاشٌ

يُقَالُ عَنِ الْمِسْكِينِ الَّذِي يَنَامُ فِي الشَّارِعِ إِنَّهُ يَفْتَرِشُ الْغَبْرَاءَ وَيَلْتَحِفُ السَّمَاءَ .

ف ر ض

to compel I فَرَضَ يَفْرِضُ فَرْضٌ

فَرَضَ عَلَيْهَا أَلّا تَخْرُجَ إِلَى الشَّارِعِ إِلّا مَعَ أَخِيهَا الصَّغِيرِ .

to assume VIII اِفْتَرَضَ يَفْتَرِضُ اِفْتِرَاضٌ

نَحْنُ نَفْتَرِضُ أَنَّ الدَّارِسِينَ لَنْ يَعْرِفُوا كُلَّ الْكَلِمَاتِ فِي هَذِهِ الْجُمَلِ .

ف ر ع

to cause to branch, divide into II فَرَّعَ يُفَرِّعُ تَفْرِيعٌ

فَرَّعَت الْحُكُومَةُ قَنَاةَ السُّويْسِ إِلَى تَفْرِيعَتَيْنِ ، وَذَلِكَ في إِطارِ مَشْروعِ تَوْسيعِ الْقَناةِ .

to branch off V تَفَرَّعَ يَتَفَرَّعُ تَفَرُّعٌ

يَتَفَرَّعُ عَنِ النُّقْطَةِ الرَّئِيسِيَّةِ فِي هَذا الْمَوْضُوعِ نِقَاطٌ عَدِيدَةٌ .

ف ر غ

to finish s.th. I فَرَغَ يَفْرُغُ فَرَاغٌ

بَعْدَ أَنْ فَرَغَ مِنْ عَمَلِهِ ، سَافَرَ إِلَى الإِسْكَنْدَرِيَّةِ وَقَضَى لَيْلَتَيْنِ هُناكَ .

to empty II فَرَّغَ يُفَرِّغُ تَفْرِيغٌ

عَمَلِيَّاتُ شَحْنِ الْبَضائِعِ وَتَفْرِيغِها في الْمِيناءِ بِحَاجَةٍ إِلَى عُمّالٍ جُدُدٍ .

to empty IV أَفْرَغَ يُفْرِغُ إِفْرَاغٌ

أَفْرَغَت الطِّفْلَةُ كُلَّ ما في الْكيسِ عَلَى الْأَرْضِ ، ثُمَّ جَلَسَت وَبَدَأَتْ تَأْكُلُ مِنْهُ .

تَفَرَّغَ يَتَفَرَّغُ تَفَرُّغٌ V to free o.s.

تَمْنَحُ الْجامِعاتُ الْمُدَرِّسَ الْمُساعِدَ وَالْمُعَيَّنَ بِالْماجِسْتيرِ ، يَوْمَيْنِ لِلتَّفَرُّغِ لإِنْجازِ الدُّكْتوراه .

ف ر ق

فَرَّقَ يُفَرِّقُ تَفْرِيقٌ II to distinguish (between)

حاوَلَ أَنْ يُفَرِّقَ بَيْنَ مَعْنَى الْفِعْلَيْنِ ، فَلَمْ يَسْتَطِعْ .

فارَقَ يُفارِقُ مُفارَقَةٌ III to part (from)

كانَتْ إِصابَتُهُ شَدِيدَةً ، وَقَدْ فارَقَ الْحَياةَ قَبْلَ أَنْ يَصِلَ إِلَى الْمُسْتَشْفَى .

تَفَرَّقَ يَتَفَرَّقُ تَفَرُّقٌ V to be dispersed

كانَ الْبُولِيسُ حَرِيصًا عَلَى أَنْ يَتَفَرَّقَ النَّاسُ كَيْ لا تَقُومَ مُظاهَرَةٌ .

اِفْتَرَقَ يَفْتَرِقُ اِفْتِراقٌ VIII to be separated

اِفْتَرَقَ النَّاسُ وَلَمْ تَقُمْ أَيَّةُ مُظاهَراتٍ .

ف ر ق ع

فَرْقَعَ يُفَرْقِعُ فَرْقَعَةٌ Q to explode, burst

اِسْتَمَعوا إِلَى صَوْتِ فَرْقَعَةٍ ، ظَنُّوها اعْتِداءً إِجْرامِيًّا ، وَلَكِنَّهُ كانَ الرَّعْدَ .

ف ر ك

فَرَكَ يَفْرُكُ فَرْكٌ I to rub

مِنْ عاداتِ هَذا الصَّدِيقِ أَنَّهُ حِينَ يُفَكِّرُ ، يَفْرُكُ يَدَيْهِ .

ف ر م

فَرَمَ يَفْرُمُ فَرْمٌ I to mince

اَلْقَصَّابُ (أَوْ الْجَزَّارُ) يَفْرُمُ اللَّحْمَ بِماكِينَةٍ تَجْعَلُهُ ناعِمًا ، وَأَنا لا أُحِبُّهُ هَكَذا .

ف ر ن ج

تَفَرْنَجَ يَتَفَرْنَجُ تَفَرْنُجٌ Q1 to become Europeanized

نَقُولُ عَنِ الْفَلَّاحِ حِينَ يَخْلَعُ جِلْبابَهُ وَيَلْبَسُ قَمِيصًا وَبَنْطلونًا إِنَّهُ تَفَرْنَجَ ، أَي تَشَبَّهَ بِالإِفْرِنْجِ يَعْني الأَجانِبَ .

ف ر ي

to slander	VIII	اِفْتِرَاءٌ	يَفْتَرِي	اِفْتَرَى

اَلْاِفْتِراءُ هُوَ تجاوُزُ الْعَدالَةِ ، وَظُلْمُ النَّاسِ الْبُسَطاءِ وَمُضايَقَتُهُمْ .

ف ز ز

to provoke	X	اِسْتِفْزَازٌ	يَسْتَفِزُّ	اِسْتَفَزَّ

ظَلَّ يَسْتَفِزُّهُ بِأَكْثَرَ مِنْ طَريقَةٍ ، حَتَّى نَشَبَتْ مَعْرَكَةٌ بَيْنَهُما .

ف ز ع

to be startled	I	فَزَعٌ	يَفْزَعُ	فَزِعَ

سَمِعْتُ جَرَسَ الْبابِ فَفَزِعْتُ مِنْ نَوْمِي ، وَحِينَ فَتَحْتُ الْبَابَ لَمْ أَجِدْ أَحَدًا .

to startle s.o.	II	تَفْزِيعٌ	يُفَزِّعُ	فَزَّعَ

صَوْتُ السَّياراتِ الْعالِيةِ يُفَزِّعُ وَيُقْلِقُ كُلَّ السُّكّانِ بِالشَّارِعِ .

to startle s.o.	IV	إِفْزَاعٌ	يُفْزِعُ	أَفْزَعَ

أَفْزَعَني صَوْتُ الْجَرَسِ ، فَقَرَّرْتُ أَنْ أُحَطِّمَهُ .

ف س ح

to make room (for)	IV	إِفْسَاحٌ	يُفْسِحُ	أَفْسَحَ

حاوِلوا أَنْ تُفْسِحوا الطَّريقَ أَمامَ السَّيِّداتِ وَكِبارِ السِّنِّ .

to become spacious	VII	اِنْفِساحٌ	يَنْفَسِحُ	اِنْفَسَحَ

اِنْفَسَحَ الْمَكانُ أَكْثَرَ بَعْدَ إِزالَةِ بَعْضِ الْبُيوتِ الْقَديمَةِ .

ف س خ

to break off	I	فَسْخٌ	يَفْسَخُ	فَسَخَ

فَسَخَتْ خُطوبَتَها بَعْدَ أَنِ اكْتَشَفَتْ أَنَّ خَطِيبَها لِصٌّ مُحْتَرِفٌ .

to tear to pieces	II	تَفْسِيخٌ	يُفَسِّخُ	فَسَّخَ

أَخَذَ الطِّفْلُ يُفَسِّخُ لُعْبَتَهُ ، وَهُوَ لا يَدْرِي ماذا يَفْعَلُ .

to fall apart	V	تَفَسُّخٌ	يَتَفَسَّخُ	تَفَسَّخَ

كُنْتُ أَوَدُّ لَهُ أَنْ يَتَحَكَّمَ فِي أَعْصابِهِ كَيْ لا يَتَفَسَّخَ كُلَّ هَذا التَّفَسُّخِ .

to be invalidated	VII	اِنْفَسَخَ يَنْفَسِخُ اِنْفِسَاخٌ

يَنْفَسِخُ الْعَقْدُ فِي الْحَالِ إِذَا أَخَلَّ الْمُسْتَأْجِرُ لِلشَّقَّةِ بِشُرُوطِ الْعَقْدِ .

ف س د

to be spoiled	I	فَسَدَ يَفْسُدُ فَسَادٌ

فَسَدَ الطَّعامُ ، فَتَخَلَّصْتُ مِنْهُ عَلَى الْفَوْرِ .

to cause to spoil	IV	أَفْسَدَ يُفْسِدُ إِفْسَادٌ

تَزايَدَتْ قَضايا الْفَسادِ وَالْإِفْسادِ بِدَرَجَةٍ كَبيرةٍ في الْمَحاكِمِ .

ف س ر

to explain	II	فَسَّرَ يُفَسِّرُ تَفْسِيرٌ

حَاوَلَ أَنْ يُفَسِّرَ لِيَ الْمَوْقِفَ ، فَتَبَيَّنَ أَنَّهُ مَسْئُولٌ عَنِ الْخَطَأِ .

to be explained	V	تَفَسَّرَ يَتَفَسَّرُ تَفَسُّرٌ

اَلْآنَ فَقَطْ فَهِمْتُ ، وَعَلِمْتُ أَنَّ الْحُلْمَ قَدْ تَفَسَّرَ .

to inquire (of, about)	X	اِسْتَفْسَرَ يَسْتَفْسِر اِسْتِفْسارٌ

اِسْتَفْسَرْتُ عَنْ مَوْعِدِ الاِمْتِحَانَاتِ ، فَاكْتَشَفْتُ أَنَّ لا أَحَدَ يَعْرِفُ .

ف س ق

to act sinfully	I	فَسَقَ يَفْسُقُ فُسُوقٌ / فِسْقٌ

إِن اللهَ يَكْرَهُ الْفُسُوقَ وَالْعِصْيانَ .

to declare to be sinful	II	فَسَّقَ يُفَسِّقُ تَفْسِيقٌ

عِنْدَما سَأَلْناهُ عَنْهُ ، أَخَذَ يُفَسِّقُهُ وَيَكيلُ لَهُ الاِتِّهاماتِ .

ف ش ل

to fail	I	فَشِلَ يَفْشَلُ فَشَلٌ

لَقَدْ فَشِلَ فِي دِرَاسَتِهِ هُنَا ، وَيُفَكِّرُ الْآنَ فِي السَّفَرِ إِلَى الْخَارِجِ .

to cause to fail	II	فَشَّلَ يُفَشِّلُ تَفْشِيلٌ

إِنَّهُ يَظُنُّ أَنَّ فَضَّ الشَّرِكَةِ سَتُفَشِّلُ الْمَشْروعَ كُلَّهُ ، وَلَكِنْ هَيْهاتَ .

to cause to fail IV أَفْشَلَ يُفْشِلُ إفْشَالٌ
لَقَدْ أَفْشَلَ مَشْرُوعَهُ أَنَّهُ لَمْ يَقُمْ عَلَى أَسَاسٍ سَلِيمٍ .

ف ش ي

to spread I فَشَا يَفْشُو فَشْوٌ / فُشُوٌّ
لَقَدْ فَشا السِّرَّ الَّذي كانَ بَيْنَنا وَظَلَّ سِرًّا لِعَّدِةِ سَنَواتٍ .

to reveal IV أَفْشَى يُفْشِي إفْشَاءٌ
هَلْ تُفَضِّلُ مَنْ يُفْشي السِّرَّ أَمْ مَنْ يَكْتُمُ السِّرَّ ؟

to spread out V تَفَشَّى يَتَفَشَّى تَفَشٍّ
تَفَشَّى مَرَضُ الْأَنْفِلْوَنْزَا في عَدَدٍ كَبيرٍ مِنْ بُلْدَانِ الْعَالَمِ .

ف ص ح

to be eloquent I فَصُحَ يَفْصُحُ فَصَاحَةٌ
يَقولُ الرَّسولُ مُحَمَّدٌ (ص) : أَنا أَفْصَحُ الْعَربِ ، بَيْدَ أَنّي مِنْ قُرَيْشٍ .

to correct language II فَصَّحَ يُفَصِّحُ تَفْصِيحٌ
التَّفْصيحُ مَعْناهُ أَنْ تُنَقِّحَ الْأُسْلوبَ وِفْقَ مَعاييرِ الْفَصاحَةِ كَما حَدَّدَها عُلَماءُ الْبَلاغَةِ الْعَرَبِ .

to affect mastery of language V تَفَصَّحَ يَتَفَصَّحُ تَفَصُّحٌ
التَّفَصُّحُ هُوَ تَطْبيقُ الْمَعَاييرِ الْعُلْيا لِشُروطِ الْفَصاحَةِ .

to affect mastery of language VI تَفَاصَحَ يَتَفَاصَحُ تَفَاصُحٌ
لا تُحاوِلْ أَنْ تَتَفاصَحَ أَكْثَرَ مِن اللَّازِمِ ، اِجْعَلْ لُغَتَكَ فاهِمَةً / مُفهِمَةً فَحَسْبُ .

ف ص د

to draw blood I فَصَدَ يَفْصِدُ فَصَادٌ
اَلْفِصادُ مَعْناهُ أَخْذُ مِقْدارٍ مِنْ دَمِ الْوَريدِ بِقَصْدِ الْعِلاجِ .

to drip V تَفَصَّدَ يَتَفَصَّدُ تَفَصُّدٌ
نَقولُ : تَفَصَّدَ الدَّمُ ، أَيْ سَالَ ، كَما نَقولُ: تَفَصَّدَ جَبينُهُ عَرَقًا .

to bleed VII اِنْفَصَدَ يَنْفَصِدُ اِنْفِصَادٌ
إِذا قُلْنا " اِنْفَصَدَ أَنْفُهُ " نَقْصِدُ أَنَّ الدَّمَ يَسيلُ مِنْهُ .

ف ص ل

فَصَلَ يَفْصِلُ فَصْلٌ I to dismiss

بَعْدَ أن ثَبَتَتْ عَلَيْهِ التُّهْمَةُ ، فَصَلُوهُ مَنْ عَمَلِهِ فَأَصْبَحَ بِلا عَمَلٍ .

فَصَّلَ يُفَصِّلُ تَفْصِيلٌ II to make clear

حَاوَلْتُ أَن أُفَصِّلَ الْقَوْلَ ، فَلَمْ يُعْطُونِي فُرْصَةً لِعَمَلِ ذَلِكَ .

فَاصَلَ يُفَاصِلُ مُفَاصَلَةٌ III to bargain

أَنَا لَمْ أَتَعَوَّدْ أَنْ أُفَاصِلَ فِي ثَمَنِ الْأَشْيَاءِ . أَدْفَعُ دائِمًا السِّعْرَ الْمَطْلوبَ .

انْفَصَلَ يَنْفَصِلُ اِنْفِصَالٌ VII to be separated

انْفَصَلَ الزَّوْجَانِ بَعْدَ حَيَاةٍ تَعِيسةٍ ، أعتقد أنَّ كِلَيْهِما سَعيدٌ الْآنَ .

ف ص م

فَصَمَ يَفْصِمُ فَصْمٌ I to split

كَانَتْ الْغَيرَةُ سَبَبَاً فِي فَصْمِ صَدَاقَتِهَا به ، وَكَانَتْ هَذِهِ هِيَ النِّهايَةُ .

اِنْفَصَمَ يَنْفَصِمُ اِنْفِصَامٌ VII to be split

اِنْفَصَمَتْ أَوَاصِرُ الصَّدَاقَةِ بَيْنَهُمَا ، فَذَهَبَ كُلٌّ مِنْهُما إِلَى حالِ سَبيلِهِ .

ف ض ح

فَضَحَ يَفْضَحُ فَضْحٌ / فَضِيحَةٌ I to reveal

لَقَدْ ظَلَّ ذَلِكَ سِرًّا ، وَلَمْ يُحَاوِلُوا أَنْ يَفْضَحُوهُ لِأَحَدٍ .

اِنْفَضَحَ يَنْفَضِحُ اِنْفِضَاحٌ VII to be exposed

لَقَدِ انْفَضَحَ أَمْرُهُ الْآنَ ، وَعَرَفَهُ الْجَمِيعُ عَلَى حَقِيقَتِهِ .

اِفْتَضَحَ يَفْتَضِحُ اِفْتِضَاحٌ VIII to be exposed

سِيَّانِ أَنْ تَقُولَ : اِنْفَضَحَ أَمْرُهُ أَوْ اُفْتُضِحَ أَمْرُهُ ، فَالْمَعْنَى وَاحِدٌ .

ف ض ض

فَضَّ يَفُضُّ فَضٌّ I to break up

فَضَّ الْمُديرُ الْاِجْتِماعَ بَعْدَ وَقْتٍ قَصيرٍ .

اِنْفَضَّ يَنْفَضُّ اِنْفِضَاضٌ VII to be adjourned

اِنْفَضَّ الْاِجْتِماعُ بَعْدَ ساعَةٍ مِن انْعِقادِهِ دونَ التَّوَصُّلِ إِلَى قَراراتٍ .

ف ض ل

فَضُلَ يَفْضُلُ فَضْلٌ I to excel

رَغْمَ التَّخَصُّصِ الْمُشْتَرَكِ ، فَإِنَّهَا تَفْضُلُهُ بِالدِّقَّةِ فِي بُحُوثِهَا .

فَضَّلَ يُفَضِّلُ تَفْضِيلٌ II to prefer

أَنَا لا أُفَضِّلُ وَاحِدًا مِنْ أَوْلادِي عَلَى الآخَرِ ، كُلُّهُمْ عِنْدِي سَوَاءٌ .

فَاضَلَ يُفَاضِلُ مُفَاضَلَةٌ III to compare

حَاوَلَ أَنْ يُفَاضِلَ بَيْنَهُمَا ، فَغَضِبَا مِنْهُ .

تَفَضَّلَ يَتَفَضَّلُ تَفَضُّلٌ V to do a favor

لَقَدْ تَفَضَّلَ مَشْكُورًا فَشَرَحَ لِيَ الْمَسْأَلَةَ مِنَ الْبِدَايَةِ .

تَفَاضَلَ يَتَفَاضَلُ تَفَاضُلٌ VI to be distinct

لا يَتَفَاضَلُ النَّاسُ إلا بِحُسْنِ سِيرَتِهِمْ وَسُلُوكِهِمُ الطَّيِّبِ .

ف ض و

أَفْضَى يُفْضِي إِفْضَاءٌ IV to (cause to) reach

بَعْدَ أَنْ أَفْضَى إِلَيْهِ بِالْخَبَرِ ، وَصَرَّحَ لَهُ بِالسِّرِّ ، عادَ الْوِفاقُ بَيْنَهُما مِنْ جَدِيدٍ .

ف ط ر

فَطَرَ يَفْطُرُ فِطْرٌ / فُطُورٌ I to create

فَطَرَ اللهُ السَّمَوَاتِ وَالأَرْضَ أيْ خَلَقَهُمَا مِنَ الْعَدَمِ .

أَفْطَرَ يُفْطِرُ إِفْطَارٌ IV to break a fast, eat breakfast

لَمْ يَسْتَطِعِ الصَّوْمَ فَأَفْطَرَ قَبْلَ أَذَانِ الْمَغْرِبِ بِسَاعَتَيْنِ .

تَفَطَّرَ يَتَفَطَّرُ تَفَطُّرٌ V to be broken

لَقَدْ تَفَطَّرَ قَلْبُهَا عِنْدَمَا عَلِمَتْ بِالْحَادِثِ الأَلِيمِ .

اِنْفَطَرَ يَنْفَطِرُ اِنْفِطَارٌ VII to be broken

اِنْفَطَرَتْ قُلُوبُهُمْ جَمِيعًا حِينَ عَلِمُوا بِالْحَادِثِ .

ف ط س

فَطَسَ يَفْطِسُ فَطْسٌ / فُطُوسٌ I to die

نَزَلَ إِلَى الْبَحْرِ وَهْوَ لا يَعْرِفُ السِّبَاحَةَ ، كانَتِ النَّتِيجَةُ أَنْ غَرِقَ بِالْماءِ وَفَطَسَ وَماتَ .

ف ط م

فَطَمَ يَفْطِمُ فَطْمٌ I to wean

فَطَمَت الْأُمُّ رَضيعَها بَعْدَ سَنَةٍ وَنِصْفِ سَنَةٍ. هُوَ الْآنَ يَأكُلُ وَلكِنْ وَجَباتٌ خاصَّةٌ .

اِنْفَطَمَ يَنْفَطِمُ اِنْفِطامٌ VII to be weaned

اِنْفَطَمَ الرَّضيعُ وَهْوَ صَغيرٌ ، أَصْبَحَ يَتَغَذَّى الْآنَ عَلَى اللَّبَنِ الصِّناعِيِّ .

ف ط ن

فَطِنَ يَفْطَنُ فِطْنَةٌ / فَطَانَةٌ I to realize, become aware (of)

لَقَدْ فَطِنَ إِلَى السَّبَبِ ، حَتَّى قَبْلَ أَنْ أُخْبِرَهُ عَنْهُ .

فَطَّنَ يُفَطِّنُ تَفْطِينٌ II to make s.o. realize, understand

حَاوَلَ أن يُفَطِّنَهُ الْمَسْأَلَةَ ، كَيْ لا يَدْفَعَ لَهُمْ أَيَّةَ نُقودٍ .

اِفْتَطَنَ يَفْتَطِنُ اِفْتِطَانٌ VIII to be aware (of)

إِنَّهُ يَفْتَطِنُ دَائِمًا إِلَى الْأُمورِ ، لأَنَّهُ رَجُلٌ ذَكِيٌّ .

ف ظ ع

فَظُعَ يَفْظُعُ فَظَاعَةٌ I to become horrible

زُرْنا إِحْدَى الْقُرَى في فِلِسْطينَ ، وَرَأَيْنا بِأَنْفُسِنا آثارَ الْفَظَاعَةِ والْبَشاعَةِ للْاِعْتِداءاتِ .

اِسْتَفْظَعَ يَسْتَفْظِعُ اِسْتِفْظَاعٌ X to find s.th. detestable

يَسْتَطيعُ أَيُّ إِنْسانٍ أَنْ يَسْتَفْظِعَ ما حَدَثَ ، خاصَّةً لَوْ زارَ الْقُبورَ أَو الْمُسْتَشْفَيَاتِ .

ف ع ل

فَعَلَ يَفْعَلُ فِعْلٌ I to do

إِذَا أَرَدْتَ أَنْ تَفْعَلَ بِي خَيْرًا ، فَلا تُحَدِّثْنِي عَنْهُ .

فَعَّلَ يُفَعِّلُ تَفْعِيلٌ II to activate

لِكَيْ تَنْجَحَ الشَّرِكَةُ هَذِهِ الْمَرَّةَ ، عَلَيْها أن تُفَعِّلَ اللَّوائِحَ والْقَوانينَ .

تَفَاعَلَ يَتَفَاعَلُ تَفَاعُلٌ VI to interact

اَلتَّفَاعُلُ الدِّراسِيُّ مِنْ أَهَمِّ ضَروراتِ التَّربِيَةِ الْحَديثَةِ ، تَفاعُلُ الطالِبِ مَعَ الْمُدرسِ وَمَعَ زُمَلائِهِ .

to be agitated	VII	اِنْفِعَالٌ	يَنْفَعِلُ	اِنْفَعَلَ

لِمَاذَا يَنْفَعِلُ هَذَا الاِنْفِعَالَ وَلَمْ يَمَسَّ أَحَدٌ شُعُورَهُ ؟

to fabricate	VIII	اِفْتِعَالٌ	يَفْتَعِلُ	اِفْتَعَلَ

إِنَّهُ دَائِمًا يَفْتَعِلُ الْمُشْكِلاتِ ، رَغْمَ أَنَّ الأَمْرَ بَسِيطٌ .

ف ع م

to overflow, fill up	IV	إِفْعَامٌ	يُفْعِمُ	أَفْعَمَ

أَفْعَمَهُ بِكُلِّ الْكَلِماتِ الْمَعْسولَةِ ، ثُمّ خانَ عَهْدَهُ مَعَهُ وَسافَرَ إِلَى الْخارِجِ .

ف غ ر

to open (mouth)	I	فَغْرٌ	يَفْغُرُ	فَغَرَ

يُقالُ : فُلانٌ فَغَرَ فاهُ ، أَيْ فَتَحَهُ دَهْشَةً وَاسْتِغْرابًا .

ف ق د

to lose	I	فَقْدٌ / فُقْدانٌ	يَفْقِدُ	فَقَدَ

مَعَهُ اللهُ ، لَقَدْ فَقَدَ ذِراعَهُ فِي الْحَرْبِ الأَخِيرَةِ .

to deprive s.o. of	IV	——	يُفْقِدُ	أَفْقَدَ

لَقَدْ أَفْقَدَتْهُ الْحَادِثَةُ تَوازُنَهُ ، وَلَمْ يَعُدْ يَعْرِفُ مَاذَا يَصْنَعُ .

to inspect	V	تَفَقُّدٌ	يَتَفَقَّدُ	تَفَقَّدَ

تَفَقَّدَ الشِّيكاتِ ، وَبَعْدَ عُثورِهِ عَلَيْها ، وَجَدَها مُزَوَّرَةً .

to miss, lack	VIII	اِفْتِقَادٌ	يَفْتَقِدُ	اِفْتَقَدَ

كَانَ الْمُمَثِّلُ يَفْتَقِدُ الْحَرارَةَ وَهُوَ يُؤَدِّي دَوْرَ الْقَاتِلِ .

ف ق ر

to lack s.th.	VIII	اِفْتِقارٌ	يَفْتَقِرُ	اِفْتَقَرَ

مازالَ الْبَحْثُ يَفْتَقِرُ إِلَى مُراجَعَةٍ وَاسْتِقْصاءِ الْحالَةِ في أَكْثَرَ مِنْ مَرْجِعٍ .

ف ق ع

to pop	I	فَقْعٌ	يَفْقَعُ	فَقَعَ

لَمْ يَقْصِدْ إيذاءَهُ ، وَلَكِنَّ سِنَّ الْقَلَمِ دَخَلَ في عَيْنِ زَميلِهِ رَغْمًا عَنْهُ ، فَفَقَعَها أَوْ فَقَأَها .

to be popped	VII	اِنْفِقاعٌ	يَنْفَقِعُ	اِنْفَقَعَ

اِنْفَقَعَتْ عَيْنُهُ فَوْرَ دُخولِ فَرْعِ الشَّجَرَةِ فيها ، كان الْوَقْتُ لَيْلاً .

ف ق م

to become critical	VI	تَفاقُمٌ	يَتَفاقَمُ	تَفاقَمَ

بَدَأَتِ الْمُناوَشاتُ الْبَسيطَةُ ، ثُمّ الاِشْتِباكاتُ ، وَأَخيرًا تَفاقَمَت الأَوْضاعُ فَكانَت الْحَرْبُ .

ف ق ه

to have knowledge	I	فِقْهٌ	يَفْقَهُ	فَقِهَ

يُقالُ فَقِهَ الرَّجُلُ أَيْ إِنَّهُ وَصَلَ إِلَى دَرَجَةٍ عالِيَةٍ في الْفَهْمِ وَالإِدْراكِ .

to teach s.o.	II	تَفْقِيهٌ	يُفَقِّهُ	فَقَّهَ

يَقولُ الرَّسولُ (ص) : " مَنْ يُرِدِ اللهُ بِهِ خَيْرًا ، يُفَقِّهْهُ في الدِّينِ " .

to acquire knowledge	V	تَفَقُّهٌ	يَتَفَقَّهُ	تَفَقَّهَ

بَعْدَ أَنِ انْضَمَّ إِلَى حَلْقَةِ الْعِلْمِ ، وَسَمِعَ مِن الشَّيْخِ الأَجَلِّ ، تَفَقَّهَ كَثيرًا عمّا كانَ .

ف ك ر

to ponder, think	II	تَفْكِيرٌ / فِكْرٌ	يُفَكِّرُ	فَكَّرَ

لَقَدْ فَكَّرْتُ طَويلاً ، وَلَمْ أَهْتَدِ إِلَى حَلٍّ لِلْمُشْكِلَةِ .

to meditate	V	تَفَكُّرٌ	يَتَفَكَّرُ	تَفَكَّرَ

أَخَذَ يَتَفَكَّرُ فِي عَجائِبِ الْكَوْنِ وَمَخْلُوقاتِهِ .

ف ك ك

to untie	I	فَكٌّ	يَفُكُّ	فَكَّ

فَكَّ السَّجَّانُ الأَسيرَ وَاقْتَادَهُ إِلَى الْمُحاكَمَةِ .

to break apart	V	تَفَكُّكٌ	يَتَفَكَّكُ	تَفَكَّكَ

بَعْدَ أَنِ اصْطَدَمَتِ السَّيَّارَةُ بِالشَّجَرَةِ ، تَفَكَّكَ مُعْظَمُ أَجْزَائِهَا .

	VII	اِنْفِكاكٌ	يَنْفَكُّ	اِنْفَكَّ

1. to keep doing — إِنَّهُ لا يَنْفَكُّ يَذْكُرُ تِلْكَ اللَّيَالِي الْجَميلَةَ الَّتي قَضاها هُنَاكَ .

2. to be disjoined — اِنْفَكَّت أَجْزاءُ السَّيَّارةِ بَعْدَ أَنِ اصْطَدَمَت بِالشَّجَرَةِ .

ف ل ت

أَفْلَتَ يُفْلِتُ إِفْلاتٌ IV to escape

حاوَلَ الشُّرْطِيُّ الإِمْساكَ بِاللِّصِّ ، وَلَكِنَّهُ مَعَ الْأَسَفِ أَفْلَتَ مِنْهُ .

تَفَلَّتَ يَتَفَلَّتُ تَفَلُّتٌ V to slip away from

حِينَ يَقولُ السِّياسِيَّونَ : تَفَلَّتَتِ الْمَسائِلُ ، فَإِنَّهُمْ يَقْصِدونَ أَنَّ الْأُمورَ لَمْ تَعُدْ تَحْتَ السَّيْطَرَةِ .

اِنْفَلَتَ يَنْفَلِتُ اِنْفِلاتٌ VII to slip away

اِنْفَلَتَتْ زِمَامُ الْأُمُورِ فِي أَثْنَاءِ الْمُشَاحَنَةِ بَيْنَ الطَّرَفَيْنِ .

ف ل ح

فَلَحَ يَفْلَحُ فَلْحٌ I to cultivate

ظَلَّ الشَّيْخُ الْعَجُوزُ يَفْلَحُ الْأَرْضَ وَيَرْويها وَيْزرَعُها إِلَى أَنْ ماتَ فَوَرِثَها أَبْناؤُهُ .

أَفْلَحَ يُفْلِحُ إِفْلاحٌ IV to succeed

لَمْ يُفلِحْ في دِراسَتِهِ ، وَلَكِنَّهُ الْآنَ قَدْ أَفْلَحَ في تِجارَتِهِ وعَلاقاتِهِ بِالنَّاسِ .

اِسْتَفْلَحَ يَسْتَفْلِحُ اِسْتِفْلاحٌ X to cultivate land

فُلانٌ يَسْتَفلِحُ الْأَرْضَ أَيْ يَزْرَعُها وَيرْويها لِيَسْتَخْرِجَ مِنْها الْمَحاصِيلَ .

ف ل س

أَفْلَسَ يُفْلِسُ إِفْلاسٌ IV to become bankrupt

أَفْلَسَ رَجُلُ الْأَعْمالِ وَلَمْ يَجِدْ مَعَهُ ما يُسَدِّدُ دُيونَهُ ، فَأَطْلَقَ الرَّصاصَ عَلَى نَفْسِهِ وَماتَ .

ف ل س ف

فَلْسَفَ يُفَلْسِفُ فَلْسَفَةٌ Q to philosophize

حَاوَلُوا أَنْ يُفَلْسِفُوا الْمَوْضُوعَ عَلَى طَرِيقَتِهِمُ الْخَاصَّةِ .

تَفَلْسَفَ يَتَفَلْسَفُ تَفَلْسُفٌ Q1 to pretend to be philosopher

أَنَا أَكْرَهُ مَنْ يَتَفَلْسَفُ دُونَ عِلْمٍ أَوْ خِبْرَةٍ .

ف ل ق

فَلَقَ يَفلِقُ فَلْقٌ I to split

فَلَقَ اللهُ الإِصْباحَ مِن الظُّلْمَةِ ، فَكانَ صَباحٌ ، وَكانَ مَساءٌ. يَوْمًا واحِدًا .

تَفَلَّقَ يَتَفَلَّقُ تَفَلُّقٌ V to be split

بَعْدَ بَقاءِ الْمَحْصولِ في الشَّمْسِ لِأَيَّامٍ ، تَفَلَّقَتْ بَعْضُ الْقُشورِ عَن الْبُذورِ .

ف ل ل

فَلَّ يَفُلُّ فَلٌّ I to break

قالُوا قَديمًا: لا يَفُلُّ الْحَدِيدَ إلا الْحَدِيدُ ، أَيْ لا يَهْزِمُ الْقَوِيَّ إلاَّ قَوِيٌّ مِثْلَهُ .

ف ن د

فَنَّدَ يُفَنِّدُ تَفْنِيدٌ II to disprove

حاوَلَ الْمُتَحَدِّثُ أَنْ يُفَنِّدَ كُلَّ الْحُجَجِ وَيُبَيِّنَ ما فِيها مِنْ قُصُورٍ .

ف ن ن

تَفَنَّنَ يَتَفَنَّنُ تَفَنُّنٌ V to vary (artistically)

لَقَدْ تَفَنَّنَ الْمُلَحِّنُ في الْكَلِماتِ وَالْموسيقَى ، فَأَنْتَجَ لَنا أَحْلَى الأَغاني الشَّجِيَّةِ .

اِفْتَتَنَ يَفْتَتِنُ اِفْتِتانٌ VIII to be fascinated

لَقَد اِفْتَتَنَ بِها لِدَرَجَةِ الْجُنونِ ، وَحينَ عَرَضَ عَلَيْها الزَّواجَ ، لَمْ تُوافِقْ .

ف ن ي

فَنِيَ يَفْنَى فَناءٌ I to perish

بَعْدَ الْمَوْتِ ، قَدْ يَفْنَى الْجِسْمُ ، وَلَكِنَّ الرُّوحَ باقِيَةٌ لا تَفْنَى .

أَفْنَى يُفْنِي إِفْناءٌ IV to destroy

هَجَمَ الْقائِدُ عَلَى الأَعْداءِ هَجْمَةً شَرِسَةً ، فَأَفْناهُمْ جَمِيعًا .

تَفانَى يَتَفانَى تَفانٍ VI to dedicate o.s. with heart and soul

مازالَ يَتَفانَى في خِدْمَتِهِمْ ، وَكَأَنَّهُ وَهَبَ نَفْسَهُ لَهُمْ وَلِراحَتِهِمْ .

ف ه م

to understand — I — فَهِمَ يَفْهَمُ فَهْمٌ

فَهِمْتُ مِنْ خِطَابِهِ أَنَّهُ غَيْرُ مُسْتَعِدٍّ لِلاشْتِرَاكِ فِي الْمؤْتَمر .

to make s.o. understand — II — فَهَّمَ يُفَهِّمُ تَفْهِيمٌ

حاوَلَ تَفْهِيمَهُ الأَمْرَ بِأَكْثَرَ مِنْ طَرِيقَةٍ ، وَلَكِنَّهُ وَجَدَهُ غَيْرَ مُسْتَعِدٍ لِلْقَبولِ .

to make s.o. understand — IV — أَفْهَمَ يُفْهِمُ إِفْهَامٌ

حَاوَلَ أَنْ يُفْهِمَنِي الْأَمْرَ بِوُضُوحٍ ، وَلَكِنَّهُ فَشِلَ فِي ذَلِكَ .

to understand — V — تَفَهَّمَ يَتَفَهَّمُ تَفَهُّمٌ

إِنَّهَا تَتَفَهَّمُ مَوْقِفَهُ تَمَامًا ، وَلَكِنَّهَا لا تُرِيدُ أَنْ تَتَنَازَلَ عَنْ رَأْيِهَا .

to come to terms — VI — تَفَاهَمَ يَتَفَاهَمُ تَفَاهُمٌ

بَعْدَ أَنْ يَتَفَاهَمَا ، سَيَكُونُ التَّعَامُلُ بَيْنَهُمَا أَسْهَلَ وَأَيْسَرَ .

to inquire (of, about) — X — اِسْتَفْهَمَ يَسْتَفْهِمُ اِسْتِفْهَامٌ

اِسْتَفْهَمْتُ مِنْ أُسْتَاذِي عَنْ أَشْيَاءَ كَثِيرَةٍ لَمْ أَكُنْ أَعْرِفُهَا .

ف و ت

to miss s.th., go by — I — فَاتَ يَفُوتُ فَوَاتٌ

أَسْرَعْتُ إِلَى الْمَطَارِ خَشْيَةَ أَنْ تَفُوتَنِي الطَّائِرَةُ .

to cause s.o. to miss — II — فَوَّتَ يُفَوِّتُ تَفْوِيتٌ

لَقَدْ فَوَّتَ عَلَيْهِ فُرْصَةً ذَهَبِيَّةً كَانَ فِي أَشَدِّ الْحَاجَةِ إِلَيْهَا .

to compare, contrast — III — فَاوَتَ يُفَاوِتُ مُفَاوَتَةٌ

حَاوَلَ أَنْ يُفَاوِتَ بَيْنَهُمَا عَلَى أَسَاسٍ مَادِّيٍّ فَحَسْبُ .

to differ — VI — تَفَاوَتَ يَتَفَاوَتُ تَفَاوُتٌ

تَتَفَاوَتُ قِيمَةُ سِعْرِ الدُّولار والْيورو : وأيضًا تَحْوِيلاتٍ أَوْ بَنْكَنُوت .

ف و ح

to diffuse an aroma — I — فَاحَ يَفُوحُ فَوَحَانٌ / فَوْحٌ

فاحَتْ مِن الْقَصْرِ رَوَائِحُ ذَكِيَّةٌ يَشُمُّهَا كُلُّ مَنْ كَانَ حَوْلَهُ .

فـ و ر

to boil over I فَارَ يَفُورُ فَوَرَانٌ / فَوْرٌ

تَرَكَ الْحَليبَ يَغْلي وَذَهَبَ لِيَرُدَّ عَلَى التِّليفون ، فَفارَ الْحَليبُ وَأَطْفَأَ الشُّعْلَةَ .

فـ و ز

to win I فَازَ يَفُوزُ فَوْزٌ

فَازَ أَخِي بِجَائِزَةِ الدَّوْلَةِ عَلَى دِيوَانِ شِعْرِهِ الْأَخِيرِ .

فـ و ض

to empower, authorize s.o. II فَوَّضَ يُفَوِّضُ تَفْوِيضٌ

قَبْلَ أَنْ يُسافِرَ ، أَصْدَرَ لَهُ تَوْكيلاً يُفَوِّضُهُ بِموجَبِهِ بِالتَّصَرُّفِ في كُلِّ شيءٍ .

to negotiate III فَاوَضَ يُفَاوِضُ مُفَاوَضَةٌ

مازالَت الْمُفاوَضاتُ جارِيَةً بَيْنَ الطَّرَفَيْنِ .

to negotiate with one another VI تَفَاوَضَ يَتَفَاوَضُ تَفَاوُضٌ

يُحاوِلونَ التَّفاوُضَ وَلَكِنْ تَظَلُّ هُناكَ نِقاطٌ عالِقَةٌ تَسْتَعْصِي عَلَى الْحَلِّ .

فـ و ق

to surpass I فَاقَ يَفُوقُ فَوْقٌ / فَوَاقٌ

لَقَدْ فاقَ أَقْرانَهُ ، أَيْ تَمَيَّزَ عَنْ زُمَلائِهِ في كُلِّ شيءٍ .

to regain consciousness IV أَفَاقَ يُفِيقُ إِفَاقَةٌ

نَعَمْ ، لَقَدْ أَفاقَ ، وَلَكِنْ بَعْدَ فَواتِ الْأَوانِ .

to be superior V تَفَوَّقَ يَتَفَوَّقُ تَفَوُّقٌ

تَفَوَّقَ عَلَيْهِمْ بِعِلْمِهِ وَخُلُقِهِ مَعًا ، نَحْنُ دائمًا نُقَدِّرُهُ .

to regain consciousness X اِسْتَفَاقَ يَسْتَفِيقُ اِسْتِفَاقَةٌ

حِينَ اسْتَفاقَ مِنْ غَيْبوبَتِهِ بِغُرْفَةِ الْإِنْعاشِ ، بَدَأَ يَتَفَرَّسُ في وُجوهِنا .

فـ و هـ

to utter I فَاهَ يَفُوهُ فَوْهٌ

أَنا لا أَعْتَقِدُ أَنَّهُ فاهَ بِأَيِّ شَتائِمَ ، كُنتُ هُناكَ وَحَضَرْتُ الْواقِعَةَ .

تَفَوَّهَ يَتَفَوَّهُ تَفَوُّهٌ V to utter

إِنَّهُمْ على يقينٍ بِأَنَّهُ لَمْ يَتَفَوَّهْ بِأَيِّ كَلِمَةٍ شائنَةٍ. لِماذا يُحاسِبونَهُ ؟

ف ي أ

فَاءَ يَفِيءُ فَيْءٌ I to return

أَخيرًا ، لَقَدْ فاءَ إِلَى التَّوْبَةِ بَعْدَ أَن ارْتَكَبَ مَعاصِيَ كَثيرَةً .

فَيَّأَ يُفَيِّءُ تَفْيِئٌ II to shade, be shady

فَيَّأَ الظِّلُّ اَلْمَكانَ ، وَلَمْ تَعُد الشَّمْسُ مُؤَثِّرَةً كَما كانَتْ .

أَفاءَ يُفِيءُ إِفَاءَةٌ IV to grant

أَفاءَ رَجُلُ الأَعْمالِ عَلَى كافَةِ الْعامِلينَ بِشَرِكاتِهِ بِمُرَتَّبِ شَهْرٍ .

تَفَيَّأَ يَتَفَيَّأُ تَفَيُّؤٌ V to shade o.s. (with)

بَعْدَ أَن انْتَهى السِّباقُ ، تَفَيَّأَ الْفارِسُ الظِّلَّ إِلَى جِوارِ حِصانِهِ .

ف ي د

أَفَادَ يُفِيدُ إِفَادَةٌ IV to benefit s.o.

لِكَيْ نُوَثِّقَ أَوْراقَنا الرَّسْمِيَّةَ ، أَحيانًا نَطْلُبُ " شَهادةً " ، وَأَحْيانًا نَطْلُبُ " إِفادَةً " .

أَفادَني كَثيرًا حينَ عَلَّمَني كَيْفَ أَتَعامَلُ مَعَ النَّاسِ .

اِسْتَفَادَ يَسْتَفِيدُ اِسْتِفَادَةٌ X to benefit

إِنَّهُ دائمًا يَسْتَفيدُ مِنْهُم ، لِماذا يَشْكو مِنْهُم الآنَ ؟

ف ي ض

فَاضَ يَفِيضُ فَيَضَانٌ / فَيْضٌ I to flood

كانَ قُدَماءُ الْمِصْرِيّينَ يَحْتَفِلونَ بِوَفاءِ النِّيلِ أَيْ فَيْضانِهِ ، وَالْهَدِيَّة : إِلْقاءُ امْرَأَةٍ فيهِ .

أَفَاضَ يُفِيضُ إِفَاضَةٌ IV to pour forth

أَفاضَ عَلَيْهِمْ مِن خَيْرِهِ وَبَرَكَتِهِ الشَّيءَ الْكَثيرَ ، هَلْ يَحْمدونَ اللهَ ؟

اِسْتَفَاضَ يَسْتَفِيضُ اِسْتِفَاضَةٌ X

to elaborate, to be super abundant

اِسْتَفاضَ الْمُحاضِرُ في شَرْحِ جَوانِبِ مُحاضَرَتِهِ ، فَبَهَرَ السَّامِعينَ بِعِلْمِهِ وَخِبْراتِهِ .

ق

ق ب ح

to be ugly	I	قُبْحٌ	يَقْبُحُ	قَبُحَ	

بَيْنَ الْحُسنِ وَالْقُبْحِ فَرْقٌ كَبِيرٌ .

to make ugly	II	تَقْبِيحٌ	يُقَبِّحُ	قَبَّحَ

عِنْدَما اسْتَمَعَ إِلَى كَلامِهِ التَّافِهِ والسَّخيفِ ، قالَ لَهُ : قَبَّحَكَ اللهُ ، هَذا مُؤْسِفٌ .

to dislike	X	اِسْتِقْبَاحٌ	يَسْتَقْبِحُ	اِسْتَقْبَحَ

اِسْتَقْبَحَ مِنْهُ أَنْ يَتَنَاوَلَ طَعَامَهُ فِي وَقْتِ الْعَمَلِ .

ق ب س

to acquire	I	قَبْسٌ	يَقْبِسُ	قَبَسَ

ظَلَّ يَقْبِسُ مِنْ عِلْمِهِ وخِبْرَتِهِ الشَّيْءَ الْكَثِيرَ .

to quote	VIII	اِقْتِبَاسٌ	يَقْتَبِسُ	اِقْتَبَسَ

اِقْتَبَسْتُ في بَحْثي عِدَّةَ نُصوصٍ من مَراجَعَ كثيرةٍ .

ق ب ض

	I	قَبْضٌ	يَقْبِضُ	قَبَضَ

1. to get paid — قَبَضْتُ مَبْلَغًا مِنَ الْمَالِ ، ثُمَّ أَنْفَقْتُهُ فِي أَقَلَّ مِنْ شَهْرٍ .

2. to arrest — أَلْقَتِ الشُّرْطَةُ الْقَبْضَ عَلَى اللِّصِّ .

to be depressed	VII	اِنْقِبَاضٌ	يَنْقَبِضُ	اِنْقَبَضَ

حينَ سَمِعَ الْخَبَرَ الْفاجِعَ عَنْ غَرَقِ السَّفينَةِ ، اِنْقَبَضَ وَلَمْ يُعَلِّقْ .

ق ب ع

to crouch	I	قُبُوعٌ	يَقْبَعُ	قَبَعَ

كَانَ مَشْغُولاً جِدًّا وَقَدْ قَبَعَ بِجِوَارِ التِّلِيفُونِ يَنْتَظِرُ رَدَّ الْعِصَابَةِ .

ق ب ل

to accept, agree	I	قَبُولٌ	يَقْبَلُ	قَبِلَ

طَلَبَ مِنِّي أَنْ أَصْحَبَهُ إِلَى الإِسْكَنْدَرِيَةِ ، فَقَبِلْتُ .

to kiss	II	قَبَّلَ يُقَبِّلُ تَقْبِيلٌ

حَاوَلَ مِرَارًا أَنْ يُقَبِّلَهَا قَبْلَ الزَّوَاجِ ، وَلَكِنَّهَا رَفَضَتْ .

to meet	III	قَابَلَ يُقَابِلُ مُقَابَلَةٌ

قَابَلْتُهُمَا الصَّيْفَ الْمَاضِيَ يَتَنَزَّهَانِ عَلَى النِّيلِ .

	IV	أَقْبَلَ يُقْبِلُ إِقْبَالٌ

1. to take an interest (in) أَعْتَقِدُ أَنَّ الْكَثِيرِينَ لا يُقْبِلُونَ عَلَى اقْتِنَاءِ أَجْهِزَةِ فِيدْيُو .

2. to come, approach أَقْبَلَ الرَّبِيعُ وتَفَتَّحَت الأَزْهَارُ .

to accept	V	تَقَبَّلَ يَتَقَبَّلُ تَقَبُّلٌ

بَعْدَ أَنْ فَهِمَ الْمَوْضُوعَ بِوُضُوحٍ ، تَقَبَّلَ كُلَّ الشُّرُوطِ .

to meet (with)	VI	تَقَابَلَ يَتَقَابَلُ تَقَابُلٌ

تَقَابَلْتُ مَعَ صَدِيقِي ظُهْرًا أَمَامَ الْجَامِعَةِ .

to receive s.o.	X	اِسْتَقْبَلَ يَسْتَقْبِلُ اِسْتِقْبَالٌ

اِسْتَقْبَلَ الرَّئِيسُ وَفْدًا مِنْ أَعْضَاءِ الْكُونْجرِسِ الأَمْرِيكِيِّ .

ق ت ل

to kill	I	قَتَلَ يَقْتُلُ قَتْلٌ

قَتَلَ صَدِيقَهُ لاِخْتِلافِهِمَا عَلَى حُبِّ فَتَاةٍ .

to massacre	II	قَتَّلَ يُقَتِّلُ تَقْتِيلٌ

أَخَذَ يُقَتِّلُ فيهِمْ حَتَى أَجْهَزَ عَلَيْهِمْ جَمِيعًا .

to fight	III	قَاتَلَ يُقَاتِلُ مُقَاتَلَةٌ / قِتَالٌ

تَطَوَّرَتْ أَسَالِيبُ الْقِتَالِ حَدِيثًا عَمَّا كَانَتْ عَلَيْهِ فِي الْمَاضِي .

to combat each other	VI	تَقَاتَلَ يَتَقَاتَلُ تَقَاتُلٌ

لَنْ يَجْنِيَ النَّاسُ مِنَ التَّقَاتُلِ إلا الْخَسَارَةَ فِي الأَرْوَاحِ وَالأَمْوَالِ.

to combat each other	VIII	اِقْتَتَلَ يَقْتَتِلُ اِقْتِتَالٌ

بَعْدَ أَنْ يَقْتَتِلا ، نَسْتَطِيعُ أَنْ نَحْكُمَ أَيُّهُمَا أَقْوَى .

ق ح ط

to be or become rainless	I	قَحَطَ يَقْحَطُ قُحُوطٌ

لَم يَنْزِلْ مَطَرٌ هذا الْعَامَ حتَّى قَحَطَ الْمَكَانُ كُلُّهُ .

أَقْحَطَ يُقْحِطُ إِقْحَاطٌ IV to be or become rainless

أَقْحَطَ الْمَكانُ أي اِفْتَقَرَ إِلى الزَّرْعِ وَالْماءِ والنَّباتِ .

ق ح ل

قَحِلَ يَقْحَلُ قَحْلٌ I to dry up

جَفَّ الزَّرْعُ وَانْقَطَعَ الْمَطَرُ وَأَصْبَحَ الْمكانُ قاحِلاً جِدًّا .

قَ ح م

أَقْحَمَ يُقْحِمُ إِقْحَامٌ IV to drag (into)

بِاللهِ عَلَيْكَ لا تُقْحِم اِسْمِي في هذا الأَمْرِ .

اِقْتَحَمَ يَقْتَحِمُ اِقْتِحَامٌ VIII to break into

اِقْتَحَمَتِ الشُّرطَةُ وَكْرًا لِلْمُجْرِمينَ وَقَبَضَتْ عَلَى جَماعَتِهِمْ وَلِكنَّ رَئيسَهُمْ فَرَّ .

ق د ح

قَدَحَ يَقْدَحُ قَدْحٌ I to vilify, slander

إِنَّهُ رَجُلٌ مُنَافِقٌ : يَمْدَحُهُمْ فِي حُضُورِهِمْ ، وَيَقْدَحُ فِيهِمْ حِينَ غِيَابِهِمْ .

اِنْقَدَحَ يَنْقَدِحُ اِنْقِدَاحٌ VII to fire, ignite

اِنْقَدَحَ الزِّنَادُ وَطَارَتِ الرَّصَاصَةُ لِتَسْتَقِرَّ فِي رَأْسِهِ .

اِقْتَدَحَ يَقْتَدِحُ اِقْتِدَاحٌ VIII to strike fire

اِقْتَدَحَ حَجَرَيْنِ فَظَهَرَتْ شَرارَةٌ أَشْعَلَ مِنْها النَّارَ لِيَشْوِيَ الصَّيْدَ .

ق د د

قَدَّ يَقُدُّ قَدٌّ I to cut (off)

يُقَالُ : قَدَّتْ قَمِيصَهُ أيْ قَطَعَتْهُ أَوْ مَزَّقَتْهُ .

قَدَّدَ يُقَدِّدُ تَقْدِيدٌ II to cut into strips and dry

قَدَّدَ اللَّحمَ لِيَسْتعينَ بِهِ في غِذائِهِ طَوالَ رِحْلَةِ الصَّيْدِ في الصَّحْراءِ .

ق د ر

قَدَرَ يَقْدِرُ قَدْرٌ / قُدْرَةٌ I to be able (to)

أَنَا لا أَقْدِرُ عَلَى الْجُلُوسِ فِي الشَّمْسِ سَاعَاتٍ طَوِيلَةً .

قَدَّرَ يُقَدِّرُ تَقْدِيرٌ II

1. to esteem highly إِنَّهَا تُحِبُّهُ وَتَحْتَرِمُهُ وَتُقَدِّرُهُ ، لأَنَّهُ أَهْلٌ لِكُلِّ ذَلِكَ .

2. to estimate لا تَسْتَطِيعُ أَنْ تُقَدِّرَ مَدَى سَعَادَتِي لِحُصولِكَ عَلَى الْجَائِزَةِ .

to enable s.o. (to) أَقْدَرَ يُقْدِرُ إِقْدَارٌ IV

لَقَدْ أَقْدَرَهُ عَمَلُهُ بِالْبَنْكِ عَلَى أَنْ يُتَابِعَ الأَحْوَالَ الاقْتِصَادِيَّةَ .

to master اِقْتَدَرَ يَقْتَدِرُ اِقْتِدَارٌ VIII

أَصْبَحَ الآنَ يُنَفِّذُ التَّعْلِيمَاتِ بِدِقَّةٍ وَاقْتِدَارٍ .

ق د س

to venerate قَدَّسَ يُقَدِّسُ تَقْدِيسٌ / قُدْسٌ II

لَقَدْ أَشَارَ فِي خُطْبَتِهِ إِلَى أَنَّ هَذَا الرَّجُلَ يَسْتَحِقُّ التَّبْجِيلَ وَالتَّقْدِيسَ .

to be holy تَقَدَّسَ يَتَقَدَّسُ تَقَدُّسٌ V

تَقَدَّسَ اللهُ فِي سَمَائِهِ : إِنَّهُ قَادِرٌ عَلَى كُلِّ شَيْءٍ .

ق د م

to arrive, come (to) قَدِمَ يَقْدُمُ قُدُومٌ I

قَدِمَ إِلَيْنَا بَعْدَ سَنَوَاتٍ فَفَرِحْنَا بِهِ كَثِيرًا .

to be old قَدُمَ يَقْدُمُ قِدَمٌ I

قَدُمَتْ سَيَّارَتُهُ ، لأَنَّهُ اشْتَرَاهَا مُنْذُ عِشْرِينَ سَنَةً .

to present قَدَّمَ يُقَدِّمُ تَقْدِيمٌ II

قَدَّمَ إِلَيَّ تَقْرِيرًا مُفَصَّلًا كُلُّهُ كَذِبٌ وَافْتِرَاءٌ .

to venture أَقْدَمَ يُقْدِمُ إِقْدَامٌ IV

نَصَحْتُهُ أَلّا يُقْدِمَ عَلَى هَذَا الأَمْرِ قَبْلَ دِرَاسَةٍ مُتَأَنِّيَةٍ .

to submit, present with تَقَدَّمَ يَتَقَدَّمُ تَقَدُّمٌ V

تَقَدَّمْتُ إِلَيْهِ بِطَلَبِ وَظِيفَةٍ ، فَرَفَضَ وَاعْتَذَرَ .

to become outdated تَقَادَمَ يَتَقَادَمُ تَقَادُمٌ VI

سَأَلْتُ الْمُحَامِيَ : وَهَلْ يَسْقُطُ حَقِّي بِتَقَادُمِ الْحُكْمِ ؟

to summon اِسْتَقْدَمَ يَسْتَقْدِمُ اِسْتِقْدَامٌ X

حِينَ عَلِمَ الرَّئِيسُ بِمَكَانَتِهِ ، اِسْتَقْدَمَهُ وَتَحَدَّثَ مَعَهُ .

ق د ي

to follow s.o.'s example VIII اِقْتَدَى يَقْتَدِي اِقْتِدَاءٌ

الْاِقْتِداءُ بِالْأَخْيَارِ وَالْعُلَماءِ وَالْجادِّينَ مِن النَّاسِ أمْرٌ مَطْلوبٌ .

ق ذ ر

to deem dirty X اِسْتَقْذَرَ يَسْتَقْذِرُ اِسْتِقْذَارٌ

حِينَ رَآهُ في ثيابِهِ الرَّثَّةِ وَشَكْلِهِ الْمُريبِ ، اِسْتَقْذَرَهُ وَلَمْ يَرْغَبْ في محادَثَتِهِ .

ق ذ ف

to throw I قَذَفَ يَقْذِفُ قَذْفٌ

قَذَفَ الْوَلَدُ الْحَجَرَ ، فَكَسَرَ زُجاجَ النَّافِذَةِ .

to throw at each other VI تَقَاذَفَ يَتَقَاذَفُ تَقَاذُفٌ

يَتَقَاذَفُ الْأَوْلادُ بِالْأَحْجارِ كُلَّ يَوْمٍ أَمامَ مَنْزِلِنا .

ق ر أ

to read I قَرَأَ يَقْرَأُ قِرَاءَةٌ

لِكُلِّ إنْسانٍ طَريقَتُهُ في قِراءَةِ الْجَريدَةِ ، اَلْبَعْضُ يُفَضِّلُ الْبَدْءَ بِصَفْحَةِ الْوَفَيّاتِ .

to make s.o. read IV أَقْرَأَ يُقْرِئُ إِقْرَاءٌ

أَقْرَأَهُ الْقُرْآنَ وَهو صَغيرٌ ، فَنَشَأَ يُحِبُّ قِراءَتَهُ .

to seek to read X اِسْتَقْرَأَ يَسْتَقْرِئُ اِسْتِقْرَاءٌ

حَاوَلَ أَنْ يَسْتَقْرِئَ خَطَّ الطَّبيبِ ، وَلَكِنْ هَيْهاتَ .

ق ر ب

to approach I قَرُبَ يَقْرُبُ قُرْبٌ / قُرْبَةٌ

لَقَدْ قَرُبَ مَوْعِدُ الْاِمْتِحَانِ ، هَيَّا بِنَا .

to bring close (to) II قَرَّبَ يُقَرِّبُ تَقْرِيبٌ

قَرَّبَ الْحَفْلُ الْجَامِعِيُّ بَيْنَ زُمَلاءِ الدِّراسَةِ الْقُدامَى .

to approach III قَارَبَ يُقَارِبُ مُقَارَبَةٌ

إِنَّهُ لَيْسَ صَغِيرًا كَمَا تَظُنُّ ، لَقَدْ قَارَبَ سِنُّهُ الْخَمْسِينَ .

تَقَرَّبَ يَتَقَرَّبُ تَقَرُّبٌ V to gain the favor of s.o.

حَاوَلَ أَنْ يَتَقَرَّبَ إِلَيْهَا ، وَلَكِنَّهَا كَانَتْ تَبْتَعِدُ عَنْهُ في كلِ مَرَّةٍ .

تَقَارَبَ يَتَقَارَبُ تَقَارُبٌ VI to be near each other

تَقَارَبَتْ وِجْهَاتُ نَظَرِنَا كَثِيرًا بَعْدَ أَنْ فَهِمَ كُلٌّ مِنَّا صَاحِبَهُ .

اِقْتَرَبَ يَقْتَرِبُ اِقْتِرَابٌ VIII to get close

هُنَاكَ لافِتَاتٌ تَقُولُ : مَمْنُوعٌ الاقْتِرَابُ أَوِ التَّصْوِيرُ .

ق ر ح

قَرَحَ يَقْرُحُ قَرْحٌ I to wound s.o.

" اَلْقَرْحُ " كَلِمَةٌ قُرآنِيَّةٌ: " مَسَّهُمُ الْقَرْحُ " أَيْ الدّاءُ أَوِ الْوَباءُ .

قَرَّحَ يُقَرِّحُ تَقْرِيحٌ II to be ulcerated

اَلْذي قَرَّحَ جُرْحَهُ وُصولُ الْماءِ إِلَيْهِ .

اِقْتَرَحَ يَقْتَرِحُ اِقْتِرَاحٌ VIII to suggest

اِقْتَرَحْتُ عَلَيْهِمْ أَنْ يَأْخُذوهُ إِلَى الطَّبِيبِ فَهْوَ خَيْرُ مَنْ يَعْرِفُ الْعِلاَجَ .

ق ر ر

قَرَّ يَقِرُّ قَرَارٌ I to determine

اِتَخَذَ مَجْلِسُ الْأَمْنِ قَرارًا بِإِرْسالِ قُوَّاتٍ من الْأُمَمِ الْمُتَّحِدَةِ إِلَى الْمنطَقَةِ .

قَرَّرَ يُقَرِّرُ تَقْرِيرٌ II to decide

لَقَدْ قَرَّرْتُ أَنْ أُرَشِّحَ نَفْسِي فِي الْمَعْرَكَةِ الْانْتِخَابِيَّةِ الْقَادِمَةِ .

أَقَرَّ يُقِرُّ إِقْرَارٌ IV to approve

بَعْدَ أَنْ شَرَحْتُ لَهُ الْمَوْقِفَ ، أَقَرَّنِي عَلَى كُلِّ مَا قُمْتُ بِهِ .

تَقَرَّرَ يَتَقَرَّرُ تَقَرُّرٌ V to be decided

لَقَدْ تَقَرَّرَ تَعْطِيلُ الْبُنُوكِ يَوْمًا وَاحِدًا فَقَطْ بَدَلاً مِنْ يَوْمَيْنِ .

اِسْتَقَرَّ يَسْتَقِرُّ اِسْتِقْرَارٌ X to settle down

أَحْمَدُ اللهَ فَلَقَدِ اسْتَقَرَّتِ الْأُمُورُ الْآنَ .

ق ر ص

قَرَصَ يَقْرُصُ قَرْصٌ I to pinch, sting

قَرَصَتْهُ النَّحْلَةُ فِي أُذُنِهِ ، فَصَرَخَ وَاسْتَغَاثَ .

ق ر ض

to nibble I قَرَضَ يَقْرُضُ قَرْضٌ

أَخَذَ الْفَأْرُ يَقْرُضُ خَشَبَ الشُّبَّاكِ طَمَعًا فِي الدُّخُولِ لِلْمَطْبَخِ .

to lend IV أَقْرَضَ يُقْرِضُ إِقْرَاضٌ

أَقْرَضْتُهُ مَبْلَغًا مِنَ الْمَالِ : أَخَذَهُ وَلَمْ يَرُدَّهُ .

to become extinct VII اِنْقَرَضَ يَنْقَرِضُ اِنْقِرَاضٌ

هَلْ تَنْقَرِضُ حَيَوَانَاتٌ مُعَيَّنَةٌ ؟ سُؤَالٌ لا أَدْرِي جَوَابَهُ .

to borrow VIII اِقْتَرَضَ يَقْتَرِضُ اِقْتِرَاضٌ

اِقْتَرَضَ صَدِيقِي الْمَبْلَغَ وَوَعَدَ أَنْ يَرُدَّهُ بَعْدَ سَنَةٍ .

to ask for a loan X اِسْتَقْرَضَ يَسْتَقْرِضُ اِسْتِقْرَاضٌ

حاوَلَ أَنْ يَسْتَقْرِضَ مِن الْبَنْكِ قَرْضًا بِمائَةِ أَلْفِ جُنَيْهٍ ، فَرَفَضَ الْبَنْكُ طَلَبَهُ .

ق ر ظ

to commend, praise II قَرَّظَ يُقَرِّظُ تَقْرِيظٌ

بَدَأَ النَّاقِدُ بِتَقْرِيظِ الْكِتَابِ وَصَاحِبِهِ ، ثُمَّ بَدَأَ مُلاحَظَاتِهِ بَعْدَ ذَلِكَ .

ق ر ع

to knock I قَرَعَ يَقْرَعُ قَرْعٌ

أَخَذَ يَقْرَعُ الْبابَ بِشِدَّةٍ ، وَلَكِنَّ أَحَدًا لَمْ يَرُدَّ عَلَيْهِ .

to snap at, scold s.o. II قَرَّعَ يُقَرِّعُ تَقْرِيعٌ

حاول تأنيبَهُ وَتَقْرِيعَهُ عَلَى ما بَدَر مِنْهُ في الجَلْسَةِ أَمامَ الحاضِرينَ .

to fight III قَارَعَ يُقَارِعُ مُقَارَعَةٌ

مُنْذَ القِدَمِ ، شاعَت المُقارَعَةُ بِالسُّيُوفِ بَيْنَ كافةِ شُعوبِ الأَرْضِ .

to ballot VIII اِقْتَرَعَ يَقْتَرِعُ اِقْتِرَاعٌ

أحاطَتْ قُوَاتِ الأَمْنِ بِصَناديقِ الاِقْتِراعِ فَوْرَ إِغْلاقِها ، تَمْهيدًا لإِرسالِها لِفَرْزِ الأَصواتِ .

ق ر ف

to commit (a sin, crime) VIII اِقْتَرَفَ يَقْتَرِفُ اِقْتِرَافٌ

اِقْتَرَفَ هَذا الرَّجُلُ كَثيرًا مِن الْموبِقاتِ في حَقِّ اللهِ والنَّاس .

ق ر ف ص

قَرْفَصَ يُقَرْفِصُ قَرْفَصَةٌ / قُرْفُصاءٌ Q to squat on the floor

بَعْضُ الْباعَةِ الْجائِلِينَ في الطُّرُقاتِ يَجْلِسونَ القُرْفُصاءَ وأَمامَهَمْ بِضاعَتُهُمْ .

ق ر ن

قَرَنَ يَقْرِنُ قَرْنٌ I associate s.o. / s.th. (with)

لا تُحَاوِلْ أَنْ تَقْرِنَهُ بِهَؤُلاءِ الْكُتَّاب . إِنَّهُ أَفْضَلُ مِنْهُمْ .

قَارَنَ يُقَارِنُ مُقَارَنَةٌ / قِرَانٌ III to compare (to, with)

بَعْضُ الْأَساتِذَةِ بِالْجامِعاتِ يَهْتَمُّونَ بالدِّراساتِ الْمُقارِنَةِ .

لَقَدْ قارَنْتُ بَيْنَ الْكِتَابَيْنِ وَوَجَدْتُ أَنَّهُمَا يَقُولانِ نَفْسَ الشَّيءِ تَقْرِيبًا .

أَقْرَنَ يُقْرِنُ إِقْرَانٌ IV to combine

يُقَالُ " أَقْرَنَ " بِالْحَجِّ وَالْعُمْرَةِ أَيْ أَدَّى شَعَائِرَهُما مَعاً .

اِقْتَرَنَ يَقْتَرِنُ اِقْتِرَانٌ VIII to be associated (with)

يَقْتَرِنُ اِسْمُهُ الْآنَ بِمَشَاهِيرِ الْأُدَبَاءِ وَالْكُتَّابِ .

ق ر و

اِسْتَقْرَى يَسْتَقْرِي اِسْتِقْراءٌ X to pursue s.th.

الْاِسْتِقراءُ مَعْناهُ أَنْ تَتَقصَّى ظواهِرَ مَوْضوعٍ أَوْ مُشْكِلَةٍ ، ثُمّ تَسْتَخْرِجَ النَّتائِجَ .

ق ز ز

قَزَّزَ يُقَزِّزُ تَقْزِيزٌ II to disgust

ما أَقْدَمَ عَلَيْهِ أَمْرٌ يُقَزِّزُ الْجَميعَ .

تَقَزَّزَ يَتَقَزَّزُ تَقَزُّزٌ V to be disgusted

ما فَعَلَهُ في الْحَفْلَة أَمْرٌ تَقَزَّزَ مِنْهُ كَثيرونَ .

ق س ر

قَسَرَ يَقْسُرُ قَسْرٌ I to force

عَلَيْنا أَنْ نُراعي فِي مُعامَلَةِ الْأَطْفالِ الْمُرونَةَ والتَّفاهُمَ دُونَ قَسْرٍ أو تَعَسُّفٍ .

ق س ط

to act unjustly — I — قَسَطَ يَقْسِطُ قِسْطٌ

فِعْلُ قَسَطَ مَعْنَاهُ: ظَلَمَ ، أَمَّا " أَقْسَطَ " فَمَعْنَاهُ : عَدَلَ .

to pay in installments — II — قَسَّطَ يُقَسِّطُ تَقْسِيطٌ

اشترى التِّليفزْيون بِالتَّقْسيطِ فَدَفَعَ أَكْثَرَ مِنْ ثَمَنِهِ .

to exercise justice — IV — أَقْسَطَ يُقْسِطُ إِقْسَاطٌ

بَيْنَ " قَسَطَ " وَ " أَقْسَطَ " فَرْقٌ كَبيرٌ ، فاللهُ " لا يُحِبُّ الْقاسِطينَ أَيْ الظَّالمينَ " ، وَلَكِنَّهُ " يُحِبُّ الْمُقْسِطينَ " أَيْ الْعادِلينَ .

ق س م

to divide — I — قَسَمَ يَقْسِمُ قَسْمٌ / قَسَمٌ / قِسْمَةٌ

لَقَدْ قَسَمَ التُّفَّاحَةَ بَيْنَ الْوَلَدِ وَ الْبِنْتِ .

to distribute — II — قَسَّمَ يُقَسِّمُ تَقْسِيمٌ

قَسَّمْتُ الْميرَاثَ بَيْنَهُمْ حَسْبَ الشَّرْعِ .

to share — III — قَاسَمَ يُقَاسِمُ مُقَاسَمَةٌ

مُنْذُ تَزَوَّجَتْهُ وَهِيَ تُقَاسِمُهُ الْحَيَاةَ بِحُلْوِهَا وَمُرِّهَا .

to swear — IV — أَقْسَمَ يُقْسِمُ إِقْسَامٌ

أَقْسَمَ أَمَامَ الضَّابِطِ أَنَّهُ لَمْ يَرْتَكِبِ الْجَريمَةَ .

to be divided into — V — تَقَسَّمَ يَتَقَسَّمُ تَقَسُّمٌ

خَلَقَ اللهُ الْخَلْقَ ، وَشَاءَ أن يَتَقَسَّمُوا أُمَماً وَشُعُوباً .

to share together — IV — تَقَاسَمَ يَتَقَاسَمُ تَقَاسُمٌ

لَقَدْ تَقَاسَمَا بُطُولَةَ الْفِيلْمِ وَالْأَجْرَ أَيْضاً .

to be divided (into) — VII — اِنْقَسَمَ يَنْقَسِمُ اِنْقِسَامٌ

يَنْقَسِمُ كِتَابُهُ إِلَى قِسْمَيْنِ رَئِيسِيَّيْنِ .

to divide — VIII — اِقْتَسَمَ يَقْتَسِمُ اِقْتِسَامٌ

اِقْتَسَمْتُ نَصِيبِي وَاشْتَرَيْتُ بِهِ سَيَّارَةً .

to seek an oracle from the deity — X — اِسْتَقْسَمَ يَسْتَقْسِمُ اِسْتِقْسَامٌ

كانَ الْعَرَبُ قَبْلَ الإِسلامِ يَسْتَقْسِمونَ بِالْأَزْلامِ ، أيْ يُحَكِّمونَ الْأَصْنامَ في مَشاريعِهِمْ .

ق س و

to be cruel	I	قَسَا يَقْسُو قَسْوَةٌ

مِنْ وَسائِلِ التَّربِيَةِ الْحديثةِ أَلّا تَقْسُو عَلى الأَطْفالِ .

to suffer	III	قاسَى يُقاسِي مُقاساةٌ

لَقَدْ قاسَتْ كَثِيرًا بَعْدَ وَفاةِ زَوْجِها بِسَبَبِ رِعايَةِ أَوْلادِها .

ق ش ر

to peel	I	قَشَرَ يَقْشِرُ قَشْرٌ

قَشَرَ الْبُرْتُقالَةَ وَلكِنَّهُ لَمْ يَسْتَطِعْ أَنْ يَأْكُلَها .

to peel	II	قَشَّرَ يُقَشِّرُ تَقْشِيرٌ

قَشَّرَت الطِّفْلَةُ الْمَوْزَ كُلَّهُ ثُمَّ رَمَتْهُ فِي التُّرابِ .

ق ش ف

to live in austerity	V	تَقَشَّفَ يَتَقَشَّفُ تَقَشُّفٌ

إِنَّهُ الْآنَ يَحْيا حَياةَ التَّقَشُّفِ وَالضِّيقِ .

ق ص د

to intend	I	قَصَدَ يَقْصِدُ قَصْدٌ

لَمْ أَكُنْ أَقْصِدُ بِذلِكَ أَنْ أُسِيءَ إِلَيْهِ .

to save	VIII	اِقْتَصَدَ يَقْتَصِدُ اِقْتِصادٌ

طَلَبْتُ مِنْهُ أَنْ يَقْتَصِدَ وَيَدَّخِرَ بَعْضَ نُقُودِهِ .

ق ص ر

to limit	I	قَصَرَ يَقْصُرُ قَصْرٌ

لَقَدْ قَصَرُوا الاِشْتِراكَ فِي الْمُسابَقَةِ عَلَى الرِّياضِيِّينَ الْمُحْتَرِفِينَ فَقَطْ .

to be negligent	II	قَصَّرَ يُقَصِّرُ تَقْصِيرٌ

أَنا لَمْ أُقَصِّرْ مَعَهُ مُطْلَقاً ، فَكَيْفَ يَتَّهِمُنِي بِاللّامُبالاةِ .

to confine (to)	VIII	اِقْتَصَرَ يَقْتَصِرُ اِقْتِصارٌ

اِقْتَصَرْتُ فِي حَدِيثِي مَعَهُ عَلَى لُبِّ الْمُشْكِلَةِ وَلَمْ أُناقِشِ التَّفْصِيلاتِ .

ق ص ص

to narrate I قَصَّ يَقُصُّ قَصٌّ

قَصَّتْ عَلَيَّ جَدَّتِي قِصَّةً مُرْعِبَةً ، لَمْ أَنَمْ طُولَ اللَّيْلِ بِسَبَبِهَا .

to take revenge (on) VIII اِقْتَصَّ يَقْتَصُّ اِقْتِصَاصٌ / قِصَاصٌ

كَانَ يَكْرَهُهُ ، وَقَدْ حَاوَلَ أَنْ يَقْتَصَّ مِنْهُ ، وَلَكِنَّهُ لَمْ يُفْلِحْ .

ق ص ف

to roar, bomb I قَصَفَ يَقْصِفُ قَصْفٌ

قَصَفَت الْمَدَافِعُ إِيذَاناً بِأَنَّ مَعْرَكَةً قَدْ بَدَأَتْ .

to break, brittle II قَصَّفَ يُقَصِّفُ تَقْصِيفٌ

تَخْشَى جَمِيعُ الْفَتَيَاتِ مِنْ عَوَامِلِ تَقْصِيفِ شُعُورِهِنَّ .

to have split ends V تَقَصَّفَ يَتَقَصَّفُ تَقَصُّفٌ

تَقَصَّفَ شَعرُها لِعدَمِ عِنايَتِها بِهِ .

ق ص ق ص

to clip, snip Q قَصْقَصَ يُقَصْقِصُ قَصْقَصَةٌ

قَصْقَصْتُ وَرَقَةَ الإِعْلانِ مِنَ الْجَرِيدَةِ ، وَسَأُرْسِلُهَا لَكَ .

ق ص م

to break I قَصَمَ يَقْصِمُ قَصْمٌ

كَانَ مَا فَعَلَهُ أَخِيراً مَعِي هُوَالْقَشَّةَ الَّتِي قَصَمَتْ ظَهْرَ الْبَعِيرِ .

ق ص ي

to remove (from) IV أَقْصَى يُقْصِي إِقْصَاءٌ

عَلِمَ أَنَّهُ يَعْمَلُ لِحِسَابِهِ فَأَقْصَاهُ عَنْ مَوْقِعِ الْمَسْئُولِيَّةِ .

to investigate V تَقَصَّى يَتَقَصَّى تَقَصٍ

حَاوَلْتُ أَنْ أَتَقَصَّى الْحَقَائِقَ فِي هَذَا الْمَوْضُوعِ ، وَاللهُ يُعِينُ .

to investigate X اِسْتَقْصَى يَسْتَقْصِي اِسْتِقْصَاءٌ

سَأحاول جاهِدًا أَنْ أَسْتَقصِي كافَّةَ الْحَقائقِ والْمُلابَساتِ حَوْلَ الْمَوْضوعِ .

ق ض ب

اِقْتَضَبَ	يَقْتَضِبُ	اِقْتِضَابٌ	VIII	to give a condensed extract

طَلَبْتُ مِنْهُ أَلّا يَقْتَضِبَ عِنْدَ عَرْضِ الْمَوْضوعِ ، كَيْ لا يَتْرُكَ نُقْطَةً مُهِمَّةً .

ق ض ض

قَضَّ	يَقُضُّ	قَضٌّ	I	to pierce

إِنَّهُ يَقُضُّ مَضاجِعَ النّائِمينَ بِالصَّوْتِ الْعالي مِنْ موسيقاهُ .

أَقَضَّ	يُقِضُّ	إِقْضَاضٌ	IV	to rob (s.o.'s sleep)

فِعْلاً ، هَذا الْإِنْسانُ يُقِضُّ الْمَضاجِعَ وَيُزْعِجُ كُلَّ سُكَّانِ الْبِنايةِ .

اِنْقَضَّ	يَنْقَضُّ	اِنْقِضَاضٌ	VII	to attack

وَجَدَ الْأَسَدُ فَريسَتَهُ في غَزالَةٍ شارِدَةٍ ، فَانْقَضَّ عليها ، وَسَحَبَها إِلى عَرينِهِ .

ق ض م

قَضَمَ	يَقْضُمُ	قَضْمٌ	I	to gnaw

أَخَذَ الْحِصانُ يَقْضُمُ أَعْوادَ الْبِرْسِيمِ وَيَأْكُلُ حَتَّى شَبِعَ .

اِقْتَضَمَ	يَقْتَضِمُ	——	VIII	to gnaw

اِقْتَضَمَ الْحِصانُ أَعْوادَ الْبِرْسِيمِ فَأَفْناها عَنْ آخِرِها .

ق ض ي

قَضَى	يَقْضِي	قَضَاءٌ	I	to spend (time)

قَضَيْتُ عِنْدَهُمْ ثَلاثَةَ أَيَّام وَلَمْ أَرْغَبْ فِي أَنْ أَسْتَمِرَّ .

قَاضَى	يُقَاضِي	مُقَاضَاةٌ	III	to sue

يُحاوِلُ أَنْ يُقَاضِيَهُ رَسْمِياً ، فَرُبَّمَا كَسَبَ الْقَضِيَّةَ .

تَقَاضَى	يَتَقَاضَى	تَقَاضٍ	VI	to receive, claim

تَقَاضَى الْمُمَثِّلُ مَبْلَغاً كَبيراً جِدًّا عَنْ فِيلْمِهِ الْأَخِيرِ .

اِنْقَضَى	يَنْقَضِي	اِنْقِضَاءٌ	VII	to be over, finished

اِنْقَضَتِ الْإِجازَةُ الصَّيْفِيَّةُ وَلَمْ أَسْتَمْتِعْ بِهَا .

اِقْتَضَى	يَقْتَضِي	اِقْتِضَاءٌ	VIII	to require

عَلِمتُ أَنَّهُ مَرِيضٌ ، فَاقْتَضَى ذَلِكَ أَنْ أَذْهَبَ لِزِيارَتِهِ بِالْمُسْتَشْفَى .

ق ط ب

to frown II قَطَّبَ يُقَطِّبُ تَقْطِيبٌ

حِينَ وَاجَهْتُهُ بِالْحَقِيقَةِ ، قَطَّبَ جَبِينَهُ وَكَأَنَّهُ يَتَذَكَّرُ مَا حَدَثَ .

to knit (one's brow) V تَقَطَّبَ يَتَقَطَّبُ تَقَطُّبٌ

تَقَطَّبَ جَبِينُهُ فَوْرَ إِبْلاغِهِ النَّبَأَ .

to attract X اِسْتَقْطَبَ يَسْتَقْطِبُ اِسْتِقْطَابٌ

قُلْتُ لَهُ : لا تُحَاوِلْ أَنْ تَسْتَقْطِبَهُمْ إِلَى صَفِّكَ .

ق ط ر

to filter II قَطَّرَ يُقَطِّرُ تَقْطِيرٌ

يَتِمُّ تَقْطِيرُ الْماءِ وَتَرْشِيحُهُ لِتَخْلِيصِهِ من الشَّوائِبِ .

to come in successive groups VI تَقَاطَرَ يَتَقَاطَرُ تَقَاطُرٌ

تَقَاطَرَ النَّاسُ فُرَادَى وَجَماعاتٍ ، لِيَتَجَمَّعوا في السّاحَةِ لِمُشاهَدَةِ الْعَرْضِ .

ق ط ع

to cut I قَطَعَ يَقْطَعُ قَطْعٌ

قَطَعْتُ الْجُبْنَ بِالسِّكِّينِ .

to cut into pieces II قَطَّعَ يُقَطِّعُ تَقْطِيعٌ

طَلَبْتُ مِنَ الْقَصَّابِ (الْجَزَّارِ) أَنْ يُقَطِّعَ لِيَ اللَّحْمَ إِلَى قِطَعٍ صَغِيرَةٍ .

to break off, boycott III قَاطَعَ يُقَاطِعُ مُقَاطَعَةٌ

لَقَدْ صَمَّمَ عَلَى مُقَاطَعَتِها لِأَنَّها لَيْسَتْ أَهْلاً لِلثِّقَةِ .

to cut off s.th. / bestow a fief IV أَقْطَعَ يُقْطِعُ إِقْطَاعٌ

لَقَدِ انْتَهَى عَصْرُ الإِقْطَاعِ الَّذي كَانَتْ تَتَحَكَّمُ فِيهِ الْقِلَّةُ فِي الْكَثْرَةِ .

to be cut off, broken V تَقَطَّعَ يَتَقَطَّعُ تَقَطُّعٌ

تَقَطَّعَتِ الأَسْبَابُ بَيْنِي وَبَيْنَهَا مِنْ زَمَنٍ بَعِيدٍ .

to intersect VI تَقَاطَعَ يَتَقَاطَعُ تَقَاطُعٌ

إِذَا كُنْتَ تَقُودُ سَيَّارَةً ، فَيَجِبُ أَنْ تَكُونَ حَذِراً عِنْدَ كُلِّ تَقَاطُعِ طُرُقٍ .

to discontinue, to be cut off	VII	اِنْقِطَاعٌ	يَنْقَطِعُ	اِنْقَطَعَ

سَافَرَ مُنْذُ سَنَوَاتٍ وَانْقَطَعَتْ أَخْبَارُهُ عَنَّا تَمَاماً .

to take a part	VIII	اِقْتِطَاعٌ	يَقْتَطِعُ	اِقْتَطَعَ

حَاوَلَ أَنْ يَقْتَطِعَ جُزْءاً مِنْ أَرْضِي وَلَكِنَّهُ لَمْ يَسْتَطِعْ .

to deduct	X	اِسْتِقْطَاعٌ	يَسْتَقْطِعُ	اِسْتَقْطَعَ

نَقَصَ مُرَتَّبُهُ هَذا الشَّهْرَ بِسَبَبِ خَصْمِ اِسْتِقْطَاعاتٍ مُتَأَخِّرَةٍ .

ق ط ف

to pick	I	قَطْفٌ	يَقْطُفُ	قَطَفَ

قَطَفْتُ زَهْرَةً جَمِيلَةً قَدَّمْتُهَا لِابْنَتِي صَبَاحَ عِيدِ مِيلادِهَا .

to pick	VIII	اِقْتِطَافٌ	يَقْتَطِفُ	اِقْتَطَفَ

أَخَذْتُ أَقْتَطِفُ بَعْضَ الزُّهُورِ وَالْوُرُودِ وَصَنَعْتُ مِنْهَا بَاقَةً جَمِيلَةً .

ق ط م

to bite	I	قَطْمٌ	يَقْطِم	قَطَمَ

ظَنَنْتُ أَنَّهُ سَيَقْطِمُ قَطْمَةً وَاحِدَةً ، ولكنه أَكَلَ الْخِيارَةَ كُلَّها .

ق ط ن

to dwell	I	قُطُونٌ	يَقْطُنُ	قَطَنَ

صديقتها تَقْطُنُ في مَدِينَةِ السَّادِسِ مِنْ أُكْتُوبَر بِالْهَرَمِ .

ق ع د

	I	قُعُودٌ	يَقْعُدُ	قَعَدَ

1. to sit down — أَخِيراً وَجَدْتُ مِقْعَداً وقَعَدْتُ عَلَيْهِ بَعْدَ طُولِ وُقُوفٍ .

2. to refrain (from) — يَقْعُدُ كَثِيرٌ مِنَ النَّاسِ عَنِ الْعَمَلِ دُونَ أَدْنَى سَبَبٍ .

to seat s.o.	IV	——	يُقْعِدُ	أَقْعَدَ

أَقْعَدتِ الْأُمُّ طِفْلَهَا عَلَى الْكُرْسِيِّ وَأَخَذَتْ تُغَنِّي لَهُ .

to retire	VI	تَقَاعُدٌ	يَتَقَاعَدُ	تَقَاعَدَ

بَعْدَ أَنْ بَلَغَ سِنَّ التَّقَاعُدِ ، أُحِيلَ إِلَى الْمَعَاشِ .

ق ع ر

to make concave　　II　　قَعَّرَ　يُقَعِّرُ　تَقْعِيرٌ

تَخْتَلِفُ الْمِرْآةُ الْمُقَعَّرَةُ عَن الْمِرْآةِ الْمُحَدَّبَةِ في الصَّنْعَةِ والْوَظِيفَة .

ق ع س

to neglect　　VI　　تَقَاعَسَ　يَتَقَاعَسُ　تَقَاعُسٌ

لَمْ أَكُنْ أَتَصَوَّرُ أَنَّهُ سَيَتَقَاعَسُ عَن الْعَمَلِ إِلَى هَذا الْحَدِّ .

ق ف ر

to be deserted　　I　　قَفِرَ　يَقْفُرُ　قَفْرٌ

هَذَا مَكَانٌ قَفْرٌ كَالصَّحْرَاءِ ، لا أَدْرِي كَيْفَ أَعِيشُ هُنَا .

to become deserted　　IV　　أَقْفَرَ　يُقْفِرُ　إِقْفَارٌ

أَقْفَر الْمَكانُ أَيْ خَلا مِن ناسِهِ .

ق ف ز

to jump　　I　　قَفَزَ　يَقْفِزُ　قَفْزٌ

قَفَزَ الْبَطَلُ مِنْ عُلُوٍّ شَاهِقٍ فَانْكَسَرَتْ قَدَمُهُ .

ق ف ف

to track　　I　　قَفَّ　يَقُفُّ　قُفُوفٌ / قَفٌّ

اِشْتُهِرَ الْعَرَبُ الْقُدَمَاءُ بِقَفِّ الأَثَرِ أيْ تَتَبُّعِ آثَارِ الْمُسَافِرِينَ فِي الصَّحْرَاءِ .

to track　　VIII　　اِقْتَفَّ　يَقْتَفُّ　اِقْتِفَافٌ

حَاوَلَ أَنْ يَقْتَفَّ أَثَرَهُ فِي الْبَحْثِ ، وَلَكِنَّهُ أَخْفَقَ .

ق ف ل

to shut　　I　　قَفَلَ　يَقْفِلُ　قَفْلٌ / قُفُولٌ

قَفَلْتُ الْبَابَ وَالنَّافِذَةَ لأَنِّي شَعَرْتُ بِالْبَرْدِ .

to close　　IV　　أَقْفَلَ　يُقْفِلُ　إِقْفَالٌ

كَانَ إِقْفَالُ الْبُورْصَةِ أَمْسِ أَقَلَّ بِكَثِيرٍ مِنْ إِقْفَالِ الْيَوْمِ .

ق ف و

to follow I قَفَا يَقْفُو قَفْوٌ

إِنَّهَا تَقْفُو طَرِيقَتَهُ وَلَكِنَّهَا لا تُقَلِّدُهُ تَمَاماً .

to track VIII اِقْتَفَى يَقْتَفِي اِقْتِفَاءٌ

يُحَاوِلُ أَنْ يَقْتَفِيَ أَثَرَهُ فِي كُلِّ شَيْءٍ .

ق ل ب

to overturn I قَلَبَ يَقْلِبُ قَلْبٌ

قَلَبْتُ لَهُمُ الْأُمُورَ رَأْساً عَلَى عَقِبٍ .

to turn s.th. around, to inspect all sides II قَلَّبَ يُقَلِّبُ تَقْلِيبٌ

أَخَذْتُ أُقَلِّبُ النَّظَرَ فِي الْأَمْرِ ، فَلَمْ أَهْتَدِ إِلَى حَلٍّ .

to move V تَقَلَّبَ يَتَقَلَّبُ تَقَلُّبٌ

مَازَالَ يَتَقَلَّبُ فِي الْوَظَائِفِ وَلَكِنَّهُ لَمْ يَصِلْ بَعْدُ إِلَى مَنْصِبٍ عَالٍ .

to be overturned VII اِنْقَلَبَ يَنْقَلِبُ اِنْقِلابٌ

اِنْقَلَبَ الْقِطَارُ السَّرِيعُ فَمَاتَ وَجُرِحَ الْعَدِيدُ مِنَ النَّاسِ .

اِنْقَلَبَ نِظَامُ الْحُكْمِ في الْبِلادِ ، فتغير من مَلَكِيٍّ إِلَى جُمْهُورِيٍّ .

ق ل د

to imitate II قَلَّدَ يُقَلِّدُ تَقْلِيدٌ

تُحاوِلُ أَنْ تُقَلِّدَ صَديقَتَها في كُلِّ شيءٍ .

to take over (post) V تَقَلَّدَ يَتَقَلَّدُ تَقَلُّدٌ

بَعْدَ أَنْ تَقَلَّدَ مَنْصِبَهُ الأَخيرَ ، ذَهَبَ لِيُؤَدِّيَ شَعيرَةَ الْعُمْرَةِ .

ق ل ص

to contract, reduce II قَلَّصَ يُقَلِّصُ تَقْلِيصٌ

قَلَّصَ رُجُلُ الأَعْمالِ مُساهَماتِهِ لِأَيِّ مَشْروعاتٍ جديدَةٍ .

to decrease, contract V تَقَلَّصَ يَتَقَلَّصُ تَقَلُّصٌ

تَقَلَّصَ حَجْمُ الِاسْتِثْمارَاتِ أَكْثَرَ مِنْ ذي قَبْلُ .

أَشْعُرُ بِتَقَلُّصاتٍ في بَطْنِي ، يَجِبُ أَنْ أَذْهَبَ إِلَى الطَّبِيبِ .

ق ـ ل ـ ع

قَلَعَ	يَقْلَعُ	قَلْعٌ	I	to pull out

يُقَالُ : قَلَعَ طَبِيبُ الْأَسْنَانِ ضِرْسَ الْمَرِيضِ أَوْ خَلَعَهُ .

أَقْلَعَ	يُقْلِعُ	إِقْلاعٌ	IV	to take off (plane)

أَقْلَعَتِ الطَّائِرَةُ وَعَلَى مَتْنِهَا مِائَةُ رَاكِبٍ عَدَا الطَّاقِمِ .

اِقْتَلَعَ	يَقْتَلِعُ	اِقْتِلاعٌ	VIII	to uproot

اِقْتَلَعَ الشَّجَرَةَ مِنْ جُذُورِهَا كَيْ يُوَسِّعَ مِسَاحَةَ الْمَيْدَانِ .

ق ـ ل ـ ل

قَلَّ	يَقِلُّ	قِلَّةٌ	I	to be less

إِنَّ نِسْبَةَ الْأَرْبَاحِ هَذَا الْعَامَ لا تَقِلُّ عَنْ مَثِيلَتِهَا فِي الْعَامِ الْمَاضِي .

قَلَّلَ	يُقَلِّلُ	تَقْلِيلٌ	II	to diminish

لا تُحَاوِلْ أَنْ تُقَلِّلَ مِنْ أَهَمِّيَّةِ الْمَوْضُوعِ .

أَقَلَّ	يُقِلُّ	إِقْلالٌ	IV	to transport

بَعْدَ الْحَفْلِ مُبَاشَرَةً أَقَلَّتْهُ سَيَّارَةٌ مَكْشُوفَةٌ إِلَى الْقَصْرِ .

اِسْتَقَلَّ	يَسْتَقِلُّ	اِسْتِقْلالٌ	X	

1. to get into — اِسْتَقَلَّ الرَّئِيسُ سَيَّارَةً مَكْشُوفَةً وَأَخَذَ يُحَيِّي الْجَمَاهِيرَ .

2. to be independent — اِسْتَقَلَّت الْبِلادُ بَعْدَ خَمْسِينَ سَنَةً مِن الاِحْتِلالِ .

ق ـ ل ـ ق ـ ل

قَلْقَلَ	يُقَلْقِلُ	قَلْقَلَةٌ	Q	to shake

أَحْدَثَتِ الْقَرَارَاتُ الْجَدِيدَةُ قِيَامَ الْبَعْضِ بِإِحْدَاثِ قَلاقِلَ فِي الْبِلادِ .

ق ـ ل ـ م

قَلَّمَ	يُقَلِّمُ	تَقْلِيمٌ	II	to clip

تَقْلِيمُ الْأَظَافِرِ وقَصُّها مُهِمٌّ لِلرِّجَالِ ، بَعْضُ السَّيِّدَات يَتَجَمَّلْنَ بِتَطْوِيلِ الْأَظَافِرِ .

ق م ص

تَقَمَّصَ يَتَقَمَّصُ تَقَمُّصٌ V to pass into another body (spirit)

تَقَمَّصَ الْمُمَثِّلُ شَخْصِيَّةَ رُجُلِ الْمُخابَراتِ بِطَريقَةٍ ذَكِيَّةٍ .

ق م ع

قَمَعَ يَقْمَعُ قَمْعٌ I to suppress

اَلْمُنْحَرِفُونَ وَالْمُجْرِمُونَ يَحْتَاجُونَ إِلَى قَمْعٍ وَشِدَّةٍ .

ق ن ص

قَنَصَ يَقْنِصُ قَنْصٌ I to shoot, hunt

قَنَصَ الصَّائِدُ أَكْبَرَ صَقْرٍ في الْمِنْطَقَةِ .

اِقْتَنَصَ يَقْتَنِصُ اِقْتِناصٌ VIII to take advantage

أُحاوِلُ أَنْ أَقْتَنِصَ فُرْصَةَ الإِجازَةِ ، لأُكْمِلَ بَحْثي .

ق ن ط

قَنِطَ يَقْنَطُ قُنُوطٌ I to despair

قَنِطَ أَيْ يَئِسَ مِنْ كُلِّ شَيْءٍ .

أَقْنَطَ يُقْنِطُ إِقْناطٌ IV to make despair

يُقالُ أَقْنَطَهُ أَيْ جَعَلَهُ يَيْأَسُ وَيَفْقِدُ الأَمَلَ .

ق ن ط ر

قَنْطَرَ يُقَنْطِرُ قَنْطَرَةٌ Q to arch

تَرْتَبِطُ قَرْيَتُنا بِالطَّريقِ الرَّئيسِيِّ مِنْ خِلالَ قَنْطَرَةٍ أَثَرِيَّةٍ .

ق ن ع

قَنِعَ يَقْنَعُ قَناعَةٌ I to be content

اَلْقَنَاعَةُ كَنْزٌ لا يَفْنَى . حَبَّذا لَوْ يَسْتَوْعِبُ النَّاسُ هَذا .

قَنَّعَ يُقَنِّعُ تَقْنِيعٌ II to mask

أَخْطَأَ أَحَدُ كُتّابِ الْوُلاةِ ، فَكَتَبَ عُمَرُ بنُ الْخَطّابِ لِلْوالي : قَنِّعْ كاتِبَكَ سَوْطًا .

to convince s.o. (of, by) IV أَقْنَعَ يُقْنِعُ إقْنَاعٌ

حَاوَلْتُ إقْنَاعَهُ بِشَتَّى الْوَسَائِلِ ، وَلَكِنَّهُ لا يَقْتَنِعُ .

to mask o.s. V تَقَنَّعَ يَتَقَنَّعُ تَقَنُّعٌ

تَقَنَّعَ الْمُمَثِّلُ أيْ لَبِسَ الْقِنَاعَ فَظَهَرَ وَكَأَنَّهُ شَيْطَانٌ .

to be convinced (of) VIII اِقْتَنَعَ يَقْتَنِعُ اِقْتِنَاعٌ

بَعْدَ مُحَاوَلاتٍ عَدِيدَةٍ ، اِقْتَنَعَ بِوِجْهَةِ نَظَرِي .

ق ن ن

to codify, legislate II قَنَّنَ يُقَنِّنُ تَقْنِينٌ

تَبْدَأ الظَّواهِرُ ، ثم يَتِمُّ تَجْميعُها وتَصْنيفُها وَبَعْدَ ذَلِك تَقْنينُها مِنْ خِلالِ ضَوَابِطَ .

ق ن و

to purchase, acquire s.th. VIII اِقْتَنَى يَقْتَنِي اِقْتِنَاءٌ

اِقْتَنَى مَنْزِلاً في سويسرا ، لِيَقْضِيَ فيهِ إجازاتِهِ .

ق ه ر

to coerce I قَهَرَ يَقْهَرُ قَهْرٌ

لَقَدْ حَصَلُوا عَلَى حُرِّيَّتِهِمْ أَخِيراً بَعْدَ سَنَوَاتٍ مِنَ الْقَهْرِ وَالظُّلْمِ .

ق ه ق ر

to move backward Q1 تَقَهْقَرَ يَتَقَهْقَرُ تَقَهْقُرٌ

تَقَهْقَرَ الْجَيْشُ عَازِمَاً عَلَى الانْسِحَابِ الْكَامِلِ حِرْصَاً عَلَى أَرْوَاحِ جُنُودِهِ .

ق ه ق ه

to laugh loudly Q قَهْقَهَ يُقَهْقِهُ قَهْقَهَةٌ

مِنْ عَادَةِ الْبَعْضِ أَنْ يُقَهْقِهُوا بِصَوْتٍ عَالٍ .

ق و ت

to feed on V تَقَوَّتَ يَتَقَوَّتُ تَقَوُّتٌ

لَمْ يَجِدْ شَيْئًا يَتَقَوَّتُ بِهِ ، فَأَكَلَ بَعْضَ الْعُشْبِ .

to eat VIII اِقْتَاتَ يَقْتَاتُ اِقْتِيَاتٌ

ظَلَّ يَقْتَاتُ الأَطْعِمَةَ النَّبَاتِيَّةَ ، وَلَمْ يَقْرَب اللَّحْمَ عَلَى الإِطْلاقِ .

ق و د

to drive I قَادَ يَقُودُ قِيَادَةٌ

كَانَ يَقُودُ السَّيَّارَةَ وَهُوَ مُتْعَبٌ ، فَانْحَرَفَتْ بِهِ وَكَانَتِ الْحادِثَةَ .

to be led VII اِنْقَاد يَنْقَادُ اِنْقِيَادٌ

لَيْسَتْ لَدَيْهِ شَخْصِيَّةٌ ، لِأَنَّهُ يَنْقَادُ إِلَى الآخَرِينَ بِسُهولَةٍ .

to lead VIII اِقْتَادَ يَقْتَادُ اِقْتِيَادٌ

اِقْتَادَ الشُّرْطِيُّ اللِّصَّ إِلَى مَرْكَزِ الشُّرْطَةِ ، لِيَنَالَ جَزَاءَهُ .

ق و س

to bend II قَوَّس يُقَوِّسُ تَقْوِيسٌ

قَوَّس مَرَضُ هَشَاشَةِ الْعِظَامِ ظَهْرَ الْعَجُوزِ .

to be bent V تَقَوَّس يَتَقَوَّسُ تَقَوُّسٌ

تَقَوَّسَ ظَهْرُه وَانْحَنَى ، وَلَمْ يَعُدْ قادِراً عَلَى الْمَشْيَ بِأَيِّ حالٍ .

ق و ض

to demolish II قَوَّضَ يُقَوِّضُ تَقْوِيضٌ

قَوَّضَ الْقَصْفَ الْجَوِّيُّ كُلَّ عَنابِرِ الْجُنودِ في الْمُعَسْكَرِ .

to be demolished V تَقَوَّضَ يَتَقَوَّضُ تَقَوُّضٌ

تَقَوَّضَتْ دَعائِمُ الْبَيْتِ وَلَمْ يَعُدْ صالِحًا لِلسُّكْنَى .

ق و ل

to say I قَالَ يَقُولُ قَوْلٌ

يَقُولُونَ إِنَّهُمْ خُبَرَاءُ ، وَنَقُولُ غَيْرَ ذَلِكَ .

to allege II قَوَّلَ يُقَوِّلُ تَقْوِيلٌ

أَنَا لا أُقَوِّلُهُ مَا لَمْ يَقُلْ . لَقَدْ قَالَ ذَلِكَ أَمَامَ الْجَمِيعِ .

to make a contract	III	قَاوَلَ يُقاوِلُ مُقاوَلَةٌ

بَعْدَ أَنْ رَسَمَ الْمُهَنْدِسُ خَرِيطَةَ الْمَبْنَى ، بَدَأَ الْمُقاوِلُ وَمُعاوِنُوه مَرْحَلَةَ الْبِنَاءِ .

to spread rumors	V	تَقَوَّلَ يَتَقَوَّلُ تَقَوُّلٌ

إِنَّهُ يَتَقَوَّلُ عَلَيَّ وَيَكْذِبُ ، فَالْكُلُّ يَشْهَدُ أَنَّنِي لَمْ أَقُلْ هَذا .

ق و م

to stand up	I	قَامَ يَقُومُ قِيَامٌ

قَامَ الشَّابُّ مِنْ مَقْعَدِهِ وَأَجْلَسَ الشَّيْخَ مَكَانَهُ .

to correct, assess	II	قَوَّمَ يُقَوِّمُ تَقْوِيمٌ

التَّعْلِيمُ عَمَلِيَّةٌ مُهِمَّةٌ تَحْتَاجُ إِلَى تَقْوِيمٍ مُسْتَمِرٍّ .

to resist	III	قَاوَمَ يُقَاوِمُ مُقَاوَمَةٌ

حَاوَلَ أَنْ يُقَاوِمَ ، وَلَكِنَّهُ لَمْ يَقْدِرْ عَلَيْهِمْ .

to erect s.th.	IV	أَقَامَ يُقِيمُ إِقَامَةٌ

أَقَامَ سَبِيلاً لِلْفُقَراءِ ، وَكُتَّاباً لِلأَطْفالِ .

to be upright	X	اِسْتَقَامَ يَسْتَقِيمُ اِسْتِقَامَةٌ

الاِسْتِقَامَةُ طَرِيقُ النَّجَاحِ ، وَالاِعْوِجاجُ طَرِيقُ الْفَشَلِ .

ق و ي

to become strong	I	قَوِيَ يَقْوَى قُوَّةٌ

نَحْمَدُ اللهَ ، لَقَدْ قَوِيَ عَنْ ذي قَبْلُ .

to strengthen	II	قَوَّى يُقَوِّي تَقْوِيَةٌ

إِنَّهُ بِحاجَةٍ إِلَى تَقْوِيَةٍ ، وَخاصَّةً في اللُّغاتِ .

to make s.th. inconsistent	IV	أَقْوَى يُقْوِي إِقْوَاءٌ

الإِقْواءُ مِنْ عُيوبِ الْقافيةِ في الشِّعْرِ الْعَرَبِيِّ .

to become strong	V	تَقَوَّى يَتَقَوَّى تَقَوٍّ

بِالطَّبْعِ كانَ يَتَقَوَّى بِوُجودِهِمْ مَعَهُ .

ق ي ء

to vomit	I	قَاءَ يَقِيءُ قَيءٌ

لَمْ يَسْتَسِغْ طَعْمَ الدَّواءِ ، فَقاءَ في الْحالِ .

to vomit	V	تَقَيَّأَ يَتَقَيَّأُ تَقَيُّؤٌ

يَشْعُرُ بِحَموضَةٍ وَيُحاوِلُ أَنْ يَتَقَيَّأَ وَلَكِنْ لا يُسْعِفُهُ الْقَيْءُ .

ق ي د

to restrict	II	قَيَّدَ يُقَيِّدُ تَقْيِيدٌ

لا تُحَاوِلْ أَنْ تُقَيِّدَ حُرِّيَّتَهَا إِلَى هَذَا الْحَدِّ .

to be restricted (by)	V	تَقَيَّدَ يَتَقَيَّدُ تَقَيُّدٌ

تَقَيَّدَ باللَّوائحِ الصّارِمَةِ وأَلْغَى طَلَبَهُ .

ق ي س

	I	قَاسَ يَقِيسُ قِيَاسٌ

1. to draw analogous conclusions

مِنْ خِلالِ الْقِياسِ اللُّغَوِيِّ ، نَسْتَطيعُ أن نُنَمِّيَ اللُّغَةَ .

2. to try on — بَعْدَ أَنْ قاسَتِ الْفُسْتانَ ، وَجَدَتْهُ غَيْرَ مُلائِمٍ .

to estimate (cost)	III	قَايَسَ يُقَايِسُ مُقَايَسَةٌ

أَسْلاكُ الْكَهْرَباءِ لا تَصِلُ إلى بَيْتِي ، طَلَبْتُ عَمَلَ مُقَايَسَةٍ عَلَى حسابِي لِتَصِلَ الْكَهْرَباءُ إِلَيْنا .

ق ي ض

to send to s.o. (of God)	II	قَيَّضَ يُقَيِّضُ تَقْيِيضٌ

كُنْتُ أُفَكِّرُ فِي حَلٍّ ، فَقَيَّضَ اللهُ لِي إِنْسَاناً مُخْلِصاً أَرْشَدَنِي إِلَى الصَّوَابِ .

to barter	III	قَايَضَ يُقَايِضُ مُقَايَضَةٌ

كَانَ الْبَيْعُ وَالشِّرَاءُ قَدِيماً يَعْتَمِدُ عَلَى نِظَامِ الْمُقَايَضَةِ .

to barter with	VI	تَقَايَضَ يَتَقَايَضُ تَقَايُضٌ

تَقَايَضَ الصَّدِيقَانِ : أَحَدُهُمَا أَخَذَ الْقَلَمَ وَالآخَرُ أَخَذَ الْكِتَابَ .

ق ي ل

قَالَ يَقِيلُ قَيْلُولَةٌ I to take a midday nap

يُحِبُّ الْفَلاَّحُ أَنْ يَسْتَرِيحَ مِن الْعَمَلِ وقت الْقَيْلُولَةِ ، أَيْ وَقْتَ الظَّهِيرَةِ (الظُّهْر) .

أَقَالَ يُقِيلُ إِقَالَةٌ IV to oust

عَلِمَ الْمُدِيرُ أَنَّ هَذَا الْمُوَظَّفَ غَيْرُ كُفْءٍ ، فَأَقَالَهُ مِنْ مَنْصِبِهِ .

اِسْتَقَالَ يَسْتَقِيلُ اِسْتِقَالَةٌ X to resign

اِسْتَقَالَ الْمُوَظَّفُ بَعْدَ أَنْ وَجَدَ أَنَّ مُرَتَّبَ الْوَظِيفَةِ لا يَكْفِيهِ .

ق ي م

قَيَّمَ يُقَيِّمُ تَقْيِيمٌ II to evaluate

حَاوَلْتُ أَنْ أُقَيِّمَ الأَمْرَ ، وَلَكِنِّي لَمْ أَصِلْ إِلَى قَرَارٍ .

ك

ك ب ب

كَبَّ يَكُبُّ كَبٌّ I to topple, fall

أُقْسِمُ لَكَ أَنَّهُ لَنْ يَكُبَّهُ عَلى وَجْهِهِ إلا مُصاحَبَتُهُ لِهَؤُلاءِ الأَشْرارِ .

أَكَبَّ يُكِبُّ إكْبابٌ IV to bend over, focus on

لَقَدْ أَكَبَّ صَديقِيَ عَلَى الْكِتابِ حَتَّى انْتَهى مِنْ قِراءَتِهِ .

اِنْكَبَّ يَنْكَبُّ اِنْكِبابٌ VII

to bend over, focus (on)

مِنَ الطُّلابِ مَنْ يَنْكَبُّ عَلَى دُرُوسِهِ لِأَنَّ هَدَفَهُ أَنْ يَتَفَوَّقَ عَلَى زُمَلائِهِ .

ك ب ت

كَبَتَ يَكْبِتُ كَبْتٌ I to suppress, repress

لَقَدْ عاشَ حَياةَ كَبْتٍ فَكانَ ذَلِكَ سَبَبًا فِي عُقْدَتِهِ النَّفْسِيَّةِ .

ك ب ح

كَبَحَ يَكْبَحُ كَبْحٌ I to control, rein in

كادَ الْحِصانُ يَقْتُلُ الْمارَّةَ لَوْلا أنْ كَبَحْتُ جِماحَهُ .

ك ب د

كَبَّدَ يُكَبِّدُ تَكْبِيدٌ II to cause (losses) to s.o.

في الْهُجومِ الأَخيرِ عَلَينا ، كَبَّدْناهُمْ خَسائِرَ فادِحَةً في الْمُعَدَّاتِ وَالأَرْواحِ .

كابَدَ يُكابِدُ مُكابَدَةٌ III to suffer

ظَلَّ يُكابِدُ وَيُعاني مِن الْمَرضِ ، وَلَمْ يَجِدْ ثَمَنَ الدَّواءِ . اِسْتَسْلَمَ وَماتَ .

تَكَبَّدَ يَتَكَبَّدُ تَكَبُّدٌ V to suffer

تَكبَّدَ الْعَدُوُّ خَسائِرَ فادِحَةً في الأَرْواحِ وَالْمُعِدَّاتِ .

ك ب ر

to grow up I كَبُرَ يَكْبُرُ كِبَرٌ

لَقَدْ كَبُرَت الْبِنْتُ وَ تَخَرَّجَتْ وَ تَزَوَّجَتْ . فَمَاذَا يُرِيدُونَ بَعْدَ ذَلِكَ ؟

II كَبَّرَ يُكَبِّرُ تَكْبِيرٌ

to glorify God (by saying : “ Allahu akbar ”)

أَخَذَ الرَّجُلُ يُكَبِّرُ بِصَوْتٍ عَالٍ أَيْ يَقُولُ : اللهُ أَكْبَرُ اللهُ أَكْبَرُ .

III كَابَرَ يُكَابِرُ مُكَابَرَةٌ

to insist on one’s view, be stubborn

لا تُكَابِرْ ، أَنَا أَعْلَمُ أَنَّكَ تَعْرِفُ الْحَقِيقَةَ ، فَلِمَاذَا لا تَعْتَرِفُ ؟

to deem great IV أَكْبَرَ يُكْبِرُ إِكْبَارٌ

أَكْبَرْتُهُ عَلَى هَذَا التَّصَرُّفِ . إِنَّهُ دَائِماً رَجُلٌ شَهْمٌ .

to be haughty V تَكَبَّرَ يَتَكَبَّرُ تَكَبُّرٌ

بَعْدَ أَنْ تَرَقَّى ، أَخَذَ يَتَكَبَّرُ عَلَى زُمَلائِهِ حَتَّى كَرِهُوهُ جَمِيعاً .

to be arrogant X اسْتَكْبَرَ يَسْتَكْبِرُ اسْتِكْبَارٌ

لِمَاذَا يَسْتَكْبِرُ بَعْضُنَا عَلَى بَعْضٍ : أَوَ لَسْنَا جَمِيعًا أَوْلادَ آدَمَ وَ حَوَّاءَ ؟

ك ب س

to press I كَبَسَ يَكْبِسُ كَبْسٌ

رَأَيْتُ فِي الْمَصْنَعِ كَيْفَ يَكْبِسُونَ التِّبْنَ لِيُصْبِحَ وَرَقاً نَكْتُبُ عَلَيْهِ .

ك ب ل

to shackle II كَبَّلَ يُكَبِّلُ تَكْبِيلٌ

دَخَلَ إِلَى السَّاحَةِ وَسْطَ حُرَّاسِهِ ، وَكَانَ مُكَبَّلاً بِالسَّلاسِلِ وَالأَغْلالِ .

ك ب و

to fall forward, stumble I كَبَا يَكْبُو كَبْوٌ

أَحْيَانًا يَكْبُو الْحِصَانُ وَيَتَعَثَّرُ لِلَحْظَةٍ ، ثُمَّ يَنْهَضُ أَقْوَى مِمَّا كَانَ . وَهَكَذَا بَعْضُ النَّاسِ .

ك ت ب

كَتَبَ يَكْتُبُ كِتَابَةٌ | I | to write

كَتَبْتُ إِلَيْهِ رِسالَةً مِنْ كِلْمَتَيْنِ : اِحْضَرْ حَالاً .

كَاتَبَ يُكَاتِبُ مُكَاتَبَةٌ | III | to correspond (with)

لَمْ تَعُد الْمُكَاتَبَاتُ بَيْنَنَا كَماَ كَانَتْ مِنْ قَبْلُ . الْكُلُّ مَشْغُولٌ .

تَكَاتَبَ يَتَكَاتَبُ تَكَاتُبٌ | VI | to exchange letters

أَخَذْنَا نَتَكَاتَبُ عِدَّةَ سَنَواتٍ ، ثُمَّ انْشَغَلْنَا .

اِكْتَتَبَ يَكْتَتِبُ اِكْتِتَابٌ | VIII | to underwrite

مِنَ الْمُمْكِنِ أَنْ تَكْتَتِبَ فِي هَذَا الْمَشْرُوعِ الْخَيْرِيِّ بِأَيِّ مَبْلَغٍ .

اِسْتَكْتَبَ يَسْتَكْتِبُ اِسْتِكْتَابٌ | X | to ask s.o. to write s.th.

تَسْتَكْتِبُ الْجَرَائِدُ بَعْضَ الْكُتَّابِ وَالْمُفَكِّرِينَ أيْ تَطْلُبُ مِنْهُمُ الْكِتَابَةَ فِي مَوْضُوعٍ مَا .

ك ت ف

كَتَّفَ يُكَتِّفُ تَكْتِيفٌ | II | to tie the hands behind the back

داهَموُه لَيْلاً وَكَتَّفوُه ، ثُمّ سَرَقوا حَقيبَتَهُ ، وَاخْتَطَفوا زَوْجَتَهُ ، وَهَرَبوا .

تَكَاتَف يَتَكَاتَفُ تَكَاتُفٌ | VI | to support one another

عَلَيْنا جَميعًا أَنْ نَتَكاتَفَ وَنَتَعاوَنَ مِنْ أَجْلِ صالِح بِلادِنا .

ك ت ل

تَكَتَّلَ يَتَكَتَّلُ تَكَتُّلٌ | V

1. to mass — تَكَتَّلوا ضِدَّه وَقَتَلوهُ .
2. to be piled up — تَكَتَّلَتِ الْحِزَمُ في صُفوفٍ ، حَتَّى يَتِمَّ نَقْلُها مِن الْمَزْرَعَةِ .

ك ت م

كَتَمَ يَكْتُمُ كِتْمَانٌ | I | to conceal, subdue

كَتَمْتُ السِّرَّ زَمَناً طَويلاً مِنْ أَجْلِ ابْنَتِهِ الصَّغِيرَةِ .

تَكَتَّمَ يَتَكَتَّمُ تَكَتُّمٌ | V | to keep silent

حَاوَلْتُ أَنْ أَتَكَتَّمَ الأَمْرَ كَيْ لاَ يَنْكَشِفَ أَمْرُهُ أَمَامَ النَّاسِ .

to confide in X —— اِسْتَكْتَمَ يَسْتَكْتِمُ

لَقَدِ اسْتَكْتَمَنِي السِّرَّ ، وَأَنَا عِنْدَ كَلِمَتِي : لَنْ أَبُوحَ بِهِ .

كـ ثـ ر

to increase I كَثُرَ يَكْثُرُ كَثْرَةٌ

يَكْثُرُ الذُّبَابُ فِي بَعْضِ الْمَنَاطِقِ ، وَيَقِلُّ فِي بَعْضِهَا الْآخَرِ .

to multiply II كَثَّرَ يُكَثِّرُ تَكْثِيرٌ

لَقَدْ كَثَّرَ أَمْوَالَهُ عَنْ طَرِيقِ الْاِسْتِثْمَاراتِ وَالتِّجَارَةِ .

to outnumber III كَاثَرَ يُكَاثِرُ مُكَاثَرَةٌ

مِنَ التُّجَّارِ مَنْ يُكَاثِرُ عُمَلاءَهُ بِماَ لَدَيْهِ مِنْ بَضَائِعَ .

to increase IV أَكْثَرَ يُكْثِرُ إِكْثَارٌ

لَقَدْ أُعْجِبْتُ بِهِ فَكَتَبْتُ إِلَيْهِ أَقُولُ : أَكْثَرَ اللهُ مِنْ أَمْثَالِكَ .

to become numerous VI تَكَاثَرَ يَتَكَاثَرُ تَكَاثُرٌ

يَتَكَاثَرُ النَّامُوسُ فِي الْأَمَاكِنِ الَّتِي بِهاَ نَبَاتَاتٌ وَزَرْعٌ .

to begrudge X اِسْتَكْثَرَ يَسْتَكْثِرُ اِسْتِكْثَارٌ

لا تَسْتَكْثِرْ عَلَيْهِ مَنْصِبَهُ ، فَكَمْ كَافَحَ مِنْ أَجْلِ ذَلِكَ .

كـ ثـ ف

to make dense II كَثَّفَ يُكَثِّفُ تَكْثِيفٌ / كَثافَةٌ

سَنُحاوِلُ تَكْثِيفَ جُهودِنا ، حَتَّى نَصِلَ إِلَى ما نُريدُ .

to grow denser V تَكَثَّفَ يَتَكَثَّفُ تَكَثُّفٌ

تَكَثَّفَتِ السُّحُبُ عَلَى شَواطِئِنا الشَّرْقِيةِ ، بِما يُنْذِرُ بِهُطولِ أَمْطارٍ عَلَى السّاحِلِ .

to grow denser VI تَكَاثَفَ يَتَكَاثَفُ تَكَاثُفٌ

تَتَكاثَفُ السُّحُبُ إِلَى دَرَجَةٍ مَلْحوظَةٍ ، هَذا نَذيرُ هُطولِ أَمْطارٍ غَزيرَةٍ .

كـ حـ ح

to cough I كَحَّ يَكُحُّ كَحٌّ / كُحَّةٌ

كَحَّ ابْنِي كُحَّةً خَشِنَةً ، فَخِفْتُ عَلَيْهِ وَأَخَذْتُهُ عَلَى الْفَوْرِ إِلَى الطَّبِيبِ .

كـ حـ ت

to scrape off	I	كَحْتٌ	يَكْحَتُ	كَحَتَ

تَلْجأُ بَعْضُ السَّيِّداتِ الرّاغِباتِ في الإنجابِ إلَى إجْراءِ عَمَلِيّاتٍ يُطْلَقُ عَلَيْها " كَحْتٌ " .

كـ حـ ل

to rub with kohl	I	كُحْلٌ	يَكْحَلُ	كَحَلَ

كَحَلَتْ عَيْنَها فَبَدَتْ أَجْمَلَ مِمّا كانَتْ .

to rub with kohl	II	تَكْحِيلٌ	يُكَحِّلُ	كَحَّلَ

تَكْحِيلُ الْعَيْنِ يَجِبُ أَنْ يَكُونَ بِكُحْلٍ جَيِّدٍ .

to color eyes with kohl	V	تَكَحُّلٌ	يَتَكَحَّلُ	تَكَحَّلَ

تَكَحَّلَتِ ابْنَتِي الصَّغِيرَةُ فَبَدَتْ وَكَأَنَّهَا أَكْبَرُ مِنْ سِنِّهَا .

to shut one's eyes, sleep	VIII	اِكْتِحَالٌ	يَكْتَحِلُ	اِكْتَحَلَ

كُنْتُ بِالْأَمْسِ مُتْعَباً قَلِقاً : لَمْ تَكْتَحِلْ عَيْنَايَ بِالنَّوْمِ .

كـ د د

to work hard	I	كَدٌّ	يَكُدُّ	كَدَّ

إِنَّهُ يَكُدُّ وَيَتْعَبُ طَوالَ النَّهارِ ، مِنْ أَجْلِ لُقْمَةِ عَيْشٍ شَرِيفَةٍ .

كـ د ح

earn a living, to toil	I	كَدْحٌ	يَكْدَحُ	كَدَحَ

أَخَذَ يَكْدَحُ وَيَتْعَبُ وَيَجِدُّ حَتَّى حَقَّقَ كُلَّ مَا كَانَ يُرِيدُهُ .

كـ د س

to pile up	II	تَكْدِيسٌ	يُكَدِّسُ	كَدَّسَ

يَظَلُّ يُكَدِّسُ الْمَحاصيلَ وَلا يَبِيعُها تَحَسُّبًا لاِرْتِفاعِ الْأَسْعارِ .

to be piled up	V	تَكَدُّسٌ	يَتَكَدَّسُ	تَكَدَّسَ

تَكَدَّسَتِ الْمَحاصيلُ في الْمَخازِنِ حَتّى فَسَدَ مُعْظَمُها .

ك د م

to bruise | I | كَدَمَ يَكْدُمُ كَدْمٌ

لَمْ يَنْتَبِهْ لِلدَّرَّاجَةِ الْمُسْرِعَةِ فَاصْطَدَمَ بِهاَ وَكَدَمَتْهُ عِدَّةَ كَدَمَاتٍ .

ك ذ ب

to lie (to) | I | كَذَبَ يَكْذِبُ كَذِبٌ

لَقَدْ كَذَبَ عَلَيَّ ، وَلَنْ أَثِقَ فِيهِ مَدَى الْحَيَاةِ .

to accuse of lying | II | كَذَّبَ يُكَذِّبُ تَكْذيبٌ

أَنَا لا أُكَذِّبُكَ ، وَلَكِنِّي فَقَطْ أُرِيدُ أَنْ أَتَأَكَّدَ بِنَفْسِي .

ك ر ب

to grieve | I | كَرُبَ يَكْرُبُ كَرْبٌ

حِينَ وَقَعَ فِي الْمُشْكِلَةِ أَخَذَ يَدْعُو اللهَ أَنْ يُزِيحَ عَنْهُ الْكَرْبَ وَالْهَمَّ .

ك ر ث

to pay attention | VIII | اِكْتَرَثَ يَكْتَرِثُ اِكْتِرَاثٌ

حينَ ظَهَرَتِ الْمُشْكِلَةُ ، لَمْ يَكْتَرِثْ بِالْأَمْرِ ، وَلكِنَّ الْعاقِبَةَ كانَتْ وَخيمَةً .

ك ر ر

to turn around and attack | I | كَرَّ يَكُرُّ كَرٌّ / كُرُورٌ

الْحَرْبُ كَرٌّ وَفَرٌّ ، أَيْ إِقْدامٌ وَإِحْجامٌ ، أَوْ هُجومٌ وَتَقَهْقُرٌ .

to repeat | II | كَرَّرَ يُكَرِّرُ تَكْرِيرٌ

أَخَذَ يُكَرِّرُ الْكَلِمَاتِ عِدَّةَ مَرَّاتٍ حَتَّى حَفِظَهاَ كُلَّهاَ .

to be repeated | V | تَكَرَّرَ يَتَكَرَّرُ تَكَرُّرٌ

تَكَرَّرَ هَذَا الْحادِثُ مَرَّتَيْنِ ، لِهَذَا يَجِبُ أَنْ تَأْخُذَ الْحَذَرَ .

ك ر س

to dedicate (to) | II | كَرَّسَ يُكَرِّسُ تَكْرِيسٌ

كَرَّسْتُ وَقْتِي كُلَّهُ لِزَوْجِي وَأَوْلادِي .

to be dedicated (to)	V	تَكَرَّسَ يَتَكَرَّسُ تَكَرُّسٌ

تَكَرَّسَ وَقْتُها لِلزَّوْجِ وَالْأَولادِ ، فَنَسِيَتْ نَفْسَها ، وَتاهَتْ في الزِّحامِ .

كـ ر م

to be generous	I	كَرُمَ يَكْرُمُ كَرَمٌ

إِنَّهُ كَرَمٌ زائِدٌ عَنِ الْحَدِّ أَنْ تُشَرِّفَنِي بِزِيارَتِكَ .

to honor s.o.	II	كَرَّمَ يُكَرِّمُ تَكْرِيمٌ

أَقَمْنا لَها حَفْلَةَ تَكْرِيمٍ بِمُناسَبَةِ حُصُولِها عَلَى الْجائِزَةِ .

to treat hospitably	IV	أَكْرَمَ يُكْرِمُ إِكْرامٌ

لَقَدْ أَكْرَمُونا جَمِيعاً حِينَ زُرْناهُمُ الصَّيْفَ الْماضِيَ .

	V	تَكَرَّمَ يَتَكَرَّمُ تَكَرُّمٌ

to have the kindness (to do s.th.)

أَرْجُو أَنْ تَتَكَرَّمَ وَتُغْلِقَ الشُّبَّاكَ ، لأَنَّ الْجَوَّ بارِدٌ جِدًّا .

كـ ر ه

to hate	I	كَرِهَ يَكْرَهُ كُرْهٌ / كَراهِيَةٌ

أَنَا لا أَكْرَهُهُ ، وَلَكِنِّي لا أَرْتاحُ لِوُجُودِهِ .

to arouse aversion	II	كَرَّهَ يُكَرِّهُ تَكْرِيهٌ

لَقَدْ كَرَّهَنِي فِيها ما سَمِعْتُهُ عَنْها .

to force	IV	أَكْرَهَ يُكْرِهُ إِكْراهٌ

لَقَدْ أَكْرَهُوهُ عَلَى الاِسْتِقالَةِ وَلَمْ يَكُنْ يُرِيدُ تَرْكَ الْوَظِيفَةِ .

to feel disgust	V	تَكَرَّهَ يَتَكَرَّهُ تَكَرُّهٌ

لِماذا تَتَكَرَّهِينَ هَكَذا كُلَّما رَأَيْتِ سَيِّدَةً جَمِيلَةً ؟

to force	X	اِسْتَكْرَهَ يَسْتَكْرِهُ اِسْتِكْراهٌ

لَقَدِ اسْتَكْرَهَهُ عَلَى تَطْلِيقِ زَوْجَتِهِ وَلَمْ يُفْلِحْ .

كـ ر ي

to sleep	I	كَرِيَ يَكْرَى كَرْيٌ / كَرًى

لَمْ تَرَ عَيْناهُ الْكَرَى ، أَيْ إِنَّهُ لَمْ يَنَمْ .

كَارَى يُكَارِي مُكَارَاةٌ III to rent to s.o.

الْمُكارِي هُوَ الَّذي يَقوم بِتَأْجيرِ أَرْضٍ أَوْ عَقارٍ نَظيرَ أُجْرَةٍ أَوْ عُمولَةٍ .

ك ز ز

كَزَّ يَكُزُّ كَزَازَةٌ I to dry up, be stingy

كَزَّ النَّهْرُ ماءَهُ هَذا الْعامَ ، تَمامًا كَما كَزَّ الشَّحيحُ يَدَهُ عَن الْإِنْفاقِ .

ك س ب

كَسَبَ يَكْسِبُ كَسْبٌ I to gain

لَقَدْ كَسَبْتُ الْكَثِيرَ مِنْ صَدَاقَتِكَ .

أَكْسَبَ يُكْسِبُ إِكْسَابٌ IV to make s.o. obtain, gain s.th.

أَكْسَبَنِي ضَوْءُ الشَّمْسِ حَرَارَةً وَنَشَاطًا .

تَكَسَّبَ يَتَكَسَّبُ تَكَسُّبٌ V to earn

كَانَ بَعْضُ الشُّعَرَاءِ الْعَرَبِ يَتَكَسَّبُونَ بِشِعْرِهِمْ أيْ يَأْخُذُون الْمَالَ عَلَيْهِ .

اِكْتَسَبَ يَكْتَسِبُ اِكْتِسَابٌ VIII to gain

اِكْتَسَبْتُ كَثِيراً مِنَ اخْتِلاطِي بِهِمْ .

ك س ح

كَسَحَ يَكْسَحُ كَسْحٌ I to sweep

كَسْحُ الْأَلْغَامِ مِنَ الْخَليجِ لَيْسَ بِالْمُهِمَّةِ السَّهْلَةِ .

اِكْتَسَحَ يَكْتَسِحُ اِكْتِسَاحٌ VIII to sweep (contests)

لَقَدِ اكْتَسَحَهُمْ فِي الْاِنْتِخَابَاتِ وَفَازَ عَلَى الْجَمِيعِ .

ك س د

كَسَدَ يَكْسُدُ كَسَادٌ I to sell poorly (of goods)

اَلتِّجارَةُ تَحْتَاجُ إِلَى حَرَكَةٍ وَدِعايَةٍ كَيْ لا تَكْسَدَ .

أَكْسَدَ يُكْسِدُ إِكْسَادٌ VI to be listless

لَقَدْ أَكْسَدَ تِجارَتَهُ أَنَّ تُجَّاراً جُدُدًا قَدْ بَدَأُوا يُنَافِسُونَهُ .

تَأَكْسَدَ يَتَأَكْسَدُ تَأَكْسُدٌ V to oxidize

تَأَكْسَدَ الْحَدِيدُ وَلَمْ يَعُدْ صَالِحاً لِلْاسْتِعْمَالِ .

ك س ر

to break	I	كَسَرَ يَكْسِرُ كَسْرٌ

لَمْ يَسْتَمِعْ إِلَى نُصْحِي وَأَخَذَ يَلْعَبُ بِالْكُرَةِ حَتَّى كَسَرَ الْمِرْآةَ .

to smash	II	كَسَّرَ يُكَسِّرُ تَكْسِيرٌ

حَاوَلْتُ مِرَاراً أَنْ أُكَسِّرَ هَذَا الْحَائِطَ فَلَمْ أَسْتَطِعْ .

to be broken to pieces	V	تَكَسَّرَ يَتَكَسَّرُ تَكَسُّرٌ

لَقَدْ تَكَسَّرَتِ الْمِرْآةُ وَلَمْ تَعُدْ تَصْلُحُ لِأَيِّ غَرَضٍ .

to become broken	VII	اِنْكَسَرَ يَنْكَسِرُ اِنْكِسَارٌ

اِنْكَسَرَتْ سَاقُهُ وَهُوَ يَلْعَبُ الْمُبَارَاةَ الْأَخِيرَةَ .

ك س ف

to be eclipsed	I	كَسَفَ يَكْسِفُ كُسُوفٌ

يَقولونَ: كُسوفُ الشَّمْسِ ، وَخُسوفُ الْقَمَرِ ، يقصِدونَ احْتِجابَ كُلٍّ مِنْهُما لِفَتْرَةٍ .

to be eclipsed	VII	اَنْكَسَفَ يَنْكَسِفُ اِنْكِسَافٌ

اِنْكَسَفَت الشَّمْسُ ، فَتَكَدَّسَ السّائِحونَ عِنْدَ الْأَهْراماتِ وَالْآثارِ لِيَرَوْا التَّداعِياتِ .

ك س ل

to be lazy	I	كَسِلَ يَكْسَلُ كَسَلٌ

يقولون : " اَلْكَسَلُ أَحْلى مِنَ الْعَسَلِ " ، هَذا شِعارُ الْفاشِلينَ .

to be lazy	VI	تَكَاسَلَ يَتَكَاسَلُ تَكَاسُلٌ

يَتَكاسَلُ بَعْضُ الْمُوَظَّفينَ عَنْ أَداءِ مَهامِّهِمْ .

ك س و

to clothe	I	كَسَا يَكْسُو كَسْوٌ / كُسْوَةٌ

يَقوم السَّعودِيُّونَ كُلَّ عام قَبْلَ الْحَجِّ بِكُسْوَةِ الْكَعْبَةِ بِقُماشٍ ثَمينٍ وجَديدٍ .

to be clothed	VIII	اِكْتَسَى يَكْتَسِي اِكْتِسَاءٌ

اِكْتَسَى الْعُرْيانُ وَشَبِعَ الْجَوْعانُ وَروِيَ الْعَطْشانُ ، فَالْحَمْدُ لِلهِ .

ك ش ر

كَشَرَ يَكْشِرُ كَشْرٌ | I | to bare one's teeth

يقولون : كَشَرَ فُلانٌ عَنْ أَنْيَابِهِ ، أَيْ أَظْهَرَ ما كانَ يُبْطِنُ مِنْ عَداءْ .

ك ش ط

كَشَطَ يَكْشِطُ كَشْطٌ | I | to scrape, pull off

يُسَمّون عَمَلِيَّةَ سَلْخِ جِلْدِ الْحَيَوانِ : كَشْطَ الْجِلْدِ .

ك ش ف

كَشَفَ يَكْشِفُ كَشْفٌ | I | to uncover

كَشَفَت النِّقَابَ عَنْ وَجْهِها ، فَدُهِشْتُ بِأَنَّها رَجُلٌ .

كَاشَفَ يُكَاشِفُ مُكَاشَفَةٌ | III | to reveal to s.o.

لا تُحَاوِلْ أَنْ تُكَاشِفَهُ بِالْأَمْرِ ، فَهُوَ حَسَّاسٌ جِدًّا .

تَكَشَّفَ يَتَكَشَّفُ تَكَشُّفٌ | V | to be revealed

لَقَدْ تَكَشَّفَ لِي أَخِيراً أَنَّهُ أَنَانِيٌّ جِدًّا : يَعْمَلُ لِمَصْلَحَتِهِ وَحْدَهُ .

تَكَاشَفَ يَتَكَاشَفُ تَكَاشُفٌ | VI | to reveal to each other

لَقَدْ تَكَاشَفْنَا بِالْحَقِيقَةِ ، وَلَمْ يَعُدْ أَحَدُنَا يُنْكِرُ الْمَسْأَلَةَ .

اِنْكَشَفَ يَنْكَشِفُ اِنْكِشَافٌ | VII | to be revealed

اِنْكَشَفَتِ الْحَقِيقَةُ أَمَامَ كُلِّ النَّاسِ .

اِكْتَشَفَ يَكْتَشِفُ اِكْتِشَافٌ | VIII | to discover

اِكْتَشَفْتُ أَنَّهُ رَجُلٌ غَيْرُ مُخْلِصٍ .

اِسْتَكْشَفَ يَسْتَكْشِفُ اِسْتِكْشَافٌ | X | to explore

حَاوِلْ أَنْ تَسْتَكْشِفَ الْمَسْأَلَةَ ، فَرُبَّمَا تَصِلُ إِلَى حَلٍّ .

ك ظ ظ

اِكْتَظَّ يَكْتَظُّ اِكْتِظَاظٌ | VIII | to be overcrowded

بَعْدَ وُقوعِ الْحادِثِ مُباشَرَةً ، اِكْتَظَّ الْمَكانُ بِرِجالِ الْأَمْنِ وَالْمُواطِنِينَ .

ك ظ م

كَظَمَ يَكْظِمُ كَظْمٌ I to suppress (one's anger)

الشَّخْصُ الْقادِرُ عَلَى كَظْمِ غَيْظِهِ أَفْضَلُ بِكَثيرٍ مِمَّنْ يُبادِرُ بِرَدِّ الْفِعْلِ .

ك ف أ

كَفَأَ يَكْفَأُ كَفْؤٌ I to turn s.th. upside down

قَرَّرَ بَائِعُ الْفُولِ أَنْ يَتْرُكَ مِهْنَتَهُ ، فَأَمْسَكَ بِالْقِدْرِ وَكَفَأَهَا .

كَافَأَ يُكَافِئُ مُكَافَأَةٌ III to reward

كَافَأَتْهُ اللَّجْنَةُ مُكَافَأَةً مَالِيَّةً كَبيرَةً .

تَكَافَأَ يَتَكَافَأُ تَكَافُؤٌ VI to be equal

إِنَّهُما يَتَكافَآنِ الْآنَ في عَدَدِ النِّقاطِ ، بَقِيَت الْمُبارَاةُ الْأَخيرَةُ .

اِنْكَفَأَ يَنْكَفِئُ اِنْكِفَاءٌ VII to fall down

كَانَتِ الرِّيحُ شَديدَةً ، فَانْكَفَأَتِ الْقِدْرُ .

ك ف ح

كَافَحَ يُكَافِحُ مُكَافَحَةٌ III to struggle (against)

ظَلَّ الشَّعْبُ يُكافِحُ حَتَّى طَرَدَ الْمُسْتَعْمِرَ وَحَصَلَ عَلَى الْاِسْتِقْلالِ .

ك ف ر

كَفَرَ يَكْفُرُ كُفْرٌ / كُفْرَانٌ I to be irreligious

حَرامٌ عَلَيْكَ أَنْ تَكْفُرَ بِنِعَمِ اللهِ عَلَيْكَ . لَقَدْ خَلَقَكَ ، وَرَزَقَكَ .

كَفَّرَ يُكَفِّرُ تَكْفِيرٌ II
to expiate one's sins

حَاوِلْ أَنْ تُكَفِّرَ عمّا جَنَتْهُ يَداكَ . عَلَيْكَ بِالصَّلاةِ وتَقْوَى اللهِ .

ك ف ك ف

كَفْكَفَ يُكَفْكِفُ كَفْكَفَةٌ Q to wipe one's tears

بَعْدَ اسْتِمْرارِهِ في الْبُكاءِ لِأَكْثَرَ مِنْ ساعَةٍ ، كَفْكَفَ دُموعَهُ وَذَهَبَ لِيَنَامَ .

ك ف ل

to support	I	كَفْلٌ / كَفَالَةٌ	يَكْفُلُ	كَفَلَ

بَعْدَ مَوْتِ أَبِيهِ ، كَفَلَهُ عَمُّهُ وَظَلَّ مَعَهُ حَتَّى كَبُرَ وَتَزَوَّجَ .

to become responsible (for)	V	تَكَفُّلٌ	يَتَكَفَّلُ	تَكَفَّلَ

تَكَفَّلَ عَمُّهُ بِأَنْ يَرْعَى مَصَالِحَهُ مَدَى الْحَيَاةِ .

to be responsible for one another	VI	تَكَافُلٌ	يَتَكَافَلُ	تَكَافَلَ

التَّكَافُلُ الاِجْتِمَاعِيُّ هُوَ أَسْمَى غَايَةٍ خُلُقِيَّةٍ تُحَقِّقُهَا الأَدْيَانُ السَّمَاوِيَّةُ .

ك ف ف

to abstain from	I	كَفٌّ	يَكُفُّ	كَفَّ

عَلَيْكَ أَنْ تَكُفَّ عَنْ فِعْلِ الصَّغائِرِ ، تَذَكَّرْ أَنَّك إِنْسانٌ .

to beg	V	تَكَفُّفٌ	يَتَكَفَّفُ	تَكَفَّفَ

بَعْدَ أَنْ كانَ مَيْسورَ الْحالِ ، فَقَدَ كُلَّ شَيْءٍ فَصارَ يَتَكَفَّفُ النَّاسَ في الطُّرُقاتِ .

ك ف هـ ر

to become gloomy	Q2	اِكْفِهْرارٌ	يَكْفَهِرُّ	اِكْفَهَرَّ

اِكْفَهَرَّ الْجَوُّ ، وَثارَت الأَتْرِبَةُ ، واشْتَدَّت الرِّياحُ ، فَكانَ لا بُدَّ مِن الْعَوْدَةِ .

ك ف ي

to suffice	I	كِفَايَةٌ	يَكْفِي	كَفَى

كَانَ ذَلِكَ يَكْفِي دَلِيلاً عَلَى صِدْقِهِ وَبَرَاءَتِهِ .

to be content (with)	VIII	اِكْتِفَاءٌ	يَكْتَفِي	اِكْتَفَى

اِكْتَفَى الْقَاضِي بِالْوَثِيقَةِ وَلَمْ يَحْتَجْ إِلَى شَهَادَةِ الشُّهُودِ .

ك ل أ

to guard	I	كَلْءٌ / كِلاءٌ	يَكْلأُ	كَلأَ

ظَلَّ عَمُّ الرَّسولِ مُحَمّد (ص) يَكْلَؤُهُ بِرِعايَتِهِ وَعِنايَتِهِ وَيَحْميهِ قَدْرَ الاِسْتِطاعَةِ .

ك ل ب

تَكالَبَ يَتَكالَبُ تَكالُبٌ VI to compete greedily in pursuit of s.th.

لَوْ كانَت الدُّنْيا تُساوِي عِنْدَ اللهِ جَناحَ بَعوضَةٍ ، ما سَقَى الْكافِرَ مِنْها جُرْعَةَ ماءٍ . لِماذا التَّكالُبُ إذًا ؟

ك ل ح

أَكْلَحَ يُكْلِحُ إكْلاحٌ IV to look gloomy

لا أَعرِفُ ماذا حَدَثَ لَهُ ، لَقَدْ أَكْلَحَ كَثيرًا هَذِهِ الأَيَّامَ .

ك ل ف

كَلِفَ يَكْلَفُ كَلَفٌ I to be fond (of)

لَقَدْ كَلِفَ بِهَا جِداً بِمَعْنَى أَنَّهُ أَحَبَّهَا وَلَمْ يُفَضِّلْ عَلَيْهَا أُخْرَى .

كَلَّفَ يُكَلِّفُ تَكْلِيفٌ II to assign s.o. to do s.th.

كَلَّفَنِي بِكِتَابَةِ بَرْقِيَّةٍ وَإرْسَالِهَا إلَيْهَا عَلَى وَجْهِ السُّرْعَةِ .

تَكَلَّفَ يَتكَلَّفُ تَكَلُّفٌ V to cost

تَكَلَّفَ هَذَا الْمَشْرُوعُ أَمْوَالاً طَائِلَةً . فَمَا الْعَائِدُ ؟

ك ل ل

كَلَّ يَكِلُّ كَلٌّ / كَلالٌ I to be tired, weary

لَقَدْ أَعْطَوْهُ كَثيرًا مِن الْمَسْؤولِيّاتِ الَّتي جَعَلَتْهُ يَكِلُّ مِنْها ، وَهَذا سَبَبُ شَكْوَاهُ .

كَلَّلَ يُكَلِّلُ تَكْلِيلٌ II to crown

لَقَدْ كَلَّلَت الْحُكومَةُ إنْجازاتِها بِتَخْفيضِ الضَّرائِبِ 10% .

تَكَلَّلَ يَتَكَلَّلُ تَكَلُّلٌ V to be crowned

تَكَلَّلَ عَمَلُ الْحُكومَةِ بِتَخْفيضِ الضَّرائِبِ عَلَى صِغارِ رِجالِ الأَعْمالِ .

ك ل م

كَلَّمَ يُكَلِّمُ تَكْلِيمٌ / مُكَالَمَةٌ II to speak

كَلَّمَتْنِي بِالتِّلِيفُونِ وَكَانَ صَوْتُهَا مَبْحُوحًا بَعْضَ الشَّيءِ .

to talk (with)	V	تكَلُّمٌ	يَتكَلَّمُ	تكَلَّمَ

تَكَلَّمَ مَعِي عَنِ الرِّسالَةِ وَمَازَالَ النِّقَاشُ مُسْتَمِرّاً .

كـ مـ ت

to suppress (anger)	I	كَمْتٌ	يَكْمُتُ	كَمَتَ

يُقالُ كَمَدَ أَوْ كَمَتَ غَضَبَهُ في نَفْسِهِ أَيْ تَماسَكَ وَكَظَمَ غَيْظَهُ .

كـ مـ ح

to rein in (horse)	I	كَمْحٌ	يَكْمَحُ	كَمَحَ

كَمَحَ الْفارِسُ جِماحَ فَرَسِهِ في الْوَقْتِ الْمُناسِبِ ، وَإلاَّ لَسَقَطَ كلاهُما في النَّهْرِ .

كـ مـ د

to cause s.o. grief	I	كَمْدٌ / كَمَدٌ	يَكْمَدُ	كَمِدَ

يُحَاوِلُ دَائِماً أَنْ يَكْمِدَهُ وَيُهَوِّنَ مِنْ جُهُودِهِ .

to compress (wound)	II	تَكْمِيدٌ	يُكَمِّدُ	كَمَّدَ

كانَت الضَّرْبَةُ بِحاجَةٍ إِلَى عَمَلِ كَمّاداتٍ لِلْمَرِيضِ كُلَّ أَرْبَعِ ساعاتٍ .

to sadden s.o.	IV	——	يُكْمِدُ	أَكْمَدَ

حَاوَلَ أَنْ يُكْمِدَهُ وَلَكِنَّهُ لَمْ يَسْتَطِعْ .

to grieve	VII	اِنْكِمَادٌ	يَنْكَمِدُ	اِنْكَمَدَ

لِمَاذَا يَنْكَمِدُ وَعِنْدَهُ مَجَالاتٌ أَوْسَعُ وَأَرْحَبُ ؟

كـ مـ ش

to grasp	I	كَمْشٌ	يَكْمُشُ	كَمَشَ

كانَ الشَّاعِرُ أَحْمَدُ شَوْقي - وَهْوَ طِفْلٌ - يَكْمُشُ الْجُنَيْهاتِ الذَّهَبَ بِيَدَيْهِ .

to shrink, be self-absorbed	VII	اِنْكِمَاشٌ	يَنْكَمِشُ	اِنْكَمَشَ

يُقالُ : اِنْكَمَشَ الثَّوْبُ بَعْدَ الْغسيلِ ، أَيْ تَداخَلَ ، وَانْكَمَشَ فُلانٌ أَيْ تَقَوْقَعَ عَلَى نَفْسِهِ .

كـ مـ ل

to be completed	I	كَمَالٌ	يَكْمُلُ	كَمُلَ

أَحْمَدُ اللهَ ، لَقَدْ كَمُلَ جُزْءٌ هَامٌّ مِنْ هَذَا الْقَامُوسِ .

كَمَّلَ يُكَمِّلُ تَكْمِيلٌ II to complete

على طَلَبَةِ الْمَدَارِسِ الْأَجْنَبِيَّةِ إجْراءُ " اخْتبارٍ تَكميليٍّ " في اللُّغَةِ الْعَرَبِيَّةِ فِي الْجامِعاتِ .

أَكْمَلَ يُكْمِلُ إكْمَالٌ IV to finish

أَكْمَلْنَا هَذَا الْقَامُوسَ إعْدَادًا وَكِتَابَةً فِي سَنَواتٍ كَثِيرَةٍ .

تكَامَلَ يَتكَامَلُ تكامُلٌ VI to be integral

يَتَكَامَلُ هَذَا الْقَامُوسُ مَعَ غَيْرِهِ مِنْ قَوَامِيسَ أُخْرَى .

اِكْتَمَلَ يَكْتَمِلُ اِكْتِمالٌ VIII to be completed

بَعْدَ أَنْ يَكْتَمِلَ هَذَا الْقَامُوسُ ، نَقُومُ بِطَبْعِهِ فَوْراً لِلْمَرَّةِ الثَّانِيَةِ ، نَرْجو أَنْ لا تَكُونَ الْأَخيرَةَ .

اِسْتَكْمَلَ يَسْتَكْمِلُ اِسْتِكْمَالٌ X to complete

اِسْتَكْمَلْنَا تَصْحِيحَ الْأَخْطَاءِ الْمَطْبَعِيَّةِ كَيْ تَظْهَرَ الْمَادَّةُ صَحِيحَةً وسَلِيمَةً .

ك م م

كَمَّمَ يُكَمِّمُ تكْمِيمٌ / كُمامَةٌ II to muzzle

إنَّهُ كَلْبٌ عَقُورٌ : أَخْشَى أَنْ يَعَضَّ النَّاسَ ، فَهَلْ هُنَاكَ مَنْ يُكَمِّمُهُ ؟

عِنْدَما أَحَسَّ النَّاسُ بِتَفَشِّي أَنْفِلْوَنْزَا الْخَنازِيرِ ، أَوْجَبَ الْأَطِبّاء عَلَيهِمْ وَضَعَ كُمامَةً عَلَى أَفْواهِهِمْ وأُنوفِهِمْ .

تَكَمَّمَ يَتَكَمَّمُ تَكَمُّمٌ V to be muzzled

اَلْحَمْدُ لِلّهِ ، لَقَدْ تَكَمَّمَ الْكَلْبُ الْآنَ ، وَلَنْ يَسْتَطِيعَ أَنْ يَعَضَّ النَّاسَ .

ك م ن

كَمَنَ يَكْمُنُ كُمُونٌ I to be latent, be hidden

كَمَنَ فِي نَفْسِي مُنْذُ زَمَنٍ أَنَّ هَذَا الرَّجُلَ أَصْلَحُ رَجُلٍ لِلْوَظِيفَةِ .

ك ن ز

كَنَزَ يَكْنِزُ كَنْزٌ I to accumulate

ظَلَّ يَكْنِزُ الذَّهَبَ وَالْفِضَّةَ ، وَلَكِنَّهُ مَرِضَ وَماتَ وَتَرَكَهُما لِيَسْتَمْتِعَ بِهِما آخَرُونَ .

اِكْتَنَزَ يَكْتَنِزُ اِكْتِنَازٌ VII to be firm

اِكْتَنَزَتِ الْبَقَرَةُ كَثيرًا بَعْدَ أَنْ غَيَّروا لَها صِنْفَ الْعَلَفِ إلَى نَوْعٍ أَجْوَدَ وَأَدْسَمَ .

كـ نـ س

to sweep	I	كَنَسَ يَكْنُسُ كَنْسٌ

كَنَسَ الْخَادِمُ الأَرْضَ ، وَتَعِبَ ، فَنَامَ .

كـ نـ ن

to hide	I	كَنَّ يَكِنُّ كَنٌّ / كُنُونٌ

كَنَّ الشَّيْءَ أَيْ أَخْفاهُ وَلَمْ يُظْهِرْهُ ، كَما يُقالُ كَنَّ شَخْصٌ ما ، أي تَخَفَّى عَن النَّاس .

to keep secret	IV	أَكَنَّ يُكِنُّ إِكْنَانٌ

ظَلَّ يُكِنُّ أَسْرارَهُم طَوالَ عَمَلِهِ مَعَهمُ حارِسًا لِلْعَقارِ رَقْمِ 14 .

to calm down	X	اِسْتَكَنَّ يَسْتَكِنُّ اِسْتِكْنَانٌ

فِعْلاً كانتْ مَعارِكَ ضارِيَةً وَشَرِسَةً ، نَحْمَدُ اللهَ أَنَّ الْوَضْعَ قَد اسْتَكَنَّ الآنَ .

كـ نـ ف

to protect	I	كَنَفَ يَكْنُفُ كَنْفٌ / كَنَفٌ

عاشَ الرَّسولُ (ص) بَعْدَ مَوْتِ جَدِّهِ في كَنَفَ عَمِّهِ " أَبو طالِبٍ " .

to enclose	VIII	اكْتَنَفَ يَكْتَنِفُ اِكْتِنَافٌ

يَكْتَنِفُ الْحادِثَ مُلابَساتٌ كَثيرةٌ نَرْجو أَنْ تَتَحقَّق مِنْها الشُّرْطَةُ .

كـ هـ ر ب

to electrify	Q	كَهْرَبَ يُكَهْرِبُ كَهْرَبَةٌ / كَهْرَباءُ

لَمْ يَكُنْ يَعْرِفُ أَنَّ سِلْكَ الْكَهْرَباءِ عُرْيانَ ، أَمْسَكَ بِهِ فَصَعَقَهُ في الْحالِ .

كـ هـ ل

to be middle aged	VIII	اِكْتَهَلَ يَكْتَهِلُ اِكْتِهَالٌ / كُهولَةٌ

اِكْتَهَلَ الرَّجُلُ أَيْ بَدَأَ مَرْحَلَةَ الشَّيْخوخَةِ ، بِما لَها مِنْ تَبِعاتٍ كَثِيرةٍ .

كـ هـ ن

to predict	V	تَكَهَّنَ يَتَكَهَّنُ تَكَهُّن / كَهانَةٌ

كانَ الْعَرَبُ يَتَكَهَّنونَ أَيْ يُحاوِلونَ اكْتِشافَ الأَسْرارِ وَقِراءَةَ مُسْتَقْبَلِ بَعْضِ النّاسِ .

ك و ر

كَوَّرَ يُكَوِّرُ تَكْوِيرٌ II to roll into a ball

يُكَوِّرُ الْخَبّازُ الْعَجينَةَ ، وَسُرْعانَ ما يَبْسُطُها لِتَبْدُوَ كَدائِرَةٍ ، ثُمَّ يَصْنَعُ مِنْها فَطيرَةً لَذيذَةً .

تَكَوَّرَ يَتَكَوَّرُ تَكَوُّرٌ V to become round

تَتَكَوَّرُ الْعَجينَةُ في يَدِ الْخَبّازِ ، قَبْلَ أَنْ يَبْسُطَها ثُمَّ يَطْويها في شَكْلِ فَطيرَةٍ .

ك و ن

كَانَ يَكُونُ كَوْنٌ / كِيَانٌ I to be

كَانَ الْوَقْتُ مُتَأَخِّرًا ، فَطَلَبَتْ مِنِّي أَنْ أُوَصِّلَهَا إِلَى بَيْتِهَا .

كَوَّنَ يُكَوِّنُ تَكْوِينٌ II to form

لَقَدْ كَوَّنْتُ عَنْهُ فِكْرَةً طَيِّبَةً أَرْجُو أَلا تَهْتَزَّ .

تَكَوَّنَ يَتَكَوَّنُ تَكَوُّنٌ V to consist (of)

يَتَكَوَّنُ الْمَاءُ مِنْ عُنْصُرَيْنِ هُمَا الأوكْسُجِين وَالْهِيدْرُوجين .

ك و ي

كَوَى يَكْوِي كَيٌّ / كُوَاءٌ I to press, iron

كَوَى أَخِي قَمِيصِي وَنَسِيَ قَمِيصَهُ هُو .

اِنْكَوَى يَنْكَوِي اِنْكِوَاءٌ VII to suffer, be burned

يَقُولُونَ إِنَّ فُلاناً انْكَوَى بِنَارِ الْحُبِّ أَيْ إِنَّهُ عَانَى كَثِيراً .

اِكْتَوَى يَكْتَوِي اِكْتِوَاءٌ VIII to suffer, be burned

اِكْتَوَى بِنَارِ الْحُبِّ أَوْ اِنْكَوَى بِنَارِ الْحُبِّ وَكِلاهُمَا وَاحِدٌ .

ك ي د

كَادَ يَكِيدُ كَيْدٌ I to plot (against) s.o.

أَخَذَ يَكِيدُ لَهُ حَتَّى كَانَ ذَلِكَ سَبَباً فِي طَرْدِهِ .

كَايَدَ يُكَايِدُ مُكَايَدَةٌ III to double cross

حَاوَلَ مُكَايَدَتَهُم ، فَكَادُوهُ هُمْ .

ك ي س

to be smart	I	كِيَاسَةٌ	يَكِيسُ	كَاسَ

اَلْكِياسَةُ وَالْحَصَافَةُ وَالاتِّزانُ وَالتَّبَصُّرُ وَالْحِنْكَةُ وَالْحِكْمَةُ كَلِماتٌ مُتَقَارِبَةُ الْمَعاني .

ك ي ف

to adapt (to)	II	تَكْيِيفٌ	يُكَيِّفُ	كَيَّفَ

طَلَبْتُ مِنْهُ أَنْ يُكَيِّفَ نَفْسَهُ مَعَ الْجَوِّ الْجَدِيدِ فِي الْعَمَلِ .

to adjust o.s.	V	تَكَيُّفٌ	يَتَكَيَّفُ	تَكَيَّفَ

بَعْدَ أَنْ تَكَيَّفَ فِي الْعَمَلِ ، قَرَّرَ أَلا يَتْرُكَهُ .

ك ي ل

to heap (abuse) upon	I	كَيْلٌ	يَكِيلُ	كَالَ

حِينَ غَضِبَ مِنْهُ ، أَخَذَ يَكِيلُ لَهُ الشَّتائِمَ عَلَناً أَمَامَ النَّاسِ .

to measure	II	تَكْيِيلٌ	يُكَيِّلُ	كَيَّلَ

كَيَّلَ الْعَلاَّفُ كَمِّيَّةَ الْقَمْحِ فَوَجَدَهَا تَنْقُصُ عَنِ الْوَزْنِ الْمَطْلُوبِ .

to measure	VIII	اِكْتِيالٌ	يَكْتَالُ	اِكْتَالَ

ذَهَبَ يَكْتَالُ الْقَمْحَ فَوَجَدَ الْكَمِّيَّاتِ غَيْرَ مَضْبُوطَةٍ .

ل

ل أ ل أ

تَلألأَ يَتَلألأُ تَلألُؤٌ Q1 to be shiny

كان حَفْلُ الزِّفافِ بَهيجًا : عَزَفَتِ الْموسيقى وَتَلألأَتِ الثُّرَيّاتُ في أَرْجاءِ الْمَكانِ .

ل أ م

لأَمَ يَلْأَمُ لأْمٌ I to mend

كان لأْمُ الْجِراحِ وَتَصْفِيةُ الْخِلافاتِ عَلَى رَأْسِ أَوْلَوِيّاتِ أَجِنْدَةِ الْمؤُتَمرِ .

لاءَمَ يُلائِمُ مُلاءَمَةٌ III to suit, match

حاوَلَ أَنْ يُلائِمَ في مَلْبَسِهِ ، فَلَبِسَ حُلَّةً زَرْقاءَ وَقَميصًا أَزْرَقَ وَحِذاءً بُنِّيًّا .

اِلْتَأَمَ يَلْتَئِمُ اِلْتِئامٌ VIII to be mended

نَحْمَدُ اللهَ ، اِلْتَأَمَ الْجُرْحُ وَشُفِيَ الْمَريضُ وَخَرَجَ مِن الْمُسْتَشْفَى إِلَى بَيْتِهِ .

ل ب ث

لَبِثَ يَلْبَثُ لَبْثٌ I to remain

لَبِثْتُ مُنْتَظِرًا صَدِيقِي حَوَالَيْ نِصْفِ سَاعَةٍ ، ثُمَّ انْصَرَفْتُ .

ل ب د

تَلَبَّدَ يَتَلَبَّدُ تَلَبُّدٌ V to be come overcast (with clouds)

تَلَبَّدَتِ السَّماءُ بِالْغُيومِ فَحَجَبَتِ الشَّمْسَ وَبَدا النَّهارُ وَكَأَنَّهُ صَفْحَةٌ بَيْضاءُ .

ل ب س

لَبِسَ يَلْبَسُ لُبْسٌ I to wear

لَبِسْتُ حُلَّةً جَدِيدَةً وَذَهَبْتُ إِلَى حَفْلِ زِفَافِ صَدِيقِي .

لابَسَ يُلابِسُ مُلابَسَةٌ / لِباسٌ III to associate closely (with)

يُحَاوِلُ أَنْ يُقْحِمَ نَفْسَهُ فِي الْمُنَاقَشَةِ دُونَ أَدْنَى مُلابَسَةٍ .

أَلْبَسَ يُلْبِسُ إِلْبَاسٌ IV to dress s.o.

أَلْبَسَتِ الأُمُّ ابْنَتَهَا فُسْتَانًا جَدِيدًا .

اِلْتَبَسَ يَلْتَبِسُ اِلْتِبَاسٌ VIII to be obscure

لَقَدِ الْتَبَسَ عَلَيْهِ الأَمْرُ فَلَمْ يَعْرِف الصَّحِيحَ مِنَ الْخَطَأِ .

ل ب ق

لَبُقَ يَلْبُقُ لَبَاقَةٌ I

يَبْدو لَبِقاً في جَميع الأَحْوَالِ . 1. to be elegant

نَقولُ : رَجُلٌ لَبِقٌ أَيْ إِنَّه مُنْطَلِقٌ في حديثِهِ وَفِكْرِهِ . 2. to be skillful

ل ب ك

لَبَّكَ يُلَبِّكُ تَلْبِيكٌ II to confuse

لا تُحاوِلْ تَلْبيكَهُ بِأَسْئِلَةٍ صَعْبَةٍ ، تَحَدَّثْ إِلَيْهِ بِهُدوءٍ وَمَوَدَّةٍ .

تَلَبَّكَ يَتَلَبَّكُ تَلَبُّكٌ V to get confused

حينَ سَأَلَهُ الشُّرطيُّ عَنْ سَبَبِ وُجودِهِ هُنا في هَذِهِ السَّاعَةِ ، تَلَبَّكَ في حَديثِهِ وَحاوَلَ الْهَرَبَ .

ل ب ي

لَبَّى يُلَبِّي تَلْبِيَةٌ II to obey, respond to

التَّلْبِيَةُ فِي الْحَجِّ إِلَى مَكَّةَ أَن يُكَرِّرَ الْمُسْلِمُونَ عِبارَةَ : لَبَّيْكَ اللَّهُمَّ لَبَّيْكَ .

ل ت ت

لَتَّ يَلُتُّ لَتٌّ I

لَتَّ الْعَجِينَ أَيْ بَلَّهُ بِشَيْءٍ مِن الْماءِ . 1. to mix with water (flour)

يُقالُ : فُلانٌ " يَلِتُّ وَيَعْجِنُ " لِلثَّرْثارِ مِنَ النّاسِ . 2. to prattle

ل ث غ

لَثَغَ يَلْثَغُ لَثْغٌ I to lisp

يَبْدُو أَنَّ بِهِ عَيْبًا مِنْ عُيُوبِ النُّطْقِ : إِنَّهُ يَلْثَغُ فِي كَلامِهِ فَيَنْطِقُ بِالسّينِ كَالثّاءِ إِلى غَيْرِ ذَلِكَ .

لـ ثـ م

to kiss	I	لَثْمٌ	يَلْثُمُ	لَثَمَ

لَثَمَتِ الأُمُّ طِفْلَهَا وَهُوَ نَائِمٌ ، فَظَلَّ نائمًا .

to cover (face)	II	تَلْثِيمٌ	يُلَثِّمُ	لَثَّمَ

وَهُوَ في الطَّرِيقِ إِلَى بَيْتِهِ ، خَرَجَتْ عَلَيْهِ عِصابَةٌ كُلُّ أَفْرادِها مُلَثَّمونَ .

to muffle, to wrap one's face up	V	تَلَثُّمٌ	يَتَلَثَّمُ	تَلَثَّمَ

ظاهِرَةٌ عَجيبَةٌ نَراها الآن : مَجْموعَةٌ مِن الْمُتَلَثِّمينَ أو الْمُلَثَّمينَ يَخْتَطِفونَ رَجُلاً أو امْرَأَةً .

to kiss each other	VI	تَلاثُمٌ	يَتَلاثَمُ	تَلاثَمَ

تَلاثَمَ الْعَرُوسَانِ بَعْدَ عَقْدِ قِرَانِهِما .

to muffle, wrap one's face up	VIII	اِلْتِثامٌ	يَلْتَثِمُ	اِلْتَثَمَ

اِلْتَثَمَ صَدِيقِي فَلَمْ يَعُدْ يَظْهَرُ مِنْهُ إلا عَيْنَاهُ .

لـ جـ أ

to resort (to)	I	لُجُوءٌ	يَلْجأُ	لَجَأَ

لَجَأَ إِلَيْهِمْ بَعْدَ أَنْ وَجَدَ الْحَياةَ صَعْبَةً فِي الْبُعْدِ عَنْهُمْ .

to force (upon)	IV	إِلْجَاءٌ	يُلْجِئُ	أَلْجَأَ

إِنَّهُ بِتَصَرُّفِهِ الْوَقِحِ قَدْ أَلْجَأَنِي إِلَى أَنْ أَطْرُدَهُ مِنْ مَكْتَبِي .

to take refuge (with, in)	VIII	اِلْتِجَاءٌ	يَلْتَجِئُ	اِلْتَجَأَ

اِلْتَجَأَتْ إِلَى أَهْلِهَا بَعْدَ أَنِ اكْتَشَفَتْ ضَياعَ ثَرْوَةِ زَوْجِهَا .

لـ جـ ب

to make noise	I	لَجَبٌ	يَلْجُبُ	لَجَبَ

سَمِعْتُ لَجَبًا خَارِجًا مِنْ وَسَطِ الزِّحَامِ .

لـ جـ ج

to be stubborn, persist (in)	I	لَجٌّ	يَلِجُّ	لَجَّ

إِنَّهُ يَلِجُ فِي كُلِّ الْمَوْضُوعَاتِ دُونَ دِرَايَةٍ .

ل ج ل ج

to stammer | Q1 | تَلَجْلَجَ يَتَلَجْلَجُ تَلَجْلُجٌ

حينَ واجَهَهُ القاضِي بِأَدِلَّةٍ ضِدَّهُ ، تَلَجْلَجَ وَلَمْ يَسْتَطِعْ أَنْ يَقولَ شَيْئًا .

ل ج م

to bridle | I | لَجَمَ يَلْجِمُ لَجْمٌ

لَجَمَ الْفارِسُ حِصانَهُ الشَّرِسَ ، كَيْ لا يُؤْذِي إِنْسَانًا ، نَقولُ أَيْضًا لَجَّمَهُ وَأَلْجَمَهُ .

ل ح ح

to urge s.th. (on) s.o. | I | لَحَّ يَلِحُّ لَحٌّ

أَخَذَ يَلِحُّ عَلَيَّ أَنْ أَقْبَلَ دَعْوَتَهُ ، حَتَّى قَبِلْتُ .

to urge s.th. (on) s.o. | IV | أَلَحَّ يُلِحُّ إِلْحَاحٌ

إِنَّهُ لا يُلِحُّ عَلَى هَذَا الْمَوْضُوعِ كَثِيرًا – لَقَدْ نَسِيَهُ أَوْ تَنَاسَاهُ .

ل ح د

to bury | I | لَحَدَ يَلْحَدُ لَحْدٌ

اللَّحْدُ هُوَ الْقَبرُ ، وَهْوَ أَيْضًا عَمَلِيَّةُ إِنْزالِ الْمَيِّتِ إِلَى الْقَبْرِ .

to abandon one's faith | IV | أَلْحَدَ يُلْحِدُ إِلْحَادٌ

الإِلْحادُ تَطَرُّفٌ ضِدَّ الأَدْيان السَّماوِيَّةِ ، وَيُعْتَبَرَ الْمُلْحِدُ كافِرًا بِإِجْماعِ عُلَماءِ الْمُسْلِمينَ .

ل ح ظ

to view | I | لَحَظَ يَلْحَظُ لَحْظٌ

اَللَّحْظُ هُوَ الْعَيْنُ الْباصِرَةُ أَو الرُّؤْيَةَ بِها .

to notice | III | لاحَظَ يُلاحِظُ مُلاحَظَةٌ

لاحَظْتُ أَنَّ الأَسْعَارَ هُنَاكَ أَرْخَصُ مِمَّا عِنْدَنَا .

ل ح ف

to cover o.s. | VIII | اِلْتَحَفَ يَلْتَحِفُ اِلْتِحَافٌ

حينَ نُعَبِّرُ عَن الْفَقْرِ الشَّديدِ لإِنْسانٍ ، نَقولُ : إِنَّهُ يَفْتَرِشُ الأَرْضَ وَيَلْتَحِفُ السَّماءَ .

ل ح ق

لَحِقَ يَلحَقُ لَحَاقٌ I to catch up (with), follow

بَعْدَ أَنْ سَافَرَ ، لَحِقَتْ بِهِ زَوْجَتُهُ .

لاحَقَ يُلاحِقُ مُلاحَقَةٌ III to follow, pursue

ظَلَّ يُلاحِقُهَا حَتَّى تَضَايَقَتْ وَقَدَّمَتْ بَلاغًا ضِدَّهُ لِلْبُولِيسِ .

أَلْحَقَ يُلْحِقُ إِلْحَاقٌ IV

1. to cause (damage)

قَامُوا بِغَارَةٍ عَلَى الْعَدُوِّ وَأَلْحَقُوا بِهِ خَسَائِرَ جَسِيمَةً فِي الأَرْوَاحِ وَالْمُعِدَّاتِ .

2. to reach جَرَى طَوِيلاً حَتَّى يَلْحَقَ بِهَا ، ولَكِنَّها كَانَت أَسْرَعَ مِنْهُ بِكَثِيرٍ .

تَلاحَقَ يَتَلاحَقُ تَلاحُقٌ VI to pursue each other

تَتَلاحَقُ الذِّكْرَيَاتُ عَلَى مُخَيِّلَتِهِ وَكَأَنَّهُ يَعِيشُ مِنْ جَدِيدٍ .

اِلْتَحَقَ يَلْتَحِقُ اِلْتِحَاقٌ VIII to join, enroll (in)

اِلْتَحَقَ بِالْكُلِّيَّةِ الْحَرْبِيَّةِ وَتَخَرَّجَ فِيهَا مِثَالاً لِلضَّابِطِ النَّزِيهِ .

ل ح م

لَحَمَ يَلْحُمُ لَحْمٌ / لِحَامٌ I to weld

تَتَنَوَّعُ طُرُقِ لِحامِ الْمَعادِنِ ، فَهناكَ لِحامٌ بِالأُوكْسُجِينِ ، وَلِحامٌ بِالْقَصْدِيرِ .

تَلاحَمَ يَتَلاحَمُ تَلاحُمٌ VI to stick together

تَلاحَمَ الْجَيْشانِ بِقُوّاتِهِما الْبَرِّيَّةِ ، وَالْتَحَما قُرْبَ الْحُدودِ .

اِلْتَحَمَ يَلْتَحِمُ اِلْتِحامٌ VII to be in immediate contact

اِلْتَحَمَ الْجَيْشانِ فى حَرْبٍ ضَروسٍ .

ل ح ن

لَحَّن يُلَحِّنُ تَلْحِينٌ II to compose music

مِنْ أَقْطابِ التَّلْحينِ في مِصْرَ : مُحَمَّدُ عَبْدِ الْوَهّابِ ، رِياضُ السُّنْباطيّ ، بَليغُ حَمْدي ، ومُحَّمدُ سُلْطانٍ .

ل ح ي

اِلْتَحَى يَلْتَحِي اِلْتِحَاءٌ VIII to grow a beard

نَقولُ " اِلْتَحَى " أَي تَرَكَ الشَّعْرَ النَّامي في الذَّقْنِ وَالصُّدْغَيْنِ يَطولُ وَيَتَنامَى .

لـ خـ ص

لَخَّصَ يُلَخِّصُ تَلْخِيصٌ II to summarize

طَلَبَتْ مِنِّي زَوْجَتِي أَنْ أُلَخِّصَ لَهَا الْفِيلمَ الَّذِي شَاهَدْتُهُ مَعَ أَصْدِقَائِي .

لـ د غ

لَدَغَ يَلْدَغُ لَدْغٌ I to sting

لَدَغَتْهُ الْعَقْرَبُ فَتَسَمَّمَ جِسْمُهُ وَمَاتَ .

لـ ذ ذ

لَذَّ يَلَذُّ لَذٌّ / لَذَّةٌ I to be delightful

لا تَلَذُّ حَيَاةُ الزَّوجيْنِ إلا بَعْدَ إِنْجَابِ الأَطْفَالِ .

تَلَذَّذَ يَتَلَذَّذُ تَلَذُّذٌ V to enjoy

ظَلَّتْ تَسْتَمِعُ إِلَى تَصَرُّفِ صَدِيقَتِهَا مَعَ خَطِيبِهَا وَهِيَ تَتَلَذَّذُ بِمَا تَسْمَعُ .

الْتَذَّ يَلْتَذُّ الْتِذَاذٌ VIII to be delighted (with)

حَضَرَ الْحَفْلَةَ الْمُوسِيقِيَّةَ وَالْتَذَّتْ أُذُنُهُ بِكُلِّ مَا سَمِعَ مِنْ مَقْطُوعَاتٍ .

اِسْتَلَذَّ يَسْتَلِذُ اِسْتِلْذَاذٌ X to find pleasant

إِنَّهُ لا يَسْتَلِذُّ إِلا بِسَمَاعِ الْمُوسِيقَى الْكِلاسِيكِيَةِ .

لـ ذ ع

لَذَعَ يَلْذَعُ لَذْعٌ I to burn or sting

يَبْدُو أَنَّ طَعْمَ اللَّيْمُونِ قَدْ لَذَعَ لِسَانَ الصَّبِيِّ .

أَلْذَعَ يُلْذِعُ إِلْذَاعٌ IV to burn

أَلْذَعَ لِسَانَهُ طَعْمُ اللَّيْمُونِ .

لـ ز ج

لَزِجَ يَلْزَجُ لَزْجٌ / لُزُوجٌ / لُزوجةٌ I to be sticky

إِنَّ لُزُوجَ هَذَا الصَّمْغِ لَدَلِيلٌ عَلَى أَنَّهُ مُسْتَوْرَدٌ مِنَ السُّودَانِ .

ل ز ق

لَزِقَ	يَلْزَقُ	لَزْقٌ / لُزُوقٌ	I	to glue, stick (on)

لَزِقَ الْعَامِلُ إِعْلانَاتِ الْفِيلْمِ الْجَدِيدِ عَلَى الْحَائِطِ ، أي لَصْقَهُ .

ل ز م

لَزِمَ	يَلْزَمُ	لُزُومٌ	I	to be necessary

يَلْزَمُ لِلرِّحْلَةِ أَنْ تَأْخُذَ كُلَّ أَدَوَاتِ الرِّيَاضَةِ مَعَكَ .

لازَمَ	يُلازِمُ	مُلازَمَةٌ	III	to accompany constantly

ظَلَّ يُلازِمُنِي فِي رِحْلَتِي حَتَّى أَوْصَلَنِي إِلَى الْمَطَارِ .

أَلْزَمَ	يُلْزِمُ	إِلْزَامٌ	IV	to compel

أَلْزَمَ الشُّرْطِيُّ قَائِدَ السَّيَّارَةِ بِدَفْعِ غَرَامَةٍ لِمُخَالَفَتِهِ الإِشَارَةَ .

اِلْتَزَمَ	يَلْتَزِمُ	اِلْتِزَامٌ	VIII	to abide (by)

لِمَاذَا لا يَلْتَزِمُ كَثِيرٌ مِنَ النَّاسِ بِقَوَاعِدِ الْمُرُورِ وَإِشَارَاتِهِ ؟

اِسْتَلْزَمَ	يَسْتَلْزِمُ	اِسْتِلْزَامٌ	X	to require

أَبْلَغُونِي بِزِيَارَتِهِمْ ، وَقَد اسْتَلْزَمَنِي هَذَا أَنْ أَخْرُجَ مِنْ مَكْتَبِي قَبْلَ الْمَوْعِدِ .

ل س ع

لَسَعَ	يَلْسَعُ	لَسْعٌ	I	to sting

ذَهَبَ لِيَلْعَبَ بِجِوَارِ خَلِيَّةِ النَّحْلِ ، فَلَسَعَتْهُ نَحْلَةٌ .

ل س ن

لَسِنَ	يَلْسَنُ	لَسَنٌ	I	to be eloquent

اللَّسَنُ هُوَ فَصَاحَةُ الْكَلامِ وَالْخِطَابِ وَخَاصَّةً في الْخُطَبِ وَلَيْسَ الشِّعْرَ .

ل ش ي

تَلاشَى	يَتَلاشَى	تَلاشٍ	VI	to vanish

اِنْطَمَسَتْ بَعْضُ الْكِتَابَاتِ وَالنُّقُوشِ الْمَوجُودَةِ عَلَى الآثَارِ وَتَلاشَتْ .

لـ صـ ص

تَلَصَّصَ يَتَلَصَّصُ تَلَصُّصٌ V to sneak up to

حاوَلَ أَنْ يَتَلَصَّصَ عَلَيْهِمْ كَيْ يَسْرِقَ النُّقودَ وَالْمَصوغاتِ ، تَمَّ اكْتِشافُهُ وقُبِضَ عَلَيْهِ .

لـ صـ ق

لَصَقَ يَلْصَقُ لَصْقٌ / لُصُوقٌ I to stick

لَصَقَ الْعَامِلُ عَدَداً مِنَ الْإِعْلانَاتِ عَلَى حَائِطِ الْمَدْرَسَةِ .

لاصَقَ يُلاصِقُ مُلاصَقَةٌ III to adjoin

إِنَّنا جيرانٌ : بَيْتِي يُلاصِقُ بَيْتَهُ مُباشَرَةً .

أَلْصَقَ يُلْصِقُ إِلْصَاقٌ IV to stick

بَعْدَ أَنْ أَلْصَقَ وَرَقَةَ الْعُنْوَانِ عَلَى الطَّرْدِ ، قَامَ بِإِرْسَالِهِ .

تَلاصَقَ يَتَلاصَقُ تَلاصُقٌ VI to adjoin, fit closely

إِنَّ تَلاصُقَ الْبُيُوتِ فِي هَذِهِ الْمِنْطَقَةِ يَعْمَلُ عَلَى تَوْطِيدِ عَلاقَاتِ السُّكَّانِ .

اِلْتَصَقَ يَلْتَصِقُ اِلْتِصَاقٌ VIII to adhere

طَابَعُ الْبَرِيدِ هَذَا بِدُونِ صَمْغٍ ، فَكَيْفَ يَلْتَصِقُ ؟

لـ طـ خ

لَطَّخَ يُلَطِّخُ تَلْطِيخٌ II to stain, smear

قامَ الْأَوْلادُ بِتَلْطِيخِ حائِطِ الْمَدْرَسَةِ بِإِعْلاناتِ الْاِنْتِخاباتِ الْمَدْرِسِيَّةِ وَعِباراتِ الدِّعايَةِ .

تَلَطَّخَ يَتَلَطَّخُ تَلَطُّخٌ V to be stained, smeared

تَلَطَّخَ الْحائِطُ كَثيرًا ، وَأَصْبَحَ بِحاجَةٍ إِلَى تَنْظيفٍ جِذْرِيٍّ .

لـ طـ ف

لَطَفَ يَلْطُفُ لُطْفٌ I to be kind

اللُّطْفُ مَعْناهُ الْمَظْهَرُ الطَّيِّبُ وَالْمُعامَلَةُ الْكَريمَةُ وَالسُّلوكُ الْجَيِّدُ .

لَطَّفَ يُلَطِّفُ تَلْطِيفٌ II to make mild, alleviate

سَقَطَتْ الْأَمْطَارُ فَلَطَّفَتْ مِنْ حَرَارَةِ الْجَو .

لاطَفَ يُلاطِفُ مُلاطَفَةٌ — III — to treat kindly

إِنَّهُ دائِمًا يُلاطِفُها وَيُظْهِرُ مَشاعِرَه الطَّيِّبَةَ نَحْوَها ، وَلكِنَّها لا تَشْعُرُ بِهِ .

تَلَطَّفَ يَتَلَطَّفُ تَلَطُّفٌ — V — to show o.s. friendly and kind

لَقَدْ تَلَطَّفَ مَعَهُم في الْحَديثِ لِدَرَجَةِ أَنَّهُمْ قَبِلوا مَشْروعَهُ .

تَلاطَفَ يَتَلاطَفُ تَلاطُفٌ — VI — to be polite

تَلاطَفَ كَثيرًا ، وَمَعَ ذَلِكَ مازالوا يُعامِلونَهُ بِقَسْوَةٍ .

اِسْتَلْطَفَ يَسْتَلْطِفُ اِسْتِلْطافٌ — X — to like s.o. / s.th.

الْاِسْتِلْطافُ مَعْناهُ أَنْ تَشْعُرَ بِحُبِّكَ لِشَخْصٍ ما .

ل ط م

لَطَمَ يَلْطِمُ لَطْمٌ — I — to slap

في الْحَديثِ الشَّريفِ : " لَيْسَ مِنّا مَنْ لَطَمَ الْخُدود " ، عادةٌ جاهِلِيَّةٌ مَذْمومَةٌ .

تَلاطَمَ يَتَلاطَمُ تَلاطُمٌ — VI — to clash (waves)

تلاطَمَتِ الْأَمْواجُ بِشِدَّةٍ فَرَفَعَ الْحَرَسُ الرَّايَةَ السَّوْداءَ لِمَنْعِ نُزولِ الْبَحْرِ .

اِلْتَطَمَ يَلْتَطِمُ اِلْتِطامٌ — VIII — to clash, collide

تَلْتَطِمُ الْأَمْواجُ عادَةً عَلَى الصُّخورِ الْمَوْجودَةِ أَسْفَلَ الشَّطِّ .

ل ع ب

لَعِبَ يَلْعَبُ لَعِبٌ — I — to play

لَعِبَ أَخِي كُرَةَ الْقَدَمِ مَعَ أَصْدِقَائِهِ لِمُدَةِ سَاعَتَيْنِ .

لاعَبَ يُلاعِبُ مُلاعَبَةٌ — III — to play with

كُنْتُ أُلاعِبُ أَطْفَالِي جَمِيعًا حِينَ كَانَ لَدَيَّ وَقْتٌ لِذَلِكَ .

تَلاعَبَ يَتَلاعَبُ تَلاعُبٌ — VI — to act fraudulently

إِنَّهُ يَتَلاعَبُ فِي الْأَسْعارِ وَقَدْ قَرَّرْتُ أَنْ أَشْكُوَهُ .

ل ع ث م

تَلَعْثَمَ يَتَلَعْثَمُ تَلَعْثُمٌ — Q1 — to falter

تَلَعْثَمَ الشّاهِدُ في الْمَحْكَمَةِ أَمامَ الْقاضي ، فَأَحَسَّ الْحُضورُ بِأَنَّهُ يُحاوِلُ الْكَذِبَ .

لـ ع ق

to lick | I | لَعْقٌ | يَلْعَقُ | لَعِقَ

أَخَذَ الْكَلْبُ يَلْعَقُ اللَّبَنَ وَتَرَكَ الْخُبْزَ .

لـ ع ن

to curse | I | لَعْنٌ / لَعْنَةٌ | يَلْعَنُ | لَعَنَ

أَخَذَ يَلْعَنُ الظُّرُوفَ الَّتِي دَفَعَتْهُ إِلَى الْعَمَلِ فِي هَذِهِ الشَّرِكَةِ .

to curse each other | VI | تَلاعُنٌ | يَتَلاعَنُ | تَلاعَنَ

تَلاعَنَ الرَّجُلانِ أَيْ سَبَّ أَحَدُهُمَا الآخَرَ وَشَتَمَهُ .

لـ غ ز

to equivocate, speak in riddles | I | لَغْزٌ | يَلْغُزُ | لَغَزَ

الْمَسأَلَةُ مِنْ أَوَّلِها إِلَى آخِرِها لُغزٌ غامِضٌ يَصْعُبُ تَفْسيرُهُ .

لـ غ م

to plant with mines | I | لُغْمٌ / لَغَمٌ | يَلْغَمُ | لَغَمَ

اِنْفَجَرَ اللَّغمُ ، فَدمَّرَ الْمَكانَ وَما فيهِ وَمَنْ فيهِ .

لـ غ و

to talk nonsense | I | لَغْوٌ | يَلْغُو | لَغا

اللَّغْوُ مَعْناهُ التَّحدُّثُ بِكَلامٍ فارِغٍ مِن الْمَعْنَى أَوْ تافِهٍ لا يُؤْبَهُ لَهُ .

to cancel | IV | إِلْغَاءٌ | يُلْغِي | أَلْغَى

لَمْ يَتِمَّ بَعْدُ إِلْغاءُ التَّأْشيرَةِ ، فَمَا الَّذِي يَمْنَعُكَ مِن السَّفَرِ إِذاً ؟

لـ ف ت

to turn, attract (s.o.'s attention) | I | لَفْتٌ | يَلْفِتُ | لَفتَ

حِينَ أَسَافِرُ لِلْخَارِجِ لا يَلْفِتُ نَظَرِي إِلا نَقَاءُ الْجَوِّ .

to look around | V | تَلَفُّتٌ | يَتَلَفَّتُ | تَلَفَّتَ

أَخَذَ يَتَلَفَّتُ يَمْنَةً وَيَسْرَةً حَتَّى الْتَقَى وَجْهُهُ بِوَجْهِهَا .

to turn, pay attention (to) VIII اِلْتَفَتَ يَلْتَفِتُ اِلْتِفَاتٌ

ظَلَّ يُنَادِيهَا بِاسْمِهَا وَلَكِنَّهَا لَمْ تَلْتَفِتْ إِلَيْهِ .

to attract attention X اِسْتَلْفَتَ يَسْتَلْفِتُ اِسْتِلْفَاتٌ

اِسْتَلْفَتَ نَظَرِي فِي الْمَعْرِضِ أَنَّ كُلَّ شيءٍ مَصْنُوعٌ مِنَ الشَّمْعِ .

لـ فـ ح

to burn I لَفَحَ يَلْفَحُ لَفْحٌ

لَفَحَت وُجوهَهُم الشَّمْسُ ، حَيْثُ كانَ الْجَوُّ حارًّا جِدًّا .

لـ فـ ظ

to utter, expire I لَفَظَ يَلْفِظُ لَفْظٌ

ظَلَّ يُكَافِحُ وَيُدَافِعُ حَتَّى لَفَظَ أَنْفَاسَهُ الأَخيرَةَ .

to enunciate V تَلَفَّظَ يَتَلَفَّظُ تَلَفُّظٌ

أَحْيَانًا أَجِدُ صُعُوبَةً حِينَ النُّطْقِ أَوِ التَّلَفُّظِ بِكَلِمَةٍ مَا .

لـ فـ ع

to burn (sunstroke) I لَفَعَ يَلْفَعُ لَفْعٌ

لَفَعَتْهُ حَرَارَةُ شَمْسِ الصَّحْرَاءِ فَمَاتَ .

to wrap up with V تَلَفَّعَ يَتَلَفَّعُ تَلَفُّعٌ

أَحَسَّ بِالْبَرْدِ الشَّدِيدِ فَتَلَفَّعَ بِجِلْبَابِ أَخِيهِ .

to wrap (up) VIII اِلْتَفَعَ يَلْتَفِعُ اِلْتِفاعٌ

اِلْتِفاعُ الْفَلاَّحِ بِذَيْلِ جِلْبَابِهِ ، عادَةٌ في بَعْضِ الْقُرَى المِصْرِيَّةِ .

لـ فـ ف

to go around I لَفَّ يَلُفُ لَفٌّ

ظَلَّ يَلُفُّ وَيَدُورُ فِي الْمَدِينَةِ كُلِّهَا حَتَّى عَثَرَ عَلَيْهِ أَخِيرًا .

to surround VIII اِلْتَفَّ يَلْتَفُّ اِلْتِفَافٌ

كُلُّ النَّاسِ يُحِبُّونَهُ ، وَهُمْ دَائِمًا يَلْتَفُّونَ حَوْلَهُ .

ل ف ق

لَفَّقَ يُلَفِّقُ تَلْفِيقٌ II to fabricate

بَعْضُ الْأَشْرارِ يُلَفِّقونَ تُهمًا لِأُناسٍ شُرَفاءَ ، الْغريبُ أَنَّ الشَّرَّ يَغْلِبُ الْخَيْرَ .

ل ق ب

لَقَّبَ يُلَقِّبُ تَلْقِيبٌ / لَقَبٌ II to give s.o. a title

الْأَلْقَابُ الْعِلْمِيَّةُ في الْجامِعَةِ لِلْمُدَرِّس هِيَ : أُسْتاذ مُساعِد ، أسْتاذ مُشارِك ، وَأُسْتاذ .

تَلَقَّبَ يَتَلَقَّبُ تَلَقُّبٌ V to be surnamed

يَتَلَقَّبُ الْقَصَّابُ الَّذي أَشْتَري مِنْهُ اللَّحْمَ بِـ " شَيْخِ الْجَزَّارينَ " .

ل ق ح

لَقِحَ يَلْقَحُ لَقْحٌ / لَقاحٌ I 1. to vaccinate

حينَ يُولَدُ طِفْلٌ ، يَهْتَمُّ أَبَواهُ بِتَطْعيمِهِ ضِدَّ أَمْراضٍ كَثيرةٍ ، وَالتَّطْعيمُ يَكونُ بِلَقاحٍ مَخْصُوصٍ كُلَّ مَرَّةٍ .

2. to pollinate

تَنْتَقِلُ حُبوبُ اللِّقاحِ من زَهْرَةٍ إِلَى أُخْرَى عَن طَريقِ الْهَواءِ أوْ بَعضِ الْحَشَراتِ .

لَقَّحَ يُلَقِّحُ تَلْقِيحٌ II

1. to vaccinate قامَ الطَّبيبُ بِتَلْقيحِ الطِّفْلِ بِلَقاحٍ أَوْ مَصْلٍ ضِدَّ شَلَلِ الْأَطْفالِ .

2. to pollinate لَقَّحَ الْمُزَارِعُ أَشْجَارَ النَّخِيلِ .

ل ق ط

لَقَطَ يَلْقُطُ لَقْطٌ I to pick up

يَلْقُطُ الدَّجَاجُ الْحَبَّ مِنَ الْأَرْضِ بِطَريقَةٍ عَجِيبَةٍ وَسَريعَةٍ .

اِلْتَقَطَ يَلْتَقِطُ اِلْتِقَاطٌ VIII

to take (photo)

اِلْتَقَطَ لِي عَدَدًا مِنَ الصُّوَرِ حِينَ كُنْتُ فِي زِيَارَتِهِ .

ل ق ف

تَلَقَّفَ يَتَلَقَّفُ تَلَقُّفٌ V to seize

تَلَقَّفَتْ وَكالاتُ الْأَنْباءِ خَبَرَ الْقَبْضِ عَلَى أَحَدِ رِجالِ الْأَعْمالِ ، وَحاوَلَتْ تَشْويهَ كُلِّ شَيْءٍ .

ل ق م

أَلْقَمَ يُلْقِمُ إِلْقَامٌ IV to feed bit by bit

يقولُ الشّاعرُ: لَوْ كُلُّ كَلْبٍ عَوَى أَلْقَمْتَهُ حَجَرًا لأَصْبَحَ الصَّخْرُ مِثْقالاً بِدينارِ .

اِلْتَقَمَ يَلْتَقِمُ اِلْتِقَامٌ VIII to swallow up s.th.

بَعْدَ أَن الْتَقَمَ مِن السّانْدويتْشِ عِدَّةَ لُقَيْماتٍ ، شَعَرَ بِمَغَصٍ كُلَوِيٍ وَظَلَّ يَتَأَلَّمُ .

ل ق ن

لَقَّنَ يُلَقِّنُ تَلْقِينٌ II to dictate

تَحْتَ خَشَبَةِ الْمَسْرَحِ ، يُوجَدُ دائِمًا شَخْصٌ يُلَقِّنُ الْمُمَثِّلَ ما يَنْبغي أَنْ يَقولَ .

تَلَقَّنَ يَتَلَقَّنُ تَلَقُّنٌ V to be informed

أُناسٌ كَثيرونَ مازالُوا يَتَلَقَّوْنَ الْعِلْمَ عَنْ أَساتِذَةٍ لَهُمْ خِبْرَةٌ .

ل ق ي

لَقِيَ يَلْقَى لِقَاءٌ I to meet

كَانَ جُنْدِيًا شُجَاعًا : هَجَمَ عَلَى الأَعْدَاءِ وَظَلَّ يُحَارِبُهُمْ حَتَّى لَقِيَ مَصْرَعَهُ .

لاقَى يُلاقِي مُلاقَاةٌ III to encounter, meet

مُلاقَاةُ الأَحْبَابِ دَائِمًا مَرْغُوبَةٌ فِي أَيِّ مَكَانٍ وَفِي أَيِّ وَقْتٍ .

أَلْقَى يُلْقِي إِلْقَاءٌ IV to throw, cast

أُحَاوِلُ أَنْ أُلْقِيَ الضَّوْءَ عَلَى هَدَفِ هَذَا الْقَامُوسِ أَكْثَرَ .

تَلَقَّى يَتَلَقَّى تَلَقٍ V to receive s.th.

تَلَقَّيْتُ بَرْقِيَّةَ تَهْنِئَةٍ مِنْ صَدِيقٍ قَدِيمٍ لِي .

تَلاقَى يَتَلاقَى تَلاقٍ VI to meet together

تَلاقَيْنَا مَعًا فِي مَلْعَبِ التِّنِسِ بَعْدَ غِيَابٍ دَامَ طَوِيلاً .

اِلْتَقَى يَلْتَقِي اِلْتِقَاءٌ VIII to meet

اِلْتَقَيْتُ بِهِ فِي الْمُؤتَمرِ وَتَوَاعَدْنَا عَلَى الْمُرَاسَلَةِ .

اِسْتَلْقَى يَسْتَلْقِي اِسْتِلْقَاءٌ X to lie down

كُنْتُ مُتْعَبًا جِدًّا ، وَمَا إِنْ وَصَلْتُ إِلَى مَنْزِلِي حَتَّى اسْتَلْقَيْتُ عَلَى الأَرْضِ .

لـ كـ أ

to be tardy, slow V تَلكّأ يَتلكّأُ تَلكُّؤٌ

ظَلَّ يَتَلكّأُ في مِشْيَتِهِ ، وَحينَ وَصَل مَكْتَبَ الْبَرِيدِ وَجَدَهُ مُغْلَقًا فَلَمْ يُرْسِل الْخِطابَ .

لـ كـ ز

to kick, nudge I لَكَزَ يَلْكُزُ لَكْزٌ

لَمْ يُرِدْ أَنْ يَسْكُتَ حَتَّى لَكَزْتُهُ بِذِرَاعِي .

لـ كـ م

to punch I لَكَمَ يَلْكُمُ لَكْمٌ

اِسْتَمَرَّتِ الْمُبَارَاةُ هَادِئَةً حَتَّى لَكَمَهُ لَكْمَةً قَضَتْ عَلَيْهِ .

to box (with s.o.) III لاكَمَ يُلاكِمُ مُلاكَمَةٌ

إِنَّنِي أَعْشَقُ لُعْبَةَ الْمُلاكَمَةِ وَأُحِبُّ أَنْ أُشَاهِدَ مُبَارَيَاتِهَا .

to box with each other VI تَلاكَمَ يَتَلاكَمُ تَلاكُمٌ

تَلاكَمَ الْخَصْمَانِ بِطَرِيقَةٍ عَنِيفَةٍ جَذَبَتِ اهْتِمَامَ كُلِّ الْمُشَاهِدِينَ .

لـ مـ ح

to notice, glance I لَمَحَ يَلْمَحُ لَمْحٌ

لَمَحْتُ فِي مَعْرِضِ الْكِتَابِ قَامُوسًا لِلأَفْعَالِ وَمَصَادِرِهَا ، حاوَلْتُ الْتَأَكُّدَ فَوَجَدْتُ هَذا الْقاموسَ .

to hint (at) II لَمَّحَ يُلَمِّحُ تَلْمِيحٌ

حَاوَلَ أَنْ يُلَمِّحَ لِي بِالْمَسْأَلَةِ ، فَتَظَاهَرْتُ بِأَنِّي لا أَعْرِفُ شَيْئًا .

to hint (at) IV أَلْمَحَ يُلْمِحُ إِلْمَاحٌ

أَلْمَحَ الْكَاتِبُ إِلَى هَذِهِ الْمُشْكِلَةِ فِي أَكْثَرَ مِنْ مَقَالَةٍ .

لـ مـ ز

to backbite I لَمَزَ يَلْمُزُ لَمْزٌ

حَذَّرَ الْقُرْآنُ الْكَرِيمُ مِنْ آفَةِ اللَّمْزِ ، " وَيْلٌ لِكُلِّ هُمَزَةٍ لُمَزَةٍ " أي هَلاكٌ .

لـ مـ س

لَمَسَ يَلْمِسُ لَمْسٌ	I	to touch

لا تَلْمِسَ الزَّهْرَ كَيْ لا يَمُوتَ .

لامَسَ يُلامِسُ مُلامَسَةٌ	III	to touch

مُلامَسَةُ الأَسْلاكِ الْكَهْرَبَائِيَّةِ بِأَيِّ مَعْدِنٍ قَدْ تَصْعَقُ الإِنْسَانَ فَيَمُوتُ .

أَلْمَسَ يُلْمِسُ إِلْمَاسٌ	IV	to make s.o. touch

قَدْ حَاوَلَ الْمُهَنْدِسُ أَنْ يُلْمِسَنِي سِلْكَ الْكَهْرَبَاءِ فَرَفَضْتُ .

تَلَمَّسَ يَتَلَمَّسُ تَلَمُّسٌ	V	to seek, find

حَاوَلَ أَنْ يَتَلَمَّسَ لَهَا الأَعْذَارَ ، وَلَكِنَّهَا لا تَسْتَحِقُّ .

تَلامَسَ يَتَلامَسُ تَلامُسٌ	VI	to touch each other

تَلامَسَتِ الأَسْلاكُ الْكَهْرَبَائِيَّةُ فَوَقَعَتِ الْكَارِثَةُ ، وَاحْتَرَقَ الْمَبْنَى .

اِلْتَمَسَ يَلْتَمِسُ اِلْتِمَاسٌ	VIII	to request

كَتَبْتُ إِلَى الْمُدِيرِ الْتِمَاسًا بِمَدِّ إِجَازَتِي يَوْمَيْنِ آخَرَيْنِ ، فَرَفَضَ .

لـ مـ ع

لَمَعَ يَلْمَعُ لَمَعَانٌ	I	to glitter, shine

هَلْ تَظُنُّ أَنَّ الْفِضَّةَ تَلْمَعُ فِي ضَوْءِ الشَّمْسِ أَكْثَرَ مِنَ الذَّهَبِ ؟

لَمَّعَ يُلَمِّعُ تَلْمِيعٌ	II	to polish

يُقَالُ إِنَّ الصَّحَافَةَ تُرِيدُ " تَلْمِيعَه " أَيْ إِظْهَارَ أَهَمِّيَّتِهِ كَشَخْصٍ يَسْتَحِقُّ التَّقْدِيرَ .

أَلْمَعَ يُلْمِعُ إِلْمَاعٌ	IV	to allude (to)

حَاوَلَ أَنْ يُلْمِعَ إِلْمَاعًا إِلَى الْمَوْضُوعِ ، وَلَكِنْ لا أَحَدَ يَفْهَمُهُ .

اِلْتَمَعَ يَلْتَمِعُ اِلْتِمَاعٌ	VIII	to sparkle

اِلْتَمَعَتْ عَيْنَاهُ بِالْفَرْحَةِ وَهُوَ يَسْتَمِعُ إِلَى نَبَأِ فَوْزِهِ .

لـ مـ لـ م

لَمْلَمَ يُلَمْلِمُ لَمْلَمَةٌ	Q	to gather up

حَاوَلْنَا أَنْ نُلَمْلِمَ فِي هَذَا الْقَامُوسِ مُعْظَمَ الْكَلِمَاتِ الْمُسْتَخْدَمَةِ فقط ، حَيْثُ إِنَّه لَيْس شامِلًا كُلَّ شَيْءٍ .

ل م م

to collect, gather	I	لَمٌّ	يَلُمُّ	لَمَّ

لَمْ يَلُمَّ كُلَّ أَوْراقِهِ الْخاصَّةِ ، تَرَكَ بَعْضَها بِدُرْجِ الْمَكْتَبِ .

	IV	إِلْمامٌ	يُلِمُّ	أَلَمَّ

1. to befall, happen (to)

أَلَمَّ بِهِ مَرَضٌ عَنِيفٌ ظَلَّ يُلازِمُهُ سَنَوَاتٍ حَتَّى قَضَى عَلَيْهِ .

2. to acquaint o.s. with s.th.

أَلَمَّ الْمُحامِي بالْقَضِيَّةِ ومُلابَساتِها كُلَّ الإلْمامِ .

ل هـ ب

to flame	I	لَهَبٌ	يَلْهَبُ	لَهِبَ

وَقانا اللهُ شَرَّ اللَّهَبِ الْمُنْبَعِثِ مِن النَّارِ. ماذا عَنْ نارِ الآخِرةِ ؟

to inflame	IV	إِلْهَابٌ	يُلْهِبُ	أَلْهَبَ

بِنَشْرِ هَذِهِ الْمَقَالَةِ ، أَلْهَبَ مَشاعِرَ الْجَماهِيرِ ، فَتَجمْهَروا أَمامَ السِّفارَةِ .

to be inflamed	VIII	الْتِهَابٌ	يَلْتَهِبُ	الْتَهَبَ

الْتَهَبَتْ كُلُّ مُحْتَوياتِ الشَّقةِ ، فَالْتَهَبَتْ تَبَعًا لِذَلِكَ أَعْصابُ سُكَّانِها .

ل هـ ث

to be out of breath	I	لَهَثٌ / لُهاثٌ	يَلْهَثُ	لَهَثَ

تَصْويرٌ قُرْآنِيٌّ لِحالَةِ الْكَلْبِ " إِنْ تَحْمِلْ عَلَيْهِ يَلْهَثْ ، أَوْ تَتْرُكْهُ يَلْهَثْ " (إنْ تَحْمِلْ عَلَيْهِ ، أَيْ : تُطارِدْهُ) .

ل هـ ج

to do s.th. constantly or fervently	I	لَهَجٌ	يَلْهَجُ	لَهِجَ

لَقَدْ ساعَدْتُهُ كَثِيرًا ، لِهَذا فَإِنَّ لِسانَهُ دَائِمًا يَلْهَجُ بِالثَّناءِ عَلَيَّ .

ل هـ ف

to yearn	V	تَلَهُّفٌ	يَتَلَهَّفُ	تَلَهَّفَ

لَمْ يَرَ حَفِيدَتَهُ حَتَّى الآنَ ، وَهْوَ يَتَلَهَّفُ إِلَى رُؤْيَتِها بِفارِغِ الصَّبْرِ .

لـ هـ م

أَلْهَمَ يُلْهِمُ إِلْهَامٌ IV to inspire

هَل اللُّغَةُ وَحْيٌ وَإِلْهامٌ مِنْ عِنْدِ اللهِ ، أَمْ أَنَّها اصْطِلاحٌ وَمُواضَعَةٌ بَينْ النّاسِ ؟!

اِلْتَهَمَ يَلْتَهِمُ اِلْتِهَامٌ VIII to devour

اِلْتَهَمَتِ النِّيرانُ كُلَّ مُحْتَوَياتِ الْمَبْنَى ، وَأَصْبَح أَثَرًا بَعْدَ عَيْنٍ .

اِسْتَلْهَمَ يَسْتَلْهِمُ اِسْتِلْهَامٌ X to seek inspiration

يَسْتَلْهِمُ الشُّعراءُ قَصائِدَهُمْ عادَةً مِنْ حَبيباتٍ رُبَّما مِنْ نَسْجِ الْخَيالِ .

لـ هـ و

لَهَا يَلْهُو لَهْوٌ I to have fun

أَخَذَ يَلْهُو وَيَلْعَبُ وَيُضَيِّعُ وَقْتَهُ فِيمَا لا يُفِيدُ حَتَّى ضَاعَ .

لـ هـ ي

لَهِيَ يَلْهَى لَهِيٌ I to be heedless (of)

أَخَذَ يَلْهَى عَنْ أُسْرَتِهِ وَمَسْئُولِيَّاتِهِ حَتَّى كَرِهَهُ الْجَمِيعُ .

لَهَّى يُلَهِّي تَلْهِيَةٌ II to distract

إِنَّهُ يُلَهِّيهَا عَنْ وَاجِبَاتِهَا كَأُمٍّ . لعْنَةُ اللهِ عَلَيْهِ .

أَلْهَى يُلْهِي إِلْهَاءٌ IV to distract

لَقَدْ أَلْهَانِي الْمَنْظَرُ عَنْ أَنْ أَسْتَمِعَ لِمَا يُقَالُ . أَنَا آسِفٌ .

تَلَهَّى يَتَلَهَّى تَلَهٍ V to be distracted

تَلَهَّتِ الْأُمُّ عَنْ طِفْلِها بِشِراءِ السَّاعةِ ، فَخَرَجَ مِن الْمَحَلِّ وَلا يُعرَفُ أَيْنَ ذَهَبَ .

تَلاهَى يَتَلاهَى تَلاهٍ VI to be distracted

نَقولُ في الْعامِّيَّةِ " اَلدُّنْيا تَلاهي " وَنَقْصِدُ أَنَّ مَشاغِلَها كَثِيرَةٌ .

اِلْتَهَى يَلْتَهِي اِلْتِهاءٌ VIII to be distracted

أَفْقَدَهُ شُرْبُ الْخَمْرِ صَوابَهُ لِدرَجَةِ أَنَّهُ الْتَهَى حَتَّى عَنْ أَوْلادِهِ وَأُسْرَتِهِ .

لـ و ث

لَوَّثَ يُلَوِّثُ تَلْوِيثٌ II to pollute

لَوَّثَ تَسَرُّبُ الزَّيْتِ مِساحَةً كَبيرَةً مِن الْمُحيطِ .

تَلَوَّثَ يَتَلَوَّثُ تَلَوُّثٌ V to be polluted

يُشاعُ أَنَّ سَبَبَ التَّلَوُّثِ عَلَى الأَرْضِ ، هُوَ ثُقْبُ الأَوزون .

لـ و ح

لاحَ يَلُوحُ لَوْحٌ / لَوَحانٌ I to appear

الآنَ يَلُوحُ أَمَلٌ جَدِيدٌ . مَنْ يَدْرِي ؟

لَوَّحَ يُلَوِّحُ تَلْوِيحٌ II to wave, signal (with)

قَبْلَ أَنْ يَرْكَبَ الطَّائِرَةَ ، ظَلَّ يُلَوِّحُ لَنَا بِيَدَيْهِ مُوَدِّعًا .

لـ و ذ

لاذَ يَلُوذُ لَوْذٌ I to take refuge

خَطَفَ اللِّصُ حَقيبَةَ الْبِنْتِ في وَضَحَ النَّهارِ ، وَلاذَ بِالْفِرارِ .

لـ و ك

لاكَ يَلُوكُ لَوْكٌ I to chew

ظَلَّ يَلوكُ قِطْعَةً مِن " الْعِلْكِ " حَتَّى شَعَرَ بِوَخْزٍ في أَسْنانِهِ .

لـ و م

لامَ يَلُومُ لَوْمٌ I to blame

تَلومُهُ دائمًا عَلَى تَأَخُّرِهِ عَن الْحُضورِ في الْوَقْتِ الْمُحَدَّدِ .

لـ و ي

لَوَى يَلْوِي لَوْيٌ / لَيٌّ I

1. to twist — لا تُحَاوِلْ أَنْ تَلْوِيَ ذِرَاعَهُ فَرُبَّمَا تَكْسِرُهُ .

2. to care about — يَقولونَ : ذَهَبَ لا يَلْوِي عَلَى شَيْءٍ ، أَيْ لا يَهْتَمُّ .

تَلَوَّى يَتَلَوَّى تَلَوٍّ V to writhe

أَكَلَ طَعَامًا مَسْمُومًا وَظَلَّ يَتَلَوَّى فَنَقَلْنَاهُ إِلَى الْمُسْتَشْفَى .

الْتَوَى يَلْتَوِي الْتِوَاءٌ VIII to be crooked

أَنَا لا أُحِبُّ هَذَا الالْتِوَاءَ فِي التَّعَامُلِ – لَيْسَ هُنَاكَ أَجْمَلُ مِنَ الصَّرَاحَةِ ، الالْتِواءُ كَالشَّارِعِ الْمُلْتَوِي .

لـ يـ ف

تَلَيَّفَ يَتَلَيَّفُ تَلَيُّفٌ V to become fibrous

كانَ سَبَبُ مَوْتِهِ هُوَ تَلَيُّفُ الْكَبِدِ إِلَى دَرَجَةٍ مَيْئُوسٍ مِنْ شِفائِها .

لـ يـ ق

لاقَ يَلِيقُ لِيَاقَةٌ I to be proper

اللَّياقَةُ شَيْءٌ " جَميلٌ " ، وَأَجْمَلُ مِنْها انْتِشارُها بَيْنَ النّاسِ . يَقولونَ عَنْها إِنَّها " الإِتيكيت " .

لـ يـ ن

لانَ يَلِينُ لِيُونَةٌ I to become soft

يُسَخِّنُ الْعُمَّال الْحديدَ إِلَى دَرَجَةِ الصَّهْرِ ، حَتى يَلين تَمامًا ، ثُمّ يُشكِّلونَهُ حَسْبَ الْمَطْلوبِ .

لَيَّنَ يُلَيِّنُ تَلْيِينٌ II to soften, break s.th. in

يُنْصَحُ لِمَنْ يَشْتَري سَيَّارَةً جديدَةً أَلّا يَقودَها بِسُرْعاتٍ عاليةٍ خاصَّةً وَهْيَ في حالَةِ " التَّلْيينِ " .

لايَنَ يُلايِنُ مُلايَنَةٌ III to be gentle

بِالْهُدوءِ وَالتَّفاهُمِ وَالْمُلايَنَةِ ، يَصِحُّ أَنْ يُصْبِحَ كُلُّ زَوْجَيْنِ سَعيدَيْنِ .

أَلانَ يُلِينُ إِلانَةٌ IV to soften

ظَلَّ مُتَشَدِّدًا جِدًّا ، حَتّى عَرَضْنا عَلَيْهِ بَعْضَ الْمالِ ، فَأَلانَ هَذا عَقْلَه وَغيَّرَ مَوْقِفَهُ .

م

مـ أ مـ أ

مَأْمَأَ يُمَأْمِيءُ مَأْمَأَةٌ	Q	to bleat

اَلْخِرافُ وَالْماعِزُ تُصْدِرُ أَصْواتًا يُسِّميها النَّاس " مَأْمَأَةً " أَيْ ماءْ / ماءْ .

مـ أ ن

مَأَنَ يَمْأَنُ مَأْنٌ / مؤونة	I	to supply with provisions

فِعْلُ هَذا الْجِذْرِ لا يُسْتَخْدَمُ وَلا يشيعُ ، وَلكنَّ الْمَصْدَرَ وَهْوَ الْمَؤُونَةُ يُستَخْدَمُ بِمعْنَى الأَطِعمَة أَو الْمُعِدَّاتِ .

مـ تـ ت

مَتَّ يَمُتُّ مَتّ	I	to be associated with

نَعَمْ ، يَقولونَ إِنَّ الْعَروسَ تَمُتُّ إِلَى رَئيسِ الْوُزَراءِ ، فَوالِدُها ابِنُ خالَتِهِ .

مـ تـ ح

مَتَحَ يَمْتَحُ مَتْحٌ	I	to draw (from)

كَانَ فِعْلًا عَالِمًا غزيرَ الْعِلْمِ : مَتَحْنَا مِنْهُ الْعِلْمَ كَمَا لَوْ كَانَ بَحْرًا .

مـ تـ ع

مَتَعَ يَمْتَعُ مَتْعٌ / مُتْعَةٌ	I	to grant

مَتَعَ اللهُ الإِنْسانَ الْعافِيَةَ ، فَلْيُحافِظَ عَلَيْها .

مَتَّعَ يُمَتِّعُ تَمْتِيعٌ	II	to make s.o. enjoy s.th.

لا تُحَاوِلْ أَنْ تُمَتِّعَ نَفْسَكَ عَلَى حِسَابِ الآخَرِينَ .

أَمْتَعَ يُمْتِعُ إِمْتَاعٌ	IV	to gratify

شُكْرًا لَكَ ، فَلَقَدْ أَمْتَعْتَنَا كَثِيرًا بِهذِهِ الْقَصِيدَةِ الرَّائِعَةِ .

تَمَتَّعَ يَتَمَتَّعُ تَمَتُّعٌ	V	to enjoy

إِنَّهُ يَتَمَتَّعُ بِثِقَةٍ كَبِيرَةٍ بَيْنَ أَصْحَابِهِ وَجِيرَانِهِ .

اِسْتَمْتَعَ يَسْتَمْتِعُ اِسْتِمْتَاعٌ X to enjoy

اِسْتَمْتَعْتُ كَثِيرًا بِقِرَاءَةِ هَذِهِ الرِّوَايَةِ أَكْثَرَ مِنَ اسْتِمْتَاعِي بِهَا فِيلْمًا .

م ت ن

مَتُنَ يَمْتُنُ مَتَانَةٌ I to be sturdy, strong

لَمْ تَعُدْ مَتَانَةُ الْأَحْذِيَةِ كَمَا كَانَتْ مِنْ قَبْلُ ، فَمَا السَّبَبُ؟

مَتَّن يُمتِّن تَمْتِينٌ II to make s.th. strong

لَوْ مَتَّنَ التُّجّارُ وَالصُّنّاعُ مَصْنوعاتِهِمْ ، لأَصْبَحتْ أَجْوَدَ مِمّا هِيَ عَلَيْهِ الْآنَ .

م ث ل

مَثَلَ يَمْثُلُ مُثُولٌ / مُثْلَةٌ I to present o.s.

عَنْدَمَا مَثَلَ الْمُجْرِمُ أَمَامَ هَيْئَةِ الْمَحْكَمَةِ ، اِنْفَجَرَ فِي الْبُكَاءِ .

مَثَّلَ يُمَثِّلُ تَمْثِيلٌ / مُثْلَةٌ II to act

مَثَّلَ الرِّوَايَةَ مَرَاتٍ عَدِيدَةً عَلَى الْمَسْرَحِ ، وَكَانَ بَارِعًا فِي كُلِّ مَرَّةٍ .

مَاثَلَ يُمَاثِلُ مُمَاثَلَةٌ III to resemble

هُنَاكَ حُرُوفٌ فِي كُلِّ لُغَةٍ بَيْنَهَا نَوْعٌ مِنَ الْمُمَاثَلَةِ إِمَّا فِي النُّطقِ أَوِ الْكِتَابَةِ .

تَمَثَّلَ يَتَمَثَّلُ تَمَثُّلٌ V to be embodied (in)

تَتَمَثَّلُ بَرَاعَةُ الْمُؤَلِّفِ فِي أَنَّهُ اسْتَطَاعَ أَنْ يَجْذِبَ الْجَمَاهِيرَ إِلَى رِوَايَتِهِ .

تَمَاثَلَ يَتَمَاثَلُ تَمَاثُلٌ VI be close (to), recover

بَعْدَ أَنْ تَمَاثَلَ لِلشِّفَاءِ ، قَرَّرَ السَّفَرَ لِأُورُوبَّا .

اِمْتَثَلَ يَمْتَثِلُ اِمْتِثَالٌ VIII to obey

طَلَبْتُ مِنْهُ أَنْ يَقْطَعَ صِلَتَهُ بِهَا ، فَامْتَثَلَ لِلْأَمْرِ .

م ج د

مَجَدَ يَمْجُدُ مَجْدٌ I to be glorious

يَشِيعُ دَائمًا عَلَى أَلْسِنَةِ الْمَسِيحِيِّين : " اَلْمَجْدُ للهِ في الأَعالي ، وَعَلَى الدُّنْيا السَّلامُ " .

مَجَّدَ يُمَجِّدُ تَمْجِيدٌ II to praise, glorify

إِنَّهُمْ يُمَجِّدُونَهُ لِأَنَّهُمْ يَرَوْنَ فِيهِ الْمُنْقِذَ الْوَحِيدَ .

أَمْجَد يُمجد إمجاد IV to praise

كانَ الشُّعَراءُ الْعَرَبُ يُمجِّدونَ الْحُكَّامَ مِنْ خِلالِ قَصائِدِ الْمَدْحِ أَو الْمَديحِ وَالإِطْراءِ .

م ج ن

مَجَنَ يَمْجُنُ مُجُونٌ / مِجَنٌ I to be shameless

شاعَ في الْعَصْرِ الْعَبَّاسِيِّ بِبَغْدادَ ظاهِرَةُ الْمُجونِ أي الْخُروجُ بِالشِّعْرِ عَنْ حُدودِ اللِّياقَةِ. أمّا الْمَجَنُّ فَهو التَّرْسُ يَلْبَسُهُ الْمُحارِبُ في الْمَعارِكِ .

مَاجَنَ يُمَاجِنُ مُمَاجَنَةٌ III to act shamelessly with s.o.

يُعَدُّ أَبو نُواسٍ الَّذي تُوفِّي سَنَةَ 198 هِجْرِيّة شاعِرًا ماجِنًا أيْ مُنْحَرِفًا أَوْ فاسِدًا .

م ح ص

مَحَصَ يَمْحَص مَحْصٌ I to clarify

اَلْمَحْصُ وَالْفَحْصُ وَالتَّقَصِّي وَالْبَحْثُ أُمورٌ مُتَقارِبَةٌ وَمَعْناها الْعَمَلُ لإِظْهارِ الْحقيقَةِ .

تَمَحَّصَ يَتَمَحَّصُ تَمَحُّصٌ V to be clarified

تَمَحَّصَ الأَمْرُ الآنَ ، أَيْ اتَّضَحَ وَانْكَشَفَتْ أَبْعادُهُ .

م ح ض

مَحَضَ يَمْحَضُ مَحْضٌ I to be pure

إِنَّهُ مَحْضُ افْتِرَاءٍ أَنْ يَقُولَ عَنِّي هَذا الْكَلامَ .

مَحَّضَ يُمَحِّضُ تَمْحِيضٌ II to refine

حَاوَلُوا أَنْ يُمَحِّضُوا الْمَسْأَلَةَ أَكْثَرَ ، فَكَانَ مَا كَانَ .

تَمْحَّضَ يَتَمَحَّضُ تَمَحُّضٌ V to become clear

لَقَدْ تَمَحَّضَ الأَمْرُ أَخِيرًا عَن لا شَيْءَ ، وَلَمْ تَعُدْ هُناكَ مُشْكِلَةٌ .

م ح ق

مَحَقَ يَمْحَقُ مَحْقٌ I to obliterate

فِي الْقُرْآنِ الْكَرِيم : " يَمْحَقُ اللهُ الرِّبَا وَيُرْبِي الصَّدَقَاتِ . "

اِنْمَحَقَ يَنْمَحِقُ اِنْمِحَاقٌ VII to be obliterated

اِنْمَحَقَ الأَعْداءُ عَنْ آخِرِهِمْ ، وَقَدْ صَفا الْجَوُّ وَعادَ الاِسْتِقْرارُ .

مـ حـ ك

مَاحَكَ يُمَاحِكُ مُمَاحَكَةٌ III to argue (falsely)

الْأُمورُ واضِحَةٌ ، وَالْوَثائِقُ أَمامَكُمْ ، لِماذا الْمُماحَكَةُ وَالْجَدَلُ الْعَقيمُ في كُلِّ شَيْءٍ ؟

مـ حـ ن

اِمْتَحَنَ يَمْتَحِنُ اِمْتِحَانٌ VIII to be tested

اِمْتُحِنَ جَميعُ الطُّلّابِ الْمَقْبولينَ امْتحانًا في اللُّغَةِ الْإِنْجليزيَّةِ لِتَحدْيدِ مُسْتَوياتِهِم اللُّغَوِيَّةِ .

مـ حـ و

مَحَا يَمْحُو مَحْوٌ I to erase

حَاوَلَتْ أَنْ تَمْحُوَ حَتَّى اسْمَهُ مِنْ ذَاكِرَتِهَا . إِنَّهُ لا يَسْتَحِقُّ .

اِنْمَحَى يَنْمَحِي اِنْمِحَاءٌ VII to be erased

اِنْمَحَى اسْمُهُ تَمَامًا لَيْسَ عِنْدَهَا فَقَطْ ، بَلْ عِنْدَنَا جَمِيعًا .

اِمَّحَى يَمَّحِي اِمِّحَاءٌ VIII to be erased

لَقَد اِمَّحَى كُلُّ شَيْءٍ بَيْنَهُمَا وَكَأَنَّ شَيْئًا لَمْ يَكُنْ .

مـ خـ ر

مَخَرَ يَمْخُرُ مَخْرٌ / مُخُورٌ I to sail

أَخَذَت السَّفِينَةُ تَمْخُرُ عُبابَ الْبَحْرِ وَاللَّيْلُ هَادِئٌ سَاكِنٌ .

مـ خـ ض

مَخَضَ يَمْخُضُ مَخْضٌ / مَخَاضٌ I to be in labor (as in birth)

وَقْتُ الْمَخاضِ وَقْتٌ عَصِيبٌ ، لِأَنَّهُ وَقْتُ الْوِلادَةِ .

تَمَخَّضَ يَتَمَخَّضُ تَمَخُّضٌ V to bring forth, produce

تَمَخَّضَتْ كُلُّ الْمَشْروعَاتِ عَنْ مُجَرَّدِ مَشْروعٍ وَاحِدٍ صَغِيرٍ .

مـ خـ ط

مَخَطَ يَمْخُطُ مَخْطٌ I to blow one's nose

إِنَّهُ يَمْخُطُ أَنْفَهُ كَثِيرًا عَلَى غَيْرِ الْعَادَةِ ، لا شَكَّ أَنَّهُ مَرِيضٌ .

م خ ط ر

to walk with a graceful swing Q1 تَمَخْطَرَ يَتَمَخْطَرُ تَمَخْطُرٌ

يُسْتَخْدَمُ في الْعامِّيَّةِ بِنُطْقٍ مُخْتَلِفٍ ، نَقولُ في الْفُصْحَى " تَبَخْتَرَ يَتَبَخْتَرُ تَبَخْتُرٌ " .

م د د

to extend I مَدَّ يَمُدُّ مَدٌّ

كان يَحِبُّها جِدًّا وَلِهَذا فَقَدْ مدَّ لَها يَدَ الْعَوْنِ وَالْمُساعَدَةِ .

to extend II مَدَّدَ يُمَدِّدُ تَمْدِيدٌ

سَيَظَلُّ الْمَشْروعُ قائِمًا وَسَيَكونُ تَمْديدُهُ لِسَنَةٍ أُخْرَى .

to provide IV أَمَدَّ يُمِدُّ إِمْدادٌ

إِنَّهُ رَجلٌ طَيِّبٌ ، لَقَدْ أَمَدَّهُ اللهُ بِالْمَالِ وَالْعِيالِ .

to stretch out V تَمَدَّدَ يَتَمَدَّدُ تَمَدُّدٌ

بَعْدَ عَمَلٍ شاقٍّ وَصَعْبٍ ، تَمَدَّدَ الْفَلاحُ تَحْتَ شَجَرَةٍ وَنَامَ .

to extend, be extended VIII اِمْتَدَّ يَمْتَدُّ اِمْتِدَادٌ

يَمْتَدُّ خَطُّ الْمِتْرُو إِلَى ضَواحِي الْمَدِينَةِ .

to draw (from) X اِسْتَمَدَّ يَسْتَمِدُّ اِسْتِمْدَادٌ

نَسْتَمِدُّ مِنَ التَّاريخِ كُلَّ النَّمَاذِجِ الرَّفِيعَةِ الَّتِي تَدْفَعُنَا إِلَى الْعَمَلِ .

م د ح

to praise I مَدَحَ يَمْدَحُ مَدْحٌ

اَلْمَدْحُ هُو الْكَلامُ الطَّيِّبُ عَنْ شَخْصٍ ، أَمَّا الْمَديحُ فَيَختَصُّ بِالنَّبِيِّ مُحَمَّدٍ (ص) .

to praise V تَمَدَّحَ يَتَمَدَّحُ تَمَدُّحٌ

تَمدَّحَ الشُّعَراءُ كثيرًا في الْحُكَّامِ وَالرُّؤَساءِ عَلَى مَدَى الْعُصورِ .

to praise VIII اِمْتَدَحَ يَمْتَدِحُ اِمْتِدَاحٌ

اِمْتَدَحَهُ كَثيرًا لَيْس فَقَطْ لِعِلْمِهِ ، بَلْ أَيْضًا لِخُلُقِهِ وَإِنْسانِيَّتِهِ .

م د ن

to civilize II مَدَّنَ يُمَدِّنُ تَمَدْيُنٌ

اَلتَّمدْيُنُ مِنَ الْمَدَنِيَّةِ وَهْيَ الْحَضارَةُ وَالتَّقَدُّمُ .

to be civilized V تَمَدَّنَ يَتَمَدَّنُ تَمَدُّنٌ

التَّمْدُّنُ في الْمُعامَلاتِ أَمْرٌ مَرْغوبٌ ، وَمَعْناهُ أَنْ تَتَصَرَّفَ بِسُلوكِيَّاتٍ حَضارِيَّةٍ .

م د ي

to persist VI تَمادَى يَتَمادَى تَمادٍ

أَجِدُهُ دائمًا يَتَمادَى في فِعْلِ الشَّرِّ ، وَكَأَنَّهُ لَمْ يُخْلَقْ لِخَيْرٍ .

م ر أ

to derive pleasure X اِسْتَمْرَأَ يَسْتَمْرِئُ اِسْتِمْرَاءٌ

يَقولونُ : اِسْتَمْرَأَ فَلانٌ مُعامَلَتَنا الطَّيِّبَةَ له ، وَبَدَلاً مِن الْتِزامِهِ ، أَصْبَحَ يُقَصِّرُ .

م ر ح

to be cheerful I مَرِحَ يَمْرَحُ مَرَحٌ

اَلْمَرَحُ هُوَ الْبَهْجَةُ الَّتي تَدْخُلُ إِلَى النَّفْسِ فَتَنْقُلُها مِن الرُّوتينِ إِلَى السَّعادَةِ .

م ر د

to rebel V تَمَرَّدَ يَتَمَرَّدُ تَمَرُّدٌ

وَفَّروا لَهُ كُلَّ شَيْءٍ ، وَمَعَ ذَلِكَ يَظَلُّ يَتَمَرَّدُ عَلَى كُلِّ شَيْءٍ ، سَيَكُونُ مَصيرَهُ السَّجْنُ .

م ر ر

to pass, go by I مَرَّ يَمُرُّ مُرُورٌ

مَرَّ هَذَا الشَّابُّ مِنَ الشَّارِعِ الرَّئِيسِيِّ مَرَّتَيْنِ أَمْسِ .

to be bitter IV أَمَرَّ يُمِرُّ إِمْرَارٌ

أَشْعُرُ بِطَعْمِ بَعْضِ الْفَوَاكِهِ تُمِرُّ فِي فَمِي .

to continue X اِسْتَمَرَّ يَسْتَمِرُّ اِسْتِمْرَارٌ

اِسْتَمَرَّ أَخِي فِي عَمَلِهِ بِالْخَارِجِ ثَلاثَ سَنَوَاتٍ .

م ر س

to practice III مَارَسَ يُمَارِسُ مُمَارَسَةٌ

مُمارَسَةُ الرِّياضَةِ مِن الْأُمورِ الْمَطْلوبَةِ وَالْمَرْغوبَةِ لِكُلِّ الْأَعْمارِ .

تَمَرَّسَ يَتَمَرَّسُ تَمَرُّسٌ V to practice (a profession)

بَعْدَ فَتْرَةِ التَّدْرِيبِ ، سَيُصبِحُ مُتَمَرِّسًا جَيِّدًا بِعَمَلِهِ ، وَسَيَنْبُغُ فيهِ .

م ر ض

مَرِضَ يَمْرَضُ مَرَضٌ I to be or become sick

مَرِضَ صَدِيقِي أَمْسِ فَذَهَبْتُ لِزِيَارَتِهِ .

مَرَّضَ يُمَرِّضُ تَمْرِيضٌ II to nurse

كَانَتْ زَوْجَتُهُ تُمَرِّضُهُ طَوَالَ فَتْرَةِ مَرَضِهِ ، فَلَمَا شُفِيَ تَزَوَّجَ بِأُخْرَى .

أَمْرَضَ يُمْرِضُ إِمْرَاضٌ IV to make s.o. sick

أَمْرَضَتْنِي إِرْشَادَاتُ الْأَطِّبَّاءِ بِاتِّبَاعِ الرِّجيمِ .

تَمَارَضَ يَتَمَارَضُ تَمَارُضٌ VI to feign illness

يَتَمَارَضُ التِّلْمِيذُ الْبَلِيدُ كَيْ يَبْقَى فِي الْبَيْتِ وَيَلْعَبَ .

م ر ك ز

تَمَرْكَزَ يَتَمَرْكَزُ تَمَرْكُزٌ Q1 to settle o.s.

تَمَرْكَزَتْ قُوّاتُ الْأَمْنِ في كافَّةِ الْمَنَاطِقِ الْحَسَّاسةِ بِالْمَدينَةِ .

م ر ن

مَرَنَ يَمْرُنُ مَرَانَةٌ / مُرُونَةٌ I to be flexible

هَذا الرَّجُلُ لَيْسَ مُتَشَدِّدًا بِأي حالٍ ، إِنَّ لَدَيْهِ مُرونَةً كَبيرَةً في التَّعامُلِ .

مَرَّنَ يُمَرِّنُ تَمْرِينٌ II to train s.o.

تَخَرَّجَ مِن كُلِّيَّةِ الطِّبِّ ، وَهْوَ الْآنَ تَحْتَ التَّمْرينِ مَعَ طَبيبٍ كَبيرٍ .

تَمَرَّنَ يَتَمَرَّنُ تَمَرُّنٌ V to be trained

تَمَرَّنَ عَلَى قِيادَةِ السَّيّاراتِ وَهْوَ صَغيرٌ. إِنَّهُ الْآنَ قائِدٌ ماهِرٌ (لا يُسْرِعُ) .

م ر ي

مَارَى يُمَارِي مُمَارَاةٌ III to argue with s.o.

لِماذا الْمُماراةُ وَالْجَدَلُ في كُلِّ شَيْءٍ ، عَلَيْكَ أَنْ تَلْتَزِمَ بِالْمَطْلوبِ .

to doubt | VIII | اِمْتَرَى يَمْتَرِي اِمْتِرَاءٌ

اَلْامْتِراءُ هُوَ الشَّكُّ أو التَّشَكُّكُ في أَمْرٍ ما ، حينَ لا يكونُ هُناكَ تَأْكيدٌ .

م ز ج

to mix | I | مَزَجَ يَمْزُجُ مَزْجٌ

مَزَجَ الْكِيمْيَائِيُّ عُنْصُرَيْنِ ، فَنَتَجَ مِنْهُمَا عُنْصُرٌ ثَالِثٌ جَدِيدٌ .

to combine, blend | III | مَازَجَ يُمَازِجُ مُمَازَجَةٌ

يُحَاوِلُ الْمُهَنْدِسُ أَنْ يُمَازِجَ بَيْنَ عَدَدٍ مِنَ الْأَلْوَانِ فِي لَوْنٍ وَاحِدٍ .

to be combined, blended | VI | تَمَازَجَ يَتَمَازَجُ تَمَازُجٌ

تَمَازَجَتِ الْأَلْوَانُ فِي هَذَا الثَّوْبِ بِطَرِيقَةٍ رَائِعَةٍ .

to intermingle, be mixed | VIII | اِمْتَزَجَ يَمْتَزِجُ اِمْتِزَاجٌ

بَعْدَ الْفُتُوحَاتِ الْإِسْلامِيَّةِ ، اِمْتَزَجَ الْعَرَبُ بِغَيْرِهِمْ مِنْ شُعُوبٍ أُخْرَى .

م ز ح

to joke | I | مَزَحَ يَمْزَحُ مَزْحٌ

أَعْرِفُ أَنَّهُ يَمْزَحُ كَثيرًا ، وَلَكِنَّهُ جادٌّ جِدًّا في عَمَلِهِ .

to joke with s.o. | III | مَازَحَ يُمَازِحُ مُزَاحٌ

أَحاوِلُ أَنْ أُمَازِحَهُ لأُخَفِّفَ عَنْهُ ، وَلَكِنَّهُ لا يَقْبَلُ الْمُزَاحَ .

م ز ق

to tear in pieces | II | مَزَّقَ يُمَزِّقُ تَمْزِيقٌ

مَزَّقَ وَرَقَةَ الْامْتِحانِ ، لأَنَّهُ وَجَدَ كُلَّ الْأَسْئِلَةِ صَعْبَةً .

to be torn | V | تَمَزَّقَ يَتَمَزَّقُ تَمَزُّقٌ

تَمَزَّقَتِ الْأَوْراقُ وَلَمْ تَعُدْ لَدَيْنا وَثائِقُ كافِيَةٌ لإِدانَتِهِ .

م س ح

to wipe off | I | مَسَحَ يَمْسَحُ مَسْحٌ

مَسَحَ الْعامِلُ كُلَّ طاوِلاتِ الْمَطْعَمِ في وَقْتٍ مُبَكِّرٍ .

تَمَسَّحَ يَتَمَسَّحُ تَمَسُّحٌ V

to flatter s.o. for personal reasons

يُحاوِلُ أَنْ يَتَمَسَّحَ بِهِمْ لِيَحْصُلَ عَلَى ما يُرِيدُ .

م س خ

to make s.th. bland, spoil I مَسَخَ يَمْسَخُ مَسْخٌ

أَخَذَتِ السِّينِمَا الْقِصَّةَ ، وَمَسَخَتْهَا فِي فِيلْمٍ رَدِيءٍ .

to spoil VIII اِمْتَسَخَ يَمْتَسِخُ اِمْتِسَاخٌ

لِمَاذَا يَمْتَسِخُونَ الْقِصَصَ الرَّائِعَةَ عَلَى هَذَا النَّحْوِ ؟

م س س

to touch I مَسَّ يَمَسُّ مَسٌّ / مِسَاسٌ

هَذَا الْمَوْضُوعُ يَمَسُّ الشَّرفَ ، وَلِهَذَا فَهُوَ مَوْضُوعٌ حَسَّاسٌ .

to touch each other VI تَمَاسَّ يَتَمَاسُّ تَمَاسٌّ

تَمَاسَّتْ أَسْلاكُ الْكَهْرَبَاءِ فَوَقَعَتِ الْكَارِثَةُ .

م س ك

to hold I مَسَكَ يَمْسِكُ مَسْكٌ

مَسَكْتُ الْمِسْطَرَةَ وَسَطَّرْتُ عَدَدًا مِنَ الأَسْطُرِ .

to grasp IV أَمْسَكَ يُمْسِكُ إِمْسَاكٌ

أَمْسَكَ الطِّفْلُ بِثَوْبِ أُمِّهِ خَشْيَةَ أَنْ تَتْرُكَهُ وَتَخْرُجَ .

to cling, adhere V تَمَسَّكَ يَتَمَسَّكُ تَمَسُّكٌ

اَلتَّمَسُّكُ بِالْمَبَادِئِ سُلُوكٌ أَصِيلٌ .

to be calm, pull o.s. together VI تَمَاسَكَ يَتَمَاسَكُ تَمَاسُكٌ

كَادَ يَنْهَارُ مِنَ الصَّدْمَةِ ، لِهَذَا فَقَدْ طَلَبْتُ مِنْهُ أَنْ يَتَمَاسَكَ .

اِسْتَمْسَكَ يَسْتَمْسِكُ اِسْتِمْسَاكٌ X

to adhere (to God's instructions)

الاِسْتِمْسَاكُ بِحَبْلِ اللهِ مَطْلُوبٌ فِي وَقْتِ الْفَرَجِ وَوَقْتِ الشِّدَّةِ .

م س و

to become	IV	أَمْسَى يُمْسِي ——

أَمْسَى الْمَرِيضُ يَشْعُرُ بِتَعَبٍ شَدِيدٍ ، فَكَانَ لاَ بُدَّ مِن زِيارَةِ الطَّبِيبِ .

م ش ط

to comb	II	مَشَّطَ يُمَشِّطُ تَمْشِيطٌ

مَشَّطَت الشُّرطَةُ كُلَّ الْمِنْطَقَةِ حَتَّى عَثرَتْ عَلَى الْجُناةِ .

to comb one's hair	V	تَمَشَّطَ يَتَمَشَّطُ تَمَشُّطٌ

تَمَشَّطَتِ الْبِنْتُ فَأَصْبَحَت أَجْمَلَ مِمّا كانَتْ .

م ش ق

to draw (the sword)	VIII	اَمْتَشَقَ يَمْتَشِقُ اِمْتِشَاقٌ

يَقولونَ : اِمْتَشَقَ الْحُسامَ ، أَيْ تَقَلَّدَ سَيْفَهُ وَذَهَبَ لِلْحَرْبِ .

م ش ي

to walk	I	مَشَى يَمْشِي مَشْيٌ

مَشَيْتُ سَاعَتَيْنِ فِي الْحَرِّ حَتَّى كِدْتُ أُصابُ بِضَرْبَةِ شَمْسٍ .

to go along with	III	مَاشَي يُمَاشِي مُمَاشَاةٌ

إِنَّهُ يُمَاشِيهِمْ وَلَكِنَّهُ غَيْرُ رَاضٍ تَمَامًا عَنْ تَصَرُّفَاتِهِمْ .

to stroll	V	تَمَشَّى يَتَمَشَّى تَمَشٍّ

تَمَشَّيْتُ قَلِيلاً ثُمَّ عُدْتُ إِلَى الْبَيْتِ .

to be in conformity (with)	VI	تَمَاشَى يَتَمَاشَى تَمَاشٍ

لا تَطْلُبْ مِنْهُ أَنْ يَتَمَاشَى مَعَهُمْ ، فَطَرِيقُهُ غَيْرُ طَرِيقِهِمْ .

م ص ر

to Egyptianize	II	مَصَّرَ يُمَصِّرُ تَمْصِيرٌ

يُمَصِّرُ الْقِصَّةَ أَيْ يَجْعَلُ كُلَّ مَا فِيهَا مِصْرِيًّا .

to adopt Egyptian ways	V	تَمَصَّرَ يَتَمَصَّرُ تَمَصُّرٌ

تَمَصَّرَتِ الشَّخْصِيّاتُ وَالأَماكِنُ عَلَى يَدِ الْمُتَرْجِمِ ، فَبَدَت الْقِصَّةُ وَكَأَنَّها مِصْرِيَّةٌ .

مـ صـ ص

اِمْتَصَّ يَمْتَصُّ اِمْتِصاصٌ VIII to absorb

يُحاوِلُ أَنْ يَمْتَصَّ غَضَبَهُ قَليلاً ، تَمامًا كَما تَمْتَصُّ الْإِسْفِنْجَةُ الْماءَ .

مـ ضـ ض

مَضَّ يَمُضُّ مَضِيضٌ / مَضَضٌ I to do s.th. reluctantly

لَمْ أَكُنْ أَرْغَبُ مُشارَكَتَهُمْ مَعَنا في الْمَشْروعِ ، لَقَدْ قَبِلْتُهُمْ عَلَى مَضَضٍ .

مـ ضـ غ

مَضَغَ يَمْضُغُ مَضْغٌ I to chew

أَخَذَتْ تَمْضُغُ اللِّبانَ وَلا تَرُدُّ عَلَى أَسْئِلَةِ النَّاسِ .

مـ ضـ مـ ض

مَضْمَضَ يُمَضْمِضُ مَضْمَضَةٌ Q to rinse (one's mouth)

اِبْنَتِي الصَّغِيرَةُ لا تَسْتَطِيعُ أَنْ تُمَضْمِضَ فَمَها بِالْماءِ بِسُهُولَةٍ .

تَمَضْمَضَ يَتَمَضْمَضُ تَمَضْمُضٌ Q1 to rinse (one's mouth)

أَرَدْتُ أَن أُعَلِّمَ ابْنَتِي كَيْفَ تَتَمَضْمَضُ وَلَكِنَّ الْمَسأَلَةَ لَيْسَتْ سَهْلَةً .

مـ ضـ ي

مَضَى يَمْضِي مُضِيٌّ I to depart

أَخْبَرَنا عَنِ الْمَوْضُوعِ ثُمَّ مَضَى لِحَالِ سَبِيلِهِ .

أَمْضَى يُمْضِي إِمْضاءٌ IV to spend (time)

أَمْضَيْتُ فِي الْإِسْكَنْدَرِيَّةِ أُسْبُوعًا وَاحِدًا .

مـ طـ ر

مَطَرَ يَمْطُرُ مَطَرٌ I to rain

لا يَنْزِلُ الْمَطَرُ كَثيرًا في شِتاءِ مِصْرَ .

أَمْطَرَ يُمْطِرُ إِمْطارٌ IV to rain

أَمْطَرَتِ السَّماءُ قَليلاً ، ثُمَّ انْقَطَعَ الْمَطَرُ .

اِسْتَمْطَرَ يَسْتَمْطِرُ اِسْتِمْطَارٌ X to ask for rain

حينَ يَنْعَدِمُ الْمَطَرُ يُصَلِّي الْمُسْلِمونَ صَلاةَ الاِسْتِسْقاءِ ، وَكَأَنَّهم يَسْتَمْطِرونَ الْمَطَرَ بِذَلِكَ .

مـ ط ل

مَطَلَ يَمْطُلُ مَطْلٌ I to lengthen

الْمَطْلُ هُوَ تَأْخيرُ الشَّيْءِ عَنْ أَوانِهِ وَوَقْتِهِ الْمُحَدَّدِ .

مَاطَلَ يُمَاطِلُ مُمَاطَلَةٌ III to put off

إِنَّهُ يُماطِلُ دَائمًا وَلا يَدْفَعُ ما عَلَيهِ في الْوَقْتِ الْمُحُدَّدِ .

مـ ط و

اِمْتَطَى يَمْتَطِي اِمْتِطَاءٌ VIII to mount an animal

اِمْتَطَى الْفَارِسُ صَهْوَةَ جَوَادِهِ وَأَطْلَقَ الْعِنَانَ لِفَرَسِهِ .

مـ ع ض

اِمْتَعَضَ يَمْتَعِضُ اِمْتِعَاضٌ VIII to be annoyed

حِينَ سَمِعَ بِالْوِشَايَةِ ، اِمْتَعَضَ وَلَمْ يَتَكَلَّمْ .

مـ ع ن

أَمْعَنَ يُمْعِنُ إِمْعَانٌ IV to examine closely

أَمْعَنَ كَثِيرًا فِي التَّقْرِيرِ لِيَجِدَ خَطَأً ، وَلَكِنَّهُ لَمْ يَجِدْ .

تَمَعَّنَ يَتَمَعَّنُ تَمَعُّنٌ V to examine closely

تَمَعَّنَ فِيهَا كَثِيرًا قَبْلَ أَنْ يَتَذَكَّرَ أَنَّهَا كَانَتْ زَمِيلَتَه فِي الْجَامِعَةِ .

مـ غ ص

مَغِصَ يَمْغَصُ مَغْصٌ I to suffer from colic

إِنَّهُ دَائمًا يَشْعُرُ بِمَغْصٍ ، وَيَحْتَاجُ إِلَى مُراجَعَةِ طَبيبٍ باطِنِيٍّ

أَمْغَصَ يُمْغِصُ إِمْغَاصٌ IV to cause colic

يُمْغِصُهُ في كُلِّ مَرَّةٍ شُرْبُ ماءٍ بارِدٍ جِدًّا مِن الثَّلاجَةِ مُباشَرَةً .

م غ ط س

مَغْطَسَ يُمَغْطِسُ مَغْطَسَةٌ Q to magnetize

تَسْتَطِيعُ قِطْعَةٌ مِغْناطِيسِيَّةٌ صَغيرَةٌ أَنْ تَجْذِبَ إِلَيْها عَدَدًا مِن الْمَسامِيرِ بِفِعْلِ الْمَغْطَسَةِ .

تَمَغْطَسَ يَتَمَغْطَسُ تَمَغْطُسٌ Q1 to be magnetized

تَمَغْطَسَت السَّيَّارَةُ مِن الْباطِنِ بِسَبَبِ وُقوفِها عَلَى مَنجَمٍ بِهِ مُعَدّاتٌ مَغْناطِيسِيَّةٌ .

م غ ن ط

مَغْنَطَ يُمَغْنِطُ مَغْنَطَةٌ Q to magnetize

حاوَلَ أَنْ يُمَغْنِطَ قِطْعَةً مِن الرُّخامِ فَلَمْ تَتَمَغْنَطْ ، وَبَدَأَ يَسْأَلُني عَن السَّبَبِ .

تَمَغْنَطَ يَتَمَغْنَطُ تَمَغْنُطٌ Q1 to be magnetized

تَمَغْنَطَتِ الْمَسامِيرُ بِفِعْلِ الْمَغْنَطَةِ مِن قِطْعَةِ مَغْناطِيسٍ .

م ق ت

مَقَتَ يَمْقُتُ مَقْتٌ I to hate

اَلْكَراهِيَةُ وَالْمَقْتُ بِمَعْنىً واحدٍ أَصْلاً ، وَإِنْ كانَ الْمَقْتُ دَرَجَتُهُ أَشَدُّ .

م ق ل

مَقَلَ يَمْقُلُ مَقْلٌ / مُقْلَةٌ I to look, push down

اَلْمُقْلَةُ هِيَ الْعَيْنُ لأَنَّنا نَرَى وَنَنْظُرُ بِها ، و يَمْقُلُ قَلَماً أيْ يَغْمِسُهُ في الْمَحْبَرَةِ .

م ك ث

مَكَثَ يَمْكُثُ مَكْثٌ / مُكُوثٌ I to stay

مَكَثَ بِلُبْنانَ قُرابَةَ شَهْرٍ ، ثُمَّ رَجَعَ مُحْبَطًا حَيْثُ لَمْ يُحَقِقْ أَغْراضَهُ .

م ك ر

مَكَرَ يَمْكُرُ مَكْرٌ I to deceive

اَلْمَكْرُ مُرْتَبِطٌ بِالثَّعْلَبِ ، نَقولُ دائِمًا : ثَعْلَبٌ ماكِرٌ ، أَوْ إِنْسانٌ ثَعْلَبٌ .

مـ كـ ن

مَكُنَ يَمْكُنُ مَكَانَةٌ / مَكانٌ I to become strong, influential

اَلْمَكانَةُ تَعْني مَنْزِلَةَ الإِنْسانِ في الْمُجْتَمَعِ ، وَهْيَ بِحاجَةٍ إِلَى عَمَلٍ دائِبٍ وَجُهْدٍ مُسْتَمِرٍّ .

مَكَّنَ يُمَكِّنُ تَمْكِينٌ II to enable s.o. (to)

سَيُحَاوِلُ الْبُولِيسُ أَنْ يُمَكِّنَهَا الْيَوْمَ مِنْ دُخُولِ الشَّقَّةِ .

أَمْكَنَ يُمْكِنُ إِمْكَانٌ IV to be possible

لا يُمْكِنُنِي السَّفَرُ فِي هَذَا الْجَوِّ الْحَارِّ .

تَمَكَّنَ يَتَمَكَّنُ تَمَكُّنٌ V to be able (to)

لَقَدْ تَمَكَّنْتُ مِنَ الاتِّصَالِ بِهِمْ بَعْدَ تَعَبٍ طَوِيلٍ .

مـ لـ أ

مَلأَ يَمْلأُ مَلْءٌ I to fill

إِذَا أَرَدْتَ أَنْ تَتَقَدَّمَ لِلْوَظِيفَةِ ، فَعَلَيْكَ بِمَلْءِ هَذَا الطَّلَبِ .

مَالأَ يُمَالِئُ مُمَالأَةٌ III to be partial, take sides

إِنَّهُمْ دَائِمًا يُمَالِئُونَ فِي تَصَرُّفَاتِهِمْ . اِحْذَرْ مِنْهُمْ .

اِمْتَلأَ يَمْتَلِئُ اِمْتِلاءٌ VIII to be full (of)

اِمْتَلأَتْ حَقِيبَةُ الْمَدْرَسَةِ بِالْكُتُبِ وَحْدَهَا – فَأَيْنَ نَضَعُ الْكُرَّاسَاتِ ؟

مـ لـ ح

مَلُحَ يَمْلُحُ مِلْحٌ / مُلُوحةٌ / مَلاحَةٌ I to be salty

حَاوِلْ أَنْ تَتَذَوَّقَ هَذا الْمَاءَ . هَلْ تُحِسُّ فِيهِ بِمُلُوحَةٍ ؟

مَلَّحَ يُمَلِّحُ تَمْلِيحٌ II to salt

طَلَبْتُ مِنْ زَوْجَتِي أَلَّا تُمَلِّحَ لِيَ الطَّعَامَ وَخَاصَّةً فِي فَتْرَةِ الْعِلاجِ .

اِسْتَمْلَحَ يَسْتَمْلِحُ اِسْتِمْلاحٌ X to consider s.o. / s.th. beautiful

اِسْتَمْلَحْتُ خَرُوفًا صَغِيرًا فَاشْتَرَيْتُهُ .

مـ لـ س

مَلِسَ يَمْلَسُ مَلاسَةٌ / مُلوسَةٌ I to become smooth

اَلْمَلاسَةُ أَوْ الْمُلوسَةُ هِي مَرْحَلَةٌ أَخيرَةٌ تَمُرُّ بِها صِناعَةُ الرُّخامِ .

إنْمَلَسَ يَنْمَلِسُ إنْمِلاسٌ VII to become smooth

إنْمَلَسَ الرُّخامُ أيْ أصْبَحَ أمْلَسَ ناعِمًا إلَى أبْعَدِ دَرَجَةٍ مُمْكِنَةٍ .

م ل ص

تَمَلَّصَ يَتَمَلَّصُ تَمَلُّصٌ V to evade

إنَّهُ خامِلٌ وَكَسولٌ ، يُحاوِلُ دائمًا أنْ يَتَمَلَّصَ مِنْ أيِّ مَسْئولِيَّةٍ .

م ل ق

مَالَقَ يُمَالِقُ مُمَالَقَةٌ III to flatter

يُحاوِلُ مُمالَقَةَ زُمَلائِهِ في الْعَمَلِ ، وَلَكِنَّهُمْ يَعْرِفونَهُ عَلَى حَقيقَتِهِ فَلا يَنْخَدِعونَ .

أمْلَقَ يُمْلِقُ إمْلاقٌ IV to become poor

في الْقُرآنِ الْكَريمِ " وَلا تَقْتُلوا أوْلادَكُمْ مِنْ إمْلاقٍ " وَفي آيَةٍ أُخْرَى " خَشْيَةَ إمْلاقٍ " .

تَمَلَّقَ يَتَمَلَّقُ تَمَلُّقٌ V to flatter s.o.

ظَلَّ يَتَمَلَّقُ مُديرَهُ ظَنًّا بِأنَّهُ سَيُرَقّيهِ ، في النِّهايَةِ شَعَرَ بِخَيْبَةِ أمَلٍ .

م ل ك

مَلَكَ يَمْلِكُ مُلْكٌ I to own, possess

إنَّهُ لا يَمْلِكُ الْكَثِيرَ ، فَكَيْفَ وَمِنْ أيْنَ سَيَدْفَعُ ثَمَنَ الأرْض ؟

مَلَّكَ يُمَلِّكُ تَمْليكٌ II to make the owner

مَلَّكَهُ وَالِدُهُ قِطْعَةَ أرْضٍ فَباعَها وَأضاعَ ثَمَنَها فِي اللَّيالِي الْحَمْراءِ .

تَمَلَّكَ يَتَمَلَّكُ تَمَلُّكٌ V to own, possess

هَلْ هُناكَ قانونٌ يَمْنَعُ الأجْنَبِيَّ مِنْ حَقِّ التَّمَلُّكِ ؟

تَمَالَكَ يَتَمَالَكُ تَمَالُكٌ VI to control

كِدْتُ أقْضِي عَلَيْهِ لَوْلا أنْ تَمالَكْتُ أعْصَابِي .

امْتَلَكَ يَمْتَلِكُ امْتِلاكٌ VIII to own, possess

امْتَلَكَتْ قِطْعَتَيْنِ مِنَ الأرْضِ ، وَتَرْغَبُ فِي بَيْعِ إحْداهُما .

م ل ل

مَلَّ يَمَلُّ مَلَلٌ I to be bored

إنَّهُ يَمَلُّ مِنَ الانْتِظارِ فِي الْمَكْتَبِ كُلَّ هَذِهِ السَّاعَاتِ الطِّوَالِ .

مـ لـ مـ ل

تَمَلْمَلَ يَتَمَلْمَلُ تَمَلْمُلٌ Q1 to be restless

لَيْسَ لَدَيْهِ صَبْرٌ ، يَتَمَلْمَلُ دائِمًا مِنْ أَيِّ مَسْؤولِيَّةٍ تُسْنَدُ إِلَيْهِ .

مـ لـ و

أَمْلَى يُمْلِي إِمْلاءٌ IV to dictate

أَمْلَى الأُسْتاذُ الطَّالِبَ فِقْرَةً بِاللُّغَةِ الْعَرَبِيَّةِ الْفُصْحَى ، فَكَتَبَها جَيِّدًا بِاسْتِثْناءِ كَلِمَةِ " شَيْءٍ " .

مـ نـ ح

مَنَحَ يَمْنَحُ مَنْحٌ I to grant

تَمْنَحُ الْوِلاياتُ الْمُتَّحِدَةُ الأَمْرِيكِيَّةُ مِنَحًا مُتَعَدِّدَةً لِبُلْدانِ الْعالَمِ الثَّالِثِ وَلِغَيرِهِمْ .

مـ نـ ع

مَنَعَ يَمْنَعُ مَنْعٌ I to prohibit s.o. (from)

مَنَعَتْهُ الْحُكُومَةُ مِنَ السَّفَرِ حَيْثُ كَانَ عَلَيْهِ أَنْ يُؤَدِّيَ الْخِدْمَةَ الْعَسْكَرِيَّةَ .

مَانَعَ يُمَانِعُ مُمَانَعَةٌ III to oppose

أَنَا لا أُمَانِعُ فِي سَفَرِهَا وَلَكِنِّي أُفَضِّلُ أَنْ يَكُونَ ذَلِكَ بَعْدَ التَّخَرُّجِ .

تَمَنَّعَ يَتَمَنَّعُ تَمَنُّعٌ V to hold back (from)

ظَلَّتْ تَتَمَنَّعُ عَلَيْهِ حَتَّى تَرَكَهَا وَخَطَبَ فَتَاةً مُتَهَوِّرَةً مِثْلَهُ .

اِمْتَنَعَ يَمْتَنِعُ اِمْتِنَاعٌ VIII to abstain (from)

يَجِبُ عَلَيْكَ أَنْ تَمْتَنِعَ عَنِ التَّدْخِينِ حَتَّى تُشْفَى مِنَ السُّعَالِ .

مـ نـ ن

مَنَّ يَمُنُّ مَنٌّ / مِنَّةٌ I to be obliging, do favors

ظَلَّ يَمُنُّ عَلَيَّ بِأَفْضَالِهِ حَتَّى طَلَبْتُ مِنْهُ أَنْ يَتَوَقَّفَ عَنْ مُسَاعَدَتِي .

اِمْتَنَّ يَمْتَنُّ اِمْتِنَانٌ VIII to bestow blessings (on)

اِمْتَنَّ اللهُ عَلَيْنَا بِنِعَمٍ كَثِيرَةٍ ، عَلَيْنَا أَنْ نَصُونَهَا وَنَشْكُرَهُ عَلَيْهَا .

مـ نـ ي

to indulge in the hope of | II | مَنَّى يُمَنِّي تَمْنِيَةٌ

ظَلَّ يُمَنِّي نَفْسَهُ بالْجائِزَة ، ولكنَّه لَمْ يَحْصُلْ عَلَيْها .

to ejaculate (sperm) | IV | أَمْنَى يُمْنِي إِمْنَاءٌ

سَأَلَهُ الطَّبيبُ عمّا إذا كانَت لَدَيْهِ مُشْكِلَةٌ في الإِمْناءِ .

to desire | V | تَمَنَّى يَتَمَنَّى تَمَنٍ

تَمَنَّى أن يكون لَدَيْهِ وَلَدٌ ، فَوَضَعَتَ لَهُ زَوْجَتُهُ تَوْءَمًا .

مـ هـ د

to pave | II | مَهَّدَ يُمَهِّدُ تَمْهِيدٌ

مَهَّدْتُ لَهُ الطَّرِيقَ لِمُقابَلَةِ الْقائِدِ كَيْ يَشْرَحَ لَهُ الْمُشْكِلَةَ .

to be paved | V | تَمَهَّدَ يَتَمَهَّدُ تَمَهُّدٌ

تَمَهَّدَتْ كُلُّ الطُّرُقِ الآنَ وَلَمْ يَعُدْ إِلاَّ أَنْ تُفَاتِحَهَا فِي الْمَوْضُوعِ .

مـ هـ ر

to be skilled (in) | I | مَهَرَ يَمْهَرُ مَهْرٌ / مَهارَةٌ

لَقَدْ مَهَرَ فِي صُنْعِ هَذا التِّمْثَالِ مَهارَةً فائِقَةً .

مـ هـ ل

to be slow | I | مَهَلَ يَمْهَلُ مَهْلٌ / مُهْلَةٌ

حَصَلوا عَلَى مُهْلَةٍ لِمُدَّةِ شَهْرٍ يَسْتَكْمِلونَ فيها الأَوْرَاقَ الْمَطْلوبَةَ .

to grant time | IV | أَمْهَلَ يُمْهِلُ إِمْهَالٌ

إِنَّ اللهَ يُمْهِلُ وَلا يُهْمِلُ . وَراءَ ذَلِكَ مَعْنىً إيمانِيٌّ عَميقٌ .

to proceed slowly | V | تَمَهَّلَ يَتَمَهَّلُ تَمَهُّلٌ

حاوِلْ أَنْ تَتَمَهَّلَ وَأَنْتَ تَقْرَأُ أَسْئِلَةَ الامْتِحانِ .

مـ هـ ن

to humiliate s.o. | VIII | امْتَهَنَ يَمْتَهِنُ امْتِهَانٌ

كُلُّ إِنْسانٍ وَلَدَيْهِ كَرامَتُه ، أَنا لا أَرْضَى مِنْهُمْ أَنْ يَصِلوا لامْتِهانِهِ إِلَى هَذا الْحَدِّ .

م و ت

to die I مَاتَ يَمُوتُ مَوْتٌ

يُقالُ إِنَّ المَوْتَ راحَةٌ أَبَدِيَّةٌ لِلْمَيِّتِ ، وَلَكِنَّ الْفِراقَ لَهُ مُعاناتُهُ لَدَى أَهْلِ الْمَيِّتِ .

to cause s.o. / s.th. to die, end II مَوَّتَ يُمَوِّتُ تَمْوِيتٌ

يُقالُ عَلَى سَبيلِ الْمَجازِ لا الْحَقيقَةِ : مَوَّتَ فُلانٌ الْمَشْروعَ أَيْ عَرْقَلَهُ وأَوْقَفَهُ .

to cause s.o. to die IV أَمَاتَ يُمَيتُ إِمَاتَةٌ

اللهُ وَحْدَهُ هُوَ الّذي يُحْيي وَيُميتُ ، لَهُ الْخَلْقُ وَالأَمْرُ .

to pretend to be dead VI تَماوَتَ يَتَمَاوَتُ تَمَاوُتٌ

كُلَّما طَلَبْنا مِنْهُ عَمَلَ شَيْءٍ ، يَتَماوَتُ وَيَدَّعي أَنَّهُ مَريضٌ وَبِحاجَةٍ إِلَى راحَةٍ .

to make desperate efforts X اِسْتَمَاتَ يَسْتَمِيتُ اِسْتِمَاتَةٌ

ظَلَّ الْجُنْدِيُّ يَسْتَميتُ في الدِّفاعِ عَنْ وَطَنِهِ وَأَرْضِهِ حَتَّى وَهْوَ جَريحٌ .

م و ج

to surge (sea) I مَاجَ يَمُوجُ مَوْجٌ / مَوَجانٌ

قالَ اللهُ تَعالَى عَنْ حالِ النّاس يَوْمَ الْقِيامَةِ : " وَتَرَكْنَا بَعْضَهُمْ يَوْمَئِذٍ يَموجُ في بَعْضٍ " .

to sway II مَوَّجَ يُمَوِّجُ تَمْوِيجٌ

في حالَةِ حُدوثِ خَلَلٍ في دَواليبِ السَّيَّارةِ ، فَإِنَّها " تُمَوِّجُ " أَيْ تَكُونُ كَالْمَوْجِ في تَأَرْجُحِهِ .

to be swayed V تَمَوَّجَ يَتَمَوَّجُ تَمَوُّجٌ

تَمَوَّجَت السَّيَّارةُ أَيْ ذَهَبَتْ مَرَّةً إِلَى الْيَمينِ ، وَأُخْرى إِلَى الْيَسارِ ، لأَنَّ بِها عَيْبًا وَخَلَلاً في الزَّوايا .

to be swayed VI تَمَاوَجَ يَتَمَاوَجُ تَمَاوُجٌ

تَتَماوَجُ الْخِيامُ في الصَّحْراءِ بِسَبَبِ الْعَواصِفِ الْعَاتِيَةِ وَكَأَنَّها تَرْقُصُ عَلَى حِبالٍ .

م و ل

to finance II مَوَّلَ يُمَوِّلُ تَمْوِيلٌ

لَقَدْ مَوَّلوا لَهُ الْمَشْروعَ ، وَهْوَ الآنَ يَبْحَثُ عَنْ مَقَرٍّ مُناسِبٍ .

to be financed V تَمَوَّلَ يَتَمَوَّلُ تَمَوُّلٌ

تَمَوَّلَ الْمَشْروعُ بِفَضْلِ اللهِ وَجُهودِ أَصْحابِ الشَّأْنِ .

م و ن

to supply with provisions	I	مُؤْنَةٌ / مَؤُونَةٌ	يَمُونُ	مَانَ

يُقالُ : كَفاهُم مُؤْنَةَ الْبَحْثِ ، أَي إِنَّهُ ساعَدَهُمْ بِالْمَعْلوماتِ والأَفْكارِ الْكافِيَةِ .

to supply with provisions	II	تَمْوِينٌ	يُمَوِّنُ	مَوَّنَ

تَكادُ تَنْفَرِدُ مِصْرُ بَيْن دُوَلِ الْعالَمِ بِتَوْفيرِ " بِطاقاتِ تَمْوينٍ " لِذوي الدَّخْلِ الْمَحْدودِ .

to store up provisions	V	تَمَوُّنٌ	يَتَمَوَّنُ	تَمَوَّنَ

يَتَمَوَّنُ أَيْ يَأْخُذُ كِفايَتَهُ مِمّا يَحْتاجَهُ مَنْ سِلَعٍ أَوْ أَدَواتٍ أَوْ طَعامٍ وَشَرابٍ .

م و ه

to mix	I	مَوْهٌ	يَمُوهُ	مَاهَ

يُقالُ " ماهَ يَموهُ " ، أَيْ أَصْبَحَ غَيْرَ واضِحٍ أَوْ مُحَدَّدٍ بِدِقَّةٍ .

to falsify	II	تَمْوِيهٌ	يُمَوِّهُ	مَوَّهَ

يَسْتَخْدِمُ الْقادَةُ في الْحرُوبِ وَسائِلَ التَّمْويهِ ، لِخِداعِ أَعْدائِهِمْ .

م ي ز

to keep apart	I	مَيْزٌ	يَمِيزُ	مَازَ

في الْقُرآنِ الْكَريمِ : " لِيَميزَ اللهُ الْخَبيثَ مِن الطَّيِّبِ " .

to distinguish, discriminate	II	تَمْيِيزٌ	يُمَيِّزُ	مَيَّزَ

لَقَدْ مَيَّزوهُ عَلَى زُمَلائِهِ في الْعَمَلِ دونَ اِسْتِحْقاقٍ فَكَرِهَهُ الْجَميعُ .

to choose	III	مُمَايَزَةٌ	يُمَايِزُ	مَايَزَ

إِلَى مَتَى سَيَظَلُّ يُمَايِزُ بَيْنَهُمَا وَلا يَصِلُ إِلَى أَحَقِّيَةِ أَحَدِهِما بِالْوَظِيفَةِ .

to distinguish	IV	إِمَازَةٌ	يُمِيزُ	أَمَازَ

" مَيَّزَ " وَ " أَمازَ " تَقْرِيبًا بِمَعْنىً واحِدٍ ، وَهْوَ إِعْطاءُ الشَّخْصِ جَدارَةً أَكْثَرَ .

to be distinct (from)	V	تَمَيُّزٌ	يَتَمَيَّزُ	تَمَيَّزَ

تَمَيَّزَ عَنْ رِفاقِهِ بِالْجِدِّ وَالإِخْلاصِ في الْعَمَلِ .

to differ	VI	تَمَايُزٌ	يَتَمَايَزُ	تَمَايَزَ

تَمَايُزُ النَّاسِ فِيمَا بَيْنَهُمْ قَدْ تَكُونُ لَهُ اعْتِبَارَاتٌ كَثِيرَةٌ .

اِمْتَازَ يَمْتَازُ اِمْتِيَازٌ VIII

to surpass, be distinguished (from, by)

يَمْتَازُ هَذَا الْقَامُوسُ عَنْ غَيْرِهِ بِهَذِهِ الأَمْثِلَةِ الصَّعْبَةِ وَالْمُفِيدَةِ.

م ي ع

مَاعَ يَمِيعُ مَيْعٌ I to become diluted

بِسَبَبِ الْمَرَضِ ، كَانَ يَحِسُّ أَنَّ طَعْمَ الْبُرْتُقَالِ قَدْ مَاعَ عَلَى لِسَانِهِ .

مَيَّعَ يُمَيِّعُ تَمْيِيعٌ II to dilute

تَمَيَّعَ الشَّيْءُ إذا أُزِيلَت نَكْهَتُهُ اللَّذِيذَةُ ، وَيُقالُ مَيَّعَ الْمَوْضوعَ أَيْ عَرَّضَهُ لِلتَّجاهُلِ .

أَمَاعَ يُمِيعُ إِمَاعَةٌ IV to dilute

أَماعَ الْعَصيرَ إذا زادَ ماءَهُ وَغَيَّرَ طَعْمَهُ .

تَمَيَّعَ يَتَمَيَّعُ تَمَيُّعٌ V to be melted

تَمَيَّعَ الشَّيْءُ إذا ذابَ وَلَمْ يَعُد مُتماسِكًا كَما كانَ .

اِنْمَاعَ يَنْمَاعُ اِنْمِياعٌ VII to be melted, dissolved

اِنْماعَ أَيْ ذابَ وَتَلاشَى طَعْمُهُ وَخَفَّت لُزوجَتُهُ .

م ي ل

مَالَ يَمِيلُ مَيْلٌ I to incline, lean

رَغْمَ وُضُوحِ الْمَسْأَلَةِ فَأَنَا لا أَمِيلُ إِلَى هَذَا الرَّأْيِ .

مَيَّلَ يُمَيِّلُ تَمْيِيلٌ II to tilt, bend

حاوَلَ أَنْ يُمَيِّلَ إيريالَ التِّلِيفِزْيون (أو الأَنْتينا) فَانْكَسَرَ .

أَمَالَ يُمِيلُ إِمَالَةٌ IV to tilt, bend

أَمَالَ قِطْعَةَ الْخَشَبِ إِلَى الْيَسارِ ، فَكَسَرَ زُجَاجَ السَّيَّارَةِ .

تَمَيَّلَ يَتَمَيَّلُ تَمَيُّلٌ V to sway

تَمَيَّلَتْ حُمولَةُ السَّيارَةِ ، فَجَرَفَتْها إِلَى النَّهْرِ وَغَرِقَتْ .

تَمَايَلَ يَتَمَايَلُ تَمَايُلٌ VI to sway

لِمَاذَا تَتَمَايَلُ تِلْكَ الْفَتَاةُ فِي مِشْيَتِهَا هَكَذَا؟

اِسْتَمَالَ يَسْتَمِيلُ اِسْتِمَالَةٌ X to win over

ظَلَّ يَتَّصِلُ بِهِم وَيَشْرَحُ لَهُمُ الْقَضِيَّةَ حَتَّى اسْتَمَالَهُمْ إِلَى صَفِّهِ .

ن

نـ أ ي

نَأَى يَنْأَى نَأْيٌ I to be remote

إِنَّهُ لا يُحِبُّ أَنْ يَعِيشَ وَسْطَ النَّاسِ ، لِهَذَا فَهُوَ يُفَضِّلُ النَّأْيَ وَالْبُعْدَ .

تَنَاءَى يَتَنَاءَى تَنَاءٍ VI to keep away (from)

تَنَاءَى عَنِ النَّاسِ لِأَنَّهُ كَانَ يُفَضِّلُ ذَلِكَ .

نـ بـ أ

نَبَّأَ يُنَبِّئُ —— II to inform (of, about)

أَرْجُو مِنْكَ أَنْ تُنَبِّئَهُ بِهَذَا الْأَمْرِ كَيْ يَتَصَرَّفَ بِأَسْرَعِ مَا يُمْكِنُ .

أَنْبَأَ يُنْبِئُ إِنْبَاءٌ IV to inform (of, about)

أَنْبَأَنِي عَنْ زَوَاجِهِ فَهَنَّأْتُهُ مُقَدَّمًا وَرَجَوْتُ لَهُ حَيَاةً سَعِيدَةً .

تَنَبَّأَ يَتَنَبَّأُ تَنَبُّؤٌ V to predict

تَنَبَّأْتُ لَهُ بِمُسْتَقْبَلٍ زَاهِرٍ ، وَهَا هُوَ ذَا الْآنَ فِي مَرْكَزٍ مَرْمُوقٍ .

نـ بـ ت

نَبَتَ يَنْبُتُ نَبْتٌ / نَبَاتٌ I to grow (plants)

نَبَتَتْ هَذِهِ الشَّجَرَةُ مُنْذُ عَشْرَةِ أَعْوَامٍ تَقْرِيبًا .

أَنْبَتَ يُنْبِتُ إِنْبَاتٌ IV to make s.th. sprout

أَنْبَتَ اللهُ الزَّرْعَ مِنْ أَجْلِ الْبَشَرِ جَمِيعًا .

اِسْتَنْبَتَ يَسْتَنْبِتُ اِسْتِنْبَاتٌ X to plant (a cutting)

حَاوَلْتُ أَنْ أَسْتَنْبِتَ نَبْتَةً مِنْ نَبَاتَاتِ الظِّلِّ ، فَلَمْ أُفْلِحْ .

نـ بـ ح

نَبَحَ يَنْبَحُ نَبْحٌ / نُبَاحٌ I to bark

أَخَذَ الْكَلْبُ يَنْبَحُ حَتَّى أَيْقَظَنِي مِنْ نَوْمِي .

to lead (an animal) to bark X —— يَسْتَنْبِحُ اِسْتَنْبَحَ
يَسْتَنْبِحُ الصِّغارُ الْكِلابَ فَتَظَلُّ الْكِلابُ تَنْبَحُ وَتُقَلِّدُهُمْ .

ن ب ذ

to reject I نَبْذٌ يَنْبُذُ نَبَذَ
لَقَدْ نَبَذَ كُلَّ مَالَهُ صِلَةٌ بِهِمْ ، وَبَدَأَ الآنَ حَيَاتَهُ الْجَدِيدَةَ .

to declare (hatred, war) on s.o. III مُنَابَذَةٌ يُنَابِذُ نَابَذَ
نَابَذَهُمْ عِداءً بِعِداءٍ لأَنَّهُ تَأَكَّدَ مِنْ حِقْدِهِمْ وَنِيَّتِهِمُ السَّيِّئَةِ .

to be feuding VI تَنَابُذٌ يَتَنَابَذُ تَنَابَذَ
لَقَدْ تَنَابَذُوا وَلَمْ يَعُدْ هُنَاكَ سَبَبٌ وَاحِدٌ لِتَآلُفِهِمْ .

to retreat to VIII —— يَنْتَبِذُ اِنْتَبَذَ
اِنْتَبَذَ الْعَجُوزُ مَكَانًا بَعِيدًا يَعِيشُ فِيهِ كَيْ لا يَرى أَحَدًا يَعْرِفُهُ .

ن ب ر

to stress I نَبْرٌ / نَبْرَةٌ يَنْبِرُ نَبَرَ
حَتَّى الآنَ لا يَعْرِفُ جَيِّدًا مَوْضِعَ نَبْرِ الْكَلِمَةِ أَو الْمَقْطَعِ في اللُّغَةِ .

ن ب ز

to call each other bad names VI تَنابُز يَتَنَابَزُ تَنابَزَ
يَقولُ اللهُ سُبْحانَه وَتَعالَى : " وَلا تَنابَزوا بِالأَلْقابِ " أيْ لا تَرْفَعوا أَصْواتَكُمْ بِالتَّفاخُرِ بِما لَكُمْ مِنْ عِزٍّ أو جاهٍ .

ن ب ش

to dig up I نَبْشٌ يَنْبُشُ نَبَشَ
لا تَنْبُشِ الْقُبُورَ أَيْ لا تَتَحَدَّثْ عَنِ الَّذِينَ مَاتُوا .

ن ب ض

to throb, pulsate I نَبْضٌ / نَبَضانٌ يَنْبِضُ نَبَضَ
كَانَ قَلْبُهُ يَنْبِضُ بِالْحُبِّ الْكَبِيرِ .

ن ب ط

to discover, deduce X اِسْتَنْبَطَ يَسْتَنْبِطُ اِسْتِنْبَاطٌ

الْاِستنباطُ أَحَدُ اسْتَراتيجيّاتِ التَّفْكِيرِ النّاقِدِ .

ن ب ع

to spring, originate (from) I نَبَعَ يَنْبُعُ نَبْعٌ

هَذَا نَبْعُ مَاءٍ عَذْبٍ ، هَيَّا نَسْتَرِحْ قَلِيلاً وَنَشْرَبْ مِنْهُ .

ن ب غ

to excel, stand out I نَبَغَ يَنْبُغُ نُبُوغٌ

مِنْ دَلائِلِ نُبُوغِهِ ، أَنَّهُ حَصَلَ عَلَى جَائِزَةِ الدَّوْلَةِ التَّقْدِيرِيَّةِ .

ن ب ه

to be smart I نَبَهَ يَنْبُهُ نَبَاهَةٌ

هَذا طالبٌ نَبيهٌ يَسْتَوْعِبُ الدُّروسَ جَيِّدًا .

to call s.o.'s attention (to) II نَبَّهَ يُنَبِّهُ تَنْبِيهٌ

لَقَدْ نَبَّهْتُ عَلَيْهَا أَلا تَجِيءَ مُتَأَخِّرَةً بَعْدَ ذَلِكَ .

to become aware V تَنَبَّهَ يَتَنَبَّهُ تَنَبُّهٌ

تَنَبَّهْتُ أَخِيرًا إِلَى أَنَّ زَوْجَتِي تُفَضِّلُ الْمَلابِسَ عَلَى الطَّعَامِ .

to pay attention VIII اِنْتَبَهَ يَنْتَبِهُ اِنْتِبَاهٌ

لَمْ يَنْتَبِهْ إِلَى أَنَّ الْإِشارةَ حَمْراءُ ، عَبَرَ الشَّارِعَ فَدَهَسَتْهُ سَيّارَةٌ .

ن ب و

to shift away (from) I نَبَا يَنْبُو نُبُوٌّ

إِنَّ مَنْظَرَهُ يَجْعَلُ الْعُيُونَ تَنْبُو عَنْهُ وَلا تُرِيدُ أَنْ تَرَاهُ .

ن ت أ

to protrude I نَتَأَ يَنْتَأُ نُتُوءٌ

كَانَتِ الْحَادِثَةُ مُرَوِّعَةً ، لَقَدْ حَدَثَ لَهُ بِسَبَبِهَا نُتُوءٌ فِي عَظْمِ الرُّكْبَةِ .

نـ تـ ج

نَتَجَ يَنْتُجُ نِتَاجٌ I to result

لَقَدْ أَهْمَلَ فِي عِلاجِ نَفْسِهِ ، وَنَتَجَ عَنْ هَذَا أَنَّ الْحَالَ ازْدَادَ سُوءًا .

أَنْتَجَ يُنْتِجُ إِنْتَاجٌ IV to produce

إِنَّنِي أُفَضِّلُ الإِنْتَاجَ الأَدَبِيَّ عَلَى الإِنْتَاجِ التِّجَارِيِّ .

اِسْتَنْتَجَ يَسْتَنْتِجُ اِسْتِنْتَاجٌ X to conclude, deduce

اِسْتَنْتَجْتُ مِنْ كَلامِهِ أَنَّهُ غَيْرُ وَاثِقٍ فِيهَا .

نـ تـ ف

نَتَفَ يَنْتِفُ نَتْفٌ I to tear out (hair and the like)

بَعْدَ أَن اصْطادَ الْعُصفُورَةَ وَماتَت ، أخذ يَنْتِفُ رِيشَها ، شَيْءٌ فَظيعٌ .

نـ ثـ ر

نَثَرَ يَنْثُرُ نَثْرٌ I to scatter

نَثَرْنَا عَلَى الْعَرُوسَيْنِ الْوُرُودَ وَالزُّهُورَ سَاعَةَ الزِّفَافِ .

تَنَاثَرَ يَتَنَاثَرُ تَنَاثُرٌ VI to be scattered

كَانَتِ الْمَعْرَكَةُ قَوِيَّةٌ وَقَدْ تَنَاثَرَتْ شَظَايَا الْقَنَابِلِ هُنَا وَهُنَاكَ .

اِنْتَثَرَ يَنْتَثِرُ اِنْتِثَارٌ VIII to be scattered

اِنْتَثَرَتِ الزُّهُورُ عَلَى الْجَانِبَيْنِ وَتَسَاءَلْتُ : مَنْ فَعَلَ هَذَا ؟

نـ جـ ب

نَجُبَ يَنْجُبَ نَجَابَةٌ I

1. to be of noble birth — إنه من أَصْلٍ نَجيبٍ ، وَكَأَنَّهُ مِنْ أَوْلادِ الْمُلوكِ .

الْجَميعُ يَشْهَدونَ بِأَنَّه طالِبٌ نَجيبٌ و سَيَكونُ لَهُ مُسْتَقبَلٌ باهِرٌ .

2. to be distinguished

أَنْجَبَ يُنْجِبُ إِنْجَابٌ IV to give birth

أَنْجَبَتْ حتَّى الآنَ ثَلاثَةَ أَوْلادٍ .

نـ جـ ح

to succeed | I | نَجَحَ يَنْجَحُ نُجْحٌ / نَجَاحٌ

نَجَحَ فِي الامْتِحَانِ وَطَلَبَ مِنْ وَالِدِهِ أَنْ يَشْتَرِيَ لَهُ سَاعَةً .

to make successful | IV | أَنْجَحَ يُنْجِحُ إِنْجَاحٌ

لَقَدْ أَنْجَحَ مَشْرُوعِي أَنَّهُ تَمَّ بِنَاؤُهُ عَلَى خُطَّةٍ مَدْرُوسَةٍ .

نـ جـ د

to ask for help | X | اِسْتَنْجَدَ يَسْتَنْجِدُ اِسْتِنْجَادٌ

عِنْدما شارَفَ على الْغَرَقِ ، اِسْتَنْجَدَ بِمَنْ كانوا عَلَى الشَّاطِئِ فَأَنْقَذوهُ .

نـ جـ ز

to fight against | III | نَاجَزَ يُنَاجِزُ مُنَاجَزَةٌ

أَخَذَ يُنَاجِزُهُمُ الْعَدَاوَةَ حَتَّى قَتَلُوهُ .

to accomplish | IV | أَنْجَزَ يُنْجِزُ إِنْجَازٌ

كتَبْتُ إِلَيْها أَقُولُ : أَنَا سعِيدٌ بِهذا الإِنْجازِ الْمُشَرِّفِ .

to ask for fulfillment | X | اِسْتَنْجَزَ يَسْتَنْجِزُ اِسْتِنْجَازٌ

حَاوَلَ أَنْ يَسْتَنْجِزَ إِتْمَامَ الصَّفْقَةِ وَلَكِنْهُ وَاجَهَ الْكَثِيرَ مِنَ الْمَشَاكِلِ .

نـ جـ س

to be unclean | I | نَجِسَ يَنْجُسُ نَجَاسَةٌ

الْمُتَوَضِّئُ لِلصَّلاةِ إذا مَسَّهُ كَلْبٌ بِفَمِهِ الْمُبْتَلِّ ، وَجَبَ عَلَيْهِ إِعادَةُ الْوُضوءِ .

to make unclean | II | نَجَّسَ يُنَجِّسُ تَنْجِيسٌ

نَجَّسَ الْكَلْبُ ثِيابَ الرَّجُلِ بِفَمِهِ الْمُبْتَلِّ .

to be unclean | V | تَنَجَّسَ يَتَنَجَّسُ تَنَجُّسٌ

أَخْشَى أَنْ يَتَنَجَّس لو مَسَّهُ كَلْبٌ بِفَمِهِ الْمُبْتَلِّ .

نـ جـ ع

to resort (to) | I | نَجَعَ يَنْجَعُ نُجُوعٌ

هَلْ يَنْجَعُ أُنَاسٌ إِلَى الرِّيفِ وَيَعِيشُونَ هُنَاكَ الآنَ ؟

اِنْتَجَعَ يَنْتَجِعُ اِنْتِجَاعٌ VIII to seek rest, retreat

الْاِنْتِجاعُ أَنْ تَقْضِيَ وَقْتًا لِلْاسْتِراحَةِ في مُنْتَجَعٍ : (قَرْيَةٍ سِياحِيَّةٍ) .

ن ج م

نَجَمَ يَنْجُمُ نُجُومٌ I to result, arise (from)

لَقَدْ نَجَمَ عَنْ إِصابَتِهِ فِي الْمَلْعَبِ مُضاعَفاتٌ خَطِيرَةٌ .

نَجَّمَ يُنَجِّمُ تَنْجِيمٌ II to predict the future

لا أَعْرِفُ الْحَقِيقَةَ ولاَ أَسْتَطِيعُ أَنْ أُنَجِّمَ أَوْ أَتَنَبَّأَ بِمَا حَدَثَ .

ن ج و

نَجَا يَنْجُو نَجاءٌ / نَجَاةٌ I to be rescued

أَحْمَدُ اللهَ ، لَقَدْ نَجَتْ مِنَ الْمَوْتِ بِأُعْجُوبَةٍ .

نَجَّى يُنَجِّي تَنْجِيَةٌ II to save

كَادَ يَغْرَقُ فِي النِّيلِ لَوْلا أَنْ نَجَّاهُ اللهُ .

نَاجَى يُنَاجِي مُنَاجَاةٌ III to confide (in)

قَرَأْتُ لَهُ شِعْرًا يُنَاجِي فِيهِ رَبَّهُ .

تَنَاجَى يَتَنَاجَى تَنَاجٍ VI to converse intimately

أَخَذَ يَتَنَاجَى لَيَالِيَ طِوَالًا وَكَأَنَّهُ رَجُلٌ صُوفِيٌّ .

اِسْتَنْجَى يَسْتَنْجِي اِسْتِنْجَاءٌ X to clean o.s.

بَعْدَ قَضَاءِ الْحَاجَةِ ، الْاسْتِنْجَاءُ بِالْمَاءِ أَمْرٌ مَطْلُوبٌ .

ن ح ب

نَحَبَ يَنْحَبُ نَحْبٌ / نَحِيبٌ I to weep, wail

بَعْدَ وَفاةِ والِدِها ، لَمْ تَكُفَّ عَنِ النَّحِيبِ والْحُزْنِ لِسَنَواتٍ .

ن ح ت

نَحَتَ يَنْحِتُ نَحْتٌ I to carve

اِشْتُهِرَ قُدَماءُ الْمِصْرِيِّينَ (الْفَراعِنَة) بِالنَّحْتِ وَعَمَلِ التَّماثِيلِ .

نـ حـ ر

نَحَرَ يَنْحَرُ نَحْرٌ I to slaughter

مِنْ بَيْنِ شَعَائِرِ الْحَجِّ أَنْ يَنْحَرَ الْحَاجُّ شَاةً أَوْ بَقَرةً أيْ يَذْبَحَهَا .

تَنَاحَرَ يَتَنَاحَرُ تَنَاحُرٌ VI to fight brutally

ظَلَّ يَتَنَاحَرُ مَعَهُمْ عَلَى قِطْعَةِ الأَرْضِ حَتَّى أَخَذَهَا بِحُكْمِ الْقَانُونِ .

اِنْتَحَرَ يَنْتَحِرُ اِنْتِحَارٌ VIII to commit suicide

ضَاقَتْ بِهَا الْحَيَاةُ فَانْتَحَرَتْ وَفَارَقَتْ هَذَا الْعَالَمَ .

نـ حـ س

نَحَسَ يَنْحَسُ نَحْسٌ I to be ill-fated

لَقَدْ كُتِبَ عَلَيْهِ النَّحْسُ ، وَلَنْ يَرْبَحَ فِي أَيِّ مَشْرُوعٍ .

نـ حـ ف

نَحُفَ يَنْحُفُ نَحَافَةٌ I to become slim

أَخَذَتْ نَفْسَها بِرِجيمٍ قاسٍ لِعِدَّة أَشْهُر ، حَتَّى صارَتْ نَحيفَةً جِدًّا .

نـ حـ و

نَحَا يَنْحُو مَنْحَى / نَحْوٌ / نَاحِيَةٌ I to follow a model

إِنَّهُ يَنْحُو مَنْحَى الْغَرْبِيِّينَ فِي بَحْثِهِ مِنْ حَيْثُ تَطْبيقُ أَدواتِ الْبَحْثِ .

نـ حـ ي

نَحَّى يُنَحِّي تَنْحِيَةٌ II to remove

حَاوَلَ أَنْ يُنَحِّيَهُ فَأَعْطَى الْمَسْئُولِيَّةَ لِشَابٍّ آخَرَ .

أَنْحَى يُنْحِي إِنْحَاءٌ IV to heap (reproach, censure) upon

أَخَذَ يُنْحِي بِاللاَّئِمَةِ عَلَى أَهْلِهِ لِأَنَّهُمْ لَمْ يُتِيحُوا لَهُ فُرْصَةَ التَّعْلِيمِ .

تَنَحَّى يَتَنَحَّى تنح V to give up, abdicate

لَمْ يَكُنْ رَاضِيًا عَنْ تَصَرُّفَاتِهِمْ ، لِهَذَا فَقَدْ تَنَحَّى عَنْ مَنْصِبِهِ وَاسْتَقَالَ .

اِنْتَحَى يَنْتَحِي اِنْتِحَاءٌ VIII to step back, turn away (from)

أُصِيبَ بِحالَةٍ نَفْسِيَّةٍ جَعَلَتْهُ يَنْتَحِي بَعيدًا عَنْ كُلِّ النَّاسِ .

ن خ ب

to elect VIII اِنْتَخَبَ يَنْتَخِبُ اِنْتِخَابٌ

سَوْفَ يَنْتَخِبونَ الْمُرَشَّحَ الدِّيمُقراطِيَّ ، لأَنَّهُ في نَظَرِهِمْ الأَفْضَلُ .

ن خ ر

to gnaw, eat away I نَخَرَ يَنْخُرُ نَخْرٌ

إِنَّهُمْ كَالسُّوسِ : يَنْخُرُونَ الْعِظَامَ حَتَّى تَسْقُطَ .

ن د ب

to delegate s.o. I نَدَبَ يَنْدُبُ نَدْبٌ

صَدَرَ قَرَارٌ آخَرُ بِإِلْغَاءِ نَدْبِهِ إِلَى وَزَارَةِ الإِعْلامِ .

to delegate s.o. VIII اِنْتَدَبَ يَنْتَدِبُ اِنْتِدَابٌ

اِنْتَدَبَت الْوَزَارَةُ عَدَدًا مِنَ الْخُبَرَاءِ لِلْعَمَلِ فِي مَكَاتِبِهَا بِالْخَارِجِ .

ن د د

to run away, slip out I نَدَّ يَنِدُّ نَدٌّ / نِدَادٌ / نُدودٌ

هَذِهِ الْفِقْرَةُ لا تَنِدُّ عَنْ تِلْكَ ، إِنَّهُما تَتَكاملانِ .

to condemn II نَدَّدَ يُنَدِّدُ تَنْدِيدٌ

أَصْدَرت وَزارةُ الْخارِجِيَّةِ تصْريحًا تُنَدِّدُ فيهِ بِهَذه الأَفْعالِ الْوَحْشِيَّةِ .

ن د ر

to be rare I نَدَرَ يَنْدُرُ نَدْرٌ / نُدورٌ / نُدْرَةٌ

يَنْدُرُ أَنْ تَجِدَ غُرابًا أَبْيَضَ ، كُلُّ الْغِرْبانِ سُودُ اللَّوْنِ .

to make fun of V تَنَدَّرَ يَتَنَدَّرُ تَنَدُّرٌ

لا تُحاوِلْ أنْ تَتَنَدَّرَ بِهِمْ (تَسْتَهْزِئَ) في كُلِّ مُناسَبَةٍ .

ن د م

to regret, repent I نَدِمَ يَنْدَمُ نَدَمٌ

لَقَدْ انْفَصَلَتْ عَنْهُ لِسوءِ خُلُقِهِ وَمُعَامَلَتِهِ ، وَلِهَذَا فَإِنَّهَا لَمْ تَنْدَمْ عَلَى شَيْءٍ .

to drink together III نَادَمَ يُنَادِمُ مُنَادَمةً

ظَلَّ يُنَادِمُهُ عَلَى الشَّرَابِ حَتَّى سَاعَةٍ مُتَأَخِّرَةٍ مِنَ اللَّيْلِ ، ثُمَّ قَتَلَهُ .

to regret, repent (of) V تَنَدَّمَ يَتَنَدَّمُ تَنَدُّمٌ

لَقَدْ تَنَدَّمَ عَلَى مَا بَدَرَ مِنْهُ ، وَلَكِنْ لاَ يَنْفَعُ النَّدَمُ الآنَ .

نـ د ي

to be dewy I نَدِيَ يَنْدَى ——

ما قامُوا بِهِ أَمْرٌ يَنْدَى لَهُ الْجَبينُ .

to call III نَادَى يُنَادِي مُنَادَاةٌ

ظَلَّ يُناديهِمْ بِصَوْتٍ عالٍ وَلَمْ يَسْمَعوهُ .

to wet s.th. IV أَنْدَى يُنْدِي إِنْدَاءٌ

نَتَوَقَّعُ عَمّا قَريبٍ أَنْ تُنْدِي السَّماءُ بِبَعْضِ الْمَطَرِ وَنَحْنُ بالنّادي .

to call each other VI تَنَادَى يَتَنَادَى تَنَادٍ

يَوْمُ التَّنادي هُوَ يَوْمُ الْقِيامَةِ أَيْضًا .

نـ ذ ر

to vow I نَذَرَ يَنْذُرُ نَذْرٌ / نُذُورٌ

نَذَرَ إِن رَزَقَهُ اللهُ بِوَلَدٍ ، أَنْ يَذْبَحَ بَقَرَةً يُوَزِّعُها عَلَى الْفُقَراءِ .

to warn IV أَنْذَرَ يُنْذِرُ إِنْذَارٌ

أَنْذَرَ الْمالِكُ الْمُسْتَأْجِرَ بِالطَّرْدِ مِن الْبَيْتِ نهايةَ الشَّهْرِ الْحالِيِّ .

نـ ز ح

to migrate I نَزَحَ يَنْزَحُ نُزُوحٌ

نَزَحَ مِنْ أَقَاصِي الرِّيفِ إِلَى الْمَدِينَةِ ، وَلِهَذَا يَشْعُرُ بِالْغُرْبَةِ الْقَاتِلَةِ .

to drain VIII اِنْتَزَحَ يَنْتَزِحُ اِنْتِزَاحٌ

لَقَدِ اِنْتَزَحَ كُلَّ مَا فِي الْبِئْرِ وَلَكِنَّهُ لَمْ يَعْثُرْ عَلَى الْخَاتَمِ .

نـ ز ز

to ooze I نَزَّ يَنِزُّ نَزٌّ / نَزيزٌ

سَيَظَلُّ الْجُرْحُ يَنِزُّ وَيَنْزِفُ وَلِفَتْرَةٍ أَطْوَلَ .

نـ ز ع

to pull off, out	I	نَزَعَ يَنْزَعُ نُزُوعٌ
		نَزَعْتُ وَرَقَةً مِنَ الشَّجَرَةِ فَصَاحَ بِيَ الْفَلاَّحُونَ .
to dispute	III	نَازَعَ يُنَازِعُ نِزَاعٌ / مُنَازَعَةٌ
		أَدَّى ذَلِكَ الْأَمْرُ إِلَى نِزَاعٍ اسْتَمَرَّ عِدَّةَ سَنَوَاتٍ .
to carry on a dispute	VI	تَنَازَعَ يَتَنَازَعُ تَنَازُعٌ
		تَنَازَعَ وَأَخُوهُ بَعْضَ مُمْتَلَكَاتِ أَبِيهِمَا الْمُتَوَفَّى .
to wrest (from) s.o.	VIII	اِنْتَزَعَ يَنْتَزِعُ اِنْتِزَاعٌ
		اِنْتَزَعَ مِنْهُ الْحَقَّ اِنْتِزَاعًا .

نـ ز غ

to incite to evil	I	نَزَغَ يَنْزَغُ نَزْغٌ
		إِذَا أَحْسَسْتَ بِنَزْغِ الشَّرِّ فِي قَلْبِكَ فَاسْتَعِذْ بِاللهِ .

نـ ز ف

to bleed, be drained	I	نَزَفَ يَنْزِفُ نَزْفٌ
		أَخَذَ جُرْحُهُ يَنْزِفُ سَاعَاتٍ قَبْلَ وُصُولِ سَيَّارَةِ الْإِسْعَافِ .
to drain, exhaust	X	اِسْتَنْزَفَ يَسْتَنْزِفُ اِسْتِنْزَافٌ
		مَا أَقْسَى حُرُوبَ الْاِسْتِنْزَافِ بَيْنَ الشُّعُوبِ ؟

نـ ز ل

to descend	I	نَزَلَ يَنْزِلُ نُزُولٌ
		نَزَلْتُ السُّلَّمَ فَوَجَدْتُ قِطَّةً تُحَاوِرُ فَأْرًا .
to cause to descend	II	نَزَّلَ يُنَزِّلُ تَنْزِيلٌ
		مِنَ الْجَائِزِ أَنْ نَقُولَ " أَنْزَلَ " اللهُ الْقُرْآنَ الْكَرِيمَ و" نَزَّلَه " عَلى مُحَمَّدٍ (ص) .
to fight	III	نَازَلَ يُنَازِلُ مُنَازَلَةٌ / نِزَالٌ
		كَانَ الْفَارِسُ يُنَازِلُ خَصْمَهُ غَيْرَ هَيَّابٍ وَلا وَجِلٍ .
	IV	أَنْزَلَ يُنْزِلُ إِنْزَالٌ
1. to esteem		كُنْتُ أُحِبُّهُ وَلِهَذَا فَقَدْ أَنْزَلْتُهُ مَنْزِلَةً كَرِيمَةً .

2. to send down يُنْزِلُ اللهُ الْمَطَرَ مِن السَّماءِ .

to be sent down V تَنَزَّلَ يَتَنَزَّلُ تَنَزُّلٌ

تَنَزَّلَ الْقُرْآنُ الْكَرِيمُ فِي ثَلاثٍ وَعِشْرِينَ سَنَةً .

to give up VI تَنَازَلَ يَتَنَازَلُ تَنَازُلٌ

تَنَازَلْتُ عَنْ حَقِّي فِي السَّيَّارَةِ ، وَمِنَ الْمُمْكِنِ أَنْ تَبِيعَهَا لِحِسَابِكَ .

to invoke X اِسْتَنْزَلَ يَسْتَنْزِلُ اِسْتِنْزَالٌ

حَاوَلْتُ أَنْ أَسْتَنْزِلَ لَهُ عَطْفَ النَّاسِ ، فَلَمْ أَسْتَطِعْ .

ن ز ه

to be respectable I نَزُهَ يَنْزُهُ نَزَاهَةٌ / نُزْهَةٌ

النُّزْهَةُ أن تَذْهَبَ لِلاسْتِرْوَاحِ ، أمّا النَّزاهَةُ فَهِيَ خُلُقُ السُّمُوِّ والتَّرَفُّعِ .

to deem above s.th. / s.o. II نَزَّهَ يُنَزِّهُ تَنْزِيهٌ

يَجِب أَنْ نُنَزِّهَ اللهَ عَنْ كُلِّ نَقْصٍ وَأَنْ نَصِفَهُ بِكُلِّ كَمالٍ .

to stroll, go out V تَنَزَّهَ يَتَنَزَّهُ تَنَزُّهٌ

أَصْبَحتْ هِوايَتُهُ الْوَحِيدَةُ أن يَتَنَزَّه مَعَ خَطِيبَتِهِ وَلَوْ عَلَى حِسابِ الْعَمَلِ .

ن س ب

to attribute (to) I نَسَبَ يَنْسُبُ نَسَبٌ

أَخَذَ رَأْيِي وَنَسَبَهُ إِلَى نَفْسِهِ .

to suit, be suitable III نَاسَبَ يُنَاسِبُ مُنَاسَبَةٌ

قُلْتُ لِلْبَائِعِ إِنَّ هَذَا السِّعْرَ لا يُنَاسِبُنِي .

to be proportionate VI تَنَاسَبَ يَتَنَاسَبُ تَنَاسُبٌ

يَدْرُسُ الطُّلّابُ بَعْضَ قَوانِينِ النِّسْبَةِ وَالتَّنَاسُبِ .

to be affiliated (with) VIII اِنْتَسَبَ يَنْتَسِبُ اِنْتِسَابٌ

مَازَالَ نِظَامُ الاِنْتِسَابِ مَعْمُولاً بِهِ فِي بَعْضِ الْكُلِّيَّاتِ الْمِصْرِيَّةِ .

ن س ج

to knit, weave I نَسَجَ يَنْسِجُ نَسْجٌ / نَسِيجٌ

نَسَجَتْ لِزَوْجِهَا قُفَّازًا مِنَ الصُّوفِ لِيَحْمِيَ يَدَيْهِ مِنَ الْبَرْدِ .

نـ سـ خ

to transcribe I نَسَخَ يَنْسَخُ نَسْخٌ

نَسَخْنَا هَذَا الْقَامُوسَ عِدَّةَ مَرَّاتٍ قَبْلَ الطِّبَاعَةِ .

to transmigrate — VI — تَنَاسَخَ يَتَنَاسَخُ تَنَاسُخٌ

بَعْضُ الْفَلاسِفَةِ يَعْتَقِدُونَ بِتَنَاسُخِ الأَرْوَاحِ .

X — اِسْتَنْسَخَ يَسْتَنْسِخُ اِسْتِنْسَاخٌ

1. to copy — شُكْرًا لَهُمْ ، لَقَدِ اسْتَنْسَخُوا لِي ثَلاثَ صُوَرٍ مِنَ الْمَقَالَةِ .

2. to clone — أَصْبَحَ الْعُلَمَاءُ الآنَ يَسْتَنْسِخُونَ نَمَاذِجَ من الْحَيَوَاناتِ .

نـ سـ ف

to blow up s.th. — I — نَسَفَ يَنْسِفُ نَسْفٌ

نَجَحوا في وَضْعِ اللَّغَمِ ، وَحينَ انْفَجَرَ ، نَسَفَ الْمُعَسْكَرَ .

نـ سـ ق

to arrange, order — II — نَسَّقَ يُنَسِّقُ تَنْسِيقٌ

كُلُّ عَمَلٍ دُونَ تَنْسِيقٍ فَهُوَ عَمَلٌ فَاشِلٌ .

to be arranged — V — تَنَسَّقَ يَتَنَسَّقُ تَنَسُّقٌ

تَنَسَّقَتِ الزُّهُورُ فِي الأَصُصِ وَكَأَنَّهَا مِنْ تَرْتِيبٍ يَابَانِيَّةٍ .

to be in harmony — VI — تَنَاسَقَ يَتَنَاسَقُ تَنَاسُقٌ

لقد وَضَعَ الصُّوَرَ وَالأَلْوانَ في تَنَاسُقٍ عَجِيبٍ. إِنَّهُ فِعْلًا فَنَّانٌ .

نـ سـ ك

to live the life of an ascetic — V — تَنَسَّكَ يَتَنَسَّكُ تَنَسُّكٌ

اَلتَّنَسُّكُ عِبادَةٌ روحِيَّةٌ يَخْتَصُّ بِها الْقادِرونَ عَلَيْها .

نـ سـ ل

to reproduce — VI — تَنَاسَلَ يَتَنَاسَلُ تَنَاسُلٌ

كَما يَتَناسَلُ بَنو الْبَشَرِ ، تَتَناسَلُ الْحَيَواناتُ . وَهَذِهِ هِيَ سُنَّةُ اللهِ في الْكَوْنِ .

ن س م

تَنَسَّمَ يَتَنَسَّمُ تَنَسُّمٌ V to breathe, smell pleasantly

يَحْتاجُ كُلُّ إِنْسانٍ مِنْ وَقْتٍ لِآخَرَ إِلَى أَنْ يَتَنَسَّمَ هَواءً مُتَجَدِّدًا .

ن س ي

نَسِيَ يَنْسَى نِسْيَانٌ I to forget

نَسِيتُ مِفْتَاحِي فِي الْمَكْتَبِ . فَكَيْفَ أَدْخُلُ الشَّقَّةَ الْآنَ ؟

أَنْسَى يُنْسِي —— IV to make s.o. forget

لَمْ يُنْسِنِي الْمِفْتَاحَ إِلا الْخُرُوجُ عَلَى عَجَلٍ .

تَنَاسَى يَتَنَاسَى تَنَاسٍ VI to pretend to forget

أَنَا لا أَنْسَى ، وَلَكِنِّي أَتَنَاسَى أَحْيَانًا .

ن ش أ

نَشَأَ يَنْشَأُ نُشُوءٌ / نَشْأَةٌ I to grow up

لَقَدْ نَشَأَ نَشْأَةً طَيِّبَةً وَلِهَذَا فَإِنَّهُ مُؤَدَّبٌ مَعَ كُلِّ النَّاسِ .

نَشَّأَ يُنَشِّئُ تَنْشِئَةٌ II to bring up

نَشَّأَهُ وَالِدُهُ عَلَى الصَّرَاحَةِ والصِّدْقِ .

أَنْشَأَ يُنْشِئُ إِنْشَاءٌ IV to establish, build

أَنْشَأَتِ الشَّرِكَةُ مَصْنَعًا آخَرَ لِلْوَرَقِ .

ن ش ب

نَشِبَ يَنْشَبُ نُشُوبٌ I to break out (war, battle)

نَشِبَتْ مَعْرَكَةٌ بِالْأَمْسِ اسْتَمَرَّتْ طَوَالَ اللَّيْلِ .

أَنْشَبَ يُنْشِبُ —— IV to grip, fix firmly

أَنْشَبَ الأَسَدُ أَظْفَارَهُ فِي الْفَرِيسَةِ حَتَّى فَارَقَتِ الْحَيَاةَ .

ن ش د

نَاشَدَ يُنَاشِدُ مُنَاشَدَةٌ III to implore

ظَلَّ يُناشِدُهُمْ كَيْ يَتَنازَلوا عَن الْقَضِيَّةِ وَلكِنَّهُمْ أَصَرُّوا عَلَى مَوْقِفِهِمْ .

أَنْشَدَ يُنْشِدُ إِنْشَادٌ IV to sing, recite

أَنْشَدَهُم قَصيدَةً عاطِفِيَّةً جَميلَةً جَعَلَتْ كَلَّ الْحاضرينَ يَطْرَبونَ ويَسْعَدونَ .

اِسْتَنْشَدَ يَسْتَنْشِدُ اِسْتِنْشَادٌ X to ask to sing, recite verses

اِسْتَنْشَدوهُ أَيْ طَلَبوا مِنْهُ أَنْ يُنْشِدَهُمْ قَصيدَةً من تَأْليفِهِ وَلَكِنَّهُ اعْتَذَرَ .

ن ش ر

نَشَرَ يَنْشُرُ نَشْرٌ I to publish

نَشَرْنَا عَدَدًا مِنَ الْمَقالاتِ بِاللُّغَتَيْنِ: الْعَرَبِيَّةِ وَالْإِنْجِليزِيَّةِ .

اِنْتَشَرَ يَنْتَشِرُ اِنْتِشَارٌ VIII to spread out

اِنْتَشَرَتْ رَائِحَةُ الطَّهْيِ حَتَّى مَلأَتِ الْبَيْتَ كُلَّهُ .

ن ش ز

نَشَزَ يَنْشُزُ نَشْزٌ / نُشُوزٌ I to be in discord

لَمْ أُحِسَّ أَيَّ نشازٍ لا في التَّأْليفِ ولا في اللَّحْنِ .

ن ش ط

نَشِطَ يَنْشَطُ نَشَاطٌ I to be active, stimulate

إِنَّهُ يَنْشَطُ أَحْيَانًا ، وَأَحْيَانًا يَتَكَاسَلُ .

نَشَّطَ يُنَشِّطُ تَنْشِيطٌ II to activate, stimulate

أَحِسُّ أَنَّ عَقْلِي فِي حَاجَةٍ إِلَى تَنْشِيطٍ .

أَنْشَطَ يُنْشِطُ —— IV to activate

لَقَدْ أَنْشَطَهُ مَا وَجَدَهُ مِنْ صَاحِبِ الْعَمَلِ مِنْ تَقْدِيرٍ مَادِّيٍّ وَأَدَبِيٍّ .

تَنَشَّطَ يَتَنَشَّطُ تَنَشُّطٌ V to be energetic, active

لَقَدْ تَنَشَّطَ كَثِيرًا وَأَصْبَحَ يُسَاهِمُ مَعَهُمْ فِي كُلِّ شَيْءٍ .

ن ش ق

تَنَشَّقَ يَتَنَشَّقُ تَنَشُّقٌ V to inhale, sniff

بَعْضُ الشَّبَابِ الْمُنْحَرِفِ يَتَنَشَّقونَ مَوَادَّ مُخَدِّرَةً كَالْبودْرَةِ مَثَلًا .

اِسْتَنْشَقَ يَسْتَنْشِقُ اِسْتِنْشَاقٌ X to inhale

اَلْمَضْمَضَةُ وَالْاِسْتِنْشاقُ مِن الْأُمورِ الْأَساسِيَّةِ في الْوُضوءِ .

نـ شـ ل

نَشَلَ يَنْشُلُ نَشْلٌ I to steal

رَكِبَ مَعَهُمْ الْأُتوبيس ، ثم غافَلَهُم وَنَشَلَ الْحقيبَةَ .

اِنْتَشَلَ يَنْتَشِلُ اِنْتِشَالٌ VIII to extricate

بَعْدَ مُرورِ لَيْلَتَيْنِ عَلَى غَرَقِهِ في الْبَحْرِ ، عَثَروا على جُثَّتِهِ وَانْتَشَلوها مِن الْماءِ .

نـ شـ و

اِنْتَشَى يَنْتَشِي اِنْتِشَاءٌ VIII to fill with rapture

إِنَّهُ لا يَنْتَشِي إِلاّ إِذا اِسْتَمَعَ إِلَى سِيمْفُونِيَّةٍ .

نـ صـ ب

نَصَبَ يَنْصِبُ نَصَبٌ I to appoint, designate

نَصَبَ مِنْ نَفْسِهِ مُحامِيًا لِيُدافِعَ عَنْهَا .

نَصَّبَ يُنَصِّبُ تَنْصِيبٌ II to install, lift upright

نَقَلوا التِّمْثالَ إِلَى الْمَيْدانِ أَمْسِ ، وَالْيَوْمَ يَقومونَ بِتَنْصيبِهِ .

نَاصَبَ يُنَاصِبُ مُنَاصَبَةٌ III to be hostile

لَقَدْ نَاصَبُوهُ الْعِدَاءَ وَكَأَنَّهُ هُوَ السَّبَبُ فِي خَسَارَتِهِمْ .

اِنْتَصَبَ يَنْتَصِبُ اِنْتِصَابٌ VIII to stand upright

حِينَ يَنْتَصِبُ التِّمْثَالُ فِي الْمَيْدَانِ ، سَتَتَّضِحُ مَعَالِمُهُ أَكْثَر .

نـ صـ ت

أَنْصَتَ يُنْصِتُ إِنْصَاتٌ IV to listen (to)

حَاوَلْتُ أَنْ أُنْصِتَ وَلَكِنِّي لَمْ أَفْهَمْ كَلِمَةً مِمَّا قَالُوهُ .

تَنَصَّتَ يَتَنَصَّتُ تَنَصُّتٌ V to eavesdrop

تُنْتِجُ الدُّوَلُ أَجْهِزَةَ التَّنَصُّتِ ثُمَّ تُحَرِّمُ تَدَاوُلَهَا بَيْنَ النَّاسِ .

نـ صـ ح

نَصَحَ يَنْصَحُ نُصْحٌ / نَصِيحَةٌ	I	to advise
نَصَحْتُهُ مِرَارًا وَتَكْرَارًا ، وَلَكِنَّهُ غَبِيٌّ لا يَفْهَمُ .		
نَاصَحَ يُنَاصِحُ مُنَاصَحَةٌ	III	to give sincere advice
مُنَاصَحَةُ النَّفْسِ هِيَ أَسْمَى دَرَجَةٍ مِنَ الْمُحَاسَبَةِ .		
تَنَاصَحَ يَتَنَاصَحُ تَنَاصُحٌ	VI	to advise one another
تَنَاصَحَا لِأَنَّ كِلَيْهِمَا يُحِبُّ مَصْلَحَةَ الْآخَرِ .		
اِنْتَصَحَ يَنْتَصِحُ اِنْتِصَاحٌ	VIII	to take advice
أَحْمَدُ اللهَ ، لَقَدِ انْتَصَحَ الْآنَ وَلَمْ يَعُدْ يُدخِّنُ كَمَا كَانَ .		
اِسْتَنْصَحَ يَسْتَنْصِحُ ——	X	to seek advice from s.o.
إِذَا أَرَدْتَ أَنْ تَسْتَنْصِحَنِي فَلَنْ أَتَرَدَّدَ فِي نُصْحِكَ .		

نـ صـ ر

نَصَرَ يَنْصُرُ نَصْرٌ / نُصْرَةٌ	I	to render victorious
يَأْخُذُ الْعَامِلُونَ عُطْلَةً يَوْمَ عِيدِ النَّصْرِ .		
نَصَّرَ يُنَصِّرُ تَنْصِيرٌ	II	to Christianize
سيُقَالُ : نَصَّرَه أي جَعَلَهُ يَعْتَنِقُ الدِّينَ الْمَسِيحِيَّ .		
نَاصَرَ يُنَاصِرُ مُنَاصَرَةٌ	III	to support
ظَلَّ يُنَاصِرُهُمْ حَتَّى حَقَّقُوا مَا أَرَادُوا .		
تَنَصَّرَ يَتَنَصَّرُ تَنَصُّرٌ	V	to become a Christian
تَنَصَّرَ أي اعْتَنَقَ النَّصْرانِيَّةَ قَدِيمًا ، وَهْيَ الْآنَ الْمَسِيحِيَّةُ .		
تَنَاصَرَ يَتَنَاصَرُ تَنَاصُرٌ	VI	to help each other
مَادَامُوا يَتَنَاصَرُونَ بَعْضُهُمْ مَعَ بَعْضٍ فَلَنْ يَهُزَّهُمْ أَحَدٌ .		
اِنْتَصَرَ يَنْتَصِرُ اِنْتِصَارٌ	VIII	to be victorious
اِنْتَصَرَ عَلَيْهِمْ فِي ثَلاثِ مَعَارِكَ ضَارِيَةٍ .		
اِسْتَنْصَرَ يَسْتَنْصِرُ اِسْتِنْصَارٌ	X	to ask for assistance
ظَلُّوا يَسْتَنْصِرُونَ وَيَطْلُبُونَ النَّصْرَ وَلا أَحَدَ يَسْأَلُ عَنْهُمْ .		

نـ صـ ص

to stipulate, provide (for) I نَصَّ يَنُصُّ نَصٌّ

لَقَدَ نَصَّ الْقَانُونُ عَلَى هَذِه الْحَالَةِ بِالذَّاتِ . اِقْرَأْهُ جَيِّدًا .

to be intertextual VI تَنَاصَّ يَتَنَاصُّ تَنَاصٌّ

اَلتَّنَاصُّ مَعْنَاهُ أَنْ تَجْعَلَ النُّصُوصَ تَتَحَاوَرُ مَعَ بَعْضِهَا الْبَعْضَ .

نـ صـ ع

to be clear, evident I نَصَعَ يَنْصَعُ نُصُوعٌ

نَصَعُ اللَّوْنُ الأَصْفَرُ على الْخَلْفِيَّةِ السَّوْداءِ لِلْعَلَمِ الْمُقْتَرَحِ .

نـ صـ ف

to share half of s.th. III نَاصَفَ يُنَاصِفُ مُنَاصَفَةٌ

اِقْتَسَمَ الشَّريكانِ أَرْباحَ الشَّركةِ مُناصَفَةً: أَخَذَ كُلٌّ مِنْهُمَا النِّصْفَ .

to be just IV أَنْصَفَ يُنْصِفُ إِنْصَافٌ

مِن الْإنصافِ أن تُحِبَّ لأَخيكَ ما تُحِبُّ لِنَفْسِكَ .

to reach midway VIII اِنْتَصَفَ يَنْتَصِفُ اِنْتِصَافٌ

عِنْدَما يَنْتَصِفُ النَّهارُ في الصَّيْفِ ، تَشْتَدُّ حَرارَةُ الْجَوِّ .

نـ صـ ل

to evade (responsibility) V تَنَصَّلَ يَتَنَصَّلُ تَنَصُّلٌ

يُحاوِلُ دائمًا أَنْ يَتَنَصَّلَ مِن كُلِّ مَهمَّةٍ أَوْ مَسْئولِيَّةٍ .

نـ ضـ ب

to seep away, dry up I نَضَبَ يَنْضُبُ نُضُوبٌ

نَضَبَ ماءُ الْبِرْكةِ وَتَخَمَّرَ فيها الطِّينُ فَفاحَتْ رائِحَةٌ كَريهةٌ .

نـ ضـ ج

to ripen I نَضِجَ يَنْضَجُ نُضْجٌ / نُضُوجٌ

لَقَدْ نَضِجَ الْعِنَبُ ، وَجَبَ عَلَيْنا أَنْ نَبْحَثَ عَنِ الْمُشْتَرِينَ .

to cause to ripen IV أَنْضَجَ يُنْضِجُ إنْضَاجٌ

اِشْتَدَّ الْحَرُّ فَأَنْضَجَ عَدَدًا مِنَ الْفَوَاكِهِ وَالْخَضْرَوَاتِ .

نـ ضـ ح

to leak, flow over I نَضَحَ يَنْضَحُ نَضْحٌ

يَقُولُونَ : كُلُّ إنَاءٍ يَنْضَحُ بِمَا فِيهِ أَيْ إِنَّ تَصَرُّفَ الْإِنْسَانِ نَابِعٌ مِنْ تَرْبِيَتِهِ .

نـ ضـ د

to compose, arrange II نَضَّدَ يُنَضِّدُ تَنْضِيدٌ

نَضَّدَ الْخَادِمُ كُلَّ الْكَرَاسِيِّ ، وَلَكِنَّ مَنْظَرَهَا لا يُعْجِبُنِي .

to be set, arranged V تَنَضَّدَ يَتَنَضَّدُ تَنَضُّدٌ

تَنَضَّدَتِ الْكَرَاسِيُّ بِطَرِيقَةٍ بِدَائِيَّةٍ لا تُعْجِبُنِي .

نـ ضـ ر

to glow, bloom I نَضُرَ يَنْضُرُ نُضْرَةٌ / نَضَارَةٌ

لَقَدْ نَضُرَ وَجْهُهُ حِينَ عَلِمَ بِالْخَبَرِ السَّارِّ .

to make glow, bloom II نَضَّرَ يُنَضِّرُ تَنْضِيرٌ

دَعَوْتُ اللهَ لَهُ أَنْ يُنَضِّرَ وَجْهَهَ دَائِمًا لِقَاءَ مَا يُقَدِّمُهُ لِلنَّاسِ .

to make flourish IV أَنْضَرَ يُنْضِرُ إنْضَارٌ

أَنْضَرَ اللهُ الزَّرْعَ بِقُدْرَتِهِ .

to flourish V تَنَضَّرَ يَتَنَضَّرُ تَنَضُّرٌ

تَنَضَّرَ الزَّرْعُ بِقُدْرَةِ اللهِ .

نـ ضـ ل

to struggle III نَاضَلَ يُنَاضِلُ مُنَاضَلَةٌ / نِضَالٌ

ظَلُّوا يُناضِلون ضِدَّ الاِسْتِعْمارِ ، حَتَّى حَصَلوا عَلَى اسْتِقْلالِهِمْ .

نـ طـ ح

to butt, push against I نَطَحَ يَنْطَحُ نَطْحٌ

نَطَحَ الْكَبْشُ الْحِمَارَ فَأَرْدَاهُ قَتِيلا .

to fight, push against III نَاطَحَ يُنَاطِحُ مُنَاطَحَةٌ

كَانَ يَظُنُّ أَنَّهُ قَادِرٌ عَلَى مُنَاطَحَتِهِمْ ، وَلَكِنْ ثَبَتَ ضَعْفُهُ .

to butt or push one another VI تَنَاطَحَ يَتَنَاطَحُ تَنَاطُحٌ

كُنْتُ وأنَا صَغِيرَةٌ أُحِبُّ أَنْ يَتَنَاطَحَ الْكَبْشَانِ أَمَامِي .

نـ طـ ع

to be obstinate V تَنَطَّعَ يَتَنَطَّعُ تَنَطُّعٌ

التَّنَطُّعُ نَوْعٌ مِن الهُروبِ مِن المَسْئولِيَّةِ ، إِلَى جانِبِ التَّعامُلِ الْفَظِّ والْخَشِنِ .

نـ طـ ق

to utter I نَطَقَ يَنْطِقُ نُطْقٌ

أَوَّلُ شَيْءٍ نَطَقَهُ طِفْلُهَا كَانَ كَلِمَةَ " بَابَا " .

to animate, make talk IV أَنْطَقَ يُنْطِقُ إِنْطَاقٌ

مِنْ بَرَاعَةِ الشَّاعِرِ أَنَّهُ يُنْطِقُ الْجَمَادَ وَالْحَيَوانَ بِمَا يُرِيدُ .

to animate, use personification X اِسْتَنْطَقَ يَسْتَنْطِقُ اِسْتِنْطَاقٌ

اِسْتِنْطَاقُ الشُّعَرَاءِ لِلْأَمَاكِنِ أَمْرٌ مَأْلُوفٌ فِي الشِّعْرِ الْعَرَبِيِّ .

نـ ظـ ر

to look I نَظَرَ يَنْظُرُ نَظَرٌ

نَظَرْتُ إِلَيْهِ طَويلا ثُمَّ تَرَكْتُهُ وَانْصَرَفْتُ .

to theorize, conceptualize II نَظَّرَ يُنَظِّرُ تَنْظِيرٌ

هَذا الْبَحْثُ جَيِّدٌ فِي التَّنْظِيرِ لَكِنَّهُ ضَعِيفٌ فِي التَّطْبِيقِ .

to debate III نَاظَرَ يُناظِرُ مُنَاظَرَةٌ

شَهِدْتُ مُنَاظَرَةً عِلْمِيَّةً قَوِيَّةً بَيْنَ مَجْمُوعَةٍ مِنْ طَلَبَةِ الْكُلِّيَّاتِ وَطَالِبَاتِهَا .

to grant a delay IV أَنْظَرَ يُنْظِرُ إِنْظَارٌ

لَمْ يَسْتَطِعْ دَفْعَ الدَّيْنِ الَّذِي عَلَيْهِ فَأَنْظَرْتُهُ شَهْرًا آخَرَ .

to debate VI تَنَاظَرَ يَتَنَاظَرُ تَنَاظُرٌ

تَنَاظَرَ الطُّلَّاب حَوْلَ مَوْضُوعٍ عِلْمِيٍّ مُثِيرٍ .

اِنْتَظَرَ يَنْتَظِرُ اِنْتِظَارٌ VIII to wait (for)

اِنْتَظَرْتُك بِمَحَطَّةِ الْقِطَارِ سَاعَةً ، ثُمَّ ذَهَبْتُ .

اِسْتَنْظَرَ يِسْتَنْظِرُ اِسْتِنْظَارٌ X to wait (for)

لَنْ أَسْتَنْظِرَه أَكْثَرَ مِن ذَلِكَ ، إِنَّهُ لا يَحْتَرِمُ مَواعِيدَهُ .

ن ظ ف

نَظُفَ يَنْظُفُ نَظَافَةٌ I to be, beome clean

يَقُولُونَ دَائِمًا: اَلنَّظَافَةُ مِنَ الْإِيمَانِ .

نَظَّفَ يُنَظِّفُ تَنْظِيفٌ II to clean

نَظَّفَتِ الْخَادِمَةُ الْمَطْبَخَ جَيِّدًا .

تَنَظَّفَ يَتَنَظَّفُ تَنَظُّفٌ V to beome clean

تَنَظَّفَ الْمَطْبَخُ وَأَصْبَحَ فِي أَحْسَنِ أَحْوَالِهِ .

ن ظ م

نَظَمَ يَنْظِمُ نَظْمٌ I to compose

نَظَمْتُ بَيْتَيْنِ مِنَ الشِّعْرِ بِمُنَاسَبَةِ عِيدِ مِيلادِ أُخْتِي .

نَظَّمَ يُنَظِّمُ تَنْظِيمٌ II to organize

نَظَّمَ الْمُدَرِّسُ طُلّابَ فَصْلِهِ فِي صُفُوفٍ مُنْتَظِمَةٍ .

اِنْتَظَمَ يَنْتَظِمُ اِنْتِظَامٌ VIII to be orderly, be regular

اِنْتَظَمَت الدِّرَاسَةُ فِي الْمَدَارِسِ مُنْذُ أُسْبُوعٍ .

ن ع ت

نَعَتَ يَنْعَتُ نَعْتٌ I to describe

أَخَذَ يَنْعَتُهُ بِأَحْسَنِ الصِّفاتِ ، وَبَعْدَ خُروجِه مِن الْمَكْتَبِ ، غَيَّرَ حديثَهُ عَنْهُ .

ن ع س

نَعَسَ يَنْعَسُ نَعْسٌ / نُعَاسٌ I to doze, take a nap

بَعْدَ أن اِسْتَحَمَّتِ الطِّفْلَةُ وَرَضَعَتْ ، نَعَسَتْ وَكَأَنَّها مَلاكٌ .

ن ع ش

to revive	IV	أَنْعَشَ يُنْعِشُ إنعاشٌ

أَنْعَشَتِ الشَّرَاكَةُ بَيْنَ مِصْرَ وَالْخارِجِ عَمَلِيَّاتِ الْاِسْتِثْمارِ .

to recover, boost	VIII	اِنْتَعَشَ يَنْتَعِشُ اِنْتِعَاشٌ

اِنْتَعَشَ الْاِقْتِصادُ الِمصْرِيُّ بِفَضْلِ التَّخْطِيطِ الْجَيِّدِ وَالتَّنْفيذِ الدَّقيقِ .

ن ع ق

to caw	I	نَعَقَ يَنْعَقُ نَعِيقٌ

مِن أَصْواتِ الطُّيورِ : نَعيقُ الْغُرابِ .

ن ع ل

to wear shoes	VIII	اِنْتَعَلَ يَنْتَعِلُ اِنْتِعَالٌ

في الصَّحْراءِ ، يَصْعُبُ الْمَشْيُ عَلَى الْحافي ، وَيَتَيَسَّرُ لِلْمُنْتَعِلِ .

ن ع م

to live comfortably	I	نَعِمَ يَنْعَمُ نَعْمَةٌ / نِعْمَةٌ / نَعيمٌ

نِعَمُ اللهُ على بَني الْبَشَرِ لا تُعَدُّ ولا تُحْصَى ، فَحَمْدًا وشُكْرًا للهِ .

to bestow favors	IV	أَنْعَمَ يُنْعِمُ إِنْعَامٌ

أَنْعَمَ اللهُ عَلَى الْإِنْسانِ بِنِعَمٍ كَثيرَةٍ .

to live in luxury	V	تَنَعَّمَ يَتَنَعَّمُ تَنَعُّمٌ

سَرَقَ أَمْوالَ النَّاسِ ، وَهَربَ إِلَى الْخارِجِ ظَنًّا أَنَّهُ سَوْفَ يَتَنَعَّمُ هُناكَ .

ن ع ي

to announce s.o.'s death	I	نَعَى يَنْعَى نَعْيٌ

حِينَ تُوُفِّيَ نَعَتْهُ الدَّوْلَةُ إِلَى سَائِرِ أَقْطَارِ الْعَالَمِ .

ن غ ص

to spoil (s.o.'s life, pleasure)	II	نَغَّصَ يُنَغِّصُ تَنْغيصٌ

ظَلَّتْ تُعامِلُهُ بِلُطْفٍ ، وَسُرْعانَ ما تَغَيَّرتْ وَنغَّصَتْ عليه حَياتَهُ .

to be disturbed	V	تَنَغُّصٌ	يَتَنَغَّصُ	تَنَغَّصَ

تَنَغَّصَ كَثيرًا بِسَبَبِ تَعامُلِها الْجافِّ مَعَهُ ، فَقَرَّرَ أَخيرًا أَنْ يُطَلِّقَها .

ن غ م

to hum a tune	I	نَغْمٌ / نَغَمٌ	يَنْغُمُ	نَغَمَ

يُحِسّ الْمُسْتَمِعُ بِأَنْغامٍ مُتَنَوِّعَةٍ لَدَى كِبارِ الْمُطْرِبينَ .

to hum a tune	II	تَنْغِيمٌ	يُنَغِّمُ	نَغَّمَ

اَلتَّنْغيمُ مُصْطَلَحٌ صَوْتِيٌّ يَعْنِي تَلْوِينَ الصَّوْتِ حَسَبَ الْمَعْنَى .

to be in harmony	VI	تَنَاغُمٌ	يَتَنَاغَمُ	تَنَاغَمَ

الْحياةُ الأُسْرِيَّةُ بِحاجَةٍ إِلى الانْسِجامِ والتَّناغُمِ .

ن غ ي

to talk gently to	III	مُنَاغَاةٌ	يُنَاغِي	نَاغَى

تُناغي الأُمُّ طِفْلَها عادَةً قَبْلَ أَنْ يَنامَ .

ن ف ث

to puff	I	نَفْثٌ	يَنْفُثُ	نَفَثَ

أَخَذَ السَّاحِرُ يَنْفُثُ في قَبْضَةِ يَدِهِ وَهْوَ يَطْويها ، ثُمَّ بَسَطَها لِنَجِدَ عَلَيْها فَأْرًا صغيرًا .

ن ف ح

to give as a present	I	نَفْحٌ	يَنْفَحُ	نَفَحَ

نَفَحَهُ الشَّيْخُ هَدِيَّةً قَيِّمَةً : مَالِيَّةً وَعَيْنِيَّةً .

to defend	III	مُنَافَحَةٌ	يُنَافِحُ	نَافَحَ

ظَلَّ يُنافِحُ وَيُكافِحُ حَتَّى حَصَلَ عَلَى ما يُريدُ .

ن ف خ

to blow	I	نَفْخٌ	يَنْفُخُ	نَفَخَ

أَخَذَ يَنْفُخُ فِي النَّارِ حَتَّى أَشْعَلَهَا تَمَامًا .

to become inflated VIII اِنْتَفَخَ يَنْتَفِخُ اِنْتِفَاخٌ

اِنْتَفَخَتْ بَطْنُهُ فَذَهَبَ فَوْرًا إِلَى طَبِيبِهِ الْمُخْتَصِّ .

ن ف د

to be used up I نَفِدَ يَنْفَدُ نَفَادٌ

نَفِدَتْ مِنْ عِنْدِي كُلُّ الْأَقْلامِ الرَّصَاصِ الَّتِي اشْتَرَيْتُهَا .

to accomplish IV أَنْفَدَ يُنْفِدُ إِنْفَادٌ

إِنَّهُ يَتَصَرَّفُ بِلَبَاقَةٍ وَقَدْ أَنْفَدَ الْعَدِيدَ مِنَ الْقَرَارَاتِ وَالْمَشْرُوعَاتِ .

to exhaust, use up X اِسْتَنْفَدَ يَسْتَنْفِدُ اِسْتِنْفَادٌ

لَقَدِ اسْتَنْفَدْتُ مَعَهُ كُلَّ الْوَسَائِلِ اللَّيِّنَةِ ، وَلَمْ تَبْقَ إِلاَّ الشِّدَّةُ .

ن ف ذ

to pass through I نَفَذَ يَنْفُذُ نَفَاذٌ / نُفُوذٌ

نَفَذَ السَّهْمُ في صَدْرِهِ وَلَمْ يُصِبْ قَلْبَهُ مِنْ حُسْنِ حَظِّهِ .

to execute, implement II نَفَّذَ يُنَفِّذُ تَنْفِيذٌ

كَتَبْتُ إِلَيْهِ أَطْلُبُ أَنْ يُنَفِّذَ تَعْلِيمَاتِي بِدِقَّةٍ .

to execute, implement IV أَنْفَذَ يُنْفِذُ إِنْفَاذٌ

أَنْفَذَ الْعَدِيدَ مِنَ الْمَشْرُوعَاتِ الَّتِي كَانَتْ لَهَا أَوْلَوِيَّةٌ أَكْثَر .

to be carried out V تَنَفَّذَ يَتَنَفَّذُ ——

تَنَفَّذَتْ بَعْضُ الْمَشْرُوعَاتِ وَبَقِيَ بَعْضُهَا الْآخَرُ .

ن ف ر

to have an aversion (to) I نَفَرَ يَنْفِرُ نَفْرٌ / نُفْرَةٌ / نُفورٌ

إِنَّهُ دَائِمًا يَنْفِرُ مِنْهَا وَهِيَ تُصِرُّ عَلَى الاقْتِرَانِ بِهِ .

to chase away II نَفَّرَ يُنَفِّرُ تَنْفِيرٌ

نَفَّرَها مِنْهُ إِلْحاحُهُ وعَصَبِيَّتُهُ الزَّائِدَةُ .

III نَافَرَ يُنَافِرُ نِفَارٌ / مُنَافَرَةٌ

to invite participation in a competition

الْمُنَافَرَاتُ عِبَارَةٌ عَنْ مُسَابَقَاتٍ أَدَبِيَّةٍ اشْتُهِرَ بِهَا الْعَرَبُ الْقُدَمَاءُ .

تَنَافَرَ يَتَنَافَرُ تَنَافُرٌ VI to be mutually repellent

تَعَلَّمْنَا وَنَحْنُ صِغَارٌ أَن الْقُطْبَيْنِ الْمُخْتَلِفَيْنِ يَتَجَاذَبَانِ ، وَالْمُتَشَابِهَيْنِ يَتَنَافَرَانِ .

اِسْتَنْفَرَ يَسْتَنْفِرُ اِسْتِنْفَارٌ X to call to fight

حَاوَلَ أَنْ يَسْتَنْفِرَ الْقَبِيلَةَ إِلَى مُحَارَبَتِهِ ، فَرَفَضَتْ .

ن ف س

نَفِسَ يَنْفَسُ —— I to begrudge s.th. (to) s.o.

إِنَّهُ رَجُلٌ حَسُودٌ ، لَقَدْ نَفِسَ عَلَيْهَا مَرْكَزَهَا الْمَرْمُوقَ .

نَفَّسَ يُنَفِّسُ تَنْفِيسٌ II to cheer up, relieve

لِي صَدِيقٌ مُخْلِصٌ يُحَاوِلُ دَائِمًا أَنْ يُنَفِّسَ عَنِّي حِينَ أَكُونُ فِي مِحْنَةٍ .

نَافَسَ يُنَافِسُ مُنَافَسَةٌ III to compete

الْمُنَافَسَةُ الشَّرِيفَةُ مِنْ أَهَمِّ عَوَامِلِ الإِنْتَاجِ وَالإِبْدَاعِ .

تَنَفَّسَ يَتَنَفَّسُ تَنَفُّسٌ V to breathe

أَخْرُجُ كُلَّ يَوْمٍ مُبَكِّرًا كَيْ أَتَنَفَّسَ هَوَاءً نَقِيًّا .

تَنَافَسَ يَتَنَافَسُ تَنَافُسٌ VI to compete with each other

يَتنافَسُ الْفريقانِ الآنَ عَلَى الْكَأْسِ ، ولم تَبْقَ أَمامَهُما إلّا الْمُباراةُ الأَخيرَةُ .

ن ف ض

نَفَضَ يَنْفُضُ نَفْضٌ I to shake off, brush off

قَالَ لِي إِنَّهُ نَفَضَ يَدَهُ مِنَ الْمَوْضُوعِ وَلَمْ يَعُدْ مَسْئُولاً عَنْهُ .

اِنْتَفَضَ يَنْتَفِضُ اِنْتِفَاضٌ VIII to shudder

اِنْتَفَضَ الطَّائِرُ فَوْرَ إِصَابَتِهِ بِالرَّصَاصَةِ ثُمَّ سَقَطَ عَلَى الأَرْضِ .

ن ف ع

نَفَعَ يَنْفَعُ نَفْعٌ / مَنْفَعَةٌ I to serve, be of use

لَقَدْ نَفَعَهُ فِي بَعْثَتِهِ أَنَّهُ كَانَ يَعْرِفُ بَعْضَ كَلِمَاتٍ مِنَ اللُّغَةِ الصِّينِيَّةِ .

اِنْتَفَعَ يَنْتَفِعُ اِنْتِفَاعٌ VIII to benefit (from, by)

اِنْتَفَعْتُ جِدًا بِقِرَاءَةِ هَذَا الْكِتَابِ ، بَلْ وَاسْتَمْتَعْتُ كَذَلِكَ .

to utilize X اِسْتَنْفَعَ يَسْتَنْفِعُ اِسْتِنْفَاعٌ

اِسْأَلْ نَفْسَكَ مَاذَا تَسْتَنْفِعُ مِنْ تَضْيِيعِ وَقْتِكَ .

ن ف ق

to die (of animals) I نَفَقَ يَنْفُقُ نُفُوقٌ / نَفْقٌ / نَفَاقٌ

نَفَقَ الْجَمَلُ فَحَزِنَتْ عَلَيْهِ كُلُّ الْقَبِيلَةِ .

to act hypocritically III نَافَقَ يُنَافِقُ مُنَافَقَةٌ / نِفَاقٌ

قَدْ يُنَافِقُ الْمَسْئُولِينَ وَيُصَدِّقُونَهُ ، أَمَّا أَنَا فَلَنْ أُصَدِّقَهُ أَبَدًا .

to spend IV أَنْفَقَ يُنْفِقُ إِنْفَاقٌ

أَنْفَقَتْ كُلَّ أَمْوَالِهَا عَلَى الزِّينَةِ وَشِرَاءِ الْمَلَابِسِ الْمُسْتَوْرَدَةِ .

ن ف ي

to deny I نَفَى يَنْفِي نَفْيٌ

أَمامَ وَكيلِ النِّيابَةِ ، نَفَى كُلَّ ما قالَهُ في مَحْضَرِ الشُّرْطَةِ .

to contradict (with) III نَافَى يُنَافِي مُنَافَاةٌ

ما قاموا بِهِ في الْجَلْسَةِ من صِياحٍ يُنافي عَمَلَ أُناسٍ مَسْئولين .

to contradict (with) VI تَنَافَى يَتَنَافَى تَنَافٍ

قَذْفُ الحِجارةِ على الْمَلْعَبِ واللّاعِبينَ يَتَنافَى مَعَ حُدودِ تَصَرُّفِ الْمُشَجِّعينَ .

to be denied VIII اِنْتَفَى يَنْتَفِي اِنْتِفَاءٌ

بَعْدَ عَرْضِ الْأَدِلَّةِ الْجِنائِيَّةِ أَمامَ النِّيابَةِ ، اِنْتَفَى تَمامًا الْأَمَلُ في الْبَراءَةِ .

ن ق ب

to dig, bore through I نَقَبَ يَنْقُبُ نَقْبٌ

نَقَبَ اللِّصُّ الْجِدَارَ اسْتِعْدَادًا لِعَمَلِيَّةِ سَطْوٍ كَبِيرَةٍ .

to investigate II نَقَّبَ يُنَقِّبُ تَنْقِيبٌ

حَاوَلْتُ أَنْ أُنَقِّبَ وَأَبْحَثَ وَلَكِنِّي لَمْ أَجِدْ مَادَّةً كَافِيَةً .

ن ق ح

to refine, revise II نَقَّحَ يُنَقِّحُ تَنْقِيحٌ

نَقَّحَ الْمُؤَلِّفُ الطَّبْعَةَ الثَّانِيَةَ لِلْكِتابِ ، بِما جَعَلَها أَفْضَلَ مِنْ سابِقَتِها .

to be refined, revised V تَنَقَّحَ يَتَنَقَّحُ تَنَقُّحٌ

تَنَقَّحَ الْمُعْجَمُ كَثيرًا هَذِهِ الْمَرَّة ، بِما يَجْعَلُ استخدامَهُ أَشْمَلَ .

نـ قـ د

to criticize I نَقَدَ يَنْقُدُ نَقْدٌ

لَمْ يَكُنِ الأُستاذُ مَوْضوعيًّا وَهْوَ يَنْقُدُ بَحْثَ الطَّالِبِ .

to pay IV أَنْقَدَ يُنْقِدُ إِنْقادٌ

أَنْقَدَه عددًا من الْجُنَيْهاتِ الذَّهَبِ ، أَيْ أَعْطاها لَهُ .

نـ قـ ذ

to rescue IV أَنْقَذَ يُنْقِذُ إِنْقاذٌ

سَمِعُوا صُراخَهُ وَهُمْ عَلَى الشّاطِئِ فَنَزَلُوا إِلَى الْبَحْرِ وَأَنْقَذُوهُ .

to rescue X اِسْتَنْقَذَ يَسْتَنْقِذُ اِسْتِنْقاذٌ

لَمْ يَسْتَنْقِذْهُ مِنْ أَيْدِي الْمُجْرِمِينَ إلا وُصُولُ الشُّرْطَةِ .

نـ قـ ر

to bang I نَقَرَ يَنْقُرُ نَقْرٌ

أَخَذَ يَنْقُرُ عَلَى الطَّبْلَةِ طَوالَ الْيَوْمِ ، وَلَمْ أَسْمَعْ شَيْئاً فيهِ مُتْعَةٌ .

to peck II نَقَّرَ يُنَقِّرُ تَنْقِيرٌ

أَخَذَ يُنَقِّرُ ويُنَقِّرُ حَوْلَ مِزْلاجِ الْبابِ ، حتى سَقَطَ الْمِزْلاجُ عَلَى الأَرْضِ .

نـ قـ ش

to paint (drawings) I نَقَشَ يَنْقُشُ نَقْشٌ

تُفَضِّلُ صَبايا الْخَليجِ رَسْمَ نَقْشٍ بالْحِنّاءِ في أَكُفِّهِنَّ .

to discuss III نَاقَشَ يُنَاقِشُ مُنَاقَشَةٌ

ظَلَّ يُناقِشُهُ حَوْلَ جَدْوَى الْعَوْلَمَةِ ، وأخيرًا لم يَقْتَنِعْ .

نـ قـ ص

to decrease I نَقَصَ يَنْقُصُ نَقْصٌ / نُقْصَانٌ

نَقَصَ دَخْلُهُ كَثِيرًا بَعْدَ أَنْ أُحِيلَ إِلَى الْمَعَاشِ .

to reduce, cut II نَقَّصَ يُنَقِّصُ تَنْقِيصٌ

أَخَذَ يُنَقِّصُ فِي أَعْدَادِ الْعُمَّالِ حَتَّى لَمْ يَبْقَ بِالْمَصْنَعِ سِوَى خَمْسَةٍ .

to invite bids III نَاقَصَ يُنَاقِصُ مُنَاقَصَةٌ

تَقومُ الشَّرِكَةُ بِطَرْحِ " مُناقَصَةٍ " لاِخْتيارِ أَفْضَلِ عَرْضٍ لِتَنْفيذِ الْمَشْروعِ .

to reduce, cut IV أَنْقَصَ يُنْقِصُ إِنْقَاصٌ

سَأَلْتُهُ لِمَاذَا يُنْقِصُ هَذَا الْعَدَدَ الْهَائِلَ مِنَ الْعُمَّالِ ، فَلَمْ يُجِبْ .

to decrease VI تَنَاقَصَ يَتَنَاقَصُ تَنَاقُصٌ

تَنَاقَصَتِ الأَعْدَادُ هَذَا الْعَامَ بِطَرِيقَةٍ لافِتَةٍ لِلنَّظَرِ .

to belittle VIII اِنْتَقَصَ يَنْتَقِصُ اِنْتِقَاصٌ

إِنَّهُ رَجُلٌ مَغْرُورٌ ، يُحَاوِلُ دَائِمًا أَنْ يَنْتَقِصَ مِنْ جُهُودِ الآخَرِينَ .

ن ق ض

to revoke I نَقَضَ يَنْقُضُ نَقْضٌ

بَعْدَ صُدورِ الْحُكْمِ الابْتِدائِيِّ مِن الْمَحْكَمَةِ ، يَجِدُ أَمامَهُ الْفُرْصَةَ لِلنَّقْضِ .

to contradict each other VI تَنَاقَضَ يَتَنَاقَضُ تَنَاقُضٌ

يَتَناقَضُ ما تَقولُهُ الآن مَعَ الْمَصْلَحَةِ الْعامَّةِ الَّتي تُرَوِّجُ لَها .

to be revoked VIII اِنْتَقَضَ يَنْتَقِضُ اِنْتِقَاضٌ

اِنْتَقَضَ الْحُكْمُ الْقَضائِيُّ الأَوَّلُ ، وَأَصْبَحَ أَمامَهُ فُرْصَةُ الْبَراءَةِ .

ن ق ط

to dot (letters) I نَقَطَ يَنْقُطُ نَقْطٌ

يُخْطِئُ كَثيرٌ مِن النَّاسِ في وَضْعِ النَّقْطِ بِطَريقَةٍ دَقيقَةٍ لِلْحُروفِ .

to dot (letters) II نَقَّطَ يُنَقِّطُ تَنْقِيطٌ

وَجَدَ الْمَخْطوطَةَ بِدونِ تَنْقيطٍ ، فَأَحْجَمَ عَنْ تَحْقيقِها .

ن ق ل

to transfer I نَقَلَ يَنْقُلُ نَقْلٌ

نَقَلَهُ الْمُديرُ مِنْ وَظيفَتِهِ إِلَى وَظيفَةٍ أَقَلَّ .

to move about	V	تَنَقُّلٌ	يَتَنَقَّلُ	تَنَقَّلَ

تَنَقَّلْتُ بَيْنَ مُدُنٍ كَثِيرَةٍ ، وَلَمْ أَجِدْ أَجْمَلَ مِنْ مَدِينَتِي .

to pass on, hand down	VI	تَنَاقُلٌ	يَتَنَاقَلُ	تَنَاقَلَ

أَخَذُوا يَتَنَاقَلُونَ قِصَّتَهُ جِيلاً بَعْدَ جِيلٍ .

to move, depart	VIII	اِنْتِقَالٌ	يَنْتَقِلُ	اِنْتَقَلَ

اِنْتَقَلَ إِلَى رَحْمَةِ اللهِ فَحَزِنَ الْجَمِيعُ عَلَيْهِ .

ن ق م

to take revenge (on)	I	نَقْمٌ / نِقْمَةٌ	يَنْقِمُ	نَقَمَ

عَرَفَ مِنْهُمْ أَنَّهُ كَانَ السَّبَبَ فِي الْفَضِيحَةِ فَنَقَمَ مِنْهُ ذَلِكَ .

to take revenge (on)	VIII	اِنْتِقَامٌ	يَنْتَقِمُ	اِنْتَقَمَ

حَاوَلَ مَرَّاتٍ أَنْ يَنْتَقِمَ مِنْهُ وَلَكِنَّهُ لَمْ يَسْتَطِعْ .

ن ق ي

to purify	II	تَنْقِيَةٌ / نَقَاءٌ	يُنَقِّي	نَقَّى

لَدَيْنَا مَحَطَّاتٌ مُتَخَصِّصَةٌ في تَنْقِيَةِ الْمَاءِ مِن الشَّوائِبِ وَجَعْلِهِ صالِحًا لِلشُّرْبِ .

to select	VIII	اِنْتِقَاءٌ	يَنْتَقِي	اِنْتَقَى

اِنْتَقَى مِن الْمَعْرَضِ صورَتَيْن ، وَحينَ عَرَفَ الثَّمَنَ الْمَطْلوبَ ، تَرَكَهُما وَانْصَرَفَ .

ن ك ب

to deviate (from)	I	نَكْبٌ / نَكْبَةٌ	يَنْكُبُ	نَكَبَ

اِخْتَارَ اللِّصُّ طَرِيقَ الشَّرِّ وَنَكَبَ عَنِ الطَّرِيقِ الْمُسْتَقِيمِ .

to eschew, avoid	V	تَنَكُّبٌ	يَتَنَكَّبُ	تَنَكَّبَ

تَنَكَّبَ الطَّرِيقَ الصَّعْبَ وهُوَ مَسْئُولٌ عَنْ ذَلِكَ .

ن ك ت

to scratch up (the ground)	I	نَكْتٌ	يَنْكُتُ	نَكَتَ

نَكَتَ الْفَرَسُ الْأَرْضَ بِحَوَافِرِهِ قَبْلَ أَنْ يَجْرِيَ .

to joke	II	تَنْكِيتٌ	يُنَكِّتُ	نَكَّتَ

وَهَبَ اللهُ بَعْضَ النَّاسِ قُدْرَةً عَلَى التَّنْكِيتِ السّاخِرِ والمُضْحِكِ .

نـ كـ ث

نَكَثَ يَنْكُثُ نَكْثٌ I to violate, breach

لا أُحِبُّ مَنْ يُعْطِي عَهْدًا أَوْ وَعْدًا ثُمَّ يَنْكُثُ فِيهِ وَيَتَرَاجَعُ عَنْهُ .

نـ كـ ح

نَكَحَ يَنْكِحُ نِكَاحٌ I to marry

اَلنِّكَاحُ الْمَشْرُوعُ أَوِ الزَّوَاجُ أَمْرٌ تُقِرُّهُ كُلُّ الْأَدْيَانِ السَّمَاوِيَّةِ .

نـ كـ د

نَكِدَ يَنْكَدُ نَكَدٌ I to be miserable

النَّكَدُ ضِدُّ الْفَرَحِ وَالِاسْتِبْشَارِ ، وَهُنَاكَ مُغْرَمون بِكُلِّ حالَةٍ .

نَكَّدَ يُنَكِّدُ تَنْكِيدٌ II to make life miserable

التَّنْكِيدُ عَلَيْها طُولَ الْوَقْتِ جَعَلَها تَتْرُكُ بَيْتَها وأَوْلادَها ولا تُبالِي بِالزَّواجِ .

تَنَكَّدَ يَتَنَكَّدُ تَنَكُّدٌ V to be made miserable

تَنَكَّدَتِ الزَّوْجَةُ كَثِيرًا بِسَبَبِ تَصَرُّفاتِ زَوجِها الْمُعقَّدِ .

نـ كـ ر

نَكِرَ يَنْكَرُ نُكْرٌ / نُكْرانٌ I to deny

نُكْرانُ الْجَمِيلِ شيءٌ مُحْزِنٌ إِلَى أَبْعَدِ حدٍّ .

نَكَّرَ يُنَكِّرُ تَنْكِيرٌ II to use the indefinite form

في النَّحْوِ الْعَرَبيِّ حالَةٌ لِتَنْكِيرِ الِاسْمِ ، وأُخْرَى لِتَعْرِيفِهِ .

أَنْكَرَ يُنْكِرُ إِنْكَارٌ IV to deny s.th., disapprove (of)

أَنْكَرْتُ عَلَيْهِ تَصَرُّفَهُ الْأَخِيرَ فَغَضِبَ مِنِّي .

تَنَكَّرَ يَتَنَكَّرُ تَنَكُّرٌ V to deny

تَنَكَّرَ لِلْمَعْرُوفِ لأَنَّهُ غَيْرُ وَفِيٍّ .

اِسْتَنْكَرَ يَسْتَنْكِرُ اِسْتِنْكَارٌ X to condemn, disapprove

بَعَثُوا إِلَيْهِمْ يَسْتَنْكِرُونَ هَذَا الِاعْتِدَاءَ الْغَاشِمَ .

ن ك س

نَكَّسَ يُنَكِّسُ تَنْكِيسٌ	II	to lower

نَكَّسَتِ الدَّوْلَةُ الْأَعْلَامَ يَوْمَ وَفَاةِ زَعِيمِهَا .

اِنْتَكَسَ يَنْتَكِسُ اِنْتِكَاسٌ	VIII	to relapse, reverse

اِنْتَكَسَتْ أَحْوَالُهُ وَأَصْبَحَتْ أَسْوَأَ مِنْ قَبْلُ .

ن ك ص

نَكَصَ يَنْكِصُ نَكْصٌ / نُكُوصٌ	I	to turn away

يُقالُ : نَكَصَ فُلانٌ عَلَى عَقِبِهِ ، أَيْ رَجَعَ قَافِلاً إِلَى جِهَةٍ أُخْرَى .

ن ك ف

اِسْتَنْكَفَ يَسْتَنْكِفُ اِسْتِنْكَافٌ	X	to look down upon

إِنَّهُ يَسْتَنْكِفُ أَنْ يَشْتَرِكَ مَعَهُمْ في أُمورِ الشَّرِّ .

ن ك ل

نَكَّلَ يُنَكِّلُ تَنْكِيلٌ / نَكالٌ	II	to punish severely

حَاوَلَ أَنْ يُنَكِّلَ بِمُعَارِضِيهِ وَلَكِنَّهُمْ كَانُوا فِي وَضْعٍ أَقْوَى .

ن ك ي

نَكَى يَنْكِي نِكَايَةٌ	I	to harm s.o.

بَعْدَ أَنْ عَرَفَ أَنَّهُ تَزَوَّجَ مُطَلَّقَتَهُ ، خَطَفَ ابْنَهُما الرَّضيعَ نِكايَةً فيهِما .

ن م ر

تَنَمَّرَ يَتَنَمَّرُ تَنَمُّرٌ	V	to deceive, swindle

لَمْ أَفْهَمْهُ حَتَّى الآنَ ، كُلُّ ما أُحِسُّهُ أَنَّه يَتَنَمَّرُ (أَيْ يَتَصَرَّفُ كَالنَّمِرِ الْمُخادِعِ) .

ن م ق

نَمَّقَ يُنَمِّقُ تَنْمِيقٌ	II	to decorate

يُحاوِلُ أَنْ يُنَمِّقَ الْعَمَلَ أَكْثَرَ وَأَكْثَرَ ، فَيُفْسِدُهُ .

نـ مـ م

to gossip, slander I نَمَّ يَنِمُّ نَمٌّ / نَميمَةٌ

لا عَمَلَ لَهُ إلا أَنْ يَنِمَّ عَنْ هَذا أَوْ ذاكَ . وَمَنْ نَمَّ لَكَ نَمَّ عَلَيْكَ .

نـ مـ نـ م

to adorn (miniature) Q نَمْنَمَ يُنَمْنِمُ نَمْنَمَةٌ

يَشيعُ في الْفَنِّ الإِسْلامِيِّ مُصْطَلَحاتُ : الْمُقَرْنَصاتِ ، الْمُنَمْنَماتِ عَلَى أَنَّها زَخارِفُ .

نـ مـ و

to grow I نَمَا يَنْمُو نُمُوٌّ

اَلطِّفْلُ الآنَ فِي مَرْحَلَةِ النُّمُوِّ ، وَيَجِبُ أَنْ يَتَغَذَّى جَيِّدًا .

نـ مـ ي

to reach, come (to one's knowledge) I نَمَى يَنْمِي نَمْيٌ / نَمَاءٌ

لَقَدْ نَمَى إِلَى سَمْعِي أَنَّ تَغْييرًا وِزارِيًا سَيَحْدُثُ .

to increase, make grow II نَمَّى يُنَمِّي تَنْمِيَةٌ

حَاوَلَ أَنْ يُنَمِّيَ مَوارِدَهُ بِشَتَّى الطُّرُقِ .

to develop VI تَنَامَى يَتَنَامَى تَنَامٍ

هُنَاكَ عَوَامِلُ كَثِيرَةٌ تَعْمَلُ عَلَى تَنَامِي الْقَصِيدَةِ أَهَمُّهَا الْمُعْجَمُ الشِّعْرِيُّ .

VIII اِنْتَمى يَنْتَمِي اِنْتِمَاءٌ

to belong (to), to be affiliated (with)

إِنَّهُ لا يَنْتَمِي إِلَى هَذَا الْحِزْبِ أَوْ ذَاكَ ، لأَنَّهُ لا يُحِبُّ السِّيَاسَةَ .

نـ هـ ب

to plunder, rob I نَهَبَ يَنْهَبُ نَهْبٌ

كَسَرَ الْبَابَ وَدَخَلَ إِلَى الْمَحَلِّ فَنَهَبَ كُلَّ الْمُجَوْهَرَاتِ وَهَرَبَ .

VIII اِنْتَهَبَ يَنْتَهِبُ اِنْتِهَابٌ

to devour, cover the distance speedily

كَانَتِ السَّيَّارَةُ تَسِيرُ بِسُرْعَةٍ جُنُونِيَّةٍ وَكَأَنَّهَا تَنْتَهِبُ الأَرْضَ .

ن هـ ج

نَهَجَ يَنْهَجُ نَهْجٌ — I — to pursue a (course)

لَقَدْ نَهَجَ فِي بُحُوثِهِ نَهْجَ الْمُسْتَشْرِقِينَ .

اِنْتَهَجَ يَنْتَهِجُ اِنْتِهَاجٌ — VIII — to follow, pursue (a method)

حَاوَلَ أَنْ يَنْتَهِجَ طَرِيقَةً جَدِيدَةً فِي بَحْثِهِ .

ن هـ ش

نَهَشَ يَنْهَشُ نَهْشٌ — I — to gnash, bite s.th.

لِمَاذَا يَنْهَشُونَ لَحْمَهُ بِهَذَا الشَّكْلِ : أَوَلَيْسَ وَاحِدًا مِنْهُمْ ؟

ن هـ ض

نَهَضَ يَنْهَضُ نُهُوضٌ / نَهْضَةٌ — I — to rise, revive

نَهَضَت الْيَابَانُ نَهْضَةً كُبْرَى أَصْبَحَتْ مِثَالًا فِي الشَّرْقِ وَالْغَرْبِ .

نَاهَضَ يُنَاهِضُ مُنَاهَضَةٌ — III — to oppose

إِنَّهُ يُنَاهِضُ الْعِدَاءَ وَلَا أَدْرِي مَاذَا سَتَكُونُ النَّتِيجَةُ .

أَنْهَضَ يُنْهِضُ إِنْهَاضٌ — IV — to awaken

أَنْهَضَنِي مِنْ نَوْمِي صَوْتُ مِدْفَعٍ رَجَّ الْأَرْضَ مِنْ تَحْتِي .

اِسْتَنْهَضَ يَسْتَنْهِضُ اسْتِنْهَاضٌ — X — to stimulate

إِنَّهُ يَسْتَنْهِضُ الْهِمَمَ دَائِمًا إِلَى الْعَمَلِ وَالْكِفَاحِ .

ن هـ ك

أَنْهَكَ يُنْهِكُ إِنْهَاكٌ — IV — to wear out

أَنْهَكَهُ كَثْرَةُ السَّهَرِ خَارِجَ الْبَيْتِ ، وَلَمْ يَعُدْ قَادِرًا عَلَى الْعَطَاءِ كَمَا كَانَ .

اِنْتَهَكَ يَنْتَهِكُ اِنْتِهَاكٌ — VIII — to violate

اِنْتَهَكَتِ الدَّوْلَةُ الْمُعَادِيَةُ كُلَّ قَرَارَاتِ وَقْفِ إِطْلَاقِ النَّارِ .

ن هـ ل

نَهَلَ يَنْهَلُ نَهَلٌ / مَنْهَلٌ — I — to drink

يَنْهَلُ الْمَاءَ مِنَ النَّهْرِ ، وَيَنْهَلُ الْحُبَّ مِنْ أَعَزِّ النَّاسِ .

ن هـ م

to be greedy	I	نَهِمَ يَنْهَمُ نَهَمٌ / نَهَامَةٌ

إنَّه دائمًا نَهِمٌ وجَشِعٌ لِابْتِلاعِ أيِّ شَيْءٍ ، وَلَوْ كانَ حَرامًا .

ن هـ ي

to forbid	I	نَهَى يَنْهَى نَهْيٌ

كَما نَهَى اللهُ عن أَشْياءَ ، أَمَرَ بِأَشْياءَ .

to terminate	IV	أَنْهَى يُنْهِي إنْهَاءٌ

أَنْهَى الْجَلْسَةَ بَعْدَ مُشادَّةٍ عَنيفَةٍ بَيْن أَعْضاءِ اللَّجْنَةِ .

to reach	VI	تَنَاهَى يَتَنَاهَى تَنَاهٍ

تَناهَى إلَى رَئيسِ الْمُخابَراتِ الْعَامَّةِ أنّ جَماعَةً تُخَطِّطُ لِقَلْبِ نِظامِ الْحُكمِ .

to end	VIII	اِنْتَهَى يَنْتَهِي اِنْتِهَاءٌ

اِنْتَهَى ما بَيْنَنا مُنْذُ زَمَنٍ طَويلٍ ، وَأَصْبَحَتِ الْعَوْدَةُ مُسْتَحيلَةً .

ن و ء

to bear (a burden)	I	نَاءَ يَنُوءُ نَوْءٌ

إنَّهُ يَنوءُ بِأَعباءٍ كَثيرَةٍ يَصْعُبُ عَلَيْهِ الْقِيامُ بِها دونَ مُساعَدَةٍ .

to resist	III	نَاوَأَ يُنَاوِىءُ مُنَاوَأَةٌ

لِماذا يناوِئُهُمْ وَهُمْ لا يُهاجِمونَهُ لا مِنْ بَعيدٍ وَلا مِنْ قَريبٍ ؟!

ن و ب

to substitute (for), represent s.o.	I	نَابَ يَنُوبُ نَوْبٌ / نَوْبَةٌ

إنَّهُ دَائِمًا يَنُوبُ عَنْهُ حِينَ يُسَافِرُ إلَى الْخَارِجِ .

to take turns	III	نَاوَبَ يُنَاوِبُ مُنَاوَبَةٌ

قَدَّمَ السِّكِرْتيرُ جَدْولَ مُناوَباتِ الأَطِبَّاء إلى مدير الْمُسْتَشْفى لِلْاِعْتِمادِ .

to deputize	IV	أَنَابَ يُنِيبُ إنَابَةٌ

أَنَابَنِي عَنْهُ أَكْثَرَ مِنْ مَرَّةٍ كيْ أَقُومَ بِأَعْمَالِهِ .

to take turns	VI	تَنَاوَبَ يَتَنَاوَبُ تَنَاوُبٌ

تَنَاوَبْتُ السَّهَرَ مَعَ زَوْجَتِي كيْ نُعْطِي الْبِنْتَ الدَّوَاءَ فِي مَوْعِدِهِ .

اِنْتَابَ	يَنْتَابُ	اِنْتِيَابٌ	VIII	to occur (to s.o.)

حينَ عَرَفْتُ الْخَبَرَ ، اِنْتابَتْني حيْرَةٌ شَديدَةٌ لِسوءِ تَصَرُّفِهِ مَعَها .

نـ و ح

نَاحَ	يَنُوحُ	نَوْحٌ / نَوَاحٌ / نِياحٌ	I	to wail, lament

إلى مَتَى نَظَلُّ نَنوحُ عَلَى تَفَرُّقِ الْعَرَبِ ؟!

تَنَاوَحَ	يَتَنَاوَحُ	تَنَاوُحٌ	VI	to howl

مَهْما تَناوَحَ الجانِبانِ ، فَلَنْ يَكونَ هُنَاكَ حَلٌّ عَلَى الْأَقَلِّ الْآنَ .

نـ و ر

نَوَّرَ	يُنَوِّرُ	تَنْوِيرٌ	II	to enlighten

بَدَأَتْ مَرْحَلَةُ التَّنْويرِ في مِصْرَ في أَواخِرِ الْقَرْنِ التَّاسِعَ عَشَرَ .

أَنَارَ	يُنِيرُ	إِنَارَةٌ	IV	to light, illuminate

أَلا تُريدُ أن تَدْفَعَ أُجْرَةَ إنارَةِ بَيْتِكَ ، هَذا غريبٌ ؟!

تَنَوَّرَ	يَتَنَوَّرُ	تَنَوُّرٌ	V	to receive enlightenment

لا شَكَّ أَنَّ كَثيرين تَنَوَّرُوا مِن خِلالِ دِراسَتِهِمْ في أوروبَّا وأَمْريكا وغَيْرِهِما .

اِسْتَنَارَ	يَسْتَنِيرُ	اِسْتِنَارَةٌ	X	to seek enlightenment

الْاِستِنارَةُ الْمُسْتَمِرَّةُ أَمْرٌ مَطْلوبٌ ، وَهْي مَسْئولِيَّةُ الْفَرْدِ والْمُجْتَمَعِ والدَّوْلَةِ كَكُلٍّ .

نـ و ش

نَاوَشَ	يُنَاوِشُ	مُنَاوَشَةٌ	III	to engage in clashes

رَغْمَ وَقْفِ إِطْلاقِ النَّارِ ، ما تَزالُ الْمُناوَشاتُ مُسْتَمِرَّةً مِن الطَّرَفَيْنِ .

نـ و ط

نَاطَ	يَنُوطُ	نَوْطٌ / نِيَاطٌ	I	to charge s.o. with s.th.

حينَ يَنوطُ بِكَ عَمَلٌ ، عَلَيْكَ الْقِيامُ بِهِ فَوْرًا وَدونَ تَرَدُّدٍ .

نـ و ع

نَوَّعَ	يُنَوِّعُ	تَنْوِيعٌ	II	to diversify, vary

حَاوَلْنَا أَنْ نُنَوِّعَ فِي كِتَابَةِ هَذِهِ الْجُمَلِ . فَهَلْ نَجَحْنَا ؟

تَنَوَّعَ يَتَنَوَّعُ تَنَوُّعٌ V to be diverse

تَنَوَّعَتِ الْأَسْبَابُ وَالْمَوْتُ وَاحِدٌ . هَذا هُوَ الْقَدَرُ بِعَيْنِهِ .

ن و ف

أَنَافَ يُنِيفُ إِنَافَةٌ IV to exceed

أَنافَ نِزاعُهُمْ حَتَّى الْآنَ عَشْرَ سَنَواتٍ ، أيْ أَكْثَرَ مِن ذَلِكَ .

ن و ل

نَالَ يَنالُ نَوَالٌ / نَوْلٌ I receive, to be awarded

نَالَ جَائِزَةً مَالِيَّةً عَلَى بَحْثِهِ الْأَخِيرِ .

نَاوَلَ يُنَاوِلُ مُنَاوَلَةٌ III to hand over, pass

طَلَبْتُ مِنْهُ أَنْ يُنَاوِلَنِي طَبَقَ اللَّحْمِ فَنَاوَلَنِي طَبَقَ الْأُرْزِ .

تَنَاوَلَ يَتَنَاوَلُ تَنَاوُلٌ VI

1. to deal with — تَنَاوَلَتْ هَذَا الْمَوْضُوعَ فِي أَكْثَرَ مِنْ كِتَابٍ لَهَا .

2. to eat — مِنَ اللَّازِمِ أَنْ أَتَنَاوَلَ الْفَاكِهَةَ يَوْمِيًّا .

ن و م

نَامَ يَنَامُ نَوْمٌ I to sleep

نَامَتِ الْبِنْتُ سَاعَتَيْنِ ثُمَّ اسْتَيْقَظَتْ بَاكِيَةً .

نَوَّمَ يُنَوِّمُ تَنْوِيمٌ II to put to sleep

نَقُولُ نَوَّمَتِ الْأُمُّ طِفْلَها ، ونَوَّمَ الطَّبِيبُ الْمَرِيضَ تَنْوِيمًا مَغْنَاطِيسِيًّا .

تَنَاوَمَ يَتَنَاوَمُ تَنَاوُمٌ VI to pretend to be asleep

حَاوَلَ أَنْ يَتَنَاوَمَ كَيْ لا يَشْتَرِكَ فِي الْمُنَاقَشَةِ .

ن و ن

نَوَّنَ يُنَوِّنُ تَنْوِينٌ II to provide with nunnation

نَوَّنْتُ الْكَلِمَةَ أيْ وَضَعْتُ عَلَى آخِرِ حَرْفٍ فيها ضَمَّتَيْنِ أَوْ فَتْحَتَيْنِ أَوْ كَسْرَتَيْنِ .

ن و هـ

نَوَّهَ	يُنَوِّهُ	تَنْوِيهٌ	II	to cite, mention

قَرَأْتُ التَّنْوِيهَ الَّذِي كَتَبَتْهُ الْجَرِيدَةُ عَنْ كِتَابِكَ الأَخِيرِ ، فَأَعْجَبَنِي كَثِيرًا .

ن و ي

نَوَى	يَنْوِي	نِيَّةٌ	I	to intend

لَقَدْ نَوَى أَنْ يَتْرُكَ بَلَدَهُ وَيُهَاجِرَ طَمَعًا فِي كَسْبٍ أَكْثَرَ .

اِنْتَوَى	يَنْتَوِي	اِنْتِوَاءٌ	VIII	to intend

إِنَّهُ يَنْتَوِي الْهِجْرَةَ مِنْ فَتْرَةٍ طَوِيلَةٍ وَلَكِنَّ الْفُرْصَةَ لَمْ تَحِنْ بَعْدُ .

ن ي ل

نَالَ	يَنَالُ	نَيْلٌ	I	to attain

إِنَّ نَيْلَ الْعُلا يَتَطَلَّبُ السَّهَرَ وَالْعَمَلَ الْمُتَوَاصِلَ .

أَنَالَ	يُنِيلُ	إِنَالَةٌ	IV	to cause s.o. to obtain

ظَلَّ يُساعِدُهُ في التَّدَرُّجِ الْوَظِيفيِّ حتّى أَنالَهُ دَرَجَةَ " وَكيلِ وَزارَةٍ " .

هـ

هـ ب ب

هَبَّ يَهُبُّ هَبٌّ / هُبُوبٌ I to rise up, blow

هَبَّ مِنْ نَوْمِهِ مَذْعُورًا حِينَ اِشْتَدَّ هُبوبُ الرِّيَاحِ .

هـ ب ط

هَبَطَ يَهْبِطُ هُبُوطٌ I to drop, land

هَبَطَ الْجُنْدِيُّ بِمَظَلَّتِهِ أَمَامَ الرَّئِيسِ فِي الاِحْتِفَالِ .

أَهْبَطَ يُهْبِطُ إِهْبَاطٌ IV to send down, drop

أَهْبَطَتِ الطَّائِرَةُ عَدَدًا مِنْ جُنُودِ الْمَظَلاتِ .

هـ ت ر

هَاتَرَ يُهَاتِرُ مُهَاتَرَةٌ III to revile, insult

كَلِمَةُ الْمُهَاتَرَةُ تُسْتَخْدَمُ أَكْثَرَ مِنْ فِعْلِها (هاتَرَ / يُهاتِرُ) ، وَهِي تَعْنِي رَفْعَ الصَّوْتِ بِمَطْلَبٍ غَيْرِ مَقْبولٍ .

تَهَاتَرَ يَتَهَاتَرُ تَهَاتُرٌ VI to revile, insult each other

ظَلُّوا يَتَهاتَرونَ بِكَلامٍ فارِغٍ لا يَعْني أَيَّ شَيْءٍ .

اِسْتَهْتَرَ يَسْتَهْتِرُ اِسْتِهْتَارٌ X to be careless

لا تُحاوِلْ الاِسْتِهْتارَ بِأَحَدٍ ، عَامِلِ النَّاسَ بِما تُحِبُّ أَنْ يُعامِلوكَ بِهِ .

هـ ت ف

هَاتَفَ يُهَاتِفُ مُهَاتَفَةٌ III to phone

هاتَفَهُ أَيْ اتَّصَلَ بِهِ بِالْهاتِفِ وَهْوَ التِّليفونُ .

تَهَاتَفَ يَتَهَاتَفُ تَهَاتُفٌ VI to phone each other

تَهاتَفْنا أَمْسِ واتَّفَقْنا عَلَى اللِّقَاءِ الْيَوْمَ .

هـ تـ ك

هَتَكَ يَهْتِكُ هَتْكٌ I to disgrace s.o.

هَتْكُ أَعْرَاضِ النَّاسِ جَرِيمَةٌ لا تُغْتَفَرُ .

هَتَّكَ يُهَتِّكُ تَهْتِيكٌ II to tear to shreds, rip

جَاءَ في مَحْضَرِ جَرِيمَةِ الْاِغْتِصابِ : أَنَّ الْجَانِي هَتَّكَ أَنْسِجَةَ رَحِمِ الْمَجْنِيِّ عَلَيْها .

تَهَتَّكَ يَتَهَتَّكُ تَهَتُّكٌ V to be dishonorable

لَقَدْ تَهَتَّكَتْ فِي تَصَرُّفَاتِهَا وَأَصْبَحَ الْجَمِيعُ يَنْفِرُونَ مِنْهَا .

هـ جـ د

هَجَدَ يَهْجُدُ هُجُودٌ I to sleep

في " لِسانِ الْعَرَبِ " : " هَجَدَ الْقَوْمُ " أيْ ناموا ، و " تَهَجَّدوا " اسْتَيْقَظوا .

تَهَجَّدَ يَتَهَجَّدُ تَهَجُّدٌ V to spend the night praying

تَهَجَّدَ الْمُصَلِّي وتَعَبَّدَ لِلهِ في الثُّلُثِ الْأَخيرِ مِن اللَّيْلِ وَقَبْلَ الْفَجْرِ .

هـ جـ ر

هَجَرَ يَهْجُرُ هَجْرٌ / هِجْرانٌ I to abandon

هَجَرَ زَوْجَتَهُ وَتَزَوَّجَ بِأُخْرَى ، فَلَم يَجِدْ الْاِسْتِقْرارَ الَّذي كانَ يَنْشُدُهُ .

هَجَّرَ يُهَجِّرُ تَهْجيرٌ II to induce s.o. to emigrate

قام الْعَدُوُّ بِتَهْجِيرِ سُكَانِ الْمِنْطَقَةِ وَإِخْلائِها تَمامًا .

هَاجَرَ يُهَاجِرُ مُهاجَرَةٌ / هِجْرَةٌ III to emigrate

هَاجَرَ إِلَى كَنَدَا وَلَمْ نَسْمَعْ عَنْهُ أَيَّةَ أَخْبَارٍ .

هـ جـ س

هَجَسَ يَهْجُسُ هَجْسٌ I to occur, come to s.o.'s mind

كان لَدَيْهِ هاجِسٌ مُلِحٌ ، بِأَنَّهُمْ سَيُقيلونَهَ مِنْ مَنْصِبِهِ .

هـ جـ ع

هَجَعَ يَهْجَعُ هُجُوعٌ / هَجْعَةٌ I to sleep

الْهُجوعُ هُوَ النَّوْمُ الْخَفيفُ .

هـ ج م

to attack, pounce (on) I هَجَمَ يَهْجُمُ هُجُومٌ

هَجَمَ الْقِطُّ عَلَى الْفَأْرِ وَأَمْسَكَ بِهِ بَيْنَ أَنْيَابِهِ .

to attack III هَاجَمَ يُهَاجِمُ مُهَاجَمَةٌ

هَاجَمَتْ بَعْضُ قُوَّاتِهِمُ الْمُعَسْكَرَ وَلَكِنَّهُمْ قُتِلُوا جَمِيعًا .

to attack, fall upon V تَهَجَّمَ يَتَهَجَّمُ تَهَجُّمٌ

تَهَجَّمَتْ عَلَى زَوْجِها في الْمَقْهَى وَفَضَحَتْهُ أَمَامَ كُلِّ النَّاسِ .

هـ ج و

to ridicule I هَجَا يَهْجُو هِجَاءٌ

" اَلْهِجاءُ " غَرَضٌ شِعْرِيٌّ يَذُمُّ الشّاعر فِيه مَنْ يَكْرَهُهُ .

to spell V تَهَجَّى يَتَهَجَّى تَهَجٍّ

بَدَأَ طِفْلُها يَتَهَجَّى بَعْضَ حُروفِ " الأَلِفْباء " .

هـ د أ

to be calm I هَدَأَ يَهْدَأُ هُدُوءٌ

هَدَأَتِ الْحَالَةُ الآنَ عَمَّا كَانَتْ عَلَيْهِ فِي الْمَاضِي .

to soothe, calm II هَدَّأَ يُهَدِّئُ تَهْدِئَةٌ

حَاوَلْتُ أَنْ أُهَدِّئَ الْمَوْقِفَ فَلَمْ أَسْتَطِعْ .

هـ د د

to demolish, wreck I هَدَّ يَهُدُّ هَدٌّ

هَدَّ جَانِبًا مِنَ الْحَدِيقَةِ لأَنَّهُ يَرْغَبُ أَنْ يُحَوِّلَها إِلى جَرَاجٍ لِلسَّيَّارَةِ .

to threaten s.o. II هَدَّدَ يُهَدِّدُ تَهْدِيدٌ

هَدَّدَهُ بِالْفَصْلِ مِنَ الْوَظِيفَةِ إِنْ لَمْ يُنَفِّذْ خُطَّتَهُ .

to intimidate, break s.o. V تَهَدَّدَ يَتَهَدَّدُ تَهَدُّدٌ

تَهَدَّدَهُ الْمَرَضُ وَالشَّيْخُوخَةُ فَأَصْبَحَ مُسَالِمًا إِلَى حَدٍّ كَبِيرٍ .

to collapse VII اِنْهَدَّ يَنْهَدُّ اِنْهِدَادٌ

اِنْهَدَّ الْبَيْتُ فَوْقَ رُؤُوسِ سُكَّانِهِ وَلَمْ يَنْجُ إِلا الْقَلِيلُونَ .

هـ د ر

to roar I هَدَرَ يَهْدُرُ هَدْرٌ / هَدِيرٌ

يُقالُ هَديرُ الْماء ، وهَديلُ الْحَمامِ ، أَيْ صَوْتُ كُلٍّ مِنْهُما .

to waste, regard as nonexistent IV أَهْدَرَ يُهْدِرُ إِهْدَارٌ

قُلْتُ لَهُ : إِنَّ فِي ذَلِكَ إِهْدَارًا لِحَقِّي وَلَنْ أَسْكُتَ عَلَى ذَلِكَ .

هـ د ف

to aim I هَدَفَ يَهْدُفُ هَدَفٌ

أَعْرِفُ أَنَّهُ يَهْدُفُ إِلَى إِفْشالِ الْمَشْروعِ .

to make s.th. one's target, aim X اِسْتَهْدَفَ يَسْتَهْدِفُ اِسْتِهْدَافٌ

اِسْتَهْدَفَ الْقَرارُ رَفْعَ الْمُعاناةِ عن مَحْدودي الدَّخْلِ .

هـ د ل

to coo I هَدَلَ يَهْدِلُ هَدِيلٌ

أُحِسُّ في هَديلِ الْحَمامِ نَوْعًا من تَسْبيحِ الْخالِقِ .

to hang loosely V تَهَدَّلَ يَتَهَدَّلُ تَهَدُّلٌ

تَهَدَّلَتْ السَّتائِرُ أَيْ تَدَلَّتْ وَاسْتَرْخَتْ بَعْدَ رَحيلِ أَصْحابِ الْبَيْتِ .

هـ د م

to raze, tear down I هَدَمَ يَهْدِمُ هَدْمٌ

هَدَمَ بُيُوتَهُمْ وَشَرَّدَ أَوْلادَهُمْ ثُمَّ جاءَ لِمُصالَحَتِهِمْ .

to tear down, destroy II هَدَّمَ يُهَدِّمُ تَهْدِيمٌ

حاوَلَ أَنْ يُهَدِّمَ كُلَّ مُعَسْكَراتِ الْعَدُوِّ وَلَكِنَّهُ يَخْشَى الأَلْغَامَ .

to be torn down V تَهَدَّمَ يَتَهَدَّمُ تَهَدُّمٌ

تَهَدَّمَتْ كُلُّ الْبُيُوتِ الْقَدِيمَةِ فَبَدَأَ السُّكَّانُ يَبْحَثُونَ عَنْ مَأْوًى .

to be torn down VII اِنْهَدَمَ يَنْهَدِمُ اِنْهِدَامٌ

اِنْهَدَمَ الْبَيْتُ وَلَمْ يَبْقَ مِنْهُ إلا الأَنْقاضُ .

هـ د ي

to guide | I | هَدَى يَهْدِي هَدْيٌ / هِدَايَةٌ

" مَنْ يَهْدِ اللهُ فَلا مُضِلَّ لَهُ " هَكَذَا يُحَدِّثُنَا الْقُرْآنُ الْكَرِيمُ .

to give s.o. a present | III | هَادَى يُهَادِي مُهَاداةٌ

هَادَاني باقةً من الزُّهورِ وَالْوُرودِ .

to give s.o. a present | IV | أَهْدَى يُهْدِي إِهْداءٌ

أَهْدَتْ إِلَيَّ سَاعَةً جَمِيلَةً بِمُنَاسَبَةِ عِيدِ مِيلادِي .

to exchange presents | VI | تَهَادَى يَتَهَادَى تَهَادٍ

أَخَذْنَا نَتَهَادَى فَتْرَةً مِنَ الْوَقْتِ ، ثُمَّ نَسِينَا هَذَا لِغَلاَءِ الأَسْعَارِ .

to be rightly guided | VIII | اِهْتَدَى يَهْتَدِي اِهْتِدَاءٌ

" مَنِ اهْتَدَى فَإِنَّمَا يَهْتَدِي لِنَفْسِهِ " هَذَا جُزْءٌ مِنْ آيَةٍ قُرْآنِيَّةٍ .

to be guided | X | اِسْتَهْدَى يَسْتَهْدِي اِسْتِهْدَاءٌ

حَاوَلَ أَنْ يَسْتَهْدِيَ بِمَا شَرَحْتُ لَهُ ، وَأَرْجو أَنْ نَكونَ عَلَى صَوابٍ .

هـ ذ ب

to refine s.th. | II | هَذَّبَ يُهَذِّبُ تَهْذِيبٌ

حَاوَلَ الضَّابِطُ أَنْ يُهَذِّبَ مِنْ أَخْلاقِ الْجنُودِ عَنْ طَريقِ مُحاضَراتِهِ .

to be corrected | V | تَهَذَّبَ يَتَهَذَّبُ تَهَذُّبٌ

تَهَذَّبَتْ مَجْمُوعَةٌ كَبِيرَةٌ جِدًا بَعْدَ أَنْ عَرَفُوا اللَّوَائِحَ الْجَدِيدَةَ .

هـ ر أ

to be worn out | V | تَهَرَّأَ يَتَهَرَّأُ تَهَرُّؤٌ

تَهَرَّأَتِ الْوَثيقَةُ وَلَمْ تَعُدْ صالِحَةً كَمُسْتَنَدٍ رَسْميٍّ .

هـ ر ب

to escape, run away (from) | I | هَرَبَ يَهْرُبُ هَرَبٌ

هَرَبَ مِنْ بَيْتِهِ وَانْضَمَّ لِعِصَابَةٍ تَسْرِقُ السَّيَّارَاتِ .

to smuggle | II | هَرَّبَ يُهَرِّبُ تَهْرِيبٌ

كَانُوا يَعْرِفُونَ أَنَّهُ يَشْتَغِلُ بِالتَّهْرِيبِ ، وَمَعَ ذَلِكَ زَوَّجُوهُ ابْنَتَهُمْ .

to evade V تَهَرَّبَ يَتَهَرَّبُ تَهَرُّبٌ

تَهَرَّبَ عَدَدٌ مِنَ التُّجَّارِ مِنْ دَفْعِ الضَّرائِبِ الْمُسْتَحَقَّةِ عَلَيْهِمْ .

هـ ر ج

to be in commotion I هَرَجَ يَهْرِجُ هَرْجٌ

اَلْهَرْجُ وَالْمَرْجُ أَفْعَالٌ فيها غَوْغائِيَّةٌ وَغَيرُ مَسْئولَةٍ .

to joke II هَرَّجَ يُهَرِّجُ تَهْرِيجٌ

مِنْ أَجْمَلِ ما شاهَدْتُ في السِّيرْكِ الْقَوْميِّ عددًا من الْمُهَرِّجينَ يَمْشونَ عَلَى رُؤُوسِهِمْ .

هـ ر طـ ق

to become a heretic Q هَرْطَقَ يُهَرْطِقُ هَرْطَقَةٌ

الْهَرْطَقَةُ رَجْمٌ بِالْغَيْبِ وخُرُوجٌ عَلَى الأَدْيانِ السَّماوِيَّةِ .

هـ ر ع

to hurry I هُرِعَ يُهْرَعُ هَرْعٌ

حينَ سَمِعَ بِوفاةِ والِدِهِ ، تَرَكَ عَمَلَه وَهُرِعَ إِلَى بَيْتِ الْعائِلَةِ .

هـ ر ق

to spill IV أَهْرَقَ يُهْرِقُ إِهْرَاقٌ

يُقالُ : أَهْرَقَ الْماءَ وأَراقَ الْماءَ ، وَالْمَعْنَى واحِدٌ أَيْ صَبَّهُ .

هـ ر و ل

to rush Q هَرْوَلَ يُهَرْوِلُ هَرْوَلَةٌ

اَلْهَرْوَلَةُ إِسْراعُ الْخُطَى وَالاِنْدِفاعُ في السَّيْرِ .

هـ ز أ

to ridicule, deride I هَزَأَ يَهْزَأُ هَزْءٌ / هُزْؤٌ

لا أُحِبُّ لَهُ أَنْ يَهْزَأَ من زَوْجَتِهِ أَوْ أَصْدِقائِهِ .

to mock X اِسْتَهْزَأَ يَسْتَهْزِئُ اِسْتِهْزَاءٌ

إِذا اسْتَهْزَأْتَ بِإِنْسانٍ وَسَخِرْتَ مِنْهُ ، فَلا تَسْتَعْجِبُ حينَ يَسْتَهْزِئُ بِكَ .

هـ ز ز

to shake I هَزَّ يَهُزُّ هَزٌّ

سَأَلْتُهُ عَمَّا إِذَا كَانَ مُوَافِقًا ، فَهَزَّ رَأْسَهُ بِنَعَمْ .

to be shaken VIII اِهْتَزَّ يَهْتَزُّ اِهْتِزَازٌ

اِهْتَزَّ وَضْعُهُ الْمَالِيُّ كَثِيرًا عَنْ ذِي قَبْلُ ، تَمامًا كَما اهْتَزَّتِ الثُّرَيَّا وَقْتَ الزِّلْزالِ .

هـ ز ل

to joke I هَزَلَ يَهْزِلُ هَزْلٌ

تَمَنَّيْتُ أَنْ يَكُونَ جادًّا وَلَوْ مَرَّةً وَاحِدَةً ، وَلا يَهْزِلُ كَعَادَتِهِ .

هـ ز م

to defeat I هَزَمَ يَهْزِمُ هَزِيمَةٌ

هَزَمَهُمْ شَرَّ هَزِيمَةٍ ، وَكَتَبَ لِقُوَّاتِهِ النَّصْرَ.

to be defeated VII اِنْهَزَمَ يَنْهَزِمُ اِنْهِزَامٌ

اِنْهَزَمُوا فِي آخِرِ مَعْرَكَةٍ شَرَّ هَزِيمَةٍ .

هـ ز هـ ز

to move, shake Q هَزْهَزَ يُهَزْهِزُ هَزْهَزَةٌ

هَزْهَزَتِ الْأُمُّ سَرِيرَ طِفْلِها الْوَلِيدِ كَيْ ينامَ .

هـ س س

to whisper, hiss I هَسَّ يَهِسُّ هَسٌّ

هَسَّ الْحِمارَ أَوْ الْحِصَانَ أَيْ أَصْدَرَ صَوْتًا لِزَجْرِهِ وتَوْقِيفِهِ .

هـ ش ش

to smile I هَشَّ يَهِشُّ هَشٌّ

حِينَ أَطْلَعْتُهُ عَلَى الْخَبَرِ ، وَجَدْتُهُ قَدْ هَشَّ وَبَشَّ .

هـ شـ م

to smash II هَشَّمَ يُهَشِّمُ تَهْشِيمٌ

هَشَّمَ الْجَانِي رَأْسَ الْقَتِيلَةِ بِحَدِيدَةٍ كَانَتْ مَعَهُ .

to be smashed V تَهَشَّمَ يَتَهَشَّمُ تَهَشُّمٌ

تَهَشَّمَ الرَّأْسُ تَمَامًا وَأَصْبَحَ مِنَ الصَّعْبِ التَّعَرُّفُ عَلَيْهِ .

هـ ضـ م

to digest I هَضَمَ يَهْضِمُ هَضْمٌ

عَمَلِيَّةُ الْهَضْمِ عَمَلِيَّةٌ بَيولوجِيَّةٌ مُعَقَّدَةٌ ، تَحْدُثُ ولا تَفْهَمُها .

to do s.o. an injustice, wrong s.o. VIII اِهْتَضَمَ يَهْتَضِمُ اِهْتِضَامٌ

اِهْتَضَموا حَقَّهُ وَلَمْ يُعْطُوهُ مِن الْمِيراثِ إلّا القَليلَ .

هـ طـ ل

to pour down (rain) I هَطَلَ يَهْطِلُ هَطْلٌ / هَطَلاَنٌ

هَطَلَتِ الأَمْطارُ عَلَى الْقَرْيَةِ طَوالَ اللَّيْلِ .

هـ فـ ت

to throng, flock VI تَهَافَتَ يَتَهَافَتُ تَهَافُتٌ

تَهافَتَ عَلَى شِراءِ الثَّلاّجاتِ الْجديدَةِ جَمْعٌ غَفيرٌ من ذَوي الدَّخْلِ الْمَحْدُودِ .

هـ فـ و

to feel a desire (for) I هَفَا يَهْفُو هَفْوٌ / هَفْوَةٌ

لَقَدْ هَفَا قَلْبُهُ لِزِيَارَتِهَا وَلَكِنَّهُ تَذَكَّرَ أَنَّهُ مَرِيضٌ لا يَقْدِرُ .

هـ كـ م

to scoff, mock V تَهَكَّمَ يَتَهَكَّمُ تَهَكُّمٌ

ظَلَّ يَتَهَكَّمُ بِهِمْ حَتَّى كَرِهوُه .

هـ لـ ع

هَلِعَ يَهْلَعُ هَلَعٌ I to be scared, alarmed

كِدْتُ أَسْقُطُ مَغْشِيًّا عَلَيَّ مِنْ شِدَّةِ الرُّعْبِ وَالْهَلَعِ .

هـ لـ ك

هَلَكَ يَهْلِكُ هَلاكٌ I to perish

كَانَتِ الصَّحْرَاءُ طَوِيلَةً : تَاهُوا فِيهَا وَهَلَكَ مِنْهُمُ الْكَثِيرُ .

أَهْلَكَ يُهْلِكُ إِهْلاكٌ IV to destroy

أَهْلَكَهُمْ فِي الصَّحْرَاءِ طُولُهَا وَعَدَمُ وُجُودِ آبَارٍ لِلشُّرْبِ .

تَهَالَكَ يَتَهَالَكُ تَهَالُكٌ VI to do one's utmost

إِنَّهُ دَائِمًا يَتَهَالَكُ كَيْ يَظْفَرَ بِمَنْصِبٍ أَوْ مَنْفَعَةٍ .

اِسْتَهْلَكَ يَسْتَهْلِكُ اِسْتِهْلاكٌ X to consume

إِذَا زَادَ الْاِسْتِهْلاكُ عَلَى الْإِنْتَاجِ ، فَقُلْ عَلَى الدُّنْيَا السَّلامُ .

هـ لـ ل

هَلَّ يَهِلُّ هَلٌّ / هُلُولٌ I to begin, set in (month)

هَلَّ عَلَيْنَا هِلالُ الشَّهْرِ الْكَرِيمِ : شَهْرُ رَمَضَانَ ، فَاسْتَبْشَرْنَا خَيْرًا .

هَلَّلَ يُهَلِّلُ تَهْلِيلٌ II to say "La Illaha illa Allah," cheer

أَخَذَ الْمُسْلِمُونَ يُهَلِّلُونَ قَائِلِينَ : لا إِلَهَ إِلّا اللهُ .

أَهَلَّ يُهِلُّ إِهْلالٌ IV to praise God

أَهَلَّ الرَّجُلُ أيْ ذَكَرَ اسْمَ اللهِ عِنْدَ ذَبْحِ شَاةٍ أَوْ بَقَرَةٍ .

تَهَلَّلَ يَتَهَلَّلُ تَهَلُّلٌ V to be radiant

أَعْلَمْتُهُ بِنَبَأِ تَرْقِيَتِهِ فَتَهَلَّلَ وَجْهُهُ وَأَضَاءَ .

اِنْهَلَّ يَنْهَلُّ اِنْهِلالٌ VII to fall heavily

اِنْهَلَّتْ عَلَيْهِ الْأَخْبَارُ السَّارَّةُ فَتَفَاءَلَ خَيْرًا .

اِسْتَهَلَّ يَسْتَهِلُّ اِسْتِهْلالٌ X to begin

اِسْتَهَلَّ مُحَاضَرَتَهُ بِذِكْرِ الْبُحُوثِ السَّابِقَةِ عَلَيْهِ .

هـ ـمـ د

هَمَدَ يَهْمُدُ هُمُودٌ I to subside, fade away

كَانَ نَشِيطًا جِدًّا ، وَلَكِنَّهُ قَدْ هَمَدَ وَخَمَدَ ، وَلا أَدْرِي لِمَاذَا .

هـ ـمـ ر

اِنْهَمَرَ يَنْهَمِرُ اِنْهِمارٌ VII to flow (tears)

حينَ سَمِعَتْ بِالْخَبَرِ ، أَغْمَضَتْ عَيْنَيْها وَانْهَمَرَتْ في الْبُكاءِ .

هـ ـمـ ز

هَمَزَ يَهْمُزُ هَمْزٌ I to backbite

الْهَمْزُ واللَّمْزُ أيْ إصْدارُ حَرَكاتٍ أو أَقْوالٍ تُحَقِّرُ مِن الآخَرينَ .

هـ ـمـ ش

هَمَّشَ يُهَمِّشُ تَهْمِيشٌ II to marginalize

تَحَقَّقوا مِنْ غُرورِهِ ، فحاوَلوا تَهْميشَهُ كَيْ لا يتطاوَلَ عَلَيْهِمْ .

هـ ـمـ ع

هَمَعَ يَهْمَعُ هَمْعٌ I to pour, flow

في التُّراثِ العَرَبِيِّ كِتابٌ لِلْإِمَامِ السُّيوطِيّ (ت 911 هـ) عُنْوانُهُ " هَمْعُ الْهوامِعِ " .

هـ ـمـ ك

اِنْهَمَكَ يَنْهَمِكُ اِنْهِمَاكٌ VII to be engrossed (in)

اِنْهَمَكَ في الاِنْتخاباتِ وَنَسِي أَنَّ أُمَّهُ مَريضَةٌ .

هـ ـمـ ل

هَمَلَ يَهْمِلُ هَمْلٌ / هَمَلاَنٌ I to pour down

هَمَلَ الْمَطَرُ أيْ نَزَلَ وتَصَبَّبَ .

أَهْمَلَ يُهْمِلُ إِهْمَالٌ IV to neglect

أَهْمَلَتْ تَرْبِيَةَ ابْنِهَا ، لأَنَّها شُغِلَتْ بِزَوْجِهَا الْجَدِيدِ .

to pour down | VII | اِنْهَمَلَ يَنْهَمِلُ اِنْهِمَالٌ

اِنْهَمَلَ الْمَطَرُ غَزِيرًا فَغَسَلَ كُلَّ الشَّوارِعِ .

هـ م م

to be about to do s.th. | I | هَمَّ يَهُمُّ هَمٌّ

سَمِعَهُ يَشْتِمُهُ وَكَادَ يَهُمُّ بِضَرْبِهِ وَالاِشْتِبَاكِ مَعَهُ .

to take an interest (in) | VIII | اِهْتَمَّ يَهْتَمُّ اِهْتِمَامٌ

إِنَّهُ يَهْتَمُّ بِالزُّهُورِ كَثِيرًا ، لأَنَّ هَذِهِ هِيَ هِوَايَتُهُ .

هـ م هـ م

to mumble | Q | هَمْهَمَ يُهَمْهِمُ هَمْهَمَةٌ

ظَلَّ يُهَمْهِمُ بِكَلِمَاتٍ غَيْرِ مَفْهُومَةٍ حَتَّى خَرَجَ مِنَ الْقَاعَةِ .

هـ ن أ

to be delighted (with) | I | هَنَأَ يَهْنَأُ هَناءٌ / هَناءَةٌ

إِنَّه يَهْنَأُ بِحَياتِهِ الْجَدِيدَةِ وَيَحْمَدُ اللهَ .

to congratulate s.o. | II | هَنَّأَ يُهَنِّئُ تَهْنِئَةٌ

بَعَثْتُ إِلَيْهِ تَهْنِئَةً بِمُنَاسَبَةِ عِيدِ زَوَاجِهِ .

هـ ن د س

to engineer | Q | هَنْدَسَ يُهَنْدِسُ هَنْدَسَةٌ

تُخَرِّجُ كُلِّيَّاتُ الْهَنْدَسَةِ مُهَنْدِسِينَ مُتَخَصِّصِينَ في مجالاتٍ مُتَنَوِّعَةٍ .

هـ و د

to become a Jew | V | تَهَوَّدَ يَتَهَوَّدُ تَهَوُّدٌ

تَهَوَّدوا أيْ اعْتَنَقوا الدِّيانَةَ الْيَهودِيَّةَ : دِيانَةَ مُوسَى عَلَيْهِ السَّلامُ .

هـ و ر

to rush headlong into danger | V | تَهَوَّرَ يَتَهَوَّرُ تَهَوُّرٌ

حينَ سَمِعَ أَنَّهُ سَبَّهُ في غِيابِهِ ، تَهَوَّرَ وَأَمْسَكَ بِخِناقِهِ حتى كادَ يَقْتُلُهُ .

اِنْهارَ	يَنْهارُ	اِنْهِيارٌ	VII	to collapse

اِنْهارت صَخْرَةٌ بِجَبَلِ الْمُقَطَّمِ بِمِصْرَ راحَ ضَحِيَّتَها خَلْقٌ كثيرٌ .

هـ و ل

هَالَ	يَهُولُ	هَوْلٌ	I	to horrify

هَالَهُ أيْ أفْزَعَهُ بِحَرَكاتِهِ الْغَرِيبَةِ .

هَوَّلَ	يُهَوِّلُ	تَهْوِيلٌ	II	to exaggerate

إنَّهُ دَائِمًا يُهَوِّلُ فِي أَخْبَارِهِ ، وَيُبَالِغُ فِيهَا عَلَى نَحْوٍ مَكْشُوفٍ .

هـ و م

هَوَّمَ	يُهَوِّمُ	تَهْوِيمٌ	II	to doze off

مِنْ عادَيَهِ أَنْ يُهَوِّمَ قَليلًا بَعْدَ الْغداءِ .

هـ و ن

هَانَ	يَهُونُ	هَوْنٌ / هَوَانٌ	I	to be of no importance

هَانَتْ عَلَيْهِ رُوحُهُ وَنَفْسُهُ فِي سَبِيلِ وَطَنِهِ .

هَوَّنَ	يُهَوِّنُ	تَهْوِينٌ	II	to ease

هَوَّنَ عَلَيْهِ الأَمْرَ أَنَّهُ لَمْ يُقَصِّرْ فِي وَسَائِلِ عِلاجِهَا .

أَهَانَ	يُهِينُ	إهَانَةٌ	IV	to humiliate

أَهَانَهُ أَمَامَ النَّاسِ وَأَرَادَ أَنْ يَعْتَذِرَ لَهُ عَلَى انْفِرَادٍ .

تَهَاوَنَ	يَتَهَاوَنُ	تَهَاوُنٌ	VI	to be lax, lenient (with)

أَنَا لا أَتَهَاوَنُ مَعَ مَنْ يَتَأَخَّرُ أَوْ يُهْمِلُ فِي أَدَاءِ وَاجِبِهِ .

اِسْتَهَانَ	يَسْتَهِينُ	اِسْتِهَانَةٌ	X	to undervalue

كَانَ يَسْتَهِينُ بِهِ وَلَمْ يَعْرِفْ أَنَّهُ أَصْلَبُ مِنْهُ عُودًا .

هـ و ي

هَوَى	يَهْوَى	هَوًى	I	to like, love

أَصْبَحَ أَديباً مَشْهوراً ، فَقَد كانَ يَهْوَى الْقِراءَةَ والاطِّلاعَ مُنْذُ الصِّغَرِ .

to fall down | I | هَوَى يَهْوِي هُوِيّ

هَوَيْتُ مَرَّاتٍ عَديدَةً عِنْدَما كُنْتُ أَتَعَلَّمُ التَّزَلُّج عَلَى الْجَليدِ.

to ventilate | II | هَوَّى يُهَوِّي تَهْوِيَةٌ

تَأْتي التَّهْوِيةُ والتَّبْريدُ من مُكَيِّفِ الْهَواءِ .

to pounce, fall (upon) | IV | أَهْوَى يُهْوِي إِهْوَاءٌ

ظَلا يَتَشَاجَرَانِ وَحِينَ سَقَطَ أَحَدُهُمَا أَهْوَى عَلَيْهِ الآخَرُ بِفَأْسٍ وَقَتَلَهُ .

to collapse | VI | تَهَاوَى يَتَهَاوَى تَهَاوٍ

ظَلَّ يَتَهَاوَى حَتَّى سَقَطَ السَّقْطَةَ الأَخِيرَةَ .

to attract | X | اِسْتَهْوَى يَسْتَهْوِي اِسْتِهْوَاءٌ

اِسْتَهْوَتْهُ هَذِهِ اللُّعْبَةُ فَرَاحَ يُمَارِسُهَا فِي النَّادِي .

هـ يـ أ

to set s.th. / s.o. up (for) | II | هَيَّأَ يُهَيِّئُ تَهْيِئَةٌ

لَقَدْ هَيَأْتُ لَهُ الْجَوَّ الْمُنَاسِبَ لِلْقِرَاءَةِ وَالاِطِّلاعِ وَالْبَحْثِ .

to get ready (for) | V | تَهَيَّأَ يَتَهَيَّأُ تَهَيُّؤٌ

كَانَ يَتَهَيَّأُ لِلسَّفَرِ قَبْلَ أَنْ تَصِلَ الْبَرْقِيَّةُ .

هـ يـ ب

to dread, be awed by | I | هَابَ يَهَابُ هَيْبَةٌ

أَنَا لا أَهَابُ إلا اللهَ .

إنَّه يَهابُ أَباهُ ، وَلِهَذا لا يُدَخِّنُ في حُضورِهِ .

to urge, encourage | IV | أَهَابَ يُهِيبُ إِهَابَةٌ

أَهَابَ بِهِ أَنْ يَكُونَ جُنْدِيًا بَطَلاً يُشَرِّفُ شَعْبَهُ وَأُمَّتَهُ .

to be frightened | V | تَهَيَّبَ يَتَهَيَّبُ تَهَيُّبٌ

صَدَرَ إِلَيْهِ الأَمرُ بِالْقفزِ ، تَهَيَّبَ أَوَّلاً ثُمَّ قفزَ .

هـ يـ ج

to be rough, agitated | I | هَاجَ يَهِيجُ هَيَاجٌ / هَيَجانٌ

هاجَ الْبَحْرُ وَعَلَتْ أَمْواجُهُ وَكَأَنَّهُ يُحَطِّمُ الشَّطَّ .

أَهَاجَ يُهِيجُ إِهَاجَةٌ IV to agitate

ظَلّ الْأَوْلادُ يُقَلِّدونَ صَوْتَ الْكَلْبِ حَتَّى أَهاجُوهُ فَجَرَى وراءَهُمْ وَعَضَّ واحِدًا مِنْهُمْ .

تَهَيَّجَ يَتَهَيَّجُ تَهَيُّجٌ V to be irritated, agitated

لَقَدْ تَهَيَّجَ الْجُرْحُ كَثيرًا ، ولابُدَّ مِن زِيارَةِ الطَّبيبِ .

هـ يـ ل

أَهَالَ يُهِيلُ إِهَالَةٌ IV to pour

بَعْدَ دَفْنِهِ بِدَقائِقَ ، أَهالوا التُّرابَ على الْمَقْبَرَةِ .

اِنْهَالَ يَنْهَالُ اِنْهِيَالٌ VII to be poured

ما كادَ يَراهُ في الْحَفْلَةِ حَتَّى انْهالَ عَلَيْهِ سَبًّا وشَتْمًا لِما بَدَرَ مِنْهُ مِنْ قبلُ .

هـ يـ م

هَامَ يَهِيمُ هَيْمٌ / هَيَمَانٌ I to fall in love

لَقَدْ هامَ الْفَتَى بِالْفَتاةِ وَقَرَّرَ الْاِقْتِرانَ بِها .

و

و أ د

to bury alive — I — وَأَدَ يَئِدُ وَأْدٌ

إِنَّهُمْ بِذَلِكَ يَئِدُونَ الأَفْكَارَ وَلا يَتْرُكُونَ الْفُرْصَةَ لِلإِبْدَاعِ .

و أ م

to remedy, reconcile — I — وَأَمَ يَئِمُ وَأْمٌ

لَقَدْ وَأَمَ الْخِلافَ بَيْنَهُمَا وَأَصْبَحَا عَلَى أَحْسَنِ مَا يُرَامُ .

to harmonize — III — وَاءَمَ يُوَائِمُ مُوَاءَمَةٌ / وِئَامٌ

تُحَاوِلُ دَائِمًا أَنْ تُوَائِمَ بَيْنَ مَطَالِبِهَا الشَّخْصِيَّةِ وَاحْتِيَاجَاتِ الأُسْرَةِ .

to harmonize — VI — تَوَاءَمَ يَتَوَاءَمُ تَوَاؤُمٌ

لَقَدْ تَواءَمَ أَعْضاءُ الْحِزْبَيْنِ مع بَعْضِهِم الْبَعْضِ مِنْ أَجْلِ الْمَصْلَحَةِ الْعامَّةِ .

و ب خ

to scold — II — وَبَّخَ يُوَبِّخُ تَوْبِيخٌ

وَبَّخ مُديرُ الْمَدْرَسَةِ اثْنَيْنِ من الْمُدَرِّسينَ لِتَأَخُّرِهِما عن طابورِ الصَّباحِ .

و ت ر

to become tense — V — تَوَتَّرَ يَتَوَتَّرُ تَوَتُّرٌ

تَوَتَّروا كَثيرًا وَهُمْ يُشاهدونَ الْمُباراةَ وَيَرَوْنَ الْفُرَصَ الضّائِعَةَ مِنْ فَريقِهِمْ .

to follow in succession — VI — تَوَاتَرَ يَتَوَاتَرُ تَوَاتُرٌ

التَّواتُرُ في نَقْلِ التُّراثِ مَعْناهُ أن يَنْقُلَهُ جِيلٌ بَعْدَ جِيلٍ وَهَكَذا .

و ت ي

to come (s.th. pleasant) — III — وَاتَى يُوَاتِي مُوَاتَاةٌ

لَقَدْ واتاهُ الْحَظُّ وحَصَلَ عَلَى الْوَظيفَةِ هَذِهِ الْمَرَّةَ .

و ثـ ب

to jump, leap	I	وَثَبَ يَثِبُ وَثْبٌ

وَثَبَ الأَسَدُ وَثْبَةً قَوِيَّةً فَأَمْسَكَ بِالْفَرِيسَةِ .

to assault, leap upon	III	وَاثَبَ يُوَاثِبُ مُوَاثَبَةٌ

ظَلَّ يُوَاثِبُ الْفَرِيسَةَ حَتَّى تَمَكَّنَ مِنْهَا وَأَمْسَكَ بِهَا .

to approach eagerly	V	تَوَثَّبَ يَتَوَثَّبُ تَوَثُّبٌ

إِنَّهُ يَتَوَثَّبُ الآنَ لِلْقِيَامِ بِعَمَلٍ عَظِيمٍ .

و ثـ ق

to trust (in)	I	وَثِقَ يَثِقُ وُثُوقٌ / ثِقَةٌ

لَقَدْ وَثِقْتُ بِهِ ، وَلَنْ تَهْتَزَّ ثِقَتِي بِهِ .

to authenticate	II	وَثَّقَ يُوَثِّقُ تَوْثِيقٌ

طَلَبَ مِنِّي الْمُوَظَّفُ أَنْ أُوَثِّقَ الشَّهَادَةَ بِإِمْضَاءٍ وَخَاتَمِ الدَّوْلَةِ .

to fasten	IV	أَوْثَقَ يُوثِقُ إِيثَاقٌ

أَوْثَقَ اللِّصَّ بِالْحِبَالِ وَحَبَسَهُ حَتَّى تَصِلَ الشُّرْطَةُ .

to verify	X	اِسْتَوْثَقَ يَسْتَوْثِقُ اِسْتِيثَاقٌ

إِنَّهُ لا يَشُكُّ فِيهَا وَلَكِنَّهُ فَقَطْ يُرِيدُ أَنْ يَسْتَوْثِقَ .

و جـ ب

to be necessary	I	وَجَبَ يَجِبُ وُجُوبٌ

وَجَبَ عَلَيْنَا الآنَ أَنْ نَدْفَعَ بِهَذَا الْقَامُوسِ إِلَى الْمَطْبَعَةِ .

to obligate	IV	أَوْجَبَ يُوجِبُ إِيجَابٌ

أَوْجَبُوا عَلَيْنَا أَنْ نَكْتُبَ مُسَوَّدَةً بِنِظَامٍ خَاصٍّ .

to require, make obligatory	X	اِسْتَوْجَبَ يَسْتَوْجِبُ ——

اِسْتَوْجَبَ هَذَا الْعَمَلُ أَنْ نَتَفَرَّغَ لَهُ تَمَامًا .

و جـ د

to find	I	وَجَدَ يَجِدُ وُجُودٌ

وَجَدْتُ عُلْبَةَ سَجَائِرَ فِي حَقِيبَةِ اِبْنِي ، فَعَاتَبْتُهُ عَلَى ذَلِكَ .

to create	IV	إيجَادٌ	يُوجِدُ	أَوْجَدَ

مِثْلُ هَذِهِ النَّدَوَاتِ إِنَّمَا تُوجِدُ نَوْعًا مِنَ التَّرَابُطِ بَيْنَ الطُّلَّابِ .

to be present, show up	VI	تَوَاجُدٌ	يَتَوَاجَدُ	تَوَاجَدَ

أَزِفَ الْوَقْتُ وَلَمْ يَتَوَاجَدْ مِنَ الْمَدْعُوِّينَ سِوَى اثْنَيْنِ .

و ج ز

to be concise	IV	إيجَازٌ	يُوجِزُ	أَوْجَزَ

حاوَلْنا أَنْ نوجِزَ مُقَدَّمَةَ هَذا الْقاموسِ في عِدَّةِ صَفَحاتٍ .

و ج س

to fear	IV	——	يُوجِسُ	أَوْجَسَ

أَوْجَسَ اللِّصُّ خِيفَةً مِنْ أَنْ يَتِمَّ الْقَبْضُ عَلَيْهِ هَذِهِ الْمرَّةَ .

to fear	V	تَوَجُّسٌ	يَتَوَجَّسُ	تَوَجَّسَ

تَوَجَّسَ اللِّصُّ مِنْ أَنْ يُقْبَضَ عَلَيْهِ وَهْوَ يَفْتَحُ الْخَزينَةَ .

و ج ع

to feel pain	I	وَجَعٌ	يَوْجَعُ	وَجَعَ

كُلَّما شَعَرَ الْمريضُ بِالْوَجَعِ ، تَناوَلَ حَبَّةً مُسَكِّنَةً لِلْأَلَمِ .

to cause pain	IV	إيجاعٌ	يُوجِعُ	أَوْجَعَ

أَوْجَعَها كَثيرًا عَلاقَتُهُ بِصَديقَتِها دونَ أَنْ تَعْرِفَ .

to feel pain	V	تَوَجُّعٌ	يَتَوَجَّعُ	تَوَجَّعَ

هَلْ يَتَوَجَّعون من مَرَضٍ جُسْمانِيٍّ (بَدَنِيٍّ) أَمْ مِنْ مَرَضٍ نَفْسِيٍّ ؟

و ج ف

to throb, beat	I	وَجْفٌ / وُجُوفٌ	يَجِفُ	وَجَفَ

كَانَ قَلْبِي يَجِفُ وَأَنَا دَاخِلٌ إِلَى لَجْنَةِ الامْتِحَانِ .

to make tremble	IV	إيجَافٌ	يُوجِفُ	أَوْجَفَ

أَوْجَفَ الْقَلْبَ أَنَّ السَّادَةَ الْمُمْتَحِنِينَ كَانُوا مُتَعَصِّبِينَ .

و ج ل

وَجِلَ يَوْجَلُ وَجَلٌ I to fear

قُلْتُ لَهُ : لا تَوْجَلْ وَلا تَخَفْ مَا دَامَ اللهُ مَعَكَ .

و ج م

وَجَمَ يَجِمُ وَجْمٌ / وُجُومٌ I to be depressed, despondent

لَقَدْ وَجَمَ وَحَزِنَ كَثيرًا لِوَفاةِ أَخيهِ فَجْأَةً .

و ج ه

وَجَّهَ يُوَجِّهُ تَوْجِيهٌ II to direct

وَجَّهْنَا إِلَيْهِ نِدَاءً بِأَنْ يَرْجِعَ عَنْ رَأْيِهِ وَيَنْضَمَّ لِلْعَامِلِينَ .

وَاجَهُ يُوَاجِهُ مُوَاجَهَةٌ III to face

وَاجَهْنَا صُعُوبَاتٍ كَثِيرَةً وَنَحْنُ نَجْمَعُ مَادَّةَ هَذَا الْقَامُوسِ .

تَوَجَّهَ يَتَوَجَّهُ تَوَجُّهٌ V to head (toward)

تَوَجَّهْتُ إِلَى مُدِيرِ الْإِدَارَةِ ، وَأَطْلَعْتُهُ عَلَى الْخُطَّةِ .

تَوَاجَهَ يَتَوَاجَهُ تَوَاجُهٌ VI to face each other

عِنْدما تَواجَهَ الْخَصْمانِ في الْمَحْكَمَةِ ، قَرَّرا أَنْ يَتَصالَحا .

اِتَّجَهَ يَتَّجِهُ اِتِّجاهٌ VIII to head (toward)

اِتَجَهَت السَّيَّارَةُ الْأُجْرَةُ إِلَى الطَّريقِ الصَّحْراوِيِّ قاصِدَةً الْإِسْكَنْدَرِيَّةَ .

و ح د

وَحَدَ يَحِدُ حِدَةٌ I to be separate

جَلَسَ الطُّلَّاب فى صَفٍّ والطَّالِباتُ فى صِفٍّ آخَرَ ، كُلٌّ مِنْهُما عَلَى حِدَةٍ .

وَحَّدَ يُوَحِّدُ تَوْحِيدٌ II to unite

حَاوَلَ أَنْ يُوَحِّدَ بَيْنَ النِّقَابَاتِ الْمُخْتَلِفَةِ وَلَكِنَّهُ لَمْ يُوَفَّقْ .

تَوَحَّدَ يَتَوَحَّدُ تَوَحُّدٌ V to be united, be combined

تَوَحَّدَتْ كُلُّ الْمَكَاتِبِ الْفَرْعِيَّةِ فِي نِقَابَةٍ مَرْكَزِيَّةٍ .

اِتَّحَدَ يَتَّحِدُ اِتِّحادٌ VIII to be united

اِتَّحَدَ الْعُمّال جَميعًا عَلَى أَنْ يَنْتَخِبُوا رئيسَ مَجْلِسِ إدارَةِ الْمَصْنَعِ لِفَتْرَةٍ ثانِيَةٍ .

و ح ش

to be deserted V تَوَحَّشَ يَتَوَحَّشُ تَوَحُّشٌ

بَعْدَ انْتِقالِهِمْ مِن الْفيلّا وَأَخْذِ الْأَوْلادِ مَعَهُمْ ، تَوَحَّشَ الْمَكانُ كُلُّهُ .

to miss badly X اِسْتَوْحَشَ يَسْتَوْحِشُ اِسْتيحاشٌ

هَل اسْتَوْحَشْتَ لابْنَتِكَ بَعْدَ سَفَرِها ؟

و ح م

to crave I وَحِمَ يَوْحَمُ وَحْمٌ

وَحِمَتِ الْمَرْأَةُ إِذْ تَشْتاقُ إِلَى أَطْعِمَةٍ مُعَيَّنَةٍ في بِدايَةِ حَمْلِها .

و ح ي

to inspire, reveal IV أَوْحَى يُوحِي إِيحَاءٌ

أَوْحَى اللهُ بِرِسالاتِهِ إِلى أَنْبِيائِهِ مِنْ خِلالِ الْمَلاكِ جِبْريل .

to seek inspiration X اِسْتَوْحَى يَسْتَوْحِي اِسْتيحَاءٌ

اِسْتَوْحَى الْفَنّان الْبيئَةَ الرِّيفِيَّةَ وَهُوَ يَرْسُمُ لَوْحَتَهُ .

و خ ز

to twinge I وَخَزَ يَخِزُ وَخْزٌ

أَحَسَّ بِوَخْزِ الضَّميرِ ، لأَنَّهُ أَساءَ إِلَيْهَا وَهِيَ بَرِيئَةٌ .

و خ ي

to keep in mind V تَوَخَّى يَتَوَخَّى تَوَخٍّ

عَلَيْكَ بِتَوَخّي الْحَذَرِ في قيادَتِك السَّيّارةَ قُرْبَ " مَزْلَقاناتِ " السِّكَّةِ الْحَديدِ .

و د د

to want, wish I وَدَّ يَوَدُّ وُدٌّ

أَيَوَدُّ أَحَدُكُمْ أن يَكْسِبَ مالاً ، وَيَخْسَرَ صَديقًا ؟!

to try to gain favor V تَوَدَّدَ يَتَوَدَّدُ تَوَدُّدٌ

ظَلّ يَتَوَدَّدُ إِلَيْهِ حَتَّى وَثِقَ فيهِ وزَوَّجه ابْنَتَهُ .

تَوَادَّ يَتَوادُّ تَوَادٌّ VI to be on friendly terms

في الْحَديثِ النَّبوِيِّ : "مَثَلُ الْمُؤْمِنِينَ في تَوَادِّهِمْ وتَراحُمِهِمْ وَتَعاطُفِهِمْ كَمَثَلِ الْجَسَدِ الْواحِدِ ... ".

و د ع

وَدَعَ يَدَعُ وَدْعٌ I to give up

لَمْ يَدَعْ بابًا لِلرِّزْقِ إلاَّ طَرَقَهُ .

وَدَّعَ يُوَدِّعُ تَوْدِيعٌ II to see off

وَدَّعَ الرَّئِيسُ ضَيْفَهُ فِي الْمَطارِ تَوْدِيعًا رَسْمِيًا .

أَوْدَعَ يُودِعُ إِيداعٌ IV to deposit

أَوْدَعْتُ كُلَّ نُقُودِي فِي الْبَنْكِ.

اِسْتَوْدَعَ يَسْتَوْدِعُ اِسْتِيدَاعٌ X to commend s.o. to God's protection

تَرَكْتُ أُسْرَتِي ، وَاسْتَوْدَعْتُهَا اللَّهَ وَسَافَرْتُ .

و د ي

وَدَى يَدِي وَدْيٌ I to pay blood money

وَدَى أَهْلُ الْجاني الْقَتيلَ ، أي دَفَعوا دِيَتَّهُ لِأَهْلِهِ .

أَوْدَى يُودِي إِيدَاءٌ IV to destroy, kill

أَوْدَتْ بِهِ السُّرْعَةُ في قِيادةِ السَّيَّارةِ إلى حَتْفِهِ أيْ مَوْتِهِ .

و ذ ر

وَذِرَ يَذَرُ —— I to leave behind

سَوْفَ يُحاسَبُ الْإِنْسانُ عَلَى كُلِّ ما يَأْتي وما يَذَرُ ، أي ما يَتْرُكُ .

و ر ث

وَرِثَ يَرِثُ وِرْثٌ / إِرْثٌ / مِيراثٌ I to inherit

وَرِثَتِ الزَّوْجَةُ الْكَثِيرَ بَعْدَ وَفَاةِ زَوْجِهَا الْمُسِنِّ .

وَرَّثَ يُوَرِّثُ تَوْرِيثٌ II to designate as an heir (s.o.)

عَمَلِيَّةُ التَّوْرِيثِ تَحْتَاجُ إِلَى خَبِيرٍ بِالشَّرْعِ وَالْقَانُونِ .

to bequeath IV أَوْرَثَ يُورِثُ —
أَوْرَثَ الأَبُ ابْنَهُ كُلَّ الصِّفَاتِ الطَّيِّبَةِ .

to inherit VI تَوَارَثَ يَتَوَارَثُ تَوَارُثٌ
تَتَوَارَثُ الشُّعُوبُ حَضَارَاتِهَا الْقَدِيمَةَ جِيلاً بَعْدَ جِيلٍ .

و ر د

to arrive, come (to) I وَرَدَ يَرِدُ وُرُودٌ
وَرَدَ إِلَيْنَا خِطَابٌ مِنَ السِّفَارَةِ مُنْذُ يَوْمَيْنِ .

to deposit II وَرَّدَ يُوَرِّدُ تَوْرِيدٌ
وَرَّدَ الصَّرَّافُ كُلَّ مَا مَعَهُ مِنْ نُقُودٍ إِلَى الْخَزَانَةِ .

to quote IV أَوْرَدَ يُورِدُ إِيرَادٌ
أَوْرَدْتُ نَصًّا مِنْ مَصْدَرٍ فِي التَّارِيخِ يُؤَيِّدُ مَا أَقُولُ .

to be rose-colored V تَوَرَّدَ يَتَوَرَّدُ تَوَرُّدٌ
لَقَدْ شُفِيتْ تَمَامًا وَ الدَّلِيلُ : تَوَرُّدُ الْخَدَّيْنِ .

to happen to be identical VI تَوَارَدَ يَتَوَارَدُ تَوَارُدٌ
زَعَمَ أَنَّهَا سَرَقَتْ أَفْكَارَهُ ، فَلِمَاذَا لا يَكُونُ ذَلِكَ مِنْ تَوَارُدِ الْخَوَاطِرِ .

to import X اِسْتَوْرَدَ يَسْتَوْرِدُ اِسْتِيرَادٌ
اِسْتَوْرَدَتِ الْحُكُومَةُ عَدَدًا مِنْ سَيَّارَاتِ الرُّكُوبِ .

و ر ط

to involve s.o. (in difficulties) II وَرَّطَ يُوَرِّطُ تَوْرِيطٌ
حَاوَلَ أَنْ يُوَرِّطَهُ فِي الْمُشْكِلَةِ ، وَلَكِنَّهُ لَمْ يَنْجَحْ .

to be involved (in difficulties) V تَوَرَّطَ يَتَوَرَّطُ تَوَرُّطٌ
لَقَدْ تَوَرَّطَ فِي الْمُشْكِلَةِ بِسَبَبِ سُوءِ تَصَرُّفِهِ .

و ر ع

to be pious I وَرِعَ يَرِعُ وَرَعٌ
الْوَرَعُ وَالتَّقْوَى وَالإِخْلاصُ مِنْ صِفَاتِ الصَّالِحِينَ .

to abstain (from) V تَوَرَّعَ يَتَوَرَّعُ تَوَرُّعٌ

إِنَّهَا تَتَوَرَّعُ عَنْ أَنْ تَكُونَ شَرِيكَةً لَهُمْ فِي هَذِهِ الْجَرِيمَةِ .

و ر ق

to put out new leaves IV أَوْرَقَ يُورِقُ إِيرَاقٌ

أَوْرَقَتِ الشَّجْرَةُ وَ يُنْتَظَرُ أَنْ تَظْهَرَ الثِّمارُ عَمَّا قَرِيبٍ .

و ر م

to be swollen V تَوَرَّمَ يَتَوَرَّمُ تَوَرُّمٌ

لَقَدْ تَوَرَّمَتْ قَدَمُهُ وَلا بُدَّ مِنْ أَنْ يُسْرِعَ بِالْعِلاجِ .

و ر ي

to disappear from sight VI تَوَارَى يَتَوَارَى تَوَارٍ

اِعْتادَ الْجاهِلِيُّ حينَ يُبَشَّرُ بِأُنْثَى ، أن يَتَوارَى عَنْ عُيونِ النَّاسِ خَوْفَ الْعارِ والْفَضيحَةِ .

و ز ر

to carry (a burden) I وَزَرَ يَزِرُ وِزْرٌ

" أَلاّ تَزِرُ وازِرَةٌ وِزْرَ أُخْرَى " أَيْ إِنَّ كُلَّ إِنسانٍ مَسْؤولٌ عَنْ نَفْسِهِ فَقَطْ .

و ز ع

to distribute II وَزَّعَ يُوَزِّعُ تَوْزِيعٌ

وَزَّعْتُ قِطَعَ الْحَلْوَى عَلَى الْحَاضِرِينَ وَنَسِيتُ نَفْسِي .

to be distributed V تَوَزَّعَ يَتَوَزَّعُ تَوَزُّعٌ

تَوَزَّعَتْ كُلُّ قِطَعِ الْحَلْوَى ، وَبَقِيَت الْعُلَبُ فارِغَةً .

و ز ن

to weigh I وَزَنَ يَزِنُ وَزْنٌ

بَعْدَ أَنْ وَزَنَ الْفَلاّح الْقُطْنَ ، قَبَضَ ثَمَنَهُ مِن الْمُشْتَرِي .

to compare III وَازَن يَوازِنُ مُوَازَنَةٌ

حين يُوازِنُ بَيْنَ الأُخْتَيْنِ ، يَجِدُ الصَّغيرَةَ أَفْضَلَ .

تَوَازَنَ يَتَوَازَنُ تَوَازُنٌ VI to be balanced

تَوازَنَتِ الْأُمُورُ الْآنَ ، وَيَسْتَطِيعُ أَنْ يَبْدَأَ الْمَشْروعَ .

و ز ي

وَازَى يُوَازِي مُوَازَاةٌ III to be parallel

كُلُّ الْخُطوطِ الْمُتَوازِيَةِ لا تَتَلاقَى أَبَدًا .

تَوَازَى يَتَوَازَى تَوَازٍ VI to be parallel

طَلَبَ مِنْهُ الْمُديرُ أَنْ يُنَظِّمَ الطّاوِلاتِ بِحَيْثُ تَتَوازَى مَعَ فَتَحَاتِ التَّكْيِيفِ .

و س خ

اِتَّسَخَ يَتَّسِخُ اِتِّساخٌ VIII to become dirty

تَتِّسِخُ مَلابِسُ الْأَطْفَالِ أَسْرَعَ مِنْ غَيْرِهِمْ ، ما السَّبَبُ ؟

و س ط

تَوَسَّطَ يَتَوَسَّطُ تَوَسُّطٌ V to act as a mediator

نَظَرًا لأَنّه تَوَسَّطَ بَيْنَ الْمالِكِ والْمُسْتَأجِرِ ، فإِنَّهُ يَطْلُبُ سَمْسَرَةً مِنْ كِلَيْهِما .

و س ع

وَسِعَ يَسَعُ وُسْعٌ/ سَعَةٌ I to be spacious

" وَسِعَ كُرْسِيُّهُ السَّمَواتِ والأَرْضِ " : كِنايةٌ عن عَظَمَةِ الْخالِقِ .

وَسَّعَ يُوَسِّعُ تَوْسِيعٌ II to enlarge

إِنَّهُ الْآنَ يُحَاوِلُ أَنْ يُوَسِّعَ نُفُوذَهُ أَكْثَرَ وَأَكْثَرَ .

أَوْسَعَ يُوسِعُ —— IV to widen, give more (of s.th.)

أَوْسَعَهُ تأْنيبًا أَيْ أَشْبَعَهُ تَوْبِيخًا .

تَوَسَّعَ يَتَوَسَّعُ تَوَسُّعٌ V to expand

تَوَسَّعَتِ الشَّرِكاتُ في مَشروعاتِ الإِسكانِ .

اِتَّسَعَ يَتَّسِعُ اِتِّسَاعٌ VIII to be expanded

اِتَّسَعَت الْحدَيقَةُ الْآنَ أَكْثَرَ وَأَكْثَرَ .

و س ق

to harmonize, be in keeping with VIII اِتَّسَقَ يَتَّسِقُ اِتِّسَاقٌ

ما ذَكَرْتُهُ لَكَ ، يَتَّسِقُ تَمامًا مَعَ رَغْبَتِهِمْ في شِراءِ قِطْعَةِ الْأَرْضِ .

و س ل

to ask s.o.'s help V تَوَسَّلَ يَتَوَسَّلُ تَوَسُّلٌ

يَتَوَسَّلُ كثيرونَ بِآلِ بَيْتِ النَّبِيِّ مُحَمَّدٍ (ص) فَيَزورونَ الأَضْرِحَةَ ويُكْثِرونَ مِن الدُّعاءِ .

و س م

to characterize I وَسَمَ يَسِمُ وَسْمٌ

وَسَمَهُ بِالْجَهْلِ وَلَمْ يَعْرِفْ أَنَّهُ أَقْدَرُ مِنْهُ عِلْمًا وَمَعْرِفَةً .

to expect promising signs in s.o. V تَوَسَّمَ يَتَوَسَّمُ تَوَسُّمٌ

تَوَسَّمْتُ فِيهِ الْخَيْرَ ، وَكَانَ عِنْدَ حُسْنِ ظَنِّي بِهِ .

to be characterized VIII اِتَّسَمَ يَتَّسِمُ اِتِّسَامٌ

يَتَّسِمُ شَكلُ هذا الْمَبْنَى بِطابَعٍ رومانيٍّ قَديمٍ .

و س ن

to sleep I وَسَنَ يَسِنُ وَسَنٌ

اَلْوَسَنُ هُوَ النَّومُ .

و س و س

to whisper, instill evil Q وَسْوَسَ يُوَسْوِسُ وَسْوَسَةٌ

يُوَسْوِسُ الشَّيْطَانَ لِبَنِي آدَمَ لِيَصْرِفَهُمْ عَنْ الطَّرِيقِ الْقَوِيمِ .

و س ي

to console III وَاسَى يُوَاسِي مُوَاسَاةٌ

اِعْتادَ النَّاسُ في أَوْقاتِ الشِّدَّةِ أَنْ يُواسِيَ بَعْضُهُمْ بَعْضًا .

و شـ ح

to be covered loosely VIII اِتَّشَحَ يَتَّشِحُ اِتِّشَاحٌ

اِتَّشَحَ نَعْشُ الشَّهيدِ بِالأَلْوانِ الثَّلاثَةِ الَّتى يَحْمِلُها عَلَمُ الْجمُهْورِيَّةِ .

و شـ ك

to be about to I وَشُكَ يَوْشُكُ وُشْكٌ

كانَ عَلَى وُشْكِ الْهَلاكِ ، وَلَكِنَّ اللهَ نجَّاهُ .

to be about to IV أَوْشَكَ يُوشِكُ إِيشَاكٌ

أَوْشكَتِ الطّائِرَةُ عَلَى الْهُبوطِ بِالْمَطارِ ، وتَمَّ التَّأْكيدُ عَلَى رَبْطِ الأَحْزِمَةِ .

و شـ م

to tattoo I وَشَمَ يَشِمُ وَشْمٌ

اِعْتادَ الْبَدْوُ أَنْ يَضَعوا وَشْمًا لِلتَّيمُّنِ بِهِ .

و شـ ي

to inform (against) I وَشَى يَشِي وَشْيٌ / شِيَةٌ / وِشَايَةٌ

وَشَى الْعَامِلُ إِلَى الْمُدِيرِ بِسُوءِ سُلُوكِ زَمِيلِهِ .

to embellish II وَشَّى يُوَشِّي تَوْشِيَةٌ

وَشَّى الشَّاعِرُ قَصِيدَتَهُ بِالْعَدِيدِ مِنَ الصُّوَرِ الْبَلاغِيَّةِ .

و صـ د

to close IV أَوْصَدَ يُوصِدُ إِيصَادٌ

أَوْصَدْتُ بابَ النِّقاشِ تَمامًا في هَذِهِ الْمَسْأَلَةِ .

و صـ ف

to describe I وَصَفَ يَصِفُ وَصْفٌ

وَصَفَهُ لِي بِأَنَّهُ رَجُلٌ ضَخْمُ الْجُثَّةِ ، عَرِيضُ الْمِنْكَبَيْنِ .

to be described VIII اِتَّصَفَ يَتَّصِفُ اِتِّصَافٌ

إِنَّهُ يَتَّصِفُ بِحُسْنِ الْخُلُقِ والتَّعامُلِ الْمَرِنِ مع زُمَلائِهِ .

و ص ل

to arrive	I	وَصَلَ يَصِلُ وُصُولٌ
		وَصَلَت الطَّائِرَةُ مُتَأَخِّرَةً حَوَالَيْ سَاعَتَيْنِ .
to connect	II	وَصَّلَ يُوَصِّلُ تَوْصِيلٌ
		طَلَبْتُ مِنَ الْعَامِلِ أَنْ يُوَصِّلَ لِي حَرَارَةَ التِّلِيفُونِ فَاعْتَذَرَ .
to continue	III	وَاصَلَ يُوَاصِلُ مُوَاصَلَةٌ / وِصَالٌ
		وَاصَلْنَا الْعَمَلَ فِي هَذَا الْقَامُوسِ فَتْرَةً طَوِيلَةً جِدًّا .
	IV	أَوْصَلَ يُوصِلُ إِيصَالٌ
1. give s.o. a ride, escort		أَوْصَلَهَا إِلَى بَيْتِهَا بِالسَّيَّارَةِ ثُمَّ رَجَعَ مَاشِيًا .
2. to convey s.th.		أَوْصَلَ الْخِلافَاتِ الَّتِي نَشَبَتْ بَيْنَ الْمُوَظَّفِينَ لِلْمُدِيرِ .
to reach	V	تَوَصَّلَ يَتَوَصَّلُ تَوَصُّلٌ
		تَوَصَّلَت النِّيَابَةُ إِلَى الْأَسْبَابِ الْحَقِيقِيَّةِ وَدَوَافِعِ الْجَرِيمَةِ .
to be interconnected	VI	تَوَاصَلَ يَتَوَاصَلُ تَوَاصُلٌ
		تَوَاصُلُ الْأَجْيَالِ أَمْرٌ حَتْمِيٌّ لا مَفَرَّ مِنْهُ .
to telephone s.o.	VIII	اِتَّصَلَ يَتَّصِلُ اِتِّصَالٌ
		اِتَّصَلْتُ بِهِ هَاتِفِيًّا ، فَلَمْ أَجِدْهُ هُنَاكَ .

و ص م

to disgrace	I	وَصَمَ يَصِمُ وَصْمٌ
		حاوَلَ أَنْ يَصِمَهُ بِأَحَطِّ الصِّفَاتِ ، وهَذا مِنْهُ ظُلْمٌ كَثِيرٌ .

و ص ي

to recommend	II	وَصَّى يُوَصِّي تَوْصِيَةٌ
		كَتَبْتُ إِلَيْهِ تَوْصِيَةً كَيْ يَقْبَلَهَا فِي الدِّرَاسَاتِ الْعُلْيا .
to urge	IV	أَوْصَى يُوصِي إِيصَاءٌ
		أَوْصَى أَبِي بِأَنْ نُحْسِنَ خَيْرًا بِخَادِمَتِنَا الْعَجُوزِ .
to share advice	VI	تَوَاصَى يَتَوَاصَى تَوَاصٍ
		يَتَوَاصَى النَّاسُ فِيمَا بَيْنَهُمْ ، فَمِنْهُمْ مَنْ يَعْمَلُ وَمِنْهُمْ مَنْ يُحْجِمُ .

to make s.o. one's concern X اِسْتَوْصَى يَسْتَوْصِي اِسْتِيصَاءٌ
أَرْجُو أَنْ تَسْتَوْصِي بِهَا خَيْرًا ، فَهِيَ طَيِّبَةٌ وَتَسْتَحِقُّ كُلَّ خَيْرٍ .

و ضـ أ

وَضُؤَ يَوْضُؤُ وُضُوءٌ / وَضَاءَةٌ I
to perform the ritual ablution before prayer
يَلْزَمُ الْوُضُوءُ قَبْلَ الصَّلاةِ .

تَوَضَّأَ يَتَوَضَّأُ تَوَضُّؤٌ V
to perform the ritual ablution before prayer
يَتَوَضَّأُ الْمُسْلِمُ لِصَلاةٍ أو أكْثَرَ .

و ضـ ح

to be or become clear I وَضَحَ يَوْضَحُ وُضُوحٌ
لَقَدْ وَضَحَتِ الأُمُورُ ، وَلَمْ يَعُدْ ثَمَّةَ شَكٌّ لِلْإِنْكَارِ .

to explain II وَضَّحَ يُوَضِّحُ تَوْضِيحٌ
وَضَّحْتُ لَهُ الأُمُورَ ، وَأَعْتَقِدُ أَنَّهُ سَيَتَصَرَّفُ لِصَالِحِكَ .

to clarify IV أَوْضَحَ يُوضِحُ إِيضَاحٌ
أَنَا أَعْلَمُ أَنَّكَ أَوْضَحْتَ لَهُ مَوْقِفَكَ ، وَلَكِنَّهُ مُصِرٌّ عَلَى مَوْقِفِهِ .

to be or become clear VIII اِتَّضَحَ يَتَّضِحُ اِتِّضَاحٌ
لَقَدِ اتَّضَحَ لِي أَخِيرًا أَنَّ مُرَتَّبَهُ مُعْفًى مِنَ الضَّرائِبِ .

to seek to understand clearly X اِسْتَوْضَحَ يَسْتَوْضِحُ اِسْتِيضَاحٌ
حَاوَلْتُ أَنْ أَسْتَوْضِحَ الْمَوْضُوعَ ، وَلَكِنَّهُمْ لَمْ يُسَاعِدُونِي .

و ضـ ع

to put I وَضَعَ يَضَعُ وَضْعٌ
وَضَعْتُ كِتَابِي فِي الْحَقِيبَةِ ، فَضَاعَتِ الْحَقِيبَةُ بِالْكِتَابِ .

to behave humbly VI تَوَاضَعَ يَتَوَاضَعُ تَوَاضُعٌ
يَقُولُونَ : مَنْ تَوَاضَعَ لِلهِ رَفَعَهُ .

و ط أ

to tread I وَطِئَ يَطَأُ وَطْءٌ

مَا إِنْ وَطِئَتْ أَقْدَامُهُ أَرْضَ الْوَطَنِ ، حَتَّى سَالَت الدُّمُوعُ مِنْ عَيْنَيْهِ .

to prepare (a way for) II وَطَّأَ يُوَطِّئُ تَوْطِئَةٌ

فِي الْبِدَايَةِ ، عَلَيْكَ أَنْ تُوَطِّئَ لِمَوْضُوعِكَ ، كَيْ يَفْهَمَ الْقَارِئُ هَدَفَكَ .

to collude VI تَوَاطَأَ يَتَوَاطَأُ تَوَاطُؤٌ

لَقَدْ تَوَاطَؤوا عَلَى الْكَذِبِ ، وَلَمْ تَعُدْ عِنْدِي ثِقَةٌ فِيهِمْ .

و ط د

to strengthen II وَطَّدَ يُوَطِّدُ تَوْطِيدٌ

حَاوَلْتُ أَنْ أُوَطِّدَ عَلاقَتِي بِهَا ، فَلَمْ أُفْلِحْ .

و ط ن

to adjust o.s. II وَطَّن يُوَطِّن تَوْطِينٌ

وَطَّنَ نَفْسَهُ عَلَى الصَّبْرِ ، فالصَّبْرُ مِفْتاحُ الْفَرَجِ .

to reside, settle down V تَوَطَّنَ يَتَوَطَّنُ تَوَطُّنٌ

تَوَطَّنَ أَمْرِيكا لِقُرابَةِ رُبْعِ قَرْنٍ حَتَّى الْآنَ .

to get settled X اِسْتَوْطَنَ يَسْتَوْطِنْ اِسْتِيطَانٌ

من الْأمورِ الْعالِقَةِ بين الْفِلَسْطينيِّينَ وَالْإِسْرائيلِيِّينَ مَوْضوعُ الْاِسْتِيطانِ .

و ظ ب

to persist, do regularly III وَاظَبَ يُوَاظِبُ مُوَاظَبَةٌ

إِنَّها تُواظِبُ عَلَى حُضورِ الْمُحاضَراتِ والنَّدوَاتِ بِالْكُلِّيةِ .

و ظ ف

to assign II وَظَّفَ يُوَظِّفُ تَوْظِيفٌ

وَظَّفَهَ بِمَكْتَبِ الْعَلاقاتِ الْعامَّةِ بِالْوَزارَةِ .

to be assigned V تَوَظَّفَ يَتَوَظَّفُ تَوَظُّفٌ

تَوَظَّفَ أَخي بِوَظيفَةِ " مُحاسِب " في شَرِكَةِ مُقاوَلاتٍ كَبيرَةٍ .

و ع ب

اِسْتَوْعَبَ يَسْتَوْعِبُ اِسْتِيعَابٌ X to contain, comprehend

بَعْدَ أَنْ قَرَأَ التَّقْرِيرَ ، وَجَدْتُهُ قد اسْتَوْعَبَ كُلَّ ما فيهِ .

و ع د

وَعَدَ يَعِدُ وَعْدٌ I to promise

وَعَدَنِي وَالِدِي بِإِهْدَائِي سَاعَةً بِمُنَاسَبَةِ نَجَاحِي .

وَاعَدَ يُوَاعِدُ مُوَاعَدَةٌ III to agree on s.th. (in the future)

ظَلَّ يُواعِدُها بِالزَّوَاجِ ، ثُمَّ هَاجَرَ وَتَرَكَهَا .

أَوْعَدَ يُوعِدُ إِيعَادٌ IV to threaten

أَوْعَدَهُ الْمُدِيرُ بِالْفَصْلِ مَا لَمْ يَنْتَظِمْ فِي عَمَلِهِ .

تَوَعَّدَ يَتَوَعَّدُ تَوَعُّدٌ V to threaten

تَوَعَّدَهُ الْمُدِيرُ بِالْخَصْمِ مِنْ مُرَتَّبِهِ إِذَا تَسَبَّبَ فِي الْعُطْلِ مَرَّةً أُخْرَى .

تَوَاعَدَ يَتَوَاعَدُ تَوَاعُدٌ VI to promise each other

تَوَاعَدْنَا عَلَى الزَّوَاجِ ، ثُمَّ حَدَثَتْ ظُرُوفٌ حَالَت دُونَ ذَلِكَ .

و ع ر

تَوَعَّرَ يَتَوَعَّرُ تَوَعُّرٌ V to be rough (terrain)

لَسْتُ أَدْرِي لِماذا تَوَعَّرَ هَذا الشَّارِعُ إِلَى هَذا الْحَدِّ ؟!

و ع ز

أَوْعَزَ يُوعِزُ إِيعَازٌ IV to direct, instruct

أَوْعَزوا إِلَيْهِ بأَنَّ هُنَاكَ صَفْقَةً جَدِيدةً بالسَّعودِيَّةِ وَعَلَيْهِ أَنْ يُسافِرَ فورًا .

و ع ظ

وَعَظَ يَعِظُ وَعْظٌ I to preach

وَعَظَنَا الشَّيْخُ مَوْعِظَةً طَوِيلَةً ، خَرَجْنَا بَعْدَهَا مُصَمِّمِينَ عَلَى الْعَمَلِ .

اِتَّعَظَ يَتَّعِظُ اِتِّعَاظٌ VIII to learn a lesson

لا تَحْزَنْ عَلَيْهِ ، فَلَعَلَّهُ يَتَّعِظُ بِهَذِهِ الأَشْيَاءِ الْبَسِيطَةِ .

و ع ك

تَوَعَّكَ يَتَوَعَّكُ تَوَعُّكٌ V to become ill

تَوَعَّكَتْ صِحَّتُهُ كَثيرًا بَعْدَ عَوْدَتِهِ إِلَى أَرْضِ الْوَطَنِ .

و ع ي

وَعَى يَعِي وَعْيٌ I to know by heart

عَلَيْهِ أن يَعِيَ كُلَّ ما يُقالُ لَهُ بِخُصوصِ مَهَمَّتِهِ .

وَعَّى يُوَعِّي تَوْعِيَةٌ II to raise awareness

اَلتَّوْعِيَةُ الصِّحِّيَّةُ أَمْرٌ لازِمٌ وَمَطْلوبٌ وَخاصَّةً في هَذِهِ الظُّروفِ .

و غ ل

أَوْغَلَ يُوغِلُ إيغالٌ IV to penetrate deeply

أَوْغَلَ كثيرًا في التَّخْطيطِ لِمَشْروعِهِ ، وَلا أدري مَتَى يَنْتَهي .

تَوَغَّلَ يَتَوَغَّلُ تَوَغُّلٌ V to advance further and further

تَوَغَّلَتْ جَحافِلُ الْجَيْشِ في الصَّحْراءِ عَبْرَ الْحُدودِ .

و ف د

وَفَدَ يَفِدُ وَفْدٌ / وِفادَةٌ I to arrive, present o.s.

وَفَدَ عَلَيْنَا أُسْتَاذُ لُغَوِيَّاتٍ مَشْهُورٌ فَاسْتَفَدْنَا مِنْهُ كَثِيرًا .

أَوْفَدَ يُوفِدُ إيفادٌ IV to send, dispatch

تُوفِدُ الْجامِعاتُ الْمِصْرِيَّةُ عَدَدًا من الْخِرِّيجين والْخِرِّيجاتِ إلى أُورُوبّا وَأَمْرِيكا وغَيْرِهِما لِلْحُصولِ عَلَى دَرَجاتٍ عِلْمِيَّةٍ أَعْلَى .

تَوَافَدَ يَتَوَافَدُ تَوَافُدٌ VI to arrive together

تَوَافَدَ على سُرادِقِ الْعَزاءِ تَجْمعٌ غَفيرٌ من أَصْحابِ النُّفوذِ .

و ف ر

وَفَّرَ يُوَفِّرُ تَوْفِيرٌ II to save

اَلْغَسَّالاتُ الأُتُومَاتِيكِيَّةُ تُوَفِّرُ الْكَثِيرَ مِنَ الْوَقْتِ وَالْجُهْدِ .

تَوَفَّرَ يَتَوَفَّرُ تَوَفُّرٌ V to be ample
تَوَفَّرَتْ لَدَيْهِ مَعْلُومَاتٌ مُهِمَّةٌ ، وَلَكِنَّهُ يُرِيدُ أَنْ يَحْتَفِظَ بِهَا سِرًّا .

تَوَافَرَ يَتَوَافَرُ تَوَافُرٌ VI to be fulfilled (conditions)
لَمْ يَتَوَافَرْ لِهَذَا الْبَحْثِ كُلُّ مُقَوِّمَاتِ الْبَحْثِ الْجَيِّدِ .

و ف ق

وَفَّقَ يُوَفِّقُ تَوْفِيقٌ II to reconcile
حَاوَلْتُ مِرَارًا أَنْ أُوَفِّقَ بَيْنَهُمَا ، ولَكِنِّي لَمْ أَسْتَطِعْ .

وَافَقَ يُوَافِقُ مُوَافَقَةٌ / وِفَاقٌ III to agree
لَقَدْ وَافَقَتْ عَلَى السَّفَرِ بَعْدَ عِنَادٍ طَوِيلٍ .

تَوَافَقَ يَتَوَافَقُ تَوَافُقٌ VI to coincide
يَتَوَافَقُ عِيدُ مِيلادِهَا وَرَأْسَ السَّنَةِ الْهِجْرِيَّةِ .

اِتَّفَقَ يَتَّفِقُ اِتِّفَاقٌ VIII to agree
اِتَّفَقْنَا عَلَى طَبْعِ هَذَا الْقَامُوسِ بِمَطْبَعَةِ الْجَامِعَةِ الأمْرِيكِيَّةِ بِالْقَاهِرَةِ .

و ف ي

وَفَى يَفِي وَفَاءٌ I to fulfill, keep faith (with)
إِنَّهُ يَعِدُ دَائِمًا ، وَلَكِنَّهُ لا يَفِي بِمَا يَعِدُ بِهِ .

وَفَّى يُوَفِّي تَوْفِيَةٌ II to complete, meet fully
لَقَدْ وَفَّى لَهُ دَيْنَهُ ، وَلَمْ يَعُدْ لَهُ حَقٌّ بِمُطَالَبَتِهِ بِهِ .

وَافَى يُوَافِي مُوَافَاةٌ III to provide (with)
كَتَبَ إِلَيْنَا يَقُول : أَرْجُو مُوَافَاتَنَا عَنِ الْحَالَةِ فَوْرًا .

أَوْفَى يُوفِي إِيفَاءٌ IV to draw near
لَقَدْ أَوْفَى عَلَى التِّسْعِينَ الآنَ ، وَمَعَ ذَلِكَ فَصِحَّتُهُ جَيِّدَةٌ .

تُوُفِّيَ يُتَوَفَّى وَفَاةٌ V to die
تُوُفِّيَ شَاعِرٌ مَشْهُورٌ ، فَأُقِيمَ لَهُ حَفْلُ تَأْبِينٍ .

اِسْتَوْفَى يَسْتَوْفِي اِسْتِيفَاءٌ X to receive in full
لَنْ أَسْتَوْفِيَ حَقِّي بِهَذَا الشَّكْلِ . إِنَّهُ يَعْلَمُ ذَلِكَ .

و ق ت

وَقَّتَ يُوَقِّتُ تَوْقِيتٌ II to set (a time)

حَضَرْنا في التَّوْقيتِ الْمُحَدَّدِ وَلَمْ نَجِدْ أَحَدًا في انتِظارِنا .

و ق د

أَوْقَدَ يُوقِدُ إِيقَادٌ IV to ignite

أَوْقَدوا الشُّعْلَةَ أَمْسِ ، سَتَظَلُّ حَتَّى نِهايَةِ الْمَوْسِمِ .

تَوَقَّدَ يَتَوَقَّدُ تَوَقُّدٌ V to burn

عِنْدما فَتَحوا الْمَحَلَّ ، وَجَدْناهُ وَقَدْ تَوَقَّدَ نارًا .

اِتَّقَدَ يَتَّقِدُ اِتِّقَادٌ VIII to catch fire, burn

اِتَّقَدَتْ النَّارُ وَطَالَتْ كُلَّ مَكانٍ في الْمَصْنَعِ .

و ق ر

وَقَّرَ يُوَقِّرُ تَوْقِيرٌ II to respect

لَيْسَ مِنَّا مَنْ لَمْ يَرْحَمِ الصَّغيرَ ، أَوْ يُوَقِّرِ الْكَبيرَ .

و ق ع

وَقَعَ يَقَعُ وُقُوعٌ I

وَقَعَتْ حَادِثَةٌ مُرَوِّعَةٌ صَبَاحَ أَمْسِ عَلَى طَرِيقِ الْكُورْنِيشِ . 1. to take place

تَقَعُ مِصْرُ في قَارةِ أَفْرِيقِيَا . 2. to be situated

وَقَّعَ يُوَقِّعُ تَوْقِيعٌ II to sign

بَعْدَ الاِتِّفَاقِ ، قَامَ كُلٌّ مِنَ الْمُدِيرِينَ بِالتَّوْقِيعِ عَلَى صُوَرِ الْعَقْدِ .

وَاقَعَ يُوَاقِعُ مُوَاقَعَةٌ III to have sexual intercourse

مِنَ الْمُحَرَّمِ شَرْعًا أَنْ يُوَاقِعَ الزَّوْجُ زَوْجَتَهُ فِي نَهَارِ رَمَضَانَ .

أَوْقَعَ يُوقِعُ إِيقَاعٌ IV to let s.o. walk into an ambush

أَوْقَعَ بِهِمْ عِنْدَ الْمُديرِ ، فَحوَّلَهُمْ إِلى التَّحْقِيقِ .

تَوَقَّعَ يَتَوَقَّعُ تَوَقُّعٌ V to expect

تَوَقَّعْتُ مِنْهُ كُلَّ شَيْءٍ إلا أَنْ يُسِيءَ إِلَى سُمْعَتِي .

و ق ف

to stand	I	وَقَفَ يَقِفُ وُقُوفٌ

وَقَفْتُ فِي الطَّابُورِ نِصْفَ سَاعَةٍ ، ثُمَّ انْصَرَفْتُ .

to stop s.o. / s.th.	II	وَقَّفَ يُوَقِّفُ تَوْقِيفٌ

يُوَقِّفُ الشُّرْطِيُّ كُلَّ سَيَّارَاتِ الأُجْرَةِ لِيَفْحَصَ الرُّخَصَ .

to stop s.o. / s.th.	IV	أَوْقَفَ يُوقِفُ إِيقَافٌ

أَوْقَفَنِي شُرْطِيُّ الْمُرُورِ ، وَهَدَّدَنِي بِسَحْبِ رُخْصَةِ الْقِيَادَةِ .

	V	تَوَقَّفَ يَتَوَقَّفُ تَوَقُّفٌ
1. to quit		تَوَقَّفْتُ عَنِ الْعَمَلِ بِالشَّرِكَةِ نَظَرًا لِخِلافَاتٍ كَثِيرَةٍ .
2. to depend on		يَتَوَقَّفُ عَمَلِي بِالشَّرِكَةِ عَلى نَتِيجَةِ الْخِلافَاتِ .
to bring s.o. / s.th. to a stop	X	اِسْتَوْقَفَ يَسْتَوْقِفُ اِسْتِيقَافٌ

اِسْتَوْقَفْتُ أَحَدَ الْمَارَّةِ وَسَأَلْتُهُ عَنْ شَارِعٍ .

و ق ي

to protect against, prevent s.th.	I	وَقَى يَقِي وِقَايَةٌ

فِعْلا إِنَّ الْوِقَايَةَ خَيْرٌ مِنَ الْعِلاجِ .

to fear God, s.th., s.o.	VIII	اِتَّقَى يَتَّقِي اِتِّقَاءٌ

هُوَ رَجُلٌ يَتَّقِي اللهَ ، وَلا أَعْتَقِدُ أَنَّهُ سَيُضَيِّعُ حَقَّكَ .

و ك أ

to lean (on)	V	تَوَكَّأَ يَتَوَكَّأُ تَوَكُّؤٌ

هو الآنَ يَتَوَكَّأُ عَلَى عَصاهُ ، لَقَدْ كَبُرتْ سِنُّهُ .

to lean (on)	VIII	اِتَّكَأَ يَتَّكِئُ اِتِّكَاءٌ

حاوَلَ أن يَتَّكِئَ عَلَى الْكُرْسِيِّ ، فَزَلَّتْ قَدَمُهُ وَسَقَطَ عَلَى الأَرْضِ .

و ك ب

to accompany	III	وَاكَبَ يُوَاكِبُ مُوَاكَبَةٌ

وَاكَبَ عَرْضَ الأَسْلِحَةِ الثَّقِيلَةِ عَرْضٌ آخَرُ لِلصَّوَارِيخِ .

و ك ز

وَكَزَ	يَكِزُ	وَكْزٌ	I	to hit

في الْقُرْآنِ الْكَرِيمِ عَمَّا فَعَلَهُ مُوسَى عَلَيْه السَّلامُ بِرَجُلٍ : " فَوَكَزَهُ مُوسَى فَقَضَى عَلَيْهِ " .

و ك ل

وَكَلَ	يَكِلُ	وَكْلٌ	I	to entrust

هو دائمًا يَكِلُ أَمْرَهُ إِلَى اللهِ .

وَكَّلَ	يُوَكِّلُ	تَوْكِيلٌ	II	to authorize

وَكَّلَ أَخاه لِبَيْعِ بَيْتِهِ ، فباعَهُ لِنَفْسِهِ .

أَوْكَلَ	يُوكِلُ	إِيكَالٌ	IV	to assign s.th. to s.o.

أَوْكَلْتُ صَديقي بِقَبْضِ مُرَتَّبي خِلالَ فَتْرَةِ سَفَري .

تَوَكَّلَ	يَتَوَكَّلُ	تَوَكُّلٌ	V	to trust in God, s.o.

مَنْ تَوَكَّلَ عَلَى اللهِ كَفاهُ .

تَوَاكَلَ	يَتَوَاكَلُ	تَوَاكُلٌ	VI	to react with indifference

التَّوَكُّلُ مَرْغُوبٌ ، والتَّوَاكُلُ مَذْمُومٌ .

اِتَّكَلَ	يَتَّكِلُ	اِتِّكَالٌ	VIII	to depend (on)

حاوَلَ أَنْ يَتَّكِلَ عَلَيْهِمْ ، ولَكِنَّهُمْ خَيَّبوا ظَنَّهُ .

و ل ج

وَلَجَ	يَلِجُ	لِجَةٌ / وُلُوجٌ	I	to penetrate

لَنْ يَدْخُلَ الْكُفَّار الْجنَّةَ حَتَّى يَلِجَ الْجَمَلُ في سَمِّ الْخِياطِ . اَلْجَمَلُ هُنا هُوَ الْحَبْلُ الْغَليظُ .

أَوْلَجَ	يُولِجُ	إِيلاجٌ	IV	to make s.th. enter

يُولِجُ اللهُ اللَّيْلَ في النَّهارِ .

و ل د

وَلَدَ	يَلِدُ	وِلادَةٌ	I	to give birth

وَلَدَتْ لَهُ وَلَدًا وَبِنْتًا يُشْبِهَانِهِ تَمامًا .

to generate	II	تَوْلِيدٌ	يُوَلِّدُ	وَلَّدَ

لَقَدْ وَلَّدَتْ هَذِهِ الْحَادِثَةُ عِنْدِي شُعُورًا بِخَيْبَةِ الأَمَلِ .

to be bred, caused (by)	V	تَوَلُّدٌ	يَتَوَلَّدُ	تَوَلَّدَ

تَوَلَّدَ عَنْ إِحْسَاسِهِ بِالظُّلْمِ ارْتِكَابُ جَرِيمَتِهِ .

to reproduce	VI	تَوَالُدٌ	يَتَوَالَدُ	تَوَالَدَ

تَتَوَالَدُ الْحَيَوَانَاتُ بِطَرِيقَةٍ أَغْرَبَ مِنَ الْخَيَالِ .

و ل غ

to lick, lap up	I	وُلُوغٌ	يَلِغُ	وَلَغَ

إِذَا وَلَغَ الْكَلْبُ فِي إِنَاءِ مَاءٍ ، لا يَجُوزُ لِلْمُسْلِمِ أَنْ يَتَوَضَّأَ مِنْ هَذَا الْمَاءِ .

و ل ه

to become mad (with love)	I	وَلَهٌ	يَلِهُ	وَلَهَ

وَلَهَ الشَّابُّ أَيْ أَحَبَّ فَتَاةً .

to drive s.o. out of his wits	II	تَوْلِيهٌ	يُوَلِّهُ	وَلَّهَ

وَلَّهَهُ الْحُبُّ أَيْ شَغَلَهُ وَمَلأَ عَلَيْهِ حياتَهُ .

to be infatuated	V	تَوَلُّهٌ	يَتَوَلَّهُ	تَوَلَّهَ

تَوَلَّه الْمُحِبُّ أي أَصْبَحَ يُعاني مِنْ سَكَراتِ الْحُبِّ .

و ل ي

to be in charge of	I	وِلايَةٌ	يَلِي	وَلِي

إِذَا وَلِيتَ أَمْرًا فَعَلَيْكَ أَنْ تَكُونَ عَلَى مُسْتَوَى الْمَسْئُولِيَّةِ .

to turn	II	تَوْلِيَةٌ	يُوَلِّي	وَلَّى

سَرَقَ نُقُودَهَا ثُمَّ وَلَّى الأَدْبَارَ ، وَهَرَبَ .

to be a supporter	III	مُوَالاةٌ / وَلاءٌ	يُوَالِي	وَالَى

وَلاؤُنَا لَكُمْ كَبِيرٌ ، وَإِخْلاصُنَا أَكْبَرُ. هَكَذَا كَتَبُوا لَهُمْ .

to give	IV	إِيلاءٌ	يُولِي	أَوْلَى

أَوْلَيْتُ الْمَوْضُوعَ عِنَايَةً ، وَسَنَتَّخِذُ الْقَرَارَ بَعْدَ أُسْبُوعٍ .

تَوَلَّى يَتَوَلَّى تَوَلٍّ V to assume responsibility

تَوَلَّى مَنْصِبًا قِيَادِيًا هَامًّا ، وَلَكِنْ بِإِمْكَانَاتٍ مَحْدُودَةٍ .

تَوَالَى يَتَوَالَى تَوَالٍ VI to follow in succession

تَوَالَتْ بَرْقِيَّاتُ التَّهْنِئَةِ عَلَى مَدَى أُسْبُوعٍ حَتَّى الْآنَ .

اِسْتَوْلَى يَسْتَوْلِي اِسْتِيلاَءٌ X to take possession (of)

اِسْتَوْلَى عَلَى الْمَصْنَعِ وَطَرَدَ أَخَاهَا مِنَ الْإِدَارَةِ .

و م أ

أَوْمَأَ يُومِئُ إِيمَاءٌ IV to signal

أَوْمَأتُ إِلَيْهِ في الْجَلْسَةِ بِأَنْ يَصْمُتَ .

و م ض

وَمَضَ يَمِضُ وَمْضٌ / وَمِيضٌ I to flash

وَمَضَ الْبَرْقُ ، ثُمَّ سَمِعْتُ صَوْتَ رَعْدٍ ، وَانْهَالَ الْمَطَرُ .

أَوْمَضَ يُومِضُ —— IV to light

أَوْمَضْتُ شَمْعَةً وَاحِدَةً لِأَقْرَأَ فِي ضَوْئِهَا الرِّسَالَةَ .

و ن ي

وَنَى يَنِي وَنْيٌ I to be dispirited

إِنَّهُ لا يَنِي أَيْ لا يَتَأَخَّرُ عَنْ فِعْلِ الْخَيْرِ .

تَوَانَى يَتَوَانَى تَوَانٍ VI to slacken, hesitate

تَوانَى وتَأَخَّر كثيرًا حَتَّى فاتَتْهُ الْفُرْصَةُ .

و ه ب

وَهَبَ يَهَبُ وَهْبٌ / هِبَةٌ I to bestow (on, upon)

وَهَبَهُ اللهُ عِلْمًا وَعَقْلاً كَبِيرًا.

و ه ج

تَوَهَّجَ يَتَوَهَّجُ تَوَهُّجٌ V

تَوَهَّجَ الشَّيْخُ عِلْمًا وَمعْرِفَةً بِكُلِّ أُصولِ الدِّينِ . to glow, be radiant

و هـ م

to think wrongly	I	وَهْمٌ	يَوْهَمُ	وَهِمَ

لَقَدْ وَهِمَ فِي اسْتِنْتَاجِهِ . كَانَ الْأَمْرُ يَتَطَلَّبُ تَدْقِيقًا أَكْثَرَ .

to make s.o. believe	IV	إِيهَامٌ	يُوهِمُ	أَوْهَمَ

أَوْهَمَنِي بِأَنَّهُ يَعْمَلُ فِي السِّلْكِ الدِّبْلُومَاسِي ، وَلَيْسَ كَذَلِكَ .

to have an illusion	V	تَوَهُّمٌ	يَتَوَهَّمُ	تَوَهَّمَ

تَوَهَّمْتُ أَنَّهُ مِنَ الشَّخْصِيَّاتِ الْبَارِزَةِ هُنَاكَ .

و هـ ن

to grow feeble	I	وَهَنٌ / وَهْنٌ	يَهِنُ	وَهَنَ

قَالَ لِيَ الشَّيْخُ فِي حَسْرَةٍ : لَقَدْ وَهَنَ الْعَظْمُ وَلَمْ أَعُدْ أَتَحَمَّلُ الْبَرْدَ .

to discourage	IV	——	يُوهِنُ	أَوْهَنَ

أَوْهَنَ مِنْ عَزِيمَتِهَا أَنَّهُمْ لَنْ يُسَاهِمُوا مَادِّيًّا فِي الْمَشْرُوعِ .

ي

يـ ئـ س

يَئِسَ يَيْأَسُ يَأْسٌ — I — to give up hope

دَعْنِي مِنْ ذَلِكَ ، فَقَدْ يَئِسْتُ مِنْهُ .

أَيْأَسَ يُيْئِسُ —— — IV — to deprive s.o. of hope

لَقَدْ أَيْأَسَهُ مِنْ دُخولِ أيِّ كُلِّيَّةٍ عَسْكَرِيَّةٍ ، نَظَرًا لأَنَّهُ قَصيرٌ وَبَدينٌ .

اِسْتَيْأَسَ يَسْتَيْئِسُ اِسْتِيئَاسٌ — X — to give up hope

يَقُولُ الْقُرْآنُ الْكَرِيمُ في قِصَّةِ " يوسُفَ " : " فَلَمّا اسْتَيْأَسوا مِنْه خَلَصُوا نَجِيًّا " .

يـ بـ س

يَبِسَ يَيْبَسُ يُبْسٌ — I — to become dry

يَبِسَ عُودُ الزَّرْعِ ، رُبَّمَا لأَنَّنَا لَمْ نَرْوِهِ لِمُدَّةِ أُسْبُوعٍ .

أَيْبَسَ يُوبِسُ إِيبَاسٌ — IV — to make dry

أَيْبَسَ الْعُودَ عَدَمُ رَيِّهِ لِأَسابيعَ .

تَيَبَّسَ يَتَيَبَّسُ تَيَبُّسٌ — V — to become stiff

تَيَبَّسَتْ عَضَلاتُهُ وَلَمْ يَعُدْ قادِرًا عَلَى تَحْريكِ مِرْفَقَيْهِ .

يـ تـ م

يَتُمَ يَيْتُمُ يُتْمٌ — I — to become an orphan

كان الْيُتْمُ عَيْبًا وَعارًا وسُبَّةً في الْجاهِلِيَّةِ .

تَيَتَّمَ يَتَيَتَّمُ تَيَتُّمٌ — V — to become an orphan

ماتَ أَبُوهُ ، وَماتَتْ أُمُّهُ ، وَتَيَتَّمَ مِنَ الْجانِبَيْنِ وَهوَ صَغيرٌ .

يـ سـ ر

يَسَّرَ يُيَسِّرُ تَيْسِيرٌ — II — to facilitate

لَقَدْ يَسَّرَ اللهُ لَنَا الأُمُورَ ، وَقَارَبْنَا عَلَى الاِنْتِهاءِ مِنْ هَذَا الْقَامُوسِ .

تيَسَّرَ يَتَيسَّرُ تَيَسُّرٌ V to be facilitated

لَقَدْ تَيَسَّرَتْ لَنَا الأُمورُ الآنَ وَلَمْ تَعُدْ إلا بِضْعُ صَفَحَاتٍ .

يـ فـ ع

أَيْفَعَ يُيفِعُ إيفاعٌ / يَفَعٌ IV to reach adolescence

يُقالُ : أَيْفَعَ الْغُلامُ أي صارَ شابًّا يافِعًا .

يـ قـ ظ

اِسْتَيْقَظَ يَسْتَيْقِظُ اِسْتِيقَاظٌ X to wake up

اِسْتَيْقَظْتُ مُبَكِّرًا فَذَهَبْتُ إلى النَّادي وَقُمْتُ بِعِدَّةِ دَوْراتٍ في الْمِضْمارِ .

يـ قـ ن

أَيْقَنَ يُيْقِنُ إيقَانٌ IV to ascertain

أَيْقَنْتُ أَنَّهُ يُحِبُّها بإخْلاص ، فَزَوَّجْتُها لَهُ .

تَيَقَّنَ يَتَيَقَّنُ تَيَقُّنٌ V to ascertain

تَيَقَّنْتُ من حِقْدِهِ ، فَقَرَرْتُ أَلاَّ أَتَعاملَ مَعَهُ .

اِسْتَيْقَنَ يَسْتَيْقِنُ اِسْتِيقَانٌ X to ascertain

عِنْدَمَا اسْتَيْقَنْتُ الْخَبَرَ ، أَرسَلْتُ إِلَيهِ أَدْعُوهُ إِلَى مُقابَلَتي .

يـ مـ م

يَمَّمَ يُيَمِّمُ تَيْمِيمٌ II to turn (toward)

لَقَدْ يَمَّمَ وَجْهَهُ صَوْبَ الْيَم ، أَيْ الْبَحْرِ .

تَيَمَّمَ يَتَيَمَّمُ تَيَمُّمٌ V to perform ablutions without water

أَرادَ أَنْ يَتَوَضَّأَ قَبْلَ الصَّلاةِ ، وَلَمْ يَجِدْ مَاءً ، فَتَيَمَّمَ بِالتُّرابِ .

يـ مـ ن

تَيَمَّنَ يَتَيَمَّنُ تَيَمُّنٌ V to start with the right-hand side

عِنْدَما يَتَوَضَّأُ الْمُسْلِمُ ، عَلَيْهِ أن يَتَيَمَّنَ أَيْ أن يَغْسِلَ الْمَيامِنَ قَبْلَ الْمَياسِرِ .

ي ن ع

أَيْنَعَ	يُيْنِعُ	إِينَاعٌ / يَنَعٌ	IV	to ripen

أَيْنَعَ الزَّرْعُ ابْتِهاجًا بِفَصْلِ الرَّبيعِ .

ي و م

يَاوَمَ	يُيَاوِمُ	مُيَاوَمَةٌ	III	to hire by the day

نِظامُ " الْمُياوَمَةِ " في الْخَليجِ مَعْناه دَفعُ أُجْرَةِ أَيامِ الْعَمَلِ فَقَط .

Index